서울대학교 행정대학원 국가리더십연구센터
국가리더십연구총서 6

국토교통정책의 역사적 변동과 전망

권도엽
김명수 김한영
남인희 박기풍
박상우 서태성
정낙형 정상호
정일영 홍형표

문우사
MoonWoo

발간사

어떻게 하면,
국민들이 바라는 그런 나라를 만들 수 있을까?

어떻게 하면,
전 세계가 부러워하는 그런 국가를 만들 수 있을까?

어떻게 하면,
그런 모범적인 국가를 만들 수 있을까?

서울대학교 행정대학원 국가리더십센터는 우리나라가 '모범국가'로 발전하고 성숙하는 데 기여하기 위해서 2013년 3월 설립되었다. 어떤 조직, 어떤 사회, 어떤 국가의 흥망과 성쇠는 지도자에 달려있다고 해도 과언이 아니다. 한 나라가 모범국가로 발전하는 과정의 핵심도 국가의 지도자이다. 국가지도자의 비전과 역량에 따라 모범국가로 나아가기도 하고, 형편없는 국가로 머물러 있거나 또는 추락하기도 한다. 그들이 무엇을 시대적 과제로 인지하고 국가의 비전으로 설정하며, 이것을 달성하는 과정에서 어떻게 국민의 지지를 확보하면서 동시에 여러 가지 어려움과 저항을 극복하는지에 따라 모범국가로 나아갈 수도 있고 그렇지 않을 수도 있다. 그것도 한 세대가 아니라 세대를 이어가면서 국가지도자들이 각 시대의 국가적 과제를 어떻게 설정하고 이를 추진하는지가 중요하다. 다음, 그리고 그 다음 세대를 책임지는 국가의 지도자들이 계속해서 보다 나은 국가에 대한

발간사

비전을 설계하고 이를 잘 성취할 수 있는 지혜를 가진다면, 우리나라는 그야말로 전 세계가 부러워하는 모범국가로 발전할 수 있을 것이다.

국가리더십센터는 바로 그러한 지혜의 원천이 역사에 있다고 보고, 정부수립 이후 정부정책의 역사적 변동을 연구하게 되었다. 정부의 정책은 각 시대별 국정의 비전 및 목표와 이를 달성하기 위한 수단이 투영되어 있기 때문이다. 정치, 경제, 사회적 제약조건 속에서 무엇이 각 시대별 국가의 목표로 설정 및 변동되어 왔는지 그리고 그것을 달성하기 위한 전략과 수단은 또 각각 무엇이었는지를 잘 학습하여 이를 미래의 지도자들에게 전수하고자 한다. 그래서 지금부터 70년 뒤에는 우리가 광복 70년 동안 산업화, 민주화, 선진화 등의 단계를 거치면서 이룩해왔던 것보다 더 많은 발전을 이룩하고 그리고 그로부터 다시 70년 뒤에는 그야말로 전 세계가 부러워하는 모범국가로 우뚝 서는 데 기여하고자 한다.

이러한 정책변동 연구 사업의 하나로 국토교통정책을 연구하게 되었다. 국토와 교통을 포함한 사회기반시설은 국민의 삶의 질을 결정하는 기초이자 경제를 발전시키는 핵심적 요소이기 때문이다. 정부가 공급한 도로, 철도, 수자원, 공항, 항만 및 산업단지 등 사회기반시설이 우리나라가 현재와 같은 경제대국으로 발전하는 데 결정적인 영향력을 발휘하였고 앞으로도 그러할 것이기 때문이다.

본서는, 이러한 국토교통정책의 역사적 변화를 백서와 같은 형태로 자세하게 기술하는 것을 피하고자 하였다. 오히려 거대한 시대적 변화에 따라 국정목표가 어떻게 바뀌는지 그리고 변화된 목표를 달성하기 위하여 어떤 정책수단을 선택하는지, 그 변화의 역동적 과정에서 국가지도자에게 필요한 지혜를 배우고자 하였다.

이를 위한 시대 구분은 정책에 따라서 크게 네 시기로 나누었다. 즉 광복 후 국가를 형성하여 가는 시기(1945~1961), 경제성장을 위하여 산업화에 매진하던 시기(1961~1987), 국민의 요구가 분출되는 민주화 시기(1987~1997), 그리고 국제적 표준과 개인적 가치를 고려해야 하는 개방화·정보화 시기(1998~)가 그것이다. 이러한 시대 구분은 정책결정 거버넌스, 즉 결정자의 범위에 따른 것이다. 정책에 따라서는 사회경제적 요인이나 사건 사고 등이 정책결정에 더 큰 영향을 미치는 경우도 없지 않으나 본서에서는 정책결정 거버넌스를 중심으로 네 시기로 나누고자 하였다. 광복 후부터 산업화 시기 동안에는 대통령과 행정공무원들이 국토교통정책을 주도하였다. 그런데 이 시기는 그 기간의 길이가 길기 때문에 박정희 대통령 집권 전과 후로 나누어, 전자를 국가형성기 그리고 후자를 산업화 시기로 세분하였다. 민주화 시기에는 정책결정 거버넌스에 이들 외에 시민들이 참여하는 시기이다. 개방화 시기는 다시 이들에 더하여 추가적으로 국제기구와 국제자본 등이 영향력을 행사하는 시기이다. 이처럼 결정자의 참여 범위가 확대되면서 추구해야할 가치가 다양해졌고 목표를 달성하는 데 사용하는 수단과 그 조합도 변하여 왔다. 그리고 그렇게 결정된 제도는 다시 참여자의 행태에 영향을 미치고 이것이 다시 결정과정에 영향을 미치는 등 정책결정 과정은 점점 더 복잡해지고 있다.

발간사

광복 후 정부의 가장 중요한 관심사는 국가형성이었다. 자본주의 국가형성을 위해서 농지개혁이 이루어졌고, 전쟁의 피해를 입은 철도, 도로, 항만 등 공공시설의 복구사업이 진행되었다. 산업화 시기에는 경제성장을 위한 기초로서 도로, 산업단지, 다목적 댐 등 물적 인프라가 많이 구축되었고, 그 결과 높은 경제성장율을 달성할 수 있었다. 그러나 경제성장에 따른 부동산 투기, 도시의 과밀 혼잡, 지역 공동화 등이 심각한 사회문제로 대두되었다. 이러한 문제는 정치적 민주화로 인해서 더욱 심화되었다. 즉 1980년대 후반 토지공개념 도입 등으로 어느 정도 억제가 되는 듯 했으나, 문민정부가 들어서면서 난개발이 확대되었고 그런 가운데에서 규제완화가 지속적으로 추진되었다. 개발 과정에 환경과 국토균형발전이라는 개념이 도입된 것도 이 시기이다. 개방화 정보화 시기는 세계경제의 자유화와 동북아의 경제성장이라는 국제적 환경변화에 대응한 국토의 활용과 교통수단의 확충이 강조되었다. 아울러 교통수단과 수단간, 시설과 수단 간의 연계를 강화시키는 기제로 정보화가 활용되었다.

이렇게 세계적으로 유례를 찾아보기 어려울 정도로 놀라운 발전을 국토교통분야에서 이룩한 것이 사실이지만 동시에 집단이기주의, 안전불감증, 지역 간 격차 등의 문제가 여전히 과제로 남아 있다. 따라서 이제는 한편으로 자율과 개방을 확대 강화하면서 또 다른 한편으로는 공동체 전체의 발전을 기하는 방향으로 추진되는 정책적인 묘수가 필요하다.

바로 그러한 묘수는 역사에서 배울 수 있기 때문에 본서를 출간하려는 것이다. 본서의 집필진은 국토교통정책을 현장에서 직접 결정하고 집행한 고위공직자들을 중심으로 구성되었다. 이들이 자신의 경험과 관찰을 나누려고 하지 않았다면 이 책은 세상에 나오지 못하였을 것이다. 자신의 소중한 경험과 지식을 책으로 출간해주신 집필자 분들께 깊은 감사를 표하는 바이다. 그리고 본서의 발간을 앞에서 이끌고 또 직접 총괄부분을 작성해주신 권도엽 전 국토해양부 장관님과 수차례의 세미나와 원고 독려 및 검증 작업 등의 실무 작업을 주관하여 주신 박상우 전 국토교통부 주택토지실장님께 특별한 감사의 말씀을 드리는 바이다.

서울대학교 행정대학원 국가리더십연구센터

소장 김병섭

머리말

국가는 국토와 국민 그리고 주권의 확립을 통해 성립된다. 여기서 국토란 국가를 형성하는 공간적 범위인 동시에 국가를 떠받치는 자원을 의미한다. 따라서 국토자원의 경쟁력을 높이는 것은 국가 발전의 핵심 요소이다.

그러나 이 과제는 해방과 전쟁을 거치는 절대 빈곤의 시대에는 제대로 된 정책 아젠다로 취급되지 못하다가, 경제개발이 본격적으로 시작된 1960년대 이후에 경제정책 분야에서 최우선적으로 고려되는 정책 아젠다가 되었다. 마치 인체의 순환체계와 같은 도로, 철도, 항공 등의 교통 인프라에 관한 정책, 수량을 확보하고 관리하는 수자원정책, 이들 순환체계의 결절 구역이라 할 수 있는 도시와 주변지역의 효율적 토지이용과 성장관리정책, 나아가 국토의 총체적 발전을 기획하는 국토 및 지역개발정책은 그 자체가 경제발전을 위한 핵심정책이었으며, 국민의 삶의 질을 좌우하는 주거환경과 이를 위한 토지 공급 정책은 경제발전의 성과를 국민들에게 나누어 주는 분배정책 중 가장 중요한 부분이었다.

우리나라 정부에서 이러한 과제들은 오늘날의 국토교통부가 주무부처가 되어 담당하여 왔다. 국토교통부는 1948년 설립된 교통부와 1955년 부흥부로 시작된 건설부가 그 전신인데, 1994년 두 부처가 통합되어 건설교통부로 출범하면서 오늘날의 모습을 갖추게 되었다. 정부 내에서 경제부처에 속하는 국토교통부에 의해 이루어진 교통 인프라 투자, 수자원 정책, 주택 건설과 토지이용에 관한 정책들은 당연히 그 바탕이 경제정책적 관점에서 효율성을 중시하여 이루어 졌다. 그러나 이들 정책 과제들은 우리 국민들이 일상생활에서 매일 같이 맞닥트리는 문제들이라서 국민, 보다 구체적으로는 지역 주민들의 의견과 바램들이 다른 어떤 정책 분야보다 더 많이 반영될 수밖에 없는 의사결정 구조를 가지게 되었다. 정치권에서 선거과정에서 제시한 지역개발 공약들이 경제적 효율성과 타당성을 넘어서서 국가 정책으로 결정되기도 하였고, 국민의 복리증진을 위해 경제적 효율성과는 무관한 정책들이 추진되기도 하였다. 그 과정에서 중앙정부의 정책담당자들 이외에도 국회 등 정치권을 통해 지역 주민들이 의사결정 과정에 참여할 수 있었고, 지방자치단체도 언제나 국가 정책 수립과 집행의 파트너로 인식되어 왔었다.

이 책은 지난 60여 년간 국가발전의 일익을 담당한 국토교통 분야의 정책 형성과 추진시점에서 그 원동력은 무엇이었는지, 또 어떻게 진화하였는지를 검토, 평가하고 미래를 위한 시사점을 제시하고자 한다.

본서는 11개장으로 구성하였으며, 그동안 해당분야에 오랫동안 몸담으며 정책을 수립하고 추진한 국토교통부의 전직고위관료(교수 및 연구원 포함)를 중심으로 작성하였다. 그 내용은 다음과 같다.

머리말

제1장

'국토개발사업(SOC)의 성과와 제언'은 본서의 총론적 성격으로 작성한다. 과거 60여 년간의 사회간접자본(SOC) 투자실적을 분석하고 이에 따른 국토분야의 성과와 경쟁력을 제시한다. 이와 함께 그 동안의 국토개발 단계를 국토발전의 기반조성기(1960~1970년대), 국토발전의 성숙기(1980년대), 국토발전의 안정기(1990년대), 세계화 기반 확충기(2000년대), 국토발전의 혁신기(2010년 이후)로 구분하고 각각의 시대적 정책변화와 대응내용을 기술하고 이에 따른 성공요인과 시사점을 제시한다.

제2장

'국토 및 지역개발정책의 역사적 변동'에서는 그동안 추진되었던 국토계획, 수도권계획, 지역계획 등 국토발전에 영향을 미친 광역계획 등과 사업계획을 살펴본다. 국토의 최상위계획으로서 총 7차례 수립된 국토종합계획은 국토계획이 지향하는 목표와 패러다임의 변화를 비교하고, 특히 국토계획의 성공 요인과 권역별 발전전략의 변천, 최근 국토계획의 실효성 논란 등을 논의한다. 수도권정비계획에 대해서는 그동안의 수도권 규제와 성과를 분석하고 인구집중 억제책으로서의 수도권계획의 성과와 한계점을 논한다. 지역개발계획과 산업입지 정책에 대해서는 최근 대규모개발사업 추진에 따른 영향을 과거 사업추진 사례와 비교하여 논의한다.

제3장

'도시건축정책의 역사적 변동'에서는 해방 후 지금까지 70년간 도시성장은 양적성장이라 전제하고 해방 후 1960년대 이전은 무허가 판자촌과 슬럼이 확대되는 시기로, 1960년대와 1970년대는 울산, 포항 등 산업도시와 공업단지가 건설된 시기로, 1980년대와 1990년대 초반까지는 택지개발사업과 5개 신도시 건설기로, 이후 최근까지의 균형발전형 도시공급기로 분석하고 그동안의 정책동향과 파급된 제반 문제를 논의한다. 또한 시대별로 나타난 난개발, 개발이익환수, 토지이용규제와 완화, 경관보전 등 연대별로 나타난 도시 병리적 현상에 대한 정책 대응과 함의에 대해 논의한다.

제4장

'주택정책의 역사적 변동'에서는 해방 이후 주택정책의 변화를 크게 네 시기로 구분하고 1961년까지는 전재복구 시기 1962년부터 1980년까지는 주택행정의 법적, 제도적 기반 마련으로 주택건설이 본격적으로 시작한 시기, 1981년부터 1997년까지는 대량 공급시대가 열리면서 주택부족 문제가 크게 완화된 시기, 1998년 이후부터는 양적 성장 중심에서 주거복지 중심으로 정책의 주안점이 바뀌고 민간의 역할이 더욱 중요해진 시기로 보고 각 시기마다 정책동향과 대응상황을 제시한다. 동시에 부동산 투기억제를 위해 추진하였던 조세, 금융, 행정적 수단과 그 과정에서 성장한 주택금융, 택지개발, 주거복지, 주거환경 등 정책에 대한 패러다임 변화를 논의한다.

머리말

제5장

'토지정책의 역사적 변동'에서는 우리의 토지정책을 60년대부터 80년대, 90년대와 그 이후로 구분하여 토지관련 제도와 시장의 변화를 분석하고 이를 정책의 변화와 연결하여 논의한다. 또한 시대적 여건에 따라 토지정책이 어떻게 형성되고 변천하였는지 알아보고 주요 시책 사례별로 정책변동의 원인은 무엇인지를 살펴본다. 주요 시책은 토지거래허가제, 토지공개념제도, 지가공시제도 및 종합부동산세 등을 선정 분석한다.

제6장

'교통물류정책의 역사적 변동'에서는 해방 이후 1950년대까지는 철도와 전차가, 1980년대에는 고속도로와 지하철이, 1990년대에는 도시철도 및 고속철도가, 2000년대에는 통합물류체계가 구축되는 과정에서 교통물류정책의 변화요인과 대응정책을 분석한다. 이와 함께 도시교통, 교통안전, 교통산업, 물류산업 등 분야별 정책변천에 대해서도 논의한다.

제7장

'철도정책의 역사적 변동'에서는 광복 이후 약 70년간의 철도정책과 제도의 변동을 철도건설, 철도운영, 철도구조개혁, 철도안전, 철도기술개발 부문으로 나누어 이슈 위주로 논의한다. 논의의 중심은 이러한 정책과 제도들이 어떻게 도입되고 발전되어 왔는가, 그 정책결정 과정과 배경, 주도 집단 및 갈등관계, 이해관계자들에게 미친 영향, 정책의 성공 여부 등 평가에 관해 논의한다.

제8장

'도로정책의 역사적 변동'에서는 시대여건과 도로개발정도에 따라 조금씩 중점분야가 달라져 왔음을 전제로 시대별 도로정책과 성과를 일별한 후 주요 정책을 9가지로 간추려 제시하고 정책형성 계기, 형성주체, 추진과정과 평가 등에 대해 살펴본다. 주요 정책으로서는 특별회계의 운용, 외국으로부터의 차관 도입, 기채사업 등에 대해서도 논의한다. 이와 함께 투자우선순위 등에 있어 정치 사회적 알력 사례와 이후 이를 극복하기 위한 정책의 발전과정 등을 논의한다.

제9장

'항공공항정책의 역사적 변동'에서는 시대별로 항공정책의 변화가 왜 일어났는지 누가 주도했는지 법령과 조직, 사람은 어떻게 변화되어왔는지를 분석한다. 특히 항공자유화, 인천국제공항건설, 제2민항 출범과 경쟁체제 도입, 국제민간항공기구(UN ICAO) 이사국 진출, 항공안전정책의 강화 등 우리항공역사에 있어 중요한 획을 그었던 정책에 대해서 구체적으로 살펴 논의한다.

제10장

'수자원정책의 역사적 변동'에서는 일제시대의 연장 수준이었던 1960년부터 1990년에 이르러 물 공급의 양적 성과에 도달하기까지의 공급정책을 논의한다. 이후 수질, 환경문제로 변화한 1990년대와 2000년대 기후변화에 대비한 하천의 정비, 이후 4대강 살리기 등 그동안의 수자원개발과 관련한 패러다임 변화와 이에 따른 정책 및 성과를 분석, 논의한다.

머리말

제11장

'건설산업정책의 역사적 변동'에서는 그동안 고도성장을 뒷받침한 건설산업의 역사적 고찰을 통해 그 위상과 역할을 재조명한다. 50년대 면허제를 근간으로 건설업법 제정이후 1960년대 베트남 특수, 1970년대 면허기준 강화, 1980년대 건설안전, 1990년대 면허개방 및 2000년대 민자유치촉진 등 시대별로 달라진 건설산업의 주요 이슈를 고찰한다. 동시에 2000년대 후반 금융위기 이후 건설경기 침체와 정책동향을 제시하고 방안을 논의한다.

최근 후진국에서는 우리 국토개발의 경험과 노하우를 배우고자 줄을 잇고 있다. 선진국에서도 우리의 성공신화를 벤치마킹하려 하고 있다. 본서는 과거 60년간의 국토교통정책을 분야별로 되짚어 봄으로써 국토를 둘러싸고 나타나는 다양한 정책변동 요인과 정책변화 사례 및 효과, 그리고 문제점들을 분석해 보고자 하였다. 그러나 국토교통부가 다루어 왔던 정책 모두를 상세히 다루지는 못하였다. 필진의 경험과 노력이 전체를 파악하는 데 역부족이었기 때문이다. 또한 필진의 성격상 공급자적 시각에서 정책을 해석하였다. 국민의 입장에서 문제점과 지향점을 제시하는 데는 한계가 있음을 고백한다. 하지만 본서의 내용은 후진국에서뿐만 아니라 미래를 짊어질 관련 분야 후배들에게도 참고가 될 것이라 믿어 의심치 않으며, 널리 읽혀지길 기대한다.

끝으로 필진들에게 이 책의 저술에 참여할 기회를 주시고, 기획부터 발간까지 모든 과정을 세심히 살펴 주신 서울대학교 행정대학원 국가리더십연구센터 김병섭 소장님께 깊은 감사의 마음을 드린다. 그리고 집필과 발간 과정에서 도움을 준 국가리더십연구센터 최동훈 박사, 박하나 연구원, 출판을 맡아 주신 문우사 김영훈 대표에게도 고마운 마음을 전한다.

2015년 10월

저자를 대표하여

권도엽

차 례

차 례

총론 : 국토개발사업(SOC)의 성과와 제언

01

CHAPTER 01

총론 : 국토개발사업(SOC)의 성과와 제언

권도엽(전 국토해양부 장관)

I 들어가며

국토 인프라와 사회간접자본의 정비 없이 경제발전을 이룬 국가는 없다. 그만큼 국토개발과 SOC의 확충은 국가경제발전과 밀접한 연관이 있다. 건설 부문의 국가성장기여도(1970~2005)만 보아도 약 20%에 달하고 있다.

광복 당시 최빈국 중 하나였던 우리나라는 경제개발 사업으로 유례없는 성장과 빈곤 감소의 초우량 업적들을 남겨왔다.[1] 특히 성장 촉진을 위한 주택·도로·철도·항만·수자원 등 국토분야의 기반시설이 획기적으로 확충되었다. 이렇듯 우리나라 국토개발은 정부의 경제발전정책과 밀접한 관련이 있다. 1948년 정부가 수립되면서 설립된 교통부와 1955년 부흥부로 시작된 건설부가 토대가 되어 설립된 국토교통조직은 건설교통부, 국토해양부 등으로의 변화과정을 거치면서 이제 설립 60여 년이 흘렀다.

1) 지금 우리나라는 "세계에서 가장 못사는 나라에서, 가장 짧은 시간에 선진국대열에 들어선 나라", "원조 받는 국가에서 원조하는 국가가 된 나라", "세계 10위권의 경제규모를 가진 나라"라는 호칭을 받고 있다.

그렇다면 국토교통부(구 교통부, 건설부를 포함한다)는 지난 60여 년 동안 국가발전에서 어떤 역할을 했으며, 어떤 정책방안을 갖추었는지, 또 왜 그러한 사업을 추진했는지 등을 점검하고 그 성과와 문제를 규명하는 것은 향후 한 단계 더 발전하기 위해 노력하는 후배 정책 결정자에게 발전의 지렛대로서 대단히 중요한 일이라 할 수 있다.

다음은 그동안 국토교통부가 추진한 성과에 따른 국토의 경쟁력 상황과 SOC 투자 및 스톡의 시대별 변화 추이 및 성과 등을 살펴보았다. 또한 국토교통정책과 각종 SOC 사업의 추진내용을 시대별로 개관함으로써 향후 예측 불가능한 미래를 맞이하는 국토교통부의 정책 및 행정서비스의 적응방안을 찾는 데 참고가 되기를 바라면서 작성하였다. 이와 함께 그동안 추진된 SOC 사업의 성과를 파악하고 그 성공요인과 반성할 점을 짚어보았다. 마지막으로는 향후 국토교통부가 나아가는 데 필요한 정책적 지향점을 제시하였다.

본 원고는 "국토교통정책의 회고"의 총론적 성격으로 작성하였다. 그러므로 세부내용보다는 그동안 60여 년의 성과와 변화에 대해 총량적 접근방법으로 회고하고 평가함으로서 뒤에 제시되고 있는 부문별 세부내용을 이해하는 데 도움이 될 수 있도록 작성하였다. 따라서 부문별 세부내용은 뒤에 제시되고 있는 부문별 회고와 평가를 참고하기 바란다.

Ⅱ 국가경쟁력과 사회간접자본(SOC) 투자

1948년 정부 수립 이후 우리나라는 60여 년에 걸쳐 세계에서 유례없는 고도의 경제·사회발전을 경험하며 도시화와 산업화를 이루어냈다. 서구 사회가 약 2세기에 걸쳐 이룩한 도시화를 반세기 만에 달성한 것이다. 해방 이후부터 국토의 혼란과 재건, 부흥과 성장, 안정과 침체라는 격동의 시기를 겪으면서 시대가 요구하는 과제를 해결하기 위해 국민과 정부의 필사적 노력이 경주되었다. 그리고 그 중심에는 사회간접자본의 공급이라는 정책이 핵심적 역할을 하였다고 필자는 확신한다. 본 장에서는 그동안 국토부가 추진하고 사회간접자본 시설확충에 따라 향상된 우리 국토의 경쟁력을 개관하고, 사회간접자본의 시대별, 부문별 투자 추이 및 성과를 알아보고자 한다.

1. 사회간접자본과 국가경쟁력

국토부가 주관하여 공급한 도로, 철도, 수자원, 공항, 항만 및 산업단지 등 사회간접자본은 국가 전체의 경제활동에 중요한 기반을 제공한다. 특히 그 기능이 "민간부문에게는 비용없는 생산요소(Cost Free Input)를 제공[2]"하는 것이어서 현재의 경제대국을 키워내는 데 결정적인 영향력을 발휘하였다.

이를 증명이나 하듯 우리에게 '다보스포럼'으로 잘 알려진 "세계경제포럼(WEF)"에서는 2014년도 국가경쟁력 평가결과 우리나라를 144개 국가 중 26위로 발표하였다.[3] 전년 대비 다소 하락하여 실망

2) 홍성웅(2006), 사회간접자본의 경제학 박영사, p. 21,

3) 기획재정부 보도참고자료, 2014년 세계경제포럼(WEF) 국가경쟁력 평가 결과, 2014.9.3.

스럽긴 하지만,[4] 그 내용을 보면 우리의 사회간접자본 수준을 알 수 있다. 국가경쟁력 평가 방법은 크게 기본요인, 효율성증진, 혁신 및 성숙도 등 3대 분야별로 총 12개 부문별 평가를 합산하여 결정한다. 이 중 기본요인에 포함된 인프라 부문의 평가는 세계 14위로 국가경쟁력 26위와 비교하여 크게 앞서 있음을 알 수 있다. 이를 세부적으로 보면 전체 인프라의 질 23위, 도로의 질 18위, 철도의 질 10위, 항만운송의 질 27위, 항공운송의 질 31위, 여객기운송능력 20위 등으로 나타나고 있어 그동안 국토부와 국민이 합심한 사회간접자본 형성 노력의 성과를 보여주고 있다고 할 수 있다.

[표 1] 국가경쟁력 평가(WEF)의 3대 분야, 12개 부문의 순위변화

연도	전체 순위	기본요인 (20→20위)				효율성 증진 (23→25위)						기업혁신 및 성숙도 (20→22위)	
		제도적 요인	인프라	거시 경제	보건 및 초등 교육	고등 교육 및 훈련	상품 시장 효율성	노동 시장 효율성	금융 시장 성숙도	기술 수용 적극성	시장 규모	기업 활동 성숙도	기업 혁신
'12	19	62	9	10	11	17	29	73	71	18	11	22	16
'13	25	74	11	9	18	19	33	78	81	22	12	24	17
'14	26	82	14	7	27	23	33	86	80	25	11	27	17

2. 사회간접자본 스톡 추이

지난 60년간 건설교통부문의 꾸준한 투자는 SOC수준을 선진국 수준으로 향상시켜 국민생활향상과 경제발전에 기여했다. 부문별 성과

4) 인프라 부문의 전년 대비 11위에서 14위로 하락한 원인도 유선전화 가입률(3위), 도로의 질(18위), 철도 인프라의 질(10위) 등 다수 항목은 상위권을 차지하는 반면, 전력공급의 질(39→44위), 이동전화 이용자 수(70→72위)등이 다소 낮은 순위를 차지하고 있음으로 해서 전년도 보다 순위가 하락하였음.

를 보면 도로연장의 경우 2013년까지 총 106,400km를 건설하여 1960년 대비 3.9배, 항만하역능력은 무려 101배 증가한 912백만톤, 상수도 보급률은 6.2배 증가한 98.1%로, 다목적댐 저수능력은 0에서 120억톤으로 증가한 것으로 나타났다 또한 고속도로는 최초 건설된 1970년 대비 7.4배인 4,111km가 건설되었으며, 도시철도 연장은 1980년에 비해 13.2배 증가한 537km에 이르고 있다.[5] 항공분야도 공항시설의 확충에 힘입어 1960년에는 거의 전무하던 항공수송실적이 2013년에는 세계 6위에 이를 정도로 급증하였다. 결국 국부의 중요한 요소인 SOC 부문의 스톡이 선진국 수준에 이르게 된 것이다.[6]

[표 2] 부문별 SOC 스톡 추이

부문	'60	'70	'80	'85	'90	'95	'00	'05	'10	'13
도로연장(천-km)	27.1	40.2	46.9	52.3	56.7	74.2	88.7	102.2	105.6	106.4
고속국도연장(km)	-	551	1,225	1,415	1,551	1,825	2,131	2,968	3,859	4,111
철도연장(철도-km)	2,976	3,199	3,157	3,129	3,235	3,101	3,511	3,392	3,379	3,650
궤도연장(철도-km)	4,630	5,499	6,007	6,299	6,434	6,554	6,706	7,871	8,425	8,456
도시철도연장(km)	-	-	40.7	-	22.1	-	144.1	388.0	537	-
항공기운항수(천회)	-	-	44.0	-	139.5	-	273.8	441	467.6	492.8
국제선화물량(1,000톤)	-	25	191	333	776	1,290	1,949	2,616	3,326	3,246
항만하역능력(백만 톤)	9	17	82	118	224	276	430	650	800	912
주택수(천 호)	3,912	4,360	5,319	6,104	7,357	9,205	10,959	12,495	13,884	18,969
자동차대수(만 대)	5	13	53	111	339	847	1,206	1,540	1,794	1,940
상수도보급률(%)	15.7	16.8	54.6	66.6	78.4	82.9	87.1	90.7	97.7	98.1
댐 저수능력(백만 m³)	-	466	4,614	6,104	9,614	10,696	10,996	11,582	12,566	12,637
해외건설수주액(백만 불)	-	-	-	-	6,770	8,507	5,433	10,859	71,578	65,206

자료 : e-나라지표(www.index.go.kr), 한국개발연구원, 공공투자사업 예산관리의 효율화 방안(2), 2002; 국토해양분야 발전경험 모듈화 ; 한국의 항만개발정책, 해외건설종합정보서비스(www.icak.or.kr); 항공통계연람 각년도; 도로통계연람 각년도

5) 자료의 조사시점에 따라 다소 상이할 수 있음.
6) 선진국과 양과 질로 비교한다면(인구1인당 시설량 또는 시설의 수준 등) 아직은 미흡하다는 논의가 있음에도 불구하고 건국초기와 비교하여 괄목한 성장이었음을 강조하고자 함.

3. 사회간접자본의 투자 실적

이러한 성과가 있기까지에는 1960년대부터 현재까지 정부가 SOC에 대한 투자를 장기적이고 계획적으로 추진한 결과라 할 수 있다. 그림에서와 같이 석유파동, IMF금융위기를 비롯한 국내외적 경제침체 상황에서도 SOC 투자는 GDP 대비 일정비율의 꾸준한 투자가 계속되고 있었음을 알 수 있다.

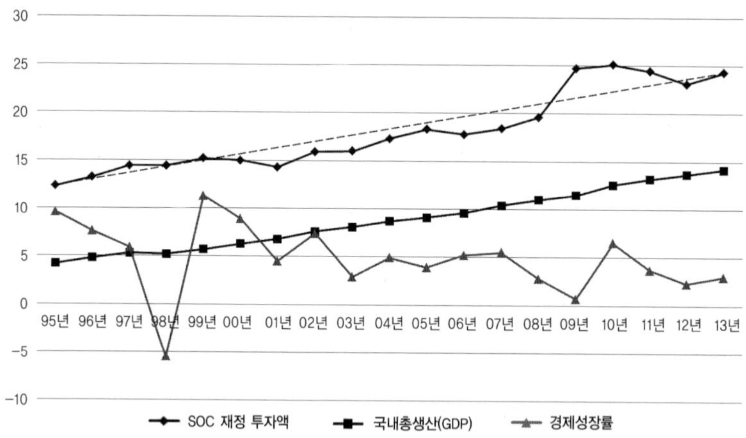

주 : 국내총생산(GDP) 금액 단위는 100조원임.

[그림 1] 연도별 전체 SOC 재정 투자액 추이(기금 및 민간투자 제외)

부문별 투자 규모를 시기별로 보면 경제개발 초기에 투자가 집중되었던 수자원·산업단지 분야와 지역개발 부문의 자료가 1990년대 중반 이후부터 제시되어 한계가 있기는 하지만, 도로부문이 가장 높고 철도, 수자원, 항만, 지역개발, 산업단지, 공항 순으로 투자가 추진된 것으로 나타났다. 한편 최근 상황을 보면 철도와 수자원 및 지역개발 부문의 투자가 크게 증가하는 반면 항만과 공항의 투자 규모가 상대적으로 감소하고 있는 것으로 나타나고 있다.

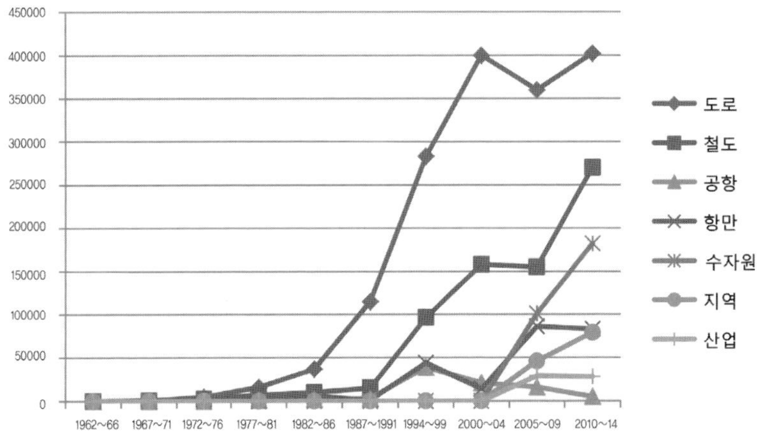

[그림 2] 분야별 SOC 재정 투자 추이(기금 및 민간투자 제외)

4. 부문별의 스톡 변화 추이

부문별 스톡의 변화를 보면 대부분이 꾸준한 성장세를 유지하고 있다. 기간별로는 상수도의 경우 1970년대 높은 성장세를 보였으며, 고속도로는 1970년대와 1990년대에 증가속도가 빨랐다. 항만의 경우는 1990년대 후반부터 성장속도가 빨랐던 것으로 나타났다. 주택은 지속적으로 공급되어 왔으나 특히 2000년대 후반부터 증가세가 가파른 것을 볼 수 있다. 이밖에 자동차 증가세는 마이카 시대가 열린 1980년대 후반부터 증가하는 것으로 나타나고 있다. 이렇듯 사회간접자본에 대해서는 경제성장추세에 따라 우선순위와 효율을 감안하여 전략적인 투자가 모색되었음을 알 수 있다.

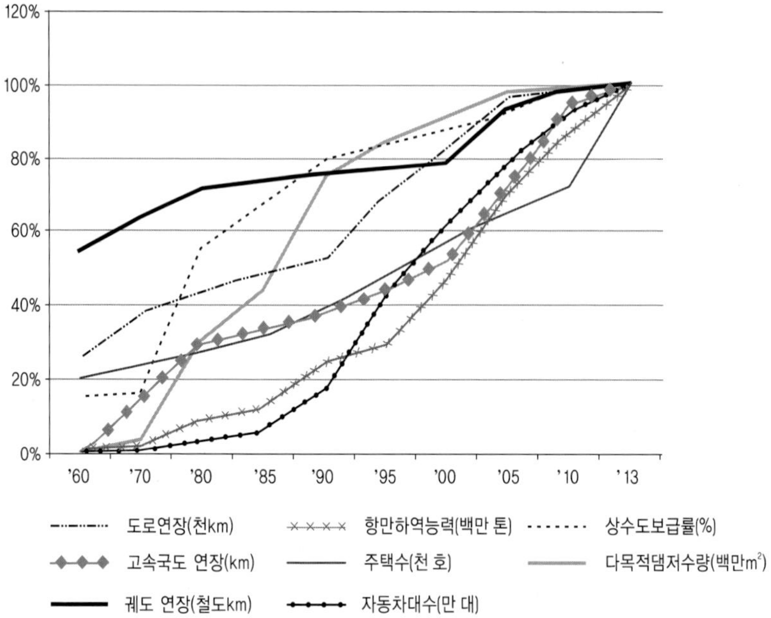

주 : 1) 철도연장의 경우 선로복선화 및 직선화로 누적수치가 감소하는 구간이 있음.
2) 2013년 스톡수준을 100으로 보고 각 부문별 성장추세를 반영한 그림임.

[그림 3] 분야별 SOC 스톡 증가 추이

III 국토개발사업의 지역별 성과

우리 국토는 지난 60년간 그 모습이 완전히 일신되었다. 1960년 우리나라 인구는 2천5백만 명 수준이었다. 현재(2010)는 그 두 배에 가까운 5천만 명 수준이다. 도시화율은 39.1%(1960)에서 90.5%(2010)로 높아짐으로서 농어촌 중심의 사회가 대부분의 인구가 도시지역에 거주하는 사회로 바뀌었다. 거의 불변한 국토에 두 배 가까운 인구를 수용하고, 그것도 인구의 대부분이 도시에서 생활하도록 정주여건을 완전히 개편하였으며, 1인당 GDP도 87달러(1962) 수준에서 2만6천 달러 수준으로 확대된 높은 생산성을 갖춘 발전한 국토를 이룩했다. 다음은 부문별로 그동안 국토부가 추진했던 국토개발사업에 따라 변화한 국토상황의 지역별 현재 모습을 진단하고자 한다.[7)]

1. 지역별 인구증감 및 분포 변화

대도시권 인구는 1980년대 2,068만 명(전국의 55.1%)에서 2010년 전국의 79.4%인 3,808만 명으로 증가하였다. 반면 대도시권 이외의 인구는 반대로 전국의 44.9%에서 20.6%로 급격히 감소하였다. 아래 그림은 대도시권으로의 인주집중을 선명하게 나타내고 있다. 그리고 과거 수도권과 부산권 중심으로 인구가 집중되던 것이 최근에는 충청권과 광주권 그리고 작지만 전주권에서 인구가 성장한 것으로 나타나고 있어, 국토의 다핵거점화도 진행되고 있음을 알 수 있다.

반면, 이러한 도시로의 인구집중 현상은 농촌지역을 인구희박지역[8)]으로 변모시켰다. 인구희박지역은 1980년 21개 읍・면・동(전국의 0.7%)에 불과하였으나, 2010년에는 284개(전국의 8.2%)로 12배 가까이 증가하였다.[9)]

7) 대표적 지표만을 검토하며, 자세한 내용은 뒤에서 제시되는 부문별 내용을 참고하기 바람.
8) 프랑스의 인구 희박지역의 정의는 인구 30명/km2 미만을 기준으로 활용(2014, 이용우 외)
9) 이용우(2014), p. 39~40

자료 : 이용우 외, 2014, 재인용.

[그림 4] 인구분포 변화(1980~2010년)

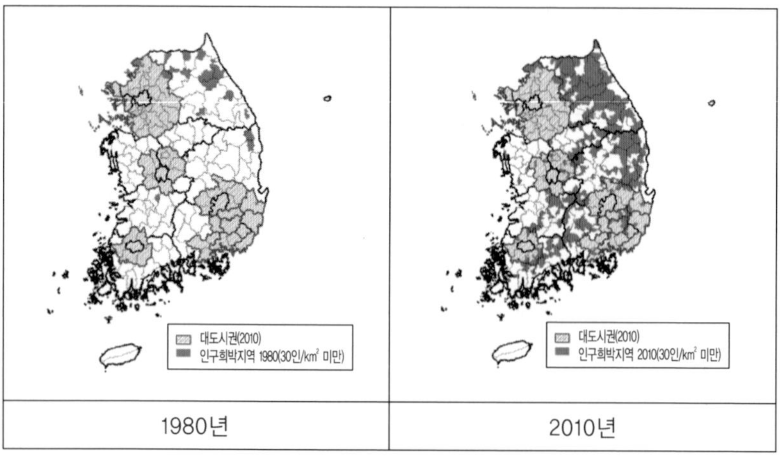

1980년	2010년

주 : 인구희박지역은 인구밀도 30/km^2미만 지역을 의미. 서울, 대전, 대구, 부산, 인천, 제주는 해당 없음.

자료 : 통계청. 각년도. 주민등록인구통계 자료 활용, 이용우 외, 2014, 재인용.

[그림 5] 인구희박지역의 분포

2. 산업 단지의 공급 성과

산업단지 공급면적은 1960년 23.9㎢에서 2010년 1,336㎢로 늘어났으며, 그 51%가 전국의 대도시권에서 49%가 기타지역에서 공급됨으로써, 일자리 확보를 통한 그동안의 지역균형발전 노력이 자료로서도 나타나고 있다. 그러나 아직도 강원 및 중부내륙지역의 낙후성이 보이고 있어 이 지역의 발전을 위한 새로운 노력이 필요하다 하겠다.

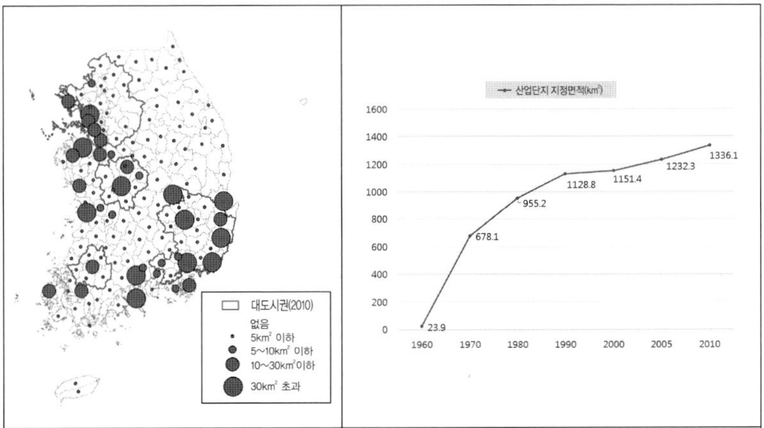

산업단지 공급면적 (1960~2010년)(㎢)	산업단지 지정면적 추이 (1960~2010년)(㎢)

주 : 산업단지 공급면적은 실시계획 승인 면적 기준

자료 : 국토교통부 홈페이지(www.molit.go.kr); 산업입지정보시스템(www.industryland.or.kr), 이용우 외, 2014

[그림 6] 산업단지 공급면적 및 지정면적 추이

3. 공공택지 및 주택보급 성과

도시화와 인구증가에 부응하여 1960~2012년 기간 중 주택은 1,483만 호나 늘어났으며, 이 기간 중 택지개발촉진법 등에 근거한 공공택지에서는 280만 호가 공급되었다. 공공택지의 공급은 주거난이 가중되었던 대도시권에 집중되어 전체 공공택지 공급량(713㎢)의 85% 정도가 대도시권에서 공급되었다. 공공택지에서의 주택공급 또한 전체 공급호수 280만호 중 237만 호가 대도시권에 공급됨으로서, 기타 지역에는 43만 호에 불과한 공급실태를 보이고 있다. 한편 주택보급율은 102.7%(2012)를 달성하였다. 그러나 1, 2인 가구의 증가 등 주거형태의 변화로 보급률의 상승국면이 떨어지고 있음을 알 수 있다. 따라서 향후 주택보급에 대한 새로운 노력이 필요할 상황이다.

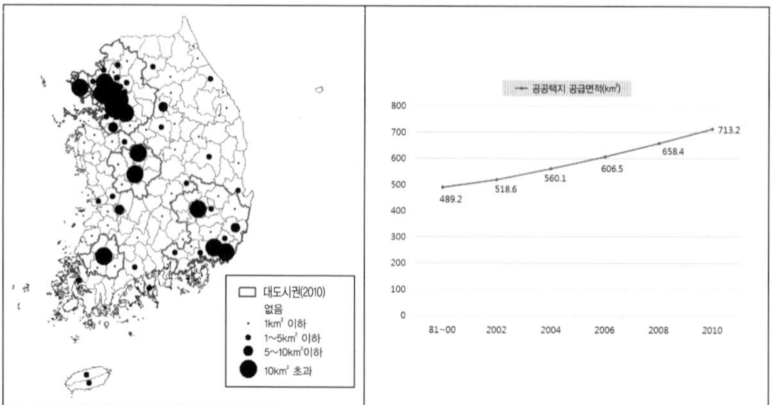

공공택지 공급면적(1980~2010년)(㎢)

주 : 택지공급면적은 택지개발촉진법 등에 의한 공공택지개발사업 준공실적 기준

자료 : 국토교통부 홈페이지(www.molit.go.kr); 산업입지정보시스템(www.industryland.or.kr), 이용우 외, 2014, 재인용

[그림 7] 공공택지 공급면적

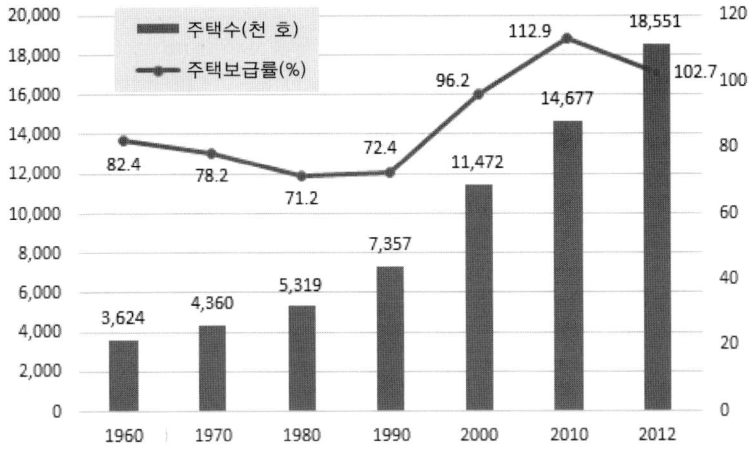

주 : 권영섭 외, 2015

[그림 8] 주택 수 및 주택보급률

4. 도로 등 교통 분야의 성과

도로확충과 소득증대에 따른 차량증가로 마이카 시대를 넘어 자동차가 생활필수품이 되었다. 특히 국토공간 내 지역간 상호 접근성이 크게 신장되었는데 고속도로 IC까지 30분 내 접근이 가능한 지역은 1970년 국토면적의 20% 이하 수준이었으나, 2011년 60% 이상으로 대폭 증가하였으며, 지역간 이동시간 역시 1970년 평균 307분에서 2010년 평균 187분으로 무려 40% 정도가 단축되었다. 따라서 전국이 평균 3시간 내에 이동이 가능한 것으로 나타나고 있다. 아울러 경부・호남 고속철도의 개통과 전라선 전철화 등의 영향으로 전국 대부분의 도시들이 2~3시간 이내의 대량 대중 교통권에 속하게 되어 전국의 단일 도시화가 실현되고 있다.

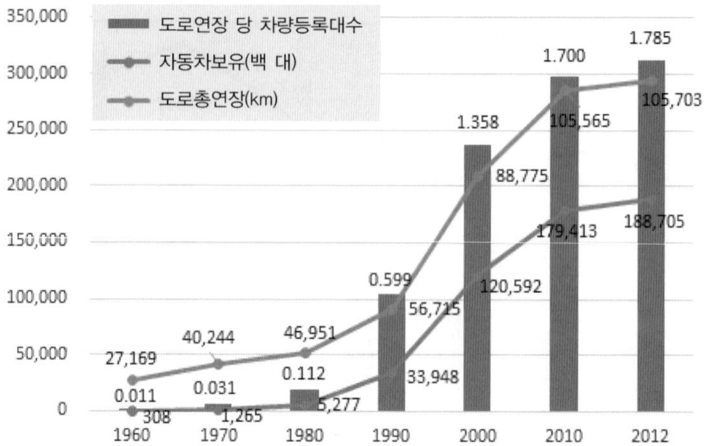

주 : 권영섭 외, 2015

[그림 9] 도로연장 당 차량등록대수 변화

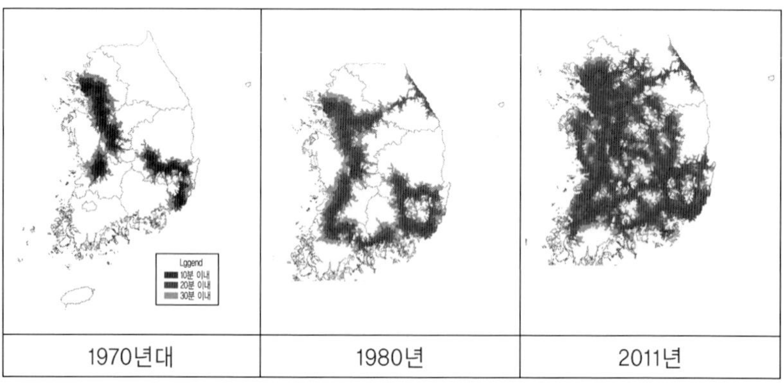

자료 : 김종학. 2012. 지속가능성장 관점에서 고속도로망 구축효과 분석 연구(1차분). 국토연구원. 이용우 외, 2014 재인용

[그림 10] 고속도로 IC 30분 이내 접근 가능지역 변화

Ⅳ 국토개발사업의 기간별 주요 동향

앞장에서 보는 바와 같이 우리의 사회간접자본 투자는 시대적 요구에 따라 전 분야에 걸쳐 단기간에 집중적으로 추진되었다. 그리고, 정치적, 경제적, 사회적 상황 변화에 따라 새로운 패러다임이 제시되어 사회간접자본 공급정책이 변화하고 발전하여 왔다. 따라서 이러한 일련의 과정을 파악하는 것은 대단히 의미 있는 일이다. 다음은 국토개발사업의 공급정책과 주요 개황을 정리하고 시대적 특징을 설명하고자 한다.

1. 국토발전의 기반조성기(1960~1970년대)

1962년 1인당 GNP는 87불에 불과하였으나 제1차 경제개발계획을 수립하는 등 국토발전을 이룩하기 위한 새로운 노력이 시도되었다. 이로부터 60여 년이 지난 현재 1인당 GNP는 2만6천여 달러로 곧 3만불 시대에 진입할 전망이다. 이런 성과는 국토운영의 성공에서 기인한 것이기도 하다. 저개발 국가의 초기 성장단계에서 국토기반 조성의 성패 여부는 향후 발전단계에 진입할 수 있느냐, 없느냐의 관건이기 때문이다.

당시(1960~1970년대)에는 경제운영정책과 국토개발정책이 한배를 타는 형태로 추진되었다. 즉 국토개발사업을 "제1차, 제2차 경제개발5개년계획(1962~1971)"에 포함하여 추진하였다. 특히 이 시기에 정치적 반대, 국가재정 부족 및 전문성 부재 등 여러 가지 어려움에도 불구하고 도전적으로 국토개발사업이 추진되었는데, 제1차 국토종합개발계획의 수립, 고속도로건설, 중화학산업기반 구축, 대규모 다목적댐 건설 등이 그것이다. 이밖에도 서울에 지하철을 건설하고, 광역상수도 시설 확충에 착수하는 등 국가 역량의 대부분을 국토개발에 투입하였다고 해도 과언이 아니었다. 이러한 일련의 사업추진과정은 해외에서도 그 유래를 찾아보기 힘든 과감한 리더십과 정부의 열정 그리고 국민적 단합이 뭉쳐져 이룩한 성과이다. 따라서 이 시기를 "국토발전의 기반조성기"라 할 수 있다.

2. 국토발전의 성숙기(1980년대)

1980년대는 그동안 이룩해 낸 국토기반 성과를 발판으로 고도의 경제성장을 이끌어낸 시기로서 국토개발사업은 더욱 확대·심화되었으며, 또한 당시로서는 꽤 수준 높고, 다양한 사업이 추진되었다. 택지개발촉진법을 제정하고 주택 200백만 호 건설계획을 추진하였으며, 이에 따라 제1기 신도시건설사업이 시작되었다. 또한 86아시안게임과, 88올림픽개최에 따라 도시개발 및 SOC 부문에 대한 대규모 현대화 사업이 진행되었다. 대한항공 중심의 단일항공사 체제에 아시아나항공의 진입으로 복수항공사 시대가 열려 국제항공시장에 경쟁적 시너지를 불어 넣었으며, 토지공개념제도 도입으로 개발에 따른 우발이익의 선순환에도 관심을 갖는 시기였다. 그간의 고도성장과정에서 초래된 수도권 집중억제를 위한 정책과 지방산업단지, 농어촌개발촉진 등 지역개발 도모를 위한 다양한 정책들이 구사된 시기이기도 하다. 따라서 이 시기를 "국토발전의 성숙기"라고 할 수 있다.

3. 국토발전의 안정화 시기(1990년대)

수출 1,000억 달러를 달성하면서 국토의 관심은 균형발전과 그동안의 난개발을 시정하는 데 주력하게 된다. 따라서 전국의 모든 지역에서 30분 내 주요간선도로에 진입할 수 있는 7×9[10]간선도로망계획이 추진되었으며, 대도시권과 신산업지대를 중심으로 하는 10대 광역권 개발을 통한 지방거점화사업에 박차를 가하기도 하였다. 한편 도시개발수요의 증가로 수도권 등 대도시지역에 대한 난개발이 확산되어 정주환경이 악화되었으며, 기반시설 소요도 급증하게 되었다. 따라서 국토이용관리법을 강화하고, SOC에 대한 민자유치촉진법을 제정하는 등 새로운 형태의 국토관리와 SOC 공급체계를 강구하게 되었다.

이 시기에는 성수대교, 삼풍백화점 붕괴 등 대규모 안전사고도 발생하였다. 이는 앞만 보고 달려온 국토발전의 그림자를 제대로 살피지 못한 결과였다. 대단히 비극적인 사고의 연속이었지만, 결과적으로 SOC 시설에 대한 안전관리시스템을 확보함으로써 향후 국토기반의 수준을 높이고 유지하는 데 기초가 되었다고 할 수 있다. 따라서 이 시기를 "국토발전의 안정화 시기"라고 할 수 있다.

4. 세계화 기반 확충기(2000년대)

세계 속에 한국의 위상과 역할이 커짐에 따라 국토기반도 선진형 환경을 갖추게 된 시기이다. 경부고속철도와 인천국제공항이 완공되고, 부산신항과 광양항 등을 가동함으로서 국토의 초고속시대를 열었

10) 국토를 남북으로 7개의 간선축과 동서로는 9개의 간선교통축을 구축하는 전략

으며 세계와의 접근성을 혁신하였다. 또한 행정중심복합도시와 혁신도시의 건설사업이 본격적으로 추진됨으로써 기능분산과 균형발전이 전략적이고도 집중적으로 추진된 시기이기도 하다. 이와 함께 4대강 사업이 녹색성장의 모델로서 추진되었으며, 광역경제권발전구상에 따라 지방의 자발적 발전기반을 강화하는 등 국토기반을 선진국 수준으로 올리기 위한 다양한 정책이 추진된 시기이다. 특히 원조 받는 국가에서 원조하는 국가로의 전환을 선언하고, 후발 개발도상국 등의 국토발전에도 눈을 돌림으로서 그동안 우리의 국토건설 경험을 후진국에게 전수하는 기회가 되었다. 따라서 이 기간을 "세계화 기반확충기"라 할 수 있겠다.

5. 국토발전의 혁신기(2010년대)

4대강 사업을 완료하고, 도시재생, 산업단지재생, 그리고 주택공급부문의 복지정책화 등 국토발전의 방향과 틀에 일대 전환이 일어나고 있는 시기이다. 쉼 없이 달려온 국토개발 노력은 이제 60여 년을 지나고 있다. 이에 따라 국토여건에 대한 국민의 요구도 종래와는 다른 정주환경과 기반시설 서비스로 진화하고 있다. 따라서 그동안은 선진국을 따라하는 국토개발이었다면 이제는 선진국의 멤버로서 앞서서 만들어 가는 창조적인 국토개발 형태를 모색하는 시대가 된 것이다. 따라서 이 시기를 "국토발전의 혁신기"라 할 수 있겠다.[11)]

11) 물론 아직은 진행중이므로 향후 좀 더 발전된 혁신적 모습이 제시될 수 있을 것임.

[표 3] 국가 발전과 국토개발사업의 관계 및 변천

구분		1960	1970	1980	1990	2000	2010
주요 지표	인구(千人)	24,989	31,434	37,436	42,869	47,008	49,410
	도시화율(%)	39.1	50.1	68.7	81.9	88.3	90.6
	1인당 GNP($)	87(1962)	178(1971)	1,734(1981)	6,757(1991)	11,865(2000)	26,178(2013)
주요경제동향			· 제1차 석유파동(1973) · 제2차 석유파동(1978) · 중국개방(1978)	· 수출100억달러 달성(1988) · 88올림픽 개최	· 수출1000억달러 달성(1995) · WTO 체제(1995)		· G20 정상회담개최 (2010)
주요정치동향		· 5 · 16혁명(1961)	· 새마을운동시작(1970) · 유신헌법제정(1972)	· 전두환 정부(1980) · 노태우 정부(1987)	· 김영상 정부(1993) · 김대중 정부(1998)	· 노무현 정부(2003) · 이명박 정부(2008)	· 박근혜 정부 (2013)
국토 개발 동향	국토계획부문	· 제1차 경제개발 5개년계획(1962) · 제2차 경제개발 5개년계획(1967)	· 특정지역개발(1972) · 제1차 국토종합개발계획(1972)	· 제2차 국토종합개발계획(1982) · 수도권정비계획법(1983)	· 제3차 국토종합개발계획(1992)	· 제4차 국토종합계획(2000)	
	주택 · 토지 · 도시부문		· 250만 호 주택건설 10개년계획 (1972)	· 주택 500만 호 건설계획(1980) · 택지개발촉진법제정(1981) · 제1기 신도시(1988) · 토지공개념도입(1989)	· 난개발확산(1995)	· 제2기 신도시 착수(2003) · 행정중심복합도시 착수 · 혁신도시 착수(2009)	· 도시재생착수 · 산단재생착수
	도로 · 철도 등 교통부문	· 경인고속도로완공(1968) · 도로정비특별회계(1968~1976)	· 경부고속도로완공(1970) · 서울지하철1호선완공(1974)	· 자동차100만대시대(1985) · 복수항공시대(1988) · 도로시설특별회계(1989)	· 고속철도계획추진(1998) · 7×9 간선도로망 확정(1992) · SOC에 대한 민자유치촉진법 제정 (1994)	· 인천국제공항완공(2001) · 경부고속철도 개통(2001)	· 호남고속철도개통 (2015)
	수자원 · 건설 산업 · 안전 등 부문	· 건설업법제정(1958) · 공업용수댐 착공(울산 , 1962) · 수자원종합개발10개년계획수립 · 섬진강다목적댐건설(1965) · 베트남건설 진출(1965)	· 소양강댐완공(1973) · 중동건설진출(1975) · 안동댐완공(1977) · 수도권광역상수도1단계완공 (1979)	· 대청댐완공(1981) · 충주댐완공(1986)	· 중소규모댐건설(1990) · 성수대교 붕괴(1994) · 상품백화점 붕괴(1995)	· 4대강 살리기 마스터 플랜 수립(2008)	

V 국토개발사업의 성공요인과 반성

1. 성공 요인

1) 건설교통조직의 유연한 변신과 전문 인력 확보 그리고 리더쉽

1948년 대한민국 정부 수립과 함께 교통부로 출범한 국토교통부는 이후 건설부, 건설교통부, 국토해양부를 거쳐 현재 국토교통부에 이르기까지 국토・산업입지, 도시・주택, 수자원・항만, 공항・철도, 교통・물류, 건설안전 등 정책을 총괄하며 국토개발사업을 추진하여 왔다. 돌이켜 보면 국가발전의 주요 시점마다 국토부는 그에 상응한 다양한 변신을 추구하여 왔음을 알 수 있다. 1948년 설립된 교통부는 1실 6국 29과에 199명의 인력으로 시작하였으며, 1955년 부흥부로 시작된 건설부는 2국 9과에 불과 61명으로 시작하였다. 1994년 건설부와 교통부가 통합(3실 6국 59과, 829명)하여 조직의 확대를 이룩하였다. 2008년에는 해양부와 통합하여 국토해양부로, 2013년 해양수산기능을 해양수산부에 이관하고 오늘에 이르렀다.(2차관, 5실, 4국, 16관, 80과, 본부 956명, 소속기관 4500명 수준) 당초와 비교하면 엄청난 조직과 인력의 신장을 이룩하였다.

[표 4] 국토교통조직의 주요 변천 과정

년도	내용	년도	내용
1948	교통부 설립(1실6국29과, 199명)	1994	건설부, 교통부 통합
1955	부흥부(건설부전신) 설립(2국9과,61명)		건설교통부 설치(3실6국59과, 829명)
1961	부흥부 → 건설부로 변경(4국18과)	1995	건설안전심의관실 신설
	건설부 → 경제기획원 국토건설청 변경	2002	항공안전본부 신설
1962	건설부 설립(4국15과)	2004	철도정책국 신설
1963	교통부 내 철도청 신설	2007	주거복지본부 신설
1968	건설부 내 국토보전국, 국토계획국 설치	2008	국토해양부 설립(2차관6실2국21관
1973	교통부 내 항만청 신설		1대변인96과5팀2센터, 본부 1325명,
1983	건설부 내 해외건설국 신설		소속기관 4592명)
1989	건설부 내 신도시기획실 신설	2013	국토교통부 설립(2차관5실4국16관
1991	교통부 내 수송정책실 신설		80과, 본부 956명)

이와 함께 발전 과정에서 국가발전의 주요 시점마다 선제적으로 기능을 확충함으로써 국토교통 서비스의 향상과 국토경쟁력에 기여하였다. 표에서 보는 바와 같이 통합되기 전 교통부의 경우는 1963년 철도청을 신설하여 육상교통시설의 확대를 꾀하였으며, 1973년에는 항만청의 신설, 1991년에는 수송정책실을 신설하는 등 물류와 인류의 유통에 종합적 대응이 가능해 졌다. 건설부의 경우도 1968년 국토계획국의 신설에 이어, 1983년 해외건설국을, 1989년 신도시계획국을 신설하여 해외건설 및 신도시건설사업 등 시대적 수요에 적극 대응하였다. 교통부와 건설부가 건설교통부로 통합된 이후에도 1995년 건설안전심의관실을, 2002년에는 항공안전본부를 신설하여 당시 시대적 이슈인 건설 및 항공안전분야의 획기적 발전을 꾀하였다. 이러한 노력으로 고속철도와 인천국제공항을 건설했으며, 최고의 항공안전등급을 부여 받는 등 높은 성과를 올리기도 하였다. 반면에, 도시의 핵심 기반시설이고 수자원 업무의 일환이기도 한 상·하수도 분야

가 타 부서로 이관되어(1994) SOC나 국토・도시 측면에서는 시너지 효과를 거두기 어렵게 되는 등 아쉬운 부분도 없지 아니 하였다.

이와 함께 기억되어야 할 것은 대부분의 국토개발사업이 대규모 토목사업을 동반하고 있어 복잡하고 위험하기 때문에 이를 운영하기 위해서는 고도의 전문성을 요한다는 점이다. 또한, 예측이 어려운 자연환경과 이해관계인 등에 노출되고 장기간에 걸쳐 대규모의 인력과 자원이 동원되어야 하는 '현장'이라는 여건상 강력한 리더십이 필요하다. 때문에 국토개발사업은 그 사업이 완료될 때까지 가급적 전문인력을 변동하지 않는 특성을 유지해 왔다. 특히 과거 고성장 시대에는 공기업 경영자가 최소 4년에서 10년이란 기간 동안 재임함으로서 다목적 댐(수자원 공사), 주택 200만 호(대한주택공사), 산업입지(한국토지공사) 등 국가 최대 과제를 성공적으로 수행할 수 있었다. 2000년대 국정사업이었던 인천공항(인천공항공사) 사업도 시작부터 개항시까지 유능한 CEO가 일관되게 사업을 관리한 것이 성공의 핵심 요인이었다고 할 수 있다.[12)]

그리고 무엇보다도 국가최고의사 결정권자의 리더십을 언급하지 않을 수 없다. 초기 국가적 가용자원이 절대적으로 부족한 상황에서 고속도로, 산업단지, 다목적 댐, 공항 등과 같은 SOC의 선제적인 구축과 개발제한구역제도를 비롯한 국토개발의 제도적 틀의 형성은 대통령의 절대적인 리더십이 작동했었기에 가능했었던 성과이다. 실제로 90년대 이후에 대통령의 관심이 약한 상태에서 추진된 SOC 사업

12) 인천국제공항 건설 시 강동석 사장, 한국수자원개발공사와 토지개발공사에서 산업기지개발사업을 담당했던 안경모 사장, 한국도로공사의 박기석 사장 등이 대표적 인물일 것이다. 이밖에도 국토부 내에도 국토계획의 기초를 다진 김의원 전 국토계획국장을 비롯하여 도로,철도, 수자원,주택, 항공, 자동차, 건설기술, 산업입지 등 각 분야에서 많은 유능한 행정가들이 전문성을 살려나간 것이 국토교통업무의 효율성을 높이고 기반을 공고히 하는 데 크게 기여했다 할 수 있다.

들은 대부분이 공기가 지연되고 그 결과 사업비가 당초 대비 크게 증가하는 등 효율성이 저하되었다. 서해안고속도로, 경부고속철도 등이 대표적인 사례이다. 반면에 민주화의 극성기인 최근 들어서도 대통령이 높은 우선순위로 이끌어간 4대강 사업의 경우에는 엄청난 반대와 저항에도 불구하고 계획기간 내에 마무리 할 수 있었으니, 대형 SOC 사업에 있어서의 리더십의 역할과 중요성을 충분히 입증하고 있다.

2) 압축성장을 가능케 한 국토개발 전문기관의 설치

현재의 국토여건을 만들어 오기까지 그 공로에서 빼놓을 수 없는 곳이 국토개발의 전문기관들이다. 1962년 발족한 대한주택공사는 당시 서울로, 서울로 밀물처럼 몰려드는 농촌지역 유민들을 수용할 주택을 공급하는 대업을 맡아 지금에 이르고 있다. 최초 단독 필지 중심의 중소규모 주택단지건설과 마포아파트단지개발을 시작으로 도시개발사업까지 전문성을 넓혔다. 현재는 주택공급이 복지정책으로 전환되어 가면서 임대주택 공급이 역할의 중심이 되고 있다. 이와 함께 좀 늦게 설립되기는 했으나(1979) 고도성장기 필요한 막대한 양의 토지수요를 해결한 토지개발공사가 있다. 녹산산단, 대불산단, 군장산단 등 대규모 산업단지와 신도시건설사업의 주역을 맡았다. 두 기관은 2009년 통합되어 현재는 한국토지주택(LH)공사로 운영되고 있다.

한편 초기 국토개발의 핵심 목표였던 식량의 자급과 풍수해 방지에 필요한 수자원의 개발과 관리를 목표로 1967년 한국수자원개발공사가 설립되었으며, 1974년 산업기지개발공사로 변경되어 댐건설 등 사업과 함께 중화학공업기지의 거점인 구미, 여천, 울산, 반월 등 산단 및 도시개발사업도 이끌었다. 1988년 이후 현재의 수자원공사로 역할을 하고 있다. 또한 국토개발에 있어 빼 놓을 수 없는 기관이 한국도로공사다. 1969년 설립되어 우리나라 고속도로망을 구축한 일등 공신이다.

철도의 경우에도 공무원 조직이던 철도청 조직에서 벗어나 고속철도 시대를 연 한국고속철도시설공단(1992)을 설립하고, 2004년에는 철도청의 일반철도 건설부문까지를 통합하여 한국철도시설공단을 발족시킴으로써 경부·호남 고속철도의 건설을 비롯하여 철도인프라 건설역량이 크게 혁신되었다. 운송사업 부문도 2005년 철도청이 한국철도공사로 전환함으로써 기업경영기법이 도입되게 되었다. 그러나 새로 건설되는 수서발 고속철도를 철도선진국들처럼 운송사업에서의 실질적인 경쟁체제 확립의 계기로 삼지 못한 것은 안타까운 일이다.

항공의 경우에는 1980년 국제항공공단으로 출범한 전문조직이 인천국제공항공사(1999)와 한국공항공사(2002)의 양사 체제로 발전함으로써 공항건설·관리업무의 효율적인 추진은 물론, 건전한 경쟁을 통하여 국제공항 서비스 평가에서 인천공항과 김포공항이 각각 최고등급을 연속적으로 기록하고 있다.

최근 출범한 한국국토정보공사(2015)는 1938년 조선지적협회로 출발하여 대한지적협회(1949), 대한지적공사(1977)를 거치면서 소유권제도의 근간이 되는 지적측량분야에서 국내외적으로 그 전문성과 역량을 평가받고 있다.

이러한 국토개발 전문기관의 설립은 타 부처와는 다른 국토교통부가 갖고 있는 기능적 특징에서 기인하였다. 사회간접자본의 건설이나 토지개발과 같은 국토교통서비스는 국민생활이나 이해관계와 직결된 것이 대부분인 데다가 방대한 투자가 소요되고 서비스 제공에 이르기까지에는 장기간이 소요된다. 일단 시행된 투자나 정책은 그 영향이 반영구적으로 지속되며 불가역적이다. 무엇보다 공공성과 독점성이 강해 정부부문에서 직접 서비스를 제공하거나 사업을 추진할 필요성이 높다. 전문기관들은 이러한 국토교통서비스의 제공과 함께 신속하고 수준 높은 사회간접자본 건설과 토지개발사업 등을 길게는 60여 년, 짧게는 40여 년 정도 수행해왔고, 그 과정에서 전문성과 함께 높은 수준의 시행능력을 갖춤으로써 국토개발의 수준과 안정성을 높이는 데 크게 기여하였다. 이러한 경험과 능력을 바탕으로 해외시장에도 진출하는 등 국토교통분야의 지평을 널리 높여가고 있다.

이밖에도 계획과 정책수립의 씽크탱크로서 국토개발연구원(1978)과 한국건설기술연구원(1983), 한국교통개발연구원(1986), 한국철도기술연구원(1996)이 설립되어 국토교통정책과 계획의 발전 및 한국형 고속철도개발과 같은 관련기술 발전에 이바지하고 있다.

[표 5] 국토개발 전문기관의 설치

기관명	설립연도	주요 기능
한국토지주택공사	2009	주택공사와 토지공사의 통합
• 한국토지개발공사	(1979)	택지개발사업 및 산업단지 조성
• 대한주택공사	(1962)	공공주택의 공급
한국수자원공사	1988	당초 수자원개발공사 기능 유지
• 한국산업기지개발공사	(1974)	수자원개발공사에 산업기지건설 기능 통합
• 한국수자원개발공사	(1967)	댐 건설 등 용수개발
한국도로공사	1969	고속도로 건설 및 관리
한국철도공사	2005	철도운영
한국공항공사	2002	국내 공항 관리, 운영 및 항공안전 등
• 국제공항관리공단	(1980)	
• 한국공항공단	(1990)	
인천국제공항공사	1999	인천공항건설 및 주변지역 개발, 공항관리 등
• 신공항건설공단	(1994)	
한국철도시설공단	2004	철도건설 및 철도시설 관리
• 한국고속철도시설공단	(1992)	
한국교통안전공단	1995	교통안전시설 설치, 교육, 홍보, 자동차 검사 등
• 교통안전진흥공단	(1981)	
한국시설안전공단	1995	SOC 시설의 안전점검 및 관리
한국국토정보공사	2015	지적관리, 항측, 국토정보 확충 등
• 대한지적협회	(1949)	
• 대한지적공사	(1977)	
국토개발연구원	1978	국토도시 및 지역계획 토지 및 주택정책 수립 등
한국건설기술연구원	1983	건설 기술관련 R&D
한국교통개발연구원	1986	교통정책 및 계획, 철도 및 공항계획 등
한국철도기술연구원	1996	철도 기술관련 R&D

3) 제도적 기반확충과 개발재원의 확보

일제와 6.25전쟁을 거치면서 피폐한 우리 국토의 회복과 발전을 위한 각종 국토개발 사업은 건국초기부터 큰 관심사였다. 특히 4.19 혁명 이후 민주당 및 공화당에 이르는 정부로부터 시작된 "경제개발 3개년계획(1960)", "수자원종합개발 10개년계획(1966~1975)", "특정지역지정 및 계획수립(1966)", "국토개발 기본구상(1968)", "제1차 국토종합계획(1972~1981)"으로 연결되는 일련의 개발계획을 실행하기 위한 사업들이 추진되었다. 따라서 이들 각종 사업의 효율적인 시행과 관리를 담보할 관련 제도도 동시에 양산되었다.

1960년대에 마련된 국토개발관련제도는 「도시계획법(1961)」, 「철도법(1961)」, 「토지수용법(1962)」, 「국토건설종합계획법(1963)」, 「토지구획정리사업법(1966)」, 「공원법(1967)」, 「특정 다목적댐법(1968)」, 등이 대표적이다. 1970년대에는 「국토이용관리법(1972)」을 비롯하여 「환경보전법(1977)」, 「공업배치법(1977)」, 「주택건설촉진법(1977)」, 산업기지개발촉진법(1973)」, 「임시행정수도개발을 위한 특별조치법(1977)」 등이 제정되었다.

1980년대에도 국토계획을 뒷받침하는 많은 제도와 정책이 도입되었는데, 「수도권정비계획법(1982)」, 「택지개발촉진법(1983)」, 「지역경제권개발계획(1987)」, 「도시교통정비촉진법(1987)」, 「수도권 신도시개발법(1988)」, 「토지공개념 3개 법률 제정(1989)」 등이 대표적이다. 이러한 일련의 제도와 정책들은 국토개발과 지역개발 및 도시에 관한 개발을 다루는 기초적 틀이라는 점에서 이 시기에 비로소 관련 제도의 기초기반이 마련된 것이다.[13)]

---

13) 서창원, 국토와 정책, 도서출판 청양, 1998, p.59, 81

이와 함께 국토개발사업의 재정을 안정적으로 담보하는 제도적 근간을 확보한 것은 국토교통관련 사업의 성공적 추진에서 큰 공로로 인정되고 있다. 도로교통시설의 안정적이고 계획적인 공급이 가능하게 한 도로정비특별회계(1968~1976), 도로시설특별회계(1989)가 대표적 사례이며, 도로 등 교통시설특별회계(1993), 교통시설특별회계(1996)로 발전되었다.

2. 돌아봐야 할 난제들

1) 토지투기 및 집단이기주의

과거 1967년 제3한강교 남단이 경부고속도로의 기점으로 결정된 후 양재동 부근인 말죽거리에서의 지가 폭등은 너무도 잘 알려진 사실이다. 그리고 1970년대는 용산구 이촌동, 강남 영동, 잠실 등 토지투기도 대표적인 사례이다. 1980년대 후반에도 수출증가와 고도성장에 따른 다양한 경제적 요인과 공급중심의 대규모 개발사업 시행에 따른 부작용 등으로 부동산 투기는 과열되어 갔다. 이에 따라 토지가격이 급등하고 부동산 투기에 대한 사회적 비난이 쏟아졌다. 정부는 더욱 강력한 대책을 수립하였는데 토지초과이득세(1989~1998), 부동산투기억제대책(1990), 부동산특별대책(1990), 그리고 정부의 확고한 의지가 엿보이는 '부동산 실권자 명의의 등기에 관한 법률'을 시행(1995)하였으나, 일부제도의 위헌성이 인정되어 완전한 근절에는 한계를 노출하였다.

한편 1980년대 후반 민주화과정에서 준법의식과 정부의 법집행 의지가 약해지면서 집단이기주의가 가시화되기 시작하였다. 대통령 선거를 앞두고 개발압력이 높은 수도권 등지의 불법개발, 광명하안 택지개발 지구에서의 고액보상을 노린 집단적인 불법건축 등에 미온적으로 대처한 것이 기폭제가 되었다. 1990년대 들어서는 지방자치제의 실시로 자치단체장의 역할이 중요하게 되고 중앙정부의 조정권한은 상대적으로 취약해지게 되었다. NIMBY현상으로 댐 건설, 지역개발사업 반대 등 사례가 발생함에도 지방정부는 자치단체장의 차기 선거 표를 의식하여 지역민의 이해관계(보상 문제 등)를 대변하거나 지역이기주의를 조장하는 경우들이 발생하였다. 횡성 저수지 수몰보상, 진주 남강댐, 진안 용담댐 등 대규모 댐 건설과 광명 하안, 토평지구 등 택지개발사업은 주민보상이 쟁점으로 부각되어 보상비가 계획대비 3~4배 높은 수준으로 지출되는 등 사업 추진에 난항을 겪기도 하였다. 특정 가치에 편향된 시민단체나 구성원의 이해를 앞세운 집단들의 비타협적인 반대나 요구 또한 국토교통분야의 효율성을 저해하는 중요한 요인으로 자리잡고 있다. 서울외곽순환고속도로 북부구간과 경부고속철도 금정산 구간 등은 집단이기주의로 적지 않은 비용을 치렀고, 동남권 신공항 입지문제를 비롯하여 부산권과 대구권의 물 문제, 수도권정책 개선책, 일부지역의 택시영업구역과 버스서비스 조정 등이 지역이기주의와 집단이기주의의 덫에 걸려 진전이 어려웠다. 건설 산업과 교통산업 내부의 업역 간, 집단 간에도 극복되어야 할 집단이기주의가 산재되어 있다.

2) 대규모 안전 사고

우리 사회의 급속한 압축성장의 이면에는 탄탄히 다지지 못한 정책과 건설사업 등이 가려져 있다. 1970년 서울의 와우아파트 붕괴사건을 시작으로 1994년 성수대교 붕괴, 1995년 삼풍백화점 붕괴 등 사건이 연이어 발생한다. 이밖에도 1993년 아시아나항공기 추락사건,

서해훼리침몰사건, 1994년 충주호 유람선 화재사건 등 대형 인재가 건설과 교통 부문에서 발생하였다. 이러한 사건들은 결국 우리사회의 변화를 요구하게 되었다. 따라서 시설안전공단을 설립하고, 항공안전국을 설치하는 등 조직과 점검 기능을 높이는 계기가 되었다. 하지만 2014년 세월호 침몰사건이 발생하면서 안전과 방재시스템에 대한 대대적 혁신이 새로이 요구되고 있다. 기술 등 여건변화에 맞게 안전과 관련한 투자확대와 제도의 보완이 지속적으로 이루어져야 하고 무엇보다 과학적으로 잘 정비된 안전규정과 이를 철저히 지켜나가는 준법문화의 확립이 절실한 상황이다.

3) 난개발과 과도한 개발

1990년대 초반 분당과 일산의 신도시가 개발됨에 따라 수도권 주변의 제1기 신도시가 그 모습을 보이기 시작했다. 이에 따라 수도권의 정주여건은 크게 개선될 전망이었다. 그러나 신도시에 공급된 도로 등 기반시설의 편리성에 편승한 주변지역의 무분별한 난개발이 시작 되었다. 이와 함께 토지투기의 광풍은 신도시 주변뿐만 아니라 수도권 전체로 퍼지고, 급기야는 전국에 걸친 난개발 사태를 맞게 된다. 난개발은 도로 등 접근시설과 학교, 보건소 등 각종 행정서비스 등이 준비되지 못한 가운데 주거시설만이 무리하게 건설되어 일어나는 현상으로서 정주환경의 악화뿐만 아니라, 경관의 악화와 환경문제를 야기하고 있다. 또한 산업입지에도 난개발이 발생하였다. 준농림지를 중심으로 발생한 산업입지의 무계획적 난립은 수도권과 부산등 대도시 주변지역을 중심으로 생활환경 악화, 인프라 소요 가중, 비점오염원 확산 등 문제를 유발하였다. 난개발과 더불어 주변과 조화되지 못하는 스카이라인, 형태, 색채 등도 국토자원의 품격과 가치, 국민의 자긍심 차원에서 집중적인 개선이 필요한 상황이다.

한편 난개발이 개발연대시대에 나타난 현상이라면 최근 저성장, 인구감소시대를 맞이하여 과도한 개발 현상이 우려되고 있다. 난개발은 선계획, 후개발을 통해 어느 정도 해결이 가능하나, 과개발은 국가재원의 낭비, 경제주체의 부실화, 국토공간의 왜곡과 비효율, 주민의 재산권 침해 등 국가경제 전체에 영향을 미칠 수도 있다. 따라서 향후 국토개발에 있어 수용 능력에 따른 적절한 개발을 유도하는 새로운 국토개발사업의 관리시스템이 필요하다 하겠다.

Ⅵ 미래를 향한 제언

과거 60여 년간 국토부의 국토개발정책은 빠른 압축 성장 과정에서의 패러다임 변화에 따라 나름대로의 발전과 성과를 이루어왔다. 하지만 우리나라 국토 환경은 저출산·고령화·저성장·기후변화·통일 변수 등 메가트렌드 변화 속에서 아직도 해결해야 할 과제들이 산적해 있다. 특히 과거에는 선진국의 경험을 따라하면서 정책과 사업들을 다루었다면 향후에는 창조적으로 만들어가는 국토정책과 사업을 추진해야 하는 부담스러운 환경에 놓여 있다. 따라서 국토부의 정책과 시책의 일대 전환이 필요하다. 여기서는 이를 위한 몇가지 기본 방향에 대해 개관하고자 한다.[14)]

14) 구체적 정책방안은 뒤에 부문별 내용에서 참고하시기 바람.

1. 지속적이고 안정적인 SOC 사업의 추진

최근 복지수요의 증대와 맞물려 SOC의 지속적 투자에 대해 회의적 시각이 표출되고 있다. 실제로 2009년 이후 도로 등 SOC 사업에 대한 투자가 감소하는 것으로 나타났다. 이러한 현상은 우리 국토 현황에 대한 잘못된 이해에서 비롯된 듯하다. 도로를 중심으로 중복투자 논란이 있고, 전반적인 SOC 수준에 대해서도 과잉논란이 있는 것이 사실이지만, 우리의 전반적인 SOC 스톡은 200여 년간 SOC를 지속적으로 축적해온 선진국들과 아직도 괴리가 큰 실정이다. 도로, 철도 공히 국토면적과 인구를 고려한 지표가 OECD 중하위[15] 수준에 머물고 있다. 더하여 프랑스, 중국, 일본 등은 미래사회에 대비하여 초고속철도의 도입을 추진하고 있다. 우리도 전국 대부분의 도시들을 두 시간 이내의 교통권으로 연결하여 실질적인 도시국가를 구현할 수 있다면 사회전반의 혁신성과 경쟁력도 초일류 수준을 기대할 수 있게 될 것이다. 서울 반경 100여km 이내를 비롯하여 대도시권에 1시간 이내에 도심접근이 가능하도록 방사형 철도망이 구축된다면 국토의 경쟁력 제고는 물론, 주택문제와 같은 도시문제 해결에도 획기적 전기가 마련될 것이다. 최근 수년째 지속되는 가뭄과 같은 기후변화에 대비하여 전국적으로 중소규모댐, 저수지, 보 건설 등 수자원확보를 위한 투자도 시급한 과제로 보인다. 따라서 SOC의 중복, 과잉투자가 일어나지 않도록 상이한 사업주체간 유사사업의 통합조정기능을 강화하는 한편으로 전반적인 SOC의 경쟁력이 최일류 수준이 되도록 지속적인 관심과 투자가 절실해 보인다. 수년간 국가경쟁력 평가에서

---

15) 선진국과의 비교자료는 고속도로, 국도, 지방도 및 도시철도, 고속철도 등 부문별로 어떤 시설을 통계에 포함되느냐에 따라 국가 간 비교 수준이 상이하게 발표되고 있어 다소 혼란스러우나 대체로 중하위권으로 정리할 수 있음.

인프라 수준의 순위가 지속하락하고 있는 것은 미래에 대한 큰 우려가 아닐 수 없다.

노후 인프라에 대한 기능향상도 중요한 과제이며 사고를 줄이기 위해서도 지속적인 투자가 절실한 상황이다. 도로, 철도, 교량 등 SOC 구조물은 준공 30년이 경과하면 화학적 손상이 급격히 진행된다. 우리나라 SOC의 약 30%가 준공 후 30년 이상 경과하였다. 이 상황에서 열화에 의한 손상을 수선하기 위한 사후보전을 게을리 하여 개축과 대규모 수선공사가 단기간에 집중되어 재정 부담이 되는 일이 없도록 사전적으로 대비해 나가야 할 것이다. 노후 SOC에 대해서 장수명화, 라이프 사이클 코스트 감축, 재정 부담의 평준화, 보전 우선 순위의 공정화를 도모해야 한다. 구체적으로 SOC의 목표·내용연수나 보전대상 부위 및 갱신주기도 정해나갈 필요가 있다. 따라서 국가 경쟁력의 근간인 SOC가 초일류 수준이 되도록 선행적으로 투자하고 관리해나가는 것이 핵심 국책과제로 지속되어야 한다. 사회전반의 경쟁력 결정요체로서의 SOC에 대한 인식 재정립이 절실하고, SOC 투자 타당성 결정기준인 편익/비용의 요소를 지식정보화시대에 맞게 조정하는 것도 시급해 보인다.

2. 국민이 안심하고 살 수 있는 국토의 형성

SOC는 국토 및 도시안전의 위험을 예방하고, 발생한 재난에 효율적으로 버틸 수 있는 인프라의 실현이 요구된다. 풍수해·강풍·폭설과 같은 자연재해뿐만 아니라 사고·범죄·화재 등과 같은 재난 등 광범위한 위험이 도사리고 있다. 과거에는 자연 재해가 큰 위험이었지만, 기술의 고도발전과 사회구조의 고도화가 진행됨에 따라 인재,

테러 등과 같은 인위적인 위험도 증가하는 실정이다. 이렇듯 SOC는 사적 공간을 제외하면 거의 모든 공공공간에 관련되어 있다고 할 수 있다. 풍수해와 같은 자연재해의 강도가 더해지는 데다, 성수대교와 삼풍백화점의 붕괴, 세월호 참사와 같은 재난에 이르기까지 우리 국토와 도시는 상시적으로 위험에 노출되어 있다. 따라서 국민이 안심하고 살 수 있고 환경적으로 지속가능한 생태친화적인 쾌적한 국토 조성이 필요하다. 재난·재해의 사전 예방 차원에서 국토 인프라 및 라이프라인 구축과 관리시스템이 요구된다. 이를 위해 ICT 기술을 효과적으로 활용하여 사회 안전을 보장할 수 있는 SOC 분야를 발전시켜나가야 할 것이다.

3. 매력적인 국토 경관 창출 노력

우리 주변 도시의 경관향상을 통해 국토 품격을 제고할 필요가 있다. 도시 근교지역과 지방도시는 난개발로 고밀화되고, 특히 도시내 이질적 경관요소가 발생하여 도시 문제가 되고 있다. 최근 각국 도시들은 도시경쟁력 강화를 위해 차별화된 도시매력제고에 주력하고 있으며, 이 중 경관이 중요한 매력요소로 부각 중이다. 그간 정부는 국토이용효율화방안 등 국토이용체계의 개선에 노력을 기울여왔지만 용도지역의 단순화, 규제완화 정책으로 산업 및 도시용 토지 공급에 주력하여 국토 경관에 대한 고려는 사실상 미흡했다. 최근 경관법 제정으로 국토 경관 향상을 위한 제도적 기반은 마련하였지만 경관계획은 임의사항으로서 실효성이 부족하다. 특히 사유 재산에 대한 지나친 소유의식은 국토 품격향상보다는 개발이익을 향유하려는 욕구로

표출되고 있다. 따라서 국토 경관은 개인의 사유재산이 아니라는 국민의 인식전환도 절실하다. 선진국에서처럼 이를 헌법적 가치[16]로 승화시켜 재산권의 절대성뿐만 아니라 공공적 가치를 고려하는 사회적 관행을 만들어 나아갈 필요가 있다.

또한 SOC 측면에서 성능뿐만 아니라 지속가능성 관점에서 미적 기준 또한 마련되어야 한다. 예를 들면 SOC 평가시 최소한의 기준을 적용하기보다 미적 관점에서 기준을 추가하여 인센티브를 부여할 구체적인 항목을 마련할 필요가 있다.

4. 새로운 국토 경영 스타일 구축

미래사회에서 국토 및 SOC 분야는 다양한 분야와 연계 및 네트워크에 의해 서비스가 제공될 것임으로, 광범위한 주체가 공유하는 거버넌스를 필요로 한다. 이를 위해서는 부처간 협력과 연대, 조정이 가능한 채널이 필요하며, 정책을 실현할 전담기구의 강력한 추진력이 필요하다. 하지만 우리의 현실은 이러한 대처가 취약하고 도시계획을 비롯한 분야별 제도에서도 융합을 도모하지 못하고 있다. 따라서 정책에 시민참여를 촉진하고 인프라에 대한 다양한 의사결정이나 이를 지원하는 법제도, 조직 등 부문에 대한 커다란 변화가 요망된다 하겠다. 아울러, 미래 사회의 새로운 포괄적 비전과 지식 협력의 장려도 필요할 것이다. 특히 조직과 재원분야에서 단일 체계(국토교통부-한국토지주택공사-국민주택기금)가 아닌 범 부처적인 통합조정에 의한 거버넌스 체계를 발전시킬 필요가 있다.

---

16) 스위스 연방헌법 104조에서는 다원적 기능, 공익적 가치에 대해 명시하고 있다.

또한 SOC 분야에서 국정과제를 해결하기 위해서는 공기업의 정책 집행이 담보되어야 한다. 이를 위해서는 CEO의 리더십이 확립되어야 한다. 기관장의 짧은 임기는 장기적인 대형 혁신사업 추진을 어렵게 하며, 단기실적만을 중시하는 원인이 된다. 따라서 국정과제를 수행하는 공기업 CEO의 경우, 국정 철학에 맞는 사업이 이루어질 수 있도록 국정 기간 동안 충실히 일할수 있는 여건을 마련해 주는 것도 중요하다.

아울러, 대부분 정부부문 독점방식으로 운영되는 SOC 경영에도 경쟁과 시장기능을 최대한 도입하는 것이 바람직하다. 철도를 비롯한 다양한 분야에서 OECD국가들이 성공적으로 경험한 결과이며 국내적으로도 공항, 도로 등의 분야에서 입증된 길이기도 하다. 당장은 애로와 고통이 있을 수도 있지만, 이를 감내하여 효율성과 경쟁력이 높아진다면 국가경쟁력과 국민편익 증진은 물론, 해당 분야의 지구촌에서의 영역확대도 가능할 것이다.

5. 통일된 한반도의 미래를 대비

글로벌 시대에 하나 된 한반도 국토 개발에 대비해야 한다. 통일된 한반도는 커다란 대·내외적 변화를 겪게 될 것이다. 우리나라가 대륙성과 해양성을 함께 누리는 명실상부한 반도국가로 거듭나는 것은 물론, 동북아 경제권·문화권 전반이 활력을 되찾는 계기가 마련될 것이다. 유라시아 지역과 태평양세력 간에 경제, 문화, 정보, 인력 등의 교류도 새로운 전기를 맞이하게 될 것이다. 이 과정에서 SOC와 산업입지의 재배치는 물론 국토의 모든 분야가 재구성되어야 할 것이다. 이러한 통일 후의 지평을 예비하고 주도해 가기 위한 대비가 마련되어야 할 것이다. 통일에 수반될 다양한 이슈들에 대해 선제적으로 대응할 수 있는 방안과 세심한 준비도 필요하다. 유라시아를 아우르는 통일국토의 발전방향을 비롯하여 교통·물류망, 에너지망, 수자원관리체제, 도시체계, 산업입지 및 협력 네트워크, 통합국토형 GIS 정보체계, 국토교통분야의 통합성 확보방안 등 한반도의 장대한 구상(Grand Design)이 마련되어야 할 것이다.

참고문헌

- 국가기록원(2013), 「중요 공개기록물 해설집」, 국가기록원 기록정보서비스부
- 국토개발연구원(1996), 「국토50년, 21세기를 향한 회고와 전망」, 서울프레스
- 국토연구원(2008), 「"국토60년, 상전벽해" 국토60년사 정책편」
- 국토연구원(2008), 「"국토60년, 상전벽해" 국토60년사 사업편」
- 권영섭(2015), 「미래국토를 선도하는 국토종합계획의 발전방안 연구(내부자료)」, 국토연구원
- 김의원(1982), 「한국국토개발사연구」, 대학도서
- 손정목(1996~2001), 「서울도시이야기(1~56)」 국토정보, 월간국토, 국토연구원
- 이용우(2014), 「미래국토발전장기전망과 실천전략 연구(Ⅲ)」, 국토연구원
- 한국경제60년사편찬위원회(2010), 「한국경제60년사(Ⅳ 국토·환경)」, 한국개발연구원
- 홍성웅(2006), 「사회간접자본의 경제학」, 박영사

국토 및 지역개발정책의 역사적 변동

02

CHAPTER 02

국토 및 지역개발정책의 역사적 변동

서태성(국토연구원 선임연구위원)

I 들어가며

지난 60년간 우리나라의 경제발전은 한강의 기적이라 불릴 정도로 놀랄 만한 성과를 이룩했다. 광복 당시 세계 최빈국 중 하나였던 나라가 정치적 혼란과 3년여에 걸친 6.25전쟁을 거쳤음에도 60년이 지난 지금 세계 유수의 무역대국으로 성장하였다. 1960년대 지금의 아프리카 최빈국 수준과 비슷한 1인당 100달러 미만에 불과하던 국민소득도 2014년 3만 달러에 육박한 것이다.

이러한 우리나라 경제발전을 가능케 한 중요한 전제조건의 하나로 사회간접자본에 대한 꾸준한 확충과 국토개발계획의 전략적인 추진을 들 수 있다.[1)] 국토개발정책은 국가발전정책의 실현수단이라는 차원에서 국가경제 발전단계와 밀접한 상관성을 지닌다.[2)] 우리나라의

1) 미국의 경제학자 허쉬만(Hirshmann)은 경제개발의 전제조건으로서 사회간접자본의 중요성을 역설하였다(한국경제 60년사 편찬위원회, 한국경제 60년사 : 국토환경편, 2011, p. 7 재인용).

2) 프리드만(Friedmann)은 국가발전단계와 지역정책 목표 간의 상관관계를 실증 분석하여, GNP에서 차지하는 산업 비중이 10% 미만인 산업화 이전단계에는 국가경제정책에서 지역개발정책의 필요성이 크지 않으나, GNP에서 차지하는 산업 비중이 10~25%인 산업화 초기단계에는 지역개발정책의 중요성이 커진다고 주장하였다. 그러나 GNP에서 25~50% 수준인 산업화 성숙단계에 이르면 국가경제정책에서 지역개발정책의 중요성은 줄어들고 종국에는 흔적만 남는 상태에 이른다고 주장하였다(한국경제 60년사 편찬위원회, 한국경제 60년사 : 국토환경편, 2011, p. 7 재인용).

경우도 예외는 아니다. 1962년 이후부터 정부가 추진해온 경제개발계획의 추진에 있어서 국토개발사업은 사회간접자본 확충을 통한 경제성장 기반의 조성이라는 측면에서 중요한 역할을 수행해왔음을 알 수 있다.

우리나라 국토개발정책의 기조는 정부의 경제정책 변화와 밀접한 관련이 있다. 수출촉진을 통한 경제성장을 제일의 정책기조로 삼았던 1960~1970년대의 국토개발은 수출촉진과 식량자급을 위한 물리적 지원수단으로서 도로・산업단지 조성, 다목적 댐 건설 등 물적 인프라 개발 위주의 정책을 유지하였다. 그러나 경제성장 위주의 개발정책 추진에 따른 사회문제로 과밀・혼잡 및 지역 공동화 등이 부각되면서 1980년대는 경제성장에 따른 부작용 해소와 균형발전 논리가 국토개발정책의 기조로 자리 잡았다. 1990년대는 세계화와 지방화에 대비해 국토의 경쟁력 기반 확보가, 2000년대는 지역혁신 역량 강화와 글로벌 경쟁력이 국토개발정책의 기조를 이루고 있다. 이와 같이 경제발전 단계에 따라 국토개발계획도 경제성장 지원을 위한 물적 기반 조성정책에서 점차 경제성장에 따른 부작용을 치유하고 선도하는 종합정책으로서 위상이 변하고 있으며, 이와 같은 추세는 향후에도 지속될 것으로 전망된다.

이러한 우리나라 국토 발전의 경험은 세계적으로도 그 유래를 찾아볼 수 없는 것으로 성장도약의 원인을 찾는 것은 미래를 대비하는 측면에서나, 우리보다 늦은 후발국들에게 발전의 경험을 공유한다는 측면에서 대단히 중요하다. 본 원고는 이상의 국토개발사업을 계획하는 최상위계획으로서 국토계획을 회고하고, 그와 연계된 지역계획(수도권계획, 특정지역계획 등)의 그동안의 변천과 주요 이슈 등을 검토하고자 하였다. 국토 및 지역개발과 관련한 성장 동인을 찾고자 한다.

II 국토개발의 청사진 : 국토계획의 변천과 이슈

1. 국토종합계획의 시대적 변천

1) 초기 국토계획[3] (1990년 이전) : 국토재건과 성장기반 확충

1945년의 해방과 함께 이루어진 국토분단과, 1950년에 발발한 한국전쟁으로 전국의 산업시설과 공공시설은 물론 수많은 주택이 파괴되고 사망자가 100만명에 이르는 등 그 피해가 막대하였다. 따라서 1953년 휴전 이후 이승만 정부(1948~1960)는 전쟁의 피해를 복구하는데 주력할 수밖에 없었다. 주로 외국의 원조를 이용하여 철도, 도로, 항만 등의 공공시설 복구사업이 진행되어 1961년에는 이들 시설의 수준이 전쟁 이전으로 회복되었다. 전후 복구기간 당시 우리나라의 인구증가율은 2.9%였고, 경제성장률은 2.3%(1960)에 불과하였으며 1인당 국민소득은 87달러(1962) 수준에 지나지 않았다.

1960년대 박정희 국가재건최고회의 의장의 지시에 따라 1962년 11월 시달된 내각수반지시각서 제53호는 역사적으로 우리나라의 국토계획이 제도적 틀을 갖추는 계기가 되었다는 점에서 중요한 의미를 갖는다. 1963년 10월 「국토건설종합계획법」을 제정하였고, 다음 해인 1964년 3월 국토건설종합계획심의회가 구성되었다. 1967년에 최초의 국토계획인 "대국토건설계획(안)"을 수립하였는데, 이는 경제의 지속적인 성장을 위해서는 운송문제와 수자원 개발이 필요하다는 이유에서였다. 그러나 "대국토건설계획(안)"은 토목시설 중심의 과다한

3) 우리 국토계획은 1972년 제1차 국토건설종합계획을 시작으로 10년 간격의 국토계획이 착수되었다. 저자는 제1차와 제2차 국토계획기간을 초기 국토계획이라 정의하고 내용을 설명하고자 하였다.

투자규모, 졸속 수립 등의 문제를 안고 있어 공식계획으로 확정되지는 못하였다.[4] 그 대신 "국토계획 기본구상"이 1968년 국무회의에서 확정되었다. "국토계획 기본구상"은 1986년을 목표로 국토의 미래상을 설정하고 공단 조성, 고속도로 건설, 다목적 댐 건설, 항만개발, 수리간척, 공업용수 및 생활용수 개발 등의 사업을 계획하였다.

1972년에 우리나라 최초로 전국을 대상으로 하는 종합적이고 장기적인 국토계획인 "제1차 국토종합개발계획(1972~1981)"이 수립・시행되었고, 이를 뒷받침하는 각종 제도와 정책이 도입되었다. 그러나 사업의 차질없는 추진에도 불구하고 중심지인 도시와 주변지역인 농촌 간에 불균형 성장이 계속되었고, 시가지의 평면적 확산이 무질서하게 이루어졌으며 농경지의 잠식과 자연훼손이 심각하게 나타났다.[5]

제2차 국토종합개발계획의 특징은 지역생활권 구상과 성장거점 개발이다. 지역생활권 구상은 거점개발 방식에 의한 공업화 정책에 따라 대도시와 입지조건이 유리한 지역에 인구와 산업이 집중되는 불균형 문제를 시정하고 인구의 지방정착을 유도하려는 전략이다. 지역생활권의 설정은 먼저 전국을 28개의 생활권으로 나누고, 그 성격과 규모에 따라 5개의 대도시생활권, 17개의 지방도시생활권, 6개의 농촌도시생활권으로 세분하였다.

---

4) 「대국토건설계획」은 1967~1976년까지의 10년간을 계획기간으로 잡고 총투자규모는 6,145억 원(1966년 가격)으로 상정했었다. 투자규모가 큰 것은 이 당시의 제2차 경제개발계획을 3년 반으로 단축 시행하려는 정부의 의도가 투영된 결과라고 볼 수 있다. 「대국토건설계획(안)」은 비록 3개월이란 짧은 기간에 작성된 것이기는 하지만 내각수반의 성문 지시 후 5년 만에 최초로 작성된 전국계획이란 점에 의의가 있다(한국경제 60년사 편찬위원회, 한국경제 60년사 : 국토환경편, 2011, p. 13 재인용).

5) 제1차 국토계획은 당시 여건상 국토전반에 걸친 개발사업을 시행할 여력이 부족하였음. 따라서 거점 중심의 불균형 개발전략을 선택하였고, 이에 따른 지역간 격차가 심화되었음.

1980년대 후반기에는 「제2차 국토종합개발계획 수정계획(1987~1991)」이 수립, 시행되었다. 수정계획에서는 수도권에 대응하는 지역경제권을 형성하고, 여기에 산업과 행정, 업무, 교육, 문화, 금융, 국제교역 등 중추기능을 분산 수용하도록 하였다. 지역경제권은 중부권, 동남권, 서남권으로 구분하고, 권역의 대도시인 부산, 대구, 광주, 대전을 중심으로 광역적으로 개발하고자 하였으며, 특정지역 개발제도를 도입하여 지방에 새로운 거점을 육성하고 국토의 균형발전을 도모코자 하였다.[6)]

2) 1990년대 국토개발계획 : 지방분산형 국토기반 확충

제3차 국토종합개발계획(1992~2001)은 1980년대 국토개발의 문제점으로 지적된 수도권의 인구집중, 지역간 소득격차, 기반시설 부족, 지가 상승, 환경오염 확산을 해결하는 데 역점을 두었다. 이를 위한 계획의 목표로서 지방분산형 국토골격의 형성, 생산적이고 자원절약적인 국토이용체계의 구축, 국민복지 향상과 국토환경의 보전, 남북통일에 대비한 국토기반의 조성을 목표로 설정하였다.

세부내용으로는 지방 대도시의 중추기능을 강화하고, 신산업지대를 조성하는 광역권 발전전략을 채택하였는데, 먼저 지방도시의 중추관리 기능을 특화 육성함으로써 수도권의 비대화를 견제하고자 하였다. 대도시인 부산은 국제 무역 및 금융, 광주는 첨단산업·예술·문화, 대구는 업무·첨단기술·패션산업, 대전은 행정·과학연구·첨단산업을 육성하고, 다른 지역별 중심도시에 대해서도 도시 특성에 맞게 중추기능을 육성하도록 하였다. 그리고 신산업지대 조성은 아산

6) 대한민국정부, 「제2차 국토종합개발계획 수정계획(1987~2001)」, 1987

만 – 대전 – 청주, 군장 – 이리 – 전주, 목포 – 광주 – 광양만 등 국토의 중부・서남부 지역에 새로운 산업지대를 개발하여 상대적으로 낙후된 그 지역들의 성장을 촉진하고자 하였다.

1990년대에도 국토정책의 안정화와 고도화를 위한 각종 제도를 도입하였다. 「농어촌개발촉진법(1990)」, 「산업입지및개발에관한법률(1990)」, 「공업배치 및 공장설립에관한법률(1990)」, 「환경정책기본법(1990)」, 「자연환경보전법(1991)」, 「수도권신공항건설촉진법(1991)」, 「지역균형개발및지방중소기업육성에관한법(1994)」, 「사회간접자본시설에대한민간자본유치촉진법(1994)」, 「고속철도건설촉진법(1996)」 등이 제정되어 국토정책 추진을 뒷받침하였다.

3) 2000년대 이후 국토계획 : 국토균형발전과 국제경쟁력 증대

2000년대에는 세 차례의 국토계획이 수립되었는데, 계획수립의 시기와 계획의 기조가 정부교체와 일치하는 특징을 보인다. 먼저 수립된 "제4차 국토종합계획(2000~2020)"[7]은 21세기의 개막과 함께 국토의 장기발전 전략을 제시하기 위해 "제3차 국토종합개발계획"을 조기에 종료시키면서 그동안의 10개년계획 관행과는 달리 2000년부터 2020년까지 20년간을 계획기간으로 수립하였다. "제4차 국토종합계획"에서 중요하게 고려한 시대적 요구는 세계무역기구(WTO:

7) 제4차 국토종합계획은 이전에 수립된 국토계획과 비교하여 다음과 같은 차이점이 있다. 첫째는 계획의 명칭을 국토종합개발계획에서 국토종합계획으로 변경한 것인데, 이는 사회간접자본건설, 도시개발, 산업입지, 관광개발 등 국토계획의 모든 부문에서 개발과 환경의 통합을 통해 국토환경을 적극 보전하겠다는 의지를 담고 있다. 둘째는 계획기간을 10년에서 20년으로 확대한 것으로, 이는 장기간이 소요되는 도시개발, 사회간접자본SOC, 문화・관광, 산업입지 등을 거시적 관점에서 계획에 반영하기 위한 것이다. 셋째는 계획수립 과정을 중요시하여 계획수립에서부터 민・관・연(民・官・硏)이 적극 동참하여 미래국토를 함께 설계하는 참여계획의 성격을 강조한 것이다.

World Trade Organization) 체제를 필두로 진행되는 세계경제의 자유화와 동북아의 경제성장에 적극적으로 대응하는 국가경영 전략의 수립, 지방자치시대에 걸맞은 개발전략의 전환, 지식정보화 시대에 적합한 국토여건 조성, 경제 및 인구의 안정성장기 전환에 대응한 국토정비 등이었다.

"제4차 국토종합계획"은 2003년 노무현 정부(2003.2.25.~2008.2.24.)가 출범하면서 수정의 필요성이 제기되었다. "수정계획(2006~2020)"을 수립하게 된 가장 중요한 배경은 중앙행정기관과 공공기관의 지방이전을 핵심 내용으로 하는 강력한 국가균형발전 정책의 추진을 뒷받침하기 위해서였다. 이후 이명박 정부(2008.2.25.~2013.2.24.)에서는 광역경제권 발전개념을 국토발전의 기조로 하는 제4차 국토종합계획이 또 한 차례 수정계획(2012~2020)으로 만들어졌다.

2000년대에도 국토정책 추진을 지원하기 위해 새로운 제도가 도입되었다. 「국토기본법(2002)」을 비롯하여 「자유무역지역의 지정 등에 관한 법률(2000)」, 「경제자유구역의 지정 및 운영에 관한 법률(2002)」, 「산업집적 활성화 및 공장 설립에 관한 법률(2002)」, 「국토의 계획적 개발과 질서있는 이용을 위한 국토의 계획 및 이용에 관한 법(2002)」, 「국토의 균형발전과 지역의 자립적 발전을 촉진하기 위한 국가균형발전특별법(2004)」, 「기업도시개발특별법(2004)」, 「신행정수도 후속대책을 위한 연기·공주지역 행정중심복합도시 건설을 위한 특별법(2005)」, 「공공기관 지방이전에 따른 혁신도시 건설 및 지원에 관한 특별법(2007)」, 「낙후지역의 개발을 촉진하기 위한 동·서·남해안권발전 특별법(2007)」, 「신발전지역 육성을 위한 투자촉진 특별법(2008)」 등이 제정되었다.

[표 1] 국토계획의 변천

구분	제1차 국토개발계획 (1972~1981)	제2차 국토개발계획 (1982~1991)	제3차 국토종합계획 (1992~2001)	제4차 국토종합계획 (2000~2020)	제4차 국토종합계획 수정계획 (2006~2020)	제4차 국토종합계획 재수정계획 (2011~2020)
계획 배경	국력의 신장 공업화 추진	생활환경의 개선 수도권과의 과밀완화	사회간접자본 시설의 미흡에 따른 경쟁력약화 자율적 지역 개발	21세기 여건변화에 주도적 대응	노무현 정부 출범	이명박 정부 출범
계획 목표	국토이용관리 효율화 사회 간접 자본 확충 자원개발과 자연보전 국민생활환경의 개선	지방정착유도 개발가능성의 전국적 확대 복지수준의 제고 자연환경의 보전	지방분산형국토 자원 절약적 국토이용체계 구축 국민복지 향상과 국토환경보전 통일국토기반 조성	균형국토 녹색국토 개방국토 통일국토	균형국토 녹색국토 개방국토 통일국토	통합국토 친환경국토 매력국토 세계로 향한 열린 국토
공간 개발 전략	성장거점개발 방식, 권역별 개발방식 - 4대권 8중권 17소권	분산형 거점 개발 방식, 지역생활권 방식 - 28개 지역생활권(생활권별 성장거점 포함)	다핵 개발방식, 지역경제권 개발방식 - 4개 지역 경제권	개방형 통합 국토축: 연안국토+동서내륙축, 10대 광역권	행정중심복합도시건설, 공공기관지방 이전, 혁신도시 및 기업도시 건설 추진 개방형국토축+다핵연계형 (7+1)국토구조	광역경제권 형성하여 지역별 특화 발전, 글로벌 경쟁력 강화, 지역특성을 고려한 전략적 성장거점 육성 -5+2광역 경제권

2. 초기[8] 국토계획의 성공요인

1) 조직과 인재의 확충 노력

국토계획의 수립은 초기부터 현재까지 건설부(현 국토부)가 맡아 수행하고 있다. 초기 국토개발사업은 1955년 부흥부가 설치되면서 시작되었다고 할 수 있다. 이후 1961년 6월 부흥부가 건설부로 변경되었으며, 그해 7월 건설부가 경제기획원 국토건설청으로 변경 조정

8) 본문에서는 1990년 이전까지를 국토계획의 수립과 추진의 초기과정으로 봄.

되었다. 1962년 국토건설청은 다시 건설부로 돌아오게 된다. 이러한 일련의 변경은 당시 경제계획과 국토계획의 경계가 모호할 정도로 국토계획이 국가발전에 차지하는 비중이 대단히 높았다는 것으로 이해할 수 있다. 또 국토계획의 필요성이 제기되던 시기에 이를 맡아 해결할 수 있는 인재의 부재에서 온 결과로도 판단된다.

이와 함께 국토계획수립을 위한 전담조직도 설치되었다. 1963년 국토건설종합계획법 제정에 따라 국토건설종합계획심의회(회장 국무총리)[9]가 구성되어 국토개발사업이 전 부처 수준의 관심사항이 되었다. 종합적이고 체계적인 국토관련 사업계획의 수립과 집행이 가능하게 된 것이다. 1963년에는 미국 아세아재단의 재정원조로 HURPI (Housing and Urban Development Planning Institute) 라는 기구가 건설부 직속기관으로 설치되었다. 미국에서는 하버드대 출신 건축·도시 전문가인 오스왈드 네그러 라는 젊은이가 지도관으로 파견되었다. HURPI[10]가 한국의 도시 및 지역계획 발전에 미친 영향은 대단히 크다.[11] 당시 10여 명의 젊은 전문가가 참여했으며, 후에 이들은 우리나라 국토 및 도시계획의 최고 전문가로서 각각 당대를 풍미했다. 또 1969년에는 건설부에 국토계획조사연구단을 설치하고 관련 전문가들을 배치함으로서 수도권, 수자원, 공업도시, 교통 정책 및 계획 등에 대한 연구와 조사가 가능해졌다.[12]

이와는 별도로 국토계획 수립을 위해 1970년 2월부터 1971년 7월까지 70만불의 UNDP/SF 자금으로 프랑스의 용역회사 Otam Merta

9) 현재는 위원장으로 하고 있으나, 김의원(1983)은 회장으로 명명하고 있음.
10) HURPI가 언제까지 운영되었는지는 자료를 찾을 수 없었음.
11) 손정목, 서울 도시이야기 52, 월간 국토, 국토연구원, 2000.
12) HURPI가 언제까지 운영되었는지는 알수 없다. 하지만 국토계획조사연구단이 신설된 것으로 판단하건데 조사단 설치 이전까지만 운영된 것으로 보인다.

International 를 고용하였다.[13] 오탐팀은 계획의 개발전략과 부문별 개발방향에 대해 다각도로 연구하였다. 이렇듯 UN의 지원 아래 특정한 국가를 대상으로 국토계획을 수립한 예는 세계사적으로도 처음으로 기록되는 일이었다. 이런점에서 많은 관심을 불러 일으켰으나, 계획에 참여한 전문가들의 이론적인 추구와 우리나라의 현실을 감안한 계획사이에 많은 차이점이 노출되었다.[14] 따라서 이 보고서는 1971년 제1차 국토계획이 확정된 이후 수년이 경과하여 최종보고서가 출간되었다. 결국 국토계획작성에는 크게 도움이 되지 못한 체[15] 1972년 Korea Regional Physical Planning이란 7권의 보고서를 제출했다. 김의원(1982)은 이 보고서 내용이 제1차 국토종합개발계획에 아무런 도움이 되지 못했다고 단언하고 있다. 그러나 UN보고서는 우리에게 두가지 시사점을 주고 있다. 첫째, 계획수립은 충분한 시간을 가지고 이론적 틀에 의해서 수립해야 한다는 모범을 보여 주었으며, 둘째는 국토개발을 추진하기 위해서는 충분한 합의와 이에 도달하기 위한 정치적인 노력이 필요하다는 것이다.[16] 이러한 경험은 비록 제1차 국토종합개발계획 수립을 직접 지원하지는 못했으나, 향후 국토계획을 수립하고 집행하는 데 큰 도움이 되었다고 할 수 있다.

1977말에는 박정희 대통령의 임시행정수도 구상을 실현하기 위해 KIST 내 지역개발연구센터를 설치하였다. 여기에는 외국에서 유학중이거나, 실무에 종사하는 우수한 인력이 초빙되어 연구를 진행하게 된다. 이들은 과거 HURPI에 근무했던 인재들의 일부가 참여하였으며 이외에도 국내 젊은 인력이 모이게 되는데 서울대 공대와 환경대

---

13) 김의원, 한국국토개발사, 대학도서, 1982, p. 780

14) 서창원, 국토와 정책, 도서출판 청양, 1998, p. 58~59

15) 김의원, 한국국토개발사, 대학도서, 1982, p. 780

16) 서창원, 국토와 정책, 도서출판 청양, 1998, p. 59

학원 출신, 한양대와 홍익대의 도시공학과 출신 등이 추가로 영입되었다. 이후 임시행정수도 업무가 늘어, 인원이 확대됨에 따라 1978년에는 KIST 부설 지역개발연구소로 확대 개편되었다. 이 조직은 박대통령이 시해된 이후 임시행정수도 백지계획 수립 연구가 사실상 중지됨에 따라, 별도의 도시 및 지역 계획사업에 대한 연구를 계속하였으며, 1983년 국토개발연구원에 흡수 통합되어 오늘에 이르고 있다.

1978년에는 대통령의 지시로 「국토개발연구원」이 창설되었다. 노융희 서울대학교 환경대학원 교수가 초대 원장으로 선임되고, 국토건설종합계획심의회 및 국토계획조사연구단의 전문위원, 그리고 해외에서 초빙한 다방면의 박사 그리고 국내 공채를 통한 인력으로 국토관련 연구가 시작되었다. 국토개발연구원은 외국의 지원 없이 우리 손으로 만든 최초의 국토계획(제2차 국토종합개발계획)을 수립하였고, 이후 국토계획과 수도권정책, 토지정책의 현안 연구를 수행하는 등 국토와 관련한 세계적 연구기관으로 성장하였다. 이렇듯 국내외적 네트워크를 총 동원한 결과 국토 관련 전문가를 확보하고 계획 수립을 위한 조직을 구성하는 등 노력은 초기 국토계획의 성공적 수립과 추진에 중요한 역할을 하였다고 판단된다.

2) 제도적 기반 조성으로 선계획 후개발 관행 정착

일제와 6.25전쟁을 거치면서 피폐한 우리 국토의 회복과 발전을 위한 각종 국토개발 사업은 건국초기부터 큰 관심사였다. 특히 4.19 혁명 이후 민주당 정부로부터 시작된 "경제개발 3개년계획(1960)", "수자원종합개발 10개년계획(1966~1975)", "특정지역지정 및 계획수립(1966)", "대국토건설계획(1967)", "국토개발 기본구상(1968)", "4대강 유역 종합개발계획(1970)", "제1차 국토종합계획(1972~1981)"

으로 연결되는 일련의 개발계획을 실행하기 위한 사업들이 추진되었다. 따라서 이들 각종사업의 효율적인 시행과 관리를 담보할 관련 제도도 동시에 양산되었다.

1960년대에 마련된 국토개발관련제도는 「도시계획법(1961)」, 「토지수용법(1962)」, 「건축법(1962)」, 「간척법(1962)」, 「국토건설종합계획법(1963)」, 「토지구획정리사업법(1966)」, 「공원법(1967)」, 「특정 다목적댐법(1968)」 등이 제정되었다. 1970년대에는 「지방공업개발법(1970)」, 「국토이용관리법(1972)」을 비롯하여 「농어촌근대화촉진법(1969)」, 「농지이용 및 보전에 관한법(1972)」, 「산림개발법(1972)」, 「농지확대개발촉진법(1975)」, 「환경보전법(1977)」, 「공업배치법(1977)」, 「자연공원법(1980)」, 「도시재개발법(1976)」, 「주택건설촉진법(1977)」, 「도시공원법(1980)」, 「고속도로법(1971)」, 「특정지역개발촉진을 위한 특별조치법(1972)」, 「사방사업법(1962)」, 「산업기지개발촉진법(1973)」, 「관광기본법(1975)」, 「임시행정수도개발을 위한 특별조치법(1977)」이 제정되었다.

1980년대에도 국토계획을 뒷받침하는 많은 제도와 정책이 도입되었는데, 「특정지역종합개발촉진에관한특별조치법(1980)」, 「수도권정비계획법(1982)」, 「수도권정비기본계획(1984)」, 「농어촌지역개발기본법(1986)」, 「지역경제권개발계획(1987)」, 「수도권 신도시개발(1988)」, 「지역균형발전기획단 설치(1989)」, 「토지공개념 3개 법률 제정(1989)」, 「주택 200만 호 건설계획(1989)」 등이 대표적 제도, 정책들이다. 이러한 일련의 제도들은 국토개발과 지역개발 및 도시에 관한 개발을 다루는 기초적 제도라는 점에서 이 시기에 비로소 관련제도의 기초기반이 마련된 것이다.[17]

---

17) 서창원, 국토와 정책, 도서출판 청양, 1998, p. 59, 81

당시 제정된 제도의 대부분은 개발사업의 추진을 위한 행정절차나 계획수립 내용을 규정하고 있는데, 이러한 법체계는 초기 국토개발사업 추진에 있어서 선계획 후개발의 관행을 확보하는 한편, 계획 수립 과정에서 개발의 타당성을 담보하게 됨으로서 한정된 재원을 효율적으로 분배하는 중요한 계기가 되었으며, 대부분의 제도가 오늘날까지도 개발제도의 근간으로 운영되고 있다.

3. 권역별 발전전략의 변천과 시사점

국토계획의 영역은 전 국토에 걸친다. 따라서 계획수립 과정에서 공간의 구분과 위계를 고려하게 된다. 일견 생각하면 국토공간의 구분은 자연환경과 물리적 특성에 따라 구분의 범위와 기능상 변화를 주기 어려울 듯하지만, 시대적, 정치적, 경제적 상황과 계획추진의 목적에 따라 달리할 수 있다. 우리 국토계획은 초기 수립단계에서부터 국토를 권역으로 묶고, 개발전략과 연계시키는 형태로 개발계획을 수립하였다. 계획이론에서 본다면 당연한 것이다. 넓은 국토의 다양성을 공간상 위계로 구분하고 기능과 재원을 배분함으로써 효율성 높은 국토발전을 모색하고자 하는 것이다. 그러나 이러한 전략은 크게 성공하지 못한 것으로 판단된다. 국토계획이 수립되는 매 단계마다 공간구조가 바뀌었고, 공간구분에 따른 국토발전의 성과를 제대로 제시하지 못한 점만으로도 이해할 수 있을 것이다.

그동안의 국토공간 전략을 보면 먼저 “제1차 국토종합개발계획”에서는 4대권, 8중권, 17소권의 공간전략이 제시되었다. 1968년 영산강을 엄습한 대 한발과 홍수로 유역권 개발이 시급히 요구됨에 따라

4대강을 중심으로 하는 4대권 개발전략을 수용하였다. 하위 단계로는 기존 행정구역단위인 8중권을 제시함으로서 지역주의적 정치상황도 고려한 듯하다, 16소권은 거점개발전략을 수용하는 형태로 제시된 것으로 판단된다. 거점개발방식은 한정된 재원과 조직으로 최대한의 효율적 국토를 추구할 수 밖 에 없었던 상황에서 국토의 불균형 성장을 유도하는 불가피한 선택이라 할 수 있다. 따라서 권역단위의 종합적 발전계획을 제시하지는 못하고 권역내 거점의 단위사업 중심으로 계획을 수립하는 수준이었다. 권역의 실체성 보다는 국토계획의 철학과 비전을 보여주는 수준으로 해석하는 것이 타당할 듯하다.

제2차 국토계획에서는 국토를 28개의 생활권으로 구분하고, 생활권별 중심도시를 육성함으로써 국토 전반에 걸쳐 근대화 수준을 확산하여 국민 생활향상을 도모하도록 하는 계획이었다. 제2차 국토계획은 우리전문가들로 구성된 국토개발연구원이 작성한 계획으로, 낙후되고 영세한 국토구조를 일거에 개선하겠다는 야심찬 계획이었다. 그러나 당시 정부재정으로는 28개 생활권과 생활권 중심도시 모두를 동시에 투자할 재력을 가지지 못하였다. 뿐만 아니라 생활권중심도시 선정은 오랜 관습으로 굳어진 지역사회 공간질서를 크게 흔드는 결과를 가져왔다. 즉 중심도시에서 제외된 일부지역의 강력한 반발로 정치적 이슈를 촉발했다. 이와 함께 계획기간 중 확정된 86아시안게임과 88올림픽대회를 위한 대규모 개발사업의 추진이 필요하였다. 따라서 중도에 국토계획을 수정하는 결과를 초래하게 되었다. 이에 따라 변경된 계획의 공간 전략은 5개 지역경제권 개념으로 제시되었으나, 개별적인 개발사업 이외에 지역경제권계획으로서의 의미 있는 역할과 성과는 거두지 못했다.

제3차 국토계획에서는 전국을 9개의 지역계획권으로 구분하여 추진하였는데 이는 2차 국토계획에서의 계획오류도 염두에 둔 것으로 판단된다. 행정구역단위의 공간구조구상은 재원의 배분과 집행에 효율적이기는 하다. 그러나 행정구역 단위의 공간구조만으로는 국토에 산재한 전략거점을 중심으로 투자와 성과를 모으는데 한계가 있다. 따라서 제3차 국토계획에서는 9개 지역생활권 이외에 10대 광역권 개발이라는 보완적 형태의 개발전략을 제시하고 있다. 보완적이라고는 하나 광역권개발전략은 제3차 국토계획의 핵심사업으로 관련 여타 개발사업의 중심에 놓여 있었다.

"제4차 국토종합계획"과 2차례의 "수정계획(2006년과 2011년 수정)"은 세계화에 대응하는 광역경제권개념을 도입하고 개방형 국토축이라는 해양지향적 발전전략을 새로이 제시하였다. 서해안, 남해안, 동해안축을 중심으로 하는 연안개발전략은 우리 국토의 개발중심을 내륙지역에서 해안으로 옮기는 단초가 되었다. 그러나 광역경제권 개념은 여전히 행정구역이라는 틀속에 갇혀 제대로의 역할을 하지 못했다.

광역경제권의 핵심 개념은 세계화되어 국가간 경계가 약화되는 흐름에서 지역의 경쟁력이 국가의 경쟁력이 된다는 명제에서 출발한다. 특히 정보화로 전 세계가 동시에 온라인으로 연결되는 현실에서 국가보다는 경쟁력 높은 지역거점을 중심으로 거대경제권(메가로폴리스)을 형성하는 것이 유리하다는 개념이다. 그러나 상대적으로 좁은 국토에서 특히 수도권에 인구의 절반이 집중하고, 인구규모와 경제규모가 열세한 일부 지역을 행정구역과 정치적 고려에 따라 별도의 광역경제권으로 구분함으로서 여러개의 광역경제권을 도모하기에는 우리

[표 2] 계획연대별 국토개발권역 설정과 변천

연도	제목	권역의 구분	권역의 명칭
1968	국토계획기본구상	4대권, 8중권, 17소권	한강유역권, 낙동강유역권, 금강유역권, 영산강유역권,
1971	제1차 국토종합개발계획	4대권, 8중권, 17소권	수도권, 태백권, 충청권, 전주권, 대구권, 광주권, 부산권, 제주권
1982	제2차 국토종합개발계획	28개 권역 생활권	대도시생활권(5) 지방도시생활권(17) 농촌도시생활권(6)
1987	제2차 국토종합개발계획 수정계획	5개 권역 경제권	수도권, 중부권, 동남권, 서남권, 기타권
1992	제3차 국토종합개발계획	9개 지역계획권	수도권, 강원권, 충북권, 대전·충남권, 전북권, 광주·전남권, 대구·경북권, 부산·경남권, 제주권
2000	제4차 국토종합계획	3×3 국토축 7개 권역으로 구분	환동해축, 환남해축, 환황해축, 남부내륙축, 중부내륙축, 서울·부산축, 수도권, 충청권, 호남권, 대구·경북권, 부산·울산·경남권, 강원권, 제주권
2006	제4차 국토종합계획 수정계획	3개 국토축 7+1개 경제권역분	남해안축, 동해안축, 서해안축, 수도권, 강원권, 충청권, 전북권, 관주권, 대구권, 부산권, 제주도
2010	제4차 국토종합계획 수정계획	4개 벨트 7개 권역으로 구분	수도권, 충청권, 호남권, 대경권, 동남권, 강원권, 제주권

국토의 시장규모와 경제현실이 따라주지 못할 뿐 아니라, 광역경제권의 이론적 틀과도 맞지 않는 결과를 초래하였다.[18)]

이렇듯 그동안 추진되어온 일련의 국토계획에서 제시한 국토 공간 전략은 분명 국토개발의 의지와 논리성을 제시하는 데는 성공하였다. 그러나 계획수립 당시 지나친 성과주의, 정치적 구호 등에 몰입되거나, 지역이기주의적 요구수용, 재원의 한계 등 문제점으로 계획의지대로 실현되지 못하였다. 또한 행정구역을 넘어선 국토 공간을 구분하고 성장을 효율적으로 담보하기 위해서는 지방분권이 전제되고 이를 통한 지역의 참여가 강하게 일어나야 하는 데 반해 우리의 중앙집권적 정치형태는 이를 따르는 데 효율적이지 못했다. 따라서 향후 국토계획은 공간적, 물리적 계획과 함께 정치, 사회, 문화 등 다양한 분야가 고려되는 종합계획으로 더욱 발전해야 하겠다.

4. 국토계획의 실효성 논쟁과 대응방향

국토계획이 우리나라의 경제성장을 선도하는 데 큰 기여를 했다는 것에는 반대가 없을 것이다. 그러나 2000년대 들어서면서, 국토계획은 그 실효성에 대한 강력한 시비에 부딪치고 있다. 국토계획이 필요한 것이냐는 것이다. 변화하는 정치·경제적 여건변화로 인하여 국토계획에서 제시한 사업 집행은 다양한 이유로 실행되지 못하고, 국민

18) 일반적으로 알려진 광역경제권의 공간단위 기준은 다음과 같다.
- 2개 이상의 광역자치단체가 걸치는 공간단위
- 최소 300만 내지 2000만 명의 인구 규모를 확보
- 중심도시로부터 반경 50~100km권
- 국제적 인프라(국제공항, 국제항만, 전문서비스 등) 보유
- 산업의 다양성을 기반으로 경제활동의 자기완결성 확보
- 사회문화적 동질성과 정체성 보유

적 관심에서도 밀려나며, 정치적으로 이용되어 오히려 국민적 갈등을 야기하는 등 문제가 되고 있다는 논지이다. 이러한 지적은 다음과 같은 이유에서 일견 타당하다. 다음은 국토계획에 대한 이러한 논쟁의 원인과 과제를 짚어보고자 한다.

먼저 국토계획이 가지는 한계적 원인에서 찾을 수 있다. 첫째로는, 국토계획이 국토전체를 다룬다는 점에서 추상성이 강하게 작용하고 있다는 점이다. 이러한 추상성을 극복하기 위해서는 사업 하나하나의 장기적이고 정밀한 계획이 뒷받침되어야하나 국토계획이 다루는 다양한 모든 분야의 사업을 구체화하기란 쉽지 않은 일이다. 둘째, 국토계획은 포괄적인 공간계획을 다루는 정책이다. 이러한 정책 위주의 국토계획은 추상성과 함께 정부의 슬로건이나 정책 에고이즘에 매료되기 쉽다. 셋째, 국토계획은 평면적 계획이 되기 쉽다. 국토계획의 주 관심사항은 기술적이고 현실적 그림보다는 미래성을 지향하기 때문이다. 따라서 사업의 구체적 여건보다는 사업이 갖는 사회적・경제적・환경적 여건을 더 중시하기 때문이다. 마지막으로 국토계획은 국가전체의 공공성을 강조한다. 때문에 사회적 영역에서 이해집단에 연루되어 이익과 불이익 집단 간의 알력에 휘말릴 소지가 크다는 것이다. 이상과 같은 문제는 국토계획이 가지는 태생적 한계에서 발생하는 실효성 논쟁이다.[19] 이러한 한계를 극복하는 노력에 대해서는 뒤에서 논하기로 한다.

다음 원인으로는 그동안 변화된 국토의 정치・경제・사회적 변화와 공간 고도화에 따른 다양한 변화에 계획가와 관련제도가 제대로 대응하지 못한 면이 있기 때문이다. 그 내용을 보면 첫째, 정부내 계획기능의 다원화와 부처별로 높아진 파티션을 들 수 있다. 초기 국토

19) 서창원, 국토와 정책, 도서출판 청양, 1998

계획의 수립에는 건설부가 모든 계획의 중심이 되어 수립하였다. 그러나 다양한 정부 부처가 신설되고 이들 부처별로 각종 제도가 양산되면서 계획기능을 건설부만 독점하던 시대는 지나갔다. 각 부처마다 저마다의 계획과 목표를 생산함으로써 유사한 정책임에도 국토 차원의 목표와 전략과는 다소 다른 시각의 정책내용이 나타나게 되었다. 따라서 부처간에 협의 조정이 어렵게 되어 국토계획에 대한 정부내 지원이 예전만 못한 것이다.

	공간단위와 특성			
	단지	도시	지역	국토
추상성	약 ←→ 강			
지향성	사업적 ←→ 정책적			
공간성	입체적 ←→ 평면적			
접근성	기술적 ←→ 환경 · 사회 · 경제적			
목적성	특수목적 ←→ 공공목적			

출처 : 서창원(1998), 재구성

[그림 1] 국토공간의 영역과 계획기능

둘째는 계획 기법과 기술의 보편화로 공간계획이 국토부만의 전유물이 아닌 것이 현실이다. 공간계획전문가를 키우기 위해서는 상당한 기간이 필요한데, 부처별로도 정책연구기관을 육성하고 지방에도 시도별 연구기관을 설치 운영하는 등 장기적으로 전문가 육성과 계획기법 개발에 힘쓴 까닭이다. 따라서 국토부가 작성한 계획에 대하여 상반된 논리(또는 부처이기적 논리)로 해당 부처(또는 지자체)의견을 제시하는 경우도 발생하고, 결국 각각의 이해에 따라 충돌하는 사례가 빈번해 지고 있다. 셋째는 변화하는 여건에 따라 과학적이고 계량적인 계획기법을 개발하지 못한 문제이다. 그동안 정보화와 세계화 진전으로 계획의 기법과 대상이 넓고 다양하게 변했을 뿐만 아니라, 분석대상도 특정분야만이 아닌 융복합적 분석을 통해 다양한 지표를 제시하여야 하나, 수요에 부응하지 못하였다. 넷째는 국토관련제도의 낙후성 문제이다. 앞에서 언급했듯이 대부분의 제도가 초기 국토개발시대에 제정되어 현재까지 유지되고 있다. 즉 60년이라는 세월이 흘렀음에도 불구하고 일부 신설된 제도를 제외하고는 개정수준으로 변화에 대응해 온 것이다. 그동안 상전벽해로 달라진 국토 및 국제 환경을 고려하는 데 한계가 있는 것이 당연하다.

이렇게 난관에 부딪힌 국토계획은 당초의 역할과 자신을 잃고 기능을 저하하는 방향으로 축소된 것이 사실이다. 그 근거로는 아래 표에서 볼 수 있듯이 계획에 담기는 전망 및 계획지표가 계획수립단계가 지남에 따라 점차 축소되고 있음을 보아도 알 수 있다.

[표 3] 국토계획이 제시하는 각종 전망 및 지표

구 분	전망 또는 계획지표	조사 분석의 활용
제1차('72~'81) 국토종합개발계획	○ 전망치 21개 분야 ○ 계획지표 34개 분야	-
제2차('82~'91) 국토종합개발계획	○ 전망치 24개 분야 ○ 계획지표 35개 분야	○ 국토전망을 위한 델파이 조사 활용
제3차('92~'01) 국토종합개발계획	○ 전망치 18개 분야 ○ 계획지표 27개 분야	○ 국토전망을 위한 델파이 조사 활용
제4차('00~'10) 국토종합계획	○ 전망치 1개 분야 ○ 계획지표 14개 분야	○ 국토계획에 대한 국민 의식 조사

주 : 전망 또는 계획 지표의 경우 계획서 내에 표(일부 그림 포함)로 제시된 내용에 한정하여 조사 제시하였음.

국토계획은 이상과 같은 원인과 결과로 크게 위협받고 있다. 그러나 국토계획은 수립단계에서 부문간 연관성과 종합성을 가진다. 따라서 사업간 우선순위를 가려주는 중요한 기능을 하게 된다. 뒤에서 논의 하겠지만 그동안 대형 국책과제가 사전 계획단계에서 검토되지 못한 체 정치적으로 추진함으로써 결과적으로 사회·경제적으로 큰 혼선을 주었던 사례는 많다. 따라서 국토계획은 이러한 과오를 사전에 막아줄 수 있는 중요한 수단 중에 하나이다. 또한 국토계획은 공간계획으로서 국가의 최상위 계획이다. 따라서 계획수립단계에서 국토의 미래상과 추진전략을 하위계획과 관련계획 전체에 공유하게 된다. 국가 전체의 개발사업에 대한 방향타 역할을 하게 되어 계획의 난립과 추진상의 혼란을 막아주는 기능을 하게 된다. 따라서 미래지향적 사안에 대해 국론을 조율하고 사업을 정교하게 하면서 국토계획의 추진이념을 반영하는 장치는 현재로서는 국토계획이 유일하다. 이밖에도 분권화되어 개별적으로 추진되는 지방의 각종 개발여건을 계획수립과정에서 종합적이고 입체적으로 점검하는 기회도 된다. 이러한 장점으로 최근 선진국에서도 그동안 등한시했던 국토계획을 다시 고려하고 재수립하려는 분위기가 확인되고 있다.[20)]

이상의 이유는 국토계획이 그 본연의 모습을 되찾아야 하는 존재이유이다. 이미 상당한 부문계획이 국토부 이외의 부처 몫으로 이관되었음에도 불구하고 그간의 여건변화와 과학적 기술기반을 담아 새로운 모습과 내용의 국토계획을 제시함으로써 국토발전에 대한 새로운 주관자로 성장하여야 할 것이다.

---

20) 일본, 프랑스, 네덜란드 등이 계획을 수립하거나 준비 중이다.

III 수도권 계획의 변천과 국토균형발전의 이슈

1. 서울의 인구집중 억제와 수도권 시책의 변천

수도권정책은 1964년에 발표된 대도시인구집중방지책에서 시작하였다. 당시 이촌향도(離村向都)에 의한 급격한 인구증가로 서울 등 대도시의 과밀 심화 및 수도권 방위문제가 대두됨에 따라 대도시의 인구 및 산업 집중 억제를 목적으로 입안하였으며 국무회의(1964. 9.22.)에서 의결되었다. 내용으로는 관공서의 지방이전, 전원도시 및 신산업도시 건설, 대도시 영세민의 신산업도시 취업유치, 대도시 공장 및 교육시설 입지 억제, 지방기업체 육성 등의 시책들이 종합적으로 제안되었다. 이후 1970년대 말까지 "대도시인구 및 시설의 조정대책(1969, 무임소장관실)", "수도권 인구과밀 억제에 관한 기본지침(1970, 건설부)", "대도시인구분산시책(1972, 대통령비서실)", "대도시인구분산책(1973, 경제기획원)", "서울시 인구소산계획(1975, 서울시)", "수도권인구재배치계획(1977, 무임소장관실)" 등 다양한 대책들이 제시되었다. 그러나 연이은 시책에도 불구하고 수도권 집중은 계속되었다.

1982년에 수도권정비계획법이 제정되면서 수도권정책은 체계화·정형화되기 시작했다. 종래에는 그때그때의 시대적 상황을 반영한 단기적 대책 중심의 수도권정책이 추진되었으나, 1982년 수도권정비계획법이 제정되면서 부터는 정책이 체계화되고, 법적 구속력을 갖출 수 있게 된 것이다. 이에 따라 1984년에 제1차 수도권정비계획(1982~1996)이 결정 고시되었다.

[그림 2] 수도권정비기본계획상의 공간적 범역

대학과 일정규모 이상의 공장, 업무·판매시설, 연수시설 등을 인구집중유발시설로 정의하여 수도권내 입지를 규제하는 한편, 대규모 택지개발사업, 공업용지조성사업, 관광지조성사업 등의 개발사업 시행을 억제하는 내용을 담고 있다. 또한 수도권을 이전촉진권역, 제한정비권역, 자연보전권역, 개발유보권역 및 개발유도권역의 5개 권역으로 구분하고 권역별로 인구집중유발시설 입지 및 개발사업 시행을 차등 규제하고 있다. 그러나 수도권정비계획법의 제정에도 불구하고 1980년대에도 수도권 인구집중은 계속되었다.

1990년대의 김영삼 정부와 김대중 정부는 기존의 수도권정책 체계를 유지하면서 점진적 규제 완화를 추진하였다. 당시는 세계화, 지방화, 민주화의 큰 흐름 속에서 규제개혁이 활발하게 추진되던 시기로서 수도권정책에 대해서도 규제 완화 내지 폐지 필요성이 다양한 경로를 통하여 제기되었으나, 수도권 인구집중이 계속되고 있는 현실적 한계 때문에 국민적 합의 도출에는 실패하였다.

2000년대 노무현 정부는 수도권에 대한 그동안의 시책과는 다른 차원의 수도권 정책을 과감히 제시하였다. 즉 수도권의 규제완화와 관리 정책을 지방발전의 추진속도와 연계한다는 것이다. 따라서 노무현 정부는 국가균형발전을 최우선 국정과제로 설정하고 그 토대 위에서 수도권의 효율성을 추구하는 방향의 정책 전환을 추진하였다. 이에 따라 수도권 정책은 국가균형발전이라는 틀 속에 포함되면서 지역발전과 수도권의 계획적 관리라는 패키지 정책으로 자리 잡게 되었다.[21]

2006년 공표된 "제3차 수도권정비계획"에서는 수도권의 "계획적 관리체제"를 중앙정부와 지자체가 상호 협력하여 수도권의 관리목표를 설정하고 상세계획 등을 통하여 수도권의 토지이용을 엄격하게 관리하는 체제로 정의하였다. 또한 행정중심복합도시 건설 및 공공기관 지방이전시책과 연동하여 수도권의 관리방식을 "계획적 관리체제"로 전환한다는 전제하에 이를 위한 연구에 착수하도록 하였다.

이명박 정부는 국가경쟁력 강화 차원에서 수도권을 세계도시권으로 육성하기 위한 수도권 규제의 합리적 개편을 광역경제권 발전정책

21) 이 정책의 기본틀은 대체로 다음과 같다. 첫째, '국가균형발전특별법', '신행정수도특별법', '지방분권특별법' 등 3대 특별법의 제정. 둘째, '국가균형발전 특별회계'의 설치. 셋째, 행정수도 이전을 구체화하며, 정부소속기관, 정부투자·출연기관 등의 지방이전계획을 추진. 넷째, 국가 R&D 예산의 지방지원비율을 2003년 20%에서 임기 내에 2배 이상으로 확대. 다섯째, 지역혁신체계와 지역산업정책을 추진. 여섯째, 국가균형발전 5개년계획을 수립. 일곱째, 「지역특화발전특구법」을 제정하여 지역경제발전의 토대를 구축. 여덟째, 낙후지역 발전을 위한 특별대책을 추진 등이다. 이와 함께 수도권의 계획적 관리를 위해서 2004년 신소권 발전방안, 2005년 수도권발전종합대책을 발표하면서 지방발전과 수도권발전의 연계방안을 제시하고 있다.

과 연계하여 강력히 추진할 것을 천명하였다.[22] 정부는 '선(先)지방 발전 후(後)수도권 규제완화'원칙을 제시하면서 2008년 10월 30일 '국가경쟁력 강화를 위한 국토이용 효율화방안'을 통하여 수도권 규제완화를 제시하면서 기존 수도권 규제시책의 기본 틀의 근본적인 전환을 시도하였다. 즉 단기적으로는 과도하고 불합리한 규제를 개선하고 기업투자 활성화로 일자리 창출과 경기회복을 지원하는 한편, 중장기적으로는 규제 중심의 경직적 관리체제를 근본적으로 개선하여 수도권의 글로벌 경쟁력 극대화를 위한 기반 조성 및 수도권 내 삶의 질, 공간의 질 제고를 위한 수도권의 계획적 관리방식 도입을 모색하였다.[23]

이에 따라 2008년 10월 "공장의 신설·증설·이전 규제 개선", "공장·산업단지 입지규제 개선", "환경보전을 전제로 자연보전권역 규제개선", "지역경제 활성화를 위해 불합리한 규제 개선" 등 그동안의 민원이 지속되었던 수도권내 규제에 대한 획기적 규제완화를 실행하였다. 이와 함께 수도권 규제완화에 따른 이익의 지방 환원을 위한 "비수도권의 투자 강화 및 투자 재원에 대한 기금 신설·특별회계" 설치 등 방안을 제시하였다.[24]

---

22) 2008년 10월 30일 정부는 수도권 과밀억제 효과에 비해 기업활동 및 주민생활을 과도하게 규제하는 불합리한 수도권 규제의 정비를 발표하였다. 중장기적으로 광역경제권 구축 등 지방발전 기반조성계획과 병행하여 기존의 획일적인 규제에서 계획에 의한 관리로의 전환을 제시하였다.

23) 지역발전위원회, 이명박 정부의 지역발전정책 연차보고서, 2008.

24) 이에 따라 2008년 12월 지방발전을 위한 30대 프로젝트 사업비 50조 원이 확정되고, 포괄보조금 제도 및 지역상생발전기금의 운영 등이 발표되었다.

[표 4] 수도권정비계획의 목표와 전략 변화

구분		제1차 수도권정비계획	제2차 수도권정비계획	제3차 수도권정비계획
계획 기간		1984~1996년(13년)	1997~2011년(15년)	2006~2020년(15년)
목표		수도권 집중억제	수도권 집중억제, 국제기능 강화, 균형발전	삶의 질 제고, 국제경쟁력 향상, 균형발전, 지속가능한 성장
공간 구조 (권역)		• 서울중심 단핵구조 • 5대 권역(조정)	• 다핵분산형 구조 • 3대 권역(과밀억제, 성장관리, 자연보전)	3대 권역 유지 • 단기 : 불합리한 규제 완화 • 중기 : 권역조정 또는 세분 • 장기 : 계획관리체제로 전환
정비 전략		• 집중규제 • 개발유보-특수개발	• 과밀방지와 도시문제 완화 • 이전기능 수용 및 자족기능 확충	• 수도권 인구 안정화 • 수도권 경쟁력 강화 • 주민 삶의질 개선 • 규제의 합리적 개선
시책 수단		• 직접적 물리적 규제	• 간접적, 경제적 규제	• 물리적, 경제적 규제
세부 규제 내용	업무 시설	• 수도권정비위원회 심의	• 총량관리	• 일정규모 이상 과밀부담금 부과
	공공 시설	• 법정 허용용량에 한해 심의	• 일정규모 이상 과밀부담금 부과	• 일정규모 이상 과밀부담금 부과(서울 주변지역으로 확대 검토)
	공장	• 업종별 규제, 원칙금지제한 허용	• 일정규모 이상 과밀부담금 부과	• 총량관리 : 산업단지 이외의 공업지역은 개별입지 공장의 집단화를 유도하기 위해 공장총량규제로 전환하여 관리
	대학	• 수도권정비심의위원회 심의	• 총량관리	• 총량관리 : 정원이 증가되지 않는 것을 전제로, 3년제 간호전문대의 4년제 대학승격을 검토

2. 수도권 규제와 균형발전의 논쟁과 함의

1) 단계별 인구 분산 성과와 한계

1964년부터 시작한 수도권의 집중 억제시책을 단계별로 보면 80년대 이전까지를 대도시 집중억제시대, 수도권정비계획이 시작되는 1994년 이전을 균형발전시대, 그 후 현재까지를 대도시권 정비 및 성장관리 시대로 구분할 수 있다.[25)]

[표 5] 수도권 시책의 기조변화와 주요 시책

정책기조	연 도	시 책 명	주 관 부 처
대도시 집중억제	1964	대도시 인구집중 방지책	건설부
	1969	대도시 인구 및 시책의 조정대책	무임소장관
	1970	수도권 인구과밀억제에 관한 기본지침	건설부
	1970	제1차 국토종합개발계획(1972~1981)	건설부
	1972	대도시 인구분산 시책	대통령비서실
	1973	대도시 인구분산책	경제기획원
	1975	서울시 인구소산계획	서울시
	1977	수도권 인구재배치 기본계획	무임소장관
	1977	공업배치법 제정	상공부
지역균형 발전	1981	제2차 국토종합개발계획(1982~1991)	건설부
	1982	수도권 내 공공청사 및 대규모 건축물 규제계획	〃
	1982	수도권정비계획법 제정	〃
	1984	제1차 수도권 정비기본계획(1984~1996)	〃
	1992	제3차 국토종합개발계획(1992~2001)	〃
대도시권 정비 및 성장관리	1994	수도권 정비계획법 및 시행령 전면개정	건설교통부
	1997	제2차 수도권 정비계획(1997~2011)	〃
	2000	제4차 국토종합계획(2001~2020)	건설교통부
	2001	수도권정비계획법시행령 개정	〃
	2004	수도권정비계획법 및 시행령 개정	〃
	2004	산업집적활성화 및 공장설립에 관한 법률시행령	〃
	2005	제4차 국토종합계획 수정계획(2006~2020)	〃
	2006	제3차 수도권 정비계획(2006~2020)	〃
	2008	국가경쟁력 강화를 위한 국토이용효율화방안 발표	국가균형발전 위원회

출처 : 국토연구원(2008)

25) 국토연구원 내부자료, 이동우 재인용

먼저 초기 대도시 집중억제정책이 추진되었던 기간의 수도권 인구는 1960년 520만 명에서 1970년 888만 명, 1980년 1,328만 명으로 증가하였다. 특히 서울의 인구는 매 10년마다 약 250만 명씩 늘어나 1960년 245만 명에서 1970년 553만 명, 1980년 835만 명으로 급격히 증가하였다.[26] 이 시기 다양한 정책에도 불구하고 정책의 효과가 없었다. 전체적으로 볼 때 집중억제정책의 아이디어가 이 시기에 다양하게 발굴되고 또 일부는 법제화를 통해 시행되기도 했다. 결국 이 시기는 대통령의 지대한 관심 속에 서울시의 집중억제정책을 강력하게 발진하였으며, 실천방향은 확고하게 정하지 못한 수도권 정책의 발아기라고 할 수 있다.[27]

이후 1982년 수도권정비계획법이 제정되고 1984년 제1차 수도권정비계획이 고시되면서 체계화된 수도권정책이 추진되었다. 그러나 이 기간 중에도 수도권의 인구집중은 계속되어 1980년 1,328만 명이던 수도권인구는 1990년에 1,857만 명으로 증가하였으며, 전국인구에 대한 수도권 인구비중은 같은 기간 36%에서 43%로 상승하였다. 이러한 원인은 수도권정비계획 내용의 한계에서 찾을 수 있다. 권역구분 및 권역별 규제시책 등이 법률에 의하여 직접 규정됨에 따라 정책의 투명성과 안정성은 제고되었으나 여건의 변화에 탄력적으로 대응하지 못하고 경직화되었기 때문에 일정 규모를 기준으로 이상이면 금지, 미만이면 조건없이 허용하는 식의 일방적 규제시책으로서 피규

---

26) 1 : 이 시기의 수도권정책의 핵심은 서울에 대한 것이었다. 수도권 문제가 정책의 핵심이 된 요인은 서울이 군사분계선으로부터 40km밖에 떨어지지 않았다는 안보상 취약용인이 크게 작용하였다.
2 : 1978년 제1무임소장관실의 주도하에 수도권 인구 재배치계획이 수립되면서 수도권의 경계가 최초로 확정되었다.

27) 국토개발연구원, 국토50년, 21세기를 향한 회고와 전망, 서울프레스, 1996, p. 219

제자의 개별적 입장을 반영하지 못하였다고 할 수 있다. 특히 국가경쟁력 등을 위하여 예외적 허용이 불가피한 경우에도 법령 개정이 선행되어야 하므로 탄력적 대응이 곤란한 문제를 안고 있었다.

1994년 수도권정비계획법을 전면개정하고, 수도권정비계획을 새로이 제시하면서 수도권계획을 대도시권의 정비 및 성장 관리체계로 전환하고 규제완화를 추진하기 시작한다. 이 시기는 대도시권 정비에 중점을 둔 김영삼, 김대중 정부의 정책기간과, 대도시권 성장관리에 중심을 둔 노무현, 이명박 정부 정책으로 구분할 수 있다. 먼저 전반기에는 제2차 수도권정비계획의 추진에도 불구하고 수도권정비계획에서 설정한 목표인구보다 훨씬 많은 인구가 집중함으로써 수도권 인구집중 억제라는 목표달성에 실패했다.

이러한 원인을 찾아보면 첫째, 인구의 수도권 집중은 수도권과 지방간의 상호 작용에 의존하기 때문에 수도권정책을 통한 인구집중 억제효과는 제한적일 수 밖에 없다는 것이다. 둘째, 중앙정부의 일방적 계획 및 정책 입안으로 수도권 지자체의 협조 도출에 실패하고 충돌하고 만 것이다. 셋째, 수도권정책의 법적 위상은 매우 높으나, 주택문제, 경기 침체 등의 현안 과제가 있을 경우 정책기조를 견지하기

[표 6] 서울과 수도권의 인구추세치, 계획치 및 실적치 비교

구 분	제1차 국토계획 목표연도(1981)		제2차 국토계획 목표연도(1991)	
	서 울	수도권	서 울	수도권
추세치[1)]	750	1,380	1,190	1,885
계획치[2)]	630	1,098	960	1,575
실적치[3)]	868	1,475	1,090	1,902

자료 : 한국경제60년사 편찬위원회(2010), p. 49

곤란한 문제가 상존하고 있다. 넷째, 재정계획 등의 뒷받침 없이 주로 규제적 수단에 의존하고 있기 때문에 정책 효과가 제한적이다. 이 밖에도 기간 중 86아시안게임과 88올림픽 개최 그리고 수도권 5개 신도시 건설 등 정부가 추진한 대규모 사업은 각각의 사업 당위성에도 불구하고 수도권계획 기조에 큰 상처를 주게 되었다.

따라서 수도권의 비중은 점점 높아지고 있으며 이를 되돌리기에는 이미 어렵다는 의견이 지배적이다. 통계청 자료에 따르면 향후에도 수도권의 비중은 50%이상으로 커갈 것이라는 전망이다.[28)]

이상의 한계에도 불구하고 "수도권 인구 집중억제 및 재배치"라는 정책목표 만을 고수함에 따라 수도권의 삶의 질 향상 및 경쟁력 제고에는 소홀하였다. 따라서 "수도권 인구 집중억제 및 재배치"라는 전통적 정책목표와 "수도권의 삶의 질과 경쟁력 제고"라는 새로운 정책목표 간의 딜레마 극복이 과제로 대두되고 있다.

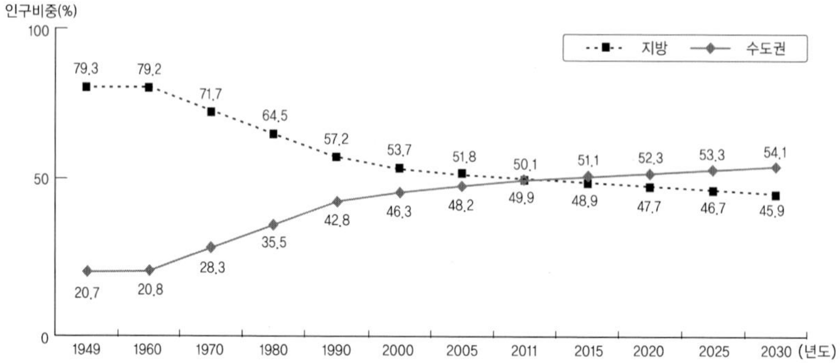

[그림 3] 수도권과 지방의 인구 비중 추이

28) 한국경제60년사 편찬위원회(2010), p. 47

2) 수도권 규제/완화와 균형발전 사업추진의 관계와 함의

지금까지의 수도권 규제정책은 서울에 집중되는 요인을 찾아 지방에도 동일한 여건을 갖추어 주고, 서울 등에는 인구집중유발시설의 설치를 억제 또는 금지시킴으로서 인구의 유입을 막자는 의도의 정책이다. 따라서 1960년대부터 수도권의 인구집중 방지방안으로 각종 정책이 운영되었다. 동시에 지방에는 특정지역개발, 중화학 공업단지 추진과 지방공업도시 건설, 서울 인근의 위성도시건설[29] 등 사업이 수도권 규제 강화와 함께 제시되고 추진되었다. 이렇듯 초기 수도권 정책은 수도권의 규제와 지방발전 방안이 동시에 제시되는 형태로 운영되었다.[30]

이후 수도권정비계획법이 제정(1984)되고 부터는 수도권의 규제와 지역균형발전이 별도의 정책으로 운영되었다. 즉 수도권계획을 국토계획의 한 부문으로 인식하고 국토계획 작성시 수도권지역에 대해서는 수도권정비계획에 위임하는 형식을 취하게 된다. 따라서 수도권규제 및 관리방안과 지역발전을 위한 지방발전사업과는 상호 연계되지 않는 형태를 취하고 있다.[31] 그러나 노무현 정부가 들어서면서부터 지역균형발전의 성과를 수도권규제완화와 연계하고, "선 지방발전 후 수도권규제완화" 방침을 선언하고, 지방발전의 성과목표로는 신행정수도 건설, 혁신도시와 기업도시 건설, 정부 및 공공기관의 지방이전 등을 제시하였다.

---

29) 수도권의 권역은 초기에는 서울로 한정되다가, 2차례 확대되어 지금의 구역으로 결정되었음. 따라서 초기 수도권 정책은 서울에 한정되었으며, 이에 따라 인근 경기도 지역의 위성도시 건설이 추진된 것임.

30) 당시에는 법으로 규정한 수도권정책이 없었기 때문에 종합시책 형식으로 추진되었다.

31) 물론 지방이 발전하면 자연스럽게 수도권집중이 억제된다는 전제가 깔려 있음.

이명박 정부에서도 국가경쟁력측면에서 수도권규제완화와 지방발전을 동시에 추진하고자 하였다. 즉 수도권의 규제를 획기적으로 완화함으로서 수도권의 세계도시화를 유도하고, 대신 지방에는 광역경제권 개발과 30개의 "지역발전선도사업"을 선정하고 약 50조 원의 신규투자를 선언하였다. 양대 정부의 이러한 목표는 규제완화시책이 지방의 반발로 무산됨으로써 소기의 성과를 얻지 못한 채 막대한 지역개발 사업비만을 부담하게 되었다. 이렇듯 수도권 정책과 지역균형개발 정책은 상호 보완적이기 보다는 상호 경쟁적인 관계가 설정되어 많은 문제를 야기하고 있다. 이러한 현상을 구체적으로 살펴보면 다음과 같다.

첫째, 지난 60년간 수도권정책과 지역균형발전은 동전의 양면과 같다는 인식이 고착되었다. 따라서 일방적 규제완화는 지방의 반발을 야기하고, 규제완화를 전제로 시혜하는 형식의 지역발전사업에 대해서는 당연히 추진되어야 하는 사업으로만 인식하고, 이를 수도권 규제완화와 연계하려는 생각을 거부하는 행태가 만연된 것이다. 둘째, 수도권 규제완화와 연계해 추진하려는 지역개발사업은 종합적이고 장기적인 국토계획차원에서 검토하고 추진되어야 한다. 2000년대 들어 양대 정부가 제시한 수도권사업과 연계된 지역개발사업은 계속 커져서 수십조 또는 수백조 원에 이를 수 있다. 이들 사업은 수도권 규제완화에 대한 지방의 합의 유무와 관계없이 추진하여야 하는 사업으로 확정된 것이다. 그러나 이들 사업은 중앙정부가 일방적으로 제시하거나, 지방에서 요구하는 해묵은 숙원사업들이다. 정치적 의도를 띠거나, 경제성이 낮고, 사업의 타당성을 갖추지 못한 시혜성 사업을 포함하고 있다. 그렇기 때문에 제시된 사업중에는 실효성이 낮은 사업이 많다. 결과적으로 기업도시, 영남권신공항, 대형 도로(연도, 연육교 등)건설사업 등 대형 국책사업은 표류를 면치 못하고 있는 실정이다. 이러한 문제는 향후 지역개발사업을 추진하는 데도 많은 부담으로 작용할 전망이다. 셋째, 수도권 규제완화와 연계한 지역개발사업은 성과가 나타나는데 상당한 기간이 소요되는 사업이다. 사업에 착수했다고 해서 균형발전의 목표를 다했다고 볼 수 없는 사업이고, 장기적으로 주변의 여타사업과 연계되어야 개발의 효과가 나타나는 당초 이름지어진대로 선도사업이다. 따라서 지방에 사업을 제시하고 수도권의 규제완화를 이해하라는 형태의 전략으로는 수도권과 비수도권 간의 합의를 도출하는 데 한계가 있어 보인다. 향후 획기적 전략 전환으로 수도권정책이 지방과의 경쟁에서 탈피하는 모습을 기대한다.

[표 7] 수도권 계획 및 지역개발사업의 관계

수도권 규제/완화		균형발전 정책	
년도	▲ 규제 / ▼ 완화 정책	년도	주요 내용
1964 1969 1970 1971 1972 1973	▲ 대도시인구집중방지책 ▲ 수도권인구집중억제방안 ▲ 수도권인구과밀집중억제에 관한 기본지침 ▲ 서울, 부산, 대구에 그린벨트지정 ▲ 대도시권인구분산시책 ▲ 대도시인구분산책	1963 1970 1972 1972 1973	서울-인천특정지역지정(이후 6개 지정) 10개의 지방공업장려지구 지정 제1차 국토종합개발계획 위성도시건설(성남단지부터) 중화학 공업단지 추진
1975 1978	▲ 서울시 인구분산계획 ▲ 수도권인구재배치계획	1977 1978	지방공업도시 건설(반월 시작) 과천 신도시개발 착공
1984 1986	▲ 제1차 수도권정비기본계획 ▲ 수도권정비시행계획	1986 1988	아시안게임 개최 올림픽 개최
1997 2004 2006 2008	▲ 제2차 수도권정비기본계획 ▲▼ 수도권정비계획법 전면개정 ▲▼ 제3차 수도권정비기본계획 ▼ 국토이용효율화방안	1993 2004 2005 2006 2008	수도권 5개신도시건설 신행정수도건설 추진 혁신도시건설 추진 기업도시건설 추진 30대 선도프로젝트 결정(50조 원)

IV 지역개발사업과 산업입지 정책의 변천과 이슈

1. 지역개발사업 및 산업단지 조성 연혁

1) 1980년 이전 : 중화학 공업기지개발과 산업의 분산

1960년대에는 수도권의 집중에 따른 대책으로 공업부문을 지방으로 분산시킴으로서 수도권 과밀의 폐해와 미개발지역의 과소를 해소하고 지역 격차를 완화하는 방안을 모색하였다. 이를 위해 철강・비철금속・조선・기계・전자・화학 등 6개 업종에 걸친 중화학공업의 육성 전략을 수립하고 이를 배치하는 계획을 수립하였다.

중화학공업기지의 조성은 규모를 대형화하고 연관산업을 집단적으로 유치하여 규모의 경제를 도모할 수 있는 산업기지화 방식으로 추진되었다. 중화학공업기지는 광양・여천・창원・거제・구미・온산 등이 선정되었고 1970년대에만 창원기계공단, 울산석유화학공단, 포항공업단지 등 40여 개의 크고 작은 산업단지가 조성되었다. 산업기지 지정 당시만 해도 임해산업단지의 개발예정 지역인 포항, 울산, 온산, 옥포, 죽도, 창원, 여천, 북평 등은 한가한 어촌이었거나 농촌이었으며, 1974년 산업기지 개발구역 지정 사실이 발표될 때까지만 해도 대부분의 국민들에게는 생소한 곳이었다.

이들 지역에 조성된 대규모 임해산업기지는 주로 중화학공업이 유치되어 우리나라 제조업 발전의 근간을 형성하였다.[32] 이러한 중화학 공업단지 개발은 1960년대 만연했던 자유입지 형태의 대도시 집중현상을 어느 정도 해소할 수 있었다. 다만 수도권에서는 서울에서 경기도 지역으로 공업입지가 광역화되었고, 지방에서는 울산, 포항

32) 국가기록원, www.archives.go.kr(2015.02.15.)

등 대규모 산업단지가 집중적으로 건설되어 동남권 편중 현상이 심화되었다. 이러한 거점개발방식의 공간적 산업집중은 물론 인구와 다른 기능의 집중도 유발하게 되어 거점이 위치한 지역과 그렇지 않은 지역 사이에 격차가 확대되는 부작용이 발생하였다.

2) 1980년대 : 균형개발을 위한 산업단지 조성과 특정지역개발

1980년대는 그간 추진된 거점개발방식의 국토개발정책이 초래한 지역간 불균형을 해소하는 데 역점을 둔 시기이다. 제2차 국토종합개발계획(수정계획)은 우리나라 성장을 이끈 공업지대, 특히 수도권의 인구와 산업의 집중을 억제하고 이를 전국 각지에 분산을 유도하였고 균형발전을 도모하고자 했다. 주요 내용으로 수도권·중부권·서남권·동남권의 4대 지역 경제권과 다도해·태백산 등 특정지역을 설정하여 광역종합개발방식으로 추진했다. 4대 지역 경제권은 공업지역의 배치를 기본방향으로 고도성장에 따라 표면화된 기존 공업지역의 과밀화를 해결하고 장기적으로 산업의 분산을 유도함으로써 지역적으로 균형있고 효율적인 국토를 형성하려는 것이었다.

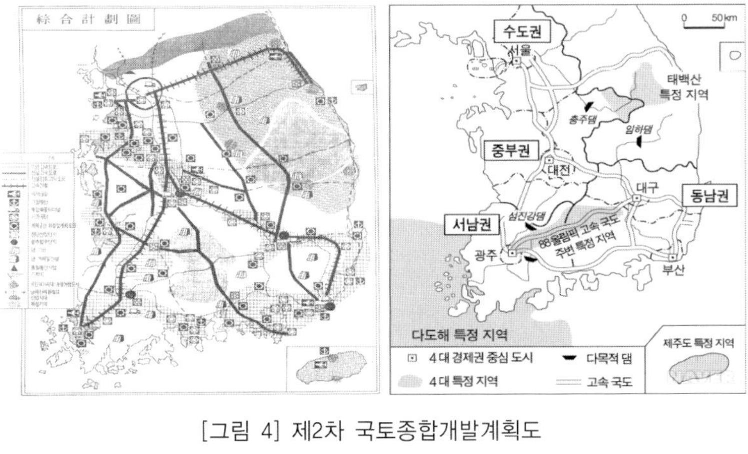

[그림 4] 제2차 국토종합개발계획도

특정지역은 1960~1970년대 공업기반 및 관광자원 개발 기조에서 벗어나 당시 대표적인 낙후지역이었던 다도해, 지리산, 덕유산, 88올림픽 고속도로 주변지역을 특정지역으로 지정하고 지역거점으로 개발코자 하였다.

[표 8] 특정지역 지정현황(1965~1970년대)

특정지역	지정일자(사업기간)	지정범위(면적)	비 고
서울-인천	1965.1.11.(30년)	서울시 전역, 경기도 일부(3,325㎢)	1982.12.18. 해제 (수도권정비계획 반영)
울 산	1966.7.20.(7년)	경남 울산시 및 울산군(1,006㎢)	1973.7.20. 해제
제주도	1966.10.26.(30년)	제주도 일원 (추자도 제외, 1,792㎢)	1982.12.18. 재지정 (구역확대)
태백산	1967.2.1.(30년)	강원 남부, 충북 북부, 경북 북부 일부(9,488㎢)	1976.4.12. 구역조정 1982.12.18. 재지정 (구역축소)
영산강	1967.2.1.(30년)	전남도 일부지역(2,322㎢)	1982.12.18. 구역정비/ 명칭변경 (다도해특정지역)
아산-서산	1967.2.1.(30년)	경기 및 충남도 일부지역(3,914㎢)	1982.12.18. 해제
영동-동해	1976.4.16.(7년)	강원도 일부지역(4,479㎢)	1982.12.18. 해제

3) 1990년대 : 신산업단지 개발

100억 달러의 수출을 달성한 정부는 제3차 국토종합개발계획에서 공업지역의 재편과 함께 신산업 수요에 대응하기 위한 신산업단지 조성 정책이 수립되었다. 구체적으로 기존 공업지역의 집중은 제한하고, 성장잠재력이 높은 지역에 새로운 공업지대를 형성하기 위한 것이다.

[표 9] 연대별 산업입지 정책 변화 및 산업단지 지정 현황

구 분	1960년대	1970년대	1980년대	1990년대	2000년대	2010년대
정책 대상	계획 입지 개발 시도	수도권 내 산업 집중	지역적 불균형 심화	개별입지증대 첨단산업입지 수요공급	지식기반 산업입지 수요공급	추가
정책 기조	• 수출 위주의 경공업 입지	• 수도권 억제 • 대규모 산업입지 조성	• 산업단지 내실화 • 농공단지 개발	• 신산업지대 개발 • 입지규제 완화 • 구조조정 촉진	• 전문화된 산업지구 조성 • 지식기반 경제구축 지원	추가
관련 법규	• 국토건설종합계획법 • 수출산업단지 개발조성법 • 기계공업진흥법 • 조선공업진흥법 • 전자공업진흥법	• 지방공업 개발법 • 산업기지 개발촉진법 • 공업배치법	• 수도권정비 계획법 • 중소기업진흥법 • 농어촌소득원 개발촉진법 • 공업발전법	• 산업입지법 • 공업배치법 • 국토이용 관리법 개정 • 산업기술단지지원법	• 국토계획 및 이용법 • 산업단지 인·허가 특별법 제정 • 산업법 개정 • 문화산업 진흥법 • 산업집적법	추가
지정 단지	• 울산공업센터 • 수출산업단지	• 창원기계공단 • 마산 및 익산 수출자유지역 • 울산석유화학 공단 • 옥포산업기지 • 반월공단 등	• 서남권 대규모 산업단지 조성 : 대불, 녹산, 군장 등 • 농공단지 개발 • 부산 신평·장림, 광주 하남공단 등	• 첨단과학 산업단지 • 외국인기업 전용단지 및 외국인투자 지역 • 테크노파크 조성 등	• 도시첨단 산업단지 • 문화산업 단지 • 소프트웨어 진흥단지 등	추가

출처 : 국토해양부(2010), 재구성

우선 산업입지의 지역간 균형을 위해 수도권의 공업집중비율을 축소하고 낙후된 지역의 산업단지 개발을 확대하였다. 수도권에 대해서는 신규 산업단지 개발을 억제하고 대기업의 지방이전을 유도하는 반면에 산업단지 공급물량의 95%를 지방에 계획하였다. 특히 중부와 서남부지역에는 신산업지대를 개발하여 2001년까지 신규로 조성되는 공장부지의 60%를 배치하도록 하였다. 그와 함께 동남해안 공업벨트는 산업구조를 고도화하고 낙후지역의 개발촉진을 위해 중소공

단 개발을 추진하였다. 아울러 첨단산업 육성을 통한 산업의 국제경쟁력 강화를 위해 첨단기술산업단지를 지역 특성에 맞게 개발하도록 하였다. 그리고 산업단지 개발의 환경적 영향을 줄이기 위해 전체 공급물량의 75%를 계획입지로 조성하였다.[33)]

4) 2000년대 이후 : 산업혁신역량 창출과 지역재생수단으로서의 산업단지

2000년대는 3차 산업의 증가와 ITC 등 첨단산업으로 발전해 나아가는 시기였다. 산업구조의 변화에 대응하여 새로운 형태의 지역개발을 목표로 하면서 지역균형발전의 수단으로 산업클러스터 정책을 채택하고 다양한 유형의 산업용지를 공급하였다. 이와 같은 배경으로 도시지역에 소규모로 입지할 수 있는 도시첨단산업단지 제도를 도입하여 산업여건변화에 부응하여 원활한 입지공급을 꾀하였다. 아울러 2006년부터는 소규모 중소기업이 저렴한 비용으로 산업용지를 확보할 수 있는 국민임대산업단지 제도를 도입하였다. 또한 기술력을 보유한 중소기업의 창업촉진과 경쟁력 강화를 위해 산업용지 조성원가의 1% 수준에서 외국인 투자기업을 중심으로 제공되던 장기 초저가 임대전용산업단지를 국내기업에게도 확대 적용하였다. 한편 새로이 제시된 산업클러스터 정책은 산업단지 개발방식의 일대 변화를 초래하였는데 과거 제조업이 중심이 되는 산단 개발 형태를 탈피하여 제조업체와 관련 서비스업체를 포함하는 생산과 기술의 지원이 일체화된 산업단지를 개발하도록 전환하였다.

---

33) 국토연구원, 국토60년, 상전벽해 국토60년사 사업편, 2008

[표 10] 노후 산업단지 물량 전망

구분	지정현황(2012년)		노후산업단지 현황					
			2012년		2015년		2020년	
유형별	단지수	지정면적(천㎡)	단지수	지정면적(천㎡)	단지수	지정면적(천㎡)	단지수	지정면적(천㎡)
국가	41 (100.0)	792,288 (100.0)	12 (29.3)	43,222 (5.5)	16 (39.0)	70,153 (8.9)	23 (20.4)	116,016 (14.6)
일반	497 (100.0)	493,984 (100.0)	41 (8.2)	46,705 (9.5)	56 (11.3)	58,411 (11.8)	90 (18.1)	74,103 (15.0)
도시첨단	11 (100.0)	2,271 (100.0)	-	-	-	-	-	-
합계	549 (100.0)	1,288,543 (100.0)	53 (5.3)	89,927 (7.0)	72 (7.3)	128,564 (10.0)	113 (11.4)	190,119 (14.8)

이밖에도 조성된 지 20년 이상 경과된 노후산업단지가 증가하여 노후산업단지 재생계획을 마련하여 산업환경개선과 재정비를 추진하였다. 산업단지가 유례없는 고도압축성장의 핵심적 역할을 수행하였지만 저성장 경제국면, 산업인프라의 노후화, 제조업의 역외이전 등으로 지속적 성장동력으로서의 위상이 약해지고 있어 재생방안이 절실히 요구되고 있기 때문이다. 특히 최근 창조경제시대를 이끌 산업단지의 경쟁력 제고에 대한 관심이 높아지고 있는 시점으로 산업단지 재생사업의 수요는 시간이 더 할수록 증가될 전망이다. 따라서 향후 낙후된 산업단지를 재생하여 산업구조를 혁신하고, 미래 국가발전의 토대가 되도록 하는 미래형 산업단지의 건설이 시급히 모색되어야할 과제가 되고 있다.

2. 정치적 논쟁이 된 대규모 개발사업과 시사점

우리나라는 '한강의 기적'이라는 압축적 성장을 달성하여 개발도상국의 발전 모델로 회자되고 있다. 그러나 성장의 이면에는 수도권 중심의 개발 전략과 불균형 성장, 그리고 지역간 갈등이라는 정치적 요소가 복잡하게 얽혀 있다. 역대 정부는 수도권 억제정책과 지역발전 정책을 통해 균형발전을 시도해왔지만 수도권 집중과 지역간 격차 문제는 쉽게 해소되지 않았다. 균형발전은 한정된 자원의 분배와 합의 형성과정에서 '균형'과 '성장'의 논리가 양립할 때 정치적인 논쟁으로서 논란이 되었기 때문이다.

이러한 일련의 변화과정에서 대규모 국토개발사업이 지역주의와 여론몰이 그리고 각종 이해집단의 이기주의에 휘말리면서 정치·사회적 이슈로 등장하였다. 이들 사업은 모두 나름대로의 논리적 뒷받침과 시대적 당위성 등을 갖추고 있었으나 다양한 문제에 봉착하였다. 물론 모두 잘못된 것은 아니지만 절차와 과정 그리고 현재의 시각에서 그 내용을 살펴보는 것은 중요한 일이다.

1) 당초 계획에 포함되지 않았던 대규모 사업들

김의원(1982)은 우리나라 경제계획에는 하나의 징크스가 있다고 하였다. "제1차 경제개발5개년계획"에서는 울산개발이, "제2차 계획"에서는 고속도로가, "제3차 계획"에서는 중화학공업이, "제4차 계획"에서는 해외건설이 당초 계획에는 없었으나, 발표직후 추가되었는데 이들 사업은 언제나 계획기간중 주도적인 사업으로 역할을 담당했다[34]고 적고 있다. 이러한 사업들은 당초 계획수립 당시 생각이 부족

---

34) 김의원, 한국국토개발사연구, 대학도서, 1982, p.776

하여 발생한 것이라고 할 수도 있으나, 대부분은 국가지도자의 정치적 결단에 의해 이루어 졌다는 것은 잘 알려진 사실이다. 국토계획에서도 이러한 사례는 찾을 수 있다. 제2차 국토계획 수립과정에서는 거론되지 않았던 88올림픽 고속도로 건설 사업이 마지막단계에서 포함되었으며, 제3차 국토계획에는 없었던 노태우 대통령의 서해안개발시대선언과 인천국제공항 건설, 제4차 국토계획에서는 노무현 대통령의 신행정수도구상과 혁신도시, 기업도시개발 그리고 이명박 대통령의 4대강정비사업 등이 그것이다.

이들 내용을 살펴보면 먼저 88올림픽 고속도로의 경우 1980년 광주민주화운동으로 갈등이 심화되었던 당시 상황에서 동서간의 상징적 화합과 민심을 돌볼 수 있다는 측면에서 전두환 정부의 국책사업으로 제시되었다. 이 사업은 1981년 착공되어 1984년 3년만에 개통되었으나, 최초의 2차선 고속도로로서 논란을 낳았으며, 아직까지도 완전한 4차선화가 이루어지지 못하고 있다.

1987년 당시 민정당 대통령 후보 노태우는 중국의 문호개방으로 다가오는 동북아시대를 맞아 서해안 일대 개발 및 인천국제공항 건설 등을 선거 공약으로 내세웠다. 그리고 뒤에 서해안 개발과 관련하여 서해안고속도로건설 등 126개 사업계획을 내놓았다. 지리적으로 중국과 근접한 서해안 일대의 개발은 중국의 문호개방 즉 대외 경제여건 변화에 따른 실리적이고 당연한 국토개발사업이라고 할 수 있으나, 당시 대선구도에서 급하게 추진한 면도 있어 보인다. 이러한 결과로 서해안고속도로 사업은 사업추진을 천명한지 7년이 지난 1994년에야 안중-안산간 40.9km 만이 개통되었고, 2001년 12월 31일 완전개통까지는 14년이라는 기간이 소요되었다. 인천공항 역시 2001년 3월 개통되었다.

2003년 노무현 정부에서는 지역균형발전 정책이 국정운영의 중심이 되었다. 이에 따라 신행정수도건설과 혁신도시 및 기업도시건설 추진을 선언한다. 그러나 신행정수도(현재 세종시)는 많은 논란 끝에 결국 "정부는 헌법 개정절차를 거치지 않아 헌법 130조 2항의 국민투표권을 침해했으므로 특별법은 위헌"이라고 판결되었다.[35] 혁신도시는 이명박 정부로 바뀌면서 부지 조성원가 상승, 기업유치 문제 등 부정적인 입장을 밝히고 혁신도시의 전면 재검토 방침을 표명(2008.4.15.)했다. 그러자 2008년 4월 17일 혁신도시가 지어질 전국 14개 시·군·구 단체장들의 협의체인 전국혁신도시(지구)협의회는 "정부가 바뀌었다고 국책사업이 근본적으로 흔들리거나 바뀌게 된다면 어느 국민이 국가 정책을 신뢰하겠냐"고 주장하는 등 소동을 촉발했다.[36] 기업도시 역시 기업에게 부여되는 토지수용권을 둘러 싼 논쟁, 수도 및 충청권 배제 원칙 훼손, 기업도시 취지에 어긋나는 관광레저형 기업도시 논란, 개발이익 환수 방안을 둘러싼 논란 등이 지속적으로 발생하였다. 이와 더불어 기업도시 추진으로 인해 훼손되는 환경 문제에 대해서도 수많은 시민단체의 저항과 마주해야 했다.

다음은 이명박 정부가 한국형 녹색 뉴딜을 내세워 추진한 4대강 살리기 사업이다. 대규모 하천정비사업으로서 한강, 낙동강, 금강, 영산강 등 4대강을 준설하고 친환경 보(洑)를 설치해 하천의 저수량을 대폭 늘려서 하천 생태계를 복원한다는 것이 주된 사업 명분이었다. 사업 구상 단계부터 여당과 야당의 팽팽한 정치적 논쟁속에 낙동강지구 착공식(2008.12.29.)을 시작으로 2012년 4월까지 22조 원의 예산을 투입해 추진하였다. 하지만 4대강 사업의 예산 투입에 대한 갈등

35) 동아일보, 헌재, 위헌8-각하1 "수도이전법 違憲", 2009.10.09.
36) Wikipedia, 혁신도시 논란

은 심해져만 갔으며 이런 논란은 아직까지 지속되고 있다.[37)]

이상과 같이 정치적 의사결정에 따라 제안된 다양한 정책사업들은 대부분 사업이 지연되거나 정치·사회적으로 갈등을 초래한 것으로 나타나고 있다. 당초 국토적 차원에서 종합적이고 전략적인 검토가 이루어지지 못하여 사업의 우선순위 등이 지켜지지 못한 결과로 판단된다. 물론 일부 사업들이 후에 상당한 성과를 얻기는 하였지만 정치적인 판단에서 성급하게 시행됨으로써 과도한 기회비용을 초래했다는 지적을 피할 수는 없었다.

2) 환경 등 사회적 갈등이 된 대규모 사업들

1991년에 발생했던 낙동강 페놀오염 사건은 우리나라 환경관리 역사에 한 획을 그은 가장 중요한 사건이었다고 할 수 있다. 구미공단의 한 공장에서 일어난 페놀유출사고는 낙동강하구까지 도달하여 하류 영남지방 수백만 명 주민의 식수공급을 중단하게 해서 환경오염의 무서움을 온 국민에게 일깨워주었다. 이후 환경문제는 우리 국토개발사업에도 지대한 영향을 끼친다. 그 대표적인 사례가 위천공단사태와 시화호 사태 그리고 새만금개발에 대한 갈등이 그것이다. 다음은 이들 환경보전과 개발에 관해 살펴보고자 한다.

3) 위천공단 사태

1991년 3.14 페놀오염사태는 부산, 경남 주민들에게 깨끗한 상수원 확보가 어렵게 되었다는 위기의식을 자극하는 기폭제가 되었다. 이에 따라 맑은 물 확보라는 관심은 낙동강 상류의 상수원 확보 및

37) 훼손된 습지의 경제적 가치가 5조 8,712억 원과 유지관리비용이 매년 5,749억 원이 든다고 주장하는 등 논란이 계속되고 있다.

낙동강 중류지역의 오염발생 방지가 그 해결책으로 제시되고 있었다.

[표 11] 위천공단 사태 주요일지

1991.12.	지방공업단지지정 승인신청(경상북도 → 건설부) - 당초 90만 평
1992.1.~1993.7.	관계기관 협의(총 12회)후 보완지시 - 환경처에서 낙동강 수질오염을 이유로 염색단지면적 축소 요청 (35만 평 → 9만 평)
1993.7.	공업단지 보완 신청(경상북도 → 건설부) - 염색단지규모 축소(35만 평 → 9만 평), 기계장비 26만 평
1993.11.	공업단지지정 승인신청 보완지시(환경처 → 건설부 → 경상북도) - 부산, 경남과 합의 후 재협의토록 보완지시
1994.1.	공업단지 협조요청에 대한 회신(환경처 → 건설부) - 수질오염 계속 악화 우려, 관련 시·도의 계속 반대
1994.3.	4개 기관 협의(건설부, 환경처, 상공자원부, 도) - 환경영향조사 결과에 따라 공단지정여부 검토
1994.8.	환경영향평가 용역 계약(1995.4.28.까지 납품)
1995.6.5.	국가공단지정 건의(대구시 → 건설교통부) - 200~300만 평 규모(지방공단 지정문제는 백지화)
1995.6.24.	국가공단지정 불가 회신(건설교통부 → 대구시) - 지방공단으로 지정·개발토록 유도
1995.7.19.	국가공단지정 재건의(대구시 → 건설교통부)
1996.3.25.	환경부에서 수질영향분석자문단 구성(10인; 대구 2, 부안 1, 경남 1 포함)
1996.6.26.	자문단 의견 통부(환경부 → 건설교통부) - 반대 4, 부정적 의견 4, 찬성 2

이러한 시기에 대구시는 달성군 지역에 당초 90만 평 규모의 지방공업단지 지정승인을 요청했다.(1991.12.) 이후 1994년까지 부산·경남지역의 반대 등으로 추진이 지연되고 있었다. 그런데 1996년 6월 대구시에서는 당초 제시했던 규모를 크게 넘어선 300만 평 규모의 국가공단지정을 요구하면서 위천공단 사태가 촉발되었다. 이로 인해 상하류 주민간의 심각한 갈등이 초래되었는데 부산, 경남 주민이 대구시를 항의 방문하는 초유의 사태가 그것이다. 결국 대구시에서 위천공단 추진을 단념하면서 사태가 종료(1996)되었으나 환경문제로

지역간 주민이 대규모로 충돌할 뻔한 유일무이한 사건이었다.

4) 시화호 사태

시화지구는 1960, 1970년대 국가적 과제이었던 식량의 자급자족을 위하여 간척농지개발사업을 적극적으로 추진한다는 목적으로 1976년과 1980년에 현지 답사후 농림부에서 사업추진을 결정하였다.

[표 12] 시화호 사태 주요 일지

1986.2.19.	시화지구개발 기본계획 및 집행계획을 정부가 결정 - 1단계 : 공업단지 조성 및 방조제 축조 - 2단계 : 1단계사업 완료 후 시행
1986.9.27.	시화지구개발 기본계획 고시 - 단지조성 742만 평, 방조제 12.6km
1987.6.8.	외곽시설(방조제 및 부대시설)사업 실시계획 승인고시 - 방조제(12.6km) 및 부대시설(공사착공 1987.6.10.)
1994.1.24.	방조제 끝막이 공사 완료로 시화호 생성
1996.4.25.	시화호 방류 언론보도(SBS TV)
1996.4.17.	“시화지구 간석지 관리대책” 방침결정 호수북측(350만 평) : 1997~2001년에 시화1단계 사업과 연계하여 개발 호수남측(2,978만 평) : 2001년 이후 추진할 계획
1996.4.25.	수위조작(방류)을 위해 배수갑문 개방
1998.7.28.	시화지구 농지면적 조정(국무조정실) - 남측간석지 총 2,729만 평 중 농지면적 1,100만 평, 나머지는 특수지역 지정
2000.12.30.	해수화 확정에 따른 수질개선대책 변경(환경부→관계부처) 사업기간 : 1996~2005 → 1996~2006 투자비 : 4,493억 원 → 4,896억 원
2001.2.12.	시화호의 해수호 유지 공식 발표
2001.8.31.	시화호 특별관리해역 종합관리계획 확정 - 2006년까지 COD 기준 평균Ⅱ등급(2ppm) 수준으로 개선 • 해수유통 다변화 및 확대방안 강구(조력발전 건설방안 병행) • 기존의 수질개선대책(환경부)을 시화호 종합관리계획에 포함 -「시화호 관리위원회」 설치·운영

그러나 1980년대 들어서면서 "해외건설합리화방안"에 따라 해외에서 철수한 건설업체의 건설장비활용 등 지원방안의 필요성이 대두되었고, 한편으로는 수도권의 비도시형공장 분산 및 유입인구 흡수 등을 위한 새로운 산업단지(도시)가 필요하게 되었다. 따라서 시화지구와 인접하여 1977년부터 개발 중이던 반월 공업도시(현 안산시)와 연계된 새로운 공업도시 개발을 검토하게 되었다. 이에 따라 정부는 1985년말 시화지구를 농지 및 도시용도의 복합용도로 개발키로 결정한다. 이어서 1987년 6월 물막이 공사를 착수하여 1994년 1월 끝막이 공사가 완료됨으로서 시화호가 생성되었다.

그러나 외해였던 시화 앞바다가 호수로 변함에 따라 그동안 외해로 방류하던 오염수가 호수로 흘러드는 꼴이 되면서 시화호 오염은 악화되기 시작한다. 급기야 1996년 4월 오염현장이 언론에 보도되면서 시화호 문제는 시화호 주변지역 전체의 개발사업과 연계된 환경재난으로 인식되었다. 이에 따라 정부는 2000년 12월 시화호 해수화를 최종 결정한다. 이와 함께 시화호 수질개선사업비로 약 5000여억 원을 지출한다. 이런 결과로 최근 시화호 수질은 상당부분 개선되었다. 그러나 아직도 호저에 침척된 오염물질과 일부 생활오염원의 유입으로 지속적인 수질 안정화 사업을 추진하고 있다. 시화호 사태는 환경문제가 지역개발 전반에 영향을 미친 대표적 사건이 되었다.

5) 새만금 개발사업

다음은 최대 규모의 간척사업인 새만금 개발 사업이다. 당초 농지확장을 위한 것으로 농지조성, 치수 등의 목적으로 당시 농림수산부에서 구 「농촌근대화촉진법」 제92조, 제93조 및 제96조와 「공유수면매립법」 제4조의 규정에 따라 계획된 대규모 간척사업이다. 새만금의 개발구상은 전두환 정부에서 그려진 것이다. 농림수산부는 서남해안 간척사업에 따라 부안지구를 복지농어업지구로 개발한다는 안을 수립하고 있었으나, 1987년 5월12일 새만금 간척으로 확정됐다. 하지만 1995년 6월 시화호 오염사건이 큰 물의를 빚으면서 새만금은 최대의 환경이슈로 떠올랐다. 사업 시행 당시의 쌀 공급 부족 추세와는 달리, 쌀 공급이 수요를 웃돌고 외국 쌀의 개방이 가시화된 시점에서 농업용지의 가치가 줄어들자 매립용지를 공업, 상업, 도시용도로 사용하기 위한 계획으로 변경되었다.

이에 대해 환경단체는 개발로 인해 방대한 영역의 갯벌과 해양 생태계가 파괴될 것을 우려해 정부를 상대로 소송을 벌이는 등 개발 반대의 목소리를 높이게 되었다. 또한 새만금 갯벌의 생대적 가치가 월등히 높다는 2004년 환경부의 보고서가 공개되어 한때 논란이 지속되었다. 국토 확장이라는 찬성 측과 극단적인 환경파괴에 대한 반대 측과 팽팽한 대립으로 맞선 것이다. 하지만 2006년 3월 16일, 대법원 전원합의체(13명)는 환경단체와 전북지역 주민 등이 농림부(현 농림수산식품부) 등을 상대로 낸 '새만금 사업' 계획 취소 청구소송에서 원고패소 판결한 원심을 확정하였다.[38)]

이에 따라 방조제의 최종 물막이 공사가 완료되었다(1906년 4월 21일). 현재 새만금은 경제자유구역지정, 새만금개발특별법 제정 등으로 개발의 활로를 찾고 있다. 최근에는 한중 FTA 경협단지 건설 등 잇슈가 되고 있다. 그러나 서해 중심부의 대규모 신산업도시건설은 아직 본 괘도에 오르지 못하고 있다. 광대한 규모와 매립을 통한 사업비 부담, 환경오염 해소비용 등 넘어야 할 산이 아직도 높다.

---

38) Wikipedia, 새만금 방조제

[표 13] 새만금 관련 주요 일지

1989.11.	새만금종합개발사업 기본계획 발표
1991.10.21.	공유수면매립 고시
1991.11.28.	방조제 사업 착공
1999.5~2000.6.	민간공동조사위원회 구성 및 조사실시
2000.8.18.	공동조사보고서 국무총리실 제출
2001.8.21.	매립면허취소소송(환경·시민단체)
2006.3.16.	대법원 판결(정부측 승소)
2006.4.21.	방조제 최종 물막이 공사 완료
2007.4.3.	"새만금 내부토지개발기본구상" 발표(농지 : 72%, 비농지 : 28%)
2007.12.27.	새만금사업 촉진을 위한 특별법 제정
2008.2.12.	인수위 "동북아 경제중심지" 개발계획 발표
2008.4.27.	일부지역 경제자유구역 지정
2008.10.21.	새만금 내부토지개발 기본구상 변경 보고
2009.1.14.	새만금위원회 발족
2010.1.8.	새만금 내부개발기본구상 및 종합실천계획 발표
2010.4.27.	새만금 방조제 준공
2011.3.16.	새만금종합개발계획(MP) 확정
2012.6.16.	새만금신항만 기공식
2012.12.11.	새만금 특별법 전면개정 공포
2013.9.12.	새만금 개발청 개청

V 미래를 향한 제언

지난 60여년간 우리 국토는 상전벽해를 이루었다. 이제 경제적 여건은 선진국 수준에 다가서고 있다. 그러나 국토의 수준은 그렇지 못한 듯하다. 과거 가난을 탈피하기 위해 온 국민과 국가가 물, 불 가리지 않고 매진해서 달려온 관성이 아직 우리 국토개발의 관행에 녹아있기 때문이다. 이제 개발연대 시대의 「빨리, 빨리」, 「많이, 많이」는 버려야할 철 지난 옷이다. 선진적 국토품격과 첨단생산기반 그리고 정치·경제·지식의 중심이 되는 국토환경조성은 우리가 추구해야할 국토적 목표이며 숙명이다. 이를 위해 몇 가지 제언을 앞에서의 원고를 바탕으로 제시하고자 한다.

먼저 우리 국토개발 정책을 지휘하고 지원한 관련제도의 획기적 개편을 건의한다. 아무런 기반이 없던 시절인 1960년대 국토개발 관련제도가 만들어진 지 60년이 지나고 있다. 물론 그동안 많은 개정과 개편을 거치기는 했으나, 저성장시대를 맞아 고품격 국토환경을 추구하기에는 시대적으로 맞지 않는 부분이 너무 많다. 특히 최근의 기술발전은 빅데이터의 구축과 활용, GIS 시스템의 발전, 지형정보를 활용한 다양한 어플리케이션의 보급 등으로 도시나 지역개발에 대한 섬세한 시뮬레이션이 가능하고, 개발사업의 우선순위와 개발형태 등을 실시간 예측, 점검할 수 있게 되었다. 그러나 지역지구제 등 기존 토지이용계획제도는 아직 이차원적 수준에 머무르고 있어 섬세하고 고품격의 개발사업과는 거리가 멀게 느껴진다. 따라서 입체적 계획이 가능한 시스템 전환이 필요하다.

한편 국토개발에 있어서 지역 간 경쟁은 필요하다. 그러나 이것이 심화되어 갈등이 되는 것은 불필요한 많은 투자와 비효율을 촉발한다. 특히 국토개발사업을 추진하는 데 있어 중앙과 지방의 협력관계가 악화되고, 정치적 문제가 양산되고 있다. 따라서 개발과 관련해서는 많은 부분 지방분권이 추진되었으면 한다. 지방정부가 중심이 되어 개발사업을 추진하고 중앙정부는 지원, 촉진, 평가하는 역할을 강화했으면 한다. 지역 간의 건전한 협력과 경쟁은 수도권과 비수도권 갈등, 동서 간의 갈등 문제를 풀 수 있는 만능열쇠가 될 수 있을 것이다. 이렇게 된다면 그동안 논의되었던 광역경제권 전략 등 행정구역을 초월하는 국토공간전략의 추진도 탄력을 받을 것이다.

다음은 “한중일 메가로폴리스”의 중심국가가 되기 위한 개방형 국토공간체계를 완성해야 한다. 국토개발에 있어서 각종 규제를 배척하고 글로벌한 투자유치환경을 조성하는 한편, 국내 투자자에게도 동등한 기회가 주어지는 투자 환경을 조성해야 한다. 또한 현재 설치되어 운영되고 있는 각종 기반시설의 기준을 상향해서 운영함으로서 SOC 시설의 서비스수준을 강화하고, 고도화한다면 글로벌 국토환경의 수준을 높일 수 있을 것으로 생각된다. 마지막으로 통일에 대비한 확고한 국토운영 방향을 작성하고 구체적인 로드맵을 준비해야 하겠다. 우리의 국토개발경험을 북한에 연결하는 것은 그동안의 국토발전의 성과를 극대화하는 마지막 단계가 될 것이다. 따라서 국토계획은 현재 남한과 북한이 포함되는 통일한국의 국토계획을 수립할 수 있을 때까지 계속 유지되고 발전되어야할 것이다.

참고문헌

- 건설교통부(2005), 「수도권 발전대책 연구」
- 건설교통부(2006), 「시화지구 장기종합계획」
- 경기도(2007), 「수도권 계획관리 기본계획(수정계획)」
- 국무총리실 등(2001), 「새만금 종합개발계획(Master Plan)」
- 국토개발연구원(1996), 「국토50년, 21세기를 향한 회고와 전망」, 서울프레스
- 국토개발연구원(1998), 「국토개발연구원20년사(1978~1998)」
- 국토연구원(2008), 「"국토60년, 상전벽해" 국토60년사 사업편」
- 국토연구원(2008), 「"국토60년, 상전벽해" 국토60년사 정책편」
- 권용우 외(2006), 「수도권의 변화」, 보성각
- 김대종 외(2014), 「과학적 국토계획수립을 위한 공간지식플랫폼 구축 및 활용방안 연구(1)」, 국토연구원
- 김용웅 외(2003), 「지역발전론」, 한울아카데미
- 김의원(1996), 「국토백상」, 경인문화사
- 김의원(1982), 「한국국토개발사연구」, 대학도서
- 김의원(1996), 「실록 건설부」, 경인문화사
- 노융희(2004), 「비이장목」, 작은 것이 아름답다
- 대한민국정부(1971), 「국토종합개발계획」
- 대한민국정부(1982), 「제2차국토종합개발계획(1982~1991)」
- 대한민국정부(1992), 「제3차국토종합개발계획(1992~2001)」
- 대한민국정부(2000), 「제4차국토종합계획(2000~2020)」
- 대한민국정부(2005), 「제4차국토종합계획 수정계획(2006~2020)」

• 대한민국정부(2011), 「제4차국토종합계획 수정계획(2011~2020)」
• 새만금개발청(2014), 「새만금 기본계획」
• 서울특별시(2004), 「수도이전 과연 타당한가(1~7권)」
• 서창원(1998), 「국토와 정책」, 도서출판 청양
• 손정목(1996~2001), 「서울도시이야기(1~56)」, 국토정보, 월간 국토, 국토연구원
• 유영휘(1998), 「한국의 공업단지」, 국토개발연구원
• 이해종(2008), 「수도권 도시성장관리와 도시행정」, 한국학술정보(주)
• 최근희(1996), 「서울의 도시개발정책과 공간구조」, 서울학연구소
• 한국경제60년사편찬위원회(2010), 「한국경제60년사(Ⅳ 국토·환경)」
• 홍성웅(2006), 「사회간접자본의 경제학」, 박영사
• 홍철(1997), 「홍철의 국토개조론」, 삶과 꿈

도시건축정책의 역사적 변동

03

CHAPTER 03

도시건축정책의 역사적 변동

정낙형(전 부산광역시 정무부시장)

I 들어가며

도시화 과정에서 나타나는 도시문제는 시기마다 나라마다 다르고, 그 문제를 해결하기 위한 정책대응도 다르다. 해방 후 지금까지 우리 도시는 지속적인 인구유입과 도시팽창을 겪었다. 그러나 2015년 현재 서울인구는 감소하고 있고 도시인구는 대체로 정체상태에 있으며 일부 도시는 도심쇠퇴의 현상을 겪고 있다. 이제는 도시성장의 성숙단계에 들어섰다고 볼 수 있다.

일반적으로 도시화는 산업화에 따른 도시화와 저개발국의 도시화 현상 두 가지로 나눌 수 있다. 대부분의 선진국과 개발도상국은 산업화과정에서 도시의 산업인력수요가 급증하면서 농촌인구를 흡수하여 급격한 도시화 현상을 겪었다. 그러나 산업화가 이루어지지 않은 저개발국도 도시로의 인구집중으로 도시화가 되는데 이 경우는 슬럼가와 실업, 빈곤이 도시문제가 된다. 산업화가 진행되면 슬럼은 줄어들고 급격한 도시개발, 교통난, 부동산가격의 폭등 등 또 다른 문제에 직면한다. 도시가 성숙단계에 들거나 쇠퇴단계에 들어가면 도시문제의 양상은 또 달라진다.

건국 후 1960년대까지 도시인구집중에 대응한 정부의 대응책은 역부족이었다. 밀려드는 도시이주민에게 적절한 주택과 일자리가 제공되지 못하였다. 무질서한 슬럼가가 도시외곽과 산동네 하천변을 중심으로 확산되었으며 일부 토지구획정리방식의 시가지개발을 통하여 주택이 공급되었으나 역부족이었다. 소위 산업화 없이 도시인구가 팽창되는 상태였다. 그러나 1960년대부터 도시 내에는 경공업 위주 산업단지가, 해안지역에는 산업도시가 건설되어 일자리가 늘어나, 슬럼가 · 빈곤 · 실업이 줄어들고 서울 강남 등 대규모 도시개발을 통하여 도시가 정비되기 시작하였다. 산업화를 동반한 도시성장이 이루어지기 시작한 것이다. 도시정비에는 공공과 민간의 투자가 필요한데 이 시기부터 빠른 경제성장으로 투자재원조달이 가능했다.

도시개발에 민간의 투자는 개발의 속도를 좌우하게 된다. 1970년대 중반의 경제호황은 강남개발과 아파트시대를 가져오게 하였고 1980년대 중반부터의 경제호황은 서울시 목동 · 상계 · 수서 · 송파 등의 개발과 분당 · 일산 등 5개 신도시의 개발을 가져왔다. 부동산가격 앙등이 가팔랐기 때문에 그만큼 도시건설의 속도도 빠를 수 밖에 없었다.

문민정부시대인 1993년 이후 10년간은 정부 주도 도시개발은 없었던 시대로 특징지어진다. 이 시기에는 뚜렷한 부동산 호황은 나타나지 않았고 1997년의 외환위기와 그 회복과정에서 침제와 회복의 변동이 있었다. 대폭적인 토지이용규제완화가 이 시대의 특징이다. 1993년에는 준농림지에 아파트건설이 가능하도록 규제를 완화하고 계획적인 도시개발 대신 민간에 의한 소규모 개발이 주류를 이루었다. 1999년부터 개발제한구역, 공원, 남단녹지, 도시계획시설장기미

집행부지 등 각종규제가 완화된다. 민주화 추세가 도시정책에는 계획 없는 개발과 규제완화로 나타났다.

2003년 노무현 정부의 도시건설은 부동산대책과 국토균형발전정책의 산물이다. 규제완화에 따른 난개발의 반성으로 다시 신도시가 건설되고 지역균형발전정책의 산물로 세종시와 혁신도시, 기업도시, 경제자유구역 등이 탄생하게 되었다. 이 시기에 도시재개발도 활발하게 진행되었는데 재건축, 재개발과 도심의 광역재개발 사업인 뉴타운 사업이 추진되었다. 계획개발과 국토 균형개발이라는 국토정책의 목표가 도시정책에 투영되어 지방에 혁신도시, 기업도시가 건설되었다. 그러나 2003년부터 2008년까지 계속된 부동산 호황은 금융위기를 계기로 다시 위축되고 개발의 사업성이 떨어지자 도심재생의 방향을 물리적개발 위주의 도시개발보다는 일자리·복지·문화·환경·커뮤니티재건 등 소규모 도시재생사업으로 전환하고 있다.

Ⅱ 해방 후 1960년까지

일제는 한반도를 중국침략의 배후 지원기지로 만들기 위해 철도, 도로, 항만, 산업생산시설 등을 건설하는 한편 도시계획에도 역점을 두어 1934년에 최초의 근대적인 도시계획법제인 「조선시가지계획령」을 공포했다. 「조선시가지계획령」은 시가지개발의 주 수단으로 토지구획정리사업을 도입하였으며 계획권한은 조선총독에게만 부여하고 도시계획사업권한은 지방공공기관에 한정하였으며, 원활한 사업 추진을 위하여 토지 수용, 구획정리에 관한 규정, 비용부담에 관한 규정을 두고 조선총독부가 도시계획과 도시개발에 강력한 권한을 갖도록 하였다. 이 제도를 근거로 1934년 나진을 시작으로 해방 전까지 서울을 비롯한 23개 지역에 시가지계획이 수립되었으며 토지구획정리사업도 활발하게 시행되었다.

8.15 해방과 국토분단, 1950년의 6.25 동란은 우리나라 도시화과정에 일대변혁을 일으켰다. 해방 당시 남한의 총인구 중 도시인구비중은 약 23%로 12개 시와 76개 읍이 있었다. 8.15 해방과 더불어 남한에서 약 70만 명의 일본인이 떠나간 대신 120만 명의 해외동포와 48만여 명의 북한주민들이 남한에 이주하게 되는데 이들 대부분은 도시지역에 정착하게 된다. 동란 중 북한주민들의 남한으로 이주는 더욱 늘어나 1955년 현재 서울, 부산 두 대도시의 인구는 100만을 넘어서고 전체도시인구의 50%가 두 대도시에 거주하게 되었다. 도시인구유입을 가속화한 또 다른 요인은 교육열이었다. 초등학교 의무교육의 영향으로 교육열이 높아지고 많은 중·고등학교, 대학교가 도시에 개교하게 되자 많은 학생과 그 가족이 도시로 이주하게 되었다.

1960년까지는 일제의 「조선시가지계획령」을 그대로 시행하면서 25개 도시에 새로 도시계획을 결정하고 28개지구에서 15,142천㎡의 토지구획정리사업이 시행되었다. 도시계획의 내용은 주로 도로, 광장, 공원, 녹지지역, 토지구획정리지구 등 개략적인 내용이었다. 도시행정의 역점은 한정된 재원에서 도시토목사업을 효과적으로 수행할 수 있는 방안으로 토지구획정리사업을 가능한 많이 추진하는 데 역점을 두었다.

그러나 도시개발이 도시인구유입속도를 따라 주지 못하여 도시주변의 무허가주택의 난립과 국공유지나 사유지에 무단건축이 성행하고 1961년 기준 주택부족수는 21만여 호, 주택부족율 44.2%, 불량주택 6만여 호에 달하게 되는 등 도시의 교통, 위생, 환경은 극도로 악화되었다.

Ⅲ 1960년대 도시개발

1960년의 도시인구율은 37.2%로 광복당시 도시인구비중 23%보다는 14%p가 늘어났다. 1950년대 도시정책이 전재복구에 치중했다면 1960년대는 도시에 몰려든 사람들에게 일자리를 주고, 농촌경제를 안정시켜 도시이주를 억제하고, 무허가건물로 난립된 도시외곽지역과 산동네의 불량주거지를 정비하는 데 초점을 맞추었다. 5.16 혁명으로 집권한 박정희 정권은 공업화와 경제개발을 위하여 1962년부터 '제1차 경제개발5개년계획'을 추진하였다.

도시분야에서는 도시행정체제가 개편되었는데 1961년 경제기획원 산하에 국토건설청을 신설하고 **1962년에 「도시계획법」과 「건축법」을 제정・공포**하였다. 「도시계획법」은 국토건설청장이 도시계획구역 내에서 주거지역, 상업지역, 공업지역, 녹지지역 등을 지정할 수 있도록 하고, 토지구획정리사업에 토지를 교환・분합하는 등의 절차와 방법을 상세히 규정하고 경제기획원에 중앙도시계획위원회를 두도록 하였다. 종전의 「조선시가지계획령」과의 차이점을 보면 첫째 「건축법」을 분리해서 별도 법률로 제정했다는 점이다. 둘째, 시가지계획권한을 **지방에 위임할 수 있는 근거**를 두었다는 점, 도시계획에 관한 전문가의 의견을 들을 수 있도록 **도시계획위원회를 두었다**는 점, 도시계획시설의 종류를 도로, 공원 등 일부시설 외에 주차장, 학교, 도서관, 유원지, 녹지, 일단의 불량지구 개량에 관한 시설을 추가하여 공공시설부지의 계획과 부지의 사전확보장치를 두고 무허가 불량주거지 정비사업의 근거규정을 두었다는 점을 들 수 있다.

같은 해 제정된 「건축법」은 도시계획구역 내의 건축물에 대하여 건축허가를 받도록 하고 도시계획구역 밖에서는 일정규모 이상의 건축물과 학교, 병원 등 특수용도의 건축물에 대하여 건축허가를 받도록하며, 도시계획상 규정된 용도지역별로 건축이 제한되는 건축물의 종류·높이 등을 규정하여 「도시계획법」상 규정된 용도지역제도를 실현할 수 있는 수단을 갖추었다.

둘째로 공업화와 경제개발을 위하여 울산공업도시를 시작으로 전국적으로 공업단지가 건설되었다. 1962년 울산공업센터 기공을 시작으로 1964년 서울 구로, 1967년 여수, 대구, 광주, 전주, 1968년에는 포항, 1969년에는 춘천, 대전, 청주, 구미, 성남, 1970년에는 마산, 원주, 이리, 목포, 인천 등으로 확대되었으며 이 중 100만 평이 넘는 대규모 단지는 **울산 790만 평, 포항 556만 평, 구미 118만 평** 등이었다. 공단건설과 함께 공업단지를 지원하기 위한 배후도시의 건설, 고속도로, 항만, 전력, 공업용수의 건설도 병행되었다.

셋째로 도시의 택지수요를 충당하기 위해 토지구획정리사업이 활발하게 이루어졌다. 1966년에는 「토지구획정리사업법」을 「도시계획법」에서 분리·제정하였다. 민간조합에 의한 구획정리사업이 활발하게 이루어졌는데 대구에 1961년부터 1965년까지 81만 평이, 부산은 1965년부터 1966년까지 87만 평이 착수되었다.

1960년대에 서울 등 대도시에서 가장 골치 아픈 일은 대규모 무허가 판자촌의 확산이었는데 토지구획정리사업을 통한 주거지 공급사업과 시민아파트의 건설, 주택의 현지개량과 무허가건물 양성화 조치가 진행되었지만 이것만으로는 도저히 늘어나는 판자촌이 정비될 수가 없었다. 서울의 경우 도시 외곽에 토지를 국공유지로 매입하여 도심 무허가 판자촌 거주민들을 이주시키는 이른바 **정착지조성사업을 추진**하였는데 정착지 역시 토지만 주고 주택은 주민자력으로 짓도록 한 결과 무허가 주택지대가 도시외곽으로 확산되는 결과를 가져왔다. 1970년까지 서울 외곽의 정릉, 도봉, 상계동, 구로동, 시흥동, 봉천동, 신림동, 거여동 가락동 등 **20여개 지구에 4만여 가구의 판잣집 정착촌이 조성**되었는데 실제로는 그 보다 몇 배가 많은 무허가 건물이 난립되었다. 1968년에는 서울 외곽에 조성할 수 있는 정착지부지가 고갈되자 경기도 광주군 중부면 일대 **300만 평을 광주대단지로 개발**하여 50만 명에 이르는 도시를 건설하기 시작한다. 광주대단지사업은 도시계획사업으로 진행되었으나 토지만 분양하는 방식이었기 때문에 주택은 무허가와 다를 바 없었고, 교통 상하수도 등 주거환경도 매우 열악했다.

1960년대 말 중요한 도시계획사업은 강남개발이라 하겠다. 경부고속도로 개통으로 제3한강교가 건설되어 강북과 강남의 접근성이 개선되자 영동 신시가지 개발사업을 토지구획정리방식으로 추진했는데 초기에는 경부고속도로 편입부지를 무상으로 확보할 목적으로 시작되었으나, 1970년대 말에는 사업면적이 무려 937만 평까지 확대되었다.

1960년대의 울산공업도시의 건설, 강남개발, 광주대단지개발 등 주요 도시개발사업은 정부와 서울시가 계획하고 건설하는 등 정부주도로 이루어졌으며 신속한 추진을 위하여 도시의 입지와 개발계획의 수립, 토지의 수용 등 모든 절차는 경제성과 효율성이 최우선시 되었다.

Ⅳ 환경을 고려하기 시작한 1970년대의 도시개발

1970년 인구센서스에서 시와 읍에 거주하는 도시인구비중이 처음 50%를 넘어서 도시화시대로 접어들게 되었다. 1975년에는 도시인구비중이 59.2%로, 1980년에는 69.4%로, 5년마다 10%씩 늘어나는 급속한 도시화를 겪게 된다. 도시화가 이렇게 일반화되자 택지수요의 증가, 과밀문제, 교통난, 환경문제 등 복잡한 도시문제가 일어날 수 밖에 없게 되었다. 이에 대처하기 위하여 1971년에 「도시계획법」을 전면개정하였는데 그 특징을 열거하면 다음과 같다.

첫째, 종전의 법률에 있었던 지구 외에 고도지구, 업무지구, 임항지구, 공지지구, 보존지구 및 주차장정비지구를 추가하므로써 시가지 환경개선과 지역기능의 순화에 더 기여할 수 있게 하였다. 둘째, 처음으로 구역이라는 제도를 도입하여 특정시설제한구역, **개발제한구역, 도시개발예정구역을 신설**하였다. 특정시설제한구역은 인구나 산업의 집중을 방지하기 위해서 특정한 시설의 입지를 제한하는 구역이며, 개발제한구역은 도시의 무질서한 확산을 방지하고 환경을 보전하기 위하여 대도시 외곽에 환상 벨트형태로 지정되었으며, 도시개발예정구역은 장차 시가지로 개발할 지역에 난개발과 투기를 방지하기 위해서 개발행위와 건축을 제한하기 위해 도입되었다. 셋째, 종전에는 건설부장관만 도시계획 입안권을 가지고 있었는데 기초지자체의 장도 입안할 수 있도록 권한을 위임하였다. 넷째, 도시재개발에 대한 규정을 신설하였다. 종래에는 일단의 불량지구개량에 관한 시설조항을 두어 재개발을 할 수 있는 근거규정만 있었는데 재개발사업에 대한 규정을 절로 독립하여 재개발사업의 시행요건부터 절차 등 실시에 필요한 세부사항을 규정하였다. 다섯째, 도시계획사업의 시행자를 행정기관이 아닌 주택공사나 산업기지개발공사 등 국영기업체에도 허용하고 경우에 따라서는 민간도 시행자가 될 수 있도록 하였다. 마지막으로 지방에도 도시계획위원회를 두도록 하여 시장·군수가 입안한 도시계획의 심의기능을 부여하였다.

1970년대는 전 국토를 계획적으로 관리할 필요성이 대두되어 토지개발과 규제에 관련한 여러 가지 법률이 제정되었다. 1972년에는 「농지보전및이용에관한법」, 「국토이용관리법」, 「특정지역개발촉진을위한 특별조치법」이, 1973년에는 「산업기지개발촉진법」이, 1975년에는 「농지확대개발촉진법」이, 1976년에는 「도시재개발법」이, 1977년에는 「주택건설촉진법」이, 1979년에는 「공원법」이, 1980년에는 「도시공원법」이 각각 제정되었다.

먼저 1972년 제정된 「**국토이용관리법**」은 전국토의 난개발을 방지하고 토지이용의 효율화를 도모하기 위해서 도시계획구역 밖에도 토지이용계획을 수립하여 다른 법령에 의한 토지이용계획의 기본이 되도록 하고, 토지이용계획은 도시·농업·산림·공업·자연 및 문화재보전·유보지역으로 구분하고, 토지이용시행계획은 용도지역을 세분한 11개 용도지역으로 구분하여 수립하도록 하였으며, 용도지역, 용도지구 안의 토지소유자는 토지이용계획의 목적과 내용에 적합하도록 토지를 이용하게 함과 아울러 용도지역 안의 행위제한은 해당지역 지구에 적용되는 각 개별법에 의하도록 하였고, 개발사업의 원활한 추진을 위하여 기준지가 고시제도를 도입하였다.

공업화와 도시화로 농경지가 무질서하게 잠식되자 농지의 타목적으로의 전용을 규제하며 농지의 유휴화를 방지하고 생산성을 높이기 위해서 1972년 「**농지의 보전 및 이용에 관한 법률**」이 제정되었다. 1975년에는 **절대농지**제도를 도입하고 농지가 불가피하게 도시용지로 전용될 경우 허가를 받도록 하고 **농지전용부담금**을 납부하도록 하였으며, 부담금으로 조성된 농지기금을 재원으로 농업진흥공사가 간척, 개간 등 농경지를 조성하도록 하였다.

1973년에 제정된 「**산업기지개발촉진법**」은 같은해 발표된 정부의 '중화학공업육성계획'에 따라 대규모공업단지의 조성을 원활히 하기 위하여 제정되었는데 건설부장관이 산업입지개발구역으로 지정할 경우 각종 법률에 의한 허가를 의제하도록 하여 신속한 사업추진을 도모하였으며 이를 전담할 기관으로 수자원개발공사를 산업기지개발공사로 확대·개편하였다. 이에 따라 1974년 창원, 온산, 옥포, 죽도, 안정, 여천을 시작으로 1975년 울산, 미포, 포항, 구미, 1977년 북평, 1982년 광양 등 **15개의 중화학공업기지와 월성 등 6개의 특수기지가 지정·개발**되었으며 주거지 공급을 위한 배후 신도시도 개발되었다.

1970년대 서울의 도시개발의 특징은 대규모 **강남개발**이다. 앞서 설명한 바와 같이 제3한강교와 경부고속도로 개통으로 강남북간의 교통이 원활하게 되자 영동(영등포의 동쪽, 현재의 강남구·서초구) 지구 토지구획정리사업이 본격화된다. 강북의 서울인구분산책의 일환으로 고속버스터미널을 강남으로 이전하고, 강북의 명문학교와 공공기관도 강남으로 이전시키는 한편, 반포, 압구정, 청담, 도곡 등 약 236만 평을 아파트지구로 지정・개발하였다. 소양강댐 준공으로 한강 주변의 수해위험이 해소되자 잠실일대 한강 하천구역을 매립하여 대규모 아파트 단지를 조성하는 사업도 시행 되었다. 1973년 오일쇼크로 어려웠던 부동산시장은 건설업의 중동진출확대와 수출호조로 고도성장이 지속되었으며 1970년대 중반부터 소득증가가 주택수요 과열로 연결되었고 강남개발은 촉진되었다. 이 시기에 건축된 반포, 청담, 도곡, 잠실 등 저밀도 아파트는 현재 대부분 재건축되어 고가의 아파트로 재탄생 하였다.

강북 중심의 수도 서울은 북한과 대치하는 상황에서 6.25와 같은 전면전이 재발할 경우 안보상 큰 취약점이었다. 따라서 유사시의 강북인구의 소산을 원활하게 하기 위한 한강교량의 건설, 강남개발을 통한 강북인구의 강남이전과 함께 국가 중추기능을 안보상 안전한 위치로 소산시키기 위하여 과천 제2정부종합청사 건설이 추진되었으며, 1977년에는 「임시행정수도건설을 위한 특별조치법」을 제정하여 행정수도 후보지를 조사하고 도시를 건설하는 방안이 연구되었으나 1979년 10월 박정희 대통령 서거로 추진은 중단되었다.

이 시기에 건설된 신도시들을 보면 다음과 같다.

반월	240,000명	1977~1987	서울의 인구와 산업의 분산
여천	100,000명	1977~1986	공업단지의 주거지제공
창원	300,000명	1977~1986	공업단지의 주거지제공
과천	45,000명	1979~1983	서울의 중추관리기능 분산
대덕	50,000명	1974~1981	대덕 연구교육시설의 건설

1970년대에는 도심의 불량주거지의 재개발을 촉진하기 위한 제도적 기반도 마련되었다. 1976년 「도시계획법」 내에 하나의 절로 구성되어 있던 도시재개발사업이 별도의 「**도시재개발법**」으로 분리·제정되었다. 재개발구역의 지정요건과 절차를 정하고 재개발사업시행자는 원칙적으로 토지소유자 등이 설립하는 재개발조합이 되도록 하였다. 1970년대 말과 1980년대 도심부 재개발과 불량지구 재개발사업이 활발하게 추진되었는데 여기에는 강력한 세제지원을 규정한 「조세감면규제법」의 양도소득세 감면조항이 있었기 때문이었다. 이 법은 도시재개발사업구역내 토지를 사업시행자에게 양도한 경우 발생하는 소득과 도시재개발사업으로 생기는 토지와 건물을 사업시행자가 양도함으로써 발생하는 소득에 대해서 양도소득세를 전액 면제하였다. 이 조항은 1986년까지 존속하였다.

1970년대는 빠른 경제성장과 도시화의 결과로 환경문제와 도시의 무질서한 확산, 수도권의 비대화문제가 대두되었다. 개발 위주의 도시정책에 환경이라는 가치기준이 도입되었다. 환경문제에 대응하기 위한 정책수단은 토지이용규제의 대폭적인 강화였다. 전 국토의 토지이용계획 수립, 절대농지 도입, 개발제한구역 도입 등이 대표적인 사례이다. 이 시기의 도시정책과 제도들은 최고정책결정권자의 지시나 관심으로 도입되었는데 특히 개발제한구역은 대통령의 각별한 관심과 지정과정에서의 지시, 엄격한 구역관리로 1999년의 개발제한구역 조정시까지 당초 지정된 구역의 해제없이 유지되었다.

V 제5 · 6공화국의 도시정책

1980년대는 초기 오일쇼크로 말미암아 경제성장률이 마이너스를 기록하는 가운데 계엄령이 선포되고 국회는 해산되어 국가보위입법회의가 그 기능을 대행하는 등 정치 · 경제적으로 어려운 여건 하에서 시작되었다. 그러나 제5공화국은 초기부터 강력한 물가안정과 저축증대, 투자확대정책으로 산업의 대외경쟁력이 향상되었고, 유가, 환율, 금리하락 등 3저 현상으로 말미암아 우리나라 경제는 차츰 살아나기 시작하더니 1986년에는 사상최초 경상수지흑자를 기록하는 등 개인소득증대와 통화팽창으로 1987년부터 부동산가격은 급등하기 시작하였다. 이 시기는 개인소득증대로 주택수요가 증가하고 자동차 보유의 증가로 교외지역의 개발과 레저 관광용지의 개발이 늘어나는 가운데 도시가 계속 팽창되면서 농촌지역까지 개발이 확산되었고, 서울 등 수도권으로 인구유입은 계속되었다. 1980년대의 도시개발은 주택공급을 위한 도시개발이라고 해도 과언이 아니다. 자족기능을 갖는 위성도시를 건설하는 것이 아니라 대규모 주택단지 형태의 도시를 건설하는 것이다.

제5공화국은 주택 200만 호 공급이라는 야심찬 계획을 세웠는데 이를 위해서는 대규모의 택지를 신속하게 확보하고 공급할 수 있어야만 했다. 정부는 1980년 종래 토지구획정리방식을 통한 도시개발로는 대규모의 토지를 신속하게 개발하기 어렵다고 보고, 전면매수방식의 택지개발을 가능케 하는 「택지개발촉진법」을 제정하였다. 법의 주요내용을 보면 건설부장관에게 「주택건설촉진법」에 정하는 주택공급계획과 이에 따라 필요한 택지소요를 감안하여 수립하는 택지수급계획이 정하는 바에 따라 택지를 집단적으로 개발할 필요가 있는 지역을 택지개발예정지구로 지정할 수 있도록 하고, 사업시행자는 택지개발사업을 시행하기 위하여 필요한 토지 등을 수용할 수 있도록 하였다. 사업시행자는 국가, 지방자치단체, 한국토지개발공사, 대한주택공사 중에서 건설부장관이 지정하는 자로 하였다.

「택지개발촉진법」은 도시개발을 규정하는 「도시계획법」과 그 관련법의 특별법에 해당한다. 지금까지 도시개발은 주로 지방자치단체나 민간조합에 의해 소규모로 이루어졌다면 택지개발은 대규모로 중앙정부와 중앙공기업 주도로 이루어지게 되었다. 택지개발예정지는 도시계획법령의 틀 속에서는 도시개발예정용지에 해당하는 것으로 사전에 도시기본계획이나 도시계획으로 반영되어야 하는 것이지만 지방자치단체장이 수립한 도시계획과 맞지 않아도 지정이 가능하였다. 따라서 해당지역의 장기적인 도시발전구상과 배치되게 개발이 이루어질 소지가 있었다. 또 지금까지 도시개발을 위하여 토지 등을 수용할 수 있는 경우는 「산업기지개발촉진법」에 의한 산업기지를 개발하는 경우에 한정되었었는데 이제 서민의 주택공급을 위하여 필요한 경우도 개인의 토지를 강제 수용할 수 있는 길이 열리게 된 것이다. 종전의 토지구획정리방식의 개발은 감보율의 확대를 통하여 토지소유자에게 귀속되는 개발이익을 어느 정도 환수할 수는 있었으나 1970년대, 1980년대의 지가앙등 시기에는 높은 감보율에도 불구하고 토지소유자에게 돌아가는 이익이 컸다. 따라서 수용방식으로 택지를 개발할 경우 낮은 가격에 토지를 매입할 수 있어 개발이익도 환수할 수 있을 뿐 아니라 서민 주택도 가급적 저렴하게 공급할 수 있는 이점이 있었다.

「택지개발촉진법」 제정으로 많은 택지개발사업이 수도권에서 이루어졌는데 1980년대 초의 개포지구, 목동지구, 상계지구, 수서지구, 고덕지구 등이 개발되었으며 86아시안게임과 88올림픽을 계기로 아시아선수촌아파트, 올림픽선수촌아파트도 개발되었다. 1988년까지 서울 그린벨트 안쪽의 토지 중 대규모로 개발 가능한 택지는 고갈되었다.

1981년에는 「도시계획법」도 대폭 개정되었다. 주요개정사항과 개정내용이 갖는 의미를 살펴보면 다음과 같다.

첫째, 서울, 부산 등 대통령령이 정하는 도시에 대해서 목표기간 20년의 장기 도시개발방향과 도시계획 입안의 지침이 되는 도시기본계획수립을 의무화하였다. 도시기본계획은 시장·군수가 입안하고 건설부장관이 관계중앙행정기관의 협의, 도시계획전문기관의 자문과 중앙도시계획위원회의 심의를 거쳐 확정되며 확정된 도시기본계획은 일반에게 공람하도록 하였다.

둘째, 장기 미집행 도시계획시설의 설치를 촉진하기 위하여 시장·군수가 연차별 집행계획을 수립하도록 의무화하였다. 도시계획으로 도로나 광장 등의 부지로 결정된 토지를 예산부족으로 오랫동안 방치해두면서 건축이나 토지이용도 못하도록 하여 많은 민원이 계속 제기되었다. 따라서 시장·군수에게 연차별 집행계획의 수립을 의무화하여 사업추진을 촉진하고 사업집행시기까지 기간의 여유가 있을 경우 가설건축물의 건축을 허용하여 사유재산권을 최대한 보장하도록 하였다.

셋째, 관 위주의 도시계획에 민간과 전문가 참여를 의무화 시켰다. 도시기본계획 수립시 공청회를 열어 시민과 전문가의 의견을 청취하고 타당한 의견은 반영하도록 하였다. 또 도시계획 결정전에 입안서류를 사전 공람시켜 토지소유자와 주민의 의견을 청취하도록 하였다. 이와 함께 시·도 단위에는 도시계획에 관한 기획·지도 및 연구·조사를 담당하는 도시계획상임기획단을 지방도시계획위원회에 설치할 수 있도록 하였다.

넷째, 시가화조정구역제도를 신설하였다. 이것은 20년 단위의 도시기본계획수립제도 도입과 관련하여 차후 계획적이고 단계적인 도시개발을 하는 것이 적합한 지역을 시가화조정구역으로 지정하는 것으로써 구역의 건축규제내용은 개발제한구역과 유사하게 엄격하였다.

이렇듯 제5공화국은 군사정권이기는 하였지만 주민참여와 절차적 민주화, 기본권의 보장 등을 위한 제도개선에는 적극적인 편이었다.

1982년에는 택지와 공업용지 수요의 증가와 농경지의 잠식 등 환경훼손이 날로 심해지자 「국토이용관리법」을 전면 개정하여 6개 용도지역과 11개 용도지구이었던 용도지역기구를 도시지역, 취락지역, 경지지역, 산림보전지역, 공업지역, 자연환경보전지역, 관광휴양지역, 수산자원보전지역, 개발촉진지역, 유보지역 등 10개 용도지역으로 개편하였다. 「국토이용관리법」상 어떤 용도지역으로 지정되면 각 토지소유자나 각 행정기관은 용도지역에 적합한 토지이용을 하도록 하되 구체적인 개발행위와 이용규제는 각 개별법에 따르도록 함으로서 국토이용에 관한 기본법의 성격을 가지고 있었다. 」도시지역에서는 「도시계획법」이 적용되며 도시계획이 수립되고 도시계획에 반영된 용도지역·지구·구역 등의 지정, 도시계획시설, 도시계획사업이 시행되는 지역이다. 경지지역은 「농지의 이용 및 보전에 관한 법률」과 「농지확대개발촉진법」의 규정에 의하여 절대농지, 상대농지, 농지확대개발촉진지역 등으로 지정하여 보전·관리하는 지역이다. 산림보전지역은 「산림법」의 규정에 의하여 보전임지, 준보전임지 등으로 지정하여 보전·관리하는 지역이다. 공업지역은 공업과 주요산업시설 및 부수된 용도에 이용되거나 이용될 지역으로 산업기지개발지역, 공업개발장려지구, 유치지역, 전원개발사업예정구역 등으로 지정·관리하는 지역이다. 자연환경보전지역은 자연환경, 수자원, 생태계 및 문화재보전을 위하여 필요한 지역으로 자연공원, 상수원보호구역, 문화재보호구역, 자연생태계보전구역으로 지정·관리하는 지역이다. 개정된 법률에 따라 지형도면과 지적도면에 용도지역을 결정·고시하는 작업이 추진되어 1989년까지 92,601.967㎢가 지정·고시됨으로써 전 국토의 대부분에 용도지역 결정이 완료되었다.

1980년대 중반 이후 도시정책에 큰 영향을 준 경제·사회적 변화는 자동차의 급증과 마이카 시대의 도래라고 하겠다. 자동차의 급격한 증가로 도심 교통체증이 심각해지자 지하철 등 대중교통시설의 확충과 함께, 주차장정비지구 지정 확대, 건축물부설주차장 설치의무 강화, 교통영향평가제도 도입 등 교통수요 관리 대책도 시행 되었다. 개인교통이 편리하게 되면서 근교 농촌지역에 주택, 식당, 숙박업소, 레저시설이 들어서기 시작한다. 그러나 「국토이용관리법」에 비도시지역의 난개발에 대비할 수 있는 규제수단은 마련되지 않고 있었다.

1987년 말 전국 주택보급율은 69.2% 수준이었으며, 특히 서울은 50.6%에 불과한 실정이었다. 또 경상수지흑자누적과 소득증가로 주택구매력이 높아진 상태였다. 주택부족과 구매력 상승은 주택가격상승을 부채질 했으며 서울 내에서는 택지고갈로 더 이상 주택공급이 불가능하게 되자 정부는 그린벨트 외곽의 신도시의 개발을 구상하게 된다. 수도권 5개 신도시는 서울시 외곽의 대규모 개발가능지 중 1시간 이내 출퇴근이 가능한 20~25㎢권에서 기존 도시기반시설과 연계가 용이하며, 쾌적한 환경유지가 가능하고 지가가 저렴한 지역이라는 입지기준에 의해 선정하였다. 분당·일산신도시는 자족적인 도시형성이 가능한 약 15~20㎢, 450~600만 평 규모로서 각각 서울 동남부 및 서북부의 중심도시를 목표로 하였고, 평촌·산본·중동 신도시는 기존도시 연계형 신도시로서 4~6㎢, 120~170만 평 규모로 개발하였다.

1988년 9월 평촌·산본 신도시, 1989년 4월 분당·일산·중동 신도시개발계획이 발표된 이후 1995년 1월 산본 신도시로부터 1996년 12월 분당신도시까지 5개 신도시 개발사업이 초단기간에 완료되었다.

「택지개발촉진법」에 의한 택지개발사업으로 추진된 5개 신도시 사업은 1989년 2~6월 사이에 택지개발예정지구 지정으로부터 출발하였는데, 택지개발예정지구 지정으로부터 택지 개발계획 승인까지는 신도시별로 불과 4개월에서 9개월의 기간밖에 소요되지 않았고, 1989년 11월 분당 신도시로부터 1990년 7월 일산 신도시까지 택지조성공사에 착수하였다. 그와 같이 급속하게 추진된 신도시 개발사업은 1989년 11월 분당 신도시 시범단지를 최초로 분양하였고 1991년 9월에 입주를 시작하였다.

수도권 5개 신도시는 개발이익으로 서울과 신도시를 연결하는 전철과 도로망을 건설하여 교통 등 기반시설을 갖추었으며, 자족시설은 미비했으나 넓은 도심공원과 계획적인 시가지, 가로망 등 기존도시보

[표 1] 수도권 5개 신도시의 개요

구분	분당	일산	평촌	산본	중동
개발목적 및 특성	• 수도권의 중심업무 상업지역 • 자족적인 도시	• 예술 · 문화시설이 완비된 전원도시 • 수도권 서부 중심도시 • 남북통일 전진기지	• 안양시의 신중심업무 지역	• 군포시의 신중심업무 지역 • 수려한 자연 환경을 가진 전원도시	• 부천시의 신 중심업무 지역 • 서울~인천간 공업지역 중심의 근교주거지
위치	서울 동남쪽 25km 경기도 성남시	서울 북서쪽 20km 경기도 고양시	서울 남쪽 20km 경기도 안양시	서울 남쪽 25km 경기도 군포시	서울 서쪽 20km 경기도 부천시
면적	19.6km² 594만 평	15.7km² 476만 평	5.1km² 154만 평	4.20km² 127만 평	5.5km² 165만 평
수용인구 (수용세대)	39만 320인 9만 7580세대	27만 6000인 6만 9000세대	16만 8188인 4만 2047세대	16만 5588인 4만 1397세대	17만 인 4만 2500세대
사업 시행자	한국토지공사	한국토지공사	한국토지공사	대한주택공사	한국토지공사 대한주택공사 부천시
사업기간	1989.8.~1996.12.	1990.3.~1995.12.	1989.8.~1995.12.	1989.8.~1994.12.	1990.2.~1994.12.

출처 : 김영표 외(2008b).

다 도시계획측면에서는 비교적 우수했다고 볼 수 있으나 개인교통 위주의 교통계획으로 보행과 대중교통 주택지의 연결에서는 다소 미흡하다고 평가할 수 있다.

제5 · 6 공화국의 도시정책에서 주목되는 도시사업은 단연 수도권 5개 신도시건설이다. 이 사업의 정책적 의미는 주택가격 안정을 위해서 수도권집중억제라는 정책목표에 다소 수정을 가했다는 점이다. 4공화국까지는 국가안보차원에서 임시행정수도 건설계획을 추진하고, 강북인구의 강북소산이라는 대원칙을 유지하면서 행정기관의 지방이전을 추진하였으나 강북지역인 일산에 신도시를 건설하고 임시행정수도건설을 백지화하는 등 도시개발에 안보를 고려한 박정희 정부와는 차별성을 보였다.

Ⅵ 문민정부 규제완화와 난개발

수도권 5개 신도시 건설로 주택시장은 안정되었지만 건설기간 중 건자재가격의 앙등, 바닷모래사용으로 인한 부실공사 논란과 함께 건설 후 상당기간 생활편의시설 부족과 기업유치가 이루어지지 않아 베드타운에 불과하게 되는 등 여러 가지 비판이 많았다. 문민정부는 신도시건설이 오히려 부작용이 많다고 보아 대폭적인 토지이용규제완화를 통하여 민간 주택건설업자로 하여금 택지를 개발하고 주택을 건설하도록 하였다. 토지이용규제완화는 교육, 금융, 건축 등 각 분야에 걸쳐 이루어진 문민정부 규제완화정책의 큰 틀 속에서 추진되었다.

1993년에 「국토이용관리법」을 개정하여 10개의 용도지역을 5개로 단순하게 개편하였다. 종전의 도시지역과 공업지역을 도시지역으로, 취락지역, 개발촉진지역, 관광휴양지역을 준도시지역으로, 경지지역 중 농업진흥지역이 아닌 지역과 산림보전지역중 준보전임지를 합하여 준농림지역으로, 경지지역중 농업진흥지역과 산림보전지역중 보전임지를 합하여 농림지역으로, 자연환경보전지역과 수산자원보전지역을 합하여 자연환경보전지역으로 하고 유보지역은 폐지하였다. 그리고 1993년 8월 대폭적인 규제완화로 준농림지는 3만㎡ 미만의 규모의 개발사업을 허용하면서, 용적율 400%까지 공동주택을 지을 수 있도록 하였다. 농지에 나홀로 아파트를 현재의 도심 주거지역 용적율 300%보다 더 높게 지을 수 있도록 한 것이다. 신도시건설 없이도 연간 60만 호의 주택을 건설하기 위해서는 대폭적인 규제완화가 필요하다고 판단했으리라 짐작되지만 농지에 나홀로 아파트가 무질서하게 건축되는 난개발을 부추긴다는 비판이 제기되었다. 놀란 정부는

1994년 6월 준농림지역운용관리지침을 제정하여 공동주택 용적율을 150% 이하로 층고도 15층 이하로 강화하고 50세대 이상으로 건설할 경우는 준도시지역으로 용도지역을 변경한 후에 가능하도록 강화하였다. 갑작스런 규제강화로 사업성이 떨어지고, 사업기간도 길어지게 되자 주택업계는 강력히 반발하게 되고 1개월 후에 다시 규제를 용적율 250%, 층고는 20층 이하로 규제를 완화하면서 개발가능한 지역도 도로, 상하수도 기반시설이 설치된 지역으로써 도시계획구역 2㎞ 이내만 허용하게 된다.

이 결과 1990년대 중반에 신도시 인근 준농림지역인 용인죽전, 수지일대, 일산 신도시주변으로 개발허가가 집중되었고 난개발은 급속히 확산되었다. 도로, 학교 등 최소한의 기반시설도 갖추어지지 않은 아파트가 마구잡이로 건설되고 입주민들의 불편이 터지면서 1997년 9월 준농림지규제는 다시 강화되었다. 1997년 말부터 외환위기로 부동산시장이 냉각되자 난개발은 주춤해졌으나 이미 개발되거나 개발허가를 받은 지역에 도로 교통대책, 학교설치, 생활기반시설설치 등 난개발 치유과제를 다음 정부로 넘겨주게 되었다.

문민정부에서는 준농림지역의 개발규제완화 외에도 기성시가지의 주거지역, 녹지지역에 대한 건축규제완화로 주거환경이 악화되고 도심의 난개발현상도 발생하게 되었다. 농업시장개방대책의 일환으로 개발제한구역에 축사, 농업용 창고의 건축규모가 완화되고 농업진흥지역에도 농산물창고, 가공공장 등 농가소득증대를 위해 규제를 완화하게 되었는데 이는 추후에 개발제한구역과 대도시인근 농업진흥지역이 비닐하우스벨트화, 불법공장벨트화되는 시발점이 되었다.

문민정부의 도시정책은 정부권력의 민간이양기조에 맞추어 민간주도의 최소규제와 자율화로 특징지울수 있다. 정부의 정책의지가 반영될 소지가 있는 신도시건설을 하지 않고 개발수요가 있을 경우 민간기업이 알아서 개발하도록 토지규제를 대폭 완화한 것이 특징이다.

[표 2] 준농림지 내 규제완화 및 강화

시기	근거	내용	비고
'93.8.	「국토이용관리법」 제6조 (국토이용계획의 내용)	• 준농림지역(농지 및 임야)의 개발허용 • 3만㎡ 미만의 개발사업 허용 • 용적률은 「건축법」상 도시계획구역 외 용적률 400% 이하 적용	농지에 고층 아파트 건립 난개발 비판
'94.6.	준농림지역운용관리 지침제정	• 공동주택 용적률 최고150%, 층고 15층 이하로 규제강화 • 50세대 이상 공동주택단지 조성은 준도시지역 취락지구로 용도변경 필요	절차복잡, 사업지연 업체반발
'94.7.	준농림지역운용관리 지침개정	• 공동주택 용적률 250%, 층고 20층 이하로 규제완화 • 도시계획구역으로부터 2㎢ 이내 • 도로, 상하수도 등 기반시설 설치지역 • 2,500가구 이상 취락지구개발지역	일부지역규제완화 고층 아파트 일부지역 환경과 부조화로 난개발 비판
'97.9.	「국토이용관리법」개정 (시행령제14조제1항3의 2,3의3)	• 용적률 100%로 규제강화 • 300세대 이상 공동주택 건축금지 • 준농림지역 행위제한 강화	규제강화 주택건축물량감소
	「국토이용관리법시행령」 제11조 및 제13조	• 준도시지역 취락치구 공동주택은 300세대 이상으로 구획 • 용적률은 200% 이하로 규제	
'00.2.	「국토이용관리법시행령」 제14조제1항3의2	• 3만㎡ 이상 부지 공동주택 건축금지 (*300세대 이상 건축 금지 폐지)	용도 변경하는 경우 면적 규제강화 3만㎡~10만㎡ 사이 규모 규정미비
	동시행령제11조제2항 및 제7항제1호나목	• 준도시지역으로 용도 변경하여 아파트를 건설하는 경우 부지면적은 10만㎡ 이상으로 규제강화 • 용적률은 200% 이하	
'00.2.	「국토이용관리법」개정 (시행령제14조제1항제5호)	• 자연경관보전 및 상수도보호 등 보전성 높은 지역 규제강화 • 용적률 100%이하, 건폐율 60%이하	보전성이 높은 지역 밀도규제 강화

시기	근거	내용	비고
'00.7.	「국토이용관리법」 개정	• 수도권 밀도규제 강화 • 준농림지역 : 용적률 80%, 건폐율 40% • 준도시지역 : 용적률 200%, 건폐율 60%	
'00.7.	준농림지역의기반시설 설치계획수립기준	• 3만㎡ 초과의 연접개발 허가시 기반시설설치계획 수립기준	기준제정
'00.8.	준도시지역취락지구입안 및 개발계획수립기준	• 취락지구입안제한기준제정 규제강화 • 기반시설 및 공공시설 계획기준 강화	기준제정
'00.11.	준도시지역취락지구입안 및 개발계획수립기준 개정	• 종합개발계획수립의무화 • 기반시설 설치기준 확대 • 연접개발에 대한 기준 강화	기준강화
'02.2.	「국토의계획및이용에관한 법률」 공포	• 준농림지역 + 준도시지역 ⇒ 관리지역 • 2002년부터 시행, 수도권·광역시 외 인근 시·군 법시행 3년 이내 국토도시계획수립 의무 • 계획수립전까지 용적률 80%, 건폐율 40%로 밀도규제 강화	용도지역개편 계획적 개발유도
'03.1.	「국토의계획및이용에관한 법률시행령」	• 제2종지구단위계획수립시 : 용적률 150%, 건폐율 60% • 계획관리지역 내 지구단위계획 미수립시 아파트 불허 • 아파트 지구단위계획 구역면적을 30만(10만×3개도 가능)㎡로 강화	기준강화

출처 : 건설교통부 도시정책과 내부자료(2004).

Ⅶ 김대중 정부 : 그린벨트는 풀고 너무 푼 규제는 묶고

1. 개발제한구역조정

외환위기가 경제전반에 몰아친 1998년 김대중 정부가 출범했다. 김대중 대통령은 그린벨트해제를 대선공약으로 내걸고 당선되었다. 경제발전이나 반값아파트, 주택 몇 백만호 건설과 같은 민생 공약이 아닌 토지규제완화가 대선공약이 된 것은 처음이었다. 개발제한구역

거주주민과 토지소유자 등 이해관계자는 약 70만 명으로 추산되었는데 이는 선거의 당락을 좌우할 수 있는 이해집단의 규모였다. 김대중 대통령은 임기 1년 이내 그린벨트를 대폭 풀겠다고 공언하였다. 그러나 1970년대, 1980년대를 거치면서 국토의 난개발과 환경파괴를 목격한 대다수 국민들은 그린벨트를 우리나라의 대표적인 국토관리 성공사례로 평가하고 있었다. 경제정의실천연합이나 녹색연대 등 시민단체 환경단체는 그린벨트 조정에 극력 반대하고 있었다.

한편 그린벨트 내 토지소유자나 주민들의 주장은 임야를 제외하고는 모두 해제해야한다고 주장하였다. 그린벨트를 해제하더라도 도시계획상 자연녹지지역이므로 난개발이 일어나지는 않는다고 주장하면서 개발제한구역의 외곽지에 있는 준농림지에는 아파트 건축을 허용하여 난개발이 일어나고 있는데, 도심과 더 가까운 개발제한구역 토지는 개발을 금지하는 것은 평형성을 잃는 것이라고 주장하였다. 입장이 첨예하게 대립되는 사안이기에 정부는 건설교통부에 도시계획 전문가, 주민대표, 시민환경단체대표 등 각계각층이 참여하는 제도개선협의회를 구성하고 모든 논의와 결정은 이 협의회를 통하여 진행하기로 하였다.

개발제한구역 설정이 주민의견수렴 절차없이 이루어진 결과 하나의 필지의 일부가 개발제한구역으로 지정되거나 자연부락의 일부만이 개발제한구역으로 지정되는 경우, 개발사업이 진행되는 과정에서 갑자기 개발제한구역으로 지정된 경우 등 불합리한 사례가 적지 않았다. 시민단체와 환경단체들도 실태조사를 거쳐 이런 지역의 구역조정에는 반대하지 않고 있었다. 의견차이가 큰 사안에 대해 정부는 3가지의 정책대안 접근방식을 제안했다.

첫째, 개발제한구역제도개선에 대한 모든 논의는 주민, 시민환경단체, 언론, 도시계획전문가, 공무원으로 구성된 제도개선협의회에 일원화 시켰다. 사실 김대중 정부 출범후 개발제한구역 조정방안이 집권당 쪽에서 여러번 발표되어서 혼란이 적지 않았다.

둘째, 제도개선협의회 위원이 불합리한 지역의 현장조사나 해외 현지조사에 참여하도록 하여 문제점에 대한 인식을 공유하도록 하였다. 당시 그린벨트제도의 성공사례로 꼽히는 영국의 사례를 예를 들면서 영국은 그린벨트가 잘 지켜지고 오히려 지정면적이 계속 늘어나는데 비해 왜 우리는 잘 관리되지 않고 오히려 해제요구만 커져가고 있는지 비판하면서 정책부재를 탓하는 논지가 많았다. 제도개선협의회는 실태파악을 위해 영국의 그린벨트 관리실태를 현지조사하였다.

현지실태조사에서는 현장답사뿐 아니라 영국의 환경성 담당관리와 지방자치단체 담당자, 도시농촌계획학회의 관계자 면담도 이루어졌으며 여기에서 영국의 그린벨트가 잘 유지되는 이유와 우리나라의 개발제한구역이 잘 유지되기 어려운 이유를 찾을 수 있었다.

첫째, 영국과 우리는 토지이용규제제도가 근본적으로 달랐다. 영국은 제2차 세계대전 이후에 종전의 용도지역제를 폐지하고 개발권을 국유화하는 조치를 단행하면서 개발허가제를 채택하고 있었다. 즉 모든 토지에 대해서 소유주가 토지를 개발할 수 있는 권리가 없어졌다. 따라서 원칙적으로 그린벨트로 지정되지 않은 토지와 그린벨트로 지정된 토지 간의 지가격차가 없는 것이다. 영국도 제2차 세계대전 이전에는 용도지역제를 채택하고 있었으나 그린벨트의 지정 등 계획

[표 3] 개발제한구역 지정 및 해제 현황

(단위 : ㎢)

권역별	구 역	면적			지정일 (해제일)
		당초 지정	해제 면적	현재 면적	
계		**5,397**	**1,530**	**3,867**	
대도시		**4,294**	**427**	**3,867**	
수도권	서울시, 인천시, 경기도 21개 시군	1,567	151	1,416	'71.7.30. ~ '76.12.
부산권	부산시, 양산시, 김해시 일부, 울산시 일부	597	178	419	'71.12.29.
대구권	대구시, 경산시, 칠곡군, 고령군	536	20	516	'72.8.25.
광주권	광주시, 나주시, 담양군, 화순군, 장성군	555	37	518	'73.1.17.
대전권	대전시, 공주시, 계룡시, 금산군, 연기군, 옥천군, 청원군 일부	441	12	429	'73.6.27.
울산권	울산시	284	13	271	'73.6.27.
창원권	창원시, 함안군, 김해시 일부	314	16	298	'73.6.27.
중소도시		**1,103**	**1,103**	**-**	
춘천권	춘천시, 홍천군	294	294	-	'73.6.27. ('00.12.8.)
청주권	청주시, 청원군 일부	180	180	-	'73.6.27. ('02.1.19.)
전주권	전주시, 김제시, 완주군	225	225	-	'73.6.27. ('03.6.26.)
여수권	여수시	87	87	-	'77.4.18. ('02.12.30.)
진주권	진주시, 사천시	203	203	-	'73.6.27. ('03.10.31.)
통영권	통영시	30	30	-	'73.6.27. ('03.10.1.)
제주권	제주시, 북제주군	82	82	-	'73.3.5. ('01.8.4.)

출처 : 국토교통부 홈페이지 - 정부3.0 정보공개[1]

1) www.molit.go.kr/USR/BORD0201/m_34879/LST.jsp

적인 도시 관리가 어려워서 개발허가제로 토지규제개혁을 한 것이다. 용도지역제도하에서 런던 주변에 그린벨트를 만들기 위해서는 토지를 매수해야했는데 재정이 많이 소요되고 매수도 어려워서 성공하지 못했다고 하였다. 반면 우리나라는 용도지역제를 채택하고 있어 용도지역간에 개발허용 용적율이 달라 지가격차가 크다. 개발제한구역의 경우 신규개발이 허용되지 않아 지가가 가장 낮았다. 특히 개발제한구역 인근의 녹지지역과 준농림지의 개발규제가 대폭 완화됨에 따라 지가격차는 더욱 커지고 이것이 해제요구라는 민원으로 나타난 것이다.

정치적으로도 영국은 그린벨트 유지가 쉽다고 했다. 주택단지를 개발하면 주민들은 주위환경이 더 개발되기를 원하지 않기 때문에 그린벨트로 지정하기 원하는데 도시주변의 토지는 대부분 귀족이나 부유층 소수가 소유하고 있기 때문에 그린벨트로 지정하더라도 정치적 반발이 적다고 한다. 우리의 경우 이승만 정부의 농지개혁으로 개발제한구역내 토지소유자가 10만 명 이상이나 되고 대부분 영세농가이기 때문에 영국과는 많이 다르다. 영국의 그린벨트 지정목적에서 환경보전은 중요한 목적이 아니었다. 가장 큰 목적은 도시성장을 억제하고 도시의 형태를 만드는 데 있었다. 교외의 목가적 풍광을 유지하는 것이 큰 목적으로 소규모 도시도 오래된 도시의 보전과 같은 목적이 있으면 그린벨트로 지정이 되고 있었다. 영국 현지답사를 통해서 시민 환경단체들은 그린벨트는 녹색 환경보존지대가 아니며 주민들의 일방적 희생을 통하여 유지되는 데 한계가 있음을 알게 되었고, 주민단체들도 일방적해제로 가져올 난개발과 토지소유주에게만 이득이 되고 거주민들에게는 오히려 손해가 될 수 있음을 깨달았다. 주민들은 환경적으로 꼭 보존해야 될 곳만 제외하고 나머지는 해제하자는 입장으로 다소 후퇴했고, 시민환경단체들도 환경적으로 보전할 곳은 절대 해제해서는 안 된다는 것으로 입장을 다소 후퇴했다.

해제기준으로 환경적으로 보전 필요성이 적은 곳이라는 하나의 기준이 설정되었다. 이 기준을 객관화시키기 위해서 개발제한구역 모든 토지를 대상으로 환경평가를 실시하기로 했다. 평가기관은 국토연구원, 환경정책평가연구원, 농촌경제연구원, 임업연구원 등 국내 최고의 연구기관이 동원되었다. 이와 별도로 개발제한구역이 지정된 14개 도시권 중 중소도시는 도시의 무질서한 확산이나 인근도시와의 연담화 가능성이 없으므로 전면해제해야 한다는 입장과 중소도시도 환경보전 필요가 적은 곳만 부분해제해야 한다는 시민 환경단체 입장간에 대립이 있었다.

최고의 권위를 가진 중립적인 기관의 중재자적인 의견을 듣는 것이 필요했다. 정부는 1998년 말 영국도시농촌계획학회(Town and Country Planning Association)에 연구용역을 의뢰하였고 객관성을 높이기 위해 국문번역도 대한국토도시학회에 의뢰하였다. 연구결과는 논란이 될 수 있는 몇 가지 사항에 대하여 유용한 기준을 제시해 주었다.

첫째, 그린벨트는 개발을 제한하기 위하여 지정되는 것이지만 영구적으로 불변한 것은 아니며 도시의 장기구상을 감안한 광역도시계획 틀 속에서 개발할 지역과 보전할 지역의 조정이 필요하다면 그 틀 속에서 변경이 가능하다. 그린벨트는 환경보전을 위해 지정되는 것이 아니며 도시의 성장관리와 같은 도시관리 목적을 위해 지정되는 것이므로 환경평가만을 구역조정 기준으로 삼는 것은 불충분하다. 둘째, 도시의 무질서한 확산 가능성이 없는 중소도시의 그린벨트는 불필요하지만 영국의 경우 오래된 도시유산의 보전 또는 전원적 풍경의 보전 등 다른 목적을 위해서 지정될 수 있는 것이다. 그린벨트 내에 취락이나 소도시가 있는 경우 이것을 해제할 것인지 그대로 둘 것인지는 일률적이지 않지만 영국의 경우 대체로 대규모 취락은 그린벨트에서 해제하였고 그보다 작은 규모는 그린벨트로 지정되어 있으므로 이를 참고할 필요가 있다.

이를 토대로 그린벨트를 전면 해제할 중소도시를 어디로 정할 것인지 국토연구원에 용역을 의뢰하였으며 연구과정에는 시민 환경단체 전문가를 참여시켜 대상도시의 선정에 투명성과 객관성을 높였다.

이와같은 실태조사와 여러 연구용역결과 등을 종합참고로 하여 정부는 1999년 7월 개발제한구역제도개선방안을 발표하였다.

먼저 기본방향으로 네 가지 원칙을 밝혔다. 첫째, 개발제한구역제도의 기본골격은 유지하되 선환경평가 및 도시계획 후해제 방식으로 조정한다. 시가지 확산압력이 낮고 환경훼손우려가 적은 도시권은 해제하되 보전가치가 높은 지역을 보전녹지, 생산녹지, 공원 등 보전지역으로 지정한다. 시가지 확산압력이 높고 환경훼손우려가 큰 대도시권은 개발제한구역을 유지하되 보전가치가 낮은 지역을 선별하여 부분 해제한다. 다만 집단취락 산업단지 등 불합리하게 구역이 설정된 곳은 우선해제한다. 이와 별도로 전 국토의 친환경적인 관리를 위한 제도개선도 장기적으로 추진한다.

이러한 기본방향 하에 개발제한구역이 전면해제되는 대상도시를 제주(2001.8.), 춘천(2001.8.), 청주(2002.1.), 여수(2002.12.), 전주(2003.6.), 진주(2003.10.), 통영(2003.10.) 등 7개 도시로 결정하고 각각 환경평가와 도시계획수립절차를 거쳐 해제하였다.

수도권, 부산권, 대전권, 대구권, 울산권, 광주권, 창원권 등 7개 도시권은 '광역도시계획'을 세워 부분적으로 조정했다. 국토교통부와 지방자치단체가 공동으로 '광역도시계획'을 수립하였으며 도시의 개발축, 교통축, 녹지축 등 공간구조와 환경평가 결과를 감안하여 개발제한구역중 조정가능지역을 선정하도록 하였다. 환경기준만으로 조정가능지역을 설정할 경우 섬 형태나 아메바형태의 소규모 조정가능지가 발생하는 사례를 방지하기 위하여 일정규모 이상이 되도록 하였다. 조정가능지는 지금까지 개발제한구역이 공익적 목적을 위해 보전되어온 점을 감안하여 공공주택의 건설, 지역발전을 위해 꼭 필요한 현안사업, 지방도시에는 수도권기업의 유치 등 공공 공익상 개발수요를 수용하되 2020년까지 단계적으로 사용토록 함으로써 일시에 무분별하게 해제되지 않도록 하였다.

다만 개발제한구역 내에 이미 존재하는 대규모취락(30개소), 산업단지와 경계선관통취락(52개소), 지정목적이 소멸된 지역은 광역도시계획수립전이라도 우선해제 하도록 하였다. 그러나 집단취락에 대한 해제요구 민원이 늘어나자 정부는 나중에 추가로 20호 이상 소규모취락(약 1800개소)도 지구단위계획을 수립한 경우 개발제한구역을 해제하도록 조치하였다.

개발제한구역으로 존치되는 지역의 효율적인 관리방안으로 보상방안, 주민불편해소방안, 공공시설의 무분별한 입지 억제방안, 친환경적인 개발제한구역 관리방안도 제시되었다. 보상방안이 가장 어려운 부분이었는데 1998년 12월 헌법재판소가 장기간 판결을 미루던

개발제한구역제도 헌법불합치판결을 내리면서 기준을 제시했다. 이것은 우리나라에서 토지이용규제에 대한 수용이론을 판례로 제시한 첫 사례이다. 헌법재판소는 개발제한구역은 합헌이며 다만 개발제한구역지정으로 인하여 본래의 토지용도대로 사용이 불가능한 경우 정부가 이를 보상해야한다고 판시하면서 본래 용도대로 사용이 불가능한 경우를 「지적법상」 지목이 대인 토지임에도 불구하고 건축이 허용되지 않는 경우, 농지인데 수로가 단절되어 영농이 불가능한 경우 등을 토지 본래 용도대로 사용이 불가능한 경우로 사례를 들었다. 헌재가 보상대상을 일부토지에 한정하였으나 보상을 어떻게 할 것인가 역시 문제였다. 현행법에 따르면 토지이용규제로 가격이 하락된 경우 감가분을 평가하여 보상하지 않고 있기 때문이다. 따라서 개발제한구역 지정 당시부터 지목이 대인 토지, 개발제한구역 지정 당시 개발허가를 받고 건축허가를 받지 못한 토지 등을 건축을 허용하는 수준으로 규제를 완화하는 동시에 매수청구제도도 도입하였다. 개발제한구역 주민불편을 완화하기 위해 구역지정 이전부터 있었던 주택의 증축과 근린생활시설로의 용도변경을 허용해서 소득기반을 마련해주고 개발제한구역 내에 토지를 매수하여 공원이나 보전용도로 관리하는 사업도 추진되었다. 한편 개발제한구역 내의 낮은 지가 때문에 학교 공공청사와 같은 공공시설이 많이 건축되는 사례를 억제하기 위하여 지가차액의 일정분을 보전부담금으로 납부토록 하는 제도도 신설되었다.

2. 「도시계획법」의 전면개정과 「개발제한구역특별법」의 제정

그동안 개정안을 국회에 제출할 경우 개발제한구역을 해제하라는 국회의 요구를 수용하기 어려워 장기간 유보해 두었던 「도시계획법」을 2000년 전면 개정하여 '광역도시계획'의 수립 근거와 절차를 규정하고 「건축법」에 규정되어 있던 용도지역 지구의 용적율, 건폐율, 건축물의 용도 규정을 「도시계획법」으로 이관받아 규정하고 「건축법」에 규정되어 있던 도시설계규정과 「도시계획법」의 지구상세계획을 통합하여 지구단위계획으로 통일시키고 선계획의 원칙을 확립하기 위하여 개발사업 또는 재개발사업에 지구단위계획수립을 의무화하였다. 개발제한구역의 지정과 관리에 관한 내용이 「도시계획법」 내의 한 개 조문에 불과하던 것을 지정·관리, 관리계획의 수립, 보전부담금, 주민지원사업, 매수 등의 내용을 규정하는 별도의 법률을 제정하였다. 법 개정사항은 아니었지만 「도시계획법시행령」을 개정하여 주거지역의 용적율을 400%에서 300%로 낮추고 시도 조례로 이보다도 더 낮출 수 있도록 하여 과밀개발을 억제하도록 하였다.

3. 「도시개발법」 제정

2000년에는 이와 함께 도시개발에 관한 일반법인 「도시개발법」이 제정되었다. 그동안 토지구획정리사업을 위한 「토지구획정리사업법」(1966), 산업도시개발을 위한 「산업기지개발촉진법」(1973), 도시재개발을 위한 「도시재개발법」(1976), 주택단지개발을 위한 「주택건설촉진법」(1977), 「택지개발촉진법」(1980) 등 특정한 목적을 위한 「도시개발법」만 있었고 개발방식도 토지구획정리사업이나 전면매수 등 하나의 방식만 할 수 있도록 되어 있고 지방자치단체의 참여가 제한되는 경우가 많았다. 「도시개발법」은 도시개발사업주체를 공공 민간 토지소유주로 다양화하고 도시개발목적도 일반 상업업무나 유통, 관광, 위락 등 어느 경우에도 모두 가능하도록 하였으며 개발방식도 토지구획정리방식, 매수방식, 토지상환채권방식에 의한 보상, 이를 혼합하는 방식 등 다양화하였다.

4. 개발제한구역조정으로 파생된 과제

1) 자연공원구역의 조정

개발제한구역과 유사하게 토지이용규제가 강한 구역제도가 「자연공원법」에 의한 자연공원구역이다. 「자연공원법」에 따라 환경부가 관리하는 국립공원과 지방자치단체가 관리하는 도립공원, 군립공원은 공원구역내에 신축이 금지되며 환경악화가 우려되는 용도의 변경과 개발행위가 금지된다. 자연공원구역 내에는 구역지정 이전부터 존재하는 집단취락과 주택이 존재하고 있었는데 이 역시 과도한 재산권 침해라는 민원이 계속 제기되었는데 개발제한구역의 조정을 계기로 불가피하게 구역을 조정하게 되었다. 2001년 환경부는 국립공원 경계부 취락과 대규모 농경지 등 43㎢를 해제하고, 해제되지 않은 공원내 취락을 밀집취락지구, 자연취락지구로 세분화하고 국립공원 내 자연환경지구 내의 5호 이상 취락을 자연취락으로 신규 지정하여 취락지구 내 규제를 환화하는 조치를 취하게 되었다.[2]

2) 환경부, '환경부, "국립공원구역조정안" 발표' 보도자료, 2001.

2) 도시계획시설결정부지의 매수 또는 해제 규제완화

도시계획에서 개발제한구역보다 훨씬 더 재산권침해를 받고 있는 곳은 도시계획시설결정부지 소유자들이었다. 「도시계획법」은 도시관리계획으로 도로, 철도, 항만, 공항, 광장, 학교 등 54개 종류의 공공시설용도부지를 미리 도시계획으로 결정할 수 있도록 하고 도시계획으로 결정된 토지는 건물의 신축과 개발행위를 금지하고 있는데 2009년 말 기준으로 부지면적은 1950.8㎢, 이들 시설을 설치하는 데 소요되는 예산 211조 원으로 이 중 결정 후 10년 이상 경과된 시설부지는 993.9㎢, 소요예산은 137.9조 원이나 되었다. 이들 소유자들도 헌법재판소에 「도시계획법」의 위헌성을 제기하고 있었는데 1999년 10월 헌법재판소는 「도시계획법」의 헌법불합치결정을 내렸다. 주요 내용을 보면 도시계획시설로 결정된 토지가 나대지인 경우 토지소유자는 그 토지를 종래 허용된 용도대로 사용할 수 없게 되므로 토지의 매도가 사실상 불가능하고 경제적으로 의미있는 이용가능성이 배제되기 때문에 매수청구권이나 수용청구권을 부여하거나 지정의 해제 등 적절한 보상이 필요하다고 하였다. 한편 현실적으로 도시계획시설의 집행에 막대한 비용이 소요되는 점과 국민의 재산권과 도시계획사업의 공익성을 종합적으로 감안하여 10년 이상 아무런 보상없이 수인하도록 하는 것은 헌법상 재산권보장에 위배된다고 결정하였다. 이에 따라 2000년 「도시계획법」 개정내용에 장기미집행 도시계획시설의 제도개선이 반영되었는데 그 내용은 다음과 같다.

10년 이상 미집행시설은 지방자치단체가 5년마다 재검토하여 불필요한 시설은 해제한다. 이법 시행후 결정되는 도시계획시설이 20년 이상 집행되지 않을 경우 자동실효된다. 이미 결정된 시설중 10년 이상 장기미집행시설은 대지소유자에게 매수청구권을 부여하고 매수하지 못할 경우는 일정한 규모의 건축을 허용한다.

3) 도시공원지정지역의 규제완화

도시공원도 도시계획시설의 하나로 도시공원으로 결정되면 지방자치단체가 그 토지를 매수하여 공원으로 조성하도록 되어있다. 그러나 지자체의 재원부족으로 대부분의 공원이 지정만 되어있고 실제로 공원조성사업을 하지 못하고 있다. 그렇다고 도심 녹지가 절대부족한 실정에서 재산권보호만을 위해 공원을 해제하기도 어렵다. 이러한 실정을 감안하여 도시공원 중 외곽지역의 임야에 지정된 공원은 도시자연공원으로 지정하여 자연공원과 같이 토지를 매수하지 않고 일반 시민들에게 이용하도록 하고 자연공원 내의 집단취락에 대해서는 규제를 완화하여 주민 불편이 없도록 하였다. 도시내부의 공원은 공원조성계획수립을 의무화하고 공원조성이 어려울 경우 해제하거나 공원결정 구역내 주택이나 나대지는 토지소유자에게 매수청구권을 부여하고 지자체가 매수하지 않을 경우 일정규모의 신축을 허용하도록 하였다.

4) 지자체가 지정한 형질변경제한지역 해제

도시지역내 자연녹지지역과 같은 보전지역이라도 인근의 개발압력이 높아지면 난개발이 일어날 수 밖에 없다. 도시계획변경으로 개발을 제한하는 데 시일이 걸리거나 할 경우 지방자치단체는 편의상 형질변경제한지역이라는 구역을 지정하여 난개발을 억제하는 경우가 많았다. 지정기간도 일정하지 않아 10년 이상 장기간 묶어두는 경우도 있었는데 개발제한구역 헌법불합치 결정으로 이런 행정관행이 더 이상 유지되기 어려워졌다. 2000년 「도시계획법」은 개발행위제한으로 명칭을 바꾸고 지역의 지정기간을 3년 이상 유지할 수 없도록하고 1회에 한하여 2년 동안 연장할 수 있도록 하여 법적근거 없이 장기간 토지의 재산권행사를 제한하지 못하도록 하였다.

5) 남단녹지판교 개발제한해제

성남판교지역은 1976년부터 개발제한구역에 준하는 건축제한을 해오다 1992년 남단녹지제한의 근거가 되는 「건축법」 조항이 폐지되었고 그 이후 행정지도로 건축제한을 계속하고 있던 지역이었다. 개발제한구역 조정과 맞물려 개발해제요구가 거세지자 보전녹지지역으로 지정되어 관리되던 이 지역을 1998년 성남시가 '도시기본계획'을 변경하여 개발예정용지로 지정하게 되었다. 그 후도 난개발을 우려하여 「건축법」에 의한 건축제한을 계속해오다 부득이 규제를 해제할 수 밖에 없게 되어 판교택지개발을 추진하게 되었다.

6) 그린벨트 해제가 불가피하게 된 경제 · 사회적 배경

첫째는 개발제한구역제도는 용도지역제도를 채택하고 있는 우리나라에서 지속가능하게 유지하기는 어려웠다는 것이다. 용도지역제도하에서는 개발제한구역지정으로 구역으로 지정된 토지와 그렇지 않은 토지와의 지가격차가 벌어지게 되며 특히 구역 외 지역의 개발규제가 완화될수록 그 격차는 더 커진다. 그린벨트정책을 추진한 영국도 용도지역제도를 가지고 있었던 제2차세계대전 이전에는 토지를 매입하여 그린벨트를 조성할 수 밖에 없어서 성공하지 못하고 제2차 세계대전 이후 개발권을 국유화하고 개발허가제로 전환한 후에 그린벨트를 확대지정할 수 있었다. 둘째, 급격한 도시인구집중과 도시화를 들 수 있다. 당초 개발제한구역은 도시의 먼 외곽에 지정되어 개발제한구역의 도시내측에도 상당한 개발가능한 자연녹지가 있어 이들 자연녹지가 시가화지역과 개발제한구역 사이에 개발압력을 완충시키는 역할을 하였으나 자연녹지가 모두 개발되고 오히려 개발제한구역을 넘어 소위 개구리뛰기 식으로 외곽에 대규모 신도시가 조성되어 개발제한구역의 당초 취지인 도시의 확산방지라는 목적을 달성하지 못하였다. 셋째, 김영삼 정부의 대대적인 토지이용규제완화로 도시외곽의 준농림지 난개발과 농민소득을 증대시키고자 농업진흥지역과 개발제한구역에 농업용 축사, 창고 공장 등의 설립허용으로 일어난 난개발로 지가격차가 더욱 커지게 되면서 개발제한구역해제 압력이 더 커지게 되었다.

5. 난개발의 반성, 전 국토의 계획적 관리

토지이용규제완화로 인한 난개발과 개발제한구역 해제와 조정 등 일방적인 규제완화에 정부대책을 촉구하면서 시민단체와 전문가 그룹은 전 국토를 계획적으로 관리하는 체계적인 관리방안을 마련할 필요성을 제기하였다. 수도권의 용인 죽전, 수지, 화성시 일대, 고양시, 파주시 일대 등 당시 준농림지 규제완화로 도로, 학교 등 기초적인 기반시설없이 건설된 주택의 입주민들로부터 민원이 제기되고 난개발의 부작용을 체험하면서 계획적인 관리와 체계적인 개발요구는 일반국민들에게도 큰 관심사가 되었다. 정부는 2000년 5월 난개발의 주요원인인 준농림지의 관리를 강화하고 도시지역의 고밀개발을 억제하는 한편 「국토이용관리법」과 「도시계획법」을 통합하여 국토이용체계를 일원화하는 방안을 발표하였다.

2년간의 법제화작업을 거쳐 2002년 2월 제정 · 공포된 「국토의 계획 및 이용에 관한 법률」의 주요내용을 살펴보면 첫째, '국토종합계획', '도 종합계획', '군 계획'과 「도시계획법」에 의한 도시계획체계와 이원화되었던 계획체계를 정비하여 전 국토를 대상으로 '국토종합계획'을 수립하고 도에는 '도 종합계획'을 수립하도록 하고 '군 계획'은 없애고 '군도시계획'으로 일원화시켰다. 둘째, 종전 「국토이용관리법」에서 도시지역, 준도시지역, 준농림지역, 농림지역, 자연환경보전지역 등 5개의 용도지역으로 국토를 관리하던 것을 준도시지역과 준농림지역을 관리지역으로 통합하여 4개 용도지역으로 하고, 관리지역을 보전관리지역, 생산관리지역, 계획관리지역 3개로 세분화하였다. 관리지역의 객관적인 세분기준을 제시하기 위하여 토지적성평가제도를 도입하였다. 셋째, 용도지구 구역의 지정 등 도시계획수법을 다양화하였다. 경관지구, 미관지구 등 도시지역에만 지정되던 각종 용도지구를 비도시지역에도 지정할 수 있도록 하고 「국토이용관리법」에 의한 수산자원보전지구는 수산자원보호구역으로 변경하여 행위제한을 별도로 규정하였다. 넷째, 2종지구단위계획제도를 도입하였다. 준농림지의 소규모 산발적 개발을 집단화하기 위하여 개발하는 경우에는 상세한 계획을 수립한 후 개발하는 지구단위계획 수립을 의무화하였으며 사업시행자가 기반시설을 부담하도록 하되 건폐율, 용적율, 건축제한에 대해 인센티브를 적용하도록 하였다. 다섯째, 개발행위허가제를 강화하여 법령에 맞더라도 기반시설이 부족하거나 주변경관과 조화를 이루지 못하는 경우에는 개발을 불허하거나 조건부로 허가하도록 하였다. 여섯째, 기반시설용량범위 내에서만 개발을 허용하는 기반시설연동제를 도입하였다. 도심지와 같이 기반시설의 추가 설치가 어려운 지역은 개발밀도를 법정한도보다 낮게 제한하는 개발밀도관리구역제도를 도입하고 개발로 인하여 기반시설의 추가설치가 필요한 지역은 기반시설부담구역으로 지정하여 개발사업자가 기반시설을 설치하도록 의무화하였다. 일곱째, 도시계획위원회와 국토이용계획심의위원회를 도시계획위원회로 통합하고 그 기능을 대폭 강화하였다. 「택지개발촉진법」 등 다른 법률에 의한 지구지정이나 대규모 개발사업도 도시계획위원회의 심의를 거치도록 하였다.

6. 난개발치유, 광역교통개선대책

1993년 준농림지 규제완화 이후 민간의 자율개발을 촉진하여 주택수요에 대응하여 민간주택공급 적기에 이루어져 집값안정에는 기여하였으나 소규모 난개발과 중소규모 공공택지개발로 인하여 교통시설·교육시설·근린생활시설 부족이 심각한 문제로 대두되었다. 사후 치유책으로 광역교통시설개선대책과 난개발치유를 위한 택지개발지구 지정 등이 지구별로 추진되었다. 택지개발지구의 광역교통개선대책 수립과 국고보조, 지방자치단체의 출연, 개발사업자의 부담금 부과 등 광역교통시설의 설치재원을 마련하기 위한 「대도시권 광역교통 특별법」이 1997년 제정되었고 이를 근거로 일정규모이상의 택지개발 도시개발사업에는 광역교통시설개선대책수립을 의무화하였다. 한편 민간의 소규모개발이 일어나 기반시설부족과 교통시설미비가 우려되는 지역을 택지개발지구의 추가지정과 광역교통개선대책의 수립 등을 거쳐 난개발을 치유하는 작업이 2000년 이후에 파주, 고양, 김포, 용인 등 수도권 외곽지역에 추진되었고 일부는 수도권 제2기 신도시와 함께 추진되었다.

Ⅷ 노무현 정부 도시정책

1. 기반시설부담금제 도입과 폐지

「국토계획법」에 따라 기반시설연동제가 도입되어 기반시설이 부족한 곳은 개발을 억제하는 개발밀도관리구역으로, 개발압력이 높아 방치할 경우 도로, 학교 등 기반시설이 부족할 것으로 예상되는 지역은 기반시설부담구역으로 지정하고 부담금을 징수하여 지자체장이 대신 건설하거나 개발자에게 시설의 부담을 지우도록 하였으나 실제 이 제도가 시행이 너무 복잡하고 개발자에게 부담을 지우기가 어려워 정부는 싱가폴의 시설부담금제도를 모델로 전 국토를 기반시설부담구역으로 지정하여 건축행위에 일정금액의 시설부담금을 부과하는 기반시설부담제도를 2006년 「기반시설부담금법」을 제정하여 도입하였다. 그러나 법안 성안 당시의 취지와 달리 이 제도가 새로운 토지공개념제도로 잘못 인식되고 부담금재원을 지역균형발전목적으로 사용할 수 있게 하는 등 입법과정에서 부담자와 수익자의 불일치 현상이 일어나게 변질되자 또 다른 세금으로 인식되어 2008년 3월 짧은 생애를 마감하게 되었다. 공공시설 설치시 편익을 얻는 수익자가 그 시설의 설치비용을 부담하는 것이 원칙이며 대부분의 선진국에서도 이것이 시행되고 있다. 우리나라의 경우 지방자치단체가 이를 시행해야 하는데 지방자치단체가 이를 시행하지 못하기에 국가가 전국에 적용되는 제도를 도입한 것인데 부담금 납부지역과 부담금 수혜지역을 일치시키지 못한 결과 제도는 타당성과 신뢰성을 얻지 못하고 단명으로 끝나게 되었다.

2. 2000년대 집값 앙등과 2기 신도시건설[3)]

2000년 초반 외환위기에서 벗어난 우리경제는 저금리와 호황으로 다시 한번 부동산가격 앙등기를 맞이하게 되었다. 2003년 경의 집값상승은 재건축아파트에서 시작되었는데 가격상승억제를 위해 공급확대정책보다는 재건축규제를 강화하는 방향으로 정책을 가져가게 되어 도심의 주택공급보다는 외곽의 신도시건설로 정책기조가 흘러가게 되었다. 그동안은 제1기 신도시 개발에 대한 비판으로 소규모 분산적 택지개발과 준농림지 개발로 정책방향을 선회하였으나, 서울 인근 도시들에서의 교통 · 환경 · 교육 등 기반시설의 부족과 비용분담문제 등 심각한 사회문제가 야기되었다.

이에 따라 신도시개발에 대한 사회적 공감대가 형성되어 화성, 판교를 시작으로 수도권 제2기 신도시 개발이 본격적으로 착수되었으며, 제1기 신도시보다 녹지율은 증가되고 인구밀도는 낮아지는 등 환경용량을 감안한 친환경 도시개발을 지향하게 되었다.

2기 신도시는 2000년 이후에 개발되기 시작한 신도시가 해당된다. 2기 신도시에는 성남판교, 화성동탄 등 총 9개의 신도시로, 수도권

3) 2기 신도시별 특성에 대한 내용은 김영표 외, 「상전벽해 국토60년: 국토60년사 사업편」, 국토연구원, 2008. p. 46~48를 참고하여 작성.

5개 신도시와 비교해서 다양한 환경적인 수준향상이 이루어지게 된다. 성남판교 신도시의 경우, 1기 신도시에서 지적되었던 자족성 확보측면에서의 보완을 위해 벤처단지 개발을 포함하였다. 그 외에도 환경친화적인 개발, 대중교통 편의증진 등 다양한 계획이념이 신도시 개발에 반영되었다.

1) 판교 신도시

개발제한구역조정의 여파로 남단녹지관리가 더 이상 어렵게 되자 성남시가 도시기본계획으로 판교동 일대 694㏊을 개발예정용지로 지정하고 사업시행자는 한국토지공사, 경기도 성남시 등이 참여하여 신도시 건설에 착수하였다. 택지개발사업으로 추진되었으나 첨단산업 연구기능을 수용하는 복합도시로 개발되었으며 신분당선과 헌릉 수지간 고속도로 등 교통기반시설도 갖추었으며 친환경 저밀도개발 도시를 추구하였다.

[표 4] 판교 신도시 주요계획내용

<table>
<tr><th>사업개요</th><th>계획목표</th></tr>
<tr><td rowspan="3">• 위치 : 성남시 분당구 판교동 외 10개동 일원
• 면적 : 929.4㏊
• 인구 : 8만 7882명
• 세대수 : 2만 9294세대
• 인구밀도 : 95인/ha
• 사업기간 : 2003~2009년</td><td>• 자연과 인간이 공존하는 친환경적 도시 조성
• 수도권 남부의 주택수요에 대응한 쾌적한 주택단지 조성
• 수도권 동남부의 업무거점 육성</td></tr>
<tr><th>개발전략</th></tr>
<tr><td>• 바람길을 반영한 계획
• 자연형 친수하천 및 생태시범마을 조성
• 단독주택지 마을개념 도입
• 쓰레기 자동집하시스템 도입
• u-City 구축</td></tr>
</table>

출처 : 김영표 외(2008b).

2) 동탄 신도시

수원, 오산, 용인시 등과 접해 있는 수도권 남부지역의 거점도시로 인근에 삼성전자 및 화성지방산업단지와 접해 있어 자족도시로서의 입지여건이 우수한 지역으로 서울에서 다소 멀지만 수도권 고속전철, 수서발 고속철도건설로 교통여건이 우수하며 서동탄과 동동탄을 합할 경우 최대규모의 신도시로 개발 중이다.

[표 5] 동탄 신도시 주요계획내용

사업개요	개발구상
• 위 치 : 화성시 태안읍, 동탄면 일원 • 면 적 : 903.6㏊ • 인 구 : 12만 4326명 • 세대수 : 4만 921세대 • 인구밀도 : 137인/ha • 사업기간 : 2001~2007년	• 국내 최초 MPMaster Plan제도 도입 • 자연지형을 보존한 방사형 도시설계 • 파노라마한 도심의 스카이라인 형성 • 물과 친한 신도시 • 지상 66층 국내 최대규모의 복합단지 건설 • 복합문화 Complex 건립, u-City 구축
	생활권계획
	• 1개의 산업단지와 2개의 대생활권, 5개 중생활권으로 구성 • 중앙공원 및 녹지체계와 유기적으로 연계되는 도심공간 구성

출처 : 김영표 외(2008b).

3) 김포 신도시

김포시는 서울도심과 약 26km 거리에 위치하고 있으며, 인천국제공항, 김포공항, 서울외곽순환고속도로 등이 인접하여 수도권 서북부지역의 교통요충지로 수도권정비계획상 성장관리권역에 속해 있으며, 김포일대의 소규모택지개발과 난개발을 흡수정비하고 교통 등 기반시설 확충과 주택공급에 기여하기 위해 신도시 개발을 추진하게 되었다.

[표 6] 김포 신도시 주요계획내용

<table>
<tr><th>사업개요</th><th>개발구상</th></tr>
<tr><td rowspan="3">• 위　치 : 김포시 장기동, 운양동, 양촌면 일원
• 면　적 : 1171.5㏊
• 인　구 : 16만 2565명
• 세대수 : 5만 8570세대
• 인구밀도 : 139인/ha
• 사업기간 : 2006~2012년</td><td>• 녹색교통체계 및 보차분리 시스템 구축
• 생태시범마을 배치, 커뮤니티 유도형 단독주택 배치
• 테마 관광산업 거점도시
• 커뮤니티 회랑(Community Corridor) 조성</td></tr>
<tr><td>생활권 계획</td></tr>
<tr><td>• 모담산, 가현산 주변의 구릉지에 단독주택, 평탄지를 중심으로 공동주택 배치
• 지구별로 지구중심상업, 테마형 상업, 광역상업 및 중심사업기능을 배치
• 도시지원시설용지는 연구 · 개발 · 생산 등으로 구분 배치</td></tr>
</table>

출처 : 김영표 외(2008b).

4) 파주 신도시

파주신도시는 일산 · 교하 · 금촌 신개발지구와 인접하여 개발압력이 가중되는 지역으로 개별적으로 진행되는 각종 개발행위를 체계적으로 정비 · 관리할 필요가 있으며, 낙후된 수도권 서북부지역의 생활거점 형성, 남북교류의 거점 육성을 위해 신도시로 지정되었다.

[표 7] 파주 신도시 주요계획내용

<table>
<tr><th>사업개요</th><th>개발구상</th></tr>
<tr><td rowspan="3">• 위　치 : 파주시 교하읍 일원
• 면　적 : 1647.7㏊
• 인　구 : 21만 6845명
• 세대수 : 8만 54세대
• 인구밀도 : 132인/ha
• 사업기간 : 2003~2013년</td><td>• 물 순환형 친수환경 생태도시
• 실개천과 인공호수를 연계한 Blue Network 구축
• 장명산-심학산-황룡산과 구릉지 및 중앙공원과 연계하는 Green Network 구축
• 복합문화 체험도시, 첨단정보 인프라 구축도시</td></tr>
<tr><td>생활권계획</td></tr>
<tr><td>• 운정역세권 중생활권 : 신도시의 중심
• 와동 소생활권 : 운정역세권 기능 보완
• 목동 소생활권 : 문화, 복지, 정보, 행정의 중심
• 동패 소생활권 : 중앙공원, 지구간선도로로 분리된 남측의 문화, 상업 중심</td></tr>
</table>

출처 : 김영표 외(2008b).

3. 도심재생제도의 발전

노후한 도심을 재생할 수 있는 제도로 공동주택을 재건축할 수 있는 「주택법」의 재건축제도, 노후지역을 철거하고 다시 건축할 수 있는 도시재개발제도, 불량주택과 주거지를 정비하는 「주거환경정비특별법」에 의한 주거환경정비사업이 있었으며 이들 제도를 활용하여 많은 재건축, 재개발, 주거환경정비사업이 이루어졌다. 이들 3개 사업은 2002년 「도시 및 주거환경정비법」 제정으로 통합되었다. 부동산 활성화로 도시정비사업지구가 늘어나게 되자 소규모 정비사업보다 보다 더 광역적으로 개발하여 도시기반시설을 확충할 수 있는 소위 뉴타운사업을 추진하게 되는데 뉴타운사업추진법으로 2005년 12월 「도시재정비촉진을위한특별법」이 제정되었다.

4. 균형발전도시 : 세종시 혁신도시 기업도시 건설[4)]

해방 후 서울에의 인구집중현상은 가속화되어 1990년대 초에는 경기도의 5개 신도시로 확산되었고 2000년 이후 수도권 전체의 비대화 현상은 가속화되었다. 기업의 지방이전지원 교육기능과 공공기관의 지방분산 등 여러 가지 국토의 균형발전 정책들이 추진되었으나 실효성을 거두지 못하였다. 사실 수도권집중의 가장 중요한 요인은 정치·행정기능에 있었다. 이러한 상황에서 노무현 정부는 행정수도의 충청권이전 정책을 제시하였다. 2003년 말 「신행정수도건설특별법」이 통과되고 2004년에는 행정수도의 입지가 연기·공주지역으로 결정되고 충청남도 연기군 남면·금남면·동면 일원, 공주시 장기면·

4) 김영표 외, 「상전벽해 국토60년: 국토60년사 정책편」, 국토연구원, 2008. p. 123~128.

반포면 일원의 약 72.9㎢, 2205만 평을 행정수도의 예정지역으로 결정하여 보상작업을 추진하던 도중 2004년 10월 동법이 위헌으로 결정되어 실효된다. 헌법재판소는 수도의 위치는 관습헌법상 서울이라고 판시하여 헌법의 개정없이는 수도이전이 불가능하다고 하였다. 당시 중앙행정기능은 서울 외에 과천, 대전 등에 분산하여 배치되어 있었기때문에 헌재는 수도의 개념을 정의할 필요성이 있었는데, 수도란 국가중추기능을 수행하는 장소라고 판시하였다. 그러나 행정수도 추진중단에 대한 충청권 등의 반발이 거세지자 여야합의로 헌법재판소가 수도의 핵심요소로 규정한 국가중추기능만을 서울에 두고 나머지 행정기능을 세종시로 이전하는 「신행정수도 후속대책을 위한 연기·공주지역 행정중심복합도시 건설을 위한 특별법」을 제정하게 된다.

이 법은 도시의 조기정착과 효율적인 관리를 위해 다른 신도시개발과 다른 여러 가지 제도적 장치를 마련하였다. 도시계획과 건설을 총괄할 행정기관으로 건설청을 두도록했다. 관할구역은 예정지역과 주변지역으로 하고 관할구역 내의 모든 건축허가 개발행위허가 등 도시 건축관련업무를 담당하도록 했다. 종래 신도시건설에서는 개발계획만을 중앙정부에서 담당한 결과 실시계획과 기반시설 건설 및 인수단계에서 지방자치단체와의 마찰이 적지 않았다. 세종시 건설과정에서는 도시건설과 관리경험이 적은 지자체를 배제시켜 이런 문제점이 없도록 했다. 아울러 추후 세종시가 독립된 자치단체로 될 경우에 대비하여 관할구역을 미리 정하는 효과도 갖도록 하였다. 그러나 충남 연기군 전체가 세종시 편입을 희망하게 됨에 따라 건설청의 관할 구역과 세종시의 관할구역은 달라지게 되었다.

세종시 건설의 추진동력을 얻기 위해서는 충청권 외 다른 지방의 정치적 지지를 얻어내는 것이 중요했다. 국회는 2005년 3월 여야간 법제정을 합의하면서 다른 지방에도 균형발전대책의 일환으로 세종시에 준하는 혁신도시를 건설할 수 있도록 공공기관지방이전계획을 정부가 마련하여 3개월내에 국회에 보고하라는 조건을 달았다. 이에 정부는 2005년 6월 10개 혁신도시별로 이전되는 공공기관을 분류해서 발표하고 향후 추진일정도 국회에 보고하였다. 세종시와 혁신도시는 지역균형발전을 위해 동시에 추진되어야할 과제가 된 것이다.

정부는 행정중심복합도시의 도시구조는 국제공모 당선작을 바탕으로 원형의 도시공간구조를 채택하였다. 원형구조가 도시민의 편익시설의 이용 편의성에 상충되기는 했지만, 국제공모 아이디어를 수용하여 2~3만 명 정도 규모의 기초생활권을 기본으로 하고 정부행정기능, 대학기능, 의료복지기능 등 6개의 지역생활권이 원형으로 배치된 구조로 계획되었다. 행정중심복합도시는 50만 수용규모의 도시였지만 신행정수도 건설계획과 달리 입법, 사법기능과 중추행정기능이 서울에 잔류하게 됨에 따라 이 기능을 대행할 다른 도시기능을 유치하여야 하는 과제를 안고 있다.

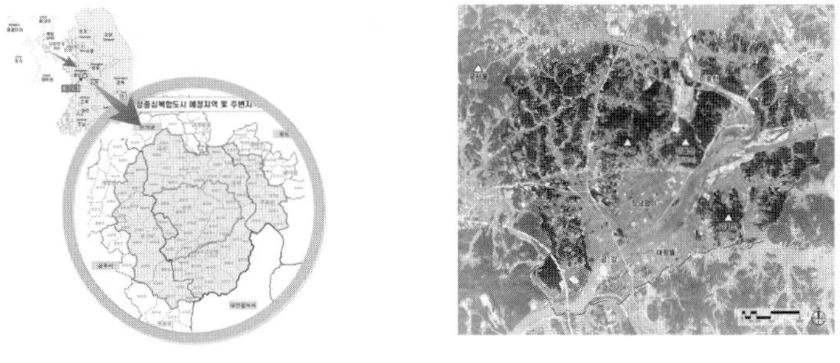

출처 : 김영표 외(2008a).

[그림 1] 행정중심복합도시 위치와 현황

정부는 2006년 4월에 혁신도시를 개발하기 위한 기본원칙과 방향인 혁신도시 기본구상을 마련하고, 2007년 2월에는 「혁신도시 건설 및 지원에 관한 특별법」을 제정하였다. 혁신도시는 기존의 주거기능 위주의 신도시개발과 달리 공공기관을 중심으로 산·학·연·관이 서로 긴밀히 협력할 수 있는 최적의 혁신여건과 수준 높은 주거·교육·문화 등 정주환경을 갖춘 새로운 차원의 미래형 도시로 건설되고 있다. 혁신도시의 주요 구성요소는 공공기관, 기업, 대학, 연구소 등의 혁신주체와 혁신주체간의 공동협력 및 네트워킹 지원시설, 주거, 교육, 문화, 여가공간 등의 도시시설 등이다. 혁신도시 건설은 수도권에 소재한 공공기관의 지방이전을 계기로 혁신주도형 경제의 지역거점을 형성함으로써 수도권과 지방 간의 불균형을 해소하고, 지역의 특색 있는 발전의 촉진을 목적으로 한다. 그리고 혁신도시는 개발형태와 입지에 따라 크게 부산, 대구와 같은 도시내 개발형과 도시외곽 신시가지 또는 신도시형으로 구분된다. 도시내 개발형은 광역시내의 기존 개발지 등을 활용하여 소규모로 개발하였고, 도시 외곽 신시가지 또는 신도시형은 중·대규모의 신도시로 개발되고 있다.

현재 공공기관의 지방이전은 완료단계에 있으며 정주여건 조성과 기업유치 산학연 클러스터 조성 등은 앞으로의 과제로 남아있다.

한편 기업도시는 지방의 경제적인 자립도를 확충하고 민간자본을 활용한 도시개발을 통해 기업의 국내투자를 확대하며 지역경제를 활성화하고자 추진하게 되었다. 2003년 10월 전국경제인연합회는 기업의 투자의욕 고취와 일자리 창출을 위해 기업도시 개발을 정부에 제안하였다. 기업도시는 산업입지와 경제활동을 위해 민간기업 주도로 개발되는 도시로서, 기업 자신이 필요한 용지를 개발하여 생산·연구

출처 : 김영표 외(2008a).

[그림 2] 혁신도시 건설개요 및 위치도

개발 등 유관 산업과의 연계성 및 효율성을 극대화함과 동시에 정주에 필요한 주택·교육·의료 등 자족적 복합기능을 가진 도시를 말한다. 기업도시는 주된 기능에 따라 산업교역형·지식기반형·관광레저형·혁신거점형으로 분류된다. 그리고 시행자가 산업투자보다 부동산 개발에 치중하는 것을 방지하기 위하여 시행자가 기업도시 조성토지의 일정면적을 직접 사용하도록 의무화하고 있다. 정부는 기업도시를 추진할 수 있는 법적 근거가 마련됨에 따라 기업도시 개발사업을 조기에 가시화하여 지자체의 관심을 제고하고 기업의 적극적인 투자를 유도하기 위해 시범사업을 추진하였다. 현재 충주기업도시, 원주기업도시가 건설 중에 있다.

Ⅸ 2008년 금융위기 이후

2008년 금융위기 이후 우리경제의 성장추세가 둔화되었다. 부동산시장이 냉각되자 부동산 상승기에 추진하던 뉴타운과 보금자리주택건설사업, 세종시와 혁신도시, 기업도시, 제2기 신도시건설도 지연되었다. 저성장 인구정체의 선진국에서 발생하는 도심쇠퇴현상이 우리나라의 일부 구도심, 광산도시 등에서 발생하기 시작하였다. 이것은 일시적인 현상이 아니라 도시구조변화의 새로운 추세의 시작으로 보아 대비하기 시작한다.

2008년 4월의 국회의원 총선에서 대도시의 선거이슈였던 뉴타운사업은 전국에서 55개 지구가 2006년부터 2008년 사이에 무더기로 지정되었으나 추진이 매우 부진하고 사업성이 높다고 보았던 보금자리주택지구까지도 추진이 지연되고 시흥광명지구는 지구지정이 되고도 5년만에 해제되었다. 도시정책은 계획적인 개발이나 정비보다는 경제활성화를 위한 지원에 초점이 맞추어졌다. 기존도시의 재생과 환경개선등 생활도시정책으로 바뀌기 시작하게 되었다.

「녹색건축물조성지원법」을 제정하여 건축물 에너지절약을 유도하고, 대중교통의 활성화와 보행자 공간의 확보, 자전거 도로의 확충, 재개발 대신 도시재생을 지원하기 위한 「도시재생활성화 및 지원에 관한 특별법」을 제정하여 범부처적인 패키지 재정지원 사업을 추진하기 시작했다. 주택정책도 대규모 건설 위주와 시장관리위주정책에서 주거복지정책으로 전환하여 주거급여지원, 소규모 행복주택건설, 임대주택의 공급 등 주거의 질 향상을 위한 다종류 소규모 정책으로 전환해가고 있어 과거와 달리 주택부문이 도시전반에 미치는 영향은 점차 약화되고 있다.

X 미래를 향한 제언

지난 60년 동안의 도시정책을 돌아보면 1960년대 이전은 8.15 해방과 6.25 전쟁으로 급격하게 밀려드는 인구를 도시가 계획적으로 수용하지 못하여 무허가 판자촌과 슬럼가가 확대되는 시기였다. 1960년부터 1970년대는 울산 · 포항 · 창원 · 반월 등 산업도시와 공업단지를 건설하여 지방도시의 일자리를 늘려 수도권 인구유입을 억제하면서, 수도권 내에서는 서울강북에 밀집된 중추기능을 분산하기 위하여 강남개발과 공공기관의 분산배치가 시행되었다.

1980년대부터 1990년대 초반까지는 수도권집중억제나 분산배치와 같은 능동적 대책보다는 폭발하는 주택수요증가와 가격 앙등에 대응하여 수요가 있는 곳에 주택을 건설하는 도시개발 정책이 나타났는데 각종택지개발과 5개 신도시건설이 대표적인 예이다.

문민정부인 김영삼 정부와 김대중 정부는 민주화라는 커다란 틀 속에서 공공보다는 민간주도의 도시개발을 추구하고, 과도한 재산권 침해로 인식되었던 개발제한구역, 자연공원, 도시계획장기미집행시설부지, 판교 남단녹지 등 토지규제를 해제 조정에 힘썼다.

이 과정에서 기반시설이 불비한 상태로 개발되는 난개발 문제, 기반시설의 비용부담문제, 토지이용규제는 어떻게 해야 되는지, 규제완화의 이익환수와 도시환경보전을 위한 규제 손실은 어떻게 보전할지 등 문제가 대두되었다.

2003년부터 2008년까지 우리는 다시 부동산 가격 앙등기를 경험하게 되었는데 도시개발의 수익성이 높아지자 다시 뉴타운 도심재개발과 신도시건설이 추진되었다. 그러나 금융위기 이후 도시개발이나 재개발의 수익성은 악화되고 저성장, 저출산, 고령화, 도시인구의 정체시대를 맞이하고 있다. 이제 부동산가격안정으로 과거의 도시개발방식은 더 이상 어렵게 되었다. 노후화되는 공동주택 등 도심쇠퇴를 방지하고 노후화되는 도로, 철도 등 도시기반시설의 관리를 위해서는 지금보다 더 많은 재원이 소요될 것이다. 도시경제가 쇠퇴할 경우 도심공동화와 도시쇠퇴도 경험하게 될 것이다. 국경없는 시대를 맞이하여 대도시권간의 경쟁이 가속화되고 도시는 다인종·다문화사회로 가게 될 것이다. 더 높은 수준의 주거수준과 도시어메니티를 누리기 위해서는 더 많은 재원이 필요할 것이다. 그러나 이것은 사실상 한계가 있다. 앞으로 도시의 중요한 키워드는 지속가능성이 아닌가 한다.

도시가 지속가능한 발전을 이루려면 도심쇠퇴를 방지할 수 있는 수준의 경제적 활력을 유지해야 하고, 정부는 도시기반시설이 노후화되지 않도록 관리할 수 있는 재정적 지속가능성, 다문화, 소득의 양극화 등 갈등을 관리할 수 있는 사회의 지속가능성, 대기·수질·생태·토양 등 도시환경이 악화되지 않는 환경적 지속가능성, 이러한 지속가능성을 가능케 하는 안정적인 도시관리 거버넌스가 필요하다.

먼저, 도시가 경제적 활력을 유지하기 위해서는 도시의 경쟁력이 지속적으로 향상되어야 한다. 도시경쟁력은 살기좋은 환경, 일하기 좋은 환경, 기업하기 좋은 환경 등일 것이다. 산업위주의 도시로는 도시경쟁력이 쇠퇴될 수 있다. 선진국의 여러 공업도시들이 쇠퇴나 도심의 슬럼화는 이미 많이 보고 있다.

둘째, 도시재정의 안정화가 중요하다. 경제력에 맞는 도시 인프라를 만드는 것이 중요하다. 과다한 시설과 유지관리비용이 많이 드는 시설보다 도시의 재정수준에 맞는 시설을 건설하고 운영해야 한다. 또 자원과 에너지절약적 도시구조를 만들 필요가 있다. 고밀도 개발과 대중교통위주의 교통체계를 갖추고 도시급행전철, 버스, 택시 등 다양한 교통수단이 연계되어 대중교통이용이 편리하도록 되어야 한다.

셋째, 약자도 더불어 살 수 있는 도시가 되어야 한다. 소득수준이나 교육수준이 낮거나 인종·언어·문화 등이 다양한 사람들이 어우러 살 수 있는 포용성이 있는 도시사회가 형성되어야 한다.

넷째, 도시관리를 위한 지속가능한 거버넌스와 제도를 확립할 필요가 있다. 우리나라의 도시경영은 지방자치단체 단위로 이루어진다. 그런데 지방자치단체의 구역은 경제권, 생활권, 교통권과 일치하지 않는다. 불일치가 지역간 갈등과 비효율을 야기한다. 조속히 개선할 필요가 있다.

다섯째, 도시계획을 원활하게 집행할 수 있는 제도가 마련되어야 한다. 적절한 다운조닝과 업조닝을 할 수 있도록 계획규제에 대한 보상과 계획이익에 대한 이익환수장치가 필요하다. 도시기반시설연동개발제도를 확립하고 기반시설부담에 수익자부담원칙을 확립하는 제도적 장치도 발전되어야 한다.

우리의 도시는 세계최고의 경쟁력을 가질 수 있는 공간을 추구해야 할 것이다. 미래형 압축도시의 목표는 고급일터가 많은 경쟁력 있는 도시, 살고 싶은 도시, 친환경도시, 에너지절약형도시, 대중교통중심도시, 첨단 기술로 무장된 도시, 동북아 거점도시가 될 수 있는 국제화된 개방도시 등이 되어야 할 것이다.

참 고 문 헌

- 건설부. (1985).「1985년도 국토이용에 관한 연차보고서」. 건설부.
- _____. (1990).「1990년도 국토이용에 관한 연차보고서」. 건설부.
- 김영표・김선희・김영봉・김재영 외. (2008a).「상전벽해 국토60년: 국토60년사 정책편」. 국토연구원.
- _____. (2008b).「상전벽해 국토60년: 국토60년사 사업편」. 국토연구원.
- 김의원. (2012). 그린벨트란 것 있지!.「대한건설진흥회 회보」. 제416호.
- 대한국토・도시계획학회. (2009).「대한국토・도시계획학회 50년사」. 대한국토・도시계획학회.
- 박명원. (2001). 판교지역을 지식기반산업 집적지로.「나라경제」, 2001.9월호: 51-53.
- 박병주. (1982). 해방 후 도시계획의 회고.「도시문제」, 195: 26-38.
- 서울대학교 환경대학원 40주년 역사서 발간위원회. (2015).「우리나라 국토・도시 이야기: 태동기」. 도서출판 보성각.
- 서창원. (1998).「국토와 정책」. 도서출판 청양.
- 손정목. (2007a).「한국 도시 60년의 이야기 1」. 한울아카데미.
- _____. (2007b).「한국 도시 60년의 이야기 2」. 한울아카데미.
- 행정안전부. (2009).「2008 한국도시연감」. 행정안전부.
- 홍경희. (1963). 한국의 도시화, 2 : 해방 후 남한의 도시화.「경북대학교논문집」.
- 환경부. (2001). '환경부, "국립공원구역조정안" 발표' 보도자료.
- 국토교통부 홈페이지 www.molit.go.kr/USR/BORD0201/m_34879/LST.jsp

주택정책의 역사적 변동

04

CHAPTER 04

주택정책의 역사적 변동

박상우(전 국토교통부 주택토지실장)

I 들어가며

해방 직후 남한의 주택 재고량은 약 300만 호에 불과했으나 2013년 1,562만 호로 70년간 약 5배 이상 증가하였다.[1)] 주택보급률도 100%를 상회하고, 1인당 주거면적도 1970년에 8.2㎡에 불과했으나 2010년에는 28.5㎡로 3배 이상 증가하였다.[2)] 뿐만 아니라 전체 주택의 58.4%가 아파트인데, 아파트는 대부분 편의 시설과 함께 단지 형태 또는 대규모 신도시 형태로 입지함에 따라 주택을 둘러싼 주변 거주 환경도 크게 개선되었다. 1960년대 이후 경제성장 정책이 본격 추진되는 과정에서 인구의 도시 집중이 가속화되면서 소득증대에도 불구하고 한때 주택 부족 문제가 더욱 심화되기도 하였으나 1990년을 지나면서 사회 안정의 필요성으로 인해 기초 생활재화인 주택 부문에도

1) 통계청, "2013년 개인별 주택소유 통계", 보도자료(2014.12.18.), p. 3

2) 윤주현, 「한국의 주택」, 통계청, 2002. p.75 및 국토교통부, 「2013 주택업무편람」, 2013. p. 451에서 재구성

연도	1990	1992	1994	1996	1998	2000	2002
GDP 비중(%)	8.8	7.8	7.5	7.1	6.2	3.9	4.8

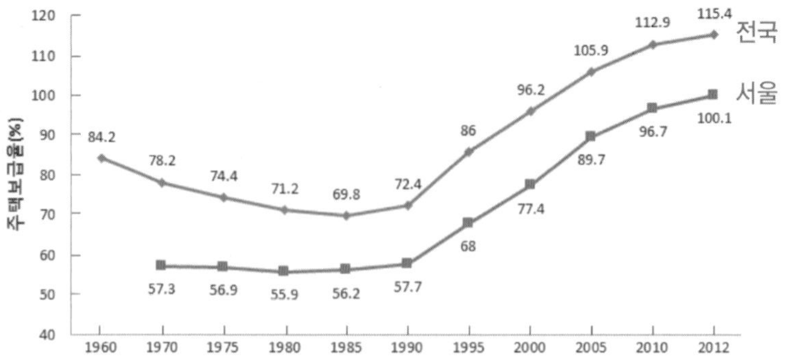

자료 : 윤주현, 「한국의 주택」, 통계청, 2002. 및 국토교통부, 「2013 주택업무편람」에서 재구성

[그림 1] 주택보급율 변화추이(1960~2012년)

많은 공공투자가 이루어지면서 주택 재고의 절대적 부족문제는 상당 부분 개선되었다. 이러한 변화는 단순히 같은 기간 동안 이루어진 경제성장의 과실로 치부해버리기보다는 이 분야에서의 또 다른 노력의 결실이라고 평가해야 할 것이다.

그러나 주택부문에 대한 공공, 민간부문의 투자가 늘고, 우리경제에서 주택 부문이 차지하는 비중이 증가할수록 주택정책은 서민의 주거안정이라는 원래의 목표보다는 거시경제 경기 변동을 조절하는 지렛대 역할을 필연적으로 수행하게 되었다. 주택건설투자는 1990년대에는 GNP 대비 7~8%, 그리고 2000년대에 들어와서는 GDP 대비 5% 내외를 차지하고 있다.[3] 그리고 2014년 3월말 기준 가구당 평균 자산 보유액은 3억 3,364만 원인데 이 중 67.8%가 주택 등 부동산으로 조사되었다.[4] 그만큼 주택부문은 경제성장과 고용 창출 등 국민

3) KDI, 「한국경제 60년사」, 2008. p. 134 및 건설교통부 · 대한주택공사, 「서민주거안정을 위한 주택백서」, 2003, p.30에서 재구성
4) 통계청, "2014년 가계금융복지조사 결과", 보도자료(2014.11.14.), p. 6

경제에서 차지하는 비중이 크고 동시에 경기 조절에 영향력도 크다. 이리하여 주택정책은 건축적, 생활환경적, 복지적 차원의 문제라기보다는 조세, 금융 등 경제정책적 측면이 더욱 강조되어 왔다. 이러한 관점에서 이 글은 해방 이후 주택건설과 주택정책 분야에서 이루어진 변화와 성장의 내용을 객관적으로 확인하고 그 배경을 경제사회적 환경과 정치적 환경의 관점에서 조명해 보고자 한다.

Ⅱ 시대별 주택 문제의 변천과 대응

1. 전쟁복구 차원의 주택정책(1945~1961년)

우리나라에서 도시 인구집중으로 인한 근대적 의미의 도시 주택난은 1930년대부터 시작되었다. 중일전쟁 발발 이후 한반도가 군수공업기지 역할을 수행하게 되면서 도시지역으로 이주한 공장근로자들의 주택이 부족하게 된 것이다. 해방 직후에는 일본, 만주로부터의 귀환민과 이북으로부터의 월남민이 약 200만 명 내지 250만 명 발생하여 1944년 16,244,000명이던 남한의 인구가 1949년 20,166,000명으로 늘어났다. 이러한 상황에서 6.25 전쟁으로 모든 상황이 더욱 악화되었다. 전쟁 기간 동안 596,000호의 주택이 파괴되었는데 이는 전쟁 직전 주택 재고량으로 추정되는 3,284,000호의 1/5에 해당하는 많은 규모였다.[5] 해방 후부터 1960년까지의 우리나라는 해방의 혼란과 한국전쟁의 상처를 극복하지 못하고 제자리걸음을 하였다. 해방 당시 45달러였던 1인당 국민소득은 한국전쟁으로 나아질 기회를 갖

5) 임서환, 「주택정책 반세기」, 대한주택공사, 2002, p.9~13

지 못한 채 1955년 65달러, 1960년 80달러 수준에 머물러 있었다.[6] 그러나 전쟁이 끝나고 1955년부터 1960년까지 출산율은 연 평균 2.9% 증가하여 인구가 급증하였고, 농촌 인구의 도시로의 전입이 가속화되어 5만 이상 도시지역 거주민 비중이 1949년 1.3%에서 1960년 28.5%, 1965년 32.3%로 급증하였다. 주택공급은 이러한 인구증가에 크게 못 미쳐 도시의 주택난이 심화되었고 그 결과 변두리 지역에 무허가 판자촌이 생겨나게 되었다.[7]

이와 같이 주택난은 갈수록 더욱 심화되었지만 정부 내에서 주택문제는 구난, 후생적 측면에서 피동적으로 다루어졌다. 1948년 정부수립 후 주택정책 담당 조직으로 사회부에 주택국이 설립되었는데 여기서는 주택정책의 수립, 주택의 건립, 분배, 처분 등을 담당하였고 1948년 설립된 대한주택영단(1941년 창립된 조선주택영단이 모태)에서 직접 주택공급을 담당하였다. 그러나 당시로서는 에너지, 교통, 통신수단의 확보와 식량증산 등의 먹고 사는 문제가 더욱 심각하였고, 사회부의 예산마저 식량배급 등의 구호사업에 집중되어 주택부문에 대한 투자는 거의 이루어지지 못하였다. 그 후 1950년 보건부 내의 사회국으로 업무가 이관되었다가 1955년 사회부와 보건부가 통합하여 보건사회부가 출범하면서 보사부 내의 원호국이 관련업무를 담당하게 되었다.[8] 이러한 조직 편재에서 알 수 있듯이 이 시기 정부의 주택정책은 긴급 구난 주택과 전쟁 난민용 주택의 건설이 최우선 과제였는데 전쟁 기간 중인 1951년부터 1956년까지 정부가 재정을 투입하여 수용소, 간이주택, 난민정착용 주택 등 197,000호를 지었다.

---

6) KDI, 「한국경제 60년사」, 2008, p.135
7) 임서환(2002), 앞의 책, p.10
8) 건설교통부, 「주택백서」, 2002, p.19

이는 같은 기간 전체 건설 호수의 38%에 해당하였는데 그 이후 정착용 주택 건실로 전환되면서 공공부문의 비중은 줄어들게 되었다.

[표 1] 한국전쟁 이후 재건기의 주택건설 실적(1951~1961년)

기 간	공공부문	민간부문	합 계
1951~1956년	197,000호(38%)	323,000호(61%)	520,000호(100%)
1957~1961년	62,000호(15%)	336,000호(85%)	398,000호(100%)

자료 : 국토연구원, 「국토 50년 21세기를 향한 회고와 전망」, 1996, p.638

1953년 9월, 환도 후 이승만 대통령은 주택 100만 호 건설 방침을 발표하고, 이를 뒷받침하기 위하여 1955년 4월 정부와 한미재단,[9] UNKRA[10] 단장 합동으로 100만 호 건설 원칙에 합의하였다. 이 계획은 결국 실현되지 못하였으나 입주자가 비용의 50%를 부담하고 나머지 50%는 원조 등 국가보조로 충당하는 내용이었다. 즉, 정부 재정을 직접 지원하는 방식이었다. 1954년 4월 산업은행이 발족되면서 재정자금에 의한 주택금융을 담당하게 되었고, 1955년에는 대한주택영단, 산업은행 및 서울시를 비롯하여 공공단체, 외국원조단체 등에서도 주택 공급을 시작했는데 이들 단체에 의해 건설되어 공급된 주택을 통칭하여 공영주택이라고 불렀다. 공영주택은 그 형태나 자금출처 그리고 건축 목적에 따라 부흥주택, 재건주택, 도시A형, 도시B형, 도시C형, 난민주택, 자조주택, 국민주택, 희망주택 등 다양하게 불리게 되었다.[11] 이 중 부흥주택과 국민주택은 산업은행의 융자금

9) 주한 유엔군사령관을 지낸 벤프리트장군이 1953년 설립
10) UNKRA(United Nations Korea Reconstruction Agency), 국제연합한국재건단
11) 손정목, "6.25를 전후한 대도시주택사정－1945~1960년의 서울 주택사정을 중심으로", 「연구논총(제10집)」, 서울시립대학교 부설 수도권연구소, 1982, p.14

을 받아 민간 건설회사가 지은 2층, 4세대 거주의 연립주택 형태의 주택으로서, 건설 후 대한주택영단이 인수하여 입주희망자에게 분양, 관리하였다. 희망주택은 정부계획에 의해 UNKRA원조 자금을 받아 건설, 관리된 주택으로 땅값과 공사비를 입주자가 부담하고 건자재 비용을 대한주택영단이 부담하였다.

1957년 2월, ICA[12] 자금에 의한 「주택건설 6개년사업계획」이 수립되면서 주택부문에서의 정부지출은 정부재정에 의한 직접 공급은 지양하고 민간업자와 실수요자에 대한 융자지원 방식으로 전환되었다. 이러한 변화는 한정된 정부 재정에 의한 구호 차원에서 탈피하여 산업적 접근으로 대량공급을 시도하기 위한 것으로 풀이된다. 산업은행이 주로 대충자금[13]과 귀속재산 처리적립금을 재원으로 융자형식을 통해 건설업자와 중·저소득층에게 공급하는 방식이었다. 이 시기는 전후 복구기로서 외국의 원조에 의존한 복구 작업은 농업 및 공업의 생산기반시설에 집중되었는데 부족한 재원을 소비재로 인식되는 주택분야에 투자할 여력이 없었던 것이다. 도시로 몰려든 저소득 서민들 역시 먹고 사는 문제 해결이 시급하여 주거문제까지 돌아볼 여력이 없었던 시기이다. 1951년부터 1961년까지 918,000호의 주택이 새로 건설되었지만 1960년 12월 1일 실시한 전국인구 및 국세조사에 따르면 인구는 총 24,989,000명에 가구 수는 4,378,000이었으며, 주택 수는 3,464,000호로 914,000호의 주택이 부족하였다.

12) ICA(International Corporation Administration), 미국 정부의 국제원조담당기관

13) 대충자금(counterpart fund) : 제2차 세계대전 후 미국의 대외원조 물자를 수원국정부가 국내에서 팔아서 얻은 대금을 적립한 것(두산백과)

[표 2] 1960년도 전국주택현황

지역	인구(천 명)	가구(천 가구)	주택(천 호)	부족수(천 호)	보급률(%)
전국	24,989	4,378	3,464	914	79.1
도시	6,997	1,261	783	478	62.1
농촌	17,992	3,117	2,681	436	86
서울, 부산		658	386	272	58.7

자료 : 한국은행(1975); 임서환(2002), 앞의 책, p.34에서 재인용

2. 고도성장기의 주택공급과 제도 구축(1962~1980년)

1960년대에는 농촌인구의 도시 유입이 가속화되어 도시의 주택수요가 급격히 늘어난 데 비해 구매력 증가는 미미하여 주택부족 문제는 오히려 악화되었다. 1960년대 이전의 주택정책이 사회정책적 성격이 강했다면 1960년대부터는 경제정책의 한 부분으로 다루어졌다. 1962년부터 시작된 제1차 및 제2차 「경제개발 5개년계획」 기간에는 정책 목표를 주택부족률 완화에 두고 저소득층을 위한 공영주택 건설에 노력하였으나 「제1차 계획」의 중점이 농지정리를 통한 농업생산기반 구축과 도로, 전력, 항만 등 사회간접자본 건설에 있었기 때문에 이 기간 중에는 공공부문은 전체 건설량의 12%, 주택투자는 연평균 GNP의 1.7%에 불과하였다. 「제1차 계획」 기간 중 자연적 인구증가에 따라 연평균 129,000호의 수요가 발생했으나 건설 실적은 연평균 65,000호에 불과하여 오히려 주택부족 수가 300,000호 증가하였다. 1967년부터 1971년까지의 「제2차 경제개발5개년계획」에서도 주택공급은 민간부문에 의존하였는데, 공공부문은 전체 건설량의 13%, 주택투자는 GNP의 2.5% 수준으로 저조하였다. 당초 이 기간 중 830,000호(공영주택 30,000호, 민간 800,000호) 건설계획이었으나

540,000호 건설에 그쳤다. 그 결과 1970년의 주택 사정은 지표상으로 10년 전인 1960년보다 악화되었다. 전국 주택 보급률이 1960년의 79.1%에서 78.2%로 하락하였다.

그러나 이 시기는 주택정책의 제도적 기반이 마련된 시기였다. 종전에 주택정책은 중앙정부 차원에서는 보건사회부 국민주택과에서 주관하여 담당하였는데, 1961년 10월에 경제기획원 산하 국토건설청에 주택건설과를 설치하였고, 1963년 건설부가 신설되면서 국토보전국 주택건설과를 신설하면서 주택정책에 관한 모든 업무를 담당토록 하였다. 이러한 담당부처의 변경은 주택정책의 중심이 복지 공무원의 손에서 긴급구호 차원으로 이루어지던 것에서 경제부처, 기술공무원에 의해 신규 건설 위주로 변경되었다는 것을 의미한다. 또한 1962년에는 대한주택공사가 설립되었는데 이 또한 주택정책이 구호 차원에서 기업 방식에 의한 대량공급 중심으로 변화된 것을 반영한 것이다. 이어서 1963년에는 「공영주택법」이 제정되었다. 이 법은 주택공사와 지방자치단체가 정부로부터 대부 또는 융자를 받아 건설하여 무주택자에게 공급하는 공영주택의 건설 및 공급에 관한 사항을 담고 있었다. 이 법에서는 중간 소득층을 대상으로 주택공사가 건설하는 주택을 제1종 공영주택으로, 그 이하 소득 가구, 원호대상자, 월남귀순자, 이재민, 철거민 등을 대상으로 지자체가 건설하는 주택을 제2종 공영주택으로 규정하였다. 1963년에는 「주택자금운용법」이 제정되어 주택자금회전기금의 설치와 조달, 운영에 관하여 규정하였는데 제1종 공영주택사업을 위한 공사주택자금과 제2종 공영주택사업을 위한 공영주택자금, 대지조성자금으로 구분하였다. 1967년에는 「한국주택금고법」을 제정하여 주택 분야 전문금융기관인 한국주택금고가 설립되어 본격적으로 주택건설자금과 구입자금을 지원하게 되었다. 주택금고는 1969년 1월, 한국주택은행으로 확대 개편되었다. 또한 「조선시가지계획령」을 건축법(1962), 도시계획법(1962), 토지구획정리사업법(1966)으로 분리하여 주거지 개발과 계획의 절차에 관한 제도적 기반도 정비하였다. 이 시기에 만성적인 물가 상승과 각종 개발계획 발표로 부동산투기가 발생하게 되자 정부는 1967년 11월 「부동산 투기억제에 관한 특별조치법」을 제정하여 서울, 부산 기타 대통령령으로 정하는 지역을 과세대상지역으로 정하고 부동산 양도 시 차액의 50%를 부동산투기억제세로 징수하였다.

1960년대까지 주택건설은 민간부문에서 단독주택 위주로 이루어졌으나 공공부문은 아파트 건설기술을 도입하여 1970년대의 대량생산을 위한 기술적 토대를 마련하였다. 대한주택공사가 1962년부터 1964년까지 건설한 마포아파트는 6층, 계단식으로 주택단지 형태로 건축되었다. 이후 주택공사는 13평 내외의 계단식 5층 아파트를 주로 건설하였고 서울시도 도심지 주변의 불량지구에 시민아파트를 대량으로 건설하였다. 아파트 건설 초기에는 부실공사 등으로 이미지가 나쁘게 형성되었으나 1970년에 여의도에 12층 22개동으로 구성된 시범아파트가 건설되면서 이미지가 개선되었는데 1972년 준공된 남산외인아파트가 고급아파트로 인식되면서 아파트는 대도시 중상류층으로 확산되고 규모도 30평대로 대형화 되었으며 청약 경쟁도 심해져서 1977년 3월에 분양한 여의도 목화아파트는 45대 1의 경쟁률을, 같은 해 4월에 분양한 여의도 화랑아파트는 70대 1의 경쟁률을 기록하였다.[14] 이와 같은 아파트에 대한 이미지 개선은 그동안의 공업화 정

14) 공동주택연구회, 「한국 공동주택계획의 역사」, 세진사, 1999, p.45

[표 3] 경제개발5개년계획 기별 주택건설실적(1962~1981년)

(단위 : 천 호, %)

기 간	공공부문	민간부문	합 계
1962~1966년	40(12)	286(88)	326(100)
1967~1971년	70(13)	471(87)	540(100)
1972~1976년	229(30)	531(70)	761(100)
1977~1981년	498(44)	618(56)	1,116(100)

자료 : KDI(2008), 앞의 책, p.143

책으로 자재 생산 능력이 향상되고, 주민 소득이 증대하자 70년대부터 아파트 건설을 통한 주택의 대량 공급을 가능케 하였다.

1970년대는 그동안의 경제성장 성과로 주택부분에 대한 투자 여력이 증대하였고, 유신정권 수립으로 사회 안정을 유지하기 위해 주택 등 민생분야에 대한 보다 적극적인 투자가 필요하였다. 「경제개발 5개년계획」과는 별도로 건설부가 주도하여 「제1차 국토건설종합계획(1972~1981)」과 함께 「주택건설 10개년계획(1972~1981)」이 수립되었다. 이 계획은 주택산업과 자재산업을 육성하고, 신도시 개발, 아파트지구 지정 등을 통해 대규모 택지를 확보하여 주택 공급을 추진하는 내용이었다. 종전의 「공영주택법」이 폐지되고 민간부문까지 통제하는 「주택건설촉진법(1972)」이 제정되어 50호(1982년 이후 20호) 이상의 주택을 동일 사업지구에서 건설할 경우에는 이 법의 적용을 받도록 되었다. 주택건설 기준과 분양, 청약에 관한 내용을 규정하고 있는 이 법을 민간부문까지 적용토록 한 것은 재정적인 측면에서는 민간자금에 의존하면서도 행정규제를 통해 주택이 저소득층으로 배분되도록 하는 공급체계를 구축한 것이었다. 필자의 견해로는 우리 주택정책 역사에서 택지의 대량공급을 가능하게 한 「택지개발촉진법」의 제정과 함께 가장 긍정적인 결과를 가져온 조치였다. 이 법의 여러 규정을 통해 무주택 서민들이 주택을 소유하게 되고 중산층으로 발돋움하게 되었으며, 고도 성장기에 불가피하게 발생하게 되는 주택 투기 현상을 어느 정도 관리할 수 있게 되었다. 이 법의 하위규정으로 「주택공급에 관한 규칙(1978)」이 별도로 제정되어 오늘날까지 운영되고 있다. 주택의 대량 공급을 위하여 1976년 「도시계획법」에 아파트지구제도를 도입하여 그 지구 내에는 아파트만 지을 수 있도록 규제하였다. 이 제도는 본래 계획된 단위로서의 개발을 유도하는 것이 목적이었으나 개별 토지 소유자 등에 의한 소규모 개발을 금지함으로써 대형 개발업자의 대규모 용지 획득을 돕는 효과가 있었다. 이러한 제도적 뒷받침을 토대로 1976년 8월 반포, 압구정, 청담, 도곡 등 영동 제1·2구획정리지구 779만㎡(236만 평)가 아파트지구로 지정되어 본격적으로 아파트 건설, 공급이 시작되었다.[15] 건설부가 관리하는 국민주택자금은 대한주택공사 등 공공개발기관과 일정한 자격을 갖춘 민간개발자에게 최장 20년간 유리한 이자율로 제공되었다. 민영주택자금은 주택은행이 관장하여 주로 민간개발업자에게 융자되었다. 이 과정에서 대형 주택건설업체들이 성장하게 되었고, 개발 붐이 부동산 가격 상승을 초래하게 되자 정부는 1978년 8월에 양도세와 재산세 강화, 토지거래 허가제·신고제 및 분양가 상한제 도입을 주된 내용으로 하는 소위 '8·8조치'라는 부동산 투기억제 대책을 발표하였다.

15) 압구정지구(1969.2.~1972.12.), 반포지구(1970.7.~1972.7.), 잠실지구(1971.2.~1978.6.) 개발은 모두 공유수면매립사업으로 민간 건설회사 컨소시움이 수행하였다. 사업시행 전 반포지구는 한강 유수지, 잠실 지구는 하중도(河中島)였다(국토연구원, 「상전벽해 국토60년(사업편)」, 2008, p.27~34).

3. 민주화와 투기에 대응하는 친 서민정책(1981~1997년)

전두환 정부 출범을 전후하여 시민사회의 민주화 요구와 사북사태 등 노사분규로 사회적 소요가 연이어 발생하고 마이너스 성장을 기록하게 되자 경기회복과 사회적 안정을 위하여 주택건설촉진책을 수립하였다. 1980년 9월 향후 10년간(1981~1991) 「주택 500만 호 건설계획」 수립이 발표되었는데 이는 당시 국내 총 주택 재고량과 같은 양의 막대한 물량이었다. 그러나 1980년대 전반에는 물가안정을 위한 긴축정책이 정부의 최대 현안이었기 때문에 민간자본에 의존하는 5백만 호 건설계획은 사실상 불가능하였고 곧 폐기되었다. 1980년에서 1987년 사이에 가구는 총 185만 가구 증가하였으나 주택재고는 같은 기간에 백만 호 증가에 그쳐 주택부족은 더욱 심화되었다. 그러나 이 시기에는 서민주거 안정을 위한 제도적 장치들이 마련되었다. 1981년 3월 「주택임대차보호법」이 제정되었는데 이 법률은 계약의 자동 갱신, 소액보증금 우선 변제, 임차권 상속 인정 등의 규정을 담고 있었다. 1984년 12월에는 임대주택에 대한 택지, 금융 및 조세지원과 임대료와 분양전환 가격 규제를 주 내용으로 하는 「임대주택건설촉진법」이 제정되었다. 이때부터 주택건설종합계획에 임대주택건설에 관한 내용이 포함되고 일반인을 대상으로 하는 5년형 임대주택이 건설되기 시작하였다.

1986년부터 1988년까지 3저 호황으로 3년 연속 연평균 12%를 상회하는 경제성장을 이룩하였고 1988년에는 100억 달러를 상회하는 무역수지 흑자를 기록하였다. 이러한 경제 상황 속에 1987년 대통령 선거를 치르면서 전국 각지에 개발 공약이 남발되자 노태우 정부 출범 첫 3년간 전국의 땅값은 2배 수준으로 상승하고 집값, 전세값도

폭등하였다. 정부는 1988년 8월, 총통화 증가 억제와 양도세 중과 등을 내용으로 하는 '8·10 부동산투기억제 대책'을 발표하고, 같은 해 12월에는 당시 박승 건설부장관이 주택공급촉진을 통해 주택가격을 안정시킬 의도로 분양가 자율화 추진 방침을 발표하였으나 오히려 주택가격 폭등을 초래하였다. 1989년 12월에는 임차인 보호를 위해 「주택임대차보호법」을 개정하여 전세계약기간을 1년에서 2년으로 연장하였으나 오히려 전세값이 2년 치가 한꺼번에 오르는 사태가 발생하였다. 이와 같은 1980년대 말의 부동산 가격 폭등은 가구 증가율을 따라가지 못한 주택공급 부족이 주된 원인이었다. 이를 타개하기 위하여 노태우 대통령은 대통령 선거 공약이었던 400만 호 주택건설 공약을 대통령 취임 후 보다 현실적인 「주택 200만 호 건설계획(1988~1992)」으로 축소하여 확정하였다. 1988년 5월에 발표된 이 계획은 GDP의 6.5%에 해당하는 65조 원을 투자하여 국민주택 85만 호, 민영주택 48만 호, 민간주택 67만 호를 건설하여 주택보급률을 1987년 69.3%에서 1992년에는 72.9%까지 높이는 것으로 계획되었다. 필요 자금은 입주자가 67.7%를 부담하고, 주택기금 및 민영주택자금이 22.3%를 담당하도록 계획되었다. 소요 택지 5,700만 평 중 공영개발을 통해 3,500만 평을 공급하고 개발비용은 자체 개발이익으로 충당하도록 하였다.「200만 호 계획」의 일환으로 분당, 일산 등 수도권 5개 신도시 개발이 추진되었다. 「200만 호 계획」은 당초 목표보다 1년 앞당겨서 1991년까지 214만 호가 건설되어 목표물량을 초과달성하였고 1992년 말까지 총 271만7천 호를 건설하였다. 공공부문은 계획 대비 100.6%, 민간부문은 164.7%, 전체적으로 계획 대비 135.9%의 실적을 올렸다.[16] 이는 분양가 상한제를 원가연동제로 전

16) 건설교통부(2002), 앞의 책, p.83~84

환하고, 용적률, 건폐율 등 건축 규제를 완화한 것이 주된 요인이었다. 「200만 호 계획」은 건설 경기 과열을 부추겨서 건설 노임 급등, 자재난으로 인한 부실시공 문제 등 많은 비판이 있었지만 주택건설 공급 능력을 연간 60만 호 수준으로 상승시키고, 충분한 물량 공급으로 1990년대의 주택가격 안정에 기여한 점, 그리고 기존의 총량 위주의 주택정책에서 도시영세민에 대한 영구임대주택, 무주택 근로자에 대한 근로복지주택 공급 등 각 계층별 맞춤 정책이었다는 점에서 우리나라 주택정책사에 한 획을 긋는 중요한 사건이었다. 권위주의적 성격이 강했던 노태우 대통령 시절의 주택정책 패러다임이 동시대에 이루어진 택지소유상한제 등 토지공개념 도입과 함께 매우 진보적인 성격을 띠었다는 점에서 매우 흥미롭다. 물론 「200만 호 계획」을 통한 주택공급확대와 서민용 임대주택 공급은 3저 호황 등으로 인한 부동산 가격 상승에 대응하기 위한 것이기는 하였으나 이러한 친서민적 정책 패러다임은 청와대를 정점으로 한 건설부, 경제기획원 등 중앙부처에 포진한 관료집단에 의해서 주도되었으며 노태우 대통령을 비롯한 집권세력은 정책 목표 설정과 자원 배분의 우선순위에 있어서 관료 집단에게 상당한 수준의 권한을 부여했다고 말할 수 있다.

[표 4] 주택 200만 호 건설계획과 실적

구 분	주택건설 실적(만 호)		택지공급 실적 (만 평)
	계획(1988~1992)	실적(1988~1992)	
총 계	200	272	5,095
공공부문	90	91	3680
민간부문	110	181	1415

자료 : 건설교통부(2002), 앞의 책, p.87에서 재구성

[표 5] 주택 200만 호 건설 전후의 매매 및 전세가격 상승률 추이

구 분	1987	1988	1989	1990	1991	1992	1993	1994
매매가격(%)	7.1	13.2	14.6	21.0	-0.50	-5.0	-2.9	-0.1
전세가격(%)	19.4	13.2	17.5	16.8	1.9	7.5	2.4	4.6

자료 : 국민은행, 주택가격조사; KDI(2008), 앞의 책에서 재인용

김영삼 정부 시절에는 1995년 1월 WTO 출범, 1996년 12월 OECD 가입 등에 의한 외국의 개방 압력으로 세계화를 국정기조로 하는 국가경쟁력 강화 정책이 우선하였다. 1993년 7월, 그동안의 「경제개발 5개년계획」을 중단하고, 「신경제5개년계획」을 수립하였는데 그 요지는 신자유주의 사조에 입각하여 공공부문의 직접적인 개입은 줄이고, 민간부문 지원을 통해 경제 활성화를 도모한다는 것이었다. 주택 부문도 저당채권유동화제도 도입 등 민간금융시장을 통한 주택금융 활성화, 민간 전문 임대업 육성으로 민간부문에 의한 임대주택공급 확대, 인허가 등 각종 행정절차 간소화, 재개발, 재건축 규제 완화 등 주택시장에서의 민간 역할을 강화하는 내용이 주를 이루었다. 공공부문 개입 축소 방침에 따라 영구임대주택 프로그램도 신규 사업이 중단되었으며, 택지 공급도 신도시 개발방식을 지양하고 개별입지 방식으로 전환되어 민간 건설회사에게 준농림지역 내에서 3만㎡ 미만의 택지개발이 허용되었다. 이러한 상황 속에서 주택가격은 1991년부터 하락세로 전환하여 1995년까지 완만한 하락세를 지속하다가 1998년 경제위기 이후 급락하였다. 1993년부터 시작된 「신경제 5개년계획」 기간 중 주택건설 목표는 285만 호였으나 총 312만 호(공공 116만 호, 민간 196만 호)가 건설되었다. 이 결과 주택보급률은 1992년 76%에서 1997년에는 92%로 상승하였다. 총량적으로는 개선되었지만 영

구임대주택 중단, 공공임대주택 호당 지원 축소 등 저소득층, 최하위 소득계층의 주택난은 상대적으로 개선되지 못하였다.

4. 외환위기 이후의 개방, 자율화와 주거복지의 대두 (1998년 이후)

김대중 정부는 헌정사상 최초로 여야 간의 평화로운 정권교체를 통해 집권하였으나 출범 직전인 1997년 말 발생한 외환위기로 인해 경제적으로 비상상황에서 임기를 시작하였다. 고금리, 정리해고에 의한 대규모 실업 등으로 전반적인 경제 여건이 악화된 상황에서 가계의 주택 수요도 급감하고 주택 가격과 생산도 크게 감소하였다. 1998년 한 해 동안 1997년 말에 비해 주택가격은 12.4%, 전세가격은 18.4% 하락하고 미분양 주택은 11.6만 호로 급증하였고, 50~60만 호에 달했던 연간 주택 건설은 30만 호 수준으로 급감하였다. 이로 인해 역전세난의 발생, 건설업체의 경영난, 신용보증기금의 보증사고 증가 등 주택시장은 급속하게 위축되었다.

[표 6] 외환위기 전후의 주택 매매 및 전세가격 변화율(%)

구 분	1995	1996	1997	1998	1999	2000	2001	2002	2003
매매가격	-0.2	1.5	2.0	-12.4	3.4	0.4	9.9	16.4	5.7
전세가격	3.6	6.5	0.8	-18.4	16.8	11.1	16.4	10.1	-1.4

자료 : 국민은행; KDI(2008), 앞의 책에서 재인용

김대중 대통령의 정치적 기반은 중산층 이외에 시민단체, 노동계와 같은 진보적 성향의 제 세력이었으나 외환위기에 따른 경제적 상

황의 악화는 분배 우선과 복지 지향의 정치적 성향 대신 긴축재정, 시장자율, 개방 등의 신자유주의적 요구에 압도되었다. 집권 후 100대 국정과제에 포함된 주택부문의 계획을 보면, 2002년까지 주택보급률 100% 달성을 위한 규제완화, 분양가 자율화 확대, 택지개발에 민간 참여 허용 등 양적인 목표가 주된 내용이었다. 주거복지 분야에서는 2002년까지 10만 호의 영구임대주택을 포함하여 50만 호 공공임대주택을 공급하겠다는 내용이 포함되어 있을 뿐이었다. 즉, IMF 위기로 발생한 김대중 정부 초기의 총체적 불황을 극복하기 위해 주택 부문이 첨병 역할을 수행하였다. 1998년 5월 22일, 6월 22일, 9월 7일, 9월 25일, 12월 12일 주택경기 활성화대책이 잇달아 발표되었는데 그 주요 내용은 양도세, 취득세, 등록세 감면, 분양신청 요건 완화, 재당첨 규제 완화, 채권입찰제 폐지, 분양가 규제 완화, 주택자금 소득공제 확대, 전매제한 완화, 주택 구입자금 출처 조사 중단, 주택 구입 시 국민채권 매입 부담 완화, 민간임대 활성화를 위한 제도 개선, 국민주택기금지원 확대, 주택저당채권 유동화제도 도입, 주택재개발 및 재건축사업의 규모별 공급 의무비율 폐지, 준농림지 개발절차 간소화 및 개발가능 면적 확대 등 실로 광범위한 규제완화 조치가 이루어졌다. 2002년 이후 주택시장은 이러한 규제완화와 외환위기 기간 동안의 공급 감소로 인해 다시 가격 급등세로 돌아서게 된다. 주택가격 상승은 2007년까지 지속되었는데 부동산투기, 서민 주거불안, 가격 거품 논란 등 많은 문제를 야기하였다.

김대중 정부는 주택시장이 어느 정도 안정세로 돌아선 집권 후반기에 들어서야 저소득층에 대한 전세자금 및 주택 구입자금 지원 확대, 국민임대주택 공급 확대 등 저소득층 주거안정 정책으로 정책기조를 전환할 수 있었다. 국민임대주택은 집권 초기 5만 호에서 2001년 10만 호로 확대되었다가 2001년 8.15 경축사에서 20만 호 건설계획으로 최종 확정 발표되었다. 국민임대주택 공급은 현재에도 정부 주거복지 정책의 주된 수단으로 기능하고 있는데, 최초에는 임대기간을 10년 또는 20년으로 하였다가 2002년에 30년으로 통일되었다. 이를 계기로 정부가 본격적으로 주거복지 분야에 재정을 투입하게 된 것으로 해석할 수 있다.

노무현 정부가 출범하면서 임대주택공급 정책은 더욱 강화되었다. 우선 선거공약으로 제시한 「국민임대주택 100만 호 건설계획」을 10년(2003~2012) 계획으로 구체화하고 실행 수단으로 「국민임대주택 건설 등에 관한 특별조치법」을 제정하여 개발제한구역에 국민임대주택단지를 건설할 수 있게 하였다. 그러나 노무현 정부는 임기 중 내내 부동산 가격 상승과 씨름을 해야만 했다. 김대중 정부 말기부터 시작된 주택가격 급등에 대응하여 부동산 투기억제와 수요관리에 초점을 맞춘 주택시장 안정화대책을 수차례에 걸쳐 발표하였다. 집권 초반인 2003년 '5.23부동산가격 안정대책'을 시작으로 '10.29종합대책(2003)', '8.31 대책(2005)'과 '1.31 대책(2007)' 등 모두 13회에 걸쳐 크고 작은 부동산시장 안정화대책들을 연이어 발표하였다.[17] 그 주요 골자는 주택에 대한 재산세와 종합부동산세 같은 보유과세를 강화하고, 주택담보대출비율(LTV)과 부채상환비율(DTI)에 대한 규제를 신설하는 것이었다. 이러한 새로운 접근은 주택에 대한 가수요를 억제하는 데는 효과적으로 나타났지만 2007년부터 시작된 가격 조정기와 2008년 글로벌 금융위기로 빚어진 주택시장 침체기를

17) KDI(2008), 앞의 책, p.159

심화시키는 부작용이 더 컸다는 비판을 받았다.

2008년 출범한 이명박 정부는 주택수급의 균형을 통한 주택시장의 안정과 도심 내 주택 공급 확대를 핵심과제로 삼고 곧 바로 주택시장에 대한 규제 완화에 착수하였다. 집권 첫해인 2008년에는 양도세 완화, 재건축 규제 완화, 그린벨트 해제를 통한 보금자리주택 공급, 종합부동산세 과세기준의 상향(6억 원→9억 원) 조정, 수도권 투기지역, 투기과열지구 해제 등의 조치를 연이어 발표하였다. 그러나 이미 주택시장은 하락기에 접어들었고 간헐적이고 불충분한 규제 완화 조치로는 시장의 하락세를 막을 수는 없었다. 2008년 말 글로벌 금융위기가 발생하자 주택시장의 수요는 더욱 위축되고 미분양 주택이 2008년 말에는 최고 16만5천 가구까지 증가하였다.[18] 미분양주택 문제 해결을 위하여 5년간 미분양주택 매입 시 양도세 면제 등의 조치가 뒤따랐다. 2009년에는 '서민주거안정을 위한 보금자리주택 공급 확대 및 공급체계 개편방안'이 확정 발표되었는데 보금자리주택이란 김대중·노무현 정부의 임대주택 일변도의 공공주택 공급 정책에서 내집 마련 가능 계층인 4~6분위 소득계층을 대상으로 하는 공공분양 주택 공급이 추가된 것이다.[19] 보금자리주택은 공공분양주택 이외에도 그동안 중단되었던 영구임대주택을 다시 부활하고, 기존의 국민임대주택 이외에 장기전세, 10년 임대 등 다양한 유형의 임대주택을 소득계층별로 공급하는 정책 내용이었으나 초기에 강남권 그린벨트에 지어진 시세보다 저렴한 분양주택의 이미지가 너무 강해서 마치 분양

18) 국토교통부, 「2013 주택업무편람」, 2013, p.491

19) 보금자리주택계획은 2009년부터 2018년까지 10년간에 걸쳐 총 150만 호를 신규로 건설 공급하는 계획으로 150만 호 중에는 공공분양 70만 호와 공공임대 80만 호(영구임대 10만 호, 국민임대 40만 호, 10년 임대 및 장기전세주택 등 30만 호)가 포함되어 있었다.

주택 일변도의 정책인 것처럼 비판을 받았었다. 이러한 공공분양주택 공급정책은 주택시장의 거래 침체와 함께 찾아온 전세가격 상승의 주된 원인으로 공격받기도 하였다. 계속되는 주택시장 침체와 사업주체인 한국토지주택공사의 자금난으로 인해 보금자리주택 건설계획은 당초 계획을 축소하고 기존의 국민임대주택으로 사업계획이 확정되었던 지역도 지방자치단체의 요구에 따라 분양주택을 포함하는 보금자리주택으로 전환하는 등의 조정이 있었다.

[표 7] 아파트 매매 및 전세가격 동향 (%)

		2002	2003	2004	2005	2006	2007	2008	2009	2010	2011	2012	2013
전국	매매	16.4	5.7	-2.1	4.0	11.6	3.1	3.1	1.5	1.9	6.9	0.0	0.3
	전세	10.1	-1.4	-5.0	3.0	6.5	2.6	1.7	3.4	7.1	12.3	3.5	4.7
서울	매매	22.5	6.9	-1.4	6.3	18.9	5.4	5.0	2.7	-1.2	0.3	-2.9	-1.4
	전세	10.8	-3.9	-7.2	2.3	9.8	3.7	1.1	6.0	6.4	10.8	2.1	6.6

자료 : 국토교통부, 「2013 주택업무편람」, 2013, p.462에서 재작성

박근혜 정부 출범과 함께 보금자리주택계획은 간판을 내리고 공공분양주택과 공공임대주택으로 구분되면서 연간 13만 호의 공공주택 공급계획이 수립되었다(2013년 4.1 대책). 이 계획에서는 임대주택은 건설 7만 호와 매입 및 전세방식 4만 호를 합하여 연 11만 호를 준공 또는 입주시키고 공공분양주택은 연 2만 호 수준으로 축소되었다. 대통령 선거기간 동안 공약으로 제시되었던 철도부지 등 도심 내 유휴 공공 토지를 활용하는 행복주택은 당초 20만 호 공급계획에서 14만 호 수준으로 축소되었다. 박근혜 정부에 와서도 앞선 이명박 정부 시절과 마찬가지로 주택 시장은 침체기에서 벗어나지 못하면서 중

산층의 주택 구입 기피, 저금리로 인한 전세의 월세 전환 가속화로 전셋값이 지속적으로 상승하고 있다. 주택가격의 하락으로 가격 급등기에 과도하게 대출을 받아 집을 산 사람들에게 원리금 상환 부담이 가중되고 있으며 소위 '하우스 푸어' 문제가 사회적 문제로 대두되었다. 2015년부터는 주거급여제도가 기존의 통합급여에서 독립적인 주거급여로 분리되어 지급되는데 주무부처도 보건복지부에서 국토교통부로 변경되었다. 2014년 시범사업을 거쳐 2015년 7월부터 본사업이 전국적으로 시행되었다.

III 주택투기의 발생과 정부의 대응 노력

1. 주택투기의 원인과 전개양상

1960년대 공업중심의 경제개발 추진에 따라 산업단지의 조성, 산업도로, 고속도로의 건설과 인구의 도시집중으로 토지수요가 급증하면서 1964년과 1967년 2차에 걸쳐 부동산가격의 급등 현상이 발생하였다. 이때부터 부동산투기와 정부 간의 길고 긴 숨바꼭질이 시작되었다.

[표 8] 우리나라 도시화율 추이(%)

1960년	1970년	1980년	1990년	2000년	2010년
39.1	50.1	68.7	81.9	88.3	90.9

자료 : 국토교통부, 「2010년도 국토의 계획 및 이용에 관한 연차 보고서」, 2010

주택 가격은 1960년대 말, 1970년대 말, 1980년대 말과 2000년대 중반에 크게 상승하였는데 10~15년의 주기를 두고 반복적으로 이루어졌다. 이에 대응하는 정부의 태도도 규제강화와 규제완화를 반복적으로 되풀이 하였다. 주택 투기의 발생 원인을 여러 가지 측면에서 조명할 수 있는데, 가구 수의 증가와 인구의 도시집중 현상, 인플레로 인한 화폐가치의 불안, 국토의 불균형개발, 개발이익에 대한 사회적 환수제도 미비, 주택수요 증가에 충분히 대응하지 못하는 공급 시스템, 전통적인 부동산 선호 관행과 부동산 소유를 통한 전시효과 의식 등을 꼽을 수 있다. 이렇게 다양한 원인으로 발생한 주택 및 토지 투기에 대하여 정부도 다양한 수단으로 대응해 왔는데 크게 조세상의 대책과 조세 이외의 대책으로 구분할 수 있다. 조세상의 대책으로 1960년대 말의 부동산투기억제세, 1970년대의 양도소득세와 같이 불로소득을 환수함으로써 투기성 거래를 억제하려는 대책과 1980년대의 종합토지세, 2000년대의 종합부동산세와 같이 보유단계의 과세를 통하여 부동산 과다 보유를 막기 위한 대책, 그리고 거래단계에서 취득세 중과를 통하여 부동산에 대한 투자 메리트를 하락시키는 정책이 있다. 비 조세 수단으로는 아파트 채권입찰제, 주택상환채권, 각종 청약통장 등 주택공급 시의 대책과 분양가 상한제와 같은 가격규제, 그리고 거래질서 확립을 위한 부동산 중개업 지도 감독, 관인계약서, 자금출처조사, 미등기 전매방지 등 행정적 조치들이 사용되어 왔다. 조세상의 대책은 주로 오늘날의 기획재정부(재무부, 재정경제원)와 행정자치부(내무부)에서 담당하였고, 비조세적 수단은 국토교통부(건설부, 건설교통부)가 주관하였다.

2. 조세정책에 의한 대응

오랫동안 투기억제 대책 또는 경기활성화대책의 수단으로 가장 많이 활용되던 수단이 조세정책이었다. 우리나라에서 부동산과 관련한 조세의 종류와 세율은 형평과세, 응능과세 등 조세정책 상의 원칙에 입각해서 변동한 것이 아니고 부동산투기 억제와 경기활성화 두 가지 축 사이에서 변동해 온 측면이 강하다. 부동산 조세의 기본구조는 거래단계의 조세로 취득세(등록세 포함), 보유단계 조세로 재산세, 종합부동산세 그리고 양도 단계의 조세로 양도소득세, 법인세특별부과세 등으로 되어 있다. 좀 더 구체적으로 살펴보면, 2014년 말을 기준으로, 주택 구입 시 취득세는 취득 가액의 1%(6억 원, 85㎡ 이하)~3%(9억 원, 85㎡ 초과)가 부과되며 여기에 농어촌특별세 0.2%와 지방교육세 0.1%~0.3%가 부가된다. 주택 보유 시에는 매년 6월 1일을 과세기준일로 하여 1차적으로 시군구에 재산세를 납부하고, 2차로 기준 금액(1주택자는 9억 원, 2주택 이상인 경우 개인별로 합산하여 6억 원)을 초과할 경우 국세인 종합부동산세를 납부하게 된다. 재산세의 세율은 0.1%(6천만 원 이하)~0.3%(3억 원 초과)이며 종합부동산세의 세율은 0.5%(6억 원 이하)~2%(94억 원 초과)로서 6개 구간으로 나누어져 있다.[20] 주택 매도 시에는 양도차액에 대하여 6%(1,200만 원 이하)~38%(1억5천만 원 이상)의 양도소득세를 납부하게 되는데 1주택 자는 비과세이며, 장기보유에 따른 특별공제가 이루어진다.

앞서 언급한 것과 같이 1960년대 후반에 부동산 가격이 급등하기 시작하자 1967년 정부는 「부동산투기억제에 관한 특별조치법」을 제

20) 재산세와 종부세의 과표는 국토부가 고시하는 개별주택가격 및 아파트공시가격에 공정시가액비율(주택 0.6, 토지 및 일반 건축물 0.7)을 곱하여 산정된다.

정하여 1968년부터 부동산 투기억제세를 과세하기 시작하였다. 투기억제세는 그 내용적인 측면에서는 오늘날의 양도소득세이며 이후 양도소득세는 부동산 투기에 대응하는 가장 중요한 정책수단이 되어 왔다. 투기억제세의 내용은, 우선 과세대상을 서울, 부산과 인접지역의 토지로 한정하였고, 토지의 양도 및 보유로 인하여 발생하는 소득에 50%의 세율로 과세하였다. 이때 명목 자본이득에 과세하는 것을 피하기 위하여 도매물가상승률에 의거한 특별 공제액을 공제하였으며, 1세대 1주택에 부속된 토지와 교육 목적에 이용하는 토지 및 2년 이상 가동한 공장을 이전할 목적으로 양도하는 토지는 면세하였다. 1974년에는 종합소득세 제도의 개편에서 종전의 부동산투기억제세를 소득과세에 흡수 통합하고 법인의 부동산(토지) 양도차익에 대해서는 법인세특별부가세를 신설하였다. 주요한 변화 내용을 보면, 과세 대상 자산에 건물을 추가하고, 과세대상 지역도 전국으로 확대하였다. 토지에는 50%, 건물에는 30% 세율로 종합소득과는 별도 분리과세하였으며, 양도차액 계산은 실지 거래 가격을 원칙으로 하고 실지거래가액이 불분명할 경우에만 과세시가표준액에 의하도록 하였다. 그러나 대부분 과세시가표준액을 기초로 하여 부과되었다. 1978년「8.8 투기억제대책」시 부동산투기지역 고시제도를 도입하여 투기지역 내에서는 과세기준을 내무부 과세시가표준액을 사용하지 않고 국세청에서 보다 시가에 근접한 기준시가를 고시하여 활용하였다. 또한 양도소득 특별공제제도를 폐지하고, 2년 미만 단기보유에 대해서는 70% 세율을 적용하고 미등기전매는 100% 세율을 적용하였다. 부과대상에 부동산에 대한 권리, 즉 아파트 분양권을 포함시켰다. 2005년의「8.31대책」이후에는 다주택자에 대하여 50~80%의 고 세율을 적용하는 다주택자 중과세제도가 시행되다가 2014년 1월 1일부터 폐지되었다. 이와 같이 부동산투기 억제를 위한 주된 대응수단으로 양도소득세를 활용하였으나, 한국의 양도소득세는 1세대 1주택 등에 대한 비과세 감면이 광범위하게 허용되고, 금융거래와 부동산거래의 실명화가 이루어지지 않아서 세무당국이 부동산 거래가액을 포착하기 어려워 사실상 소수에게만 부과되었으며 투기지역으로 지정되더라도 과세기준이 되는 기준시가는 실제로 시가의 1/6~1/3 수준에 불과하였다. 양도소득세의 과세기준은 2007년부터 모든 주택에 대하여 실거래가격이 적용되었다. 또한 양도소득세는 시장에서 공급동결효과를 가져오고 양수자에게 전가되는 문제가 발생하는 등 부동산 투기억제 수단으로서의 효과성에 대한 비판이 있어왔다.

이러한 양도소득세의 문제점을 지적하면서 궁극적으로 부동산투기를 막기 위해서는 보유단계의 과세를 강화해야 한다는 목소리가 높았다. 토지에 대한 보유과세 강화는 1990년에 종합토지세가 도입되면서 이루어 졌으나 주택에 대해서는 미루어져 오다가 노무현 정부의 출범과 함께 2003년 '10.29 부동산대책'에서 종합부동산세 도입이 발표되었고 이후 2005년부터 시행되었다. 지방세인 재산세와는 별도로 국세청이 일정 기준을 초과하는 토지와 주택 소유자들의 전국 소유현황을 분석해 누진세율을 적용해 부과한다. 종합부동산세가 시행되면서 종전의 종합토지세는 재산세와 종합부동산세로 흡수되었다. 2005년 시행 당시의 과세대상자는 주택의 경우에는 국세청 기준시가로 9억 원 초과, 나대지의 경우에는 공시지가로 6억 원 초과, 빌딩·상가·사무실 등의 부속토지의 경우에는 공시지가로 40억 원을 초과하는 경우 해당되었다. 2014년 말 기준으로 개인별 합산 시 6억 원(1세대 1주택자의 경우엔 9억 원)이상의 주택을 소유한 자나 토지의 경우 종합합산 토지는 5억 원, 별도합산 토지는 80억 원을 초과한 자의 경우에 종합부동산세의 과세대상이 된다. 2005년 시행 시 개인별로 합산해 부과하던 것이 2006년 세대별 합산으로 변경되었지만, 이명박 정부 출범 후인 2008년 말 세대별 합산 부분이 위헌판결을 받았고, 이에 다시 개인별 합산으로 재 변경되었다.

취득단계에서 불필요한 부동산 취득을 막기 위한 취득세 중과제도는 주택거래신고제를 통하여 2004년 3월 30일부터 시행되었다. 주택거래신고제도는 주택법의 규정에 근거를 두고 있는데, 건설교통부장관을 위원장으로 하는 주택정책심의위원회에서 주택거래신고지역을 지정하면, 이 지역에서 주택을 사고 팔 경우 15일 안에 관할 시·군·구에 실거래가격 등을 반드시 신고해야 하는 제도이다.[21] 이 당시는 취득세가 실거래가액이 아닌 시가보다 약 1/3~1/5 수준인 과세시가표준액에 근거하여 부과되고 있었기 때문에 주택거래신고지역으로 지정되면 취득세 부담이 3~5배 증가하게 되는 것이다. 2006년 1월부터 부동산 실거래가 신고제도가 도입되면서 사실상 기능이 정지되었으며 폐지 법률안이 2015년 7월에 국회를 통과하여 폐지되었다.

3. 비 조세 수단에 의한 대응

1) 분양가 규제

주택분양가 통제는 부동산 투기방지와 물가안정 차원에서 그 반대 입장에서는 주택공급 확대를 통한 가격 안정과 경기 활성화 목적에서 오랫동안 논쟁의 대상이 되어왔다. 1963년 11월에 제정된 「공영주택

21) 주택법에 의한 주택거래시고제도는 최초로 실거래가 신고의무를 강제적 수단으로 실현한 제도였다.

법」에 근간을 두고 있으나 이 법 자체가 공공부문에만 적용되었고 1972년 민간부문까지 규율하는 「주택건설촉진법」 제정 이후에도 1977년까지는 정부의 권장사항에 불과하였다. 그러나 1970년대 중반부터 만성적인 수급 불균형으로 주택투기가 민간부문에서 공급하는 신규주택으로 확산되자 1977년 8월부터 아파트 분양가격 규제를 사업승인 대상이 되는 주택건설 사업에 전면적으로 실시하였다.[22] 주택건설촉진법의 하위 법령으로 「국민주택 우선공급에 관한 규칙」을 제정하여 민간 건설업체가 주택건설사업계획서에 주택 분양가격을 포함시켜 지방자치단체의 승인을 받도록 함으로써 신규분양주택에 대한 분양가격 규제가 본격적으로 시행되었다. 규제 방식은 주택 규모에 관계없이 모든 신규분양주택을 대상으로 사업승인 단계에서 시장가격 이하의 일률적인 상한가로 분양가격을 직접 규제하는 포괄적 상한제 방식으로 운영되었다. 상한제 방식도 1981년까지는 주택규모에 관계없이 평당 가격을 규제하였다. 전두환 정부 출범 후, 1979년 제2차 석유파동과 1980년 정치적 혼란 등으로 경제가 마이너스 성장을 기록하자 경제 회복을 위해 건설경기 부양 차원에서 1981년 6월부터 1982년 12월까지 일시적으로 분양가 자유화가 되기도 하였다. 그 이후 주택가격이 다시 상승하자 1982년 12월부터는 주택 규모별로 분양가격 상한선을 차등화 하였다.

22) 건설교통부(2002), 앞의 책, p.294

[표 9] 주택분양가 상한선 추이(1977~1988년)

(단위 : 만 원/평)

구 분	1977	1978	1979	1980	1981	1982	1985	1988
85㎡ 이하	55	68	78	90	105	105	115	126
85㎡ 이상						134	134	134

자료 : 윤주현・신석하(1994), 주택분양가격규제의 시장효과 및 관련제도 연구; 건설교통부(2002), 앞의 책, p. 295에서 재인용

상한제 방식의 일률적인 분양가격 통제는 1989년부터 원가연동제 방식으로 변경되었다. 원가연동제는 택지비와 건축비를 따로 산정하여 이를 합산하여 상한으로 설정하는 방식인데 택지비는 분양시마다 평가하고 표준건축비는 15층 이하와 16층 이상으로 구분하여 매년 정부가 공시하였다. 이에 따라 표준 건축비 인상폭을 둘러싸고 업계와 정부, 정부 내에서는 물가당국인 경제기획원(재정경제부)과 주택공급 주무부처인 건설부(건설교통부) 사이에 힘겨루기가 발생하였다. 원가연동제 방식에 의한 분양가 통제도 1995년 11월부터 주택보급률이 높고 미분양주택이 많은 지역(강원, 충북, 전북, 제주)부터 단계적으로 폐지되다가, 1997년 12월 외환위기 이후 공공택지 내 건설되는 60㎡ 이하 아파트에만 적용되었다. 노무현 정부 막바지인 2007년부터 원가연동제 방식에 의한 분양가 상한제가 전면 재도입 되었다가 오랜 논란 끝에 2014년말 민간택지에서는 적용이 배제되는 것으로 다시 부분 완화되었다. 이와 같이 아파트 분양가 통제는 오랫동안 부동산 시장에 대한 정부정책의 방향을 판단 할 수 있는 바로미터의 역할을 하였는데 주택가격이 상승하는 경기 과열기에는 가격통제의 논리가 우월해지고 주택가격이 하락하는 경기 침체기에는 분양가 통제 폐지의 목소리가 높았다.

2) 주택공급제도에 의한 대응

주택공급측면에서 주택투기 억제를 위하여 주택공급의 우선순위를 설정하고 무주택가구에게 분양의 우선권을 부여하기 위해 1977년에 국민주택 청약부금, 민영주택에 대한 청약예금, 선매청약저축 등과 같은 청약제도를 도입하고 법적 근거로 「국민주택 우선공급에관한 규칙」을 제정하였다. 이를 토대로 다양한 제도가 시행되었는데 채권입찰제는 투기억제대책의 일환으로 1983년 4월 29일 「주택공급에 관한 규칙」을 개정하여 투기과열지구를 지정하면서 도입되었다. 제2종 국민주택채권 매입예정금액이 많은 자를 입주예정자로 우선 선정하는 방식이었다. 제2종 국민주택채권은 0% 이율에, 20년 상환 조건으로 발행됨으로써 현금 할인율은 35~40% 수준이었다. 1983년 이후 1996년까지 총 2조 9,072억 원이 조성되었으며, 매입대상가구는 139,074가구로서 가구당 평균 2,085만 원의 2종 채권을 매입하였다. 청약배수제는 1989년 서울 및 수도권 신도시에서 청약 20배수제를 시행하면서 도입되었다. 투기과열지구에서 민영주택 분양 시 공급 주택 수의 20배수를 초과하지 않는 범위 내에서 장기 예치자 순으로 우선 청약토록 한 것인데 1994년부터 시장, 군수가 지역사정에 따라 배수를 조정할 수 있도록 허용되었는데 1997년 12월 서울지역에서는 300배수까지 적용한 사례가 있었다. 이렇게 되자 청약 과열을 막고자 한 당초의 배수제 실시 의미는 퇴색하게 되었다.

주택상환사채는 분양가 규제에 따른 시세차익을 공공에서 환수하고, 청약과열을 방지하기 위하여 도입된 것으로서 대한주택공사 및 주택건설 지정업자가 발행할 수 있었고, 발행 후 발행 조건에 따라 주택을 건설하여 사채권자에게 상환하는 의무를 지는 제도이다. 이

제도는 과열된 주택시장 상황에서 주택을 조기에 공급하는 효과를 거두기 위하여 도입되었다. 재당첨 금지제도는 분양가 규제에 따른 시세차익으로 분양이 과열되자 자원의 효율적인 배분을 목적으로 1977년 8월 「국민주택 우선공급에 관한규칙」이 제정되면서 도입되었다. 재당첨 금지는 그 이후 주택시장 상황에 따라 강화되거나 완화되면서 중요한 정부의 주택시장 개입 수단으로 활용되고 있다. 이와 유사하게 1981년 4월에 도입된 전매제한제도가 있다. 주촉법에 따라 건설, 공급되는 주택 또는 주택 분양권에 대하여 2년간 매매·증여·임대 기타 권리 변동을 수반하는 일체의 행위(상속, 저당은 제외)를 금지하는 내용으로서 이 제도 또한 주택시장 상황에 따라 완화 또는 강화되면서 운영되어 왔다.

소형주택 건설 의무화는 주택건설업체가 건설하는 주택에 대해서는 건축 연건평의 50% 이상으로 25평 이하의 주택을 건설토록 의무화한 것으로서 1990년부터 민간택지에 건설되는 주택에 적용되었는데 도입 당시 수익성이 높은 중대형 아파트 위주로 공급하려는 주택사업자에게는 큰 규제로 작용하였다. 이 또한 경기상황에 따라, 사업지구의 특성에 따라 규제의 내용과 강도가 변하여왔다. 부동산 중개업소에 대한 거래질서 단속, 관인(검인)계약서 사용 의무화, 인감증명제 등 행정수단에 의한 투기대책도 시행되었다. 관인계약서 제도는 1978년 '8.8 부동산대책'으로 부동산등기법에 그 내용이 도입되었으나 그 시행이 미루어져 오다가 1988년 '8.10 대책' 이후 실제 적용되었다. 관청의 검인을 받은 계약서를 등기 시 반드시 제출토록 하는 내용으로서 실거래가 신고를 통한 세금 탈루 방지 목적이 있었으나 일선 창구에서의 심사 능력이 없어 실효성이 없었다.

3) 금융 규제

노무현 정부는 집권 초기에 김대중 정부 시절에 외환위기 극복과정에서 시중에 풀린 막대한 유동성과 규제완화로 인해 부동산 가격이 다시 급등하자 부동산 가격 안정을 위해 주택수요 관리대책을 활용하였다. 이때 종합부동산세를 통한 보유과세 강화와 함께 새롭게 도입된 방안이 금융권을 통한 부동자금의 주택시장 유입 차단 대책이었다. 이를 위하여 두 가지 수단이 활용되었는데 총부채상환비율(DTI : Debt To Income) 규제와 주택담보대출비율(LTV : Loan To Value) 규제이다.

총부채상환비율이란 차주의 금융부채 원리금 상환액이 소득에서 차지하는 비율을 의미하는 것으로 담보대출을 취급하는 하나의 기준이 된다. 대출채권의 원리금 상환은 1차적으로 차주의 소득에 의해 이루어져야 하므로, 금융기관은 주택담보대출 취급 시 차주의 소득에 근거한 채무상환능력을 반영하기 위해 총부채상환비율을 고려하게 하는 것이다. 총부채상환비율은을 다음과 같이 산정된다.

DTI = (해당 주택담보대출 연간 원리금 상환액 + 기타부채의 연간 이자 상환액) ÷ 연소득

원금일시상환방식 대출 및 원금일부분할상환방식 대출의 경우 만기 상환액을 대출기간으로 나누어 연간 원리금 상환액을 계산하게 되는데, 이때 차주 본인을 기준으로 산정하는 것을 원칙으로 하되, 차주의 배우자가 주택담보대출이 없는 경우에는 부부합산 기준으로 산정할 수 있다.

담보대출비율이란 자산의 담보가치 대비 대출금액 비율을 의미하

는 것으로 전통적으로 담보대출을 취급하는 하나의 기준으로 활용되어 왔다. 금융회사는 대출채권에서 부도가 발생하는 경우 담보자산을 처분하여 대출채권 상환에 충당하며, 이때 대출채권 상환에 부족분이 발생하지 않도록 일정의 담보인정비율 이내에서 담보대출을 취급하고 있다. 경매처분 시나 부동산 가격하락 시를 고려하여 금융회사는 담보인정비율을 100%보다 일정 수준 낮은 수준에서 운용하게 되는데 이에 대하여 금융당국이 강제적으로 낮은 비율을 적용하도록 요구하게 된 것이다. 담보인정비율은 다음과 같이 산정된다.

LTV = (주택담보대출금액 + 선순위채권 + 임차보증금 및 최우선변제 소액임차보증금) ÷ 담보가치

실제 자산을 경매 처분하였을 경우 받게 되는 금액을 산정하기 위해 선순위채권과 임차보증금 및 최우선변제 소액임차보증금을 반영하여 계산된다. LTV 규제는 종래에도 채권보전 차원에서 금융기관에서 자율적으로 운영해 오던 것이었으나 2003년에 발표된 10.29 대책에서는 이를 일률적으로 40%만 적용토록 하고 적용대상도 3년 이하 단기 대출에서 10년 이하 대출까지 확대하였다. DTI 규제는 개별 금융기관 입장에서는 굳이 고려할 필요가 없었던 사항이나 부동산 가격 안정을 위해서 2005년 8.31 대책의 일환으로 하루 전날인 8월 30일 담보대출 리스크 관리방안 이라는 이름으로 40%를 강제적으로 적용하도록 하였다. DTI, LTV 규제는 2015년 7월 현재에도 중요한 금융규제 수단으로 활용되고 있는데 당초 노무현 정부에서 도입될 때에는 주택가격 상승에 대응하는 규제 장치로 실시되었으나 현재에는 가계부채 대책으로 그 주된 목적이 바뀐 채로 존속되고 있다.

[표 10] 주요 주택투기대책의 내용

구 분		내 용
1978.8.8.	조세	양도세 강화(단기보유, 미등기 전매 중과), 부동산투기지역은 양도세 국세청 기준시가로 과세, 공한지 및 비업무용토지 재산세 중과
	행정	토지거래 허가제, 신고제, 기준지가 고시 전국 확대, 관인계약서 의무화, 인감증명제도 강화, 부동산 소개업 허가제로 전환, 토지개발공사 설립, 부동산 정책위원회 설치
1988.8.10.	조세	종합토지세 도입, 양도세 강화(비과세 축소, 2년 미만 단기거래 중과 등), 토지공개념 3법 도입
	행정	분당, 일산지역 신도시 건설, 지가체계 일원화, 토지거래 허가제, 신고제 실시지역 확대
2003.10.29. 2005.8.31.	조세	종합부동산세 도입, 보유과세 과표 현실화, 양도세 강화(다주택자 중과, 2007년부터 모든 주택의 과세 기준을 실거래가로 강화) 주택 거래신고제 실시로 취득세 강화
	행정	강북 뉴타운, 2기 신도시 건설, 분양권 전매금지, 모든 평형 아파트 원가연동제 적용, 중대형 채권입찰제 실시, 전매제한 및 재당첨 금지 강화, 2006년 1월부터 실거래가격 신고 의무화, 토지거래허가제 확대 및 강화, 기반시설부담금 도입, 개발부담금 재부과 등
	금융	LTV, DTI 40% 이하로 규제

IV 주택관련 제도의 발전

1. 주택금융의 발전

한국전쟁 종료 후 주택난을 해결하기 위해 1950년대 중반까지는 정부가 구호 주택을 직접 공급했으나, 전술한 바와 같이 1957년 이후 정부의 직접투자에 의한 주택건설이 지양되면서 모든 공공 주택자금은 산업은행의 융자를 통해 공급되었다. 이것이 우리나라 주택금융의 효시라고 할 수 있다. 우리나라 제도권 주택금융은 1969년 한국주택은행이 설립되고 주택복권이 도입되면서 본격적으로 발전하게 된다. 1967년 서민주택자금의 조성, 공급, 관리 등 주택금융을 보다 효율적으로 수행하기 위해서 공공금융기구인 한국주택금고가 설립되었다가 1969년 「한국주택은행법」에 의해 상호를 한국주택은행으로 변경하였다. 주택은행은 신축 주택의 분양권이 주어지는 청약예금, 청약부금을 독점적으로 취급하고 주택복권을 발행하면서 소매금융시장에서는 일반 은행과 동일한 여건에서 각종 예금을 수취하는 특수은행의 성격을 가지고 있었다. 또한 정부로부터 국민주택기금을 위탁받아 운용하였다. 주택은행은 1967년 설립 이후 1997년 민영화될 때까지 각종 예수금과 주택채권 등으로 한국주택은행계정에서 조성한 자금의 80% 이상을 주택 관련 상품(개인주택자금, 집단주택자금, 건설업자운전자금, 건축기자재생산자금, 대지조성자금 등)으로 대출하였다.[23] 그러나 1987년부터는 전 시중은행에서 주택자금 대출업무가 가능해졌으며 1997년 민영화를 계기로 주택금융업무는 경쟁체제로 전환되었다. 주택은행은 외환위기 이후 금융기관 구조조정과 경쟁력 강화를 위해 2001년 11월 1일 국민은행에 합병되었다.

주택복권은 1969년 군경 유가족, 국가유공자, 파월 장병 중 무주택자에게 주택마련 기회를 제공하기 위하여 한국주택은행법에 근거를 두고 재무부장관의 승인을 받아 주택은행장이 발행하였다. 1969년 9월 액면가 100원, 1등 당첨금 300만 원, 월 1회 발행되었다가 1972년 6월부터는 주 1회 발행되었다.[24] 수익금은 민영주택자금을

23) 강미나 외(2009), '한국주택금융제도의 역사적 개관', 국토연구원, p.49
24) 강미나 외(2009), 앞의 책, p.30

지원하는 주택복권기금에 전입되었다. 1981년부터 승인 주체가 건설부장관으로, 근거법도 주택건설촉진법으로 바뀌게 되고 조성자금은 국민주택기금으로 전입되었다. 1997년 한국주택은행이 민영화되면서 한국주택은행법이 폐지되자 발행주체도 주택은행장에서 건설교통부장관으로 변경되었다. 초기의 복권 수익금은 복권기금에서 따로 관리하고 일반 주택자금보다 더 유리한 조건으로 대출되었다. 1972년 기준 일반 주택자금이 15년 또는 20년 상환으로 연리 14%의 상환 조건이었으나 복권기금은 20년 또는 25년의 최장기 대출 기간으로 금리도 4%로 저렴하였다. 따라서 수혜대상자도 초창기부터 군경유가족, 국가유공자, 원호 대상자 등 특수한 자격요건을 갖춘 자를 대상으로 원호처, 국방부 등 관련 기관장의 추천을 받아 심사 후 선정되었다. 1981년 국민주택기금이 설치되면서 복권수익금은 국민주택기금으로 전입되어 통합 관리되었으며 주로 국민임대주택 건설재원으로 활용되어 오다가 최근에는 기존주택 전세임대사업, 다가구 등 매입임대사업, 쪽방, 비닐하우스 거주자 주거 지원 등 가장 낮은 소득계층을 대상으로 하는 주거복지사업에 집중 지원되고 있다. 2006년 로또복권이 출범하면서 주택복권 발행은 중단되고 로또 복권에 통합되어 오늘에 이르게 되는데 이러한 변화의 이면에는 그 당시 복권사업이 자율화되면서 각 부처가 경쟁적으로 복권을 발행하게 되어 복권의 수익률이 악화되고 복권사업의 관리기반이 취약했던 원인이 있었다. 통합 전 주택복권의 경우 2002년 판매액이 최고 3,001억 원에 달했으나 2005년에는 452억 원으로 급격히 축소되었다.

공공부문의 주택금융 재원 조성에 큰 역할을 수행한 것이 주택청약제도이다. 주택청약제도는 신규 주택의 분양을 희망하는 실수요자가 주택청약상품을 구입하고 이때 정해진 우선순위에 따라 주택을 구입하는 제도이다. 정책적으로는 부족한 주택금융 재원을 조달하고, 개인적으로는 주택마련을 위한 분양자격을 부여받고 우선순위에 입각한 예측 가능성을 높일 수 있다는 장점이 결합된 제도이다. 신규주택 공급은 1977년 이전에는 추첨제나 선착순제 방식으로 이루어졌는데 부동산 투기가 발생하면서 1977년 8월 「국민주택 우선 공급에 관한 규칙」이 제정되고 국민주택청약부금 가입자에게 주택분양 우선권이 부여되었다. 동 규칙이 1978년에 「주택공급에 관한 규칙」으로 변경되면서 주택청약제도가 본격적으로 실시되었다. 이때 국민주택청약부금, 주택청약예금, 재형저축 등 세 가지 청약저축제도가 마련되어 이들 저축 가입자들에게 그 가입금액과 기간에 따라 신규주택 분양 우선순위를 정해 주었다. 이후 주택청약제도는 주택시장의 상황에 따라 여러 차례 변경되어 왔는데 1980년에 재형저축 가입자의 청약자격이 폐지되면서 공공건설주택을 청약할 수 있는 청약저축과 민간건설주택에 대한 청약예금 및 청약부금으로 제도가 변경되었고 2009년에는 공공주택과 민영주택에 모두 청약할 수 있는 주택청약종합저축이 출시되었으며, 기존의 청약저축 가입기간에 따른 순위제 우선순위 결정 외에 부양가족 수, 무주택 기간 등을 점수화한 청약가점제도 2006년부터 도입되어 병행 실시되고 있다.

국민주택기금은 저소득층을 위한 주택공급에 필요한 자금을 원활히 공급하기 위하여 1981년 7월에 「주택건설촉진법」 제10조의 3에 근거하여 설치되었다. 한국주택은행의 국민주택자금 계정으로부터 자산 5,404억 원을 승계하면서 소형주택의 공급확대를 위한 안정적인 건설자금 조달이 설치 목적이었다. 이와 같이 최초에는 주택보급률 제고를 위한 건설금융의 공급이 목적이었으나 1994년부터는 근로

[표 11] 1978년 주택청약제도 요약

구 분	내 용
주택공급대상	• 당해 주택건설지역(시, 군) 거주자 • 부양가족이 있는 세대주, 1세대 1주택 기준 • 국민주택은 무주택 세대주에게 공급
입주자 저축	• 청약부금, 청약예금, 재형저축, 1세대 1구좌
입주자 선정 (1순위 등)	• (국민주택) 청약부금 또는 재형저축에 가입, 월부금 6회 이상 60만 원 이상 불입한 자 • (민영주택 85㎡ 이하) 청약부금 또는 재형저축에 가입하여 6회 이상 200만 원 이상 불입한 자와, 200만 원 이상 청약예금에 가입하여 3개월이 경과한 자 • (민영주택 85㎡ 초과) 규모별로 정해진 청약예금에 3개월 이상 가입
기타 제도	3년간 재당첨 금지

자료 : 강미나 외(2009), 앞의 책, p.34

자를 대상으로 구입자금과 전세자금 대출도 수행하게 되었다. 외환위기 이전에는 임대주택건설 및 분양주택 건설이 가장 큰 비중을 차지하였으나 외환위기 이후에는 수요자 융자지원의 비중이 크게 늘어나게 되었다. 이는 주택보급률 상승으로 국민주택기금 운용이 주택건설보다는 서민주거 안정을 위한 수요자 대출로 이전되었기 때문이다.[25)]기금의 조성은 재정 전입금, 주택채권, 청약저축, 복권자금, 융자금 회수 등으로 이루어졌는데 조성 항목별 비중은 주택시장의 환경에 따라 계속 변화되고 있지만 국민주택채권과 융자금 회수, 청약저축 및 이자수입이 조성 비중의 70~80%를 차지하고 있다. 기금의 조성 및 운용규모는 1981년 최초 출범 시에는 2천억 원 수준이었으나 2014년에는 총 자산규모가 90조 원 수준이며 매년 실제 운용되는 규모는 10

25) 2014년도 국민주택기금 운용실적은 총 20조 2,673억 원인데, 이 중 수요자 융자가가 10조 8,497억 원(53.5%)을 차지하고, 임대주택 지원에 5조 7,064억 원(28.2%), 분양주택건설에 9,847억 원(4.9%)이 지출되었다(국토교통부, 주택정책과 내부자료).

조 원 내지 14조 원에 이른다. 제1종 국민주택채권은 국가나 지방자치단체로부터 인허가 또는 면허를 받거나 부동산 등기 및 등록 시 강제적으로 구입해야하는 채권이며(2014년, 연 2.25%), 제2종 국민주택채권은 1983년 5월부터 시작된 채권입찰제에 따라 투기과열지구에서 입주자 선정 시 고액입찰자에 대한 아파트분양을 조건으로 무이자로 소화되었다. 이러한 저리의 자금조달을 통하여 무주택자용 분양 및 임대주택 건설자금, 저소득층의 주택구입 및 전세자금, 주택 개량사업, 리모델링 자금 등이 지원될 수 있었다.

외환위기는 우리나라 주택금융시스템을 한 단계 발전시켰다. 1998년 한국은행 여신관리규정이 폐지되고 부동산에 대한 금융기관의 여신제한 및 주택대출 대상규모의 제한이 해제되었다. 1998년에는 자산유동화 및 주택저당채권유동화제도가 도입되어 비로소 선진국형 주택금융의 장이 열렸다고 할 수 있으며 1990년 이를 담당하는 기관으로 KoMoCo가 설립되고 2004년 3월에는 KoMoCo와 주택금융신용보증기금을 통합하여 한국주택금융공사가 출범하였다. 이를 통하여 주택금융 구조를 선진국형의 장기분할상환방식으로 전환해 나갈 수 있는 2차 유동화시장이 형성 되었다. KoMoCo는 2003년까지 대부분 국민주택기금 대출을 기초자산으로 총 2조 8,764억 원의 MBS를 발행하였고 한국주택금융공사는 2010년 연간 약 8조 원을 발행하였다.

주택신용보증기금은 1988년에 「근로자의 주거안정과 목돈 마련 지원에 관한 법률」의 제정으로 설립되었다. 기금의 관리는 최초에는 한국주택은행이 담당하다가 신용보증기금을 거쳐 2004년 3월부터는 한국주택금융공사가 담당하고 있다. 기금의 설립 목적은 금융기관의 주택자금 대출에 대한 채무자의 채무불이행에 따른 위험을 보전해 줌으로써 주택금융을 활성화하고 나아가 주택건설을 촉진하기 위한 것이다. 구체적으로 담보부족분에 대한 신용보완을 위하여 주 채무금액과 담보평가액의 차액부분을 보증하는데 임차자금 보증, 임차 중도금 보증, 중도금 보증, 구입자금 보증 등 수요자 보증과 건설자금보증, PF보증 등 공급자를 위한 보증상품을 함께 제공한다. 기금의 재원은 정부출연금과 금융기관 출연금(주택자금대출 평균 잔액에 일정률 부과), 보증료 등으로 구성된다. 주택신용보증기금의 보증 제공으로 시중은행들이 기업금융 위주의 자금 운영에서 탈피하여 주택금융시장에 본격적으로 참여할 수 있게 되자 2000년대에 들어와서 주택담보대출을 중심으로 가계대출이 급증하였다. 1998년 가계대출 규모가 166조 원에 불과했으나 2010년에는 약 798조 원으로 4.8배 증가하였다. 그중에서도 은행이 취급한 가계대출 규모가 53조 원에서 432조 원으로 무려 8.2배나 증가하였다. 이러한 가계대출 증가는 주택가격 상승, 대출금리 인하의 상호 작용에 의한 것으로서 2007년 이후 주택가격이 장기 안정기에 접어들면서 과도한 주택담보대출로 인한 상환부담으로 소위 '하우스 푸어' 문제를 발생시켜 정치 쟁점화 되기에 이르렀다.

2. 택지개발과 신도시

도시화에 따른 도시의 체계적인 개발과 택지 공급을 위하여 1962년 「도시계획법」이 제정되었다. 이 법을 적용할 수 없는 지역의 체계적인 개발을 위해서 1966년에 「토지구획정리사업법」이 별도로 제정되었다. 그러나 「도시계획법」에 의한 도시개발예정지구 지정에 의한 사업은 절차의 복잡성으로 인해 거의 사용되지 않다가 1980년에 제정된 「택지개발촉진법에」의한 택지개발사업, 「산업입지 및 개발에 관한법률」에 의한 산업단지개발사업 등으로 대체되었으며, 도시지역 내에서의 일단의 주택지 조성사업과 아파트지구지정에 의한 사업도 택지개발사업으로 대체되었다. 최근에는 국민임대주택 등 공공주택의 건설을 위해 개발제한구역의 활용이 불가피해지자 이를 직접 규정한 「국민임대주택건설특별법」, 「보금자리주택건설 등에 관한 특별법」을 운영하다가 2014년 1월부터는 「공공주택건설 등에 관한 특별법」으로 변경하여 운영하고 있다.

주택용지를 대량으로 개발하는 방식은 사업용지의 취득 방식에 따라 전면매수 방식과 환지방식으로 구분할 수 있다. 환지방식은 원칙적으로 원토지소유자가 사업시행자가 되어 사업을 시행하게 되므로 사업용지를 매수하지 않으며 토지구획정리사업이 대표적이다. 전면매수방식은 사업시행자가 원소유자로부터 토지를 매수(또는 수용)하여 택지를 개발하는 것으로서 「택지개발촉진법」에 의한 택지개발예정지구 사업이 대표적이다. 1970년대까지는 「구획정리사업법」에 의한 구획정리사업과 「주택건설촉진법」에 의한 국민주택용지조성사업이 주로 이용되었는데, 1980년대 이후에는 「택지개발촉진법」에 의한 택지개발사업과 「산입법」에 의한 산업단지개발사업이 주로 활용되었다.

구획정리사업의 사업시행자는 토지소유자와 조합으로서 민간 시행의 원칙을 가지고 있었고 택지개발사업은 국가, 지자체, 정부투자기관이 시행자가 되는 공영개발사업이었다. 따라서 개발과정에서 지가상승이 발생하더라도 공공에서 개발이익을 환수할 수 있는 장점이

[표 12] 기간별 토지구획정리사업 추진실적

(단위 : 천㎢)

구 분	착 공		준 공	
	지구수	면적	지구수	면적
1950년대 이전	53	40,398	9	13,801
1960년대	122	169,100	65	38,962
1970년대	149	161,231	164	176,881
1980년대	134	79,363	143	189,123
1991~1995년	129	43,127	84	32,600
계	587	493,219	465	451,367

자료 : 건설교통부, 「국토이용에 관한 연차보고서」, 1996

있는 반면, 토지의 강제적 취득에 따른 주민 반발이 발생하였다. 토지구획정리사업 종료 후의 토지는 원소유주에게 되돌려 주는 땅인 환지와 공공용지 그리고 사업시행자가 매각하여 사업비를 조달하는 채비지로 구성되는데 공영개발방식은 사업시행자가 자체자금으로 토지를 전면 매수하므로 초기 자금 부담이 발생하는 반면 토지이용을 자유롭게 구성하여 토지이용의 효율성을 도모할 수 있는 장점이 있다. 1980년대 이후 공영개발사업이 주로 활용된 이유는 우선 앞서 설명한대로 개발이익을 공공에서 환수한다는 측면과, 택지의 고밀이용에 유리하다는 점 이외에 신속하게 사업 추진이 가능하다는 점 때문이었다. 토지구획정리사업은 사업계획 수립, 환지계획 마련, 체비지 매각 등 일련의 절차가 너무 복잡하여 사업기간이 오래 걸린다는 한계가 있었다.[26] 1980년 집권한 전두환 정부는 1979년 제2차 석유파동,

26) 100만㎡ 이상의 대규모 개발사업의 경우에 토지구획정리사업은 평균 122.7개월이 소요된 반면에 공영개발사업은 72.7개월이 소요되었다(김정호・김근용, 「주택정책의 회고와 전망」, 국토개발연구원, 1998, p.125).

1980년 봄의 사회적 혼란에 따른 경기침체를 극복하고 빠른 시일 내에 경제를 회복시켜야 할 상황이었다. 이러한 배경 아래 전면매수방식에 의한 토지취득과 실시계획승인 시 도시계획법 등 18개 법률에 의한 인허가를 일시에 처리할 수 있는 강력한 개발법률인 「택지개발촉진법」을 1980년 12월 제정하고 이러한 대규모 토지개발을 전담할 기관으로 1975년에 설립된 토지금고를 1979년 토지개발공사로 확대 개편하였다.

「택지개발촉진법」의 진가가 제대로 발휘된 것이 수도권 5개 신도시 건설 사업이었다. 수도권 5개 신도시가 건설되기 직전인 1987년 말 전국 주택보급률은 69.2%이었으며, 특히 서울은 50.6%에 불과하였다. 이러한 상황에서 가구 수는 연간 3.3%씩 지속적으로 증가하고 청약예금 등 가입자 141만 명 중 85%가 수도권에 집중되어 있었다. 특히 이 시기는 1986년부터 시작된 3저 호황과 올림픽 특수를 거치면서 부동산 가격이 천정부지로 치솟는 상황이었다. 특히, 서울 강남지역의 대형 아파트 가격은 1988년 9월 이후 상승하기 시작하여 1989년 초까지 30~50%가 상승하였다.[27] 이러한 상황을 타개하기 위하여 주택의 신속한 대량공급이 절실하였다. 1988년 9월 평촌, 산본, 1989년 4월 분당, 일산, 중동 신도시개발계획이 발표되고 불과 5~6년만인 1995년 1월 산본 신도시로부터 1996년 12월 분당신도시까지 5개 신도시의 개발 사업이 초단기에 완료되었다. 택지개발예정지구 지정으로부터 택지개발계획 승인 시까지는 신도시별로 불과 4개월에서 9개월의 기간밖에 소요되지 않았고, 1989년 11월 분당신도시 택지조성공사에 착수함과 동시에 시범단지 아파트를 최초로 분양하여

---

27) 건설교통부(2002), 앞의 책, p.194~196

1991년 9월에 입주를 시작하였다. 이와 같이 초스피드로 진행된 신도시 개발사업이었지만 입지 선정은 신중하게 이루어졌는데 서울시 중심으로부터 1시간 이내 출퇴근이 가능한 20~25km 내에서 기존 도시기반시설과 연계 문제, 쾌적한 환경유지 가능성, 지가 수준 등을 고려하여 선정되었다. 또한 그 이전의 택지개발사업지구보다 주거용지 비율을 낮게 책정하고 공공시설용지를 많이 확보하였다. 그러나 신속하고 대량의 주택 공급이라는 개발목적과 수도권정비계획법 상의 제약으로 일부 아파트공장용지를 제외하고는 공업용 토지이용이 전혀 반영되지 않아 베드타운이라는 비판을 받게 되고 입주 초기 생활편익시설이 부족하여 1기 신도시 개발은 한동안 실패한 개발 사업으로 평가받기도 하였다.

김영삼 정부 기간 동안에는 정부 내에서도 노태우 대통령 시절에 시작된 1기 신도시에 대해 부정적인 시각이 많았다. 반면 신경제계획에 입각한 규제 완화 차원에서 1993년에 준농림지역 제도가 도입되면서 준농림지 개발이 허용된 1994년부터 규제가 다시 강화된 1999

[표 13] 수도권 5개 신도시 개요

구분	분당	일산	평촌	산본	중동
위치	성남시, 25km	고양시, 20km	안양시, 20km	군포시, 25km	부천시, 20km
면적	19.6㎢/ 594만 평	15.7㎢/ 476만 평	5.1㎢/ 154만 평	4.2㎢/ 127만 평	5.5㎢/ 165만 평
수용인구 (수용세대)	390,320인/ 97,580세대	276,000인/ 69,000세대	168,188인/ 41,397세대	165,588인/ 41,397세대	170,000인/ 42,500세대
사업시행자	한국토지공사	한국토지공사	한국토지공사	대한주택공사	토공,주공, 부천시
사업기간	'89.8.~'96.12.	'90.3.~'95.12.	'89.8.~'95.12.	'89.8.~'94.12.	'90.2.~'94.12.

자료 : 국토교통부(2013), 앞의 책, p.199에서 재작성

년 사이에 준농림지역내에서 총 678만 평의 택지가 민간 건설회사에 의해 소규모로 개발되었다.[28] 그러나 이들 소규모 택지개발은 서울 인근 지역에서 교통, 환경, 교육 등 기반시설 부족 문제를 야기하여 소위 난개발 문제를 촉발시켰다. 이에 따라 신도시 개발방식에 대한 새로운 평가가 이루어지면서 2000년대 초반부터는 성남 판교, 화성 동탄, 김포, 파주 등 9개의 소위 2기 신도시 건설 사업이 추진되게 된다. 제2기 신도시들은 1기 신도시에 비해 녹지율은 증가하고 인구 밀도는 감소되는 등 환경용량을 감안한 친환경 기조로 추진되었다. 신도시 건설과는 별도로 서민주거안정을 위한 국민임대주택단지, 보금자리주택지구 등에서도 대규모로 택지공급이 이루어져서 임대주택 용지 이외에 일반 아파트용지와 이주자용 단독주택용지 등의 택지가 공급되고 있다. 그러나 중앙정부 주도의 공영개발방식에 의한 택지공급은 지방화로 인해 지방정부와 주민의 영향력이 증대하고, 민주화로 토지소유자의 영향력이 증대하여 보상비가 증가하면서, 인구구조의 변화와 주택보급률의 상승으로 대규모 토지개발 수요가 감소하면서 새로운 변화의 순간에 직면해 있다. 앞으로는 도시 외곽의 대규모 개발보다는 기존도시 내에서의 재개발, 재건축 그리고 도시재생에 대한 필요성이 더욱 커질 것이다.

3. 불량주택 재개발과 재건축

불량주택 재개발 및 개선과 관련한 정책은 재개발, 재건축과 주거환경개선사업이 있다. 우리나라 도시에서 불량주거지가 급격하게 형

28) 건설교통부(2002), 앞의 책, p.215

성되기 시작한 시기는 한국 전쟁 이후이다. 불량주택 개량에 관한 제도는 1962년 「도시계획법」에 일단의 불량지구 개량에 관한 사항을 도시계획으로 결정하여 사업을 시행할 수 있도록 한 것이 최초이다. 그 후 주택재개발 사업은 양성화정책(자조개발), 철거 및 재개발정책 등의 단계를 거쳐 1983년부터 합동재개발방식이 활성화되면서 도시정비의 주요한 패턴으로 자리잡았다.

불량주택 양성화정책은 1967년부터 몇 차례에 걸쳐 실시되었는데 현지주민의 사회경제적 속성과 지역사회를 유지하고, 기존 주택재고를 보전하며, 주민의 자조적 노력을 유도하는 등의 장점이 있었으나 국공유지 불하가 이루어지지 않아 합법적 점유권이 주어지지 않음으로써 주민의 자조적 개량노력이 지속되지 못하였다. 1973년 「주택개발 촉진에 관한 임시조치법」이 제정되면서부터 시행된 철거재개발정책은 서울시가 공공시설을 설치, 제공하고 적정 감보율을 적용하여 환지된 택지에 주민이 자신의 주택을 건립하는 방식인데 AID차관으로 공공시설투자를 하면서 개량재개발과 철거정책을 동시에 수행하였다. 그러나 1982년부터 AID차관이 중단되면서 이 사업도 중단되었다. 1983년 이후부터는 합동재개발방식이 도입되었다 이 방식은 지자체가 사업구역을 지정하고, 주민이 사업주체인 조합을 결성하여 건설업체를 선정하면 철거 가구 수의 1.5~2배의 주택을 지어 철거민에게 분양한 후 잔여분을 일반분양하여 사업비를 조달하는 방식이다. 이러한 방식에 의한 재개발사업은 2013년 말 기준으로 전국 924개 구역에서 시행되었고 이 중 수도권이 521개 구역, 지방이 403개 구역이다.

1989년 「도시 저소득주민의 주거환경개선을 위한 임시조치법」이 제정되면서 주거환경개선사업이 본격적으로 도입되었는데, 주거환경

개선사업은 지가가 낮고, 기반시설이 열악하여 합동개발 형태의 재개발사업이나 재건축사업이 불가능한 저소득층 밀집지역에 대해서 건축법 등 관련법규의 기준을 완화해주고, 융자금 지원, 국공유지 불하 등을 통해 주민의사에 따른 주택건설 및 건축물 개량이 가능하도록 하는 사업이다. 2004년 말 기준으로 전국적으로 425개 지구가 지정되어 있다. 주거환경개선사업의 사업 방식은 시장군수가 지구지정을 신청하면, 시도지사가 주거환경개선지구로 지정하는데 이때 토지 또는 건물소유자 총 수의 2/3 이상, 세입자 세대주 1/2 이상 동의가 필요하다. 사업시행자는 시장, 군수 및 LH공사 등 공공주체이다. 현지개량방식, 공동주택건설방식, 복합방식의 3개 유형으로 구분할 수 있는데 공공에서는 지구 내 기반시설을 정비하고, 최소대지면적 등 건축특례를 인정하고, 주택개량용 자금을 국민주택기금을 통하여 지원한다.

1990년대부터 현재까지는 1960년대부터 지어진 아파트가 노후화되어 이를 개선하는 재건축 사업이 활성화되었다. 재건축사업은 노후주택을 대상으로 주거 환경을 개선하고 주거수준을 향상시키기 위해 민간차원에서 시행하는 건축적 차원의 개발 사업이다. 대도시의 택지부족 심화, 주택 선호의 변화, 부동산 기법의 발전에 따라 많은 주택들이 재건축됨으로써 새로운 고밀 주거지를 형성하게 되었다. 2013년 말 기준으로 전국 563개 단지에서 사업이 진행되고 있다. 1960년대 후반 이후 건설되기 시작한 아파트들이 20년이 경과하면서 기능과 시설 면에서 노후화되고 1983년 이후 시행된 합동재개발사업의 영향을 받아 재건축사업도 활성화된 것이다. 「도시 및 주거환경 정비법」의 규정에 따라 각 건물별 구분소유자 2/3이상 및 토지 면적 1/2

이상, 전체 구분소유자 및 토지면적 3/4이상 동의가 있어야 재건축조합 설립이 가능하며 그 이후 안전진단, 재건축조합인가, 사업계획승인. 시공과 준공, 공급, 조합 청산의 순서로 진행된다. 그러나 이러한 사업절차와 안전진단 기준도 주택시장의 상황에 따라 여러 차례 완화되기도 하고 강화되기도 하는 악순환을 되풀이해왔다.

4. 임대주택 공급과 주거복지 제도

저소득층의 주거안정을 위한 임대주택 건설 역사는 1963년 11월 30일 제정된 공영주택법에 따라 지방자치단체와 대한주택공사가 저소득가구에 임대주택과 분양주택을 공급하면서 시작되었다. 그러나 본격적인 임대주택공급은 1971년 대한주택공사가 서울 개봉지구에 13평형 300호를 건설하면서부터라고 할 수 있다. 그러나 이 당시의 임대주택은 사업주체의 재정난으로 1년 후 분양전환 되는 사실상의 분양주택이었다. 재원부족으로 투자자금의 조기 회수가 필요했던 것이다.[29)]

우리나라 주택정책은 「경제개발 5개년계획」의 일환으로 공급목표 중심으로 수립되고, 이를 실현하기 위한 제도와 기관 정비에 주력하거나 부동산 가격 상승에 대응한 규제 위주로 이루어 졌기 때문에 저소득계층을 위한 주거복지 정책이 사실상 거의 없었다고 해도 지나치지 않을 정도였다. 하성규 · 김연명은 이와 같은 우리나라 주택정책을 "파행적 시장모델"로 정의하고 그 특성을 "사회주택 공급과 같은 적

29) 대한주택공사, 「임대주택건설 22년」, 1993, p.6

극적인 주택공급은 없이 공공부문, 민간부문 모두 수지타산에 근거한 주택공급체계"라고 정의하였다.[30] 서민층을 위한 임대주택 건설 사업이 본격화된 것은 1980년대 이후부터이다. 이는 두 가지 측면에서 해석할 수 있는데 1960~1970년대 경제성장으로 주거복지 분야에도 정부 재정을 쓸 수 있을 정도로 경제사정이 호전되었다는 점과, 전두환, 노태우 대통령 시절에 확산된 노사분규, 민주화 운동 등을 위무하기 위해서 사회적 안전 확보 차원에서 최소한의 주거복지 투자가 필요했다는 점이다. 「주택임대차보호법(1981)」제정, 「임대주택건설촉진법(1984)」 제정, 「주택 200만 호 건설계획」에서 영구임대주택 25만 호, 장기임대주택 25만 호, 사원임대주택 10만 호 등 총 60만 호에 달하는 임대주택 건설 등 지속적으로 서민주거 안정 정책이 이루어 졌다. 1983년에는 개인도 임대주택사업을 할 수 있도록 허용되면서 일반주택사업자의 임대주택 건설을 촉진하기 위한 각종 금융과 조세 혜택도 확대되었다. 임대주택 건설을 위한 자금은 국민주택기금 중 정부출연금, 주택복권자금, 제2종 국민주택채권에서 우선 조달

[표 14] 200만 호 주택건설계상의 프로그램별 지원대상

구 분	자금지원	사 업 주 체	지원대상 소득계층
영구임대	재정	주공, 지자체	도시영세만(1분위)
50년 임대	국민주택기금	주공, 지자체	저소득근로자(1~2분위)
5년 임대	국민주택기금	주공, 지자체, 민간사업자	중산화가능계층(3~5분위)
사원임대	국민주택기금	상 동	저소득근로자(2~4분위)

자료 : 건설교통부(2002), 앞의 책, p.385

30) 하성규 · 김연명, "한국의 주택정책과 이데올로기", 「국토계획」, 대한국토도시계획학회, 제26권제1호, 1991, p.23~41

하여 장기 저리로 융자하였다. 입주자 선정 방법, 보증금, 임대료, 임대기간 등 임대조건도 법제화되었다.

노태우 정부는 건국 이후 최초로 저소득계층을 포함한 체계적인 소득 계층별 주택공급 대책을 마련하여 시행하였다. 「200만 호 주택건설계획」에 따르면 소득 1분위 계층에게는 영구임대주택을, 소득 2분위 내지 4분위 계층에게는 근로자주택(분양, 임대)을, 중산화 가능 계층(3~5분위)을 위해서는 국민주택기금 등의 금융지원을 통해 소형 분양 및 장기임대주택을 공급하였다. 이 시기에 공급된 영구임대주택, 근로자임대주택은 임대만을 목적으로 하는 우리나라 최초의 장기공공임대주택이었는데, 우리나라 주거복지 정책의 큰 전환점이 되었다. 이러한 변화는 전술한 바와 같이 시민사회로부터의 압력을 정부가 수용하는 과정에서 형성된 것이다. 영구임대주택은 총 25만 호 중 72%에 해당하는 18만 호는 대한주택공사가, 나머지 물량은 서울시 등 지방자치단체가 담당하였다. 최초의 영구임대주택은 1989년 3월 서울 번동에서 착공되었다. 번동지구에는 보증금 100~200만 원, 월 임대료 3~4만 원 수준에서 임대료가 책정되었으며, 전용 7~12평 규모에 방 2개의 중앙난방식 고층아파트로 건설되었다. 1991년 200만 호 계획이 종료될 때까지 총 17만 3,099호의 영구임대주택이 건설되었다. 그 이후 영구임대주택은 이명박 정부의 보금자리주택계획에 포함되어 다시 추진될 때까지 중단되었다.

1993년부터 시작된 김영삼 정부 시대에는 소위 「신경제 5개년계획」을 수립하여 과거에 비해 정부의 역할을 축소시키고 민간과 시장의 기능을 강조하였다. 주거복지 부문에 있어서도 노태우 정부 기간에 비해 후퇴했다고 평가할 수 있다. 특히 200만 호 계획의 일환으로 공급된 영구임대주택 건설이 중단되었는데 이는 신자유주의에 입각한 김영삼 정부의 정책조류 변화 이외에도 주택시장 내부적으로 1992년부터 주택의 대량공급, 수도권 5개 신도시 개발 등으로 주택가격이 상당기간 안정되자 서민주거 안정에 대한 사회적 관심이 감소하고 도시 영세민이 집단으로 거주하는 영구임대주택에 대한 지역 주민들의 평가가 좋지 않았기 때문이다.

1998년부터 시작된 김대중 정부에서는 집권초기 외환위기로 주택경기가 급격히 하락하였기 때문에 정책의 일차적인 주안점은 주택경기 활성화에 있었다. 그러나 규제개혁과 시장기능 활성화를 중시하면서도 김대중 정부는 사회안전망 구축도 동시에 추진하였는데 이는 집권계층의 정치적 이념뿐만 아니라 외환위기 이후 발생한 대규모 실업사태에 따른 사회안전망 확보차원의 불가피한 선택이었다. 이 시기에 실업보험과 산업재해보상보험의 전사업장 확대, 자영업자의 국민연금 가입 등의 조치들이 이루어 졌는데 주택분야에서도 오늘날 가장 중요한 주거복지 수단으로 활용되고 있는 국민임대주택제도가 시작되었다. 1998년 9월 영구임대주택과 유사한 개념의 국민임대주택 5만 호를 건설하기로 한 것을 효시로 2001년 4월에는 건설목표를 10만 호로 높였다. 2001년 8월 15일 광복절 경축사에서 20만 호로 확대한 데 이어 2002년 4월에는 50만 호로, 급기야 같은 해 5월에는 건설목표를 2012년까지 100만 호까지 확대하였다.[31] 이와 같이 국민임대주택제도가 도입되면서 서민 주거복지 정책은 한 단계 발전하게 된다. 국민임대주택은 소득계층별 특성에 맞게 주택을 건설, 공급하고자 한 것으로 세제지원, 국민주택기금 지원, 택지지원을 통해 저렴한

31) 유성용, “국민임대주택정책의 주요내용과 발전방향”, 「국토」, 국토연구원, 2005, p.7~19

주택을 건설하여 시중 가격보다 60~70% 수준에서 임대료가 결정되도록 하는 구조이다. 최초에는 임대의무 기간을 10내지 20년으로 하였으나 이후 30년으로 통일하였다.

노무현 정부는 김대중 정부와 마찬가지로 사회안전망 확충에 주력하면서 정부 개입 및 시장에 대한 규제를 강화하였다. 그 결과로 공공사업에 대한 재정지원을 지난 정부들에 비해 크게 확대하였는데 이는 주택부문에 있어서도 마찬가지이다. 2003년 6월 「주택법」 개정을 통해 '최저주거기준'을 법제화 하였고, 김대중 정부 말기에 수립된 국민임대주택 100만 호 계획을 10년 계획으로 구체화하고 실천 수단들을 확보하였다. 2003년 12월에는 「국민임대주택 건설 등에 관한 특별조치법」을 제정하였다. 이 법률의 가장 큰 특징은 국민임대주택 건설을 위하여 개발제한구역을 해제할 수 있도록 한 것인데, 이 조항으로 인해 도시 외곽지역에 대단위의 국민임대주택단지가 개발되었다. 대규모 임대주택단지의 입지는 해당 기초 지방자치단체들의 반대를 불러 왔는데, 이를 해소하기 위해 국민임대주택의 평수를 확대(최대 20평에서 24평으로 확대)하고, 의왕 청계지구와 같은 명품 단지를 건설하거나 군포 당동2지구와 같이 단지 내에 지자체가 요구하는 공공시설을 설치하는 등의 조치를 취하게 된다.[32] 국민임대주택 공급 이외에 다가구 매입임대, 기존주택 전세임대, 노후 불량주택 매입·철거 후 신축임대 등 다양한 공공임대주택제도를 도입하면서, 주거환경개선사업, 전세금 지원 등 서민주거복지 확충을 위한 재정 및 공적기금의 지원을 확대하였다.

---

32) 이러한 타협책들은 결국 사업시행자에게 재정적 부담으로 돌아오게 되는데, 정부 계획상 국민임대주택 건설에서 사업시행자의 부담은 10%이지만 실적치는 평균 19%로 조사되었다(권대철, 2010).

이명박 정부는 보금자리주택 150만 호 건설계획을 발표하였는데, 이 중 80만 호를 공공임대주택으로 공급하고자 하였다. 이 중에는 국민임대주택 뿐만 아니라 그동안 중단되었던 영구임대주택, 그리고 장기 전세주택 등 다양한 유형의 임대주택이 포함되었다.

[표 15] 보금자리주택 유형별 공급실적

(단위 : 호, %)

연도	계	공공분양	임대			
			소계	영구임대	국민임대	공공임대
	538,196	249,459	288,737	23,339	149,237	116,161
2009	145,974	71,480	74,494	74,494	48,310	22,551
2010	164,850	81,432	83,418	83,418	35,297	38,018
2011	126,381	52,033	74,348	74,348	36,171	31,715
2012	100,991	44,514	56,477	56,47	29,459	23,877

자료 : 국토교통부(2013), 앞의 책, p.227

[표 16] 최저소득층용 공공임대주택의 유형별 개요

구분	입주대상자	사업비부담	규모(전용)	임대료수준	사업주체	재고('08말)
영구임대주택	수급자, 한부모가족, 유공자 등	재정(85%) 입주민(15%)	40㎡ 이하	시중 시세의 30% 이하	LH(14만), 지자체(5만)	19만 호
국민임대주택	가구평균소득 이하	재정(10~40%) 기금(40~50%) 시행자(10%) 입주민(10~30%)	85㎡ 이하	시중 시세의 55~80%	LH (61.4만), 지자체 (5.6만)	67만 호 (인허가 기준)
	가구평균소득의 70% 이하 (우선공급)		60㎡ 이하			
	가구평균소득의 50% 이하 (우선공급)		50㎡ 이하			
다가구 매입 임대 주택	수급자,한부모가정(1순위), 가구평균소득의 50% 이하, 장애인(평균소득 이하) (2순위)	재정(45%), 기금(40%), 시행자(10%) 등	다가구 (제한×), 공동(85㎡ 이하)	시중 시세의 50% 이내	LH (23,618호), 지자체 (1,419호)	2.6만 호
전세 임대 주택	상동	기금(95%) 입주민(5%)	85㎡ 이하	상동	LH 지자체	2.4만 호

2015년 1월 현재, 정부가 운영하는 최저 소득계층용 공공임대주택은 〈표 16〉과 같다. 기본적인 골격은 노태우, 김대중 정부를 거쳐 노무현 정부에서 완성된 것이다. 박근혜 정부에 와서는 철도부지 등 도심 내 유휴 공공용지를 활용하는 '행복주택 프로그램'을 도입했으나 신혼부부를 주된 대상으로 하는 등 입주 대상에 다소의 차이가 있을 뿐 재정지원, 입주자 관리 등은 기존 프로그램의 연장선상에서 이루어 질 것으로 전망된다.

2015년부터는 주거비 지원제도의 일환으로 주거급여제도가 도입되었다. 이는 기존의 통합급여 형태로 지급되던 주거급여를 개별급여화한 것이나, 우리나라에서 최초로 독립적인 주거비 직접보조가 이루어 졌다는 점에서 주거복지 분야에서 또 하나의 전기가 될 것이다. 주거급여는 대상자의 소득인정액과 거주형태, 주거비 부담 수준 그리고 기준임대료를 고려하여 지급되는데 종전의 통합급여 시절보다 대상자와 월평균 지급액이 모두 늘어나게 된다. 주거급여의 지급은 우리나라 주거복지 정책에 있어서 또 하나의 발전 단계로 평가할 수 있다. 주택공급 일변도의 정책에서 벗어나서 주거비 직접 지급방식을 도입한 것은 미국 등 선진국에서는 이미 보편화된 것으로서 이를 계기로 우리나라도 한층 더 발전된 형태의 주거복지 정책을 수행할 수 있을 것으로 기대된다.

2013년말 기준으로 여러 가지 공공임대주택 유형 중 국민임대주택이 전체의 48%를 차지하고 있는데 이 비중은 점점 더 늘어날 것으로 전망된다. 국민임대주택은 소득계층별로 입주자격이 다르게 정해져 있다. 주택의 크기에 따라 Ⅰ, Ⅱ, Ⅲ 유형으로 구분하고 각 유형별로 정부 재정의 지원 비율 등 건설비 조달방식이 다르다. 적은 규모일수록 재정 부담분이 늘어나면서 입주자의 부담이 줄어드는 구조이다. 사업시행자(LH공사 등)가 모든 유형에서 10%를 부담하는 것으로 되어 있으나, 사업 준공 후의 실제 부담율이 평균 19%이며(권대철, 2010), 국민주택기금 대출금, 입주자 보증금은 사업주체에게는 상환해야 하는 부채로 인식된다는 점을 감안하면 사업주체가 과도한 부담을 안고 있는 구조이다. 이러한 노력에도 불구하고 정부의 직접적인 재정지원으로 공공임대주택을 공급한 역사가 일천하기 때문에 우리나라의 공공임대주택 비율은 2013년 기준 전체 주택재고량의 8.5%이며, 이중 10년 이상 장기임대주택은 5.4%로서 OECD 회원국의 평균 장기임대주택 비율인 11.5%에 비해 크게 낮은 수치이다. 이는 서민주거 안정을 위해 앞으로도 상당기간 장기임대주택 재고량 확충을 위한 노력이 필요하다는 것을 보여주고 있다.

[표 17] 임대주택 재고 현황(2013년)

구분	계(호)	영구 임대	50년 공공 임대	국민 임대*	장기 전세	10년 임대	전세 임대	건설 임대 (5년)	매입 임대 (민간)
총계	1,616,221	191,900 (11.9%)	102,646 (6.4%)	488,552 (30.2%)	26,471 (1.6%)	92,091 (5.7%)	114,826 (7.1%)	273,562 (16.9%)	326,173 (20.2%)
장기	1,016,486	191,900 (18.9%)	102,646 (10.1%)	488,522 (48.1%)	26,471 (2.6%)	92,091 (9.1%)	114,826 (11.3%)	-	-

주 : 국민임대주택에는 다가구, 부도, 미분양 매입임대 포함

자료 : 국토교통부(2013), 앞의 책, p.484에서 재구성

V 미래를 향한 제언

해방 이후 우리나라의 주택 정책은 전후 복구사업으로 시작해서 점차 경제성장을 위한 경제 정책의 일환으로 다루어져 왔다. 주택 분야에 대한 투자는 고정자본 형성을 촉진하여 경제 성장을 견인하기도 하고 주택 분야의 침체는 곧바로 국민경제의 침체로 이어지기도 하는 순환과정을 반복적으로 되풀이해 왔다. 정부의 주택 정책도 국민 대중에게 우수한 품질의 주택을 수용 가능한 가격으로 제공한다는 주택정책 본연의 목표를 추구하기 보다는 주택경기의 변동에 따른 거시경제 경기변화를 최소화하기 위한 시장 대응에 급급했던 측면이 강하다.

모두가 주지하고 있는 바와 같이 주택이라는 재화는 단기간에 생산과 소비가 이루어지지 않는 고정 자산이며 내구 소비재이기도 하다. 이러한 재화적 특성을 간과하고 일반 공산품에 대한 시장 수급 조절과 같은 방식으로 지나치게 자주, 지나치게 단기적 관점에서 이루어진 정부의 시장 개입은 오히려 정부의 실패를 불러 일으켜서 시장의 변동성을 심화시킨 측면이 있다. 단적인 예로 분양가 규제 정책을 들 수 있는데 노무현 정부 말기에 이루어진 분양가 상한제 재도입은 이를 회피하려는 건설 회사들로 하여금 소위 밀어내기식의 대량 분양을 하도록 부추긴 측면이 있고 이로 인해 2008년에는 사상 최대로 미분양주택이 16만5천 호에 이르는 어려움을 가져왔었다. 2014년 말에 여야 합의로 이루어진 분양가 상한제 탄력적용 법안의 국회 통과는 만시지탄의 감이 강하다. 이 법안은 주택경기가 하락기에 접어든 2009년에 이미 국회에 제출되었는데 국회를 통과하지 못하고 5년 동안 잠자고 있다가, 서울 강남의 재건축 아파트를 필두로 주택시장이 기지개를 켜기 시작한 시점에 국회를 통과함으로써 자칫 분양가 상승으로 인한 주택 가격 급등의 단초를 제공할 우려도 있다. 이와 같이 그동안 정부의 잦은 주택시장 개입은 대중의 관심이 큰 주택시장의 변동성에 대응하여 경제부처의 관료들이 주도하여 이루어 졌는데 이러한 행태는 단기적인 목표에 지나치게 집착하여 주거복지 강화, 자가 소유 촉진 등과 같은 장기적으로 꾸준히 추진되어야 할 정책 목표들을 소홀하게 다루는 우를 범하여 왔다. 앞으로는 전문가, 국민, 정치권의 폭넓은 참여하에 주택 분야의 장기적인 목표를 설정하고 이를 지속적으로 추진해 나가는 거버넌스 체계를 구축해야 할 것이다. 최근의 주택정책의 당면 과제는 전세값 안정과 함께 주거복지의 강화이다. 그동안 정부는 경제개발을 위한 기반시설 조성과 산업 자금 조달, 연구개발 투자에 집중해 왔는데 앞으로는 국민화합을 바탕으로 한 사회 안정과 국민행복 증진이 더욱 중요해 질 것으로 보인다. 따라서 주거급여 지급, 장기 공공임대아파트 공급과 같은 주거복지 시책을 더욱 강화해 나가야 하며 이를 단기적인 경제 상황에 휩쓸리지 않고 지속적이고 안정적으로 추진해 나갈 재원의 확충, 전담 집행 조직의 설립과 같은 제도적인 정비를 서둘러야 할 것이다.

참고문헌

- 강미나 외(2009), 「한국주택금융제도의 역사적 개관」, 국토연구원
- 건설교통부(2002), 「주택백서, 국민주거안정을 위한 노력과 발자취」
- 건설교통부 · 대한주택공사(2003), 「서민주거안정을 위한 주택백서」
- 공동주택연구회(1999), 「한국 공동주택계획의 역사」, 세진사
- 국토개발연구원(1996), 「국토 50년 21세기를 향한 회고와 전망」
- 김정호 · 김근용(1998), 「주택정책의 회고와 전망」, 국토개발연구원
- 국토교통부(2013), 「2013년도 주택업무편람」
- 국토교통부(2010), 「국토의 계획 및 이용에 관한 연차보고서」
- 국토연구원(2008), 「상전벽해 국토60년, 개원 30주년 기념」
- 국토연구원(2008), 「서민 주거복지 확대정책의 평가와 향후 정책 방향」
- 권대철(2010), "입주자 주거만족도 분석을 통한 건설공공임대주택과 매입공공임대주택정책 비교 연구", 「국토계획」 제45권제4호
- 대한주택공사(1979), 「대한주택공사 20년사」
- 대한주택공사(1999), 「임대주택 건설 20년」
- 대한주택공사(2002), 「주택통계편람」
- 손정목(1982), "6.25를 전후한 대도시주택사정", 「연구논총」(제10집)」, 서울시립대
- 유성룡(2005), "국민임대주택정책의 내용과 발전 방향", 「국토」, 국토연구원
- 윤주현(2003), 「한국의 주택」, 통계청

- 이진순(1990), "부동산 투기억제정책의 전개과정", 「철학과 현실」. p.279~296
- 임서환(2002), 「주택정책반세기」, 대한주택공사
- 통계청(2014), "2014년 가계금융복지조사 결과", 보도자료(2014. 11.14.)
- 통계청(2014), "2013년 개인별 주택소유 통계", 보도자료(2014. 12.18.)
- 하성규·김연명(1991), "한국의 주택정책과 이데올로기", 「국토계획」 제26권1호
- 한국개발연구원(1995), 「한국경제 반세기 정책 자료집」
- 한국개발연구원(2010), 「한국경제 60년사」

토지정책의 역사적 변동

05

CHAPTER 05

토지정책의 역사적 변동

박기풍(전 국토교통부 제1차관)

I 들어가며

토지는 경제활동에 필요한 생산요소이자 사유 재산권의 보호 대상이지만, 공급의 한정성과 공공재적 성격에 따라 국가의 적절한 개입과 관리가 필요한 재화이기도 하다.[1] 따라서 토지정책은 시대적 여건과 사회경제적 요인에 따라 다양한 정책수단과 제도들이 도입・폐지되면서 변화하여 왔다. 1960년대까지는 경제개발과 대규모 개발사업의 원활한 추진을 뒷받침하기 위한 수단으로서 활용되었으나, 1970~1980년대에는 급격한 산업화・도시화 추진과정에서 나타난 부작용을 치유하는 수단, 즉, 부동산투기를 억제하고 토지시장의 안정을 추구하는 직접규제정책이 주류를 이루었다. 1990년대에는 시장투명화, 토지공급확대, 규제완화 등을 통한 간접규제방식이 활용되기 시작하였으며, 1990년대 말부터는 토지시장 개방화, 계획적・친환경적 토지이용관리, 부동산 공개념 확대정책으로 변화하였다.

그러나 이러한 제도나 시책의 변화는 토지정책의 목표나 정립된

1) 국토해양부, 「희망의 땅 기회의 바다 선진 대한민국-1권」, 2013, p.279.

가치관을 토대로 이루어진 것이 아니라 경제정책이나 경기조절정책의 하위 또는 보조적 수단으로 활용됨으로써 정책이 일관되게 집행되지 못하고, 당시의 경제사회 상황에 따라 규제 강화(투기억제)와 완화(경기활성화) 조치가 주기적·반복적으로 시행됨으로써 정책에 대한 불신을 심화시킨 측면이 있음을 부인할 수 없다.[2] 다시 말하면 토지정책의 목표가치가 사회적 형평성과 경제적 효율성을 추구하는 경제사회적 여건에 따라 상대적 중요도가 달라졌으며, 이는 사회적 형평성을 지지하는 정책옹호집단과 경제적 효율성을 지지하는 정책옹호집단 간의 목표 가치에 대한 대립과 협상에 따라 정책변동이 발생하였다고 볼 수 있다.

이하에서는 시대별 경제사회적 여건에 따라 토지정책이 어떻게 형성·변천되었는지 알아보고 정책변화에 대한 평가분석을 하였으며, 주요 시책 사례별로 정책변동의 원인은 무엇인지를 살펴보기로 한다. 주요 시책은 정책유형 분야별로 제도의 형성, 시행, 수정(강화 혹은 완화) 또는 폐지 등과 같이 제도의 변천과정을 살펴볼 수 있는 토지거래허가제도, 토지공개념 제도, 지가공시제도 및 종합부동산세제 등을 선정·분석하였다.[3]

2) 채미옥·정희남·송하승, 「선진사회를 향한 토지정책 방향 및 추진전략 연구(1)」, 국토연구원, 2006, p.175~176; 이영범·박종구, "참여정부와 이명박 정부의 부동산 정책기조 분석", 「주거환경」 제8권 1호 (통권 제13호), 한국주거환경학회, 2010, p.97.

3) 토지개발분야인 택지개발제도는 주택정책 편에서, 토지이용제도는 도시정책편에서 다루기로 하였기에 본 고에서는 생략하였다.

Ⅱ 시대별 토지정책의 형성과 변화분석

1. 정책형성 시대

1) 광복 후 1950년대까지(토지개혁과 전후복구 시기)[4)]

이 시기의 우리사회가 당면하였던 과제는 농민들의 봉건주의적인 지배종속관계를 타파하고, 6.25 전쟁으로 인하여 파괴된 도시기반시설과 산업시설을 복구하고 자본축적을 가능하게 하는 것이었다. 반면 미군정은 냉전체제에 대응하여 한국에 자본주의를 이식하면서 시장경제와 사유재산권보장이 주요 관심사였다.

미군정은 1945년 9월 포고령에 따라 일본인의 재산권을 원칙적으로 인정하였으나 한국인들의 항의로 그해 11월 미군정법령 제33조에 따라 일본인의 개인재산을 몰수하였다. 이들 귀속재산 중 농지는 1946년 군정법령 제52조 신한공사설치령에 의해 설치된 신한공사로 넘어갔고, 임야는 관재령 제4호에 의해 군정청 농무부로 이관되어 이후 한국 정부의 국유림이 되었다.[5)] 1947년 2월에는 전국농민조합총연맹에서 북한식 토지개혁을 요구하여 전국 각지에서 소요가 확산되었다. 그러나 과도입법의회에서 토지개혁방식에 합의하지 못하자, 1948년 3월 미군정은 귀속농지매각령과 신한공사해체령을 긴급 공포하여 남한의 합법적인 정부가 수립되기 이전에 우선 처분하기 쉬운 신한공사 보유 귀속농지에 대해서만 유상분배 방법으로 매각하였다.

---

4) 이 부분은 주로 정희남, "광복 후 한국 토지정책의 변천에 관한 고찰, 1945 ~ 1995", 「국토연구」 제23권, 국토개발연구원, 1995, p.129~132를 토대로 작성하였다.

5) 반면 북한에서는 1946년 3월 북조선토지개혁령을 공포하였고, 가족별 점수제를 기초로 무상몰수·무상배분에 의한 토지개혁을 완결하였다.

1948년 제헌국회는 7월 헌법을 공포하여 자유시장경제와 사유재산권 보장을 천명함으로써 수천 년 지속되어온 왕토사상에서 벗어나 토지의 사적지배권이 정착되게 되었다. 또한 제헌헌법 제86조는 경자유전(耕者有田)의 원칙과 농지개혁방향을 제시하였다. 이 원칙에 따라 1950년 3월 유상매입・유상분배의 원칙의 「농지개혁법」 개정안이 통과되었다.[6] 호당 농지보유 상한을 두어 농지소유 편중을 막고, 소작관계를 철폐함으로써 소작농을 자작농으로 변화시키고자 하였다. 농지소유권 보장은 산업발전과정에서 다른 생산수단에 대한 사유재산권 보장을 확고하게 하였으며, 그 당시 북한의 토지혁명 공세에 의한 농민의 사상적 동요를 최소화하여 자본주의 체제를 수호하는 힘이 되었다.[7] 자작농의 창출은 농업생산력을 증대시키는 원천이 되었고 농업경제의 자립기반이 되었다. 또한 농지개혁은 과거의 지주에 대한 보상으로 지가증권을 발행하였다. 이 지가증권이 6.25 전쟁 중의 인플레이션으로 가치가 떨어지자 지주계층의 몰락을 가져왔으며, 그 자리에 자본가 계층이 형성되기 시작하였다. 1956년 개설된 증권시장을 통해 실질적 가치가 하락한 지가증권을 사들인 사업가들이 일본인 소유 산업시설의 불하자본으로 활용할 수 있게 되자 초기에 거의 부담 없이 생산시설을 취득하게 되어 자본의 원시적 축적이 가능하게 되었다.[8]

---

6) 1949년 6월 제정・공포된 농지개혁법은 당시 국회 내의 세력관계 분포에 따라 개정 요소가 내포된 미완의 법령이었기 때문에 다시 개정되는 우여곡절을 겪었다(김성호・전경식・장상환・박석두, 「농지개혁사연구」, 농촌경제연구원, 1989, p.551~570.).

7) 春播期(3~4월) 이전에 농지개혁사업을 완료하라는 이승만 대통령의 특별지시에 의해 시행령 공포(3.25) 이전에 농지의 매수・분배는 대체로 끝났으며, 시행관련 마지막 법령인 농지분배점수제규정이 6.23에 공포되고 이틀 후에 6.25 전쟁이 발발했기 때문에 하마터면 농지개혁은 시행되지 못하였을 뻔하였다(김성호・전경식・장상환・박석두, 「앞의 책」, p.1150.).

8) 귀속재산의 헐값 불하는 한국의 토착 자본가계급이 형성될 수 있었던 본원적 자본축적과정이었으며, 이는 나중에 한국경제성장의 주역인 대기업집단 형성의 터전이 되었다. 그러나 이러한 태

1950년 11월에는 「지적법」이 제정되어 토지행정의 기초가 되는 토지대장, 지적도, 임야대장 등의 지적공부를 정비할 수 있는 토대를 마련하였고, 같은 해 12월에는 「지세법」을 마련하여 전쟁피해가 상대적으로 적었던 농촌지역에서 세수를 확보하고자 하였다.[9] 또한 전후 복구사업과 구시가지내 도로의 신설 등을 위해 1934년 「조선시가지계획령」에서 도입한 토지구획정리사업이 활용되었다. 토지구획정리사업은 체비지를 이용한 토지소유자의 부담으로 도시개발을 할 수 있었기 때문에 전후 정부의 재정지출을 최소화할 수 있었다는 데 의의가 있다.[10]

2) 1960년대(도시화와 산업화 대응시기)

이 시기는 경제개발과 급속한 자본축적을 위해 제1차 경제개발 5개년계획(1962~1966년)을 수립하고 울산공업단지, 경부고속도로 건설 등과 같은 국토개발 사업을 추진하였다. 또한 본격적인 경제개발과 더불어 택지, 공업용지 등 도시형 토지수요가 급격히 증가하면서, 1960년대 후반부터 투기적 수요로 인하여 토지가격이 폭등하기 시작하였는데, 1969년 전국 지가상승률이 평균 80.8%에 달하였다.

당시의 경제개발전략은 수출주도형 공업화로 이에 필요한 공업용지 공급을 지원하기 위하여 「수출공업단지개발조성법(1964)」, 「기계

생적 특성으로 인하여 그 후 한국의 자본축적과정이 부동산투기와 부정부패의 뿌리를 이루게 되었다는 견해가 있다(장상환, "해방 후 한국자본주의 발전과 부동산투기", 「역사비평」 통권 66호, 역사비평사, 2004, p.58.).

9) 무료임차농지를 제외한 토지에 대한 과세를 규정한 「지세법」은 1951년 9월 「임시토지수득세법」 제정으로 폐지되고 농지수득세로 단일화 되었는데, 1951~1959년에 정부의 직접세에서 차지하였던 비중은 곡물의 공정가격 기준으로 연평균 40%, 시장가격 기준으로 60%에 달하였다(공제욱, "1950년대 한국자본가의 형성과정", 서울대학교 대학원 박사학위 논문, 1992, p.45~46.).

10) 국토연구원, 「상전벽해 국토 60년: 정책편」, 2008, p.76.

공업진흥법(1967)」, 「전자공업진흥법(1969)」, 「석유화학공업육성법(1970)」 등이 차례로 제정되었으며, 공업단지와 공공시설용지의 원활한 매입을 위하여 1962년 1월 「토지수용법」이 제정되었다. 이밖에 경제개발에 필요한 투자재원을 조달하기 위하여 1961년 1월 재산세를 지방세로 신설하였다. 또한 성공적인 경제개발의 추진으로 공업화가 진전되면서 대도시와 신흥공업도시, 지방의 중심도시로의 인구가 유입되기 시작하였다.[11] 급격한 도시화에 대응하기 위해 대규모 도시개발 사업을 추진할 필요가 있어 「도시계획법」[12]으로부터 토지구획정리사업을 분리하여 1966년 8월 「토지구획정리사업법」을 별도로 제정하였다. 이 시기의 토지개발제도는 법적으로는 다양한 방식들이 도입되었으나, 현실적으로 택지의 경우는 국가나 지자체의 재원부담이 거의 없는 토지구획정리사업 방식에 의존하였고, 공업용지는 토지수용 방식으로 확보하였다고 할 수 있다.[13] 그러나 이러한 토지개발 방식으로는 도시용지에 대한 급속한 수요를 충족하기에는 역부족이었다. 1962년 울산공업단지 주변에서 최초로 투기가 발생하였으며, 1967년 12월 경부고속도로 건설계획과 1970년 1월 강남개발계획이 발표되자 서울 강남의 말죽거리를 시발로 토지투기가 전국 대도시로 확산되었다. 이에 따라 1964년부터 국회에서 토지투기억제 논의를 시작하여 1967년 11월 「부동산 투기억제에 관한 특별조치법」 이 제정되었다.[14] 그러나 특별조치법에도 불구하고 토지투기는 지속되어,

11) 광복당시 17.0%에 불과하였던 도시화율이 1960년에 39.2%, 1970년에는 50.1%로 급격히 증가하였다. (국토교통부, 「2103 도시계획현황통계」 참조.)

12) 전후 도시의 복구와 도시로의 인구유입에 따른 도시의 체계적 개발을 위하여 1934년 일제가 제정한 「조선시가지계획령」을 폐지하고 1962년 1월 「도시계획법」을 제정하였다.

13) 한국토지공사, 「우리나라 토지정책의 변천과정과 공사의 역할」, 2000, p.5.

14) 서울과 부산 등 대통령령이 정하는 지역에 대해서는 토지양도로 발생하는 차액의 50%를 부동산투기억제세로 부과하였는데 이 법률은 1974년에 폐지되고 1975년 그 내용이 양도소득세로 대체되었다.

정부는 1971년 1월 「도시계획법」을 전면 개정하여 개발제한구역제도를 도입하고, 그해 7월 수도권을 시작으로 부산, 대구, 광주 등 14개 도시권에 개발제한구역을 지정하면서 진정되기 시작하였다.

1950년대의 토지정책이 소유권의 공평한 배분 등 주로 사회적 형평성을 강조한 반면 1960년대의 토지정책은 당시 국가의 최상위 가치였던 경제개발과 성장을 지원・보조하는 수단으로 다루어졌다는 점에서 경제적 효율성을 강조한 시기였다고 할 수 있다.[15)]

3) 1970년대(고도성장과 투기억제 시기)

1970년대의 토지정책은 중화학공업 육성을 통한 경제개발을 지속적으로 추진하기 위하여 필요한 각종 용지를 효과적으로 공급하는 한편, 대규모 토지개발사업에서 발생한 토지시장의 과열을 조정・관리하는 투기억제정책이 본격적으로 도입되는 시기였다.

경제개발계획이 성공적으로 추진되면서 공업화와 도시화가 전국에 걸쳐 진전됨에 따라 도시지역뿐만 아니라 비도시지역에 대해서도 체계적으로 관리할 필요가 있어 정부는 우선적으로 제1차 국토종합개발계획(1972~1981년)을 수립・시행하고, 1972년 12월 「국토이용관리법」을 제정하였다.[16)] 이로써 오랫동안 시행되고 있던 도시계획의 개념을 확대하여 비도시지역에 대해서도 토지이용의 계획적 관리가 가능하게 되었다.

또한 정부의 산업 전략이 중화학공업 중심의 수출지향적인 산업정

15) 채미옥・정희남・송하승, 「앞의 책」, p.31.

16) 전국을 6개 용도지역과 11개 용도지구로 구분하여 행위를 규제하도록 하고, 도시지역은 1962년의 「도시계획법」에 의해, 농림지역은 1972년 「농지보전 및 이용에 관한 법률」을 제정하여 관리하도록 하였다.

책으로 전환됨에 따라 대규모 공업단지 건설을 위한 토지취득 보상비 부담을 줄이는 것이 중요한 정책과제로 대두되었다. 이 문제는 국토이용관리법(1972)에서 기준지가 제도를 도입함으로써 해소하였다.[17] 기준지가는 시가보다 현저히 낮은 가격이었음에도 공공사업을 위한 수용보상가격의 기준으로 사용되었으며, 기준지가의 평가를 위하여 토지평가사 제도가 도입되었다.[18] 아울러 공업단지 조성 및 기반시설 설치 등을 원활하게 추진하기 위하여 1975년 12월 「공공용지의 취득 및 손실보상에 관한 특례법」을 제정하여 토지수용 절차에 많은 특례를 부여하였다. 이에 따라 대부분의 공공용지가 수용단계 이전에 협의매수 방식으로 확보됨으로써 공공사업의 시행기간이 대폭 단축되었다.

한편 중동전쟁 발발에 따른 유가상승으로 인플레이션 압력이 심해지고 공업단지 조성지역을 중심으로 투기가 성행하자 정부는 1974년 1월 14일 긴급조치 제3호('국민생활안정을 위한 긴급조치')[19]를 발표하여 사치성 재산과 기업의 비업무용·공한지에 세금을 중과토록 하였다. 5월에는 기업의 비업무용 토지 강제매각조치를 취하였다. 이로써 지가가 비교적 안정되어 국민생활 안정에 효과적으로 기여했다는 평가를 받았으나 구조적인 토지문제를 해소하는 데에는 미흡하였다.

---

17) 기준지가는 1973년에 여수, 광양지역과 창원, 울산, 구미지역 등에 처음으로 고시한 이후 1978년에는 전국적으로 확대 실시되어 부동산투기억제대책의 일환으로 활용되었다.

18) 한편 1973년 12월 금융기관의 담보평가를 위하여 「감정평가에 관한 법률」을 제정하여 공인감정사 제도가 도입되어 평가자격제도가 이원적으로 운용되었는데, 토지평가사와 공인감정사는 1989년 「지가공시 및 토지 등의 평가에 관한 법률」을 제정하여 감정평가사로 일원화되었다.

19) 주요내용 : ① 1년 동안 공한지와 법인의 비업무용토지에 대해 취득세는 7.5배(15%), 재산세는 2.5배(5%)를 중과 ② 100평 이상의 주거용지에 대해 재산세 초과누진세율을 적용하고 기타 사치성재산에 대해서도 취득세와 재산세 세율을 대폭 인상 ③ 대도시 내 공장 증설을 억제할 목적으로 취득세와 재산세를 중과하고 등록세를 지방세로 전환 ④ 양도소득세와 법인세 특별부가세를 도입 등임(한국토지공사, 「앞의 책」, p.13.).

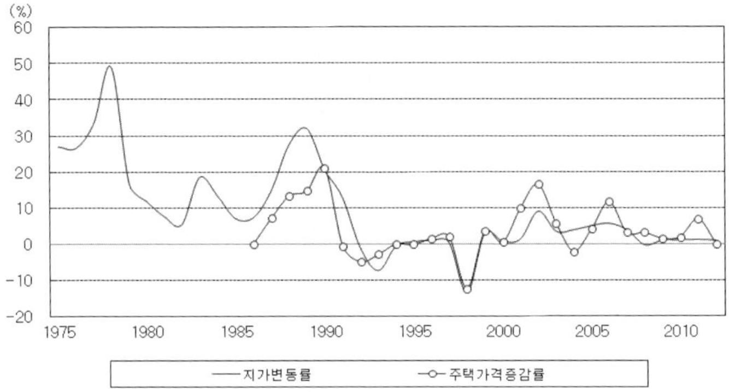

자료 : 국토교통통계연보, 분기별 지가동향

[그림 1] 지가 및 주택가격 변동률 추이

1977년 말 비업무용 토지정책이 종료되고, 선진국의 경기회복에 따른 수출증가, 중동 건설 붐에 의한 해외자본이 유입되는 한편 중화학공업에 대한 투자확대로 경기가 살아나자 1978년에 제2차 토지투기 붐이 절정에 이르렀다. 이에 정부는 1978년 8월 8일 투기억제 종합대책('부동산 투기억제와 지가안정을 위한 종합대책')[20]을 발표하였다. 토지거래 허가제 및 신고제 등 각종 투기억제 수단들이 종합적으로 도입되었고, 토지매입 및 비축기능을 담당하기 위해 1975년에 설립된 토지금고를 1979년에 한국토지개발공사로 확대 개편함으로써 도시용지 공급확대의 제도적 장치가 마련되었다. 공사로의 전환은

20) 주요내용 : ① 투기지역은 토지거래허가제, 기타 지역은 신고제 실시 ② 부동산 중개업의 허가제 실시 ③ 부동산 등기 시 관인 계약서 첨부 의무화와 인감증명제도 보완 ④ 양도소득세와 법인세, 특별부가세 강화(미등기 전매 시 100% 세율 적용, 2년 이내 양도 시 40% 가산세율 적용) ⑤ 공한지와 비업무용토지에 대한 재산세를 보유기간별로 차등과세 ⑥ 유휴토지개발을 통한 택지공급확대를 위해 토지금고를 한국토지개발공사로 발전적 개편 ⑦ 유휴지로 지정된 토지의 소유자가 3월 이내에 그 유휴지를 개발·이용하거나 또는 처분계획서를 제출하도록 하고, 그에 따라 이용·개발을 강제하는 유휴지 지정제도 도입 등임(한국토지공사, 「앞의 책」, p.15.).

공공기관이 토지시장에 직접 개입하여 토지수급을 조절하려는 적극적인 의미를 지닌다고 할 수 있다.[21]

1970년대의 토지정책은 경제적 효율성과 사회적 형평성간 상호 대립적 정책목표를 동시에 추구한 것으로 평가할 수 있는데, 1970년대 전반기에는 경제적 효율성이, 후반기에는 형평성이 보다 강조되었다고 할 수 있다.

2. 제도정비 시대

1) 1980~1990년대 초반(공영개발과 토지공개념 강화 시기)

이 시기는 부동산 투기가 심각한 사회문제로 대두되어 투기방지대책이 제도적으로 정비되고 이른바 토지공개념 관련 3개 법률이 마련되었다.

1980년대 초반에는 국내의 정치적 불안과 제2차 석유파동의 여파로 경기가 극도로 침체되고 물가 상승과 함께 실업률도 증가하자[22] 일시적으로 양도소득세를 인하[23]하고 토지 등 부동산 투자자에게는 최소한 물가상승분 만큼의 이익을 보장하는 특별공제제도를 도입하는 등 부동산 경기활성화 정책을 시행하였으나, 곧이어 경기가 활성화되면서 부동산시장이 과열되자 다시 부동산가격 안정 및 투기억제

21) 한국토지공사, 「앞의 책」, p.16.

22) 1980년 도매물가는 39%, 소비자 물가는 28.7%나 상승하였으며, 실업률은 5.2%에 달하였다. 경상수지 적자는 사상 최초로 53억 달러, 총외채는 272억 달러에 달해 외채망국론이 대두되기도 하였다. 1960년대 이래 최초로 -3.7%의 경제성장을 경험하였다(채미옥 · 정희남 · 송하승, 「앞의 책」, p.40.).

23) 1981년 6월 양도소득세를 기존 30~75%에서 15~72%로 인하하고, 1982년 1월에는 신규아파트 분양자에 대한 양도소득세를 완전 면제하였다.

쪽으로 정책방향이 전환되었다. '부동산투기억제대책(1983.2.16)'[24], '토지 및 주택문제 종합대책(1983.4.18)'[25], '부동산투기 근절을 위한 부동산종합대책(1985.5.20)' 등 일련의 조치들이 발표되었다.[26]

1980년대 중반에는 이른바 3저 현상(저금리, 저환율, 저유가)에 의한 무역흑자와 여유자금, 1987~1988년의 대통령 및 국회의원 선거로 과다 발행된 통화량이 물가를 상승시키고 토지 등 부동산 가격이 폭등하는 등 제3차 토지 투기 붐이 재발하였다. 이에 노태우 정부는 1988년 8월 토지수요 억제와 주택공급확대를 근간으로 하는 8.10 '부동산종합대책'[27]을 발표하였다. 이 대책에 따라 1988년 9월 토지공개념연구위원회가 설치되었고, 1989년 12월 토지공개념 관련 3개 법률, 즉 「택지소유상한에 관한 법률」에 의한 택지소유상한제, 「토지초과이득세법」에 의한 토지초과이득세, 「개발이익환수에 관한 법률」에 의한 개발부담금제가 각각 도입되었다. 이와 별도로 토지과다 보

---

24) 주요내용 : ① 인감증명제도 개선(거래상대방 인적사항 기재) ② 특정지역 고시(국세청) ③ 토지용도 변경을 기대한 투기방지(공공기관이 사전매입개발) ④ 아파트분양가격 실세화(채권입찰제) ⑤ 0순위 폐지 등 청약제도 개선 등임(한국토지공사, 「앞의 책」, p.20.).

25) 주요내용 : ① 대도시 택지공급 확대방안으로 공영개발 적극 유도 ② 기업의 비업무용 토지취득억제를 위한 행정지도 강화 ③ 양도소득세의 탄력세율 적용 시한 단축 ④ 종합재산세 도입검토 등임(한국토지공사, 「앞의 책」, p.20.).

26) 이에 따라 1983년에는 부동산 유통질서를 바로잡고자 「부동산중개업법」을 제정하여 공인중개사제도를 도입하였고, 1984.12.30. 중부고속도로 건설과 관련하여 토지투기가 발생하는 것을 방지하고자 경기, 충남, 충북 일원 37개 시군에 걸쳐 토지거래신고제를 실시하였으며, 1985.7.30. 충남대덕연구단지 주변에 토지거래허가제를 처음으로 실시하였다.

27) 주요내용 : ① 1가구 2주택에 대한 양도소득세 면세요건 기간 강화(기존 2년에서 아파트는 6개월, 일반주택은 1년으로 단축) ② 1가구 2주택 비과세 요건 강화(거주 1년, 소유 3년에서 거주 3년, 소유 5년으로 연장) ③ 농지매매증명서 발급심사 강화(매입자의 자경여부 확인절차 강화 및 6개월 이상 전 가구 거주확인 신청) ④ 검인계약서 사용의무화(부동산등기법 시행령・시행규칙 개정) ⑤ 토지거래 허가지역 확대(27시 43군 49구 8,683㎢, 전 국토의 8.75%) ⑥ 과세특정지역 고시확대(토지 2,701개 리・동 및 아파트 115개동, 전 국토의 23.3%) ⑦ 양도차익에 따른 누진과세로 양도소득세제 개편 ⑧ 토지공개념 확대를 위한 토지개혁입법 추진 ⑨ 부동산정책위원회 신설(부총리를 위원장으로, 관계 장관을 위원으로 대책의 추진상황 점검) 등임(한국토지공사, 「앞의 책」, p.22.).

유를 억제하고자 1989년 「지방세법」을 개정하여 종합토지세를 도입하였으며, 1989년 「지가평가 및 토지 등의 평가에 관한 법률」도 제정하여 종합토지세제와 토지관련 제반 부담금의 산정기준이 되는 공시지가제도를 도입하였다.

1990년 4월에는 4.13 부동산투기억제대책[28]을 발표하여 부동산 등기의무제를 도입하고 토지거래허가제를 확대 실시하였다. 그러나 4.13 대책에도 부동산가격이 진정되지 아니하자 1990년 5월 5.18 조치('부동산투기 억제를 위한 특별 보완대책')[29]를 통해 비업무용 부동산 판정기준을 강화하고 기업의 부동산 과다 보유를 억제하고자 하였다. 노태우 정부는 토지공개념 제도를 통해 토지에 대한 가수요를 억제하는 한편 주택 200만 호 건설과 1992년부터 시작된 5개 신도시 개발정책을 통해 도시용지의 공급을 확대하고자 하였다. 그 과정에서 일부 자재난 등의 부작용이 있었지만 1991년 하반기부터 지가안정세가 시작되어 1992년에는 지가변동률이 -1.27%, 1993년에는 -7.38%로 하락하는 등 부동산 시장 안정화에 크게 기여하였다.

1980년대에는 토지수요와 공급의 불균형이 토지문제 발생의 근본원인이라는 인식하에 정부가 적극적으로 시장에 개입하여 신도시 개

---

28) 주요내용 : ① 부동산 투기행위 집중단속(검찰을 중심으로 합동조사반을 편성, 탈법적 투기행위자와 중개업자 및 관련 공무원에 대한 집중조사 실시) ② 부동산 등기 의무화 제도 도입(신청주의에서 등기의무주의로 변경) ③ 공시지가로 증여세를 부과토록 증여세 강화 ④ 주택가격 안정과 공급확대(200만호 건설계획의 차질 없는 추진) ⑤ 중소도시 녹지지역을 토지거래 허가 대상지역으로 확대 지정) ⑥ 기업의 부동산 과다보유 억제: 비업무용 판정기준 강화(업무용 인정범위 축소, 국세청에 부동산 취득명세서 제출을 의무화) ⑦ 공시지가 체계 구축(30만 필지 지가공시 및 전국 2,400만 필지 지가산정) 등임(한국토지공사, 「앞의 책」, p.30.).

29) 주요내용 : ① 비업무용 부동산의 판정기준 강화 및 처분촉구(연구원・휴양시설에 대해 건축물 바닥면적의 3~7배만 업무용으로 인정, 비업무용 부동산은 판정시점으로부터 6개월 이내에 자체매각하거나 성업공사, 토지개발공사에 매수요청) ② 계열기업군의 부동산 신규취득 억제(1991.6.까지 생산 활동에 직접 소요되는 부동산만 취득 허용하고 여타의 부동산은 취득 불허) ③ 비업무용 부동산에 대한 금융기관의 담보 취득 금지 등임(한국토지공사, 「앞의 책」, p.30~31.).

발을 통한 도시용지 공급을 확대하는 한편, 투기적 가수요를 억제하기 위해 토지 이용의 공공성을 극도로 강화한 시기였다. 1970년대와는 달리 동원가능한 모든 정책을 활용하여 다차원적으로 투기를 억제하고자 하였던 투기대책의 종합판이었다고 할 수 있다. 다만, 시장기능에 기초하여 수립되기 보다는 인위적이고 직접적인 강제성을 띤 제도였다는 비판이 따른다.[30)]직접적으로 토지소유를 규세하고자 했던 택지소유상한제나 종합토지세제 등은 대상지역과 면적의 한계, 과표의 현실화 미흡 등으로 실질적 효과는 크지 않았으며, 토지초과이득세제 등 개발이익 환수조치는 미 실현이익에 대한 과세문제와 이를 회피하기 위한 대량 건축 사태가 발생하는 등 부작용도 적지 않게 발생하였다.

2) 1990년대 중반(토지시장 투명화 기반 구축 시기)

1991년 하반기부터 1998년 IMF 외환위기까지 지가가 안정세[31)]를 보이고, 1993년 12월 우루과이라운드 타결과 WTO 출범으로 인한 세계화・정보화 추세가 대세로 나타남에 따라 김영삼 정부는 정부주도의 대규모 개발 사업에 의한 공급과 같은 직접적인 시장개입정책에서 규제완화 등을 통한 토지 공급확대 등 간접적인 시장관리정책으로 정책방향을 선회하게 되었다.

우선, 1993년 8월 「국토이용관리법」을 전면 개정하여 10개 용도지역으로 세분되어 있던 토지이용체계를 5개 용도지역으로 단순화하

30) 박헌주・채미옥・최혁재・최수, 「토지정책의 전개와 발전방향」, 국토개발연구원, 1998, p.62.
31) 지가변동률은 -1.27%('92), -7.38%('93), -0.57%('94), 0.55%('95), 0.95%('96), 0.31%('97), -13.60%('98)를 나타냈다.

고, 개발이 가능한 용도지역을 확대하였으며[32] 규제방식도 허용행위 열거방식에서 제한행위 열거방식으로 전환하였다. 또한 토지개발 주체를 다양화하여 공급이 확대될 수 있도록 하기 위하여 1991년 6월 민간자본에 의한 공업단지 건설 허용, 1994년 8월 「사회간접자본시설에 대한 민간자본 유치 촉진법」 제정 등을 통해 그동안 공영개발 위주로 이루어지던 토지개발 사업에 민간의 참여를 허용하였다. 1994년 1월에는 「외국인의 토지 등의 취득 및 관리에 관한 법률」도 제정하여 외국인도 국내 토지를 취득할 수 있도록 하였다. 아울러 1974년 이래 추진되어 왔던 기업의 비업무용 부동산 취득제한조치와 농지규제도 완화하였다.[33]

한편, 정부의 규제완화 정책을 보완하고 투기억제대책의 효과를 제고하기 위해 부동산시장의 소유 및 거래변동 현황을 정밀하게 분석할 수 있는 토지종합전산망[34]을 구축하여 부동산 관련 정보의 투명화를 추구하였다. 1995년 3월에는 「부동산실권자명의의 등기에 관한 법률」을 제정하여 7월 1일부터 부동산실명제를 실시하였다. 이는 일제 강점기부터 관습화된 명의신탁을 금지하고 실거래자명의의 등기 의무화를 통해 소유관계의 투명화를 추구하고자 하였다.

김영삼 정부는 공급확대와 시장투명화를 통해 간접적인 시장관리를 시도하였으나 준농림지역제는 토지공급 확대 효과에도 불구하고

32) 개발 가능한 준도시지역과 준농림지역이 전 국토의 15% 수준에서 42%로 대폭 확대되었다.

33) 1994년 1월부터 11~30대 재벌기업들에 대한 주거래은행의 부동산 매매 승인제가 폐지되었으며, 농업진흥지역 내 농지는 3정보인 농지소유상한제가 폐지되고 농업진흥지역 밖 농지는 소유상한이 5정보로 확대되었다. 이로써 제헌헌법 이래 유지되어오던 경자유전 원칙과 농지상한제를 완화 또는 폐지함으로써 형평성 우선의 농지정책이 효율성 중심의 농지정책으로 전환되었다(국토연구원, 「앞의 책」, p.91.).

34) 1995년 2월부터 건교부의 토지거래자료와 공시지가 자료, 내무부의 지적전산화 자료 및 주민등록전산자료를 통합하여 구축하였다.

난개발을 초래하는 문제가 발생하였으며 토지종합전산망 구축사업은 부처 간 협조체제가 미흡하여 소기의 성과를 거두지 못했다는 비판이 있다.

3. 제도성숙 시대

1) 1990년대 후반~2000년대 초반(토지시장 개방화와 계획적 개발 시기)

수년간 잠잠하던 부동산선호 심리가 1996년 이후 되살아나고 개발사업이 시행됨에 따라 부동산 가격이 국지적으로 상승하는 현상이 나타났으나, 외환위기가 발생한 1997년 이후 극심한 경기침체와 금융시장 경색으로 부동산 수요는 급감한 반면, 기업의 심각한 자금난과 실업증가로 매물이 쏟아져 나와 부동산시장은 유례없는 침체기를 맞게 되었다. 보유 부동산을 제때에 매각하지 못한 기업은 연쇄적인 흑자 도산을 면치 못하고 금융기관은 담보 부동산 가치의 하락으로 부실채권이 증가하여 구조조정에 막대한 국고를 사용해야 하는 등 심각한 문제가 발생하게 되었다. 이러한 상황에서 김대중 정부는 우리 경제의 구조조정과 IMF 체제의 조기 극복을 위해 그동안 강력하게 추진해 오던 투기억제 정책을 탈피하여 부동산 거래를 촉진하는 방향으로 기조를 전환하였다.

먼저 부동산에 대한 신규 수요를 창출하기 위해 각종 규제를 폐지하거나 대폭 완화하였다. 1997년 12월 20일 토지거래 신고구역을 전면 해제하였고, 1998년 4월에는 토지거래 허가구역도 해제하였다. 택지소유상한제와 토지초과이득세가 폐지되었고, 개발부담금은 1999년 말까지 한시적으로 면제된 후, 2000년부터 부과율을 50%에서

25%로 낮추었다. 민간의 토지수요를 촉진하기 위해 취·등록세 등 부동산 관련 조세를 완화하고, 민간부문의 수요위축을 막기 위해 성업공사로 하여금 금융기관의 부실채권담보 부동산을 매입할 수 있도록 지원하고 토지개발공사로 하여금 기업 토지를 매입하여 기업구조조정을 지원하는 등 공공기관의 토지비축 기능을 강화하였다. 국내수요 촉진책만으로는 토지공급 과잉문제를 해소하는 데 한계가 있어 외국인에게 토지시장을 전면 개방하였다.[35] 이밖에 부동산의 유동화를 촉진하기 위해 부동산 파생금융상품 개발 등 새로운 부동산 금융기법을 도입하였다.[36] 이러한 조치에 힘입어 2000년 초부터는 부동산시장이 점차 안정을 되찾기 시작하였다.

2000년 초 외환위기가 극복되면서 점차 준농림지역의 난개발이 사회문제화 되었다. 이에 2002년 2월 「국토기본법」과 「국토의 계획 및 이용에 관한 법률」을 제정하여 "선계획 – 후개발" 원칙에 입각한 계획적 국토관리 체계를 구축하였다. 용도지역 체계를 개편하여 난개발이 주로 발생하였던 준농림지역과 준도시지역을 관리지역으로 통합하고, 개발행위허가제를 비도시지역으로 확대하였다. 이밖에 토지개발 시 기반시설을 사전에 확보토록 하기 위해 기반시설연동제를 도입하고, 개발할 곳과 보전할 곳을 구분 판단할 수 있도록 토지적성평가 제도를 도입하였다.

이 시기의 토지정책은 규제완화, 토지공급 억제, 토지수요 확대, 부동산과 금융제도의 통합으로 특징지을 수 있는데 기존의 수요억제·

35) 1998년 4월에 건축물의 분양공급업과 임대업, 토지개발 공급업과 임대업을 전면 개방하고, 1998년 5월에 외국인토지법을 제정하여 1998년 6월부터 외국인의 토지취득 규제도 전면 폐지하였다.

36) 1998년 자산담보부채권 유동화제도(ABS), 1999년에 주택저당채권 유동화제도(MBS), 2000년에는 부동산투자신탁제도(REITs)를 순차적으로 도입하였다.

공급확대 기조에서 수요촉진 · 공급억제 정책으로 패러다임이 전환되었다. 이러한 정책 전환은 당시 현안과제였던 경제구조조정의 성과를 촉진하고 급격한 디플레이션 상황을 차단하는 데 상당히 기여하였다고 평가할 수 있으나, 규제완화나 시장개방이 자칫 부동산투기를 초래할 가능성에 대비하는 후속조치 마련에는 미흡한 점이 있었다.[37]

2) 2000년대 중반(부동산공개념 확대 시기)

외환위기 극복 후 부동산시장은 서울 강남아파트를 선두로 큰 폭으로 상승하였는데 외환위기 극복과정에서 시행된 분양가 자율화, 분양권 전매허용, 분양택지 환매조항폐지 등 규제완화가 원인이 되었다. 부동산시장도 단기 시세차익을 노린 투자자 참여로 분양시장이 과열되었고, 저금리와 과잉유동성은 부동산가격 상승 유발의 원인이 되었다.

당시 전 국토 면적의 0.6%에 불과한 서울시의 지가총액은 전국 지가총액의 20.1%에 달하였고, 전 국토의 11.8%인 수도권의 지가총액은 전국 54.4%에 달하였다. 이러한 고지가, 부동산 투기, 난개발, 농지잠식 등 토지문제의 핵심을 사실상 수도권 문제라고 인식한 노무현 정부는 국토의 균형발전정책의 추진과 함께 토지공개념제도를 부동산공개념제도로 확대하였다.

먼저, 부동산 조세제도를 개편하여 보유과세를 강화함으로써 부동산시장의 장기적인 안정 기반을 마련하고자 하였다. 2003년 10.29대책[38]을 발표하여 종합부동산세를 당초 계획보다 1년 앞당겨 2005년

---

37) 채미옥 · 정희남 · 송하승, 「앞의 책」, p.54.

38) 주요내용 : ① 투기과열지구 확대(6대 광역시와 도청 소재지) ② 투기지역 아파트에 대한 주택담보인정비율 하향조정(50% → 40%) ③ 300세대 미만(건축허가 대상) 주상복합아파트도 사업

부터 시행하고, 보유과세의 과표 현실화 계획도 구체화하였다. 양도 소득세 과세기준을 기준시가에서 실거래가격으로 강화하고, LTV(주택담보대출비율), DTI(총부채상환비율) 등을 강화하여 부동산에 대한 대출을 억제하였다. 부동산 투기가 우려되는 지역은 토지거래 허가구역, 투기지역, 투기과열지구 등으로 지정 관리하였다.

이러한 여러 노력에도 불구하고 부동산 시장이 여전히 안정되지 아니하자 2005년 8월 8.31대책[39]을 발표하여 부동산 종합세제를 개인별 합산과세에서 세대별 합산과세로 강화하고, 2004년부터 부과를 중지하였던 개발부담금을 2005년부터 다시 부과하도록 하였다. 부동산 시장의 투명성을 높이기 위하여 2005년 부동산중개업법을 개정하여 부동산 실거래가격 신고를 의무화하고, 신고된 실거래가격을 부동산 등기부에 기재하도록 명시하였다. 또한 실거래가격을 기준으로 과세하기 위하여 전자신고 시스템을 구축하고, 부동산 정보망을 보완하였다.[40] 그 후에도 2006년 3.30대책[41], 2007년 1.11대책을 계속하

승인 대상 ④ 종합부동산세 조기 도입 추진(2006년→2005년) ⑤ 1세대 다주택자 양도세 강화(투기지역 2주택 이상자 양도세 탄력세율 우선적용, 1세대 3주택 이상자 양도세율 60% 인상) ⑥ 준비 중인 2단계 대책(주택법 개정을 통한 분양권 전매 금지 전국으로 확대 계획; 재건축 아파트에 대한 개발이익 환수 방안 검토; 일정기간 제한적으로 주택거래허가제 도입 검토;, 토지거래 허가대상 강화) 등임(두성규·김현아·박용석, 「주택·부동산 분야의 향후 정책 과제」, 한국건설산업연구원, 2007, p.6.).

39) 주요내용 : ① 양도세 강화 : i) 실거래가 과세: 1가구 2주택 비거주(2006년), 거주(2007년), 나대지(2007년), ii) 양도세 중과: 2주택자 50%, 3주택이상 60%, 나대지 60%(2007년) ② 종합부동산세 강화[개인별→가구별, 주택 6억 원 이상(나대지 3억 원 이상) 확대] ③ 모든 부동산 실거래가 과세(2006년) ④ 기반시설부담금 도입, 개발부담금 부활 ⑤ 실거래가 신고 의무화, 실거래가 등기부 기재(2006년) 등임(두성규·김현아·박용석, 「앞의 책」, p.6.).

40) 정희남, “정부수립 이후의 토지정책 60년사 소고, 1948~2008”, 「부동산연구」 제20집 제1호, 한국부동산연구원, 2010, p.302~303.

41) 주요내용 : ① 재건축 안전진단 강화 ② 재건축 개발이익 환수, 종합부동산세 강화[개인별→가구별, 과세기준금액 주택 6억 원 이상(나대지 3억 원 이상) 확대] ③ 택지 공급가격 인하 ④ 용지보상 합리화(감정평가 기준 강화, 행위제한 시점을 지구 지정 일에서 공람공고일로 앞당김, 주민추천 평가사와 시행자 추천 평가사의 평가액 차이가 110%를 넘을 경우 재평가 의무화 등임(두성규·김현아·박용석, 「앞의 책」, p.7.).

여 발표하였다. 노무현 정부에서 강력한 대책들이 계속하여 발표되었음에도 불구하고 투기가 완전히 사라지지 않은 것은 토지에 내재된 속성 탓도 있었지만 무엇보다도 이러한 제도들이 지속적으로 유지되기 어려울 것이라는 학습효과[42)]가 시장참가자들 사이에서 형성되었기 때문이라고 할 수 있다.[43)]

3) 2000년대 후반~2010년대 초반(부동산시장 활성화 추진 시기)

2008년 이후의 토지가격은 2008년 말 글로벌 금융위기 당시 일시적인 급락을 제외하면 대체로 안정세를 유지하고 있다. 이는 글로벌 금융 불안이 실물경제 침체로 전이되어 내수경기가 둔화되고 부동산 수요회복이 어려운 상태에 빠졌기 때문이었다. 이에 따라 이명박 정부는 과거 정부의 적극적인 개입보다는 민간의 자율성을 높이고 규제를 합리화하는 방향으로 정책의 기조를 전환하였다. 다만 주택시장은 불안이 지속되었던 반면 토지시장은 상대적으로 안정세를 이어가고 있어, 대부분의 부동산 대책은 주택부문에 집중되고 있고 토지분야는 토지거래 허가구역 대폭 해제와 종합부동산 세제 완화 외에는 급격한 정책의 변화가 보이지 않았다.

노무현 정부가 투기수요의 급증에 따른 가격 급등, 개발이익의 사유화, 소득 계층 간 양극화 확대 등 부동산 시장의 불안 요소를 제거하기 위해 이른바 '부동산투기와의 전쟁'을 선언하고 강도 높은 규제 중심의 부동산 대책을 추진한 반면, 이명박 정부는 경제위기 극복과 시장정상화를 위해 시장과열기에 도입된 규제를 정상화하고 공급확대를 통한 경기활성화 대책을 추진하였다고 할 수 있다.[44)]

---

42) 규제 강화(투기억제)와 완화(경기활성화) 조치가 주기적·반복적으로 시행되었던 경험을 말한다.
43) 전강수, "부동산 정책의 역사와 시장 친화적 토지공개념", 「사회경제평론」 제29(1)호, 한국사회경제학회, 2007, p.379.
44) 국토해양부, 「앞의 책」, p.211.

III 주요 토지제도의 유형별 변동성 요인분석

1. 토지거래 규제제도 : 토지거래허가제

1) 토지거래허가제 도입배경과 주요 내용

토지거래허가제란 토지의 투기방지를 목적으로 지가가 급격히 상승하는 지역 중 국토교통부장관이 지정하는 지역 내에서 일정규모 이상의 토지에 관한 소유권, 지상권을 유상으로 이전, 설정하는 계약의 당사자는 공동으로 관할 시장 · 군수 · 구청장의 허가를 받도록 하는 제도이다. 토지거래 계약 시 허가를 받게 함으로써 계약 당사자가 실수요자 인지 여부를 심사하게 되어 토지의 가수요를 억제하고 정상적인 토지거래 질서를 확립하고자하는 토지거래 규제제도 중의 하나라고 할 수 있다.[45] 토지거래가 발생할 때마다 계약예정 금액, 취득 목적, 자금조달 계획을 심사한다는 점에서 정부가 직접 토지거래에 개입하여 거래주체나 거래행위를 제한하는 직접적이고도 강력한 규제 방법이라 할 수 있다.

자본주의 경제체제를 바탕으로 한 우리나라는 계약자유의 원칙에 따라 사인(私人) 간의 토지거래는 아무런 제한을 받지 않고 시장 기구에 맡겨져 왔다. 그러나 1960~1970년대를 거치면서 몇 차례 지가의 급격한 상승으로 인한 토지투기 붐을 경험하였으며, 이로 인해 무

45) 토지거래규제 제도는 직접 토지거래에 개입하여 거래주체나 거래행위를 제한하는 직접적 규제와 토지거래 당사자에게 경제적인 불이익을 주는 간접적 규제로 구분할 수 있는데, 직접적 규제에는 토지거래허가신고제, 농지취득자격증명제 등이 있으며, 간접적 규제로는 부동산실명제, 부동산소유권이전 등기신청 의무제, 부동산 실거래가격 신고제, 지정지역(토지 · 주택투기지역)내 양도소득세 실거래가 기준 과세제도 등이 있다. 넓은 의미에서는 취득세, 등록세, 양도소득세 등 토지세제, 부동산중개업제도, 관인계약서 사용 의무화, 토지전산망에 의한 토지시장 정보의 확보 등에 의한 간접적 규제도 포함된다고 할 수 있다.

주택서민의 내 집 마련을 어렵게 하고 계층 간 위화감을 조성하여 사회불안까지 증대되는 폐해가 발생한 바 있다. 이처럼 토지시장이 자율적인 조정기능을 제대로 수행하지 못하고 실패하자, 더 이상 시장기구에만 맡겨둘 수 없다는 사회 각계의 여론에 따라 정부가 직접 개입하고 통제하는 토지거래허가제를 도입하게 되었다.

2) 토지거래허가제의 형성과 시행

토지거래허가제는 1977년 「임시행정수도 건설을 위한 특별조치법」 제6조에서 임시행정수도건설 예정지구 내의 토지거래허가제를 입법한 것이 최초이다. 그러나 이 법에 의한 허가구역이 지정되지 않아 사실상 토지거래허가제를 시행하지 못하다가, 1978년 당시 극심했던 토지투기를 억제하기 위한 방안의 하나로서 8.8 조치를 발표하면서 마련되었다. 이때 토지거래신고제와 함께 토지거래허가제를 입법하겠다고 발표한 후, 같은 해 12월에 「국토이용관리법」을 개정하여 도입하였다.[46] 토지거래허가제가 도입은 되었으나, 이 제도가 국민의 사유재산권에 대한 침해가 크다는 이유로 시행을 계속 미루어 오다가 1982년 후반기부터 수도권과 중부권 등 일부 지역에서 지가가 상승하고 토지투기가 성행하기 시작하자 이 제도를 시행할 필요성이 다시 부각되기 시작하였다.[47]

당초 1982년에 도입되었던 제도는 지정구역에 대해서는 토지거래허가제를 시행하고, 그 이외의 지역, 즉 기준지가가 고시된 모든 지

46) 일본의 국토이용관리법상의 토지거래허가제 입법례를 참고하여 규정하였다.(김상용, "토지거래허가제의 운용결과의 평가 및 개선방안 연구", 「감정평가논집」 제7호, 한국부동산연구원, 1997, p.39~40.)

47) 유해웅 · 손재영 · 최혁재, 「토지거래규제제도의 정비 · 개선에 관한 연구」, 국토개발연구원, 1987, p.15.

역에 대하여는 일률적으로 토지거래신고제를 시행하도록 되어 있어 이를 시행할 경우 행정력의 낭비를 초래함은 물론 일반 국민에게 지나친 불편을 주게 될 소지가 있다고 판단되었다. 따라서 1983년 12월 「국토이용관리법」을 재개정하여 토지거래허가제와 신고제를 분리하여 이원화하였다.[48] 이에 따라 필요한 지역만을 신고구역으로 지정하고, 그 지역에 대하여 토지거래신고제를 시행할 수 있게 되었다.

그러나 그 후에도 재산권 침해라는 논란으로 시행을 계속 미루어오다 1984년 12월 20일 경기, 충북, 충남의 일부 지역을 신고 구역으로 지정하게 되었고, 1985년 7월 30일 최초로 충북 대덕 연구단지 개발예정지역 일원(약 27.8㎢)을 허가구역으로 지정한 후 점차 확대되었다.

3) 토지거래허가제의 수정

토지거래계약이 허가를 요하는 경우라 하더라도 처음에는 집행력 있는 판결에 의해 등기를 신청할 때에는 허가 없이도 등기가 가능하였다.[49] 그러나 토지거래허가제를 회피할 목적으로 판결에 의하여 등기신청이 이루어지는 경우가 빈발하자, 1990년 「부동산등기특별조치법」을 제정하여 판결에 의하여 등기를 신청할 때에도 토지거래허가서를 제출하도록 하였다.[50] 그 후 부동산 등기법을 개정하여 동법에서도 등기신청에 제3자의 허가, 증명 또는 동의를 요하는 경우에 판결에 의하여 신청할 때에는 제3자의 허가서를 제출하도록 규정하였다.[51]

48) 유해웅・손재영・최혁재, 「앞의 책」, p.15~16.
49) 舊 부동산등기법 제40조 제1항 3호, 4호.
50) 부동산등기특별조치법 제5조 제1항.
51) 부동산등기법 제40조 제3항 단서. 이에 대해 판결에 의한 등기신청의 경우에도 행정청의 허가서를 제출하도록 한 것은 행정청을 견제하여야 할 사법부가 오히려 행정부에 의하여 견제와 규제를 받는 제도로서 삼권 분립의 원칙에 어긋난다는 견해가 있다.(김상용, "앞의 논문". p.41.)

또한 초기의 토지거래허가제는 규정이 매우 까다로웠으나 허가신청 시에 실거래가격을 기재하지 않는 현상이 일반화되어 토지거래가격을 통제하여 지가안정을 도모하고자 하였던 법 목적 달성이 어렵게 되고, 토지거래 당사자 모두를 범법자로 만드는 결과를 초래하게 되었다. 이에 따라 1993년 김영삼 정부는 '신경제 100일 계획'에 의한 규제완화 시책의 일환으로 국토이용관리법을 개정하여 토지거래 허가심사 대상에서 계약예정 금액을 제외시키고 취득토지의 이용목적만을 심사 대상으로 하였다. 이로써 토지거래허가제의 성격이 사전 가격통제기능에서 취득 목적대로 이용되는지 여부를 조사하는 사후 관리제로 전환되었다.[52]

4) 토지거래허가 · 신고구역의 확대와 축소

토지거래허가제와 신고제가 실시된 후 토지가격 변동과 경기 침체 상황에 따라 정부는 토지거래허가구역과 신고구역의 지정을 확대하거나 축소를 반복하여 왔다. 1984년부터 지정되기 시작한 토지거래 신고구역은 1997년까지 총 28차례에 걸쳐 지정되었으며, 1993년 8월에 금융실명제가 전격 실시되자 투기성 자금이 토지시장에 유입되어 토지투기가 발생할 것이 우려됨에 따라 1993년 8월 23일부터 1993년 11월 23일까지 전 국토의 93.8%에 달하는 93,155.9㎢에 걸쳐 토지거래허가구역으로 지정하였다. 그러나 IMF 외환위기에 따른 부동산시장이 위축되자[53] 부동산경기 활성화를 위하여 1997년 12월 20일 전국의 모든 신고 구역을 해제하였으며, 1998년 4월에는 허가구역을

52) 김상용, "앞의 논문", p.42.
53) 1997년과 1998년 지가변동률은 각각 0.31%, -13.60%를 나타냈다.

전면 해제하기도 하였다. 토지거래허가·신고제 중 신고제는 투기적 거래를 방지하는 측면에서 토지거래허가제와 기능이 중복되어 국민의 제도 이해에 혼란의 우려가 있고, 신고구역의 지정이 국민 부담을 초래할 가능성이 있기 때문에 1999년 2월 국토이용관리법을 개정하여 토지거래신고제를 폐지하였다.[54]

외환위기 직후 경기회복기에 토지의 투기적 거래가 다시 성행하자 1998년 11월 전국의 개발제한구역 5,397㎢를 허가구역으로 지정하였으며, 외환위기 극복 후 경기회복세 및 저금리 기조가 맞물려 토지에 대한 투기수요가 증가하자 2002년 11월에는 수도권의 녹지지역과 비도시지역을 대상으로 허가구역을 지정하였다. 노무현 정부 들어 신도시를 비롯하여 행정중심복합도시, 혁신도시 등 대규모 개발 사업이 지속적으로 추진됨에 따라 허가구역이 계속 확대되어 왔으며,[55] 토지거래허가제도도 한층 강화된 규정으로 개정되었다. 주요 내용은 허가받은 토지의 의무사용기간을 법정화하고, 농지 및 임야 취득자의 거주요건을 강화하였다. 이외에 토지취득에 필요한 자금계획서를 제출하도록 하였으며, 토지거래 허가를 요하지 아니하는 면적을 하향조정하였다.

5) 토지거래허가 구역의 지속적 해제

2008년 이후에는 지가 안정세가 지속되면서 허가구역을 계속적으로 해제하여 오고 있는데, 2014년 말 현재 토지거래 허가구역 지정면적은 149.455㎢로 전 국토면적의 0.15%에 불과하다.

---

54) 국토연구원, 「규제개혁 국토법제」, 1999, p.58.
55) 2007년 9월 현재 허가구역 지정면적은 20,061㎢(전 국토의 20.0%)에 달함.

토지거래허가 구역의 지정은 지가 상승과 토지투기의 사전적 차단 차원에서 중앙정부가 주도적으로 지정을 추진하는 반면, 해제는 해당 지역의 경기활성화를 위해 주로 지자체와 지역 의원, 시장 중시론자들에 의해 주장되고 추진되는 경향이 있다.

2. 토지공개념 관련 제도 : 택지소유상한제, 개발부담금, 토지초과이득세

1) 도입배경과 주요 정책 수단

전두환 정부 시절 강력한 물가 안정화정책으로 지가 상승률도 비교적 안정세[56]를 유지하였으나, 1986년에서 1988년까지 3저 호황으로 유입된 자금이 시중에 풀리면서 노태우 정부 출범 이후인 1988년 27.47%, 1989년 31.97%, 1990년 20.58%를 기록하는 등 토지시장이 과열양상을 보였다. 주택 가격 역시 집권 3년 만에 56%나 상승하는 등 심각한 사회문제화 되었다. 덩달아 전세가격도 치솟자 세입자를 보호하기 위하여 1989년 12월 주택임대차보호법을 개정하여 주택 임대 의무 기간을 1년에서 2년으로 연장하였으나, 주택 소유자들이 2년치 전세보증금을 한꺼번에 올리는 바람에 무주택 서민들이 자살하는 등 커다란 사회문제로 대두되었다.

이에 노태우 정부는 토지문제 해결의 시급성과 기존의 부동산 대책의 한계를 감안하여 토지소유 자체를 제한하거나 지가상승 이익을 직접 회수하는 형태 등의 보다 적극적인 규제가 필요하다는 판단에

56) 1980년부터 1987년까지 지가상승률은 연평균 10.5%였음.

따라 토지공개념[57] 관련제도의 확대도입을 추진하고자 하였다. 1988년에 8.10 부동산종합대책을 발표하여 양도소득세 강화, 농지매매증명서 발급심사 강화, 검인계약서 사용의무화, 토지거래 허가지역 확대, 종합토지세 도입, 지가체계 일원화 및 지가공시제도 도입과 함께 토지공개념에 바탕을 둔 토지제도의 근본적 개혁을 위한 입법을 추진하였다.[58] 1990년 4.13대책을 발표하여 부동산등기의무제를 도입하고, 1990년 5.18조치를 통해 비업무용 부동산 판정기준을 강화하여 기업의 부동산 과다 보유를 억제하였다.

노태우 정부는 1988년 8.10대책에 따라 8월 11일 제1차 부동산정책위원회(위원장 : 부총리)를 개최하여, '토지공개념 연구위원회'를 설치하기로 결정하였고, 8월 25일 개최된 부동산대책 실무위원회에서 토지공개념 연구위원회의 구체적인 구성안[59]을 확정하였다. 이에

---

57) 토지공개념이란 단어는 1978년 8.8 부동산 종합대책이 나올 당시 신형식 건설부장관이 국회에서 "토지사유 개념은 시정되어야 한다. 건설부는 토지의 공개념에 입각한 각종 토지정책을 입안 중이다"라고 밝히면서 처음으로 회자되기 시작하였다(정훈, "한국의 부동산정책 변동에 관한 연구-변동유형별 사례 비교분석-", 연세대학교 대학원 박사학위 논문, 2011, p.74.).

58) 토지공개념은 '토지의 개인적 소유권 그 자체는 인정하되, 그 이용을 공공복리에 적합하게 규제하여야 한다는 뜻'으로 정의되는데 한정된 자원인 토지를 공공복리에 맞게 효율적으로 이용하기 위한 것이며, 공공에 의한 토지의 소유 또는 점유를 확대하려는 토지의 국공유화를 시도하는 것이 아니다. 토지공개념을 내용으로 하는 주요 관련 제도로는 토지소유 측면에서 택지소유상한제, 종합토지세제, 기업의 비업무용토지에 대한 지방세법상 규제 등이 있으며, 토지이용 측면에서는 용도지역·지구제, 유휴지 지정제, 농지 대리 경작제, 초지 대리 개발제, 택지 대리 개발제 등이 있다. 토지거래 측면에서는 토지거래허가·신고제, 농지·임야 매매 증명제, 검인계약서제 등이 있으며, 토지관리 측면에서는 지가공시제, 개발부담금제, 토지초과이득세제, 국공유지 신탁제, 토지수용보상제, 등기의무 강제, 부동산실명제 등이 있다. 그 밖에 유휴지 매수청구권, 선매제도 등이 있다(박헌주·정희남·이환성·정우형, 「토지공개념 관련제도의 종합평가와 향후과제」, 국토개발연구원, 1998, p.18~19.). 이 중에서 택지소유상한제, 개발부담금제, 토지초과이득세제 3개 제도를 토지공개념을 나타내는 대표적인 제도로 일컫는다.

59) 허재영 국토개발연구원장을 위원장으로 하고, 택지소유상한제(제1분과, 간사: 김남진 고려대 교수), 임야·농지의 거래제한(제2분과, 간사: 서원우 서울대 교수), 개발이익 환수제도(제3분과, 간사: 황명찬 건국대 교수), 기업의 비업무용 토지 보유 억제(제4분과, 홍원탁 서울대 교수) 등 4개 주제를 맡은 분과와 총괄분과(간사: 권태준 서울대 교수) 등 다섯 개 분과로 구성하였다. 구체적인 주요 활동과 연구실적은 국토개발연구원, 「토지공개념 백서」, 1991, p.14~20 참조.

따라 9월 국토개발연구원에 토지공개념 연구위원회를 설치하고 제도 도입을 위한 연구에 착수하였으며, 그해 12월에는 이 연구위원회의 연구 결과[60]를 바탕으로 입법화 등 구체적인 제도 도입 방안을 마련하기 위하여 정부 내에 '토지공개념 도입대책반'[61]을 설치하여 활동을 시작하였다.

토지공개념 연구위원회의 중간 보고서를 토대로 토지공개념 대책반은 국토연구원 정책토론회(1989.2.23.~24.)와 국민대토론회(1989.4.20.)를 개최하였으며, 1989년 5월 보고된 최종결과 보고서를 토대로 토지공개념 관련제도의 핵심이 되는 3개 법안인 「택지소유상한에 관한 법률(안)」, 「개발이익환수에 관한 법률(안)」 및 「토지초과이득세법(안)」을 마련하였다.

3개 법률안의 주요 내용은 다음과 같다. 첫째, 택지소유상한제는 개인이나 법인이 소유할 수 있는 택지면적의 한계[62]를 정하고, 이를 초과하는 택지에 대해서는 초과소유부담금을 부과함으로써 토지의 처분, 이용·개발을 촉진하여 택지의 공급을 원활히 하고 국민의 주거생활의 안정을 도모하고자 하는 제도이다. 둘째, 개발이익환수제는 택지개발사업, 공업단지 개발사업, 골프장 건설사업 등 각종 개발사업의 시행으로 인해 발생하는 개발이익을 사업시행자로부터 환수

60) 토지공개념 연구위원회는 우리나라의 가용 토지(산림지, 농경지 제외)는 4%(일본 7%)에 불과하여 세계에서 가장 낮은 수준이며 1인당 국토면적이 2,333㎡로서 일본의 3,096㎡에 비해 과소하여 국토부존자원의 제한으로 공급능력에 한계가 있으며, 개발이익의 사유화로 인하여 주기적인 토지투기가 발생하고 빈부격차 및 사회 안정이 저해되고 있어 토지공개념의 확대도입이 필요하다고 밝혔다. 또한 토지소유자 중 상위 5%가 전국 사유지의 65.2%를 소유하고 있고, 특히 소유자 상위 5%가 투기대상이 되는 사유 임야의 84.1%를 소유하고 있다고 밝혔다(국토개발연구원, 「앞의 책」, 1991. p.10, 16에서 재인용).

61) 건설부차관을 반장으로 하여, 건설부 토지국장과 경제기획원 경제기획국장을 간사로, 건설부, 내무부, 재무부, 농림수산부, 상공부, 산림청 관련 국장을 반원으로 구성하였다.

62) 개인에 대해서는 서울시와 광역시에서는 660㎡, 시급 지역 990㎡, 읍면 지역 1,320㎡이며, 법인은 고유목적 사업 또는 종업원용 사택 건축의 경우를 제외하고는 원칙적으로 금지하였다.

함으로써 토지투기를 방지하고 토지의 효율적 이용을 촉진하는 제도이다. 그러나 개발이익 환수제는 제도 도입과정에서 사업시행자가 개발사업 시행에 따라 정상지가상승분을 초과하여 얻게 되는 개발이익은 개발 부담금으로 환수하도록 하고, 개발사업 주변지역 등의 토지소유자가 얻게 되는 개발이익은 따로 조세로 환수하도록 하였다. 마지막으로 토지초과이득세는 개발사업의 유무에 관계없이 일정 조건에 해당되는 모든 토지소유자에게 지가 상승 액의 일부를 조세의 형태로 환수하는 제도이다. 즉, 각종 개발사업 기타 사회경제적 요인으로 유휴 토지 등의 지가가 상승함으로 인하여 그 소유자가 얻는 토지초과이득에 부과함으로써 조세부담의 형평성과 지가 안정을 도모하고자 함이다.

2) 토지공개념 제도의 형성

상기한 3개 법률안이 입법예고 되자 '제2의 토지혁명'이라는 평가[63]와 함께, 토지공개념 확대 도입은 위헌적 요소를 내포하고 있을 뿐만 아니라 자본주의 체제의 기반을 무너뜨리는 위험한 발상이라는 반대론과, 토지공개념은 전혀 위헌이 아닐 뿐만 아니라 오히려 그러한 개혁을 통해서만이 자유민주주의를 지킬 수 있다는 찬성론이 대립하기 시작하였다.[64] 반대론자들은 토지투기도 자본주의체제하에서는 불가피한 병리현상이므로 조세에 의해 징수한다면 자유 시장 경제 질서와 토지 소유권을 제한하지 않고서도 투기억제의 목적을 달성할

63) 서울경제신문, 1989.2.15자 (국토개발연구원, 「앞의 책」, 1991, p.179에서 재인용)
64) 송대희, "토지공개념 확대 실시의 필요성", 「국토이용의 효율화 방안 – 토지공개념 확대 실시와 수도권 정책의 기본방향」, 국토개발연구원, 1990, p.2.

수 있다고 주장하였다.[65] 그러나 재계를 대표하는 전경련과 상공회의소 등 반대론자들은 법안에 대한 여론의 전폭적인 지지[66]를 의식하여, 공식적으로는 총론에는 찬성하지만 세부조항과 실시시기 등 각론에는 이견이 있다는 입장을 표명하였다. 여당인 민정당은 당정 협의 과정에서 정부가 이론적이고 이상적인 원칙론만 제시한 결과, 국민들이 토지소유상한제가 곧 토지공개념으로 인식하고 있어 이를 바로 잡는 데 더욱 어려움이 있다고 반대 목소리를 내기 시작하였다.[67] 이미 230평의 대지에 집을 짓고 사는 사람에게 강제로 30평을 떼어내라고 할 수 없지 않느냐고 주장하면서 1가구 1주택에 대해서는 보유를 허용하되 중과세하고 1가구 2주택 이상이나 나대지·공한지 등은 택지소유상한을 엄격히 적용해야 한다는 것이다.[68] 당초 정부원안은 1990년부터 6대 도시에서는 일정규모 이상의 택지를 신규 구입 또는 보유하지 못하게 하고 이미 상한을 택지를 소유하고 있을 경우에는 그 초과분을 2년 내에 매각하도록 되어 있었으나, 민정당의 반대로 매각의무화의 규정이 삭제되고 일정한 초과소유부담금만 부담하면 초과 소유가 가능하도록 변경되었다. 개발 부담금은 당초 정부안은 개발이익의 70%를 환수하는 것이었으나 50%로 조정되었다. 토지초과이득세의 경우 1990년 이후에는 종합토지세제가 실시되고 과

65) 박헌주·정희남·이환성·정우형, 「앞의 책」, 1998, p.20.

66) 1989년 경제기획원이 실시한 '토지공개념에 대한 국민 여론조사' 결과 응답자의 84.7%가 토지공개념 도입에 찬성하는 것으로 나타났다(국정브리핑 특별기획팀, 2007, 「대한민국 부동산 40년」, 한스미디어, p.127.).

67) 박준규 민정당 대표위원은 기자간담회에서 택지소유상한제를 비롯한 공개념 법안이 국민의 사유재산권을 침해할 소지가 있다고 발표하였으며, 이종찬 전 사무총장과 이승윤 정책위의장도 여기에 동조하였다(곽영길, "특별기획/토지공개념 파동: 반대세력의 실체와 전략", 「월간조선」 1989년 10월호, 조선일보사, 1989, p.193.).

68) 국토개발연구원, 「앞의 책」, 1991, p.202.

표가 현실화되면 세금부담이 증가하고 지가체계가 일원화되면 양도소득세 부담도 증가하게 되는데 토지초과이득세까지 부과하면 심한 조세저항에 부딪치게 된다는 우려와 함께 미 실현이익에 대한 과세라는 점에서 논란의 여지가 있다고 주장하였으나 정부안대로 확정되었다. 경실련 등 시민단체들은 정부의 3개 법안에 대해 적극적으로 지지하면서도 적어도 정부 원안으로 환원되어야 하며 토지공개념 법안의 효율을 높일 수 있도록 기존의 양도소득세와 종합토지세가 대폭 강화되어야 한다고 주장하였다.[69] 당정협의를 거친 정부안이 국회에 제출되자 야당 측은 정부원안이 크게 후퇴하였다고 주장하면서 대폭 강화할 것을 주문하였다. 택지소유상한제의 경우 민정당과 공화당은 2백 평을 지지한 반면, 평민, 민주당은 150평을 주장하였다. 그러나 택지소유상한은 토지공개념의 상징적인 부분으로 인식되어 정부안대로 통과되었다. 개발부담금도 민주당은 70%, 평민당은 개발이익에 따라 40~60%의 차등부과를 주장했으나 정부안인 50%로 확정되었다. 토지초과이득세는 기업들의 대규모 유휴토지보유에 대한 반기업 정서로 인해 정부안대로 통과되었다.

보수정권이라 할 수 있는 노태우 정부가 반시장적이고 사회주의적 색채가 강한 토지공개념 제도를 도입한 것은 아이러니하게 비칠지 모른다. 그러나 당시의 부동산 가격 폭등으로 인해 자살자가 속출하는 등 심각한 사회문제화 되었던 상황을 고려하면, 정치적 지지도가 불안정한 노태우 정부로서는 토지공개념과 같은 강력한 사회적 형평성 정책을 통해 국민의 지지를 확보하고자 하였던 것은 자연스러운 현상이었다고 할 수 있다.[70]

---

69) 국토개발연구원, 「앞의 책」, 1991, p.211~212.
70) 정훈, 「앞의 논문」, p.79.

3) 토지공개념 제도의 완화

토지공개념 3법은 1989년 12월 국회를 통과하였으나 1990년 이후 지속적인 완화과정을 겪게 된다. 정치권과 재계 등에서는 토지공개념법에 대해 여전히 반대 입장을 가지고 있었다.[71] 이에 노태우 대통령은 1990년 5월 7일 시국관련 특별담화문 발표를 통해 토지공개념제도를 통치권 차원에서 강력히 실시하겠다고 천명하였다. 그러나 이러한 대통령의 의지에도 불구하고 3당 합당 이후 토지공개념 정책은 후퇴하기 시작하였다. 새롭게 탄생한 민주자유당은 경제 활성화를 위하여 경기부양을 적극 추진하는 등 보수색채를 강하게 나타냈으며, 전경련 등은 경기불황을 토지공개념 정책의 시행 때문이라고 주장하기 시작하였다. 택지소유상한제는 1992년 시행 이후 행정소송이 잇달았으며 이에 따라 계속적으로 완화 과정을 겪게 되었다. 택지취득 허가기준의 완화, 초과소유부담금 부과대상의 축소, 이용개발의무기간의 확대가 주요 완화 내용이었다. 개발부담금 제도는 완화와 강화조치가 번갈아 있었는데 주로 부과대상 사업과 부담금 부과시점, 구체적인 징수방법 등에서 변동이 있었다. 가장 논란이 심했던 토지초과이득세제는 첫 과세기간인 1993년이 다가오기 이전에 이미 납세자들이 행정소송 등을 제기하면서 조세저항이 뒤따랐으며, 1994년 7월 헌법재판소의 헌법불합치 판결 이후 1994년에 대폭적인 개정이 이루어졌다. 토지초과이득세율이 50%의 단일세율에서 1000만 원 이하는 30%, 1000만 원 이상은 50%인 누진세율체제로 전환하였으며, 지가 하락

71) 1990년 1월 26일 박태준 민정당 대표는 '경제정책은 아무리 중요한 정책이라도 시기 선택이 중요하다'라고 전제하고, 토지공개념의 연기를 시사하였다. 이는 토지공개념과 금융실명제 등 무리한 경제개혁으로 인해 기업들의 투자의욕이 크게 저하됨으로써 경기침체가 예상되는 등 부작용이 초래될 수 있다는 판단에 따른 것이었다(한국경제신문, 1990.1.26자, 정훈, 「앞의 논문」, p.81에서 재인용).

시 보완규정을 마련하고 일정기간 내 양도 시 토지초과이득세를 양도소득에서 전액 공제하도록 하였다. 또한 지가 급등 지역만 과세하도록 하여 1993년 정기과세 이후 과세가 없어 실질적으로는 사문화되었다.

4) 토지공개념 제도의 폐지

1997년 말 외환위기로 부동산 경기가 극도로 침체되자 김대중 정부는 부동산 경기 활성화를 위해 분배와 형평보다는 성장과 경기회복에 초점을 맞추게 됨으로써 토지공개념제도는 종결을 맞게 되었다. 택지소유상한제는 1998년 9월 택지소유상한에 관한 법률을 폐지하였으며, 폐지된 이후인 1999년 4월 헌법재판소로부터 위헌판결을 받았다. 개발부담금은 1998년 7월 개발이익환수법을 개정하여 1999년까지 부과를 중지하였으며, 2000년부터는 부과율을 50%에서 25%로 인하하였다. 토지초과이득세는 1993년 정기과세 이후 과세가 없어 사문화되었던 토지초과이득세법은 1998년 12월 폐지되었다.

정부의 강력한 의지로 추진하였던 토지공개념 제도가 폐지된 것은 사유재산권 침해를 주장하는 재계 등 이해관계자의 지속적인 반대와 함께 헌법재판소의 결정에 따른 것이지만 외환위기라는 세계 자본주의체제의 변화에 따라 국내 경제위기극복과 신속한 경제구조조정을 추진하기 위해, 토지정책의 기조를 투기억제에서 거래촉진으로 전환하게 된 경제적 상황이 주요 배경요인이었다고 할 수 있다.

3. 토지가격 공시 제도 : 공시지가

1) 공시지가제도의 도입배경과 주요 내용

토지는 본래 가격 형성요인이 복잡하여 정확한 가격을 평가하기가 어렵고, 또한 거래도 빈번하게 일어나지 않으므로 기준이라 할 만한 가격이 없는 것이 본래적인 속성이다.[72] 그러나 일반 국민의 토지거래 시나 행정기관의 과세업무 수행을 위해서는 어떤 형태로든 토지가격을 표시하는 지표가 필요한데, 공적인 지가정보가 이러한 지표의 역할을 하게 되는 것이다.

엄밀한 의미에서 1970년대 이전에는 우리나라에서는 공적지가제도가 없었으며, 전문적인 공적지가제도의 시발점은 1972년에 도입된 기준지가제도이다.[73] 기준지가제도는 1960년대 후반 급속한 도시개발과 공공사업으로 전국적인 부동산 투기열풍이 문제되자 정부는 당시 일본에서 시행되고 있던 '지가공시제도'의 내용을 참고하여 1972년 12월에 「국토이용관리법」을 제정하여 도입하였다. 이후 1981년 12월에 토지수용법을 개정하여 토지보상금 산정 시 기준지가를 적용하도록 규정함으로써 공적토지평가가 본격적으로 시행되었다. 그러나 당시 공적지가제도는 기준지가(구 건설부), 과세시가표준액(구 내무부), 기준시가(국세청), 감정시가(구 재무부) 등으로 각 부처의 사용목적과 기능에 따라 다양한 형태로 되어 있어서, 1980년대 말 전국적인 지가폭등에 효율적으로 대처하기 어려웠다. 이에 정부는 토지공개념 제도의 일환으로 다원화된 지가체계를 일원화하기 위해 1989년

72) 국토개발연구원, 「국토 50년: 21세기를 향한 회고와 전망」, 서울프레스, 1996, p.852.

73) 채미옥·이영아·장경희, 「공시지가제도 개선에 관한 연구(II): 공시지가 표준지의 적정규모 측정 및 배분방법」, 국토개발연구원, 1993, p.7.

4월 「지가공시 및 토지 등에 관한 법률」을 제정, 공시지가제도를 도입하기에 이르렀다.

공시지가란 국토교통부장관이 조사·평가하여 공시한 표준지의 단위면적(㎡)당 가격을 말한다. 국토교통부장관은 매년 1월 1일을 기준으로 전국에 일정 토지를 표준지로 선정하고, 이들 표준지에 대한 가격을 감정평가사가 조사·평가하여 그 결과를 중앙부동산평가위원회의 심의를 거쳐 단위면적(㎡)당 가격을 공시함으로써 공시지가에 대한 공정성과 신뢰성을 제고하고, 국토교통부장관이 매년 공시하는 표준지 공시지가를 기준으로 토지가격비준표(지가산정 대상 토지의 지가형성요인에 관한 표준적인 비교표)를 사용하여 개별토지가격을 산정하게 된다.

2) 공시지가제도 도입이전 시기[74)]

1970년대 공적지가제도 도입 전에는 임대료를 기준으로 임시토지취득세와 토지세가 부과되었다. 최초의 임대가격조사는 1943년 조선시가지계획령의 개정에 의해 임대주가 받는 1년간의 임대료를 기준으로 이루어졌지만 추가적인 조사 없이 필요할 때마다 임대가격을 일률적으로 인상하는 조치[75)]를 취하다 보니 조세부담의 공정성과 합리성을 요구하는 전후 사회상황에 부적합하다는 비판을 받게 되었다. 이에 따라 정부는 1957년에 「토지과세기준조사법」을 제정하고, 1959년 1월에 당시 토지대장에 등록된 토지 중 임시토지취득세가 부과되는 토지를 대상으로 하여, 전·답에 대해서는 기준 수확량을 조사하

74) 이 부분은 국토개발연구원, 「앞의 책」, 1996, p.853~855와 채미옥·이영아·장경희, 「앞의 책」, 1993, p.6~8를 토대로 작성하였다.

75) 1946년에 10배, 1948년에 50배로 인상.

고 기타의 재산에는 임대가격을 조사하여, 이 값을 1962년부터 과표로 사용하게 되었다.[76] 그러나 국세와 지방세별로 다원화되어 있던 과표 체계는 여러 가지 측면에서 불편을 초래했으므로, 1968년에 과표를 일원화하는 작업을 추진하여 토지 분 재산세 과표를 임대가격에서 토지가격으로 전환하고, 토지가격은 국세청장이 결정하는 등록과세표준액[77]을 준용토록 하였다.

1972년에 처음으로 도입된 기준지가는 1973년 전남 여수, 광양지역과 창원, 울산, 구미지역 등에 첫 고시되었는데, 주로 대규모 공공사업지의 공공용지 매수나 수용 시의 보상액 산정 기준으로 활용되었다. 그러나 대규모 공공사업지를 중심으로 나타나던 지가 급등세가 전국적으로 확산되자 기준지가 고시 대상지역을 전국으로 확대하고 기준지가제도를 부동산 투기억제대책 수단으로 활용하게 되었다. 이때부터 기준지가는 보상기준 외에도 토지거래 허가, 토지선매 및 매수, 유휴지 매수청구 시에 가격심사 기준으로도 활용되게 되었다.

1975년에는 지방세의 독자성을 확보하고 지역실정에 밝은 지자체 인력을 활용하여 세수를 증대시키고자 과표 결정업무를 국세청에서 내무부로 이관시켰다.[78] 1978년에는 소득세법이 개정되면서 기준시가[79]라는 법정용어가 사용되었다. 기준시가는 주로 특정지역의 토지

---

76) 경상북도, 「토지평가제도의 일원화 방안 연구: 과표 및 기준지가를 중심으로」, 1982, p.21.(채미옥・이영아・장경희, 「앞의 책」, 1993. p.6에서 재인용)

77) 등록과세표준액은 임대가격을 토지가격으로 환산한 값을 말한다. 우리나라에는 1960년에 도입되었는데 매년 1월 1일의 시가를 기준으로 하여 토지임대가격에 대한 지역별, 지목별 배율을 적용하여 산정하였다. 1968년부터는 전, 답에 대해서는 기준수확량을 가격으로 환산해서 배수를 곱한 금액으로 하고, 대지 등 기타 토지는 임대가격에 소정의 배수를 곱한 금액으로 결정하였다(채미옥・이영아・장경희, 「앞의 책」, p.6에서 재인용).

78) 과세시가표준액은 매년 1월 1일 시가를 기초로 하여 결정되며 시장군수가 과표 결정권자가 되며 시도지사가 승인권자가 된다.

79) 기준시가는 지가 급등 및 투기가 우려되는 지역을 대상으로 국세청장이 지정하는 특정지역에 대해 내무부의 과세시가표준액을 준용하고 국세청 직원들이 시가를 조사하여 구한 배율을 곱하여 산정한다.

거래에 대해서 양도소득세 등을 부과하기 위한 지표로 사용되었으므로 공적지가제도라기 보다는 투기억제수단의 의미가 강한 제도였다.

한편 금융기관을 중심으로 조사하여 오던 사적지가제도는 1969년 한국감정원이 설립되고 1973년 「감정평가에 관한 법률」이 제정되면서 사적부문의 지가조사가 전문화되었다.[80] 감정원은 1970년도에 70개 도시를 대상으로 감정시가를 발표한 것을 시초로 공시지가가 도입된 1989년까지 감정시가를 조사 발표하였다. 이밖에 농협에서도 담보대출 업무에 참고자료로 활용하고자 1년에 두 번 지가를 조사하였다.

3) 공시지가제도의 형성

위에서 살펴본 바와 같이 당시 지가제도는 각 기관의 목적과 기능에 따라 구 건설부의 국토이용관리법에 의한 '기준지가', 구 내무부의 지방세법에 의한 '과세시가 표준액', 국세청의 '기준시가', 구 재무부의 감정평가에 관한 법률에 의한 '감정시가' 등으로 다원화되어 있었다. 이와 같이 각 기관이 다른 기준으로 조사하고 평가한 지가들은 연계성이 결여되어 객관성을 담보하기가 어려워 공적지가에 대한 국민의 불신을 초래하였으며 조사 및 평가에 소요되는 인력과 재정의 낭비도 심했다. 따라서 다원화된 지가체계를 일원화하여 토지공개념 관련 제도의 시행에 확고한 기반을 구축해야 할 필요성이 대두되었다.

지가체계 일원화 방안[81]은 부동산 투기가 절정에 달하였던 1978년

80) 이 법에 의해 공인감정사 자격제도가 도입됨으로써 평가자격제도가 기준지가의 토지평가사와 감정평가사로 이원화되었다.

81) 지가체계 일원화 추진 연혁은 국토교통부, 「2013년도 부동산가격 공시에 관한 연차보고서」, 2013. p.25를 참조하였음.

부터 논의되기 시작하여 1981년 7월 국무총리실에서 감정평가제도 일원화를 성장발전 저해제도 개선과제로 선정·추진되었으나 관계부처와 이해당사자들 간의 이견으로 실현되지 못하였다. 이에 1981년 12월 구 총무처는 감정평가제도를 국토이용관리법에 통합(공인평가사 신설)하거나 새로운 법을 제정하는 2개안을 주요내용으로 하는 개선방안을 마련하여 구 경제기획원에 조정을 의뢰하였다. 그러나 이것 역시 의견 조정 실패로 장기간 교착상태에 빠지자 1985년 5월에 구 경제기획원은 부동산종합대책의 일환으로 학계 및 전문가들로 구성된 연구작업반을 구성하여 지가체계 일원화 방안을 마련키로 하였다. 1986년 1월 이 연구결과가 종합조정반에 보고되었으며, 이어서 1986년 12월 부동산대책 실무위원회에 상정하였다. 여기에서 지가체계 일원화를 위한 공시지가 제도를 도입하고 구 건설부가 주관하기로 확정하였다. 이에 따라 1989년 4월 「지가공시 및 토지 등의 평가에 관한 법률」을 제정·시행하였다.

4) 공시지가제도의 수정

1989년 4월에 제정된 위 법률은 「국토이용관리법」상의 기준지가 관련 규정과 「감정평가에 관한 법률」, 일본의 「지가공시법」의 내용을 취합하여 만들었기 때문에 제도 도입에 필요한 기본개념과 조사 기준, 조사방법 및 수단에 대한 준비가 부족하였다.[82] 또한 1994년 7월 헌법재판소는 토지초과이득세에 대한 헌법불합치 결정 시에 개별공시지가의 법적근거 불명확, 표준지 수의 부족, 비전문가에 의한 개별토지가격 조사·산정 등의 문제점을 지적한 바 있어 정부는 동 법

---

82) 채미옥·문경희, 「공시지가제도 선진화 방향에 관한 연구」, 국토연구원, 1999, p.20~21.

을 개정하여 감정평가사로 하여금 개별공시지가의 적정여부를 검증토록 하였으며, 지가산정의 오류를 최소화하고 산정의 정확성과 신속성을 기하기 위해 지가자동산정프로그램(ALPA)을 개발·보급하였다. 이와 함께 표준지 분포나 지가산정지침의 변경을 최소화하여 지가산정의 연속성이 유지될 수 있도록 개선하였다.[83] 이후에도 여러 차례 개정을 통해 표준지 공시지가의 개념을 구체화하고 분할 합병된 토지 등에 관한 개별공시지가 산정근거를 마련하는 등 미비점이 보완되었다.

5) 공시지가제도의 확대

외환위기를 극복하자 2000년대 초부터 부동산 가격 특히 주택가격이 급등하기 시작하였다. 이에 대응하여 보유세 강화, 거래세 인하, 부동산 실거래가 신고제, 종합부동산세 도입 등 세제 개편이 추진되었는데, 이들 정책의 실효성을 제고하기 위해서는 건축물에 대해서도 평가체계의 개편이 필요하다는 인식이 확산되었다. 2004년 9월에 국민경제자문회의에서 토지와 건물을 통합하여 평가하는 체계로 개편하기로 결정하였다.[84] 2005년 1월 종전의 「지가공시 및 토지 등의 평가에 관한 법률」을 전면 개정하여 「부동산가격공시 및 감정 평가에 관한 법률」로 개편되었다. 이로써 지가공시제도가 부동산 가격 공시제도로 확대된 것이다. 이에 따라 2006년부터 주택가격 공시제도가 시행되었으며, 비주거용 건축물가격 공시제도 도입을 위한 시범사업이 현재 추진 중에 있다.

---

83) 국토해양부, 「토지정책 패러다임 재정립 방안 연구(자료집)」, 2010, p.275.
84) 국토교통부, 「2013년도 부동산가격 공시에 관한 연차보고서」, 2013, p.33.

4. 토지보유 관련 조세제도 : 종합부동산세

1) 종합부동산세의 도입배경과 주요내용

외환위기 후 우리나라 경제가 회복되면서 부동산시장 특히 주택시장은 세계적 저금리 추세에다 외환위기 극복과정에서 시행된 분양가 자율화 등 규제완화와 주택담보 대출 증가로 인한 유동성 확대로 2001년 하반기부터 과열되기 시작하였다. 이에 노무현 정부는 부동산 조세제도를 개편하여 보유과세를 강화함으로써 부동산시장의 장기적인 안정 기반을 마련하고자 하였다. 그동안 부동산 보유세로 분류되어 시행되어 왔던 종전의 재산세와 종합토지세는 토지와 건축물을 구분 과세하고 시가와 괴리된 과세표준 방식과 명목상 높은 세율 구조 등으로 부동산 보유에 따른 조세 부담의 형평성에 문제가 발생하고 낮은 조세 부담 수준으로 부동산 투기를 실질적으로 억제하지 못하고 있다는 여론이 형성되었다. 따라서 고액의 부동산 보유자에 대해서는 종합부동산세를 부과하여 부동산보유에 대한 조세 부담의 형평성을 제고하고 부동산 가격의 안정을 도모할 목적으로 2005년 1월부터 시행되었다.

종전에는 건물에는 재산세를 부과하고 토지에는 종합토지세가 부과되었으나 주택은 건물과 부속 토지를 통합 평가하여 1차로 지방세인 재산세를 통합과세하고 일정 기준 가액 초과분에 대하여 2차로 누진세율로 종합부동산세를 과세하는 것이다.[85] 종합부동산세의 핵심

85) 다시 말하면, 종합부동산세는 1차적으로 지자체에서 낮은 세율로 재산세를 부과한 부동산에 대하여 전국에 소유한 부동산 중 분리과세 대상 토지를 제외한 모든 토지와 주택(부속토지 포함)의 공시가격을 납세자 별로 합산하여 일정한 기준금액을 초과하는 금액에 대하여 높은 세율을 적용하여 산출한 세액에서 이미 납부한 재산세를 공제한 후 2차적으로 과세하는 것이다. 과세대상은 「지방세법」상 재산세 과세 대상 재산 중 주택(주거용 건축물)과 토지(종합합산과세 대상 토지와 별도합산과세 대상 토지)로서 주택 이외의 건축물은 과세대상이 아니다. 과세기준

은 고액의 부동산 보유자에게는 보유세 부담을 높이고, 지방세로 운영되어 오던 재산세를 일부 국세화하겠다는 것이다. 즉, 종합부동산세는 부동산 투기억제에서 출발하였지만 부동산 보유를 억제하고 소수의 고액 부동산 소유자에게 중과함으로써 양극화를 해소하고자 하였으며[86], 국세로 징수한 종합부동산세는 재정이 어려운 지자체에 전액 교부하도록 하여 지방재정의 균형발전도 도모하고자 한 것이다.

2) 종합부동산세 도입 이전시기

우리나라에서 토지보유과세와 이용과세가 확실히 구분되기 시작한 것은 1961년 12월 농지세로부터 분리하여 재산세를 지방세로 신설한 뒤부터라고 할 수 있지만[87], 부동산 투기를 억제하기 위한 수단으로 조세 제도를 이용하기 시작한 것은 1973년 3월 지방세법을 개정하여 부동산에 대한 중과규정을 신설한 것이 시발점이라 할 수 있다.[88] 이러한 중과제도는 1974년 12월 지방세법 개정을 통해 주거용 토지에도 초과누진세율이 적용되었고 공한지에도 중과 규정이 신설되는 등 강화되었다. 그러나 비업무용토지와 공한지에 대한 재산세의 중과규정에도 불구하고 토지과다보유 심리를 억제하지 못해 부동산 투기가 가라앉지 않자 1986년 말에 기존의 재산세와는 별도의 특별세 형식으로 '토지과다보유세'를 신설하였다. 이는 공한지제도가 소유자별

금액은 인별로 주택은 공시가격 6억 원(1세대 1주택자는 9억 원), 토지는 종합합산 토지는 5억 원, 별도합산 토지는 80억 원이다.

86) 곽태원, "한국 조세정책의 흐름과 향후과제", 「한국재정학회 2012년 학술대회 논문집」, 2012, p.8.

87) 박병호,"우리나라 부동산세제에 관한 연구 - 지방세법을 중심으로-", 동의대학교 대학원 박사학위 논문, 2003, p.34.

88) 동 법의 개정으로 법인의 비업무용 토지(기본세율의 2배), 대도시 내 신설 공장(5년간 3배), 별장·골프장 등 사치성 재산에 대하여 재산세가 중과세 되었고, 주택에 대해서는 초과누진세율(0.3~0.6%)이 적용되기 시작하였다(박병호, "앞의 논문", p.40.).

합산 기준이 아니라 한 필지의 토지만을 기준으로 하였기 때문에 불공평문제가 되었기 때문이다. 즉, 200평의 나대지 한 필지의 소유자에게는 공한지세가 부과되나 190평짜리 나대지를 여러 필지 가지고 있더라도 비과세되는 모순이 발생하게 되는 것이다. 따라서 필지별로 과세하던 것을 소유자별로 전국 단위의 일정한 토지를 합산[89]하여 초과누진세율을 적용하여 과세하게 되었다. 이로써 종전의 재산세보다 세 부담이 증가하였으며, 개인별 보유 토지를 합산하여 초과 누진세율을 적용하는 방식은 후술하는 종합토지세와 종합부동산세에서도 계속 이어져 갔다.

1988년 올림픽을 전후하여 전국의 부동산가격이 다시 급등하자 토지공개념제도를 구축하는 과정에서 토지공개념 3법 이외에도 기존의 '토지과다보유세'를 '종합토지세'로 개편하여 1990년 1월 1일부터 시행하였다. 이는 토지과다보유세의 대상인 공한지와 법인의 비업무용토지가 전 국토의 1%에도 미치지 못하여 투기억제의 기능을 충분히 발휘하지 못했기 때문이다. 종합토지세는 토지 분 재산세와 토지과다보유세를 통폐합하여 전국의 모든 토지를 소유자별로 합산한 가액에 초과누진율을 적용하여 산출하여 과세한다. 재산세는 물건별로 개별과세하고 토지과다보유세는 소유자별로 합산 과세하도록 이원화되어 있어 이를 통합하여 과세하는 것이 토지 보유능력에 상응하는 것이며, 과다 보유자에게는 보유비용을 높임으로써 토지의 공급 촉진에도 도움이 된다고 할 수 있다. 그러나 종합토지세 도입 당시 토지소유

89) 부동산투기의 우려가 없는 면 지역의 토지는 배제하고, 읍 이상 지역의 도시계획 구역과 특별시, 직할시와 경계를 접한 도시계획 구역 내에 개인이 보유하는 8개 지목(공장용지, 잡종지, 전, 답, 과수원, 목장용지, 임야 등)의 토지 중 종래의 공한지 규정과 유사한 기준에 해당하는 유휴토지와 전국에 걸쳐 법인 또는 단체가 보유하고 고유 업무에 직접 사용하지 않는 모든 토지를 합산하여 과세하였다.

정보가 전산화되어 있지 않았다면 누진과세는 어려웠을 것이다. 다행히 정부는 1980년대 중반부터 토지대장의 전산화를 추진하여 1988년에 이를 완료하였고, 이를 토대로 토지소유실태의 파악과 종합토지세의 시행 등에 활용할 수 있었다.[90)]

한편 토지공개념의 한 축으로 도입되었던 '토지초과이득세'도 1990년 1월 1일부터 시행되었는데, 토지초과이득세는 위에서 이미 살펴본 바와 같이 유휴토지 등으로부터 발생하는 토지초과이득에 대해 보유단계에서 과세하는 징벌적 성격으로 인해 많은 저항에 부딪쳤고 헌법재판소의 헌법불합치 결정에 따라 1998년 12월에 폐지되고 말았다.

3) 종합부동산세제의 형성

정부는 2003년 5월 5.23대책("주택가격 안정대책")을 발표하여 부동산 과다보유자 5만~10만 명에 대한 합산 과세 방침을 밝힌 데 이어 9월에 행정자치부는 종합부동산세 신설 방침을 발표하였으며, 10월 10.29대책("부동산 시장안정 대책")을 발표하여 종합부동산세를 당초보다 1년 앞당겨 2005년부터 시행하고, 보유세 부담을 늘리겠다고 하였다. 그리고 10월 31일 부동산보유세제개편위원회를 개최하여 토지 과표를 공시지가의 50%로 하고 1가구 다주택자에 대하여 중과를 하는 등 부동산 보유세 개편 세부 실천방안을 추가로 발표하고, 재정경제부 내에 개편실무팀을 발족시켰다.

그런데 초기 입안과정에서 정부 내에서 이견이 제시되는 혼선이 빚어지기도 했었다. 건설교통부는 도입에 적극적이었지만 재정경제부는 신중한 입장을 취하였다. 이는 세제 주무부처로서 부동산 가격

---

90) 국토개발연구원, 「앞의 책」, 1996, p.821.

안정을 위해서는 세제를 통한 수요 억제보다는 주택공급확대를 통해 이루어질 필요가 있다는 인식이 깔려있었다.[91] 지자체와 행정자치부도 보유세 부담을 늘리는 것에 대한 민원을 우려하여 재산세 과표 인상에 미온적이었다.

그러나 이러한 초기의 종합부동산세 신설에 대한 정부 내 논란은 대통령의 강력한 의지[92]와 계속된 부동산 가격의 상승에 따라 점점 약해져 가서 내부 정리가 되었다. 2004년 3월 들어 정부가 부동산 보유세를 국세와 지방세로 이원화할 방침을 발표하고 공청회[93]를 개최하자 지자체들은 전국시장군수구청장협의회를 통해 공식적으로 반대 입장을 표명하고 지방세로 전환할 것을 주장하기 시작하였다. 이러한 주장의 이면에는 속칭 재산세 파동이라 불리는 재산세 감면조치가 있었다.[94] 10.29 대책 이후 주택분 재산세가 인상되자 이에 항의하는 주민들의 민원들이 많았는데, 이른바 강남 3구는 지방세법상의 탄력세율 조정권한[95]을 이용하여 다른 지역보다 상대적으로 높은 감면

91) 이헌재 부총리 겸 재경부장관은 2004년 2월 20일 취임 첫 경제장관간담회를 마친 후 가진 기자회견에서 "주택시장은 기본적으로 공급 능력을 높여 수요와 균형을 맞추고 가격을 안정시키는 게 옳다"며 세제 강화를 비롯한 수요 억제 위주의 부동산정책과 상반된 입장을 표명했다. 이에 앞서 이 부총리는 2월 18일 국회 대정부 질의 답변에서도 부동산 정책과 관련, "세제 문제는 별도로 좀 더 시간을 갖고 검토할 필요가 있다"고 밝혔다(연합뉴스 2004.2.22.). 그러나 김광림 재경부 차관은 "현재로서는 종합부동산세의 시행과 관련해 백지화 또는 연기를 검토한 바 없다"고 명확하게 밝혔다(매일경제 2004.2.23.).

92) 노무현 대통령은 2003.10.23 국회시정연설에서 "부동산투기는 결코 용납하지 않겠다"며, "지금 정부가 준비 중인 종합적인 부동산대책으로도 부족할 때에는 강력한 토지공개념제도의 도입도 검토하겠다"고 밝혔다(연세대학교 경제연구소, 「부동산관련 조세정책의 경제적 효과와 정책방향」, 2003.12. p.47.).

93) 2004.7.22.에 개최된 공청회에서는 시민단체들은 "일부 계층의 조세저항을 무릅쓰고 세제 개편을 강력 추진해야 한다"고 찬성입장인 반면, 일부 전문가들은 "건설경기가 침체된 마당에 보유세 개편은 치명적 결과를 가져올 것이다. 지방분권 논리에도 위배되는 종합부동산세는 철회돼야 한다."고 반대입장을 밝히는 등 찬반공방이 가열되었다.

94) 김태영, "정책네트워크 개념을 활용한 종합부동산세 입법과정 분석", 「한국정책학보」 제17권 1호, 한국정책학회, 2008, p.35.

95) 지방세법 제188조 제6항에 의하면 지지체는 지방의회의 의결을 거쳐 일부 세목에 대하여 최고 50%까지 세율을 조정할 수 있다.

조치를 취하였다.[96] 이는 재산세 인상을 통하여 부동산시장을 안정시키고자 하는 정부의 정책효과를 반감시키는 것이었다. 정부로서는 정책의 실효성 제고를 위해서 재산세를 국세화하거나 탄력세율 제도를 폐지하는 방안이 있을 수 있으나, 이는 지방분권을 침해한다는 비난을 면할 수 없게 된다.[97] 이에 따라 일정 규모 이상의 재산을 소유할 경우에만 추가로 보유세를 부과하고 이를 국세화하면 이러한 비난은 피할 수 있게 되지만,[98] 종합부동산세의 신설은 동일한 세원에 이중과세한다는 위헌논의에 휘말리게 되었다.[99]

또한 종합부동산세 도입을 위한 당정협의 과정에서 여당인 열린우리당은 세금 신설에 따른 국민의 부담을 의식해서 초기에는 소극적이었으나 청와대를 중심으로 한 정부의 강력한 의지에 따라 추진 쪽으로 의견이 조율되었다. 다만 정부원안은 과세기준이 주택의 경우 6억 원 이상이었으나 여당인 열린우리당의 반대로 9억 원으로 상향조정되었다. 이는 여당의 정치적 고려입장이 반영된 결과였다. 이에 반해 야당인 한나라당은 개인과 기업의 소비 진작과 건설경기에 악영향을 미치고, 국세와 지방세로 이원화하는 것은 지방분권 취지에 어

96) 전년 대비 2004년도에 인상된 비율을 보면 서울의 양천구 98.3%, 성동구 88.5%, 중구 80%이었으며, 경기도 과천시 105%, 성남시 100%인 데 비해, 소위 강남 3구는 강남구 77%, 서초구 73.9%, 송파구 60%에 불과하였다(김태영, "앞의 논문". p.35~36.).

97) 2004년 8월 5일 개최된 공청회에서 정부는 과세공평성과 소득재분배 기능을 높이기 위해서는 보유세 부담을 늘려야 하는데 지자체가 과표 현실화에 적극적이지 않기 때문에 국세로 전환해야 된다고 주장한 반면, 지자체는 보유세를 국세로 전환하는 것은 분권시대에 역행하는 것이라고 반대입장을 분명히 했다.

98) 종합부동산세를 국세로 징수하여 재정이 열악한 지자체에 배분하는 성격상 지방의 반발보다는 세수가 높은 수도권 지역의 반발이 높았다. 그러나 시간이 지나면서 종합부동산세의 적용대상이 수도권 등 일부 지역에 한정되기 때문에 전국시장군수구청장협의회는 찬성 입장으로 바뀌었다.

99) 종합부동산세 도입에 반대하는 논리는 미 실현이익에 대한 과세 문제, 과세대상과 납세자의 범위 문제, 이중과세에 따른 사유재산권 침해 문제, 지자체의 과세자주권 침해 문제, 세 부담의 급격한 증가로 인한 경제의 어려움 등이다(송상훈 · 류민정, 「지방세제 선진화를 위한 종합부동산세 개편연구」, 경기개발연구원, 2010, p.11.).

긋난다는 논리로 반대 입장을 취하였다.[100] 그러나 이와 같은 반대에도 불구하고 결국 여야 타협으로 2005년 1월 1일 새벽 '종합부동산세법'은 정부안보다 완화된 형태로 본회의를 통과하게 되었다.[101]

제정된 종합부동산세의 과세방법은 개인별 합산으로 하고, 과세기준금액은 주택의 경우 공시가격 기준 9억 원, 토지(종합합산과세대상)의 경우 6억 원이며, 과표 적용률은 공시가격 기준 50%, 세 부담 상한선은 전년 대비 1.5배이었다.

4) 종합부동산세제의 강화

종합부동산세제의 조기 시행 등 여러 가지 부동산 정책에도 불구하고 부동산 시장은 안정되지 아니하자 노무현 정부는 2005년 8월 8.31대책을 발표하여 종합부동산세 과세대상을 확대하고 과세방법을 보다 강화하고자 하였다. 각종 시민단체와 여론은 이에 지지를 보냈으며, 야당과 일부 지역의 주민들도 정치적 부담 때문에 반대할 명분이 약해져 2005년 12월 31일 종합부동산세법 개정이 이루어졌다. 개정된 내용은 과세방법을 개인별 합산에서 세대별 합산 방식으로 변경하고, 과세기준금액은 주택의 경우 9억 원에서 6억 원으로, 토지의 경우 6억 원에서 3억 원으로 하향 조정하였다. 당시 50%이었던 과표 적용률을 2009년까지 연차적으로 100%로 인상하기로 하여 과세표준을 현실화하였으며, 세 부담 상한선은 전년 대비 1.5배에서 3배로 상향 조정하였다. 이로써 납세자의 부담이 대폭 강화되었다.

---

100) 정훈, "앞의 논문", p.97.

101) 국회 재정경제위원회에서 여야의 입장이 좁혀지지 않아 합의안 도출이 어렵게 되자, 여당은 국회의장에게 본회의 직권 상정을 요청하였으며, 야당은 본회의장을 점거하는 등 실력행사를 취하였다. 이러한 대치상황에서 일명 과거사법을 다음 2월 임시국회로 미루는 것을 골자로 하는 한나라당의 제시안이 수용되면서 본회의에서 통과하게 되었다(정훈, "앞의 논문", p.97~98.).

[표 1] 종합부동산세의 주요변동 내용

구분	종부세형성(노무현 정부)	종부세강화(노무현 정부)	종부세완화(이명박 정부)
과세 방법	개인별합산	세대별합산	개인별합산
과세 기준 금액	주택 9억 원 초과	* 주택 6억 원 * 종합합산토지 : 3억 원 * 별도합산토지 : 40억 원	* 주택 6억 원(1가구 1주택 9억 원) * 종합합산토지 : 5억 원 * 별도합산토지 : 80억 원
과표 적용율	50%, 공시가격기준	매년 10%p 인상, 2009년 100%, 공시가격기준	80% 유지, 공정시장가액 탄력적 운용
세부담 상한	전년 대비 1.5배	전년 대비 3배	전년 대비 1.5배
세액 공제	없음	없음	* 고령자 : 60세 이상 10%, 65세 이상 20%, 70세 이상 30% * 장기보유자 : 5년 이상 20%, 10년 이상 40%

5) 종합부동산세제의 완화

2007년 대선에서 종합부동산세 폐지를 공약으로 내세웠던 이명박 대통령과 한나라당은 새 정부가 들어서자 종합부동산세 폐지를 추진하였다. 그러나 당시 부자감세, 대기업 위주 정부 등의 여론의 비판과 야당의 거센 반발에 직면하여 어려움을 겪게 되자 여당 내에서도 내부 이견이 많았다. 이에 따라 정부와 여당은 완화 쪽으로 방향을 전환하였다. 더구나 2008년 11월에 헌법재판소는 종합부동산세의 취지는 합헌이지만, 세대별 합산규정은 위헌이며, 주거목적의 1주택 장기보유자 부과규정은 헌법 불합치라는 결정을 내렸다.[102] 결국 2008

102) 종합부동산세의 과세방법을 인별 합산이 아니라 세대별 합산으로 한 것은 혼인과 가족생활을 보장하는 헌법에 위반되고, 주거목적의 1주택 장기보유자 또는 장기보유자가 아니더라도 담세력이 취약한 고령자와 같이 별다른 재산이 없거나 수입이 없는 자에 대한 일률적 과세는 헌법에 불합치한다는 취지의 결정을 내렸다(2008.11.13.). 즉, 보유 동기나 기간, 조세지불능력, 주거생활 영향 등을 고려하여 납세의무자의 예외를 허용하거나 과세표준, 세율조정을 통해 납세의무 감면 등의 조정장치가 필요하다는 것이다(송상훈・류민정,「앞의 책」, p.12~13.).

년 12월 13일 완화된 종합부동산세법 개정안이 본회의에서 통과되었다. 개정된 주요내용은 세대별 합산규정을 개인별 합산방식으로 변경하고 과세기준금액을 주택의 경우 6억 원으로 유지하되 1주택 자에 대해서는 3억 원을 기초공제하고, 토지(종합합산과세대상)의 경우 3억 원에서 5억 원으로, 분리합산과세대상 토지는 40억 원에서 80억 원으로 각각 상향 조정하였다. 과표 적용률은 80%로 동결하고, 과세부담 상한선은 전년 대비 3배에서 1.5배로 완화되었다.

종합부동산세 형성과 강화과정은 노무현 정부의 분배를 통한 성장이라는 국정 철학에 대한 여론과 시민단체의 지지를 바탕으로 정부부문이 주도적 역할을 수행하였으나, 완화과정은 시장중시론자인 전문가의 비판 아래 정치권이 주도적 역할을 하였다고 볼 수 있다.[103]

IV 미래를 향한 제언

우리의 토지정책 형태의 변화를 살펴보면, 정책목표는 경제적 효율성과 사회적 형평성이 시대적 여건에 따라 교대로 강조되었으며, 중점 추구 가치는 개발 우선에서 개발과 보전의 조화로, 시장구조는 폐쇄적 형태에서 개방적 형태로, 시장규제는 직접적 개입에서 간접적 개입(정보화, 투명화)으로, 접근방법과 범위는 개별적·국지적 접근에서 종합적·광역적 접근으로 패러다임이 변화하여 왔다고 할 수 있다.[104] 그동안 도입·시행되었던 토지정책들은 각 시대가 처한 토지

103) 정훈, "앞의 논문", p.106.
104) 국토연구원, 「상전벽해 국토 60년: 국토60년사 정책편」, 2008, p.102~103.

시장의 갈등과 마찰을 극복하는 데 그 나름대로는 기여를 해왔다고 할 수 있다. 다만, 규제강화(투기억제)와 규제완화(경기활성화) 조치가 번갈아 시행되었던 학습효과로 인해 정책의 실효성이 떨어지는 측면이 있었다.

향후 토지정책은 인구 감소와 고령화, 기후변화와 에너지 고갈, 시장개방 확대와 금융시장의 국제연계, 분권화와 정보화 등 외부의 환경변화[105]에 따라 수요자 중심, 환경가치와 이용가치 중심, 국제규범과 간접투자 중심, 지역과 민간 중심으로 정책의 중심이 이동하여야 한다. 또한 통일 이후의 북한 토지에 대한 조사 및 감정평가, 소유권 처리문제 등에 대해서도 심도 있는 연구가 필요하다고 본다.

105) 정희남, "성숙사회의 토지정책 방향", 「국토」 통권 375호, 국토연구원, 2013, p.30~32.

참고문헌

- 공제욱(1992), "1950년대 한국자본가의 형성과정", 서울대학교 대학원 박사학위 논문.
- 곽영길(1989), "특별기획/토지공개념 파동: 반대세력의 실체와 전략", 「월간조선」 1989년 10월호, 조선일보사: 186~199면.
- 곽태원(2012), "한국 조세정책의 흐름과 향후과제", 「한국재정학회 2012년 학술대회 논문집」: 1~25면.
- 경상북도(1982), 「토지평가제도의 일원화 방안 연구: 과표 및 기준지가를 중심으로」.
- 국정브리핑 특별기획팀(2007), 「대한민국 부동산 40년」, 한스미디어
- 국토개발연구원(1991), 「토지공개념 백서」.
- 국토개발연구원(1996), 「국토 50년: 21세기를 향한 회고와 전망」, 서울프레스.
- 국토연구원(1999), 「규제개혁 국토법제」.
- 국토연구원(2008), 「상전벽해 국토 60년: 국토60년사 정책편」.
- 국토연구원 · 한국교통연구원 · 한국철도기술연구원 · 한국해양수산개발원 · 한국환경정책평가연구원(2010), 「한국경제 60년사(국토 · 환경분과)」.
- 국토교통부(2013), 「2013년도 부동산가격 공시에 관한 연차보고서」.
- 국토교통부(2014), 「2013 도시계획현황통계」.
- 국토해양부(2010), 「토지정책 패러다임 재정립 방안 연구(자료집)」.
- 국토해양부(2013), 「희망의 땅 기회의 바다 선진 대한민국-1권」.

- 김상용(1997), “토지거래허가제의 운용결과의 평가 및 개선방안 연구”, 「감정평가논집」 제7호, 한국부동산연구원: 35~72면.
- 김성호 · 전경식 · 장상환 · 박석두(1989), 「농지개혁사 연구」, 농촌경제연구원.
- 김태영(2008), “정책네트워크 개념을 활용한 종합부동산세 입법과정 분석”, 「한국정책학보」 제17권 1호, 한국정책학회: 27~55면.
- 두성규 · 김현아 · 박용석(2007), 「주택 · 부동산 분야의 향후 정책과제」, 한국건설산업연구원.
- 박병호(2003), “우리나라 부동산세제에 관한 연구 - 지방세법을 중심으로 -”, 동의대학교 대학원 박사학위 논문.
- 박헌주 · 정희남 · 이환성 · 정우형(1998), 「토지공개념 관련제도의 종합평가와 향후과제」, 국토개발연구원.
- 박헌주 · 채미옥 · 최혁재 · 최수(1998), 「토지정책의 전개와 발전방향」, 국토개발연구원.
- 송대희(1990), “토지공개념 확대 실시의 필요성”, 「국토이용의 효율화 방안 - 토지공개념 확대 실시와 수도권 정책의 기본방향」, 국토개발연구원: 1~20면.
- 송상훈 · 류민정(2010), 「지방세제 선진화를 위한 종합부동산세 개편연구」, 경기개발연구원.
- 연세대학교 경제연구소(2003), 「부동산관련 조세정책의 경제적 효과와 정책방향」.
- 유해웅 · 손재영 · 최혁재(1987), 「토지거래규제제도의 정비 · 개선에 관한 연구」, 국토개발연구원.
- 이영범 · 박종구(2010), “참여정부와 이명박 정부의 부동산 정책기조 분석”, 「주거환경」 제8권 1호 (통권 제13호), 한국주거환경학회: 85~99면.

- 장상환(2004), "해방 후 한국자본주의 발전과 부동산투기", 「역사비평」 통권 66호, 역사비평사: 55~78면.
- 전강수(2007), "부동산 정책의 역사와 시장친화적 토지공개념", 「사회경제평론」 제29(1)호, 한국사회경제학회: 373~421면.
- 정훈(2011), "한국의 부동산정책 변동에 관한 연구 - 변동유형별 사례 비교분석 -", 연세대학교 대학원 박사학위 논문.
- 정희남(1995), "광복 후 한국 토지정책의 변천에 관한 고찰, 1945 ~ 1995", 「국토연구」 제23권, 국토개발연구원: 127~145면.
- 정희남(2010), "정부수립 이후의 토지정책 60년사 소고, 1948 ~2008", 「부동산연구」 제20집 제1호, 한국부동산연구원: 281~306면.
- 정희남(2013), "성숙사회의 토지정책 방향", 「국토」 통권 375호, 국토연구원: 30~34면.
- 채미옥(2003), "소득 2만 불 시대를 향한 토지정책방향", 「소득 2만 불 시대를 향한 SOC 및 토지정책 방향 모색을 위한 세미나」, 국토연구원.
- 채미옥 · 문경희(1999), 「공시지가제도 선진화 방향에 관한 연구」, 국토연구원.
- 채미옥 · 이영아 · 장경희(1993), 「공시지가제도 개선에 관한 연구(II): 공시지가 표준지의 적정규모 측정 및 배분방법」, 국토개발연구원.
- 채미옥 · 정희남 · 송하승(2006), 「선진사회를 향한 토지정책 방향 및 추진전략 연구(1)」, 국토연구원.
- 한국토지공사(2000), 「우리나라 토지정책의 변천과정과 공사의 역할」.

[첨부] 연도별 토지가격 변동(%, 전년 대비)

연도	지가변동률	연도	지가변동률
1975	26.99	1995	0.55
1976	26.60	1996	0.95
1977	33.55	1997	0.31
1978	48.98	1998	-13.60
1979	16.63	1999	2.94
1980	11.68	2000	0.67
1981	7.51	2001	1.32
1982	5.40	2002	8.98
1983	18.50	2003	3.43
1984	13.20	2004	3.86
1985	7.00	2005	4.97
1986	7.30	2006	5.62
1987	14.67	2007	3.89
1988	27.47	2008	-0.32
1989	31.97	2009	0.96
1990	20.58	2010	1.05
1991	12.78	2011	1.17
1992	-1.27	2012	0.96
1993	-7.38	2013	1.14
1994	-0.57	2014	1.97

자료 : 국토교통부 토지정책과

교통물류정책의 역사적 변동

06

CHAPTER 06

교통물류정책의 역사적 변동

정상호(전 교통안전공단 이사장)

I 들어가며

교통물류는 인체의 혈맥과 같다. 피가 잘 돌면 사람이 건강하듯 교통물류가 원활하게 흐르면 국가 경제가 건강하고 경쟁력이 높아진다. 세계 역사를 보더라도 교통물류를 장악하는 민족이 세계를 주도하였고 풍요로운 삶을 누렸다. 로마의 도로 인프라와 지중해 해운, 동·서문명의 젖줄인 실크로드, 몽골의 동·서양 교통물류 통합, 그리고 근대 유럽의 해양진출과 영국의 산업혁명에서 보듯이 교통물류가 국운을 상승시키고 사회발전을 가속화시킨 사례는 셀 수 없이 많다.

우리나라에 근대교통이 도입된 이후 교통물류정책은 역사적으로 시대상황에 따라 다양한 형태와 내용으로 도입·운영되어 왔다. 국민의 경제활동을 촉진하고 이동 욕구를 충족시키기 위해 교통수단 확충에 주력하거나, 민생 안정을 위한 지원 또는 규제방안이 시행되었다. 또한 국가 발전전략 차원에서 국내경제를 자극하고 이끌어 내는 기폭제로 교통 SOC 사업과 교통 서비스 개선을 추진하고, 국제경쟁력 제고를 위해 대형 국책사업을 시행하기도 하였다.

이를 통해 교통물류는 8·15 광복 이후 세계에서 가장 가난한 나라 중의 하나였던 우리나라가 유례없는 압축성장을 일구어내는 데 돋보이는 기여를 하였다. 그러나 최근 세계경제 여건이 저속성장 기조로 변하고 있고, 국내경제 또한 낮은 출생률과 인구 고령화, 취업난 등으로 성장 동력이 둔화되고 있어 이를 타개하기 위한 교통물류의 역할이 그 어느 때보다도 요구되고 있는 상황이다.

특히, 한국반도는 지정학적으로 세계 최대의 유라시아대륙과 태평양을 모두 품을 수 있는 전략적 거점이다. 교통·물류 측면에서 천혜의 강점을 가지고 있는 것이다. 그동안 우리나라 교통물류가 경제성장 과정에서 많은 성과를 거두었듯이, 앞으로 우리가 갖고 있는 잠재적 가치를 활용하여 새로운 가치를 창출해 낸다면 국가발전의 실마리를 풀어갈 수 있다. 이러한 관점에서 근대교통체계 도입 이후 교통물류의 상황 변화와 정책 변천 내용을 객관적으로 살펴봄으로써 현재의 교통물류를 비추어보고 미래 우리나라 교통물류의 나아갈 길을 성찰하는 기회가 되기를 기대한다.

II 시대별 교통물류문제의 변천과 정책변화

1. 교통물류정책의 시대구분

우리나라의 교통가치와 교통정책은 시대적 상황과 사회·경제적 특성에 따라 역동적인 모습으로 변화하여 왔다. 이 글에서는 8·15 광복 이후 2000년대까지 교통물류정책의 내용을 〈그림 1〉에서와 같이 4기로 나누어 짚어보고자 한다.

1기는 광복 이후 1950년대 말까지 정부출범 초기로 근대교통체계가 도입·운영된 시기다. 다만, 우리나라에서 근대교통이 처음으로 도입되기 시작한 것은 실제 1880년대 말부터 이므로 교통정책 변화의 내용을 보다 심층적으로 파악할 수 있도록 대한제국~일제 강점기에 관한 사항도 간단히 살펴보기로 한다. 대한제국 시기에 처음으로 도입된 서양의 새로운 교통기술은 전차였다. 일제 강점기에는 대륙진출을 위한 통로 구축 등의 차원에서 철도가 중시되었고, 광복 이후에는 도로교통이 부실하여 전차, 철도가 주로 이용되었다. 1950년대에는 6·25전쟁으로 파괴된 교통망의 복구가 시급한 현안이었으며, 이 시기에 육상교통 외에 해운의 역할이 증대되고 새로 항공교통이 날개를 펼치기 시작하면서 근대 육·해·공 교통의 얼개가 짜여졌다.

2기는 1960년대부터 1980년대 말까지 산업화시대로, 교통시설 및 수단 등 교통공급 확대 시기다. 이때는 활발한 국민 경제활동과 자동차 보유대수의 증가 등으로 교통수요가 급증함에 따라 절대 부족한 교통시설 및 수단의 확충이 우선 추진되었다. 또한 이 시기에 들어와 비로소 교통정책이 피해 복구 등 발등의 불을 끄기 위한 임시방편이 아닌 국가발전과 국민경제 증진의 차원에서 다루어지기 시작하였다는 점에서 의미가 있다.

3기는 1990년대 민주화시기로, 교통시설의 공급 확대만으로는 계속 늘어나는 교통수요에 대응하는 것이 한계가 있기 때문에 그동안의 교통공급 위주에서 벗어나 교통시설은 대량·대중교통수단 중심으로 공급하고, 다양한 교통수요관리시책을 강화함으로써 교통 수·급 균형에 정책의 초점을 맞추었다. 또한 교통수단 간의 환승 등 전체 교통체계의 효율성 제고와 안정적인 교통시설 투자재원 확보방안 마련 등 종합적인 제도 정비가 이루어졌다.

4기는 2000년 이후 개방화시기로, 세계경제가 급속히 좁아지면서 국가 간 교통물류 경쟁이 격화되고 환경, 복지, 안전 등 국제기준이 국내정책에 대폭 반영되기 시작하였다. 또한 교통소비가 고도화됨에 따라 교통안전과 교통 약자 등 삶의 질을 높이는 교통정책이 강화되고, 신기술 개발 등 R&D에 대한 관심이 높아졌다.

시대	정부 출범	산업화	민주화	개방화
교통 정책	• 근대교통 체계 도입	• 교통공급 확대	• 수·급 균형 • 교통체계 효율화	• 경쟁력 제고 • 국내외 바다·대륙 통합 교통물류체계 구축
국민 생활	• 전후 복구	• 전국 한나절 생활권	• 전국 반나절 생활권	• 지구촌 단일 생활권

[그림 1] 광복 이후 교통물류정책의 시대구분

2. 1기(광복~1950년대) : 근대교통체계 도입 – 전후 복구

우리나라 근대교통의 시작을 알린 것은 1899년 5월 17일 개통된 서울의 서대문~종로~청량리 간 전차다.[1] 전차가 개통되자 서울의

---

1) 미국인 콜브란(H.Collbran)과 보스트윅(H.R. Bostwick)이 설립한 한성전기회사가 건설하였다. 서대문~종로, 종로~동대문, 동대문~청량리의 3구간으로 나누어 운행되었으며, 구간별 요금으로 1전 5푼(하등칸)과 2전 5푼(상등칸) 정도를 받았다.(박준환, "역사 속의 교통 Ⅱ. 조선 말기 첨단 교통수단, 전차의 등장", 「국회입법조사처보」, 2011 여름호, 국회 입법조사처, 2011, p. 112.)

교통체계가 변화하고, 전차 선로 및 전기선으로 인해 4대문이 개방되는 등 폐쇄적이었던 도성의 시공간적 한계가 극복되기 시작하였다. 또한 전차의 동력전달을 위해 발전소와 전봇대가 세워지면서 전화나 전기의 대중화에 기초를 제공하는 등 사회변화를 촉발시키는 계기가 되었다.

철도는 같은 해 9월 18일 일본에 의해 인천~노량진 간 경인철도가 개통되었다.[2] 이어서 1904년 경부선, 1906년 경의선, 1914년 호남선, 1928년 함경선 등이 차례로 완공되어 1945년 8·15광복 당시 총길이가 6,362km에 이르렀다.

자동차가 첫 선을 보인 것은 철도보다 늦은 1903년 고종의 포드 2인승 오픈카로 알려져 있다. 이후 자동차 보유대수가 꾸준히 증가하여 서울의 경우 1914년 12대에서 1928년 130대로 늘었고,[3] 1945년에는 전국적으로 7,386대를 헤아리게 되었다.[4]

영리목적의 자동차운수사업은 1911년 에가와라는 일본인이 8인승 포드 승합차 1대로 마산~진주~삼천포 구간을 운행한 것이 첫 사례로 전해지고 있다. 이어 1912년에 서울의 포드 T형 승용차 2대 시간제 임대, 대구~포항 간 부정기버스 운행, 진남포~광양 간 포드 T형 승합차 합승 등의 업태가 나타났다.[5] 그러나 정식으로 허가를 받은 것은 1913년으로 이때 비로소 운송 대가를 사례금이 아닌 운송요금으로

---

2) 경인철도 개통 초기에 인천~노량진까지 운행되었으나, 1900년 7월 한강철교가 준공된 후 서울까지 연장되었다. 경인철도의 개통으로 인천~서울 간 거리가 12시간에서 1시간 정도로 줄었으나, 요금이 40전(닭 2마리 값어치, 3등실)·80전(계란 100개, 2등실)·1원 50전(면포 1.5필, 1등실)으로 비싸 서민들이 이용하기 어려웠다.(blog.daum.net/alzade57/17945908, 2014.3.10.)

3) 박준환, "역사 속의 교통 V. 도시대중교통의 성장", 「국회입법조사처보」, 2012 봄호, 국회 입법조사처, 2012, p. 121.

4) 국토교통부, "자동차등록대수 2000만대 돌파, 세계 15번째", 보도자료, 2014.11.4.

5) shyun925.blog.me/220097075875, 2014.3.10.

받는 영업이 이루어지게 되었고,[6] 1928년에는 서울에 시내버스가 등장하였다.

자동차에 대한 최초의 법령은 1915년 7월에 제정된 「자동차취체규칙」으로 오늘날의 도로교통법, 자동차관리법, 자동차운수사업법의 내용을 포괄하였다. 1934년 12월에는 「조선자동차교통사업령」이 「자동차취체규칙」을 대체하고, 운수사업의 허가 등 관리기관을 기존 경찰관서에서 총독부 철도국 육운계로 변경하였다. 이는 운송사업이 초기의 단순 통제에서 어느 정도 전문적인 관리가 필요한 산업으로 발전하였다는 사실을 말해 준다. 그러나 기본적으로 운수사업은 국가의 규제 하에 운영되었으며, 특히 1940년대 전시체제로 전환되면서 차량공급 자체가 어려워지고 버스운송사업자는 각 도별로 1개 사업자로 통합되는 등 강력한 통제를 받았다.[7]

8·15광복 후 우리나라 교통체계는 도로 사정이 좋지 않고 버스, 트럭 등 자동차보유대수도 1948년 14,708대에 불과하여 지역 간 먼 거리 이동은 철도를 이용하고 서울 등 대도시의 대중교통은 전차가 중심이었다. 또한 자전거가 도입되기 시작하여 이를 이용하는 사람들도 많아졌으나 대부분 보행이 주된 이동수단이었다.

6·25 전쟁은 도로, 철도 등 기반시설의 철저한 파괴를 가져왔다. 무엇보다 피해 복구가 시급했고, 필요한 재원은 1인당 GDP가 1950년 40$~1960년 86$인 상황에서 외국의 원조로 충당했다. 그러나 1950년대 말에 이르러 교통시설의 복구가 이루어지고 대외교류가 늘어나면서 교통체제에 새로운 변화가 일어나기 시작하였다.

육상교통의 경우 1957년 서울시가 24개 노선에 시내 합승택시

---

6) 김정임, "여객자동차 운송사업에 대한 공법적 연구", 중앙대학교 박사학위논문, 2012, p. 22.
7) 「위의 책」, p. 22~24.

900대를 증차함으로써 택시가 전차·버스와 함께 중요한 교통수단으로 떠오르게 되었다. 특히 시발택시가 양산된 1956년부터 택시대수가 급격히 늘어나 1957년에는 123명의 운송사업자가 1,576대를 운영하는 당시로서는 큰 규모의 운송사업으로 성장하였다.[8)]

해상교통은 1948년 첫 외항선인 앵도호가 운항되었고, 특히 남북분단으로 대륙과 분리된 사실상의 섬과 같은 남한의 지정학적 한계를 극복하고자 해운의 육성에 많은 노력을 기울였다. 그 일환으로 1951년 4월 한·일 정기항로를 개설하고, 1955년에는 교통부의 외청으로 해무청을 신설하여 해사행정을 총괄하도록 하였다.[9)] 항공교통은 1946년 대한국제항공사가 설립되어 1948년 대한국민항공사로 이름을 바꾸고 서울~부산을 운행하였다. 그러나 수요 부족과 환율 상승으로 폐업하고, 100% 정부 출자로 대한항공공사를 설립하여 운영하였으나 성과를 내지 못하여 1969년 지금의 대한항공으로 민영화되었다.[10)] 국제공항은 1958년에 김포공항이 여의도국제공항의 기능을 이전받아 정식 국제공항으로 지정됨으로써 새로 인천국제공항이 개항할 때까지 국제관문의 역할을 수행하게 되었다.

교통정책을 담당하는 중앙행정기관은 1948년 8월 15일 정부수립시 설치된 교통부였다.[11)] 창설 당시 교통부 조직은 육운국, 해운국,

---

8) 원제무, "도시교통정책의 회고와 전망", 「교통개발연구원 개원 12주년 기념세미나 발표 자료집」, 1999. p. 2, 모창환·이재홍(2013 : 9)에서 다시 인용.

9) 모창환·이재홍, 「경제발전단계별 교통부문 행정체계와 정책변화 연구」, 한국교통연구원, 2013, p. 10.

10) 민영화 당시 항공기 보유는 8대(제트기는 DC9 1대)에 불과하고, 취항 노선은 일본의 도쿄, 오사카, 후쿠오카가 전부였다.(국토개발연구원, 「국토 50년, 21세기를 향한 회고와 전망」, 1996, p. 610.)

11) 1948년 7월 17일 헌법이 공포되고, 같은 날 정부조직법이 법률 제 1호로 제정·공포되었다. 이 법률에 의한 중앙행정기관은 11부(내무·외무·국방·재무·법무·문교·농림·상공·사회·교통·체신), 4처(총무·공보·법제·기획)였다.(행정안전부, 「정부조직변천사」, 2012, p. 3.)

시설국, 공전국, 경리국, 자재국으로 구성되어 육운과 철도, 해운 및 항공을 관장하였다. 여기서 특기할 것은 도로 건설・관리와 도로 교통관리기능, 그리고 항만건설기능을 교통부와 별도로 내무부가 담당하게 되었다는 사실이다.[12)] 이처럼 우리나라의 교통기능은 다원화의 구조로 출발하였다. 중앙정부 정책기능을 분산하게 되면 국가 차원에서 종합적이고 체계적인 업무추진이 어렵고, 권한과 책임이 일치하지 않아 빈틈을 노출할 수밖에 없다. 출발 당시부터 '분산'된 우리나라의 교통 기능은 이후 여러 사안에서 교통정책의 효과성을 제약하는 그림자를 드리우곤 하였다.

3. 2기 산업화시대(1960~1980년대) : 교통공급 확대 – 전국 한나절 생활권

1960년대 들어서 박정희 정부는 국가중흥의 기치를 내걸고 수출주도형의 경제개발을 강력히 추진하였다. 이를 위해 '제1차 경제개발 5개년 계획(1962~1966)'을 시작으로 1996년까지 7차의 5개년 계획이 차례로 수립되어 실행에 옮겨졌다. 5차 계획(1982~1986)부터는 이름이 '경제사회발전 5개년계획'으로 바뀌었으며, 시대 구분은 정치사회적 변화 상황을 감안하여 6차 계획(1987~1991)까지를 산업화시대로 보기로 한다.

이 시기에는 급속한 공업화와 수출 증대로 국민의 경제활동이 과거와 비교할 수 없이 활발해지고 국민소득이 높아져 여객 및 화물의

12) 도로 건설・관리 및 항만건설은 내무부 건설국, 도로 교통관리업무는 내무부 치안국에서 담당하였고, 이 중 도로 건설・관리 기능은 1961년 건설부로 이전되었다.(모창환・이재홍, 「앞의 책」, p. 44.)

이동수요가 급증하였다. 이에 대응하여 교통정책은 절대적으로 부족한 교통수단 및 교통시설의 공급확대가 우선적인 목표가 되었다. 그러나 교통시설 및 수단을 확충함에 있어 구체적으로 어느 분야에 우선순위를 두고 투자재원을 배분해야 하는 지에 대해서 많은 논란이 이어졌고, 배분 비중이 시기에 따라 달라졌다. 교통시설에 대한 투자를 경제개발 계획 기간 별로 나누어 보면 〈표 1〉에서와 같이 1960년대 초기에는 철도 수송력 증강에 60.6%의 높은 비중을 두었다. 하지만 1960년 대 중반에 들어와 수출주도형의 산업정책과 경부고속도로 착공으로 도로 투자비중이 철도를 압도하기 시작하였다.

[표 1] 경제개발 5개년 계획 중 교통시설 투자 추이

(단위 : 억 원, %)

구 분	교통시설					계
	도로	철도	지하철	공항	항만	
1차 (1962~1966)	61 (17.2)	215 (60.6)	- (-)	26 (7.3)	53 (14.9)	355 (100.0)
2차 (1967~1971)	1,147 (52.0)	634 (28.7)	83 (3.8)	76 (3.4)	267 (12.7)	2,207 (100.0)
3차 (1972~1976)	4,674 (51.6)	2,669 (29.4)	248 (2.7)	189 (2.1)	1,284 (14.2)	9,064 (100.0)
4차 (1977~1981)	16,302 (47.7)	7,434 (21.7)	5,532 (16.2)	1,469 (4.3)	9,451 (10.1)	34,188 (100.0)
5차 (1982~1986)	37,191 (46.7)	9,647 (12.1)	24,379 (30.6)	2,223 (2.8)	6,186 (7.8)	79,626 (100.0)
6차 (1987~1991)	115,225 (79.6)	14,620 (10.1)	789 (0.5)	2,538 (1.8)	11,538 (8.0)	144,710 (100.0)

출처 : 하헌구 · 김천곤, 「교통시설 투자재원 조달의 현황과 문제점 및 개선방안」, 교통개발연구원, 2000, p. 10. 모창환 · 이재훈(2013 : 22)에서 다시 인용.

특히 1960년대 중반부터 자동차 증가가 추세화 되면서 도로 중심의 교통체계 구축을 가속화시켜 1980년대 들어 교통수요와 교통시설의 공급 간에 심각한 불균형이 눈에 띄게 나타나기 시작하였다. 이는 '자동차 증가→지・정체 발생→도로 확충→자동차 통행 급속 증가→교통난 심화'의 악순환 구조를 가져와 1980년대 말~1990년대 초에는 대도시교통난의 해결이 국가 현안으로 부상하게 되었다.

1) 1960년대

제1차 경제개발 5개년계획(1962~1966)에서는 자립경제 기반 구축이 주 목표였다. 이를 위해 하부전략으로 공업화 착수, 소비재 수입대체, 사회간접자본 확충 등을 설정하고, 선도산업으로 전력・시멘트・섬유산업을 육성하였다.[13] 이와 달리 제2차 경제개발 5개년 계획(1967~1971)에서는 식량 자급화와 화학・철강・기계공업의 육성과 항만 건설 등 산업구조 근대화가 집중 추진되었다.

이러한 상황에서 1960년대 초반까지 교통정책의 중심은 철도수송력 증강이었다. 이 기조는 제1차 경제개발계획의 교통부문 정부 투자계획에 반영되어 도로부문은 전체 교통시설 투자 중 17.2%에 불과하였으나 철도는 60.6%에 달했다. 그러나 1960년대 후반이 되면서 자동차 보유가 증가할 뿐만 아니라 철도는 도로에 비해 교통개선 효과가 더디게 나타나고 자동차 제조, 건설, 고용 창출 등 다른 산업과의 연쇄효과 측면에서 열위를 보였다. 이에 따라 도로 건설에 무게가 실리기 시작하여 제2차 경제개발 계획에서는 도로 투자 비중이 앞의 〈표 1〉에서와 같이 52.0%로 높아지고 철도는 28.7%로 역전되었고,

13) 정성훈, "한국의 발전전략: 한국 경제발전 궤적(1961~2010)", 「한국지리학회지」 제14권 제4호, 2011, p. 5. 모창환・이재홍(「앞의 책」 : 11)에서 다시 인용.

그 차이는 갈수록 커졌다.

1968년에는 우리나라 첫 고속도로인 경인고속도로가 개통되었고 1970년에는 국가 근대화를 달성하기 위한 핵심 국가전략으로 경부고속도로를 준공하였으며, 고속버스를 운행시켰다. 이는 지역 간선 교통에서 철도 독점이 깨지고 경쟁체제로 전환되는 계기가 되었을 뿐만 아니라 사회 전반에 큰 변화를 불러왔다. 이에 대하여 KBS 1TV (2013. 7.13)는 경부고속도로의 개통으로 우리나라는 물류혁명이 일어나고 농업사회에서 공업사회로 이어졌으며, 국민의 마음속에 자리해 있던 보이지 않는 벽을 허물며 더 큰 세상으로 나아가는 가치관의 변화를 경험하였다고 평가하고 있다.

자동차 제조는 정부의 적극적인 의지에 힘입어 1961년 새나라 자동차공업(주)와 1967년 현대자동차(주)가 각각 설립되었다. 이 중 현대자동차는 포드와 기술계약을 맺고 코니타를 조립 생산하는 등 빠르게 성장하였다. 이처럼 도로망이 확충되고 자동차가 늘어나면서 원활한 자동차 통행을 위해 관련 제도도 틀을 갖추어 갔다. 1961년에 「자동차운수사업법」을 제정하여 옛 법령인 「조선자동차교통사업령」을 폐지・대체하였고 「도로법」과 「도로교통법」이 공포되었다. 이후 「도로운송차량법」, 「자동차손해배상보장법」, 「유료도로법」, 「도로정비사업특별회계법」 등 자동차 및 도로 관련 법률이 차례로 제정되었다.

한편 철도도 산업화와 더불어 서비스 수준이 개선되었다. 여객열차의 속도가 60km/h를 넘어서고 무궁화호와 맹호호가 도입되었으며, 1969년에는 서울－부산 간 운행시간을 4시간 30분으로 단축한 최고 속도 110km/h의 관광호가 개통되었다.[14]

14) 한국교통연구원, 「교통정책으로 여는 미래사회」, 2012, p. 10. 모창환・이재홍(「앞의 책」 : 12)에서 다시 인용.

그러나 제2차 경제개발계획 기간부터 철도에 비해 훨씬 더 큰 규모로 도로투자가 계속됨에 따라 1960년대 말에는 〈표 2〉에서와 같이 분담률에서도 도로가 철도를 앞지르고 새롭게 육상교통의 왕좌를 차지하게 되었다. 또한 1950년대 도시 대중교통의 대부분을 담당하던 전차가 효율성에서 시내버스에 점차 밀리다가 1968년 11월 서울에서 교통소통에 방해된다는 이유로 운행이 중단되었다. 이로써 도시교통이 버스 중심체제로 바뀌게 되었다.

[표 2] 1960년대 수송수단별 분담률 변화

(단위 : %)

구 분	1961년				1970년			
	철 도	공 로	해 운	항 공	철 도	공 로	해 운	항 공
여객(인/km)	53	45.5	1.3	0.2	32.3	66.0	1.0	0.8
화물(톤/km)	88.2	8.2	3.6	-	57.6	10.7	31.7	-

출처 : 건설교통부 육상교통기획과 내부자료.

대도시 시내버스에서 보는 바와 같이 운수산업은 무엇보다도 수송력 제고가 시급하였던 당시 상황에서 급속한 발전을 하였다. 자가용 승용차는 아직 일부 부유층의 전유물이었고 철도망은 미흡하여 영업용 차량의 증차가 현실적인 대안일 수밖에 없었기 때문이었다. 이에 따라 자동차 운송사업에 대한 신규면허나 증차 인가가 대폭 이루어져 〈표 3〉에서와 같이 운수산업은 양적으로 빠르게 팽창하였다.

[표 3] 1960년대 자동차 운송사업의 발전 현황

년 도	업체 수	차량 대수	업체평균 차량대수
1962(A)	698	22,105	31.7
1970(B)	2,166	78,178	36.1
연평균 증가율(%)	15.2	17.1	

출처 : 건설교통부 육상교통기획과 내부자료.

해운의 경우, 1960년 「선박법」을 시작으로 「선박직원법」, 「해난심판법」, 「개항질서법」, 「항만운송사업법」, 「해운진흥법」, 「항만법」 등을 차례로 제정・공포함으로써 해상운송의 체계적인 발전을 도모할 수 있는 기반을 마련하였다.

항공은 1962년 12월 「항공법」에 따라 항공 종사자 자격증명시험이 실시되어 조종사, 정비사 등 총 133명의 항공 종사자가 처음으로 탄생했다.

2) 1970년대

1970년대 제3~4차 경제개발계획은 1960년대와 다른 방향으로 추진되었다. 1960년대 개발방향이 원자재 수입 후 가공 수출과 수입대체 경공업 육성이었다면 1970년대에는 석유파동으로 인한 원자재 가격 상승과 무역적자 확대 문제를 해결하기 위해 중화학공업화를 통한 경제구조 고도화가 주요 정책방향이었다.

이 기간에는 정부의 중화학공업 육성 시책을 뒷받침하기 위해 도로 건설에 대한 투자가 지속적으로 확대되어 1970년 부산에 처음으로 도시고속도로가 만들어졌고, 1970년 초 국제부흥개발은행(IBRD)의 차관을 계기로 도로망 정비와 개・보수, 포장사업이 전국의 주요

국도를 대상으로 실시되었다. 또한, 국민의 소득 및 자산이 증가하면서 자동차 보유가 한결 쉬워진 까닭에 자동차 대수가 본격적으로 증가하기 시작하였다. 특히 국내 자동차 제조의 경우 그동안 외국 자동차회사와 협력을 통한 조립생산에 그쳤으나 1974년 현대자동차(주)가 국내 첫 고유모델인 '포니'를 출시하면서부터 국내에서 대량생산되기 시작하였다. 이를 계기로 1977년에 서울 시내 자동차 대수가 10만대를 돌파하는 등 자동차 보급이 확산되는 기폭제가 되었다.

그러나 이 시기 교통의 가장 큰 특징으로는 1969년 서울－부산 관광호열차 개통과 1970년 경부고속도로 준공 등을 통해 '전국 한나절 생활권' 시대가 열리게 되었다는 것이다. 이로써 국민의 이동성이 과거와 비교할 수 없을 정도로 획기적으로 개선되어 국민의 인식 및 사회생활 전반에 엄청난 변화를 불러 일으켰다.

그중 하나가 인구의 도시집중으로, 이로 인해 도시교통난이 심화되어 버스와 택시를 계속 증차하고 도로건설을 늘리는 동시에, 증가하는 자동차 수요에 대응하여 「자동차정류장법」, 「육운진흥법」, 「주차장법」, 「교통안전법」 등을 제정하여 도로교통체계를 정비하였으나 승차난과 소통난은 계속되었다. 악화되는 도시교통 문제를 기존의 영업용 차량증차와 도로망확충으로 해결하는 데 한계를 느낀 정부는 1974년 서울지하철 1호선(서울역~청량리, 7.8km)을 개통하고, 경수선 및 경인선을 전철화 하여 새롭게 지하철시대를 열었다. 이후 교통부는 지하철 운영경험을 통해 지하철이 가지고 있는 정시성과 안전성 및 대량수송의 장점을 인식하고 1979년 「지하철도건설촉진법」을 제정하여 1980년 서울지하철 2호선의 신설동~종합운동장 간을 우선 개통하는 등 지속적으로 지하철 건설을 추진하였다.

해운의 경우 계속적인 정부 지원으로 1974년 선박 보유량이 100만 톤을 넘어섰고, 1975년에는 처음으로 컨테이너선 ‘코리안 리더’ 호를 도입하여 미주 컨테이너 정기항로가 개설되었다.[15] 항공교통은 1973년 제1차 석유파동으로 한때 어려움을 겪었다.[16] 그러나 새로 민영항공 시대를 맞아 국내노선의 지속 확장과 동남아 등 신규 국제노선의 적극 개발을 통해 국제선 점유율을 높여가면서 날아오르기 시작하였다.

3) 1980년대

1980년대 제5차, 6차 경제개발계획은 그간의 고속 성장으로 인한 부작용을 해소하고, 컴퓨터와 반도체 등 새로운 산업의 투자를 늘리는 방향으로 추진되었다. 이에 맞추어 제2차 국토종합개발계획도 1차 계획에서의 거점 개발방식 대신 생활권을 중심으로 한 인구의 지방정착을 목표로 삼았다. 또한, 서울의 인구 집중을 막기 위하여 「수도권정비촉진법」이 제정되고 대도시 간 연결교통망의 확충에도 관심을 기울였다. 이 기간의 특징은 자가용 승용차를 중심으로 한 자동차의 급격한 증가였다. 포니 자동차 출시를 계기로 증가세에 탄력이 붙기 시작한 전국의 자동차 대수는 1980년 50만 대, 1985년 100만 대를 차례로 돌파하고, 1988년에는 My Car 붐과 함께 자가용 승용차가 100만 대를 넘어섰으며, 1992년 전체 자동차 대수가 523만 대에 이르렀다. 엄청난 속도로 진행된 자동차 대중화는 교통수요의 폭발을 가져왔다. 이에 대응하여 정부는 도로 건설에 앞의 〈표 1〉과 같이 제5차 경제개발계획(1982~1986) 기간 동안 철도의 3.9배인 3.7조 원

15) 모창환・이재홍, 「앞의 책」, p. 19.

16) 국제 석유파동으로 유가가 오르면서 1974년 항공운임이 60%(국내)~24%(국제) 인상되었고, 전체 17개 국내노선 중 9개 노선이 휴・폐쇄되었다.(국토해양부, 「항공정책론」, 백산출판사, 2011, p. 76.)

(전체 교통시설 투자액의 46.7%), 제6차 계획(1987~1991)에서는 7.9배인 11.5조 원(전체 투자액의 79.6%)을 투자하였다. 그러나 도로 위주의 정책으로는 수요 증가를 따라 잡을 수 없어 〈표 4〉와 같은 극심한 수급 불균형이 초래되었다.

[표 4] 1980년대 자동차 보유 증가 및 도로 확충 비교

구 분	1980년	1984년	1988년	1992년	연평균 증가율(%)
자동차 대수(만 대)	53	95	204	523	21.0
도로연장(km)	46,951	51,004	55,778	58,847	1.9

출처 : 국토교통부 육상교통기획과 내부자료.

그 결과 전국적으로 교통정체가 확산되고 수송분담 구조에서도 큰 변화가 나타나, 대표적 대중교통수단인 버스의 분담률이 1980년대 초·중반을 기점으로 내려가고 그 자리를 자가용 승용차가 차지하기 시작하였다. 서울의 경우 〈표 5〉에서와 같이 자가용 승용차와 지하철의 분담률이 크게 늘어난 반면 시내버스는 떨어졌다. 이러한 현상은 지역교통에서도 나타나 시외버스의 수요가 감소되고 고급교통수단으로 인식되던 고속버스도 자가용 승용차, 철도, 항공에 비해 경쟁력을 잃고 밀려나기 시작했다.

결국 서민 대중교통수단을 밀어내고 교통난을 악화시키는 자가용 승용차의 폭발적 증가에 대응한 최선의 대책은 대중교통 확충이었다.

[표 5] 1980년대 수송수단별 분담률 변화

연 도	계	시내버스	택 시	지하철	자가용·승용차
1982	100%	66.5	15.2	7.2	10.8
1989	100%	47.3	15.9	18.8	18.0

출처 : 국토교통부 육상교통기획과 내부자료.

이에 따라 수도권의 서울지하철 2호선(1984년)과 3 · 4호선(1985년) 및 안산선(안산~금정, 19.5km)이 이어서 개통되고, 부산에도 지하철 1호선이 건설되어 지방의 지하철 시대가 열렸다. 지하철망이 확충되면서 버스와의 연계를 통해 도시교통망의 효율을 높이고자 지하철과 연계된 버스 노선의 조정 및 지하철 · 버스 연계 운임제도 도입이 뒤따랐다.

여기서 한 가지 짚을 것은 전두환 정부의 물가안정정책에 따라 1985년 서울지하철 3, 4호선 건설 후 1990년 서울지하철 5호선 건설이 재개되기까지 5년여 동안 지하철 건설이 중단되었다는 사실이다. 이로 인해 매년 교통수요가 공급의 10여 배 속도로 폭발하는 상황에서 교통난을 해소할 수 있는 골든타임을 놓쳤을 뿐만 아니라 축적된 지하철 건설 기술이 사장되고 나중에 과도한 건설비와 교통혼잡비용을 추가 부담하는 등 사회적 손실이 컸다. 앞으로 SOC 정책의 추진에 있어 참고해야 할 대목이다.

또한 택시에 대해서는 수범업체 도입 등 우수업체 선정 · 육성을 통한 업체 대형화를 유도하고, 진입 및 요금규제 완화도 추진하였다. 아울러 1986년에는 「도시교통정비촉진법」을 제정하여 교통시설의 정비와 교통수단 및 교통체계의 운영 · 관리를 종합적으로 다룰 수 있도록 하였다. 이 법은 도시교통정비계획 수립, 교통영향평가제도 시행, 교통유발부담금제도 도입 등의 내용을 담아 오늘날 운영되고 있는 도시교통정책의 기본 골격을 마련하였다는 데 의미가 있다. 아울러, 자가용 차량에 대한 등록세 신설 및 도심지역 건축제한과 같은 교통수요관리시책이 새롭게 채택되었다. 해운은 정부의 무역확대 정책과 원자재의 안정적 수송을 위한 웨이버(waiver)제도의 실행 등으로 급속하게 성장하였다. 이에 국내 선사들은 배 가격이 치솟던 1980년대 초에 중고선과 용선확보를 위해 많은 투자를 했으나 1982년 이후 세계적인 해운불황이 닥쳐 집단 도산위기에 몰렸다. 선사들의 힘만으로 위기 극복이 어렵다고 판단한 해운항만청과 교통부는 1984년 '해운산업 합리화 조치'를 단행하였다. 이 조치는 정부가 직접 시장에 개입하여 금융지원(1984~1990년, 2조 8000억 원), 조세 감면(142억 원), 계획 조선(1984~1988년, 6600억 원) 등의 지원과 선박운항 금지 등 행정력을 동원하여 115개 선사를 34개 선사로 통폐합한 강력한 정책이었다. 그런 만큼 시행과정에서 중소형 선사 등 많은 선사들이 합리화방안에 부정적이었고 부실경영 책임을 국민 부담으로 전가한다는 비판이 제기되었으며, 경영권 및 채권·채무 등 평가손 처리 등에 대해 이해관계자 간 갈등이 높았다. 그러나 정부는 기업회생을 넘어 산업의 근본적 체질개선을 목표로 정책리더십을 발휘하였고, 1988년 이후 세계 해운경기가 호전되면서 우리 해운산업의 경쟁력강화에 기여했다는 평가를 받았다.[17)]

항공교통은 1977년 미국의 항공산업에 대한 규제완화, 1980년대 후반의 3저 호황, 1986년 서울아시안게임·1988년 서울올림픽과 이에 맞물려 시행된 '해외여행 자유화'에 힘입어 여객이 크게 증가하였다. 이에 따라 정부는 1988년 12월 아시아나항공의 국제노선 취항을 허용함으로써 복수민항체제가 시작되었다.

17) 최기영·최영석·박용안, "1984년 해운산업 합리화 조치와 2009년 해운산업 구조조정 정책의 특성 비교 연구", 「한국항만경제학회지」 제26집 제2호, 2010, p.126~129, 132, 134.

4. 3기 민주화시대(1990년대) : 교통체계 수·급 균형 및 효율화 – 전국 반나절 생활권

1990년대는 우리 사회 전반에 하나의 큰 분수령을 이루는 시기였다. 정치적으로 새롭게 민간정부가 구성됨에 따라 모든 분야에서 민주화의 바람이 거세게 불었다. 또한 OECD 가입으로 무역자유화가 확대되고 세계화가 국정의 주요한 흐름으로 자리 잡는 가운데 1997년 IMF 외환위기로 우리 경제는 혹독한 구조조정의 시련을 겪었다.

이 시기 대도시교통난과 교통정체로 인한 물류비 문제는 국가 현안으로 대두되었다. 대도시는 만성적 병목구간이 곳곳에 널려 있어 정체와 주차난으로 몸살을 겪었고 출퇴근시간대에 대중교통의 극심한 승차난으로 서민들은 파김치가 되었다.[18] 지역 간 교통도 지·정체로 물류비가 올라가 산업의 국제경쟁력을 떨어뜨리는 주요인으로 작용하였다. 1980년 이후 계속된 교통수급의 불균형이 누적되어 온데다 1980년대 중반을 실기함으로써 1990년대 들어 교통체계가 마비될 한계상황에 이르게 된 것이었다. 그동안 지속되어온 도로 중심의 시설확대정책만으로는 문제를 해결할 수 없다는 사실이 명확해졌다. 또한 민주화 추세에 따라 토지 보상 등 SOC 사업을 추진하는 과정에서 발생되는 민원의 해결이 과거에 비해 어려워진 현실도 고려해야 했다.

이에 따라 교통정책의 초점은 대중교통중심체제로 전환하되, 동시에 불요불급한 자가용 승용차 운행을 억제하여 전체 교통체계의 효율성을 극대화 하는데 모아졌다. 대중교통중심체계 구축을 위해서는 무엇보다도 지하철망의 확충이 시급하였으나, 정부의 재정 부담이 문제

18) 이 무렵 언론은 교통문제의 심각한 실정을 다음과 같이 보도하고 있다. "교통전쟁 어떻게 해야 하나.. 도심 체증 한계에 왔다. 도로는 거대한 주차장.. 더 이상 방치하면 마비사태.. 소통기능이 한계점에 이르러 도시교통은 절박한 상태다." (동아일보, 1988.5.4.)

였다. 그러나 1980년대 중반부터 교통부가 줄곧 지하철 건설 필요성과 정부 재정지원 확대의 당위성을 제기하고 여러 지자체 또한 적극 건의하여 경제기획원도 과거와 달리 전향적 입장을 취하였고, 특히 노태우 정부의 SOC 투자 확대정책에 따라 세부내용에 대해 관계부처 협의가 보다 빠르게 진행될 수 있었다.

그 결과 1990년 4월 청와대에서 재정경제원, 교통부 등 6개 부처 합동으로 '대도시교통 종합대책' 회의를 개최하고 서울·부산 등 6대 도시 지하철 건설계획을 결정하였다. 이어 1990년 12월에는 「지하철도의 건설 및 운영에 관한 법」을 「도시철도법」으로 전면개정하고 「도시철도사업특별회계법」을 제정하였다. 이에 따라 서울지하철 5, 6, 7, 8호선이 차례로 건설·운영되고 부산, 대구, 인천, 광주, 대전에도 지하철이 건설되어 전국 6대 도시 도시철도시대가 열리게 되었다.

한편, 버스는 서민교통수단으로서 운임인상이 어렵고 업체가 영세하여 서비스개선 투자가 어려운 실정이어서 공영차고지 조성을 지원하고 도시철도 노선과 연계한 시민편의 위주의 버스노선 개편을 계속 추진하였다. 또한 신도시개발로 대도시 교통문제가 광역적으로 확산되자 청와대 국가경쟁력강화기획단은 기·종점을 직통 운행하는 새로운 개념의 도시 광역버스 도입을 제안하였다. 이에 대해 초기에 서울시와 버스업계는 반대 입장을 보였고 건설교통부 및 경기도 또한 유보적인 태도를 취했으나, 적극 협의를 통해 경유 정류장 수를 줄여 운행거리 및 시간을 단축한 광역버스를 처음 도입함으로써 신도시 주민의 교통편의를 높일 수 있게 되었다.[19)]

---

19) 당시 서울시는 서울-경기도 간 버스 운행에 대해 도심 혼잡을 우려하여 경기도 버스의 서울 운행노선을 외곽 부도심까지만 허용하는 입장이었고, 경기도는 서울 도심까지 연장 운행을 희망하였다. 두 지자체의 입장이 상반되고, 버스업계의 이해관계가 노선에 따라 복잡하게 얽혀 있어 노선 조정권을 갖고 있는 건설교통부도 뚜렷한 해법을 찾지 못하고 있었다.

대중교통활성화 정책은 사회적 공감도가 높아 속도감 있는 추진이 가능하였으나, 수요관리시책의 경우 초기 부정적 시각이 적지 않았다. 이 시책은 결국 승용차 이용을 억제하는 것으로 여론 주도층인 자가용 승용차 이용자가 불편할 수밖에 없기 때문이었다. 그러나 교통문제가 계속 악화되면서 차량으로 인한 혼잡 및 공해 등 사회비용을 줄이지 않고는 한계에 이른 교통문제 해결이 어렵다는 인식이 확산되어 갔다.

이에 따라 교통부는 먼저 교통영향평가의 내실화, 시내버스 전용차로 확대 등 이미 시행중인 수요관리시책을 계속 강화하였다. 이어 관계부처 간에 논란이 많았던 고속도로 버스전용차로제를 1994년 9월 한가위 때 경부고속도로 양재~신탄진(부산방향 134km) 구간에 처음 실시하였다.[20] 1998년에는 김대중 대통령의 지시에 따라[21] 자동차 부제 운행에 대한 의견을 수렴하여,[22] 자율 10부제 운행을 확대 실시하였다. 또한 서울시는 교통난이 극심해지자 도심 통행 교통량을 줄이기 위해 1996년 11월 남산 1·3호 터널에 대해 혼잡통행료를 부

20) 고속도로 버스전용차로제는 1992년 교통부에서 처음 제안하였으나 관계부처 합의가 되지 못하였다. 이어 1993년 한가위 연휴 때 최대 소요시간이 서울~대전 8시간, 서울~부산 16시간, 서울~광주 18시간 30분이 걸리는 최악의 교통 혼잡을 겪은 후 94년 1월 관계관(건설부, 교통부, 경찰청, 도로공사) 회의에서 방침을 논의하고, 공청회 및 설문조사 등을 거쳐 시행하게 되었다.(권오철·권인식, "버스전용차로제의 시행 및 효과분석", 「사우논단」, 한국도로공사. 1996, p. 76~77.)

21) 1998년 4월 과천의 건교부에서 열린 새해 업무보고회에서 김대중 대통령은 자신의 수첩을 뒤적여 보고 '자동차 부제 운행 시행'을 지시하였다. 이는 비서진이 사전 보고하지 않은 대통령 본인의 생각이었다.

22) 건설교통부는 전국 시·도 교통국장 회의, 언론 및 시민단체 의견청취 등을 거쳐 강제가 아닌 '자율 10부제 운행' 방안을 결정하였다. 이 과정에서 제기된 강제 부제 운행에 대한 반대 의견은 ① 차를 여러 대 가진 사람은 불편하지 않다. ② 규제보다는 시장을 통해 문제를 해결해야 한다. ③ 규제비용이 많이 든다. ④ 단기 효과가 있을 수 있으나 근본 해결책이 아니다. ⑤생계형 통행을 제한한다.(이준구, "10부제보다 유가 인상이 합리적 방안", 「나라경제」 7월호, 한국개발연구원, 1998, p. 50~51.)

과 하였고,[23] 1997년에는 도심지역 내 건축물의 부설주차장 설치를 제한하는 도심 주차상한제[24]를 실시하였다.

한편 도로에 육상교통의 주도권을 내주었던 철도는 1992년 6월 서울~부산 간 423.8km의 경부고속철도 건설에 착수하여 2010년 11월에 전 구간을 개통하여 '전국 반나절 생활권'시대를 열었다. 그러나 대형사업 특성상 초기 시행착오와 외환위기로 인한 재원조달의 어려움, 민원 등으로 18년의 오랜 기간이 걸린 것은 중국의 베이징~상하이 간 1,318km 고속철도가 3년 만에 준공된 것과 비교할 때 아쉬운 부분이다.

해운은 SOC 활성화대책의 일환으로 가덕도항만, 광양항 등 대규모 신항만 건설이 추진되었다. 이어 1996년 5월 31일 부산에서 열린 '제1회 바다의 날' 행사에서 김영삼 대통령이 해양부 신설을 전격 발표함으로써[25] 1996년 8월 해양수산부가 설치되었다. 이로써 1948년 교통부 출범 이후 한 지붕 아래 있던 육·해·공 교통이 분리되어 해운항만업무가 교통기능에서 떨어져 나가게 되었다. 이후 해운항만기능은 정부조직 개편 때마다 소관 부처를 두고 육·해·공 '통합교통'과 '바다'라는 지리적 공간에 치중하는 두 갈래 시각 사이에서 논란이 거듭되고 있다.

---

23) 혼잡통행료 부과 초기 논란이 많았는데, 반대 의견을 요약하면 통행료 부과보다는 버스·지하철 등 대중교통 확충, 버스 전용차로 확대실시, ITS 도입 등 근본적인 대책 추진이 먼저라는 것이었다.

24) 서울시의 도심주차상한제에 대해 시 안팎에서 찬반 논란이 뜨거웠다. 같은 서울시청 내에서도 교통관리실은 "차를 댈 곳이 없으면 도심으로 차를 끌고 들어오지 않을 것"이라는 입장인 반면, 주택국은 "대형 백화점의 경우 주차장이 줄면 매장을 늘려 오히려 교통량이 늘 것"이라며 비판했다. 또한 시민단체는 "주차공간이 없는데 주차장을 줄이는 것은 불법주차 과태료 수입을 올리려는 의도"라며 목소리를 높였다.(한겨레, "쟁점 - 서울 도심 주차상한제 도입. 자가용 압박. 뜨거운 논쟁", 1996.8.15.)

25) 해양부 신설은 사전에 보안이 지켜진 가운데, 공식적인 사전 여론수렴 절차가 없었다.

항공은 수요급증에 따라 김포공항의 수용능력이 곧 한계에 이를 것으로 예상되어 21세기 새로운 Hub 공항을 목표로 1992년 인천국제공항 건설에 들어가 5조 6,323억 원을 들여 1단계로 활주로 2본을 2001년 3월 29일 개항하였다. 이 사업은 황해의 영종도와 용유도 사이를 매립하는 대역사로 입지선정 및 건설과정에서 논란이 많았고, 개항 직전에는 수하물처리시스템(BHS) 문제로 홍역을 치렀다.[26] 그러나 인천공항은 개항 후 운영이 빠르게 연착륙하여 2004년 1,160억 원의 첫 흑자를 달성하였고, 국제공항협의회(ACI)가 매년 실시하는 세계 공항서비스 평가(ASQ)에서 2005년부터 2014년까지 10년 연속 '세계 최우수 공항' 선정되는 유례없는 대기록을 세워가고 있다.

단군 이래 최대역사인 인천공항과 경부고속철도사업을 비교하면, 왜 인천공항은 고속철도와 달리 계획대로 공사를 마치고 순항할 수 있었을까? 하는 의문에 이르게 된다. 물론 공항은 사업구간이 철도와 달리 한 곳에 집중되어 있어 민원 등 문제 발생이 다발적이지 않다는 점도 있다. 그러나 사업추진 기관의 기관장 임기를 우리나라 공공부문의 일반적 사례와 달리 8년(1994.9.~2002.3.) 동안 보장함으로써 장기간의 초대형 국책사업을 여러 변수와 외부 입김에 흔들리지 않고 일관성 있게 추진할 수 있었다는 점은 앞으로 대규모 장기사업을 추진함에 있어 참고할 만하다.

1980년대는 우리나라 교통 SOC 역사에서 황금기라 할 만큼 도로, 지하철, 고속철도, 항만, 공항 등 대형사업이 집중 추진되었다. 이에

26) 인천공항 건설에 대해 제기되었던 반대 주장을 요약하면, ① 입지로 청주공항(남한의 중심), 성남의 서울공항(건설비 절감) 등 다른 대안 선호 ② 섬 지역의 안개와 철새로 인한 비행 안전 문제 ③ 갯벌을 매립하여 지반침하가 일어나 기술적으로 불가(한겨레, 1998.2.5.) 등이었다. 또한 감사원은 2000년 9월 개항 후 최소 7년간 누적적자에 시달리는 등 서울지하철의 재판이 될 것이라는 우려를 제기하기도 하였다.(김영호 외, 「반대가 성공한 역사」, 말과 창조사, 2007, p. 82, 86~87.)

는 대규모 투자재원의 안정적인 확보방안이 필수적이다. 이에 따라 정부는 1993년 12월 도로·철도·공항·항만 등의 원활한 확충과 효율적인 관리·운영을 위해 휘발유·경유 특별소비세를 교통세로 전환하여, 이를 주요 세원으로 하는 「교통시설특별회계법」을 제정하였다. 이 법률은 기존의 도로사업특별회계(건설부), 도시철도사업특별회계(교통부), 일반회계에서 각각 지출되던 고속철도·공항사업을 흡수·통합하여 도로·철도·공항·항만의 4개 계정을 운용하는 내용으로 입법 및 운영과정에서 계정 간의 재원 배분비율 등에 대해 건설부와 교통부 간에 적지 않은 논란이 있었다. 그러나 1994년 말 새로 통합 건설교통부가 출범함으로써 부문 간 재원배분 등이 한 지붕 아래서 한결 탄력적으로 이루어질 수 있게 되어 우리나라 SOC 확충에 지금까지 큰 기여를 하고 있다.

5. 개방화시대(2000년대) : 경쟁력 제고, 통합교통물류체계 구축 – 지구촌 단일생활권

21세기 들어 우리 경제는 성숙단계에 도달하게 되어 과거 양적 성장 위주에서 변화와 혁신을 통한 질적 성장과 구조개혁의 새 길을 모색하지 않으면 안 되었다. 산업추세도 제조산업에서 IT·BT·엔터 등 소프트웨어 가치산업의 비중이 커지기 시작했다. 국제적으로는 국가경계가 크게 낮아져 지구촌 전체가 하나의 시장으로 동조화되고 환경·기후 등 지구적 차원의 이슈에 대해 국제공조가 강화되었다. 이런 흐름에서 2011년 UN은 지속가능발전(Sustainable Development)을 인류 공통의 과제로 선언하였으며, 우리나라 또한 사회 각 분야에 국제표준(Global Standard)을 반영한 제도와 기준이 확대 도입되기 시작했다. 특히 1997년 말 IMF 외환위기는 국민의 시각을 세계로 넓히는 실질적 계기가 되었다. 이름 그대로 '개방화'의 시대가 된 것이었다.

이러한 변화에 따라 환경, 사람, 기술·효율과 같이 국제사회에서 일반적으로 적용되는 보편적 가치에 대한 국민의 관심이 커졌고, 따라서 교통정책의 초점은 환경 친화·에너지 효율화(환경), 형평성 제고·교통안전 강화(사람), 이동성 제고·효율성 향상(기술·효율)에 맞추어 졌다.

환경에 대한 고려로서 2004년 「환경친화적 자동차의 개발 및 보급 촉진에 관한 법률」을 제정하여 미래 자동차산업을 선도할 친환경·고 에너지효율 자동차 개발에 대한 지원을 추진하고, 2009년에는 「지속가능교통물류발전법」을 제정하여 10년 단위의 지속가능 교통물류 발전기본계획을 수립토록 하는 등 저탄소 교통물류체계를 구축하기 위한 틀을 마련하였다. 이어 2010년에는 「저탄소 녹색성장기본법」을 제정하여 여러 부처에서 산발적으로 실시하고 있는 지속가능 발전대책을 통합 추진할 수 있도록 하고 이를 위해 녹색성장위원회를 설치하였다.

이 시기 교통정책에서 또 하나의 중요한 방향은 교통안전의 강화다. 안전은 교통에서 기본적으로 확보되어야 할 최우선 가치임에도 우리나라 교통안전 수준은 근대교통의 역사가 짧고 양적 성장을 앞세우는 사회 전반의 영향을 받아 세계 10위권의 경제 수준에 비해 매우 낮은 실정이었다. 대표적으로 항공의 경우 육·해·공 교통 중 가장 안전한 교통수단임에도 1990년대 10년 동안 연 평균 1~2건 꼴로 민간 항공기 사망 사고가 잇달아 발생하고 있었다.

2000년대 초 우리나라 항공안전에 중대 변곡점이 되는 사건이 발생하였다. 2000년 6월 국제민간항공기구(ICAO)가 우리나라의 항공안전수준을 평가하였고, 그 결과가 좋지 않자 2001년 6월 미국 연방항공청(FAA)에서 다시 점검을 실시하였던 것이다. 평가 결과 2001년 8월 미국 정부는 우리나라 항공안전수준이 미흡하다며 '항공안전 2등급' 판정을 발표하였다. 이에 정치권과 여론은 항공 국치일이라는 표현을 쓰며 건설교통부를 비판하였고 국적기의 미국 운항이 금지될 수도 있다는 우려를 제기하였다. 다행히 건교부와 국회가 긴밀히 협조하여 「항공기운항안전법」을 「항공안전 및 보안에 관한 법률」로 전면 개정하고, 항공안전을 전담하는 항공안전본부 및 항공사고조사위원회를 설립하고 운항증명(Air Operator Certificate) 제도 및 전문 조사관 제도를 도입하는 등 국제기준을 발 빠르게 수용하여 같은 해 12월에 1등급으로 회복되었다.

이 사건으로 우리 항공은 국제적으로 신뢰성에 손상을 입었다. 그러나 소 잃고 외양간 고치는 격이 되었지만 이를 계기로 항공안전은 그 후 10년 이상 민간항공 무사망 사고를 기록하며 안정 궤도에 올랐다. 2008년 5월 실시된 국제민간항공기구(ICAO)의 항공안전종합평가(USOAP)[27] 결과 국제기준 이행률 98.89%로 세계 1위를 기록한 것은 우리나라의 항공안전수준을 국제적으로 인정받은 것이라 할 수 있다.

뿐만 아니라 국제 운항을 하는 특성 상 국제기준을 충실하게 따를 수밖에 없어 상대적으로 안전관리가 과학적이고 체계적인 항공안전

27) 국제민간항공기구(ICAO)가 국가별로 국제기준 이행실태를 파악하기 위해 실시하는 항공안전에 대한 종합평가제도로 2005년부터 법령, 조직, 항공교통관제, 공항시설, 사고조사 등 전체 18개 분야 1만여 개 기준으로 확대 점검하고 있다. 평가절차는 서면 사전심사, 현지실사, 미흡사항 정밀검증, 개선계획 협의·조정 단계로 진행되며, 평가결과는 평가 실시 9개월 후에 인터넷 등을 통하여 전면 공개된다.

을 거울삼아 다른 교통수단에 대해서도 안전관리체계를 점검, 강화하는 기회가 되었다. 철도의 경우 2004년 「철도안전법」을 제정하여 고속철도 개통에 따른 안전관리 시스템을 정비하고, 해운은 2011년「해사안전법」을 개정하여 국제해사기구(IMO)에서 요구하는 해사안전정책의 수립 · 시행 · 평가 및 환류체계를 확립하였다. 또한 교통안전에 관한 기본법이라 할 수 있는 「교통안전법」을 여러 차례 개정하여 지방자치단체의 교통안전기본계획 수립, 운수 사업자의 교통안전관리규정 작성 등 안전관리체계를 지속적으로 정비하였다.

아울러 장애인 · 고령자 · 임신부 등 교통서비스를 받는 데 어려움을 겪고 있는 교통약자의 비율이 전체 인구의 25% 수준으로 증가함에 따라 이들이 안전하고 편리하게 교통서비스의 혜택을 누릴 수 있도록 2005년에 「교통약자 이동편의 증진법」을 제정하였다. 이 법에 따라 교통수단 · 여객시설 · 도로의 이동 편의시설을 확충하고 보행환경을 개선하는 등 인간중심의 교통체계를 구축함으로서 본격적으로 교통정책에 복지의 개념이 녹아들기 시작하였다.

한편 이 시기 또 하나의 교통가치인 기술 · 효율 측면에서 교통서비스 제공 및 SOC 건설 · 운영의 틀을 근본적으로 바꾸는 혁신적 정책들이 도입되었다. 먼저 1999년 신공항건설공단, 2002년 한국공항공단을 인천국제공항공사와 한국공항공사로 차례로 전환하여 공항의 책임경영체제를 강화하고, 2003년에는 대표적인 사회기반시설인 철도의 경쟁력을 높이기 위해 정부조직인 철도청을 철도 시설부문(철도시설공단)과 운영부문(철도공사)으로 분리하여 공기업화 하는 철도산업 구조개혁을 실시하였다. 해운은 2003년 5월 「항만공사법」을 제정하여 전문적으로 항만시설의 개발 및 관리 운영을 전담하는 항만공사를 부산항, 인천항 등 항만별로 설립하였다.

교통 SOC 건설·운영의 기반이 되는 교통시설특별회계는 처음에 2003년까지 10년간 한시적으로 운영하기로 하였으나, 이후 계속적인 운영 필요성이 제기되어 2003년에 2009년까지 연장한 데 이어 2009년 교통시설특별회계의 유효기간을 삭제하여 영구법화 하였으며, 계정 간의 재원배분도 〈표 6〉에서와 같이 부문별 투자 수요에 따라 탄력적으로 운영되고 있다.

아울러 복지 등 재정수요의 확대 등에 따라 정부 재정의 한계를 극복하고 민간의 창의와 효율을 도입하기 위해 민간자본유치 제도가 도입되었었다. 이에 따라 1994년 「사회간접자본 시설에 대한 민간자본유치촉진법」(1998년 「사회기반시설에 대한 민간투자법」으로 전면 개정)을 제정하고, 2000년 11월 민간투자 1호 사업인 인천국제공항고속도로가 개통되었다. 민간투자사업은 초기에 사업리스크가 크고 국내 프로젝트금융의 발달이 미흡하여 사업추진이 활발하지 못하였으나, 사업 활성화를 위한 정부의 지속적인 제도보완과 민간 금융의 발달로 도로만 해도 2014년 말 현재 10개 민간 투자노선이 개통·운영되고 있다. 그러나 최근 저금리 추세가 되면서 정부의 최소 수입보장(MRG)이 통행료와 직접 관계가 없음에도 자금 재구조화 압력 등 민간투자사업 여건이 악화되고 있는 실정이다. 또한 해운은 2002년 선박펀드제도를 도입하여 선박에 대한 자본투자를 유도하였다.

아울러 친환경 및 안전 강화 추세에 따라 전기자동차 등 친환경자동차 개발 및 보급 확대, 차세대 지능형 교통체계(ITS) 구축·운영, 한국형 고속철도 및 경량전철 개발, 항공기 개발 등을 위한 R&D와 관련제도정비 등을 추진하고 있다.

[표 6] 교통시설특별회계 계정별 재원배분 추이

(단위 : 억 원, %)

계 정		1994년	2000년	2006년	2012년
도 로	규모 (비중)	28,396 (62.6)	75,330 (61.1)	64,828 (51.5)	79,169 (52.7)
철 도	규모 (비중)	9,744 (21.5)	28,590 (23.2)	20,276 (16.1)	44,538 (29.7)
대중교통 (도시철도)	규모 (비중)	6,430 (14.2)	11,966 (9.7)	13,874 (11.0)	11,817 (7.9)
공 항	규모 (비중)	3,200 (7.1)	7,423 (6.0)	3,848 (3.1)	1,207 (0.8)
항 만	규모 (비중)	4,005 (8.8)	9,739 (7.9)	17,526 (13.9)	13,370 (8.9)
광 역	규모 (비중)	- -	2,227 (1.8)	5,602 (4.4)	- -
총 계	규모 (비중)	43,345 (100)	123,309 (100)	125,953 (100)	150,101 (100)

주 : 도시철도계정은 2005년 대중교통계정으로 이름 변경. 광역계정은 2010년 삭제.
출처 : 국토교통부 홈페이지.

III 도시교통 개선 및 대중교통 활성화

1. 대중교통 활성화

도시교통의 문제는 크게 교통체계 내부의 문제와 교통서비스 제공 과정에서 발생되는 외부 부작용 또는 역기능으로 나눌 수 있다. 교통체계 내부문제는 소통난 · 주차난 · 승차난으로 압축되며, 외부 부작용 또는 역기능은 사고 · 에너지 과다소비 · 환경 파괴 · 복지 저하 등의 문제가 해당된다. 이 중 교통 정책당국이 일차적으로 해결해야 할 기본과제는 소통난, 주차난, 혼잡 등 교통체계 내부문제다. 1990년대까지 우리나라 교통정책의 역사 또한 위 3대 과제를 해결하기 위한 고뇌의 역정이라 할 수 있다.

그러나 지속적인 교통시설확충으로 교통체계 내부문제는 어느 정도 개선되었고, 특히 2000년대 들어 에너지, 환경, 안전, 복지 등에 대한 사회적 관심이 눈에 띄게 높아지기 시작하였다. 이에 따라 교통체계는 전통적인 내부문제 해결뿐만 아니라 에너지 효율성 · 친환경성 · 안전성 · 교통복지 향상 등의 가치를 실현하지 않고는 더 이상 지속가능할 수 없게 되었다. 결국 교통정책의 목표는 이 두 과제를 동시에 효과적으로 풀 수 있는 대중교통 활성화에 모아졌다.

더구나 교통문제 해결을 위한 기본적인 접근방법인 수 · 급 균형의 측면에서 볼 때 질 높은 대중교통망의 확충은 교통 공급을 늘리는 동시에 자가용 승용차 운행수요를 흡수하는 매력적인 방안이다. 또한 국민 누구나 편리하고 경제적으로 이용할 수 있는 대중교통은 중요한 사회안전망이 된다. 이런 점에서 빠르고 안전한 서민 대중교통수단의 이용을 활성화하는 것은 도시교통정책의 근본 뼈대이며 교통복지를 실현하는 방안이기도 하다.

1) 도시철도망 확충

우리나라 도시철도망 확충 과정은 크게 1, 2기로 나눌 수 있다. 1기는 서울지하철 1호선 건설에 착수한 1971년부터 서울지하철 3 · 4호선이 완공된 1985년까지고, 2기는 서울지하철 건설(5 · 7 · 8호선)이 재개된 1990년부터 지금까지다.

1기에는 서울지하철 1~4호선 건설과 경수(서울~수원) · 경인(구로~인천)·경원(용산~의정부)선 전철화가 완료되었는데 서울지하철의 경우 건설 투자비에 대한 정부 지원이 3% 수준에 불과하여 건설 당시부터 막대한 부채 부담을 지게 되었다.[28]

이후 전두환 정부에서는 물가안정 등의 이유로 지하철 건설이 사실상 중단되었다.[29] 그러나 1980년대 말에 이르러 도시교통난이 심화되어 사회문제화 되자 도시철도 건설이 불가피하다는 여론이 높아졌다.

2기는 이런 우호적 배경 하에서 1990년 4월 3일 6개 부처 합동으로 '대도시교통 종합대책'을 발표하여 서울·부산 등 6대 도시 지하철 건설계획 및 소요 재원의 30% 중앙정부 지원 방침을 확정함으로써 시작되었다. 이에 따라 1990년 서울지하철 5·7호선이 착공되고, 단계적으로 다른 대도시에서도 지하철 건설이 추진되어 2004년 광주지하철 1호선이 준공됨으로써 6대 도시 모두 도시철도가 운영되는 시대가 열렸다. 이어 도시철도 이용이 늘어나면서 건설운영에 대한 국고지원을 계속 확대하여 건설지원 비율을 60%(서울은 40%)로 높이고 이동편의시설 설치 등 경영개선에 대해서도 일부를 지원하였다. 또한, 민간자본 유치 등 재원 조달방안도 다양화하는 등 지하철 건설을 지속적으로 추진하여 2013년 말 현재 〈표 7〉에서와 같이 전국적으로 21개 노선, 615km가 운영되고 있고, 새로 14개 노선, 221.6km의 건설을 추진 중에 있는 등 짧은 기간에 선진국과 견줄 수 있는 도시철도망을 갖추게 되었다.

---

28) 당시 지하철 건설에 정부의 지원 비율이 낮았던 이유는 취약한 정부 재정여건 탓도 있지만 중앙정부가 서울에 한정되어 운행되는 지하철 건설을 지원하는 것은 수익자부담 원칙에 맞지 않다는 부정적 시각도 한 몫을 하였다. 아직 지하철 건설에 대한 사회적 공감대가 충분하지 않았다고 볼 수 있다.

29) 철도청에서 안산선(안산~금정) 및 과천선(과천~남태령) 전철 건설을 일부 추진하기도 하였다.

[표 7] 도시철도 운영현황

(2013년 말)

구분	노선	길이(km)	역수	구간	사업비(억 원)	개통일
합계	**21**	**615.0**	**591**	-	**369,640**	-
서울	1	7.8	10	서울역~청량리	984	'74.08.15.
	2	60.2	50	성수~성수	11,171	'80.10.31.
	3	38.2	34	지축~오금	13,798	'85.07.12.
	4	31.7	26	당고개~남태령	8,315	'85.04.20.
	5	52.3	51	방화~상일, 마천	30,215	'95.11.15.
	6	35.1	38	응암~봉화산	25,496	'00.08.07.
	7	57.1	51	장암~부평구청	39,676	'96.10.11.
	8	17.7	17	암사~모란	8,502	'96.11.23.
	9	27.0	25	개화~신논현	34,640	'09.07.24.
	소 계	**327.1**	**302**		**172,797**	
부산	1	32.5	34	노포~신평	9,751	'85.07.19.
	2	45.2	43	장산~양산	28,552	'99.06.30.
	3	18.1	17	대저~수영	17,395	'05.11.28.
	4	12.0	14	안평~미남	12,616	'11.03.30.
	소 계	**107.8**	**108**		**68,314**	
대구	1	25.9	30	대곡~안심	15,187	'97.11.26.
	2	31.4	29	문양~영남대	26,147	'05.10.18.
	소 계	**57.3**	**59**		**41,334**	
인천	1	29.4	29	계양~국제업무지구	24,320	'99.10.06.
광주	1	20.5	20	녹동~평동	16,658	'04.04.28.
대전	1	20.5	22	판암~반석	18,931	'06.03.16.
부산/김해	부산-김해	23.2	21	사상~가야대	13,241	'11.09.17.
의정부	의정부	11.1	15	발곡~탑석	6,767	'12.07.01.
용인	용인	18.1	15	기흥~전대	7,278	'13.04.26.

주 : 1, 3, 4호선 중 철도공사 관리구간 제외.
출처 : 국토교통부 광역도시철도과 내부자료.

그러나 이와 같은 도시철도 철도망의 급속한 확충은 우리나라의 도시교통문제 완화에 기여하였으나 초기에 도시 간 경쟁이 지나쳐 도시 규모를 고려하지 않고 획일적으로 중량전철을 건설하여 중앙정부와 지자체의 재정 부담을 가중시키는 문제점도 나타났다. 또한 노선망 구성에 있어 고속·저속 등 노선 간 위계와 버스 등 다른 교통수단과의 연계 및 도시 발전계획에 대한 고려가 미흡하여 교통체계 운영의 효율성을 저하시키는 요인이 되었다. 앞으로 무인 경량전철[30] 등 첨단 기술을 활용한 여러 형태의 신교통수단 개발·도입을 통해 투자 효율성을 높이고, 고속 직통 지하철 건설을 통한 노선 간 위계 강화와 환승체계 정비 등 교통수단 간 연계 강화로 광역 교통체계의 효율성을 높여가야 할 것이다.

2) 버스 서비스 개선

시내버스는 지하철과 더불어 대표적인 서민 대중교통수단이다. 그러나 자가용 승용차의 증가와 도시철도망의 확충, 신도시 개발 등으로 인한 시계 유출입 통행량의 급속한 증가 등으로 시내버스의 영업 여건이 지속적으로 악화되었다.

이에 대응하여 1998년 서울시의 버스업체 경영합리화 및 대형화가 추진되었으나 여전히 시내버스 서비스의 질은 개선되지 못했다. 무엇보다도 버스노선의 사유화 인식이 강해 시민편익은 뒷전에 두고 지하철과 보완이 아닌 경쟁관계를 이루면서 황금노선에 집착하여 장거리·중복·굴곡 노선이 많고 업체 간 수익성에 차이가 컸다. 그럼에도 합리적인 노선조정이 업계의 반대 등으로 이루어지지 못하여 정시성이 확보되지 못한 채 과속 난폭운전을 일삼게 되어 승객의 지속적인 이탈을 가져왔고, 다시 이는 경영악화로 인한 도산으로 연결되는 악순환으로 이어졌다.

30) 2011년부터 부산지하철 4호선에 한국형 무인 경전철(K-AGT)시스템이 운행 중에 있다. 이 시스템은 건설교통부 R&D 사업으로 2003년 개발에 착수하여 세계 4번째로 성공한 국산화 경량전철로, 알루미늄 차체에 고무바퀴를 장착하고 운행의 전 과정이 완전 자동화되어 건설비 및 유지관리비를 줄일 수 있다.

이러한 시내버스 운영의 문제점을 근본적으로 개선하고자 버스 준공영제를 주요 내용으로 하는 버스교통 개편이 전국 대도시를 대상으로 추진되었다. 버스 준공영제는 정부 및 지자체의 지원·조정을 통해 그동안의 완전 민간경영 방식에서 나타난 단점을 보완하여 버스경쟁력을 높이기 위한 정책으로 2004년 7월 서울시 도입을 시작으로 〈표 8〉에서와 같이 2012년 현재 전국 6개 광역시로 확대 운영 중에 있다.

[표 8] 시내버스 준공영제 추진현황

(2012년 8월 기준)

도 시	시행일	대상노선	도 시	시행일	대상노선
서울	2004.7.	412개 노선(7,525대)	광주	2006.12.	94개 노선(930대)
대전	2005.7.	102개 노선(965대)	부산	2007.5.	1,491개 노선(2,511대)
대구	2006.2.	144개 노선(1,561대)	인천	2009.2.	204개 노선(2,312대)

출처 : 국토해양부 교통정책실 내부자료.

버스 준공영제의 내용은 지자체별 여건에 따라 차이가 있으나, 노선 조정(과다 중복 노선의 통·폐합, 승객 과밀·과소 노선 조정 등), 운송수입금 공동관리, 공영차고지 조성·확보 지원 및 유가보조금 지급, 대중교통 통합 환승요금제 실시, 버스 정보제공시스템 구축, 교통카드 도입, 중앙버스전용차로제 실시, 차량 고급화(저상버스, CNG 버스 등) 등 종합적인 시내버스 서비스 개선 대책을 대부분 담고 있다.

이 정책을 시행한 결과 서울의 경우 〈그림 2〉와 같이 계속 하락하던 시내버스 이용자 수가 버스제도 개편 첫 해인 2004년을 계기로 반전되고, 이용 편의도 개선되어 시내버스가 도시철도와 함께 핵심 대중교통 수단의 역할을 안정적으로 수행하는 효과를 거둔 것으로 나타났다. 그러나 아직 서울 시내버스 노선 중 약 85%가 적자노선인 실정으로, 앞으로 노선개편 및 감차, 버스업체의 대형화 등 적극적인 구조조정과 경쟁력 강화방안이 지속적으로 추진될 필요가 있다.[31)]

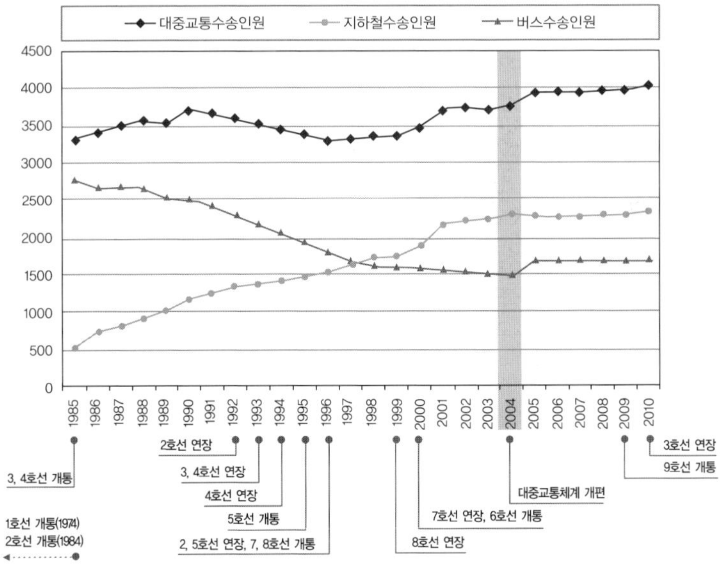

출처 : 윤혁렬(2012 : 3).

[그림 2] 서울시 대중교통 이용자수 변화

2. 교통수요관리시책의 강화

교통수요관리(Travel Demand Management)는 통행수요를 줄이거나 승용차 이용수요를 대중교통수단 또는 친환경·저에너지 교통

31) 윤혁렬, "서울시 버스준공영제 발전방안", 「SDI 정책리포트」 제116호, 서울연구원, 2012, p.6, 14~16.

수단으로 전환하도록 유도하는 정책을 말한다. 수요관리방안은 다양한 기법이 사용되고 있는데 이들은 각각 교통수단의 전환, 이용시간의 변화, 교통량 감축, 통행 원인의 제거 등을 통해 교통수요를 줄이게 된다. 이들 수요관리기법 중에서 시행 역사가 오래 되고 전국적으로 적용되고 있는 대표적 제도가 교통유발부담금이다.

1) 교통유발부담금 제도 도입, 운영

교통유발부담금 제도는 교통 혼잡을 일으키는 시설물의 소유자에게 일정한 기준에 따라 부담금을 부과하되, 시설물 소유자의 교통량 감축 노력에 따라 부담금을 줄여 줌으로써 자발적인 교통량 감축을 추진하고자 하는 정책이다. 또한 지역 내 교통안전시설의 설치 등 교통개선사업을 추진하기 위한 재원조달의 목적도 함께 지니고 있다.

이 제도는 1990년 '도시교통정비촉진법' 개정에 따라 도입되어 인구 10만 명 이상의 도시 안에서 시설물의 바닥면적 1,000㎡ 이상의 시설물 소유자에게 부과되고 있다. 구체적인 교통유발부담금은 시행령에 규정된 산식(시설물 바닥면적의 총합×단위 부담금×교통유발계수)에 따라 부과되는데 부담금 제도의 취지를 살리기 위해서 교통량 감축 활동[32)]에 따라 지자체 조례로 경감할 수 있도록 하고 있다.

32) 주요 교통량 감축방법으로 통근버스 운행, 대중교통 요금 보조, 자전거 이용 촉진 등이 있고, 각 방법의 기대효과에 따라 부담금 경감률이 달리 정해져 있다.(박준환, 2012_b : 2)

[표 9] 지방도시교통사업특별회계 중 교통유발부담금 관련 운영 현황

세 입			세 출		
항목	2009년	2010년	항목	2009년	2010년
교통유발 부담금	1,627	1,709	도시 교통관리	6,554	9,125
혼잡 통행료	158	153	교통안전 시설	1,927	1,894
과징금 · 과태료	738	598	교통체계 관리	5,011	776
전입금 · 기타	14,936	13,652	기타	860	541
계	17,459	16,112	계	14,352	12,336

출처 : 2010년도 부담금 운용종합 보고서(기획재정부, 2011 : 592), 박준환(2012$_b$)에서 다시 인용.

2) 버스전용차로제의 진화

버스는 적은 비용으로 빠르게 효과를 볼 수 있는 대중교통수단이나, 교통체증이 심할 경우 정시성, 안전성 및 고객 서비스 측면에서 그 기능을 제대로 수행할 수 없다. 버스전용차로제는 특정 차로를 버스에 배타적으로 허용함으로써 이러한 문제를 개선하고 더욱 불편해진 승용차 이용자를 대중교통으로 흡수하기 위한 수요관리방안으로 많은 나라에서 널리 적용되고 있다.

우리나라의 버스전용차로제 도입은 3단계로 추진되어 왔다. 1단계는 1980년대 말~1990년대 처음 도입된 가로변 버스전용차로제로 기존 교통체계를 크게 흔들지 않고 운영할 수 있도록 도로 바깥쪽의 마지막 차선을 활용하는 형태였다. 그러나 가로변 전용차로제는 이면도로 진출입 차량 및 가로변 불법 주정차로 인해 그 기능을 제대로 수행하는 데 한계가 있었고, 도심~외곽 간 광역버스 운행 노선의 경우 도로 폭 차이 등으로 전용차로가 단절되는 문제도 나타났다. 또한 승용차 이용자들의 불만과 지속적인 택시의 버스전용차로제 진입 허용 요구 등 정착에 애로가 많았다.

이러한 한계를 극복하고자 2004년 7월 서울시에 중앙버스전용차로제가 도입되었다. 서울시의 중앙버스차로제는 도봉·미아로, 강남대로, 수색·성산로 구간을 시작으로 본격 확대되었는데[33] 시행 초기 교통카드 작동 오류 등으로 혼란이 발생하였으나, 전체적인 버스노선 개편[34]과 함께 추진함으로써 교통개선 효과[35]를 거둘 수 있었다.

그러나 중앙버스전용차로제 또한 환승시스템, 교통수단 간 연계 등 지원 인프라가 미비한 상태에서 버스 운행속도 향상에 치중함으로써 교통수단 간 수요전환(자가용→버스)에 한계가 있다. 이에 따라 정부는 버스체계에 궤도 방식을 융합한 새로운 개념의 대중교통시스템인 BRT(Bus Rapid Transit, 간선급행버스)도입을 추진하고 있다. BRT는 저비용·고효율의 신교통수단으로 건설비용은 도시철도의 10~20%에 불과하지만 전용차로 외에 쾌적한 차량, 우선 신호, 환승시설, 운영 서비스시스템 등을 갖추어 편리한 환승 및 정시성 확보가 가능한 땅 위의 지하철이라 할 수 있다.[36] BRT는 수도권의 2개 노선(하남~천호 10.5km, 청라~강서 23.1km)이 운영되고 있으나, 국토교통부는 2014년 3월 국가교통위원회(위원장 : 국토교통부장관)에서 2020년까지 전국 대도시권의 광역간선 44개 노선으로 확대하는 계획을 확정, 추진 중에 있다.[37]

---

33) 서울의 버스중앙전용차로제는 2004년 7월 시행 전에 천호·하정로 7.6km 구간을 운영 중이었으며, 2004년 5월에 삼일로 1.1km을 시범 개통한 상태였다.(김경철, 2004 : 12)

34) 서울시 버스노선 개편의 핵심은 버스노선을 간선과 지선으로 개편하여 장거리·굴곡·중복노선을 정리한 것이다. 간선노선은 도심과 외곽, 도심과 부도심, 부도심 간을 직행 연결하고, 지선노선은 간선버스 정류소 및 지하철역과 연계하거나 지역교통 생활권을 순환하도록 하였다. 이와 함께 버스를 파랑(간선)·빨강(광역)·초록(지선)·노랑(순환)버스 등 기능에 따라 4가지 유형으로 정비하고, 서울시를 8개 권역으로 구분하여 권역별로 번호체계를 도입하였다.(권영종, 2004 : 19)

35) 버스중앙전용차로를 우선 시행한 강남대로 등 3개 구간의 버스 통행속도가 시행 전(2004년 6월) 9~13km/h에서 시행 후(2004년 8월) 17~23km로 빨라졌고(권영종, 2004 : 20), 버스 통행시간 편차도 2~5분대로 정시성 및 신뢰성이 향상되었다.(김경철, 2004 : 16)

36) 모창환·권영종, 「간선급행버스체계(BRT) 운영체제의 기초연구」, 한국교통연구원, 2007, p. 6~8.

37) 국토교통부, "2020년까지 대도시권 평균 통행속도 15% 개선", 보도자료, 2014.3.19. p. 2.

Ⅳ 교통안전 강화

1977년 11월 11일 오후 9시 15분에 발생한 전북 이리(지금의 익산)역 열차 폭발사고는 조용히 잠들어가던 이리시의 밤하늘을 무참하게 찢어놓았다. 막대한 인적・물적 피해가 발생한 이 사고를 계기로 교통부는 1979년 12월 「교통안전법」 및 「교통안전진흥공단법」을 제정하여 교통사고를 국가 차원에서 관리할 수 있는 체계를 정비하였다. 이후 「교통안전법」에 따라 1981년 2월 '교통안전정책심위위원회(위원장 : 국무총리)'를 설치하고, 1982년 '제1차 교통안전기본계획'을 수립하였다. 또한 「교통안전진흥공단법」에 따라 1981년 7월 교통안전진흥공단(1995년 1월 교통안전공단으로 이름이 바뀜)을 설립하여 교통안전에 관한 전문적인 연구・조사・검사 업무를 수행할 수 있는 조직을 구축하였다. 우리나라 교통안전의 역사에서 종합적이고 체계적인 범정부차원의 교통안전관리체제를 구축한 사실상의 첫 조치였다.

그러나 이후에도 교통사고는 계속 늘어났다. 특히 1993년은 대형참사가 연쇄적으로 일어나 우리나라 교통안전의 민낯이 드러난 안타까운 한 해였다. 봄 개나리가 꽃망울을 막 틔워 갈 무렵인 3월 28일, 서울을 출발하여 부산으로 가던 무궁화호 열차가 구포역 인근에서 전복되었다. 7월 26일에는 김포공항을 출발한 아시아나항공기가 목포공항에 착륙시도 중 추락하였다. 불과 4달 만에 대형 사고가 연이어 터지자 주무부처인 교통부는 초긴장 상태에서 사고대책 상황실을 설치하고 비상근무에 들어갔다. 공교롭게도 열차, 항공기 사고가 번갈아 일어난 데 대해 시중에 "다음에는 배 아냐?"라는 우려의 말이 돌고 있는 실정이었다. 이를 의식한 듯 당시 교통부장관이 상황실을 순시하며 비장한 목소리로 "순서대로 하면 다음은 해운인데 그런 일이 있어선 절대 안 된다. 정신 바짝 차리고 교통안전에 만전을 기하라. 또 사고나 나면 엄벌에 처할 것이다."라는 취지의 말을 하였다. 그러나 장관의 당부가 있은 지 채 세 달도 되지 않은 10월 10일, 마치 조롱이라도 하듯 전북 부안군 위도 앞 바다에서 여객선 서해훼리호가 침몰하였다.[38)]

1993년을 되돌아보면 분명 사고는 엄벌이 무서워 피해 가는 것이 아니었다. 안전 또한 만전을 기하라는 지시로 담보되는 것이 아니었다. 교통안전은 평시에 점검하고 개선하며 안전의식을 체질화하지 않으면 결코 확보될 수 없는 '확률 · 과학 · 문화'이기 때문이다.

1. 우리나라 교통사고 발생 현황

우리나라의 자동차 교통사고로 인한 사망자 수는 2012년 5,392명으로 인구 10만 명당 12.9명, 차량 1만 대당 2.4명이다. 사망원인별 사망률을 비교할 때 암, 심장 순환기계 질환 등에 이어 7위에 해당한다. 그러나 30대 이하의 젊은 층에서는 교통사고가 2~3위로 높은 비중을 차지하고 있다.[39)]

대상을 육 · 해 · 공으로 넓혀 2003년부터 2012년까지 최근 10년 동안의 전체 교통사고 현황을 살펴보면 〈표 10〉에서와 같이 약 2,231,478건의 교통사고가 발생하여 63,933명이 사망하고 3,486,098명이 부상을 당하였다. 세부 분야별로는 도로교통사고가 전체 사고

38) 정상호, '앞의 책', p. 168.
39) 통계청, "2012년 사망원인 통계", 「보도자료」, 2013.9.25., p. 8.

건수와 사망자 수, 부상자 수에서 압도적인 비중을 차지하고 있다. 중장기 추세로 보면 도로와 철도는 사망자 수의 절대치는 높지만 하락하고 있으나, 해운과 항공은 증감을 반복하는 불안정한 모습을 나타내고 있다.

[표 10] 분야별 연도별 교통사고 발생 현황

구 분		'03	'04	'05	''06	'07	'08	'09	'10	'11	'12	계	연평균 증감율
발생 (건)	계	242,027	222,113	215,225	214,737	212,538	216,590	232,987	227,847	222,857	224,557	2,231,478	-0.8%
	도로	240,832	220,755	214,171	213,745	211,662	215,822	231,990	226,878	221,711	223,656	2,221,222	-0.8%
	철도	651	542	386	329	302	282	261	225	186	166	3,330	-14.1%
	해양	531	804	658	657	566	480	723	737	946	726	6,828	3.5%
	항공	13	12	10	6	8	6	13	7	14	9	98	-4.0%
사망 (명)	계	7,833	7,016	6,768	6,633	6,490	6,139	6,115	5,812	5,509	5,618	63,933	-3.6%
	도로	7,212	6,563	6,376	6,327	6,166	5,870	5,838	5,505	5,229	5,392	60,478	-3.2%
	철도	495	239	201	171	184	153	156	130	118	106	1,953	-15.7%
	해양	119	205	186	134	136	113	107	176	148	114	1,438	-0.5%
	항공	7	9	5	1	4	3	14	1	14	6	64	-1.7%
부상 (명)	계	377,275	347,559	342,527	342,259	336,110	339,237	362,120	352,618	341,601	344,792	3,486,098	-1.0%
	도로	376,503	346,987	342,233	342,029	335,906	338,962	361,875	352,458	341,391	344,565	3,482,909	-1.0%
	철도	649	319	171	141	116	130	108	88	70	105	1,897	-18.3%
	해양	114	250	113	89	78	127	136	71	132	118	1,228	0.4%
	항공	9	3	10	0	10	18	1	1	8	4	64	-8.6%

주 : 철도는 자살·직원사고 포함, 항공은 항공기·경량항공기·초경량비행장치 사고 포함.
출처 : 국토교통부(2013 : 6).

2. 교통안전수준의 국제비교

한 나라의 교통안전수준을 국제적으로 비교하기 위해서는 일반적으로 도로교통사고 사망자 수를 기준으로 적용한다. 도로교통사고가 발생 빈도 측면에서 절대적으로 높고 철도와 항공, 해운은 나라별로 여건이 다른 경우가 많기 때문이다.

국제적으로 도로교통안전수준을 나타낼 때 일반적으로 사용되는 기준인 자동차 1만 대 당 사망자 수로 우리나라를 선진국과 비교해 보면 〈표 11〉에서와 같이 2.4명으로 교통안전 선진국에 비해 2~4배 가량 높게 나타나고 있다. 이는 OECD 전체 34개 회원국 중 최하위권인 30위의 기록으로, 세계 10위권의 경제력을 감안할 때 부끄러운 수준이라 아니할 수 없다. 이런 점에서 가끔씩 언론에 보도되는 대형 참사도 문제지만, 매일 일상적으로 발생하여 크게 주목받지 못하고 넘어가는 자동차 교통사고야말로 정부가 국민의 소중한 생명과 재산을 보호하고 국격(國格)을 높이기 위해 진실로 바로잡아야 할 최우선적 과제다.

[표 11] 도로교통 사고율 국제비교(2011년)

(단위 : 천 대, 명)

구 분	한국	미국	일본	영국	독일	프랑스
자동차 대수	21,909	257,515	82,839	34,039	50,902	39,026
사망자수	5,229	32,885	5,450	1,960	4,009	3,963
자동차 1만 대당 사망자수	2.4	1.3	0.7	0.6	0.8	1.0

출처 : 국토교통부(2013 : 51)의 〈표 2-2-7〉 “OECD 가입국가 자동차 교통사고 비교” 편집.

3. 도로 교통안전 강화 대책

1991년에 우리나라 자동차 교통사고 사망자 수는 13,429명으로 사상 최고를 기록하였다. 이에 정부는 국무총리실을 중심으로 '교통안전종합대책'을 수립하여 범정부적으로 '교통사고 줄이기 운동'을 추진하였다. 시·도별로 '자동차 교통사고 사망자 수 감소목표제'와 '사망사고 발생 경찰서장 교통사고 보고제도' 시행 등 강력한 내용이었다. 그러나 교통사고가 감소추세로 바뀌자 국무총리실은 교통안전정책의 종합추진업무를 1995년 건설교통부 등 개별부처로 환원하였다.[40]

그러나 2001년 9월에 "2002년 월드컵 축구대회에 대비하여 범정부차원의 교통안전대책을 강구하라."는 국무총리 지시(2000.5.24.)에 따라 국무조정실에 「안전관리개선기획단」[41]을 설치함으로써 다시 범정부차원의 교통사고 감소대책이 추진되었다. 이 기획단에서는 2000년 자동차 1만 대당 사망자 수 7.4명을 2006년까지 2.0명으로 줄이는 목표를 설정하고, 현장 시설개선 중심의 교통안전 대책을 추진하였다.

2008년 7월에는 이명박 정부의 공약인 '교통사고 사상자 절반 줄이기'를 달성하기 위해 국토해양부·법무부·행정안전부·보건복지가족부·경찰청 합동으로 '교통사고 사상자 절반 줄이기 종합시행계획'을 발표하였다. 이 계획의 목표는 2007년 6,166명(자동차 1만 대당 사망자 수 3.1명)인 교통사고 사망자 수를 2012년까지 5년 내에 3000명(1.3명)으로 절반 줄여 OECD 평균수준을 달성하겠다는 것으

40) 국토교통부(2013 : 13).

41) '안전관리개선기획단'의 전신은 1999년 6월 씨랜드 화재사고 및 같은 해 10월 인천 호프집 화재사고가 연이어 발생하자 당시 김대중 대통령의 지시(1999.12.2)에 따라 국무조정실 산하에 설치된 '안전관리대책기획단'으로, 안전관리개선기획단은 이 조직을 전환, 개편하여 구성하였다.(국무총리 안전관리개선기획단, 「'안전한 나라 만들기'를 위한 주요업무추진백서」, 2004, p. 59.)

로 매우 도전적인 수준이었다. 이를 위해 보행자 및 대중교통 안전·교통안전기초질서 등 5대 분야 65개 단위과제[42]를 설정하고 관련 중앙행정기관·지자체·교통안전공단 등 공기업이 분담 추진하였다. 또한 각 기관의 과제 추진상황을 점검·지원하기 위해 국무총리실에 국토해양부·행정안전부·경찰청·민간전문가·시민단체 등으로 구성된 민간합동위원회를 운영하였다.[43]

위 사례들과 같이 교통사고를 줄이기 위해 국무총리실에 추진조직을 설치·운영하는 것은 범정부적인 차원에서 특별대책을 시행하기 위한 임시조치이며, 평시 우리나라의 도로교통 안전정책기능은 정부조직법에 따라 국토교통부와 경찰청 등으로 나뉘어 있다. 따라서 전반적인 교통안전정책을 파악하기 위해서는 두 기관의 정책을 종합적으로 살펴야 한다. 먼저, 국토교통부는 자동차 교통안전정책의 종합추진과 자동차 안전도, 사업용 자동차관리업무를 담당한다. 자동차 교통안전정책의 종합추진 분야는, 2006년 12월 「교통안전법」을 개정하여 기초지방자치단체가 교통안전기본계획 및 시행계획을 수립토록 하는 등 지자체의 교통안전 책임성을 강화하고, 일정기준 이상의 교통사고가 발생한 도로에 대해서는 교통사고 원인조사를 의무화하였다. 이어 2011년 5월에는 효율적인 교통사고 예방대책의 도입 및 확산을 위하여 교통안전 시범도시를 지정·운영하였다.

자동차 안전도 분야의 경우, 우리나라에서 자동차를 판매하려면 정부가 정한 안전기준에 적합함을 사전 승인받아야 하였다. 그러나 1990년대 들어 우리나라의 대미 자동차 수출이 급증하는 반면 수입

42) '교통사고 사상자 절반 줄이기 종합시행계획'은 2008~2012년까지 단위과제를 추진하는 데 약 1조 9천억 원의 재정소요를 예상하였다.

43) 국토해양부·법무부·행정안전부·보건복지가족부·경찰청, 「교통사고 사상자 절반 줄이기 종합시행계획」, 2008, p. 4, 84~88.

은 적은 규모에 머물자 미국은 한·미 자동차 통상협상에서 자국산 자동차에 대해 자동차 제조업체의 자기인증만으로 한국 판매가 가능하도록 요구하였다. 한편 사전승인제를 채택하고 있는 EU는 자국 차량에 대해 EU 당국의 사전형식승인만으로 한국 판매를 허용할 것을 요구하였다.

그러나 이는 우리나라의 자동차기술 주권을 훼손하고[44] 국내 자동차기업에게 불공평하며[45] 자동차 안전성도 확보하기 어려운[46] 무리한 요구들이었다. 이에 교통부는 미국·EU를 설득하여, 먼저 차이 항목에 대한 안전기준 조화를 추진하여 시간적 여유를 갖고 국제수준의 자동차 주행시험장 준공 등 관련 시설 구축 및 제도정비 등 준비작업을 마치고 2003년 자기인증제도로 전환하였다. 또한 운행 자동차의 안전도 확보와 관련, 정기검사를 교통안전공단이 독점하여 왔으나, 비사업용 자동차(1995년)와 사업용 자동차(1997년)를 차례로 민간 지정정비업체에 개방하여 국민편의 향상을 도모하였다.

사업용 차량관리에 대해서는, 1984년 10월 운전정밀검사 제도를 도입하고 1995년에는 과속으로 인한 대형교통사고를 방지하기 위하여 대형버스 및 대형화물차에 속도제한장치 부착을 의무화하였다. 이어 2002년 운행기록계 사용을 의무화하였으나 훼손 등 관리 부실 문제가 발생하여 2009년 디지털방식으로 전환함으로써 운전자의 운전

---

44) 미국, EU의 주장을 수용할 경우 미국 및 EU 자동차는 우리나라 안전기준과 관계없이 자신들의 기준만 충족하면 국내에서 마음대로 자동차를 판매할 수 있게 된다.

45) 미국과 EU 기업은 자신들의 기준대로 차를 만들어 우리나라에서 별도의 승인절차 없이 곧바로 차를 판매할 수 있으나, 우리나라 기업은 국내 판매 시 사전승인을 받아야 함은 물론 미국·EU 지역 수출 시 그들의 기준을 별도로 만족시켜야 하는 역차별을 당하게 된다.

46) 자기인증방식은 운행되는 차량을 정부가 수거하여 안전도를 평가하고 그 결과를 공개하는 신차평가제도(NCAP)와 제작결함 시정(Recall)을 통해 자동차 안전성을 검증한다. 따라서 이를 위한 시설·장비·인력 등 관련 인프라가 구축되지 않은 상태에서 도입될 경우 자동차 안전성을 확보하기 어렵다.

습관에 관한 정보를 과학적으로 수집·활용할 수 있도록 하였다.

한편, 경찰청은 1995년 운전면허 시 도로주행시험·어린이 보호구역·어린이통학버스 특별보호 제도를 도입하고, 무인단속카메라 적발차량에 대한 과태료부과 제도를 시행하였다. 또한 2003년에 사법시설 개선에 사용되던 교통범칙금을 자동차교통관리개선특별회계 세입으로 전액 편입하였으며, 「도로교통법」을 개정하여 어린이 통학버스에 보호자 탑승을 의무화하였다. 이어 2011년에는 운전면허시험관리를 도로교통공단으로 이관하였다.

4. 우리나라를 교통안전 선진국으로 만들기 위한 고언

우리나라는 그동안 교통안전강화를 위해 여러 외국 선진제도를 지속적으로 도입하고 때로는 국무총리실을 중심으로 범정부적 차원의 대응을 하는 등 많은 노력을 기울여 왔다. 그럼에도 왜 아직까지 매년 14조원(2005년, GDP 1.8%)의 사고비용을 길에 뿌리며 OECD 평균에 20년 정도 뒤쳐진[47] 안타까운 수준에 머물러 있을까?

흔히들 말하는 대로 자동차 역사가 짧다는 것만으로는 충분한 이유가 될 수 없다. 우리나라의 다른 분야에서 길지 않은 역사에도 불구하고 국제적인 경쟁력을 발휘하고 있는 경우를 많이 찾아 볼 수 있기 때문이다. 이런 관점에서 몇 가지 기본적인 문제점을 간략하게 짚어 보고자 한다.

첫째, 교통안전정책 기능이 여러 중앙행정기관에 분산되어 있다. 특히 교통사고와 직결되는 표지판(도로표지/교통안전표지) 및 운전

47) 국토해양부·법무부·행정안전부·보건복지가족부·경찰청, 「앞의 책」, p. 1, 3.

자관리(사업용/비사업용) 업무가 국토교통부/경찰청으로 각각 이원화되어 있고, 서로 밀접한 관계를 갖는 교통시설·교통수단/교통소통·사고조사분석 업무 역시 국토교통부/경찰청으로 나뉘어져 국가 차원의 효과적인 정책결정 및 집행이 어려운 구조다.

교통사고는 인적요인(운전자)·시설요인(교통시설 및 수단)·환경적요인(교통관리, 문화)이 복합적으로 작용하여 발생한다. 따라서 사고를 줄이려면 이들 발생요인이 종합적·체계적으로 분석, 관리되어야 한다. 이때 관리주체가 다르게 되면 책임과 권한이 모호해 질 수밖에 없다. 이처럼 교통사고에 영향을 미치는 요인을 서로 다른 기관에서 관리하는 상황에서 국민들은 우리나라의 취약한 교통안전 수준에 대한 정책 책임을 과연 누구에게 물어야 할 것인가? 식품위생 등 다른 모든 분야처럼 교통안전정책도 중앙부처가 전문성과 일관성을 갖고 수립하고, 단속 등 현장 집행업무는 경찰이 담당하는 체제에 대한 검토가 이제라도 필요하다.

둘째, 교통사고를 줄이기 위해서는 사고발생 시 '객관적이고 과학적인 원인조사→근본적인 대책 마련→지속적인 개선·시행' 하는 명확한 절차가 제도적으로 확립되어 있어야 한다. 좋은 예로 미국의 경우 대통령 직속으로 교통안전위원회(National Transportation Safety Board, NTSB)를 두고 대형사고·스쿨버스 승차자 사고·사회적 관심 야기 교통사고 등[48]에 대해 근본적 원인을 심층 조사하여 개선안을 해당부처에 권고하고 있고, 우리처럼 교통정책기능이 나뉘어 있는 일본만 해도 최소한 원인조사 만이라도 정밀하게 이루어질 수 있도록

48) NTSB의 구체적인 조사대상 기준은 ① 5명 이상 사망사고(사회적 관심 야기 사고 포함) ② 스쿨버스 승차자가 사망 또는 부상한 사고 ③ 대형트럭 사고(3명 이상 사고) ④ 위험물 운반차량, 긴급차량 사고 ⑤ 항공기, 철도, 선박, 수송관 사고 등이다.(국가경쟁력강화위원회, 「미래교통안전시스템 구축」, 2012.)

하기 위해 국토교통부와 경찰청 공동으로 교통사고 종합분석센터를 설치하여 모든 사망사고에 대한 조사·분석과 사고 D/B 구축 등 체계적으로 접근하고 있다.[49] 우리도 교통사고 조사가 책임규명, 처벌 위주의 일회성·단편적인 수준에서 벗어나 객관적이고 과학적인 조사·분석도 함께 이루어질 수 있는 선진체계를 시급히 마련해야 한다.

셋째, 궁극적으로 교통안전을 일시적인 사회분위기 전환 차원이 아닌 우리 사회를 유지 발전시키는 근본 가치로 존중하는 의식의 전환과 실제 이를 꾸준히 지켜가는 자세가 필요하다.[50]

---

49) 경찰청, 「교통선진국의 교통사고 조사체계 비교연구」, 2004, p. 197~199.

50) 우리 사회의 교통안전에 대한 인식을 보여주는 하나의 사례가 교통법규 위반자 사면이다. 1995년부터 2014년까지 교통사면은 서민생계형으로 분류되어 총 7회 실시되었다. 최남희(2009 : 58)에 따르면 교통사면 후 1~2년 동안 교통사고 발생 건수가 갑자기 증가하는 것으로 나타났다. 다만, 아래 〈표〉에서와 같이 면허가 정지·취소된 법규위반자가 사면과 동시에 별다른 보완조치 없이 자격이 회복되는 면허회복 대상자의 수가 점차 적어지는 것은 교통사면 대상을 엄격하게 선정하여 도덕적 해이를 막는다는 측면에서 바람직한 부분이라 할 수 있다.

〈표〉 우리나라의 교통법규 위반자 사면 조치 현황(1995~2014년)

정 부	시 기	수혜 대상자(만 명)
김영삼	1995.12.	595(벌점삭제 393, 면허회복 153)
김대중	1998.3.	532(벌점삭제 445, 면허회복 36)
	2002.8.	481(벌점삭제 396, 면허회복 85)
노무현	2005.8.	421(벌점삭제 371, 면허회복 50)
이명박	2008.6.	283(벌점삭제 248, 면허회복 35)
	2009.8.	130(벌점삭제 124, 면허회복 7)
박근혜	2014.1.	290(벌점삭제 279, 면허회복 4)

출처 : 최남희 (2009 : 56~57)의 〈표 1〉 "우리나라의 대통령별 교통사면조치 현황"을 편집.

V 교통산업의 선진화

교통산업은 사람과 화물 및 정보의 이동성·소통성을 증진시키기 위하여 도로·철도·항만·공항 등 교통 SOC를 확충·관리하고, 자동차·선박·항공기 등의 교통수단을 운영함으로써 국가 경쟁력을 향상시키는 데 핵심 역할을 수행한다. 또한 교통운수산업은 생산 및 고용 유발효과가 높아 경기부양과 고용확대의 수단으로 활용되기도 한다. 뿐만 아니라 교통산업은 자동차·선박·항공기 등의 교통수단 제조분야 및 국가 안보·건설·레저·관광 등 다양한 부문과 밀접한 관계를 맺고 있어 사회경제적 파급효과가 크기 때문에 역사적으로 러시아의 시베리아 횡단철도나 미국의 동서횡단철도, 우리의 경부고속도로 등에서 보듯 국가발전전략에서 중추적 위치를 차지하고 있다.

1. 교통 운수산업 및 교통 SOC 투자 현황

우리나라 교통운수산업의 생산액은 2010년 60조 원 규모로 GDP 1,042조 원의 5.8%, 일자리 수는 128만 명으로 전체 산업종사자 2,475만 명의 5.3%를 각각 차지한다.[51)]

교통 SOC 투자는 중앙정부, 공기업, 지자체 등 공공부문과 민간투자를 포함한 국가 전체의 투자금액이 GDP 대비 1970년대 2% 수준에 불과했으나, 1990년대 SOC 확대정책과 1994년 교통시설특별회계의 도입에 따른 안정적인 재원확보에 힘입어 4~5% 수준으로 크게 높아졌다.[52)] 그러나 최근 사회복지 지출 증가 등에 따라 〈표 12〉에서와

51) 자동차, 선박, 항공기 등의 제조 분야는 제외된 것임.(국토교통부 교통정책실 내부자료, 2012.9.)
52) 안홍기·김민철, “SOC 투자여건 변화와 정책방향”, 「건설경제」 통권 50권, 국토연구원, 2006, p. 47.

같이 2~3% 대로 감소하고 있다. 이처럼 교통인프라에 대한 투자 비중이 줄어드는 것은 시대 흐름에 따른 것이긴 하지만 아직 우리 간선교통시설의 스톡규모가 OECD 국가 평균(도로)이거나 그에 부족한(철도) 실정에 있고,[53] 특히 대륙과 바다로 뻗어가야 하는 우리나라 현실에서 첨단·사람·환경이 융합된 교통인프라는 새로운 개념의 수출산업이자 신성장동력이라는 관점에서 접근할 필요가 있다.

[표 12] SOC 투자추이와 GDP 대비 비중

(단위 : 조 원, %)

구 분	'04	'06	'08	'09	'10	'11	'12
정부 SOC예산	17.4	18.4	20.5	25.5	25.1	24.4	23.1
공기업자체투자	4.5	4.2	4.4	5.8	9.9	8.7	6.3
민간자본투자	1.7	2.9	3.8	3.9	2.7	2.2	2.7
합 계 (GDP 대비 비중)	23.6 (2.85)	25.5 (2.81)	28.7 (2.80)	35.2 (3.31)	37.7 (3.21)	35.3 (2.85)	32.1 (2.52)

출처 : 기재부 및 국토해양부 내부자료. 류재영·임영태·김홍석(2012 : 19)에서 다시 인용.

2. 교통산업 부문의 수송실적

육·해·공 수송수단의 수송실적을 살펴보면 〈표 13〉에서와 같이 2010년 여객은 13,014백만 명/년이고, 화물은 778,030천 톤/년이다. 교통수단별 분담률은 여객의 경우 도로가 74.1%로 가장 많고, 다음으로 지하철, 철도, 항공, 해운 순으로 나타났다. 화물 또한 도로가 79.6%로 가장 많은 가운데 해운, 철도, 항공이 뒤를 이었다.

53) 우리나라와 GDP, 면적, 인구규모가 크게 다른 국가를 포함하여 비교하는 데 따른 오차범위 과다 발생 문제를 해소하기 위해 OECD 30개 나라 중 우리와 비슷한 17개국의 간선도로와 철도 길이를 비교분석한 결과임.(국토교통부 교통정책실 내부자료, 2012.9.)

[표 13] 교통수단별 수송분담률

(2010년 기준, 단위 : %, 백만 인, 천 톤)

구 분	수송실적 계	철도	지하철	공로	해운	항공
여 객	13,014	8.2	17.5	74.1	0.1	0.1
화 물	778,030	5.0	-	79.6	15.3	0.1

출처 : 국토해양부 교통정책실 내부자료.

그런데 도로 이용차량의 대부분이 자가용 차량이므로 운임을 받고 수송서비스를 제공하는 순수 교통운수산업의 경제 활동수준을 파악하기 위해서 교통산업서비스지수(Transportation Service Index, TSI)[54]를 살펴볼 필요가 있다. 〈표 14〉에 따르면 국내여객지수는 1995년 3/4분기에서 2010년 3/4분기까지 12.4p 올랐으나 이는 지하철・항공・해운의 수송인원 증가에 기인하는 것으로 대표적인 지역간선교통수단인 철도와 고속버스는 오히려 수송실적이 줄었고, 국내화물지수는 철도, 항공, 해운이 모두 하락하였다. 국내 여객과 화물의 수송에서 자가용 차량 중심의 도로운송 비중이 계속 증가하였음을 알 수 있다. 그 결과 국내 운수산업은 수요가 늘지 않는 상태에서 경영여건 또한 운임이 공공요금으로 규제되어 시장기능이 제대로 발휘되지 못하다 보니 혁신 기업화되지 못하고 구조적인 영세의 틀을 벗어나지 못하고 있다.

54) TSI는 여객・화물 등 교통산업부문의 수송실적(인-km, 톤)을 2000년 평균값을 기준으로 산정・지수화한 지표로 국토교통부가 교통연구원에 의뢰하여 2004년부터 분기별로 발표하고 있다. 제시되는 지수는 철도, 지하철, 고속버스, 항공, 해운 분야를 대상으로 하며, 시내・시외・전세버스, 택시, 화물차 등은 전산화 된 수송실적 자료의 신뢰성이 미흡하여 포함되지 않고 있다.(한국교통연구원, "2010년 3/4분기 교통산업서비스지수(TSI) 산정・발표", 「보도자료」, 2010.12.27. p. 6.)

[표 14] 교통산업서비스지수(국내)

년도	여객 지수						화물 지수			
		지하철	철도	항공	해운	고속 버스		철도	항공	해운
1995.3Q	98.1	87.7	109.5	92.0	77.6	127.2	100.4	125.1	74.3	90.1
2000.3Q	101.2	100.9	101.2	100.2	110.2	100.2	97.3	99.4	102.3	96.0
2005.3Q	101.2	121.0	101.5	80.0	101.6	85.2	84.5	90.6	85.5	81.7
2010.3Q	110.5	132.2	98.9	99.3	135.6	88.4	81.1	83.5	61.6	80.5

출처 : 교통연구원(2010 : 23~24).

3. 운송사업의 발전

우리나라는 1960년대 이후 적극적인 개방 경제정책을 통해 압축성장을 이루었는데, 이는 국제운송능력의 확보가 뒷받침되었기에 가능한 일이었다. 특히 지리적으로는 반도이나, 실제로는 대륙이 북한에 가로 막혀 있어 '섬'과 다름없는 상황에서 대외교역 증진을 위해서는 항공수송능력과 해운력의 증강이 필수적인 일이었다. 이에 따라 우리나라의 국제운송사업은 때로 부침이 없지 않았으나 정부지원과 업계의 적극적인 노력으로 발전을 거듭하여 〈표 15〉에서와 같이 항공 및 해운 수송실적이 각각 세계 2~8위권의 국제경쟁력을 확보하는 등 국가경제발전의 견인차 역할을 하고 있다.

[표 15] 우리나라 국제운송의 세계 위상

(2011년 기준)

구 분	항 공 (국제)				해 운	
	여 객	화 물	인천공항		지배선대 선박보유	부산항 컨테이너처리
			여 객	화 물		
실 적	89,089 백만 킬로	12,162 백만 톤킬로	34,537 천 명	2,483 천 톤	55백만DWT	1618만TEU
세계 순위	8	2	9	2	5	5

출처 : 국토교통부(2012 : 158, 165, 299~300, 304).

반면 국내운송사업은 〈표 16〉에서 보듯 운송업체의 평균 차량보유 대수가 여객 42대, 화물 17대로 수많은 중소사업자가 난립해 있다. 특히 업무의 특성상 공공성이 강조되는 여객에 비해 경제적 효율성이 중시되어야 하는 화물운송업이 더욱 영세하여 연계수송의 효율성 제고가 어려운 실정이다. 이는 우리나라의 국가물류비가 GDP 대비 11.1%로 미국(7.6%, '09), 일본(9.0%, '08)에 비해 높은 수준을 보이는 주요 원인으로 작용하고 있다.

[표 16] 여객 및 화물자동차 운송업체 현황

구 분	여객운송(2012년 8월 기준)					화물운송(2012년 12월 기준)				
	소 계	시 내	농어촌·마을	시외·고속전세	법인 택시	소 계	1대	2~10대	11~20대	20대 초과
업체수	4152	347	458	1,626	1,721	10,268	2,689	3,778	1,205	2,596
보유대수	174,893	32,726	5637	45,054	91,476	177,282	2,689	17,491	17,095	140,007
업체 평균대수	42	94	12	27	53	17	2,689	5	14	53

출처 : 여객운송 – 국토해양부 교통정책실 내부자료.
화물운송 – 화물운송연합회 내부 조사자료. 국토교통부(2014 : 219)에서 다시 인용.

Ⅵ 물류산업의 경쟁력 강화

물류는 생산과 소비를 연결하는 물리적 경제활동으로, 구체적으로 화물운송 및 보관・하역 등과 이에 부가되어 가치를 창출하는 가공(포장, 조립 등)・정보활동 등을 모두 포함한다. 국민경제에서 물류산업의 가치는 초기의 물적 유통(Physical Distribution)을 넘어, 오늘날 원자재 조달에서 상품의 회수까지 상품흐름의 전 과정을 포함하는 확대된 개념(Logistics)에 있으며[55] 3자 물류(3PL)・공급망 관리(SCM) 등이 물류산업의 경쟁력을 좌우하는 핵심활동이 되고 있다.

물류의 효율화는 물류비를 절감하여 기업의 경쟁력을 높이고, 국가차원에서 물품 흐름을 고도화함으로써 국가발전 동력을 강화한다. 역사적으로 보더라도 로마의 도로와 지중해 제해권, 몽골의 유라시아 통합물류망, 근대 유럽의 항로개척 등의 사례와 같이 물류를 장악하는 민족이 세계를 장악하였다. 오늘날 하늘과 바다, 철도 등에서 경쟁적으로 벌어지고 있는 세계 주요 국가들의 대형 교통시설에 대한 투자도 물류를 효율화하여 그 흐름을 주도하려는 현대판 국가 경쟁전략인 것이다.

특히 우리나라는 지정학적으로 유라시아 대륙과 태평양을 끼고 있어 물류산업에 천혜의 강점을 가지고 있다. 그동안 정부도 이를 인식하여 물류산업의 경쟁력 강화대책을 지속적으로 추진하였으나 북한변수 등으로 인해 우리가 가진 잠재역량을 활짝 꽃 피우기에는 아직 갈 길이 먼 실정이다.

55) 국토교통부(2014 : 23).

1. 화물운송산업의 선진화

화물운송은 물류산업의 밑바탕으로, 기업 물류활동에서 화물운송의 비중이 높기 때문에 화물운송 시장이 튼튼하고 효율적으로 운영되어야 국가 물류산업의 경쟁력이 확보될 수 있다.

우리나라 화물운송정책은 1980년대까지 면허제에 기반한 기업화 및 직영화에 초점을 두었다. 그러나 초기에 영세한 운송시장의 여건상 운수 기업화는 겉돌았고 실제로 지입제가 고질화되는 등 운송질서가 문란하였다. 이에 교통부는 1961년 「자동차 교통사업자의 자격 재검토 및 면허정비에 관한 교통부 고시 제654호」를, 1965년에는 자동차 운송사업의 기업화방안인 「고시 제1111호」를 각각 발표하여 면허대수대로 차량을 회사소유로 전환하도록 하고 기준에 미흡한 부실기업을 정리하였다.[56] 이를 통해 화물운송사업은 어느 정도 산업의 면모를 갖추게 되었으나 여전히 화물운송사업의 세부업종 간 복잡한 칸막이와 높은 진입장벽 등 자유로운 영업활동을 제한하는 규제 속에서 영세성을 면치 못하고 있었다.

1990년대 들어 민주화 바람이 불면서 정부는 국무총리실에 규제개혁위원회를 설치하고 경제규제 완화를 추진하였고, 이를 기회로 지입차주 등이 규제개혁위원회에 화물운송사업에 대한 제도개선을 건의하였다. 위원회는 이를 검토한 결과, 엄격하게 운영되고 있는 진입기준을 낮추는 것이 지입제 해소 등 화물운송사업의 건전한 발전을 촉진할 수 있다고 판단하고 건설교통부에 화물자동차운송사업의 규제완화를 요청하였다. 이에 대하여 사업자단체는 반대하였으나 건교부는 위원회와 협의하여 1997년 8월 화물자동차운수사업법을 제정하

56) 국토교통부 물류정책관실 내부자료.

고, 운송사업을 등록제로 전환하여 6개 업종(노선화물, 전국화물, 일반화물, 용달화물, 컨테이너운송, 특수자동차운송)을 3개 업종(일반화물, 개별화물, 용달화물)으로 통·폐합하였다.

그러나 이후 이 제도를 시행하는 과정은 순탄하지 않았다. 처음에 건교부는 등록기준 대수를 2000년부터 5대 이상으로 하고, 2000년 하반기에 최저등록기준 대수를 완전 폐지하는 것으로 입법예고하였다. 그러나 등록기준을 5대에서 1대로 완화하는 데 대해 사업자단체가 업체 90% 이상이 도산한다며 강력히 반대하였고,[57] 결국 국회에서 등록기준 폐지시기를 2001년으로 1년 늦추는 것으로 최종 조정되었다.[58]

진입규제가 풀리자 개인 차주들이 꾸준히 화물운송시장에 들어왔으나, 기대했던 경쟁도태에 의한 시장 퇴출은 드물었다. 이런 현실은 결국 화물운송시장에서 수급불균형을 발생시켜 반복적인 화물연대 파업으로 나타났다. 이를 개선하기 위해 정부는 2004년부터 화물운송사업을 허가제로 전환하고 상시 수급조절제를 도입하여 증차를 제한하고 있다.

그러나 이는 택배 등 시장 수요가 있는 특정업태의 증차 요구에 탄력적인 대응이 어렵고, 사업권의 비정상적 상승과 3자 물류 활성화

57) 화물운송사업 등록기준 폐지 관련 찬·반 주장 요약.

반대(사업자 단체)	찬성(개인 차주)
• 등록기준 폐지되면 개인 사업자 과다 진입으로 업체 90% 이상 도산 • 개별 사업자(1대), 영세 알선업체만 남아 화주 – 차주 직거래 곤란 • 대량 수출입 및 고가화물 책임수송 어려움 • 차량 공급과잉으로 결국 개인 차주도 도산	• 경쟁력 없는 영세업체는 자연 도태되어 시장질서 회복 • 인터넷 등 이용, 화주 – 차주 직거래 가능 • 대형 화물은 대형업체만 할 수 있어 개인차주 도산과 관계 없음

58) 국토교통부 물류정책관실 내부자료.

저해 등 또 다른 문제를 발생시키는 원인의 하나가 되고 있다. 뿐만 아니라 화물업체는 2009년 평균매출액이 용달 0.31억 원~일반운송 27.54억 원에 불과할 정도로 영세하고, 운전자의 근무여건은 오랜 시간의 노무에도 실질소득이 2011년 4/4분기 기준으로 용달 98만 원 ~ 트레일러 228만 원으로 낮으며 교통사고 치사율은 4.2%로 승용차의 2.4%에 비해 2배 정도로 열악한 실정이다.[59] 이에 박근혜 정부는 2013년 8월 27일 경제장관회의에서 「물류산업 선진화 방안」을 발표하고, 앞으로 5년간 "연 평균 10% 성장 및 7만2천 명의 고용창출"을 목표로 운송사업자 – 차주 간 상생거래 가이드라인 마련 등 종합대책을 추진하고 있다.

2. 통합적 물류산업의 강화

우리나라에서 화물운송 차원을 넘어 화물운송을 포함한 종합적인 물류 개념이 법령에 도입되기 시작한 것은 1991년 「화물유통촉진법」 제정 때다. 교통부는 이 법에서 화물유통 관련 산업의 발전을 통해 국가물류비를 절감하고자 복합운송주선업, 화물터미널사업, 창고업, 물류의 표준화 · 정보화, 물류인력에 관한 규정 등을 마련하였다.

그럼에도 1990년대 말까지 물류산업은 제도화의 겉옷만 입었을 뿐 제조업의 보조 산업으로 간주되었고, 교통물류 인프라는 교통 혼잡을 개선하는 소극적 차원에서 다루어졌다. 그러나 1990년대 중국의 급성장으로 세계경제에서 동아시아의 비중이 커지기 시작하고, 북중국 지역[60]과 일본 서해안지역[61]의 물동량이 늘어나면서 지리적으로 유

---

59) 한국교통연구원, 「국토교통부 – 한국교통연구원 물류정책 간담회 자료집」, 2013, p. 52~53, 55, 57.

리한 위치에 있는 우리나라 공항과 항만을 이용하는 경우가 많아졌다. 또한 국내 교통인프라도 컨테이너선의 대형화와 Hub & Spoke 현상 가속화에 대응하여 1995년 '전국항만기본계획'을 수립하여 부산신항 및 광양항 등 대규모 항만의 개발이 추진되고, 항공도 2001년 3월 인천국제공항이 개항하여 순조롭게 운영되는 등 국제적인 경쟁력을 갖추게 되었다.

이러한 대내외 여건변화에 따라 비로소 2000년대 들어 물류산업이 국가의 주요 어젠다(Agenda)로 부상하게 되고, 정부의 공・항만정책이 국제적 차원으로 넓어졌다. 김대중 정부는 2002년 1월 대통령 연두기자회견에서 '동북아 비즈니스중심국가 구축' 비전을 발표하고 같은 해 4월과 7월에 기본계획(Master Plan)과 세부실행계획(Action Plan)을 각각 확정하였다. '동북아 비즈니스 중심국가' 건설 계획은 ① 동북아 물류중심지화 ② 세계기업의 동북아 거점형성을 주요 내용으로 구성되었고, 동북아 물류중심지화를 위한 전략으로 중심항만과 중심공항 건설을 설정하였다. 또한 세부 추진사업으로는 물류거점시설(인천공항, 부산항, 광양항, 유라시아 실크로드) 확충, 인천・부산・광양 경제특구 지정 등을 계획하였다.

노무현 정부는 동북아 물류중심지화 전략을 이어받아 2003년 4월 '동북아경제중심추진위원회'를 발족하고, 2003년 8월 '동북아 물류중

60) 북중국지역의 항만은 모두 황해권에 위치하여 수심이 얕고 토사가 매년 쌓이는데다 안개일수가 많아 대수심항만을 개발・운영하는 데 어려움이 많다. 이로 인해 인천공항과 부산항의 환적물량이 급속히 늘어났다. 부산항의 경우 1990년대 말~2000년대 초 환적물량 증가율이 1996년(9.1%)과 1998년(8.2%)을 제외하고는 1995~2001년 동안 매년 33.8~138.9%에 이를 정도로 높았다.(김형태・최상희 외, 「동북아 물류중심항만정책의 평가」, 한국해양수산개발원, 2009, p. 25.)

61) 일본 서해안 지역의 수출입 물량은 1995년 고베 대지진 및 일본 내 높은 물류비 등에 따라 부산항을 경유하는 사례가 많았다.('위의 책', p. 25.)

심 로드맵'을 발표하였다. 이 로드맵은 우리나라의 공항과 항만을 '세계의 화물 · 정보 · 사람이 모이는 동북아의 관문'으로 만든다는 비전을 설정하고, 인천공항 · 부산신항 · 광양항의 3대 사업추진전략과 교통시설 투자배분 조정, 물류전문기업의 육성, 물류인력 양성 등 7대 추진과제를 제시하여 각 부처에서 관련 세부시행과제를 수립하여 분담 추진하도록 하였다.[62]

7대 추진과제 중 우리나라 물류가 특히 취약한 부분은 육 · 해 · 공 물류네트워크를 통합하여 종합서비스를 제공하는 물류전문기업이 활성화되지 못하고 3자 물류(3PL) 비중이 낮아 〈표 17〉에서와 같이 물류산업의 경쟁력이 취약하다는 점이었다. 이에 2004년 3월 건설교통부와 해양수산부는 정부의 국장급 인사교류를 계기로 물류 통합체계 구축을 위한 공동 T/F(단장 : 건교부 수송심의관, 해수부 해운물류국장)를 구성 · 운영하고, 2005년 1월 「화물유통촉진법」을 개정하여 종합물류기업 인증제를 도입하였다.

또한 2007년 8월에는 「화물유통촉진법」을 「물류정책기본법」으로 전면개정하여 물류산업을 체계적으로 육성할 수 있는 기반을 마련하였다. 이 법률에 따라 국가물류기본계획의 계획기간을 20년에서 10년 단위로 조정하여 급변하는 물류환경에 대응한 물류정책의 실천성을 높이고, 물류의 범위도 운송 · 하역 · 보관에서 가공 · 조립 · 분류 · 포장 등 부가가치 물류까지 확대하였다. 또한 종합물류기업, 물류장비 · 시설의 현대화 및 물류 R&D에 대한 지원과 국가물류통합D/B 구축이 가능하게 되었다.

김대중 정부와 노무현 정부의 '동북아 비즈니스 중심국가 구축' 비

62) 최성근 · 윤현석 · 오일환, 「동북아 물류 · 비지니스 중심국가 건설을 위한 법제개선방안」, 한국법제연구원, 2003, p. 25, 28~30.

전과 '동북아 물류중심 로드맵'은 당시 한・중・일이 동아시아의 물류 주도권을 놓고 물류 삼국지라 부를 만큼 치열하게 경쟁을 벌이던 상황에 대응하기 위한 전략이었다. 결과적으로 이 정책은 일본의 슈퍼중추항만 육성 등 공세적 정책전환[63]과 중국의 양산항 개발[64] 등 예상을 뛰어넘는 초대형 프로젝트[65] 추진에 맞서 성과측면에서 일부 미흡한 부분도 있었으나[66] 물류산업에 대한 국민의 인식을 높이고, 우리나라의 지리적 강점에 착안하여 물류 경쟁력 강화를 추진함으로써 유라시아 통합교통물류체계 구축의 발걸음을 떼었다는 점에서 의미가 있다고 볼 수 있다.

이명박 정부에서는 제조업 중심의 국가경제 구조로는 성장에 한계가 있다고 판단하고, 서비스업 선진화방안의 일환으로 물류정책을 추진하였다. 또한 기후 변화 및 에너지 위기 등 여건변화에 따라 2009

63) 일본은 2002년부터 그간의 지방분산 개발에서 벗어나 여러 인접항만을 통합한 거점항만 중심의 슈퍼중추항만을 육성하는 방향으로 항만물류정책을 바꾸었다.(김형태・최상희 외, 「앞의 책」, p. 2.)

64) 상하이항은 양쯔강 삼각주의 퇴적으로 수심이 8~10m에 불과하여 대형컨테이너선의 접안이 불가능한 치명적 약점이 있다. 중국은 2002년부터 황해의 양산섬(소양산, 대양산)에 수심 17m의 대형 항만을 개발함과 동시에 양산항-내륙을 연결하는 32.5km의 둥하이대교를 건설하여 이를 해결하였다. 양산항 개발에 대하여 초기에 세계 해운물류업계는 조류・안개・바람 등 열악한 자연환경과 경제성 등에서 많은 의문을 제기하였으나, 압도적인 물동량을 배경으로 행정구역상 항저우에 속하는 양산항의 운영을 상하이항으로 일원화하는 등 중앙정부의 강력한 리더십, 하역비 인하 등 운영사의 파격적인 서비스 제공 등을 통해 상하이・양산항은 2010년부터 세계 제1의 컨테이너 처리 항만으로 발전하였다.(머니투데이, "해상 물류의 블랙홀 상하이 양산항을 가보니", 2014.11.24.)

65) 중국은 1992년부터 보하이(발해)만을 가로질러 만주의 랴오둥반도와 화북의 산둥반도를 연결하는 프로젝트를 구상하여, 최근 다롄-옌타이 간 125km의 세계 최장 해저터널 건설에 대한 타당성조사를 마쳤다. 중국정부는 건설비를 39조 원으로 추산하고 15년 정도면 투자비 회수가 가능할 것으로 보고 있다. 이 터널이 완공되면 배편으로 6~8시간, 육로로 1500km를 돌아가는 거리가 시속 250km의 고속열차를 통해 40여 분으로 단축된다.(파이낸셜뉴스, "중, 보하이만 해저터널사업 구체화 단계", 2014.1.23.) 이 지역은 역사적으로 우리와도 관계가 깊은 지역으로, 만주 등 중국 동북지역의 환적 물량을 처리하고 있는 부산항을 포함한 우리나라의 전체 물류 흐름에 큰 영향을 줄 것으로 예상된다.

66) 부산항의 컨테이너 처리실적은 2000~2002년 세계 3위에서 현재 5위이며, 인천공항의 2011년 국제선 수송실적은 여객 9위, 화물 2위를 기록하고 있다.

년 6월 「지속가능교통물류발전법」을 제정하여 10년 단위의 지속가능 교통물류발전기본계획 수립, 지속가능 교통물류체계로의 전환을 촉진할 수 있는 지원 등 환경친화적이고 에너지절감형의 저탄소물류체계로의 전환방안을 추진하였다. 아울러 건교부와 해수부를 통합한 국토교통부의 출범을 계기로 배후 수송망 확충, 맞춤형 물류정보 서비스 제공, 물류전문인력 양성 지원, 물류 표준화 등 통합적인 물류정책을 강화하였다.

[표 17] 국내/글로벌 물류기업 매출규모

(단위 : 2009년 기준, 1000억 원)

순 위	국 내		글로벌	
	기업	매출액	기업	매출액
1	글로비스	31.9	DHL(독일)	770.1
2	CJ대한통운	18.3	UPS(미국)	546.3
3	범한종합물류	16.6	Fedex(미국)	428.2
4	삼성전자 로지텍	11.0	TNT(네덜란드)	174.8
5	한진	10.1	Kuehne+Nagel(스위스)	159.6

출처 : 각 기업 홈페이지 경영공시 자료. 국토교통부(2011 : 21)에서 다시 인용.

박근혜 정부는 물류산업을 21세기 신성장 산업으로 육성하기 위해 2013년 10월 경제장관회의에서 2017년까지 55만 톤 물동량 증가 및 4,700명의 고용창출을 목표로 하는 "국제항공물류 강화방안"을 발표하였다.[67] 이어 2014년 8월에는 제6차 무역투자진흥회의에서 종합

67) 국제항공물류 강화방안은 4개 분야 15개 과제로 구성되어 있으며, 4개 분야의 세부내용은 ① 신규 물동량 창출을 위한 마케팅체계 조정 ② 항공사와 항공물류업체에 대한 지원 강화 ③ 항공화물 수요와 연계한 화물처리시설 확충 ④ 정보・보안・통관체계 혁신이다.(국토교통부, "동북아 국제항공물류 허브화 박차", 보도자료, 2013.10.23.)

적인 "물류서비스 육성방안"을 발표하였다. 이 계획은 물류산업 매출을 2012년 92조 원에서 2017년까지 135조 원으로 성장시킨다는 목표로, 2020년 인천공항 직행 화물 KTX 도입, 4.5톤 이상 화물차 하이패스 이용 확대, 유라시아 국제철도 시대에 대비한 화물열차 장대화를 위해 철도역 유효장 600m 이상으로 연장, 물류단지 공급확대(〈표 18〉) 등의 물류촉진 방안을 포함하고 있다.[68]

그러나 물류산업에 대한 박근혜 정부의 큰 그림은 2013년 10월 18일 서울 신라호텔에서 열린 '유라시아 시대 국제협력 컨퍼런스'에서 박근혜 대통령이 제안한 '유라시아 이니셔티브'에 담겨 있다. 이 제안은 유라시아 동북부를 철도와 도로로 연결하고 최종적으로 부산~북한~러시아~중앙아시아~유럽을 관통하는 '실크로드 익스프레스(SRX)'를 구체적인 프로젝트로 제시하고 있다.[69] 우리나라 교통물류의 궁극적 지향점이라 할 수 있는 '대륙과 바다로 열린 교통물류 실현' 관점에서 볼 때 과거 '동북아 물류 중심정책'이 공항과 항만에 집중한 「점」의 전략이었다면, 유라시아 이니셔티브는 국제교통로 연결에 초점을 맞춘 「선」의 접근이라 할 수 있다.

유라시아프로젝트 달성을 위한 구체적인 사업으로는 먼저 2013년 11월 청와대에서 한국기업(포스코, 철도공사, 현대상선)과 러시아기업(철도공사, 철도무역회사) 간에 체결된 나진 - 하산 물류협력사업 MOU를 들 수 있다. MOU 내용은 북한의 나선특구개발을 위해 설립된 북한 - 러시아 합작사의 러시아 지분 일부를 한국 기업이 인수하는 것으로 계획대로 진행될 경우 국제적인 공동투자에 의한 안전장치

---

68) 국토교통부, "물류단지 공급 확대, 인천공항 물류허브 기능 강화된다.", 보도자료, 2014.8.11.

69) 유라시아 이니셔티브는 ① 실크로드 익스프레스(SRX) 구축 ② 유라시아 에너지 네트워크 구축 ③ 유라시아 단일시장 구축을 3대 전략비전을 내용으로 하고 있다.(MK 뉴스, "'유라시아 이니셔티브'는 러시아 지렛대로 북 참여 유도", 2013.10.18.)

가 확보되어 한국종단철도(TKR)-시베리아횡단철도(TSR) 연결에 소중한 씨앗이 될 것으로 기대된다.

[표 18] 물류단지 지정현황

(2014년 12월 기준)

운영중				공사중			
사 업	규모 (m^2)	사업비 (억 원)	준 공	사 업	규모 (m^2)	사업비 (억 원)	사업기간
부산 감천	206,408	3,761	'14	강릉 구정	173,883	481	'99~'14
대전 유성	463,887	1,590	'03.3.	제천 봉양	161,578	261	'03~'12
울산 진장(1)	457,151	1,177	'07.10.	영동 환간	263,587	248	'10~'14
음성 대소	283,934	382	'07.7.	화성 동탄	473,913	2,150	'10~'15
안동 풍산	225,411	185	'07.12.	평택 청북	827,748	2,965	'11~'15
전주 장동	189,151	257	'07.12.	부천 오정	459,987	2,496	'08~'16
평택 도일	486,062	852	'08.3.	울산 진장(2)	206,427	1,100	'11~'15
여주신세계	264,242	624	'10.3.	고성 무등	273,799	314	'13~'15
광주 도척	278,016	593	'09.4.	김해 풍유	323,490	160	'14~'16
서울 동남	560,694	8,412	'14	안성 미양	136,942	1,035	'14~'16
천안 백석	463,517	1,518	'11.11.				
남대전종합	558,869	1,568	'13.6.				
김포 고촌	894,454	4,232	'12.12.				
이천 패션	796,706	2,459	'13.12.				
경인아라뱃길	1,145,026	3,292	'14.3.				
광주 초월	264,933	1,383	'14.12.				
안성 원곡	682,398	2,093	'14.12.				
소 계	8,220,859	34,378		소 계	3,301,354	11,210	

출처 : 국토교통부 물류시설과 내부자료.

해운은 트럭페리를 활성화하기 위해, 현재 부산 – 시모노세키 간 자동차 부품에 한정하여 운행 중인 한 – 일 트럭페리의 운행 구간과 운송 품목의 확대를 추진하고, 2010년 12월 시작된 한 – 중 트럭페리는 운영 중인 한국의 3개항(인천, 평택, 군산) – 중국 산둥의 6개항(웨이하이, 칭다오, 옌타이 등) 간 노선 이외에 새로 장쑤성의 롄윈강까지 확대를 추진하고 있다. 또한, 2013년 10월에는 러시아 우스트루가항에서 광양항까지 북극항로 시범운행에 성공하여 기존의 수에즈운하 경유 항로에 비해 운행거리와 시간을 크게 단축할 수 있는 북극항로의 상업적 운항 가능성을 열었다. 하지만 유라시아프로젝트가 실질적으로 가동되려면 무엇보다도 단절된 남·북한 교통망의 복원이 필요하다. 이를 위하여 2000년 7월과 8월 제 1, 2차 남북장관급회담에서 양측이 철도 연결에 합의하고 끊어진 경의선 구간 24km의 건설을 완료하여, 2007년 5월에 남측 도라산~북측 개성 간 27.3km을 시범운행하고 12월부터 2008년 11월까지 문산~봉동 간을 화물차가 매일 1회씩 222회 운행한 바 있다. 동해선은 2002년 8월 남북경제협력추진위원회에서 남측 고성군 제진리~북측 금강산 온정리 27km 구간을 우선연결하기로 합의하고, 2005년 12월 이를 완료하여 2007년 5월에 경의선과 함께 시범운행을 하였다.[70)]

박근혜 정부는 북한과의 협의와 별도로 우리 측 준비작업부터 먼저 완료한다는 계획 하에 〈표 19〉에서와 같이 남·북교통망의 남한 내 단절구간을 연결하기로 하고 2015년 경원선부터 차례로 공사 착수를 추진하고 있다. 앞으로 대륙교통망 연결에 대한 남·북한의 공감대가 높아지고, 국제적 협력이 강화·확산되어 바다와 대륙으로 열

70) 정상호, 「앞의 책」, p. 254~256.

린 '유라시아 통합교통물류망'이 구축됨으로써 [그림 3]에서와 같이 우리나라 – 시베리아(중국, 몽골) – 모스크바 – 베를린 – 파리 – 런던까지 KTX 여행을 하고, 시베리아 · 중앙아시아의 화물이 우리 바다를 통해 전 세계로 운송되는 꿈이 현실화되기를 소망한다.

[표 19] 남 · 북 교통망의 남한 내 단절구간

철 도			고속도로		국 도		
노 선	구 간	길이(km)	구 간	길이(km)	노 선	구 간	길이(km)
경원선	백마고지-남방한계선	10.5	문산-남방한계선	7.5	43	철원-남방한계선	2.0
동해선	강릉-제진	110			31	양구-남방한계선	10.5
금강산선	철원-남방한계선	32.5					

출처 : 국토교통부(2015 : 47).

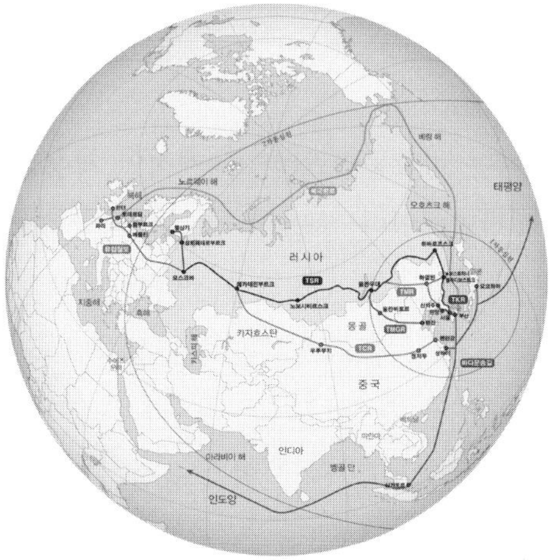

출처 : 정상호(2014 : 246).

[그림 3] 유라시아 통합 교통물류망

Ⅶ 미래를 향한 제언

1995년 워싱턴포스트지가 지난 천 년의 인류 역사에서 가장 중요한 인물로 칭기즈칸을 꼽았다. 사람과 기술을 이동시켜 세계를 좁게 만들었다는 이유였다. 세계를 좁게 만드는 것! 이것이야말로 교통물류의 참다운 가치다. 교통은 사람·물건·정보를 이동·교류·소통시켜 시간·공간·마음의 벽을 극복하는 것이기 때문이다.

광복 이후 우리나라 교통물류정책은 이러한 교통가치를 실현하기 위해 쉼 없이 달려왔다. 1990년대까지는 SOC 확충과 서비스 제고를 통해 국가발전과 국민 불편 해소에 기여하였으며, 2000년대 들어서는 밖으로 초점을 돌려 환경·안전·복지·첨단 등 국제 기준 및 흐름을 국내 제도에 녹여내어 교통물류서비스의 질을 높이고 격화되는 국제경쟁에 대응한 대외지향적 교통물류전략으로 경쟁력 강화를 도모하고 있다. 이 과정에서 국토교통부는 정책의 수립, 집행, 보완을 통해 성과를 뒷받침하였다.

최근 우리나라는 성장동력 약화, 세계적인 저성장 기조, 통일 변수 등 거대변화에 직면해있다. 새로운 교통물류의 역할이 요구되는 때다. 교통물류체계의 혁신과 우리의 지정학적 강점을 활용한 초경쟁전략을 통해 새로운 교통물류 가치를 창출한다면 국가발전의 돌파구(Breakthrough)를 열 수 있다. 앞으로 바다와 대륙을 하나로 품고, 첨단기술과 문화 등 고부가가치산업을 융합하는 웅대한 교통물류 구상과 치밀한 전략이 절실하다.

참고자료

문헌

- 경찰청(2004), 「교통선진국의 교통사고 조사체계 비교연구」.
- 국무총리 안전관리개선기획단(2004), 「'안전한 나라 만들기'를 위한 주요업무 추진백서」.
- 국토교통부(2011), 「국가물류기본계획 수정계획(2011~2020)」.
- 국토교통부(2012), 「2012 국가교통·SOC 주요통계」.
- 국토교통부(2013), 「2013년도 교통안전연차보고서」.
- 국토교통부(2014), 「2014년도 물류정책업무편람」.
- 국토교통부(2014.3.19.), "2020년까지 대도시권 평균 통행속도 15% 개선", 보도자료.
- 국토교통부(2014.8.11.), "물류단지 공급확대, 인천공항 물류허브 기능 강화된다", 보도자료.
- 국토교통부(2013.10.23.), "동북아 국제항공물류 허브화 박차", 보도자료.
- 국토교통부(2014.11.4.), "자동차등록대수 2000만대 돌파, 세계 15번째", 보도자료.
- 국토개발연구원(1996), 「국토 50년 - 21세기를 향한 회고와 전망」.
- 국토해양부(2011), 「항공정책론」, 백산출판사.
- 국토해양부(2012), 「2011 도로백서」.

- 국토해양부 · 법무부 · 행정안전부 · 보건복지가족부 · 경찰청(2008), 「교통사고 사상자 절반 줄이기 종합시행계획」.
- 권영종(2004), "버스 노선체계, 중앙버스전용차로제 및 환승체계 개선과제", 「교통」, 통권 제81호, 교통개발연구원.
- 권오철 · 권인식(1996), "버스전용차로제의 시행 및 효과분석", 「사우논단」, 한국도로공사.
- 김경철(2004), "서울시 버스체계 개편의 추진현황과 효과", 「교통」, 통권 제81호, 교통개발연구원.
- 김기호(2010), 서울시 시내버스 준공영제 운영현황 및 개선방안 연구, 서울시립대학교 도시과학대학원 석사학위논문.
- 김영호 외(2007), 「반대가 성공한 역사」, 말과 창조사.
- 김정임(2012), "여객자동차 운송사업에 대한 공법적 연구 : 진입규제와 운송요금규제를 중심으로", 중앙대학교 박사학위논문.
- 김형태 · 최상희 외(2009), 「동북아 물류중심항만정책의 평가」, 한국해양수산개발원.
- 류재영 · 임영태 · 김흥석(2012), 「전환기의 SOC 투자정책방향 : 도로정책을 중심으로」, 국토연구원.
- 모창환 · 권영종(2007), 「간선급행버스체계(BRT) 운영체제 기초연구」, 한국교통연구원.
- 모창환 · 이재흥(2013), 「경제발전 단계별 교통부문 행정체계와 정책변화 연구」, 한국교통연구원.
- 박준환(2011), "역사 속의 교통 Ⅱ. 조선 말기 첨단 교통수단, 전차의 등장", 「국회입법조사처보」 2011 여름호, 국회 입법조사처.
- 박준환(2012$_a$), "역사 속의 교통 V. 도시대중교통의 성장", 「국회입법조사처보」 2012 봄호, 국회 입법조사처.

- 박준환(2012$_b$), “교통유발부담금 제도의 쟁점과 개선과제”, 「이슈와 논점」 제424호, 국회 입법조사처.
- 안홍기 · 김민철(2006), SOC 투자여건 변화와 정책방향, 「건설경제」 통권 50권, 국토연구원.
- 원제무(1999), “도시교통정책의 회고와 전망”, 「교통개발연구원 개원 12주년 기념세미나 발표 자료집」, 교통개발연구원.
- 윤혁렬(2012), “서울시 버스준공영제 발전방안”, 「SDI 정책리포트」 제116호, 서울연구원.
- 이준구(1998), “10부제보다 유가 인상이 합리적 방안”, 「나라경제」 7월호, 한국개발연구원.
- 정상호(2014), 「상상하라 교통강국 대한민국」, 무역경영사.
- 정성훈(2011), “한국의 발전전략: 한국 경제발전 궤적(1961~ 2010)”, 「한국지리학회지」 제14권 제4호.
- 최기영 · 최영석 · 박용안(2010), “1984년 해운산업 합리화 조치와 2009년 해운산업 구조 조정 정책의 특성 비교 연구”, 「한국항만경제학회지」 제26집 제2호.
- 최남희(2009), “교통법규 위반자에 대한 사면과 교통사고 발생 간의 인과순환적 관계에 대한 연구”, 「한국 시스템다이내믹스 연구」 제10권 제4호, 한국시스템 다이내믹스학회.
- 최성근 · 윤현석 · 오일환(2003), 「동북아 물류 · 비지니스 중심국가 건설을 위한 법제 개선방안」, 한국법제연구원.
- 통계청(2013.9.25.), “2012년 사망원인 통계”, 보도자료.
- 한국교통연구원(2010.10.27.), “10년 3/4분기 TSI 산정 · 발표”, 보도자료.
- 한국교통연구원(2012), 「교통정책으로 여는 미래사회」.

- 한국교통연구원(2013), 「국토교통부 – 한국교통연구원 물류정책 간담회 자료집」.
- 행정안전부(2012), 「정부조직변천사」.

언론, 인터넷 사이트

- 동아일보(1988.5.4.), "교통전쟁 어떻게 해야 하나".
- 머니투데이(2014.11.24.), "해상 물류의 블랙홀 상하이 양산항을 가보니".
- 파이낸셜뉴스(2014.1.23.), "중, 보하이만 해저터널사업 구체화 단계".
- 한겨레(1996.8.15.), "쟁점 – 서울 도심 주차상한제 도입, 자가용 압박, 뜨거운 논쟁".
- KBS 1TV(2013.7.13.), "다큐극장 11회 428km의 땀과 눈물 경부고속도로".
- MK 뉴스(2013.10.18.), "유라시아 이니셔티브는 러시아 지렛대로 북 참여 유도".
- blog.daum.net/alzade57/17945908
- shyun925.blog.me/220097075875

철도정책의 역사적 변동

07

CHAPTER 07

철도정책의 역사적 변동

김한영(전 국토해양부 교통정책실장)

I 들어가며

우리나라는 제2차 세계대전 이후 '기적적인 성장'이라고 불릴 정도로 강력한 산업국가로 급속히 전환되었으며, 정부주도의 경제성장 전략은 '진정한 개발모델'로 인정받고 있다.[1)]

교통은 우리나라의 급격한 경제성장을 뒷받침하고 국민생활의 질을 향상시키는데 크게 기여해 왔다. 이는 정부가 시대별로 시대상황에 맞게 우선순위를 정하고, 철도를 위시한 교통정책과 관련 제도를 통하여 성장을 촉진했다는 의미이다. 다만, 교통시설과 교통수단은 상호 경쟁과 보완 관계로 밀접하게 관련되어 하나의 교통체계를 이루고 있기 때문에, 철도는 도로(자동차), 항공, 해운・항만 등 전체 교

1) ① David N. Weil은 "일본은 아주 오랫동안 선진국보다 훨씬 가난했지만 단숨에 이들을 따라잡았다. 이러한 기적적인 성장은 제2차 세계대전 이후에 한국이 한 세대 만에 가장 가난한 나라에서 강력한 산업국가로 전환하면서 점차 극적인 양상을 보였다." (David N. Weil 지음, 백웅기・김민성 옮김, 「경제성장론」, 2014. p.5.) ② Anatole Kaletsky는 "1950년 이래 적어도 25년간 연간 7% 이상의 경제성장을 이룩한 나라는 13개 밖에 없다. 그러나 공평한 비교의 대상으로 보기 힘든 ...남은 세 나라야말로 진정한 개발모델로 볼 수 있는데, 바로 일본・한국・대만이다."(Anatole Kaletsky 지음, 위선주 옮김, 「자본주의 4.0」, 컬처앤스토리, 2011, p.457~458.)

통의 틀 속에서 논의하는 것이 바람직하다.[2)]

교통 전체로 볼 때 우리나라는 1960년대 이후 빠른 기간 내에 선진국에 근접한 수준의 경쟁력을 확보하였다.[3)] 철도부문만 보면 1960년대 중반까지는 교통 중 최우선적으로 투자가 이루어져 급격한 경제성장에 따라 급증하는 여객과 화물수요를 원활하게 처리했으며 철도운영도 흑자를 기록했다. 그러나 '제2차 경제개발5개년계획' 기간인 1960년대 후반기부터 철도의 투자 비중이 급격히 줄어들었고, 1970년대에 고속도로가 속속 개통되면서 1970년대 후반부터 철도적자가 고착화되었다. 이것은 정부관청 형태의 철도청이 새로운 경쟁 환경에 대응하지 못한 구조적 한계를 드러낸 것으로 볼 수 있다. 이러한 상황에서 1980년대에는 철도적자 폭이 더욱 확대되고 철도투자도 크게 위축되어 철도의 위기가 더욱 심화되었다. 그럼에도 불구하고 1980년대 초까지는 이러한 위기를 극복하려는 적극적인 노력이 없는 철도정책 부재의 시대가 지속되었다.[4)]

---

2) 철도는 다른 교통수단보다 복잡하고 철도시설(노반, 궤도, 전차선, 신호·통신 등)과 철도차량이 하나의 시스템을 이루고 있으며, 철도건설, 운영, 안전, 기술 등 각 부문이 다른 교통수단 보다 밀접하게 관련되어 있다는 특징이 있다.

3) 교통시설의 스톡이나 경쟁력에 대한 국제비교는 기준에 따라 큰 차이가 있다. 1인당 인구나 국토면적 등 단일 기준에 의한 단순비교는 객관성을 갖기 어렵다. 그나마 인구와 국토면적을 동시에 고려한 국토계수에 의한 방법이 차선의 비교방법이라고 판단되며, 현실적으로 다양한 기준에 의한 국제비교결과를 종합적으로 고려할 수밖에 없다. OECD 국가(조사대상 30개국, 2010년)에 대한 국토계수 기준의 비교 결과, 고속도로는 9위, 전체 도로는 28위, 철도는 26위로 분석되었다. 밀도(km/km²) 기준으로는 고속도로 5위, 일반국도 5위, 지방도 17위, 철도 16위로 분석되었다. 참고로 단순연장(km) 비교 시 간선도로(고속+일반국도)는 12위, 전체 도로는 20위, 철도는 22위이다. 스위스 국제경영개발원(IMD)이 평가한 밀도(km/km²) 기준의 순위는 조사 대상 58개국(2014년) 중 도로는 23위, 철도는 24위이다. 자료 : 국토교통부, 「교통 SOC 투자계획 실효성 확보방안 마련을 위한 연구, 서울과학기술대학교」, 2014, p.116~134. 국토교통부, 「종합교통업무편람」, 2015, p.530~531.

4) 이 시기에 서울, 부산 등 대도시 도시철도의 건설이 추진되었고, 지하철도건설촉진법과 국유철도건설촉진법이 제정되어 철도건설 관련 제도가 마련되었으며, 교통안전법이 제정되어 철도안전이 처음으로 법정계획으로 관리되는 등 일부 성과가 있었으나, 전체 철도 차원에서는 철도정책역량이 크게 위축된 시기라고 할 수 있다.

정부는 이러한 철도의 극심한 어려움을 극복하기 위하여 1980년대 중반부터 크게 두 가지 방향으로 해결방안을 모색하게 되었다. 첫째, 건설·운영 주체인 철도청의 운영부문을 공사화하거나 민영화하는 철도구조개혁에 대한 논의를 본격적으로 시작하였다. 둘째, 철도의 속도경쟁력과 서비스를 획기적으로 개선하기 위하여 경부고속철도 건설을 추진하였다.

1990년대부터 2000년대 초까지는 1980년대 중반 이후의 철도구조개혁과 경부고속철도 건설 사업이 계속 추진되는 가운데 두 가지 새로운 시도가 이루어졌다. 하나는 철도투자에 가장 중요한 안정적인 투자재원을 마련하기 위한 노력이다. 정부는 급격한 산업화·도시화에 따른 대도시 교통난을 해결하기 위하여 「도시철도특별회계법」을 제정(1991년)했다. 또한 「교통시설특별회계법」을 개정하여 기존의 도시철도 및 고속철도 외에 일반철도의 재원으로 특별회계의 재원을 사용할 수 있도록 특별회계 내의 철도계정을 확대 신설하는 등 관련 법률을 지속적으로 정비해 나갔다. 다른 하나는 도로, 철도, 공항, 항만 등 개별 시설별로 이루어지던 교통시설 투자 및 운영계획을 통합적으로 수립함으로써 시설 간 연계성과 투자효율성을 높일 목적으로 「교통체계효율화법」을 제정하였다(1999년).[5)]

2000년대 중반에는 이러한 노력들이 가시적인 성과를 내어 2004년 4월 경부고속철도가 개통되어 우리나라에서 고속철도시대가 열리

---

5) 교통부는 1980년대 중반부터 교통체계효율화법의 취지를 담은 교통기본법(가칭) 제정을 추진하였으나 당시 건설부의 반대 등으로 중단과 추진을 반복하다, 약 15년 후인 1999년 법률을 제정했고, 1990년대 중반부터 추진되었던 국가기간교통망계획도 동 법에 의한 법정계획으로 1999년 확정 시행되었다.(이 부분은 이 일을 담당했던 필자와 선후임자들의 경험을 바탕으로 서술한 것이다.)

게 되었다. 비슷한 시기에 제1차 철도구조개혁이 실행되어 철도건설과 시설관리를 담당하는 한국철도시설공단이 2004년 1월 1일 출범했으며, 2005년 1월 1일에는 철도 운영을 담당하는 한국철도공사가 설립되었다. 이에 따라 철도건설·운영·안전에 관한 법률이 통합되거나 새로 제정되었다.[6] 2011년부터 2012년까지는 한국철도공사가 독점하고 있는 철도운영시장을 경쟁체제로 전환하기 위하여 수서발(發) 고속철도의 운영권을 민간에게 주는 철도경쟁체제 도입이 강력하게 추진되었다.[7]

이하에서는 광복 이후 약 70년간의 철도정책과 제도의 변동을 철도건설, 철도운영, 철도구조개혁, 철도안전, 철도기술개발 부문으로 나누어 큰 틀에서 핵심적인 이슈 위주로 개략적으로 논의하고자 한다. 논의의 중심은 이러한 정책과 제도들이 어떻게 도입되고 발전되어 왔는가, 그 정책결정 과정과 배경, 주도 집단 및 갈등관계, 이해관계자들에게 미친 영향, 정책의 성공 여부 등 평가에 관한 것이다. 또한 교통의 특성상 특정 사업들도 필요한 범위 내에서 언급하고자 한다.

---

6) 2003년에 철도구조개혁관련 3법인 철도산업발전기본법·한국철도시설공단법·한국철도공사법이 제정되었고, 2004년에 공공철도건설촉진법과 고속철도건설촉진법이 통폐합되어 철도건설법이 제정되었으며, 철도안전법도 새로 제정되었다.

7) 이것은 한국철도공사(KORAIL)가 독점운영하고 있는 경부고속철도(서울역 출발)와 호남고속철도(용산 출발) 운영권을 민간에게도 부여하여 경쟁을 도입하기 위한 것이다. 이 경우 민간운영회사는 수서역을 출발하여 평택에서 연결되는 기존의 경부·호남고속철도 노선을 코레일과 공동으로 사용하게 된다.

Ⅱ 철도건설정책의 변동과 제도 정비

1. 건국, 6.25전쟁과 철도 피해 복구(1945~1961년)

1) 광복과 남북분단에 따른 동서횡단철도의 건설

일제 패망 당시 남북한 철도의 총 영업선 길이는 6,362km였고, 38도선 이남의 남한 철도의 영업선 길이는 2,642km(전체의 41.5%)였다. 일제 강점기의 한반도철도는 일제의 대륙 침략을 지원하기 위하여 일본-한반도-만주를 남북으로 잇는 남북종단철도 위주의 철도망이었다.

그런데 광복과 남북의 분단은 이러한 철도의 역할에 근본적 변화를 가져왔다.[8] 왜냐하면 종단철도망은 남북 분단으로 북쪽은 38선(휴전선)으로 가로 막히고, 남쪽은 일본과의 관계 단절로 제 기능을 할 수 없게 되었다. 이러한 상황에서 대한민국은 신생 국가 발전의 근간이 되는 지하자원 채굴과 지역 개발을 위하여 동서횡단철도망의 구축이 시급한 과제가 되었다. 동서횡단철도는 각종 지하자원이 많이 매장되어 있는 태백산맥 중심의 내륙 중앙부 및 소백산맥 중심의 내륙 남서부를 동서로 관통하여, 기존의 경부선, 중앙선 등 종단철도와 연결함으로써 서울·대구·부산 등 대도시와 연결하기 위한 것이었다. 이에 따라 대한민국 정부는 미국의 지원 하에 1949년부터 영암선(중앙선 영주~강원도 철암), 함백선(중앙선 제천~강원도 함백), 문경선(경부선 김천 분기~점촌, 문경까지 연장) 등 3개 산업철도를

8) 철도청, 「한국철도 100년사」, 1999, p.524.

1950대에 완공하였다.[9] 그리고 기존의 충북선(조치원~충주)을 봉양(제천시 봉양읍)까지 연장하여 경부선과 중앙선을 연결하였다(1955.11~1958.12). 이들 철도는 지하자원의 채굴, 수력 및 화력발전의 개발, 비료, 유리, 철강 등 공업 발전에 꼭 필요하였다.[10]

2) 6.25 전쟁과 철도 피해 복구

6.25 전쟁으로 한국철도는 거의 모든 노선이 정상운행이 불가능할 정도로 파괴되었다. 도로가 발달되지 않았던 당시의 교통체계에서 철도는 전쟁 수행을 위한 군인과 군수품을 수송하는 핵심 교통시설이었기 때문에 그 자체가 군사 시설의 성격을 가지고 있었다. 6.25 전쟁 중에는 전선(戰線)이 남북으로 빈번하게 이동했기 때문에, 남북종단형으로 형성된 우리나라 간선 철도는 피아(彼我)로부터 집중적인 공격을 받았다.[11]

응급 복구는 1950년 9월 유엔군의 반격과 더불어 시작되어 경부선의 낙동강교량과 한강교량, 경의선의 임진강 교량, 경원선의 한탄강

9) 철도청(1999), 앞의 책, p.525~533. 영암선은 후에 영동선으로 이름이 바뀌었다. 영암선은 1949년 4월 착공되어 1955년 12월까지 86.4Km가 5개 구간으로 나뉘어 순차적으로 개통되었다. 영암선 개통 이전에는 장성・도계 탄광에서 채굴된 석탄은 트럭이나 열차로 묵호항까지 운반된 후, 선박으로 옮겨져 부산・목포・인천 등의 주요 항구로 수송되었다. 함백선은 1949년 5월 착공되어 1957년 3월까지 60.7Km가 5개 구간으로 나뉘어 순차적으로 개통되었다. 문경선은 이미 경부선의 김천에서 분기하여 점촌까지 운행되던 경북선을 탄광지대인 가은까지 연장하는 사업으로서 1953년 1월 착공되어 1955년 9월까지 22.8Km가 2개 구간으로 나뉘어 순차적으로 개통되었다.

10) 대한민국과 미국은 1948년 12월에 '대한민국과 미합중국 간의 원조협정'을 체결하고, 미국은 한국에 ECA(Economic Cooperation Administration) 사절단을 파견하였다. 동 사절단은 한국정부와 협의하여 한국의 경제부흥계획을 입안하였다. 이 부흥계획의 수송부문 계획에는 '경제 부흥에 수반한 산업경제개발철도 및 철도망의 건설사업', '수송력 강화를 위한 수송기구의 정비' 등의 내용이 포함되어 있었다. 수송부문계획의 세부내용에 대해서는 철도청(1999), 앞의 책, p.525. 참고.

11) 철도청(1999), 앞의 책, p.534.

교량 등이 이루어지졌다.[12] 영구복구는 휴전 후에도 10여 년에 걸쳐 계속되었다.

3) 철도정책 결정과정에서 관료의 역할과 정책평가

건국 초창기인 1949년 12월 수립된 부흥계획 중 수송(철도) 부문계획과 전후 복구가 누구의 주도로 이루어졌는가를 검토하는 것은 흥미롭고도 중요한 부문이다. 자료와 관련자들의 증언에 의하면 1947년 미군정청 소속의 한국인 기술자들이 철도건설계획 수립과 설계, 측량 등에 참여하여 상당한 역할을 하였다. 당시 철도건설을 주관하는 주무부서인 미군정청 운수부의 한국인 기술자들이 중심이 되어 광복이후 처음으로 영암선(영주~청암 간 86.4km) 건설계획을 수립하였다.[13] 광복 이후 1949년 이승만 정부의 부흥계획 수립과 6.25 전쟁 복구 단계에서 관료들이 미국경제협력처(ECA : Economic Cooperation Administration), 대외사업처(FOA : Foreign Operation Administration), 국제협력처(ICA : International Cooperation Administration) 등 대외원조기관[14] 관계자들과 협의하고 그들을 설득하였다. 따라서 당

---

12) 자세한 복구 현황에 대해서는 한국철도시설공단, 「한국철도건설백년사」, 2005, p.191~204.를 참고.

13) 전긍렬, 그 외길 토목인생, 2013, p.44~47. 영암선 건설은 한국인 기술자들이 중심이 되어 계획에서부터 노선대안 검토, 1/50,000 지도상의 도상(圖上)작업, 현지답사, 측량 및 공사가 이루어졌다.

14) 미국의 대외원조기관은 기관, 명칭, 원조 내용 및 성격 등이 다음과 같이 계속 변경되었다. ① 1945~1948 : 긴급구호를 위한 GARIOA, EROA 원조. 이 시기는 미 군정기로서 미군 점령지역의 안정을 위해 생필품 제공 등 가장 기본적이고 긴급구호의 목적을 가진 원조시기이다. 당시 한국이 받았던 대표적인 원조에는 긴급구호 성격의 GARIOA(Government and Relief in Occupied Areas) 원조와 EROA(Economic Rehabilitation in Occupied Areas) 원조가 있다. ② 1948~1952 : 경제 재건을 위한 ECA 원조. 정부 수립 이후 미국 경제협력처(ECA : Economic Cooperation Administration)에 의한 원조는 단순 구호 성격 보다는 경제부흥지원을 위한 형태로 전환되었다. ③ 1953~1961 : 경제부흥을 위한 FOA(ICA)원조와 DLF 차관. 1953년부터 미국은 한국의 경제부흥과 방위지원을 목적으로 대외사업처(FOA : Foreign Operation

시의 철도정책과정에서 관료가 실질적인 역할을 하였고, 정책 내용면에서도 일제가 건설한 남북종단철도를 동서로 연결하여 철도가 제 기능을 할 수 있도록 보완했다는 의미에서 매우 합리적이었다고 판단된다.

2. 산업선 건설과 교통부 산하 철도청 신설 (1962~1966년)

1) '경제개발5개년계획' 달성을 위한 산업철도의 건설과 철도청 신설

1961년 박정희 정부는 '제1차 경제개발5개년계획(1962~1966)'을 수립하였다. 경제기획원이 수립한 제1차 계획의 기본 목표는 모든 사회경제적인 악순환을 시정하고 자립경제 달성을 위한 기반을 구축하는데 두고 있다.[15] 정부는 이러한 목표를 달성하기 위하여 전력·석탄 등 에너지 공급원 확보와 시멘트·비료·정유공장 등 기간산업 건설을 주요 방침으로 제시하였다.[16] 이러한 계획이 예정대로 성공하기 위해서는 원활한 수송이 뒷받침되어야 했고 도로가 발달되어 있지 않았던 당시에는 철도의 수송능력 증대가 핵심적 과제가 될 수밖에 없었다.

Administration)를 통해 소비재와 원자재 등을 지원했으며, 1955년 FOA를 국제협력처(ICA : International Cooperation Administration)로 개편하였다. 한편 미국은 1950년대 말부터 종래 무상원조 일변도의 지원방식에서 탈피하여 유상차관방식을 도입하는 등 대외원조정책을 전환하면서 1958년 개발차관기금(DLF : Development Loan Fund)을 설치하였다. ④ 1962~1975 : 차관전환기. 미국은 1961년 12월 ICA와 DLF를 통합하여 국제개발처(USAID : United States Agency for International Development)를 창설하였다. 한국은 1975년 USAID에 의한 원조를 졸업하였다. 이에 대한 자세한 내용은 이나래, "개발도상국의 건전한 도시화에 기여하는 한국의 공적개발원조(ODA) 방향 연구-국제개발처(USAID)의 대한원조 분석을 중심으로-". 성균관대학교 대학원 건축학과 석사학위논문, 2013. p.59~63 및 68 참고.

15) 임정택, 「경제개발5개년계획의 회고」, 한국개발연구원, 1981, p.14.

16) 철도청(1999), 앞의 책, p.554.

교통부는 산업 발전과 지역 개발에 따라 격증하는 수송수요에 부응하기 위해 철도 간 횡적 연결은 물론이고, 광산지역과 생산지(공장)를 연결하는 황지선, 정선선, 동해북부선, 경북선 등 산업선 위주의 철도 건설과 선로용량 확대를 위한 철도개량사업, 차량확보 및 현대화 사업 등을 추진하였다.[17] 당시 전후 복구자금이 없던 우리나라는 미국 국제개발처(USAID : United States Agency for International Development)[18]로부터 차관을 도입하여 레일·강재 등 건설자재와 철도차량(디젤기관차 등)을 도입했는데, 당시 교통부(1963년 8월 이후 철도청) 관료들이 USAID 관계자와 직접 차관협상을 하였다.[19] 광복 이후 철도는 한국전쟁과 전쟁 복구기, '제1차 경제개발5개년계획' 기간인 1960년대 중반까지 화물 80%, 여객 40% 이상의 수송을 담당하였다.

한편, 철도정책 역량 측면에서 중요한 변화는 1963년 8월 교통부 외청으로 철도청이 분리 독립한 것이다. 문제는 철도청을 만들면서 교통부 내에서 철도정책 기능을 수행할 국 단위 정도의 조직을 남겨

---

17) 이에 대한 자세한 내용은 철도청(1999), p.554~585. 황지선 중 황지본선 사업은 급경사 구간으로서 사람은 걸어가고 화차는 1량씩 끌어올리는 인클라인(삭도) 구간(통리~심포리 1.1Km)을 대체하는 8.5Km의 대체선로를 건설하는 것이었다. 경북선 사업은 이미 경부선의 김천에서부터 점촌까지 운행되던 경북선을 영주까지 연장하여 경부선과 중앙선을 연결하는 것이었다. 이 사업은 1962년 5월 착공되어 1966년 11월까지 58.6Km가 2개 구간으로 나뉘어 순차적으로 개통되었다. 또한 이 기간에 경부선의 삼랑진과 호남선의 광주 송정리를 연결하는 경전선이 착공되었고, 우리나라 최초의 철도인 경인선이 단선에서 복선화되었다(1963.11~1965.9).

18) USAID는 초기에 USOM(United States Operations Mission)이라고 알려져 있었다.

19) 당시 차관협상 및 이행감독기관인 USAID의 자문단은 한국정부의 주요 부처와 함께 일했다. USAID는 철도업무 관련 사무실을 교통부(철도청) 청사 내에 두고 J. E. Weeks라는 철도전문가(자문관)를 상주시켰다고 한다. 한국 관료들은 차관 도입을 위해 J. E. Weeks가 요구하는 자료를 제출·설명하고 협상하면서 여러 차례 차관을 도입하여 전후 복구자재나 철도차량을 도입하였다. 당시 외국인을 설득하고 합의를 도출해내는 차관협상은 상당히 까다롭고 어려운 업무였다고 한다.(이 부분에 대해서는 정확한 기록이 없어 필자가 철도청 건설과장·설계사무소장 및 서울시 초대 지하철 건설본부장을 역임한 김명년과 (주)유신 회장인 전긍렬 등 당시 관계자들의 증언을 토대로 기술한 것이다.)

두었어야 했는데 그렇게 하지 못하여 철도정책 역량이 크게 약화되었다. 특히 철도청은 조직 특성상 철도운영이 주 업무이기 때문에 철도 시설 투자업무를 체계적으로 할 수 있는 장기 구상이나 기획·재원조달 능력이 매우 취약했다.[20)]

2) 철도정책결정과 평가[21)]

박정희 대통령은 수시로 장관들의 보고를 받았고 '경제개발5개년계획'을 대단히 중시했다고 한다. 당시 철도를 담당한 교통부 관료들은 내부 품의(결재) 절차에 따라 장관의 결재를 받아 경제기획원 관료들과 협의하여 5개년계획에 반영하는 한편, 장관은 별도로 대통령에게 보고하여 결심을 얻어내는 형태로 정책결정이 이루어졌다고 한다. 대통령과 경제기획원은 철도가 경제개발에 중요하다는 인식하에 우선순위를 높게 평가함으로써 '제1차 경제개발5개년계획'에 철도 위주의 수송계획이 반영되었다. 당시의 정책결정은 주로 상향식(bottom up)으로 이루어졌으며 관료가 그 중심에 있었다.

철도투자 내용으로 보면, 이 기간 동안 전체 교통시설 투자 중 60.6%가 철도에 집중되었고, 경제 성장에 기여도가 높은 산업선 위주로 사업이 합리적으로 선정되어 집행되었다.[22)] 이 기간 동안 우리 경제는 연평균 8.5% 성장하였고, 양곡, 비료, 석탄, 시멘트, 광석, 목재, 유류 등 급증하는 화물수송의 대부분을 철도가 담당하였다.[23)] 그

---

20) 철도청은 이미 확보된 철도망을 중심으로 하여 여객 및 화물의 수송과 시설의 유지 관리 등 철도운영만을 주요 업무로 인식했다는 것이다.(한국철도연구회, 「자동차 권하는 사회」, 2008, p.93, 119.)

21) 이 부분도 당시 관계자들의 증언과 토론결과를 정리한 것이다.

22) 1차 기간 중 교통시설별 투자비중은 철도 60.6%, 도로 17.2%, 항만 14.9%, 공항 7.3% 순이다.

23) 철도청(1999), 앞의 책, p.709~710. 1962년의 교통수단별 수송분담율은 철도 87.4%, 자동차 8.5%, 선박 4.1%였다.

러나 조직 측면에서 보면, 철도청을 교통부에서 분리 독립시키면서 교통부 내에 철도정책을 수행할 수 있는 조직을 남기지 않은 것은 상당히 잘못된 결정이었다. 왜냐하면 이러한 조직 변화가 중앙정부 차원의 철도정책 기능을 거의 할 수 없는 상황을 만들었고, 1970년대 이후 철도의 급격한 쇠퇴를 가져온 중요한 이유 중의 하나가 되었기 때문이다.

3. 철도투자 비중의 급격한 감소와 도시·광역철도의 건설(1967~1990년)

1) 산업화·도시화의 진전에 따른 대도시교통 문제의 대두와 대응

우리나라는 1960년대 이후 경제개발이 급속도로 진전되면서 도시화도 급격히 진행되었다. 1960년 244만 명이었던 서울의 인구는 1970년에 552만 명으로 폭증하였다. 이와 같은 도시로의 급속한 인구집중은 '출퇴근 전쟁'을 방불케하는 극심한 도시교통혼잡을 야기하게 되었다.

이에 따라 정부와 서울시는 1971년 4월 12일 지하철 1호선을 착공하여 1974년 8월 15일 개통함에 따라 시내버스와 함께 도시철도가 중요한 도시교통수단으로 등장하게 되었다. 아울러 지하철 1호선과 연계 운행할 수 있도록 경인선의 구로~인천 간 27.0km, 경부선의 서울~수원 간 41.5km, 경원선의 용산~성북 간 18.2km 등 수도권 철도를 전철화하여 동시에 개통하였다.[24] 이어서 정부는 경부선의 영

24) 김명년에 의하면, 수도권철도 전철화의 정책목표는 철도연변에 주택을 건설하여 폭증하는 서울 유입인구를 흡수하고 1시간 이내(서울역~인천, 서울역~수원, 청량리~의정부)에 출퇴근이 가능하도록 하는 것이었다고 한다.

등포~수원 간을 2복선화(1977.6.~1981.12.)하고 안산선의 금정~안산 간 복선전철을 건설하였다(1986.2.~1988.10.).

이를 제도적으로 뒷받침하기 위하여 정부는 1979년 「지하철도건설촉진법」을 제정하였고, 서울 지하철 1·2·3·4호선이 개통됨에 따라 1986년 동 법률을 개정하여 건설 지원뿐만 아니라 운영합리화를 도모하도록 하고 법률 명칭도 「지하철도의 건설 및 운영 지원에 관한 법률」로 개편하였다. 1990년에는 지하보상에 관한 법적 근거를 명확히 하고 법률 명칭을 「도시철도법」으로 다시 변경하였다.

한편 급격한 경제성장에 따른 주요 산업철도의 용량 부족 문제를 해결하기 위하여 1980년대에 중앙선, 태백선, 영동선 등을 전철화하여 순차적으로 개통하였다. 제도적으로는 1984년 철도건설사업 시행과 관련된 행정절차를 간소화하기 위하여 「국유철도건설촉진법」을 제정하였다.

2) 철도투자의 급격한 감소와 그 영향

'제1차 경제개발5개년계획' 기간 중 철도투자는 전체 교통시설 투자의 60.6%를 차지하였으나 제2차 계획에서는 28.7%, 제4차 계획에서는 21.7%, 제6차 계획에서는 10.1%, 제7차 계획에서는 역대 최저인 9.4%로 비중이 급격히 감소했다. 다만 5차 계획기간(1982~1986)에는 전체 교통투자의 30.6%가 지하철에 투자되었다.

[표 1] 경제개발 5개년계획기간 중 교통시설 투자추이

(단위 : 억 원, ( )안은%)

구분	도로	철도	지하철	공항	항만	계
1차('62~'66)	61(17.2)	215(60.6)	-(0)	26(7.3)	53(14.9)	355(100)
2차('67~'71)	1,147(52.0)	634(28.7)	83(3.8)	76(3.4)	267(12.1)	2,207(100)
3차('72~'76)	4,674(51.6)	2,669(29.4)	248(2.7)	189(2.1)	1,284(14.2)	9,064(100)
4차('77~'81)	16,302(47.7)	7,434(21.7)	5,532(16.2)	1,469(4.3)	3,451(10.1)	34,188(100)
5차('82~'86)	37,191(46.7)	9,647(12.1)	24,379(30.6)	2,223(2.8)	6,186(7.8)	79,626(100)
6차('87~'91)	115,225(79.6)	14,620(10.1)	789(0.5)	2,538(1.8)	11,538(8.0)	144,710(100)
7차('92~'96)	144,384(61.9)	22,000(9.4)	30,493(13.1)	14,373(6.2)	22,069(9.5)	233,319(100)
'97~'01	339,364(61.9)	69,504(12.7)	49,807(9.1)	39,871(7.3)	49,654(9.1)	548,200(100)
'02~'06	400,022(56.9)	157,300(22.4)	45,072(6.4)	18,481(2.6)	81,854(11.6)	702,729(100)
'07~'11	375,953(52.5)	177,375(24.8)	60,089(8.4)	20,452(2.9)	82,093(11.5)	715,962(100)
'12~'15	340,824(54.3)	204,856(32.7)	31,900(5.1)	10,888(1.7)	38,874(6.2)	627,341(100)

주 : 경제개발 5개년계획은 7차 이후 폐지되었음('97년 국가부도 사태 및 '98년 IMF 지지), '94년 이후 교통시설특별회계 예산의 총계기준으로 작성, 교통시설특별회계 예산의 총액기준은 '10년부터 교통시설특별회계에서 분리된 광역발전특별회계(광역철도 분야)를 포함.
출처 : 국토교통부 기획재정담당실 연도별 자료 취합.

이러한 철도투자의 급격한 감소와 도로투자의 급증은 〈표 2〉와 같은 도로와 철도연장의 변화로 이어졌다. 그 변화 추이를 보면 도로는 1970년 40,244km → 1980년 46,951km → 1990년 56,715km로 20년 동안 1.4배로 증가하였으나 철도는 1970년 3,198km → 1980년 3,156km → 1990년 3,235km로 거의 증가하지 않았다.

[표 2] 연도별 도로 · 철도 연장(km)

구분 \ 연도		1960	1970	1980	1990	2000	2010
도로[1]	계	27,169	40,244	46,951	56,715	88,775	105,565
	고속국도	-	551	1,225	1,551	2,131	3,859
	일반국도	5,706	8,122	8,232	12,161	12,413	13,812
	지방도 등	21,463	31,571	37,494	43,003	74,231	87,894
철도[2]	계	2,976	3,198.7	3,156.7	3,235.4	3,511.0	4,152.3
	고속철도	-	-	-	-	-	368.5
	일반철도	2,976	3,198.7	3,134.6	3,091.3	3,123.0	3,187.0
	광역철도	-	-	-	-	-	100.1
	도시철도			22.1	144.1	388.0	537
	공항철도	-	-	-	-	-	61

출처 : 1) 국토교통부, 『도로업무편람』, 각 년도.
2) 국토교통부, 『철도업무편람』, 각 년도.

이 기간 동안 철도의 수송분담율 변화 추이를 보면, 여객(인/km 기준)은 1963년 49.6%→1970년 32.3%→1980년 24.7%→1990년 22.1%로 절반 이하로 감소하였고, 화물(톤/km 기준)은 1963년 87.5%→1970년 57.6%→1980년 46.6%→1990년 30.9%로 거의 1/3로 대폭 감소하였다.

[표 3] 교통수단별 여객분담율(인-km 기준)

(단위 : %)

구분 \ 연도	1963	1970	1980	1990	2000	2010
철도	49.6	32.3	24.7	22.1	21.5	19.2
지하철	0.0	0.0	1.1	8.3	15.8	14.8
도로	48.9	66.0	73.2	66.3	56.1	60.9
해운	1.3	0.8	0.5	0.4	0.5	0.5
항공	0.2	0.8	0.6	3.0	6.1	4.7

출처 : 교통통계연보(1968~1994), 건설교통통계연보(1995~2007), 국토해양통계연보(2008~2012)

[표 4] 교통수단별 화물분담율(ton-km 기준)

(단위 : %)

구분 \ 연도	1963	1970	1980	1990	2000	2011*
철도	87.5	57.6	46.6	30.9	17.8	9.1
도로	8.6	10.8	21.2	21.1	18.8	66.1
해운	3.9	31.6	32.2	47.8	63.1	24.7
항공	0.0	0.0	0.0	0.2	0.3	0.1

* 주 : 2005~2010년까지 도로 톤-KM 자료 미 작성, 과거 시계열자료와의 일관성을 위해 2011년 도로 영업용 톤-KM 적용

출처 : 교통통계연보(1968~1994), 건설교통통계연보(1995~2007), 국토해양통계연보(2008~2012), 국토교통통계연보(2014)

이러한 추세는 도로건설 확대와 자동차화(Motorization) 시대의 도래에 따른 자연스러운 변화라고 할 수 있으나, 문제는 유럽이나 일본 등과 비교해 볼 때 감소의 폭과 속도가 과도했다는 점이다.

3) 철도정책에 대한 평가

(1) 정책결정과 내용

제5차 계획기간(1982~1986) 동안 일시적으로 지하철 건설투자가 집중된 것을 제외하고는 전반적으로 철도투자가 크게 줄어들었다. 이 기간 동안 신규 일반철도의 건설이 미미했을 뿐만 아니라 기존 철도의 개량이나 유지보수도 제대로 되지 않아 대형 철도사고가 빈번하게 발생했으며 철도운영 적자도 계속 확대되는 등 철도의 위기가 심화되었다. 그 이유는 '경제개발계획(제2차~제6차)'에 철도사업을 제대로 반영하지 못했다는 것이고, 사업우선순위를 인정받지 못했다는 의미이다. 이것은 크게 두 가지 요인 때문이라고 하겠다. 첫째, 경제발전에 따른 산업구조의 변화와 자동차화(Motorization) 시대의 진전이

다. 화물의 경우 산업구조 변화에 따라 철도로 수송되던 벌크(Bulk) 화물 수요 자체가 줄어들었고, 이용자 입장에서 편리한 화물자동차 수송(Trucking)이 크게 증가하였다. 둘째, 앞에서 언급했듯이 철도 장기 비전을 제시하고 중장기계획을 수립하여 '경제개발5개년계획'에 반영하고 재원을 조달하는 철도정책역량이 거의 없었기 때문이다.[25] 따라서 이 시기에 도시 및 광역철도 분야에서 일부 성과가 있기는 하지만, 철도의 위기가 심화되었고 도로, 항만 등 다른 분야의 정책적 대응과 성과에 비하면 철도부분의 대응과 성과가 미미했다는 점에서 1980년대 초까지는 '철도정책 부재의 시대'라고 할 수 있다.

(2) 교통체계의 효율성, 이용자 간 형평성 및 교통의 지속가능성에 미친 영향

30년 이상 지속된 지나친 도로 위주의 투자는 승용차의 과도한 이용과 대중교통수단인 철도의 위기를 초래하였고, 이용자입장에서는 교통수단 선택의 폭이 제한되었으며, 전체 교통체계의 효율성과 지속가능성을 저해하였다. 첫째, 교통체계의 효율성은 두 가지 지표로 평가할 수 있다. 하나는 국가 간 도로 및 철도의 총비용[26]이 GDP에서 차지하는 비율을 비교한 것이다. 다른 하나는 도로 및 철도의 총비용을 기준으로한 단위당 비용을 비교한 것이다. 이 두 가지 비교 결과 우리나라의 육상교통 분담구조는 유럽에 비해 지나치게 도로 위주로

25) 도로와 철도건설을 조직측면에서 보면, 건설부에는 도로국이 있어 체계적으로 대응해 나갔으나, 철도의 경우 교통부에는 철도전담과조차 없었고 철도청에는 1개의 과 단위 조직(철도건설과)만 있었다.

26) 여기에서 총비용이란 인프라 비용, 운송사업자 비용, 교통사고비용, 환경비용, 토지점유비용의 6가지로 구분한다. 이에 대한 자세한 내용은 김한영, "한국의 교통계정 개발과 교통정책 활용방안", 서울과학기술대학교 박사학위논문, 2010, p.104~106 참고.

되어 있어 비효율적인 것으로 나타났다.[27] 둘째, 교통 이용자 간 형평성 측면에서 우리나라 철도는 철도망이 제대로 갖추어 지지 못했기 때문에 철도접근이 어려운 지역이 많고, 수도권 광역철도의 수송분담율이 동경권・런던권・파리권에 비해 현저히 낮은 실정이다. 이것은 광역철도를 상대적으로 많이 이용할 수밖에 없는 직장인, 학생 등 상대적으로 소득이 낮은 계층의 광역철도 이용이 제한되고, 이용하더라도 혼잡도가 높기 때문에 형평성 측면에서도 문제가 있다. 셋째, 교통의 지속가능성은 대중교통 수송분담율, 자전거 이용율, 자동차 사고 사상자수 등으로 평가할 수 있다.[28] 이 세 가지 지표로 판단할 때, 우리나라는 대표적 대중교통수단인 철도의 수송분담율이 낮고 자전거도 교통수단으로써 이용되는 경우는 적으며, 교통안전도 OECD국가 중 최하위 수준이기 때문에 우리나라 교통의 지속가능성은 낮은 것으로 평가된다.

---

27) 우리나라의 GDP 대비 총비용은 도로교통이 7.39%로서 유럽 17개국 평균인 4.16%보다 3.23% 높은 것으로 나타났으며, 철도교통은 0.46%로서 유럽 17개국 평균인 1.23%보다 0.67% 낮아 유럽의 절반에도 못 미치는 것으로 나타났다. 또한 도로교통과 철도교통의 총비용 기준 단위당 비용을 비교한 결과, 여객의 인km당 도로교통비용이 철도교통비용의 약 4.8배, 화물의 톤km당 도로교통비용이 철도교통비용의 약 2.4배로 나타났다. 자세한 내용은 김한영(2010), 앞의 논문, p.118~142. 참고.

28) 지속가능교통의 개념은 '세대 간 공평성을 증진하며, 가격접근성을 확립하고, 환경이 허락하는 수준으로 자원을 사용하는 교통'이라고 정의할 수 있다. (정성봉・박준식,「지속가능 발전을 위한 교통SOC 투자평가방법 개선 연구」, 한국교통연구원, 2009, p.15~16.)

4. 철도투자 제도정비를 통한 안정적 투자 여건의 조성 (1991~2003년)

1) 제도정비의 배경

정부는 1970~1980년대에 철도투자를 대폭 줄이고 도로투자에 집중 투자하여 도로를 크게 확충하였다. 그럼에도 불구하고 도로혼잡은 심화되었다. 이러한 상황에서 당시 철도를 담당하고 있던 교통부와 철도청은 도로와 비교한 철도의 경쟁력 약화와 철도운영 적자 확대 등 위기를 돌파하기 위한 근본 대책을 고민하게 되었다. 이에 따라 1980년대 중반부터 경부고속철도 건설 및 철도구조개혁을 추진하게 되었고, 철도투자 재원확보 및 투자효율화를 위한 제도정비에도 적극 나서게 되었다.[29)]

2) 제도정비의 내용

(1) 안정적 재원확보를 위한 법률 제·개정

정부는 1991년 자동차의 급증에 따른 도시교통난을 해소하기 위하여 「도시철도사업특별회계법」을 제정·시행하였다. 1994년에는 도로, 도시철도 외에 고속철도, 공항, 항만에도 특별회계 재원을 사용할 수 있도록 「도로등교통시설특별회계법」을 개정하였으며[30)] 사회간접자본시설의 확충·운영에 민간의 참여를 촉진하기 위하여 「사회간접자본시설에대한민간자본유치촉진법」을 제정하였다. 이어 1996

29) 제도의 중요성에 대하여 대런 애쓰모글루와 제임스 A. 로빈스는 모두를 끌어안는 포용적인 정치·경제 제도가 발전과 번영을 불러오고, 지배 계층만을 위한 착취적인 제도는 정체와 빈곤을 낳는다고 한다.[대런 애쓰모글루·제임스 A. 로빈스 지음, 최완규 옮김, 국가는 왜 실패하는가(WHY NATIONS FAIL), 시공사, 2014.]

30) 이에 따라 기존의 도로사업특별회계법과 도시철도사업특별회계법은 폐지되었다.

에는 도시철도·고속철도 외에 일반철도에도 특별회계의 재원을 사용할 수 있도록 「교통시설특별회계법」을 개정하여 철도계정을 확대 신설하였다. 1997년에는 대도시권의 교통문제를 광역적 차원에서 해결하기 위하여 「대도시광역교통관리에관한특별법」을 제정함에 따라 철도투자재원 관련 제도개선을 마무리 하였다.[31)]

(2) 투자 효율성 제고를 위한 통합교통정책의 추진

정부는 1999년 교통정책에 있어서 종합적인 조정을 강화하여 도로·철도·공항·항만 등 교통시설 간의 효율적인 교통체계 구축을 촉진하고 이용 효율을 높이고자 「교통체계효율화법(현 국가통합교통체계효율화법)」을 제정하였다. 같은 해에 건설교통부는 20년 단위의 장기교통계획인 '국가기간교통망계획'도 수립하였다. 이에 따라 철도정책도 통합적인 전체 교통의 틀 속에서 추진되게 되었다. 또한 예산당국의 주도하에 1999년 예비타당성조사 제도가 도입되었고 한국개발원(KDI)에 공공투자관리센터가 설립되었다. 그 후 2003년에 대통령 직속의 동북아경제중심추진위원회는 '동북아 물류중심 로드맵'을 수립하여 7대 추진과제를 제시했는데 그 첫 번째 추진과제가 '투자배분 조정'이었다. 이는 교통투자가 도로에 과도하게 집중되었다는 인식하에 대량교통수단인 철도와 연안해운(항만)의 수송분담율을 높일 수 있도록 시설별 투자배분비율을 대폭 조정하기로 한 것이다.[32)]

흥미로운 것은 이 3가지의 중요한 제도가 1999년 같은 해에 거의

31) 광역교통계획에 따라 시행되는 광역전철의 건설·개량에 필요한 비용은 국가와 지자체가 분담하도록 하고, 광역전철 외 광역도로 등 광역시설의 건설·개량에 대해서는 국가가 보조하도록 되어있다.

32) 동북아경제중심추진위원회, 「동북아물류중심 추진 로드맵(7대 추진 과제)」, 2003, p.27~29.

동시에 도입되었다는 점이다. 이것은 IMF 경제위기 상황에서 정부 각 부문의 효율성 제고를 위한 제도 개선의 필요성에 대한 공감대가 형성되었기 때문이었다고 판단된다.[33)]

한편 우리 보다 훨씬 먼저 산업화와 자동차화(Motorization) 시대[34)]를 경험한 유럽, 미국, 일본 등 선진국은 이 시기에 보다 적극적인 통합교통정책을 추진하였다.[35)] 유럽은 EC(European Commission) 교통백서의 정책가이드라인(European Transport Policy for 2010 : time to decide)에서, 지속가능한 발전이란 틀에서 교통의 통합 필요성(The need for integration of transport in sustainable development)을 강조하였다.[36)] 미국은 1991년 시설용량확충과 수단간 연계성 강화를 위하여 「종합육상교통효율화법(ISTEA : Intermodal Surface Transportation Efficiency Act)」을 제정하였으며, 1998년에는 교통수단간・주간 균형적인 교통시설 투자를 위하여 「21세기 교통형평법(Transportation Equity Act for the 21 Century)」을 제정하였다. 이것은 미국의 교통정책이 추구하는 가치가 효율성에서 형평성을 더 강조하는 쪽으로 이동된 것을 의미한다. 일본도 2000년 10월에

---

33) 교통체계효율화법은 교통부에서 1980년대 중반부터 추진해 왔었고, 국가기간교통망계획도 1995년에 필자가 실무 작업을 맡아 "국가기간교통망구축계획안"을 수립했으나 시행되지 못했다.

34) 미국에서는 1920년대에 자동차가 널리 보급되었으며, 유럽에서는 1930년대에 자동차의 대량생산이 시작되어 2차 세계대전 이후 본격적으로 자동차 보급률이 증가하였다.(헤르만 크노플라허, 박미화 옮김, 「자동차 바이러스」, 지식의 날개, 2010, p.65.)

35) 유럽의 교통정책방향에 대한 자세한 내용에 대해서는 다음 논문을 참고[김한영(2010), 앞의 논문, pp.21~26]. 미국과 일본의 교통정책방향에 대한 자세한 내용에 대해서는 다음 논문을 참고.(이헌석, "21세기 한국의 교통체계 개편에 관한 연구", 경원대학교 박사학위 논문, 2001, p. 12~23.)

36) European Commission, 「WHITE PAPER ; European Transport Policy for 2010 : time to decide」, 2001. 여기에서는 다음과 같은 4가지 기본정책방향이 제시되었다. ① 교통수단간 균형의 이동(Shifting the balance between modes of transport) ② 교통 애로구간의 해소(Eliminating bottlenecks) ③ 이용자 중심의 교통정책(Placing users at the heart of transport policy) ④ 교통의 세계화(Managing the globalization of transport).

도시교통과 지역교통의 연계강화, 환경개선, 교통안전 확보, 고령화 사회에 대비한 교통약자를 위한 교통체계 구축 등을 내용으로 한 "21세기 종합교통정책 기본방향"을 수립하였다.[37]

(3) 고속철도 건설 촉진

정부는 1992년 고속철도건설을 담당하는 한국고속철도공단을 설립하였으며, 1996년에는 고속철도 건설을 지원하기 위하여 「고속철도건설촉진법」을 제정하였다. 이 시기에 철도재원의 안정적 확보를 위한 많은 제도 개선이 있었지만 단기간에 가시적인 성과로 나타나지는 않았다. 다만 경부고속철도 1단계공사가 본격적으로 시행되었으며 수도권 주변의 신도시 건설이 늘어남에 따라 과천선, 분당선, 일산선 등의 복선전철을 건설하여 기존의 지하철과 연계시켰다. 이 기간 동안 도로는 1990년 56,715km에서 2000년 88,775km로 1.56배로 크게 늘어났으나, 철도는 1990년 3,235km에서 2000년 3,511km로 1.08배로 소폭 늘어났다. 이를 1970년부터 2000년까지 30년간 비교해보면 도로는 2.2배로 대폭 확충되었으나 철도는 1.1배로 조금 늘어났을 뿐이다.

3) 철도정책에 대한 평가

이 기간에 정부는 도시철도, 고속철도, 일반철도 및 광역철도의 순서로 건설·개량을 위한 투자재원을 안정적으로 확보할 수 있도록 단계적으로 관련 법률을 제·개정하였다. 이것은 재원마련이 가장 중요

37) ① 설재훈 외, 「국가경쟁력 강화를 위한 신 교통정책 구상」, 2007, p.59~61. ② 일본 운수정책심의회, 「21世紀初頭における総合的な交通政策の基本的方向について－経済社会の変革を促すモビリティの革新－ (答申)」, www.mlit.go.jp/kisha/oldmot/kisha00/21koutu/mokuji_.htm. (2015.2.23.)

한 교통시설투자의 성격상 매우 중요하고 획기적인 제도정비라고 할 수 있다. 다만 그러한 제도 정비가 시기적으로 볼 때 도로부문의 제도정비를 상당 기간 후에 뒤따르는 형태였으며, 고속철도의 경우 인천국제공항 건설사업과 함께 국책사업으로 사업시행이 확정된 후 재원대책이 법제화되었다는 아쉬움이 있다.[38]

한편 「교통체계효율화법」을 제정하여 20년 단위의 '국가기간교통망계획' 수립, 5년 단위의 '교통시설투자계획'의 수립, 투자평가지침의 작성·고시, 교통체계의 지능화 등을 체계적으로 추진하여 교통체계의 효율성·통합성 및 연계성 향상을 지향했다는 점은 높이 평가할 만하다. 아울러 '국가기간교통망계획'과 '동북아 물류중심 로드맵'을 수립하여 부문별·부처별로 추진되던 많은 정책과 계획들이 통합보완되면서 우선순위와 추진시기가 정해지고 평가되었다는 점도 높이 평가되어야 한다. 중요한 것은 이 시기의 이러한 정책적·제도적 대응이 대통령 공약사항으로 추진된 경부·호남고속철도 외에는 실무관료집단과 전문가 집단의 노력에 의한 것이라는 특징이 있다. 특히 우리나라 교통정책의 획기적 전환점이 된 「교통체계효율화법」의 제정 업무는 약 15년, '국가기간교통망계획'의 수립업무는 약 5년간 정권교체에 관계없이 담당 실무관료가 바뀌면서도 지속적으로 추진되어 결실을 맺게 되었다.

다른 한편 이 시기에는 사회 전반적인 민주화가 진전되면서 철도정책과정에도 민간의 참여가 확대되었으며 개별 철도사업에 대한 국회의원들의 영향력이 크게 확대되었다.

---

38) 도로부문에서는 급증하는 도로재원 확보와 효율적 운영을 위하여 1967년에 자동차 통행세와 유류세를 도로사업에 투자하도록 하는 '도로정비촉진법'을 제정하여 선제적으로 적극 대응하였다. 동 법의 재원관련 부분은 1968년 '도로사업특별회계법'으로 변경되어 운영되었다.

5. 철도구조개혁에 따른 철도건설제도의 통합 및 철도 투자의 확대(2004년 이후)

1) 철도건설법 제정(기존 법률의 통폐합 및 절차 개선)

철도구조개혁으로 2004년 발족된 한국철도시설공단은 이전의 한국고속철도공단이 수행하던 고속철도 건설 업무 외에 철도청이 수행하던 일반철도건설업무도 인수받아 시행하게 되었다. 이에 따라 정부는 「고속철도건설촉진법」과 「공공철도건설촉진법」을 통합 일원화하여 「철도건설법」을 제정하였다. 주요 내용은 국가가 효율적인 철도망을 구축하기 위하여 10년 단위의 '국가철도망구축계획'을 수립 · 시행하도록 제도화 하였다. 이에 따라 2006년 '국가철도망구축계획'이 최초의 법정계획으로 수립되었다.

한편 2006년 대통령자문기구인 지속가능발전위원회는 '국가지속가능발전 전략 및 이행계획'을 수립하였으며, 교통분야의 이행과제로 "지속가능한 교통정책"을 선정하였다.[39] 또한 2009년 정부는 기후변화, 에너지 위기 및 환경보호 요구 등 교통물류체계의 여건 변화에 대비하여 기존의 교통물류체계를 친환경적이고 에너지 절감형의 저탄소 교통물류체계로 전환하기 위하여 「지속가능교통물류발전법」을 제정하였다. 법률의 주요 내용은 지속가능교통물류발전기본계획의 수립, 온실가스 배출 감축조치, 자동차 통행량 총량설정 및 자동차 운행제한, 전환교통(Modal Shift) 지원, 환경친화적 교통물류시설 개발 등이다.

---

39) 지속가능한 교통정책에서 제시된 4개 세부과제는 도로 · 철도 간 시설투자 형평성 제고, 대중교통 및 녹색교통 활성화, 교통약자를 위한 교통체계 개선, 교통안전 강화이다. 이에 대한 자세한 내용은, 정성봉 · 박준식, 「지속가능 발전을 위한 교통 SOC 투자평가방법 개선 연구」, 한국교통연구원, 2009, p.21. 참고.

2) 철도투자의 확대

이와 같은 1990년대의 제도 정비와 2004년의 철도산업구조개혁에 따른 철도건설에 대한 국가의 책임이 강화되는 한편, 투자확대에도 불구하고 계속되는 도로교통정체와 국민의 환경에 대한 인식이 높아지면서 철도투자가 증가하게 되었다. 〈표 1〉에서 보는 바와 같이 철도투자는 7차 계획(1992~1996) 기간에 전체 교통시설투자의 9.4%로 최저치를 기록한 후 1997~2001년 간에는 12.7%로 늘어났고, 2002~2006년 간에는 22.4%로 대폭 늘어났으며, 2007~2011년 간에 24.8%로 소폭 증가했다가, 2012~2015년 간에는 32.7%로 다시 대폭 증가하였다. 개별사업들로 보면 경부선・충북선・영동선 전철화, 전라선 2단계 개량, 호남선・중앙선・전라선・경전선 복선전철화, 경부고속철도 2단계사업(2010.10) 등 많은 사업들이 구간별로 순차적으로 완공되었다.

3) 철도정책에 대한 평가

「철도건설법」의 제정은 고속철도와 일반철도로 분리・운영하던 법체계를 통합・정비하여 철도건설사업의 효율적 추진기반을 마련했다는데 의미가 있다. 아울러 철도건설시 철도건설심의위원회의 심의를 받도록 의무화한 것은 이해관계자, 전문가, 시민단체 등의 사전참여 확대를 통한 철도사업의 합리성과 민주성 제고에 기여했다고 볼 수 있다. 한편 「지속가능교통물류발전법」이 여러 부처 소관 분야 중에서도 제일 먼저 2009년에 제정되어, 현재와 미래 세대를 위한 지속가능한 교통물류체계 구축을 위한 제도적 기반을 마련했다는 점에서 의미가 크다고 할 수 있다. 한편 제도 정비와 철도구조개혁에 따른 철도투자의 증가는 우리나라 교통체계의 효율성, 형평성, 지속가능성을 높일 것으로 기대된다.

Ⅲ 철도운영정책과 철도조직의 변동

1. 자력에 의한 철도운영과 시련(1945~1959년)

1945년 8월 15일 광복 이후 1948년 8월 15일 대한민국 정부 수립 이전까지 3년 동안은 미군정과 과도정부가 철도운영을 관할했다. 광복 이후 미군이 파악한 실태자료에 의하면 기관차, 객차, 화차 등 장비의 50%만 사용할 수 있었다.[40)]

이 당시 철도는 석탄을 연료로 이용하는 증기기관차였는데 석탄부족으로 정상적인 철도운영이 어려웠다. 최우선 순위는 점령군 임무에 필요한 쌀 등 식량, 석탄, 군용화물, 군병력, 피난민 수송이었다. 1946년 3월에는 9만 톤의 석탄이 수입되어 4월부터는 열차운행이 늘어나게 되었다.[41)] 6.25 전쟁기간에는 철도가 군대와 물자의 대부분을 수송했기 때문에 철도시설과 장비 그 자체가 군사시설과 같은 성격을 가지고 있었다. 이에 따라 전쟁기간 동안 많은 철도종사자가 희생되었으며, 철도 차량이 파괴되는 등 큰 피해를 입으면서도 비상수송 역할을 충실히 수행하였다. 이 기간 동안 철도는 남북분단과 전쟁의 혼란 중에서도 자체 철도운영 능력을 확보하여 철도인력과 기술의 공백기를 잘 극복한 자립의 시기라고 할 수 있다. 전쟁이 끝나고 1954년

40) 철도청(1999), 앞의 책, p.519.
41) 철도청(1999), 앞의 책, p.534.

에는 UN군이 운행하던 디젤전기기관차 35량 중 4대를 인수받아 한국철도의 디젤화가 시작되어 1959년에는 서울~부산 간 운행시간이 종전의 9시간에서 7시간 10분으로 단축되었다.[42] 1950년대까지 다른 산업이 발달되지 않은 우리나라에서 철도는 주요 대표산업으로 간주되었다.

한편 철도회계와 관련하여 정부는 교통사업을 운영하기 위하여 1950년 2월 「교통사업특별회계법」을 제정하여 특별회계를 설치하고 그 세입으로 세출에 충당하도록 하였다.

2. 경제개발 초기의 철도독점시대(1960~1969년)

1) 독점적 철도운영과 열차운행 속도 향상

1960년대에 '경제개발5개년계획'이 추진되면서 철도는 경제발전의 주역으로 등장하게 되었다. 정부는 자주경제의 기반 구축을 위하여 전력·석탄 등 에너지 공급원 확보, 시멘트·비료·정유공장 등 기간산업 건설 등의 주요 방침을 제시하였고 철도는 이를 뒷받침하는 핵심 교통수단이었다.[43] 이 당시 철도는 급격한 경제성장에 따라 급증하는 화물의 80% 이상, 여객의 40% 이상을 수송하였으며 철도운영도 계속 흑자를 기록하였다. 또한 꾸준한 열차운행속도 향상으로 서울~부산 간이 종전의 7시간 10분에서 1969년에는 4시간 50분으로 크게 단축되었다.[44]

한편 철도회계와 관련하여, 구 「재정법」을 대체하는 「기업예산회

42) 철도청(1999), 앞의 책, p.677.
43) 본 논문 Ⅱ의 2. "산업선 건설과 교통부 산하 철도청 신설(1962~1966)" 참고.
44) 철도청(1999), 앞의 책, p.678.

계법」이 1961년 12월 제정되고, 동법 시행령이 1962년 1월 제정되어 철도에 기업회계제도가 도입되었다.[45] 이와 같이 「기업회계예산법」이 제정되어 형식상으로는 발생주의 원칙에 의한 회계처리를 하도록 되어 있었으나, 실질적으로는 관청회계조직을 탈피하지 못하고 있었다.[46]

2) 철도운영정책의 특성과 평가

이 시기의 철도운영정책은 급격하게 늘어나는 여객과 화물을 처리할 수 있도록 수송능력을 확충하고 우선순위에 따라 차질 없이 수송하는 것이었다. 따라서 철도는 상대적으로 외부의 간섭 없이 자율성이 높았던 시기라고 할 수 있다. 당시 철도 운영 수익은 철도유지보수비를 제외하고 소규모지만 철도 건설이나 개량사업에 재투자되었다. 그러나 이러한 투자방식과 교통부로부터 철도청의 분리·독립에 따른 전반적인 철도정책 역량의 약화가 1970년대 이후 철도 건설 및 차량 등 전반적인 철도투자의 제약요인으로 작용하였다.[47]

3. 철도의 쇠퇴와 적자운영의 고착화(1970~1979년)

1) 자동차와 철도의 경쟁 : 지역 간 철도의 쇠퇴

1970년 경부고속도로가 개통되자 자동차와 철도의 경쟁이 시작되면서 철도의 독점적 지위가 흔들리기 시작했고 철도는 쇠퇴의 길을 걷게 되었다. 경부고속도로 개통 직후인 1970년 철도의 추석 귀성객

---

45) 철도청(1999), 앞의 책, p.896~897.

46) 김동건 외, 「철도정책론」, 박영사, 2009, p.212.

47) 타 교통수단과는 달리 철도의 경우 기반시설에 대한 투자를 철도 스스로 담당하고 있었기 때문에 이러한 부분이 공정한 경쟁을 제한하는 가장 큰 요소로 지적되었다.(정동진, "철도정책의 회고와 향후 전망", 월간교통 1999년 12월호, p.27.)

수송은 전년의 60만 5,000여 명에서 36만여 명으로 격감하였고, 1970년 7월 7일부터 한 달간 경부선 철도의 보통급행 이상 승객은 40만 8,000여 명으로 고속버스 승객 99만 7,000여 명의 절반에도 미치지 못했다.[48] 이러한 현상은 당시 철도청에 적지 않은 충격을 준 것으로 보인다. 이에 따라 철도 영업손익도 1976년부터 흑자에서 적자로 전환되었다. 국영철도의 영업적자로의 전환과 적자규모의 확대는 정부지원금의 증가로 이어져 정부로서도 부담이 될 수밖에 없었다.

[표 5] 철도사업 영업손익(1964~2013년)

(단위 : 백만 원)

연 도	정부지원금	영업 손익	연 도	정부지원금	영업 손익
1964		1,132	1989	132,273	△65,891
1965		3,837	1990	66,935	△88,530
1966		3,380	1991	123,778	△65,018
1967		5,397	1992	104,107	△117,229
1968		9,528	1993	169,200	△60,954
1969		11,441	1994	235,195	△149,093
1970		9,236	1995	473,263	△217,444
1971		3,924	1996	750,948	△129,989
1972		6,191	1997	1,043,218	△106,123
1973	1,640	9,090	1998	225,500	△410,096
1974	5,928	6,060	1999	194,426	△352,347
1975	14,366	5,266	2000	406,839	△240,973
1976	13,930	△3,359	2001	454,148	△253,847
1977	21,709	△20,846	2002	502,657	△325,244
1978	21,381	△20,910	2003	598,482	△447,422
1979	69,756	△31,807	2004	726,247	△595,895
1980	27,207	△52,350	2005	572,130	△537,290
1981			2006	551,900	△533,742
1982	52,750	△85,646	2007	772,900	△641,385
1983	62,900	△77,575	2008	741,178	△737,375
1984	55,500	△72,246	2009	432,753	△686,071
1985	47,000	△42,737	2010	468,963	△528,745
1986	52,000	△37,792	2011	463,246	△522,405
1987	50,000	△38,480	2012	345,759	△359,101
1988	60,400	△46,766	2013	377,216	△193,239

출처 : 한국철도공사, 1981년 자료는 철도공사에도 없음.

48) 철도청(1999), 앞의 책, p.690.

2) 서울 지하철과 수도권 전철 시대의 도래

지역 간 철도가 자동차에 비해 경쟁력을 잃어가는 반면, 수도권의 도로혼잡이 심화되고 서울 변두리 지역의 개발이 계속되면서 1974년 8월 15일 개통된 서울지하철과 수도권 전철 승객은 큰 폭으로 늘어났다.[49] 이에 따라 도로혼잡이 완화되고 버스에 비해 시민의 출퇴근 소요시간이 단축되었으며 수도권 대기오염 감소에도 기여하게 되었다.

4. 철도의 위기와 대응(1980~2004년)

1) 철도운영실태 : 적자 심화에 따른 철도의 위기

〈표 5〉에서 보는바와 같이, 1976년 시작된 철도운영적자는 고속버스 및 항공과의 경쟁이 심화되면서 1980년대 초까지 큰 폭으로 확대되었다. 이에 따라 철도청은 1982년 4월부터 주말 특별열차 운행, 배차간격 단축, 열차 고급화, 운행시간 단축 등 승객 유치를 위한 서비스 개선에 적극 나서게 되었다.[50] 이에 따라 적자폭이 일시적(1983~1986년)으로 줄어들었으나 전반적인 경쟁력 약화추세를 되돌릴 수는 없었으며 1980년대 말부터 적자폭은 다시 크게 늘어났다. 철도의 수송분담율도 여객(인km)이 1970년 32.3%에서 1990년 22.1%로, 화물(톤km)은 57.6%에서 30.9%로 크게 줄어들었다.

---

49) 개통초기 하루 210회 운행하던 것이 1975년 7월에는 322회로, 1976년 11월에는 340회로, 1977년 11월에는 420회로, 1978년 4월에는 526회로 크게 늘어났다. 운행 간격도 개통 때 7분 30초였으나 1978년에는 출근시간대 3분 30초, 평시에는 4분으로 단축되었다.(철도청(1999), 앞의 책, p.691.)

50) 철도청(1999), 앞의 책, p.692~700.

2) 철도운영 만성적자의 원인

(1) 적자의 원인

철도운영기관의 적자원인에 대해서는 다음과 같이 상당한 이견이 존재한다.[51] 철도운영기관(철도청, 현 철도공사)은 노약자・장애인 요금할인 등에 대한 정부의 지원(공익서비스 보상) 부족, 운임 규제, 높은 선로사용료 등 외부요인 때문에 발생한다고 주장한다. 반면 교통・경제 등의 전문가와 시민단체는 외부 요인 보다는 독점과 공기업의 문제로 인한 과다한 인건비, 낮은 생산성, 비효율적 경영 등 내부요인을 지적하고 있다. 한국교통연구원은 정책 및 제도요인과 경영요인을 체계적으로 분석한 후, 만성적 철도적자의 원인은 과다한 인건비, 낮은 생산성(과도한 인력규모), 비효율적 경영 때문인 것으로 보고 있다.[52] 철도운영기관의 적자는 기본적으로 과거 철도독점시대에서 '도로와의 경쟁시대'라는 변화된 환경에 대응하지 못한 철도 내부요인에 의한 것으로 볼 수 있다. 그러나 정부의 화물자동차에 대한 유가보조, 고속도로를 제외한 도로의 무상사용 등 도로(자동차)와 철도 간 공정한 경쟁여건을 조성하지 못한 정부책임도 일부 있다고 할 수 있다.

(2) 기준과 관점에 따른 운영적자・흑자 개념의 상대성

첫째, 철도운영기관의 비용과 수입은 정부 지원의 내용이나 규모에 따라 상당한 영향을 받는다. 예컨대 정부가 선로사용료를 적게 받으면 운영기관의 비용이 줄어들고 공익서비스에 대한 지원을 늘리면

51) 이재훈, 「철도산업 만성적자 개선방안 연구사업」, 한국교통연구원, 2013, p.77~78.
52) 이에 대한 자세한 내용은 이재훈(2013), p.79~123. 참고.

운영기관의 수입이 늘어난다. 또한 고속철도, 광역철도 등 경쟁력 있는 철도시설에 대한 정부투자가 확대되어 철도망의 효율성이 높아지면 철도운영에도 긍정적인 영향을 미친다. 둘째, 철도운영기관과 국가 중 어떤 주체를 기준으로 보느냐에 따라 달라질 수 있다. 만약 철도운영기관이 적자가 많이 발생하는 화물수송을 대폭 줄인다면 적자도 크게 줄어들어 흑자로 전환될 수도 있을 것이다. 이 경우 운영기관은 흑자로 전환될 지 모르지만 국가 전체로 볼 때에는 철도화물의 도로 전환에 따른 교통혼잡, 교통사고, 대기오염, 에너지 과다 사용 등 많은 사회적 비용을 발생시킨다. 이러한 현상은 국가 입장에서 바람직하지도 않고 국가의 교통부문의 적자로 볼 수도 있다. 따라서 실제 철도운영기관의 적자・흑자에 대한 판단과는 별개로 적자・흑자의 개념은 기준과 관점(주체)에 따라 상대적이라고 할 수 있다.

3) 철도의 위기에 대한 대응

철도운영적자와 적자에 따른 부채가 계속 늘어남에 따라 철도청 내부에서도 1980년대와 1990년대에 경영개선 노력을 시도하였으나 뚜렷한 성과를 내지는 못했다. 이러한 상황에서 철도의 위기에 대한 근본적인 대응은 크게 두 방향에서 나타났다. 하나는 1980년대 중반부터 본격적으로 추진된 경부고속철도 건설 추진이었다. 다른 하나는 철도공사화나 민영화 등 철도구조개혁을 통하여 철도산업구조를 근본적으로 바꿈으로써 철도적자를 해결하고 경영혁신을 이루려는 시도였다. 이에 따라 1989년 한국철도공사법이 제정되었으나 두 차례 연기된 후, 1995년 9월 당정회의에서 공사화에 따른 재정부담 과중 등을 이유로 공사법을 폐지하고 대신 특례법을 제정하여 경영개선을 추진하기로 하였다.

4) 국영철도 체제하에서 경영개선 추진과 평가(1996~2004년)

정부는 만성적 적자상태에 있는 국유철도사업에 대한 경영을 획기적으로 개선하기 위하여 1995년 12월「국유철도운영에 관한 특례법」을 제정하여 1996년 1월 1일부터 시행하였다. 이 법은 철도청장에게 역세권개발 등 부대사업을 허용하고, 철도요금을 탄력적 조정할 수 있도록 하며 철도사업특별회계 계정을 시설계정과 운영계정으로 구분하여 정부와 철도운영기관의 역할을 구분하는 등 특례를 인정한 것이다.[53]

이러한 획기적 조치에 따라 초기 2년간은 요금인상 등으로 철도영업 적자가 줄었으나 1998년에는 전년의 1,061억 원에서 4,100억 원으로 큰 폭으로 늘어났으며 운영적자 추세를 바꾸지는 못하였다. 이것은 정부조직 형태를 유지한 상태에서는 근본적인 경영혁신이 어렵다는 점을 다시 한 번 확인시킨 계기가 되었다.

5) 철도운영 정책에 대한 평가

이 시기에 철도운영 적자가 심화되었을 뿐만 아니라 차량·역사(驛舍) 등에 대한 투자도 되지 않아 철도청은 극심한 어려움을 겪게 되었다. 한편 철도 이용자는 고속버스나 항공에서와 같은 다양한 서비스를 받을 수 없었고 국민은 철도운영 적자를 세금으로 메워주는 부담을 지게 되었다. 이러한 상황에서 철도에 대한 근본적인 해결방안이 필요하다는 인식이 확산되었고, 이러한 인식과 노력이 2004년 경부고속철도의 개통과 1차 철도산업구조개혁(2003~2005)으로 결실을 맺게 된 것으로 볼 수 있다.

53) 당시 김인호 철도청장이 이 법 제정에 큰 역할을 했으며 철도청 내부에서는 이를 획기적인 것으로 평가하였다.

5. 철도공사 · 공단체제의 출범과 고속철도 시대 (2005년 이후)

정부는 2003년 철도구조개혁 방침을 결정하고 「철도산업발전기본법」, 「한국철도시설공단법」, 「한국철도공사법」의 3개 개혁법률을 제정하여, 2004년 1월 1일 한국철도시설공단을 설립하고 2005년 1월 1일 한국철도공사를 설립하였다. 이에 따라 철도운영기관은 정부 부처 형태의 공무원 조직인 철도청에서 철도공사체제로 전환되어 공사 내에 이사회가 설치되는 등 철도 거버넌스가 크게 변화되었다. 아울러 1980년대 중반부터 추진되던 경부고속철도가 2004년 4월 1일 개통됨에 따라 우리나라에서 고속철도 시대가 열리게 되었다. 이것은 1980년대 중반부터 시작되어 1990년대를 거치면서 지속된 정책과 제도개선 노력들이 구체적인 성과로 나타난 것이라 하겠다.

IV 철도산업 구조개혁 정책도구(Policy Tools)의 변동과 실행

1. 추진배경과 목적

1) 철도산업구조개혁 추진배경

철도구조개혁이 논의된 시기는 우리에게 일반적으로 알려져 있는 것보다 훨씬 오래되었다. 교통부가 철도 전후복구와 차량도입을 위하여 미국의 대외원조기관인 대외사업처(FOA), 국제협력처(ICA), 국제개발처(USAID) 등과 무상원조나 차관 협상을 하던 1950년대부터 1960년대 초에, 그들은 지원조건으로 철도조직의 공사화를 요구하였다. 교통부는 준비 미비 등을 이유로 이를 거부해오다가 1963년 정부 조직형태는 유지하되 외청으로 분리·독립시키기로 하였다.[54)]

문제는 철도청을 분리·독립시키면서 교통부 내에서 철도정책 기능을 수행할 국 단위 정도의 조직을 남겨 두었어야 했는데 그렇게 하지 않았다는 것이다. 이는 철도건설·운영·안전·기술개발 등 철도의 모든 분야에서 중앙정부 차원의 철도정책 기능을 거의 할 수 없는 상황을 만들었고, 1970년대 이후 철도의 급격한 쇠퇴를 가져온 중요한 이유 중의 하나가 되었다. 이러한 근본적인 문제를 안고 출범한 철도청체제가 일시적으로 순항한 이유는 1960년대 말까지 교통부분에서 철도독점체제가 유지될 수 있었기 때문이었다. 그러나 1970년 이후 고속도로가 개통되면서 수송분담율이 급격히 감소하였고, 1976년 이후 철도운영 부문의 적자가 고착화되었으며 1980년대 이후 더욱 악화되어 갔다. 이러한 상황에서 국유국영(國有國營)의 철도청체제에 대한 근본적인 개혁이 필요하다는 인식이 확산되어 왔다. 그러나 여기서 논의하는 철도 공사화나 민영화는 정책도구(Policy Tools)이지 그 자체가 목표가 될 수는 없다. 철도산업구조개혁이 지향하는 궁극적 가치나 목표는 철도산업발전을 통한 철도의 경쟁력을 확보하는 것이다.

54) 당시 USAID는 '선진국이 모두 철도운영의 자율성 확보, 철도운영에 민간경영기법의 도입 등을 이유로 철도공사체제로 하고 있으며, 정부조직 형태로는 안 된다'는 입장이었다고 한다. 따라서 철도청체제는 출발 당시부터 공사체제로 가기 위한 과도기적인 것으로 도입되었다고 할 수 있다. 이 부분에 대해서는 김명년과 이정구(전 철도청 기획관리관) 등의 증언을 기초로 한 것이다.

2) 철도산업구조개혁 추진목적[55)]

(1) 국영체제로 인한 문제점 극복 : 국영철도체제(철도청)는 정부조직으로서 경직적 운영이 불가피하므로 자율·책임·전문 경영에 근본적으로 한계가 있다.

(2) 교통수단 간 공정한 경쟁여건 조성 : 철도와 달리 도로, 공항, 항만시설은 국가가 SOC차원에서 건설·관리하고 수송서비스 제공 등 영업은 민간이 담당하여 그 책임과 역할이 명확히 구분되어 있다. 그러나 철도는 국가의 역할이 모호할 뿐만 아니라 영업활동에서 민간 경영방식의 도입과 생산성제고가 어렵다.

(3) 철도의 역할 증대를 통한 사회경제적 비용감축 : 철도는 친환경성, 에너지효율성, 안전성, 수송효율성이 뛰어난 대량·대중 교통수단이며 지속가능한 미래 교통수단이므로 철도의 역할 증대가 필요하다.

(4) 첨단교통수단인 고속철도시대에 걸맞은 철도운영체제의 선진화가 필요하다.

2. 최초의 철도공사화 추진과 무산(1980~1995년)

1) 철도공사화 추진 경과[56)]

앞에서 살펴본 바와 같이 우리나라 철도는 1960년대 말까지 교통시장에서 독점적 지위를 누려왔다. 그러나 1970년대 초부터 이러한

---

55) 건설교통부, 「철도산업구조개혁 기본계획(2001)」, 「철도산업구조개혁 기본계획(2004)」, 국토해양부, 「제2차 철도산업발전기본계획(2011)」.

56) 이 부분은 당시 담당자 등 관계자들의 기억을 토대로 한 것이다.

독점적 지위가 무너지기 시작하면서 1976년 철도운영이 적자로 전환되고 차츰 그 규모가 확대되었다. 이러한 상황에서 정부가 1980년 국제개발부흥은행(IBRD)과 철도차관 도입 협정 시 철도청을 철도공사로 전환하기로 약속했고, 1985년 대통령 지시사항으로 공사화방안을 본격적으로 검토하기 시작하였다. 이후 전문기관의 연구 등 준비를 거쳐 1989년 「한국철도공사법」을 제정하고 1991년에는 동법시행령까지 제정하였다. 당시 이에 민감했던 철도청 직원들조차도 법령이 제정되어 공사화가 되는 줄 알고 있던 상황에서 1993년 김영삼 정부가 들어서고 정부 담당자들이 바뀌면서 갑자기 방향이 바뀌기 시작했다. 그 후 1995년 9월 4일 당정회의에서 철도공사화에 따른 부채처리 등 재정 부담이 과중하다는 이유로 「한국철도공사법」을 폐지하기로 하여 최초의 철도공사화 추진은 무산되었다. 당시 경제기획원의 입장은 철도운영을 흑자로 전환시킨 후 민간에 매각하자는 입장이었다. 공사화가 무산된 이유는 추진 주체들이 공사화에 대한 명확한 비전과 인식이 없었고 세부방안에 대하여 의견이 달랐으며 추진 의지도 부족했기 때문이다.[57)]

2) 당시 철도공사화 정책결정의 특징

1989년 공사법 제정은 교통부, 경제기획원 등 정부 주도하에 이루어졌으나 1993년 폐지 방침은 재정부담 등을 이유로 경제기획원이 주도하였다. 당시 우리사회는 전반적으로 1987년 이후 민주화가 진전되고 있는 시기였으나 철도개혁 논의과정에 시민단체, 언론, 노조

57) 당시에는 우리나라의 관료나 전문가들도 철도시설과 운영의 분리(상하분리)의 개념을 정확히 알지 못한 상태에서 경제기획원은 철도시설과 운영의 통합(상하통합)을 주장했으나, 철도청은 철도시설에 대한 투자 부담을 이유로 반대했다.

등의 역할은 제한적이었다. 특히 1988년 철도청의 기관사협의회 주도로 파업(7.26~27)이 있었으나 요구사항이 근로환경 개선, 수당인상 등 순수한 근로조건에 관한 것이었기 때문에 파업이 철도공사법 폐지에 영향을 미친 것은 아니었다. 다시 말해 당시의 공사화 추진과 철회 정책과정에 참여한 세력들은 소수에 국한되었으며 철도노조나 시민단체 등 비공식적 참여자의 역할도 극히 제한적이었다. 따라서 당시의 정책결정과정은 정책결정모형 중 '엘리트론'에 의하여 잘 설명될 수 있다고 판단된다.

3. 철도민영화 형태의 구조개혁 추진과 좌절 (1996~2002년)

1) 철도민영화 및 공단화(상하 분리) 형태의 철도개혁 추진 경과

1990년대 후반기에도 교통개발연구원 등이 철도민영화의 필요성을 지속적으로 제기하였다. 1998년 김대중 정부가 들어서면서 외환위기와 정권교체에 따른 작은 정부로의 개편 필요성이 제기되었다. 이에 따라 기획예산위원회(5월 기획예산처로 전환) 정부개혁실 주도로 1988년 외부 전문기관의 경영진단을 거쳐 1999년 5월 '철도민영화 및 공단화' 방침이 결정되었다.58) 그 후 건설교통부와 기획예산처가 공동 주관하여 실행방안에 대한 연구용역 등 실무준비를 해나갔다. 김대중 대통령은 2001년 1월 건설교통부의 업무보고를 받으면서 '철

58) 그러나 내용과 시행시기 등에 대해서는 관계자들의 입장이 달랐다. 기획예산처는 2002년 분할민영화(매각), 철도청은 분할 매각방식 반대, 철도노조는 민영화 원칙에는 동의하나 시행시기와 방법에 대해서는 이의를 제기했다.(양근율, 「철도산업 구조개혁 성과평가 및 향후과제」, 국토해양부, 2008, p.25.)

도민영화는 1980년도부터 거론되었으니 금년에는 반드시 이뤄야 한다'고 강한 의지를 밝혔다. 이에 따라 2001년 10월 '철도산업구조개혁 기본계획'이 수립되고 12월에는 건설교통부에 '철도산업구조개혁기획단'이 설립되었으며 관련 법률이 국회에 제출되었다.

흥미로운 변화는 이번 정책과정이 과거와는 상당히 다르다는 것이다. 이것은 2002년 2월 민영화 철회를 요구하는 철도노조 파업으로 민영화가 사회적 이슈로 등장하고 정부와 노조가 대립하면서 서로가 자신들에게 유리한 여론 조성을 위하여 적극적인 홍보전에 나선 점이다.[59] 철도노조의 파업으로 철도개혁에 대한 사회적 공감대가 확산되는 가운데 건설교통부는 2002년 초부터 한나라당 주관 공청회, KBS 심야토론, 12개 소비자단체 연합토론회, 경실련 주관 공청회 등을 개최하여 철도개혁의 필요성을 적극 홍보하면서 2002년 12월 한국철도주식회사법안을 국회에 제출하였다.

그러나 대통령의 강한 추진의지에도 불구하고 다음과 같은 이유로 철도개혁은 이루어지지 못했다. 첫째, 추진 주체들 간에 철도민영화의 구체적인 방안에 대한 의견 차이가 많아 갈등이 심했다. 당시 기획예산처와 경제학자들은 영국과 같이 다수 회사로 분리하는 분할 민영화를 주장했으나 교통부와 교통전문가들은 영국식의 과도한 분리에 반대했다. 대신 교통부와 교통전문가들은 철도청의 운영 부문을 상당 부분 통합된 형태로 민영화하되 경춘선 등 일부 노선권을 민간에게 부여하여 비교경쟁 시키자고 주장했다. 한편 한국고속철도공단

59) 철도노조는 2001년 5월 최초의 직선제에 의한 위원장 선거에서 반 집행부측인 민노총 계열의 후보가 당선되었다. 신 집행부는 2001년 7월 민영화 철회, 인력감축 중단 등을 요구하며 관련 부처에 항의시위하고, 2002년 2월 철도파업을 주도하였다.

은 철도의 건설과 시설관리 외에 고속철도 운영도 직접 하겠다고 주장했다. 둘째, 처음으로 근본적인 철도개혁을 추진하면서 자료 수집, 의견수렴 및 조율을 거치는 과정에서 시간이 많이 지체된 가운데 2000년 4월 16대 총선에서 야당이 승리하고 정권 말기로 갈수록 추진동력이 상실되어 갔기 때문이다. 당시 철도노조의 반대가 있었으나 개혁과정에 결정적인 영향을 미친 것은 아니었다.

2) 당시 철도민영화 정책과정의 특징

김대중 정부의 철도민영화 정책과정의 특징은 참여자의 범위가 크게 확대되었다는 점이다. 행정부, 국회건설교통위원회 등 공식적 참여자 외 철도노조, 시민단체, 언론, 소비자단체 등 비공식적 참여자들이 정책과정에 상당한 영향을 주었다. 이것은 김대중 정부의 철도민영화 정책과정이 정책네트워크 모형에 가까운 형태로 변화하는 과정에 있었다고 볼 수 있다.[60] 다른 측면에서 철도민영화정책은 당시 정부의 전반적인 민영화정책의 일환으로 하향식으로 이루어졌다고 볼 수 있다.

4. 철도공사화 형태의 구조개혁 실행(2003~2005년)

1) 철도공사화 정책의 실행과정

철도구조개혁은 노무현 정부가 들어서면서 다시 뜨거운 이슈가 되었고 다음과 같은 과정을 거처 정책이 구체화되어갔다.[61]

60) 정책네트워크 모형의 자세한 내용에 대해서는, 정정길 외, 「정책학원론」, 대명출판사, 2014, p.250~255. 참고.

61) 이 부분은 당시 필자가 건설교통부에서 인수위원회 행정관으로 파견되어 업무를 수행한 경험을 바탕으로 작성한 것이다.

2003년 1월 22일 '참여복지와 삶의 질 향상'을 주제로 한 대통령직 인수위원회와 관계부처의 합동토론회에서, 건설교통부 파견 행정관이 철도개혁을 강력하게 건의하여 당시 대통령 당선인의 결심을 얻어냈다.[62] 이어 1월 28일 인수위원회 김대환 경제2분과 간사가 김대중 정부의 운영부문 '민영화'를 '공사화'로 수정한 철도구조개혁 수정안을 발표하였다.[63] 그 후 4월 20일 철도노사가 철도시설유지보수는 운영부분이 맡는 대안을 모색하고 사회적 합의를 거친 관련 법안의 조속한 국회통과를 위해 공동노력 한다는 내용으로 합의하였다. 4월 30일 대통령 주재 관계 장관회의에서 철도시설과 운영을 분리하되 운영부문은 공사화하고, 고속철도는 일반철도와 통합운영하기로 결정하였다.[64] 그 후 철도노조는 철도개혁법안의 국회통과가 임박하자 '철도구조개혁법안의 국회통과 반대 및 시설·운영통합공사 설립'을 주장하며 6월 28일부터 7월 1일까지 파업을 강행하였으나 정부는 법과 원칙에 따라 강력하게 대응하였다. 이러한 우여곡절을 거치면서 7월 29일 「철도산업발전기본법」과 「한국철도시설공단법」이 제정·공포되었다. 남은 쟁점은 20년이 되지 않은 철도청 직원에게 공무원연금을 지급하게 하느냐의 문제였다. 이에 대해 연금 주무부처인 행정자치부가 반대하였으나 10월 31일 국정현안정책조정회의에서 철도

62) 문화일보(5면), "나열식 보고 탈피···관료 입 점차 열려", 2003.1.25.(토)

63) 당시 운영 부문을 공사화로 변경한 이유는 다음 3가지 사항을 고려한 결과이다. 첫째, 노무현 정부(당시 인수위)는 철도·전력·통신 등 네트워크 산업의 민영화에 의한 민간독점은 공기업 독점 보다 더 심각한 부작용을 낳을 수 있다고 보았다(민영화 반대 입장). 둘째, 주요 선진국의 예를 볼 때 국영체제에서 민영체제로 곧바로 전환된 경우는 거의 없다. 셋째, 노조의 반대, 법안의 국회통과 가능성 등을 고려할 때 민영화방안은 실현가능성이 매우 낮다.

64) 당시 회의의 핵심쟁점은 '시설과 운영을 통합하여 공사화 하느냐, 아니면 분리하여 시설부문은 공단화 하고 운영부문만 공사화 하느냐'의 문제였다. 치열한 논쟁 끝에 시설과 운영을 분리하는 상하분리로 결론이 났다.

청이 공사로 전환되더라도 연금을 지급하는 것으로 관계부처가 합의함으로써 12월 18일 「한국철도공사법」이 국회를 통과하게 되었다.[65)]이에 따라 2004년 1월 1일 한국철도시설공단이 설립되고 2005년 1월 1일 한국철도공사가 설립되어 제1차 철도구조개혁이 마무리되었다.

2) 철도개혁 정책의 성공 요인과 정책과정의 특징

노무현 정부의 공사화 정책이 성공한 것은 기본적으로 대통령이 철도개혁에 강한 의지를 가지고 있었고 정책내용면에서 실현가능성이 높은 공사화방안을 선택했으며, 담당 관료들이 전반적인 전략수립, 홍보, 노조 및 국회 설득 등에서 헌신적·적극적으로 임했기 때문이다.[66)] 또한 고속철도 개통이 임박한 상황에서 100년 전의 철도청체제로는 안 되기 때문에 운영주체의 변화가 불가피하다는 언론의 철도개혁에 대한 적극적인 지지가 국민적 공감대 확산에 크게 기여했다고 본다.

한편 공사화정책이 인수위에서 결정되는 초기 과정은 전형적인 상향식 결정방식이었다고 할 수 있으며, 정책과정의 참여자 측면에서 볼 때 정책네트워크 모형에 의한 설명이 가능하다고 본다. 왜냐하면 김대중 정부의 민영화정책 추진 때와 같이 철도노조, 시민단체, 언론, 소비자단체 등 비공식적 참여자들이 정책과정에 참여했으나, 관련 회의·면담에서 과거보다는 실질적인 토론이 이루어졌고, 그들이

65) 당시 건설교통부는 철도청체제가 유지되더라도 연금을 지급하는 것이기 때문에 국가로서는 추가로 지급하는 것이 아니며, 공사가 되면 공무원 수가 3만여 명 줄어든다는 논리로 행정자치부를 설득하였다.

66) 상하분리의 원칙상 유지보수기능은 철도를 건설·관리하는 철도공단이 맡는 것이 바람직하지만 철도공사가 맡는 것으로 노조와 합의되었다. 당시 상황에서는 관련 법률을 통과시키기 위한 차선책이었다.

정책의 세부 내용 결정에 미친 영향력도 상대적으로 컸으며, 다양한 참여자 간의 영향력에 있어서도 비교적 균형을 이루었기 때문이다.

5. 철도경쟁체제 도입 추진경과 및 향후과제[67)]

1) 경쟁도입정책 추진 경과

이명박 정부 때에는 2011년부터 2012년까지 한국철도공사가 독점하고 있는 철도운영시장을 경쟁체제로 전환하기 위하여 수서발(發) 고속철도의 운영권을 민간에게 주는 철도경쟁체제 도입이 강력하게 추진되었다.[68)] 정부는 철도공사 출범으로 철도운영체제의 전환이 이루어졌기 때문에, 그 다음 단계로 철도공사가 110년이 넘게 독점 운영하고 있는 철도시장을 경쟁체제로 전환하는 것을 철도개혁의 목표로 설정하였다.[69)] 이는 신규 수서발 KTX노선에 경쟁사업자를 참여시켜 요금인하 등 서비스를 향상시키고, 경쟁을 통해 철도공사(KORAIL)의 경영개선을 유도하기 위해서였다. 오래 전부터 철도의 침체와 부채 증가 등 독점폐해를 경험한 선진국들은 1980년대 말부터 1990년대에 철도운영자 간 경쟁을 도입하여 큰 성과를 내왔다.[70)]

---

67) 이 부분은 필자가 교통정책실장 재직 시 철도경쟁도입 업무를 담당한 경험에 기초한 것이다.

68) 이것은 한국철도공사(KORAIL)가 독점운영하고 있는 경부고속철도(서울역 출발)와 호남고속철도(용산 출발) 운영권을 민간에게도 부여하여 경쟁을 도입하기 위한 것이다. 이 경우 민간운영회사는 수서역을 출발하여 평택에서 연결되는 기존의 경부·호남고속철도 노선을 코레일과 공동으로 사용하게 된다.

69) 2004년 수립된 기본계획상 단계별 추진방안은 다음과 같다. 1단계 : 철도시설부문과 운영부문의 수직적 분리, 2단계 : 철도운영 부문의 체제전환, 3단계 : 철도운영 부문의 수평적 분리 검토, 제4단계 : 경쟁적 철도시장 환경의 조성

70) 독일, 영국, 일본, 프랑스, 스웨덴 등의 경쟁도입을 포함한 철도개혁 효과(경영수지·철도분담율·안전도 변화 등)의 자세한 내용에 대해서는 다음 보고서 참고. (1) 국토해양부, 철도산업구조개혁 경위, 2013.1., p.737~762. (2) 이재훈(2013), 앞의 책, p.141~190. (3) 최훈, 철도산업의 혁명, 자원평가연구원, 2005, p.407~455.

철도경쟁도입정책은 법률 제정이나 개정이 필요 없는 정부의 행정 행위(철도운송사업 면허)만으로 가능하다. 그러나 정부는 이 정책 시행이 미치는 정치·사회적 파급효과를 감안하여, 2011년 말부터 철도경쟁도입에 대한 사회적 공감대 형성을 위해 많은 노력을 했으나 정책을 마무리하지는 못했다.[71)]

2) 경쟁도입정책이 성공하지 못한 이유

이명박 정부에서 국토해양부의 철도경쟁도입정책은 개혁방향 설정, 개혁의 사전 준비, 저항 극복역량, 개혁 주도조직의 전문성·열정 등에서 비교적 성공요인을 갖추었으나 성공하지는 못했다.[72)] 그 이유는 2012년 4월 총선과 12월의 대통령선거 등 시기적으로 정권 말기에 집중적으로 추진되었다는 시기상의 문제도 있지만, 무엇보다도 대통령의 철도개혁에 대한 리더십을 확보하지 못했기 때문이다. 대통령은 지속적으로 개혁의 중요성을 설파하고 개혁과정에서 발생하는 저항과 문제들에 대해 단호한 의지로 대처해야 한다.[73)] 당시 대통령은 철도경쟁도입에 대해서 반대는 하지 않았으나 적극적으로 지원하지도 않았다. 또한 이 전의 철도개혁과정에서 컨트롤타워 역할을 했던 기획재정부도 김대중 정부 시절의 정부개혁실 같은 개혁 주도조

---

71) 당시 국토해양부는 토론회 8회, 소비자단체 등 대상의 설명회 63회, 19대 국회 50개 의원실 방문(34명의 의원면담), 주요 언론 사설 15건, 전문가 기고 24건, 언론사 편집국장 등 방문 설명 32회, 주요 일간지·라디오 방송광고 26회, TV 방송출연 6회, 라디오 방송출연 17회, 홍보 브로셔 25만부·홍보 부채 2만부 배포, 전용 블로그 개설·관리, SNS 실시간 대응체계 구축 등의 활동을 적극적이고 지속적으로 하였다.

72) 김현석 등은 정부개혁 성공요인으로 다음의 7가지를 제시하고 있다. 대통령의 개혁 리더십 확보, 개혁주도조직의 실행력 확보, 제대로 된 개혁방향의 설정, 개혁의 사전 준비, 저항 극복역량 확보, 주기적인 점검·평가, 개혁의 지속화 방안 마련.(김현석·박개성·박진, 「정부개혁 고해성사」, 박영사, 2006, p.249~271.

73) 김현석·박개성·박진(2006), 앞의 책, p.251.

직이 없는 상태에서 개혁에 소극적이었다.74)

3) 향후 과제

제1차 철도산업구조개혁은 이루어졌다. 그러나 운영부문의 공사체제는 어디까지나 민간운영체제로 가기 위한 과도기적 체제이다. 그리고 무엇보다도 중요한 것은 독점적 철도운송시장을 경쟁적 시장으로 변화시켜, 여러 회사가 서비스 향상, 비용 절감과 수익 창출, 안전도 제고를 위해 경쟁하도록 해야 할 것이다. 이와 같이 철도 내부 경쟁을 통하여 자체 경쟁력을 확보해야만 다른 교통수단과의 외부 경쟁력 확보도 가능하다고 본다. 앞으로 철도망이 지속적으로 확충되더라도 운영 주체에 대한 근본적인 개혁이 이루어지지 않는다면 철도 부실은 계속될 수밖에 없을 것이다.

V 철도안전정책의 변동과 제도 개혁

교통안전정책은 교통사고로 인해 발생되는 국민의 생명과 신체를 지키기 위한 중요한 정책이다. 그러나 실제 정책의 우선순위에서는 뒤로 밀렸던 것이 우리나라의 현실이었다. 철도에 있어서도 압축성장에 따라 급증하는 여객과 화물을 처리하는 것이 우선시 되었다. 안전은 국가가 우선적으로 개입해야할 분야임에도 불구하고 철도의 안전관리는 오랜 기간 철도운영기관인 철도청의 자체 내부 규정에 따라

74) 철도경쟁체제 도입정책은 대통령 과제가 아니라 국토해양부(권도엽 장관) 주도로 강력하게 추진된 부처과제였다.

이루어져 왔고, 국가에 의한 체계적인 안전관리는 「교통안전법」이 제정된 1979년 이후에야 이뤄지게 되었다. 특히 「철도안전법」은 철도 구조개혁에 따라 2004년에 와서야 제정되었고, 2012년에는 항공의 체계적인 안전제도가 「철도안전법」에 도입되었다.

1. 철도운영 주체의 자체 안전관리 시대 (1945~1978년)

1) 철도사고의 특성과 철도사고 추이

철도사고[75]는 기관사 등 종사자의 인적 오류, 신호·선로 등 시설의 취약성, 차량의 결함, 안전관리 활동의 미흡 등이 복합적으로 작용하여 발생한다. 우리나라는 1990년대까지만 해도 기관사의 과실, 취약한 철도시설, 차량고장 등에 의한 열차사고가 빈번하게 발생하였다. 10명 이상이 사망한 대형사고만 해도 1977년 11월 이리역 화약열차 폭발사고(59명 사망, 1,343명 부상), 1993년 3월 구포 열차사고(사망 78명, 부상 147명) 등 14건이 발생했으며, 이 중 8건이 1970년대에 집중적으로 발생하였다.

2) 철도운영 주체의 자체 안전관리 제도의 정비

철도사고 예방을 위하여 운전감찰관 규정(1948), 철도청 직원 적성검사제도(1966), 이상기후 시 열차운전 보안 규정(1970) 등 내부

75) 철도사고는 철도운영 또는 철도시설관리와 관련하여 사람이 죽거나 다치거나 물건이 파손되는 사고를 말한다. 철도사고에는 열차사고(열차의 충돌·탈선·화재), 건널목사고 등이 있다. 운행장애란 철도차량의 운행에 지장을 주는 것으로서 철도사고에 해당되지 않는 것이다.

안전관리 제도를 지속적으로 마련해 왔으며, 대형사고가 발생할 때마다 새로운 제도를 만들거나 보완해 왔다.[76)]

(1) 1960년대에는 1969년 1월 30일 천안역 열차추돌사고로 41명이 사망한 것을 계기로 1966년에 도입된 적성검사제도가 1970년부터 실제로 시행되었고, 열차자동정지 장치(ATS : Auto Train Stop System)가 도입되었다.

(2) 1970년대에는 열차운행이 급증하면서 대형사고가 빈번하게 발생함에 따라 운전관계 종사자의 취급오류를 방지하기 위하여 '지적확인 환호응답요령'을 제정하고 11개 규정 · 지시 등을 통폐합하였다.

2. 법률에 의한 철도안전관리 : 「교통안전법」 제정 · 시행 (1979~2003년)

1979년 정부는 국가적 차원에서 교통사고에 적극 대응하기 위하여 「교통안전법」을 제정하였다. 이 법은 교통안전에 관한 정부 및 지방자치단체의 시책과 차량 등 제조업자, 사용자와 보행자, 주민 등의 의무를 명확히 하고, 교통안전대책을 종합적 · 계획적으로 추진하기 위하여 교통안전기본계획[77)]을 수립하도록 하였다. 이에 따라 1983년 관련부처의 소관계획을 포괄하는 교통안전에 관한 5년 단위의 제1차 기본계획이 수립되었다.

76) 자세한 철도안전관리 제도에 대해서는 철도청(1999), 앞의 책, p.669~672. 참고.

77) 이 계획은 교통안전의식과 제도개선, 교통시설 및 수단의 안전성 확보방안 등을 광범위하게 설정하는 계획으로서 도로, 철도, 항공, 해양 각 분야별 소관계획의 교통안전분야를 집대성하는 계획이다.(자세한 내용은 국토교통부, 「제1차 및 7차 국가교통안전기본계획」 참고)

철도안전계획도 상위법인 「교통안전법」에 따라 체계적으로 수립 · 시행되고, 1980년대에 현대화된 시설 · 장비가 도입되면서 철도사고가 획기적으로 줄어들었다.[78] 사고 원인 측면에서 보면 1990년대에는 차츰 시설 · 장비의 결함으로 인한 사고보다는 대부분 철도종사자들의 부주의 등 인적 오류에 의한 사고가 늘어나는 추세를 보였다.

3. 철도안전법 제정을 통한 철도안전체제의 강화 (2004년 이후)

정부는 철도산업구조개혁과 고속철도의 개통 등 철도에서의 기술적 · 사회적 안전위협요소가 증가함에 따라 철도차량 · 시설의 안전기준을 마련하고 철도종사자의 육성 등을 통하여 사고위험을 방지하고자 2004년 「철도안전법」을 제정 · 시행하고 있다. 이 법의 주요 내용은 5년 단위의 철도안전종합계획 수립, 철도운영자 및 시설관리자의 자체 안전관리규정 제정 · 준수, 철도시설 · 차량의 안전기준 설정, 철도사고조사위원회의 설치 등이다.[79] 2012년에는 철도차량형식승인 제도, 철도용품제작자승인 제도, 철도교통관제지시 준수의무 신설 등 안전관리체계가 잘 구축되어 있는 항공부문의 유사제도를 철도

---

78) 열차주행거리가 계속 늘어났음에도 불구하고 5년 단위로 비교한 열차사고(도시철도 미포함) 건수는 376건('71~'75) → 192건('76~'80) → 92건('81~'85) → 68건('86~'90) → 73건('91~'95) → 29건('96~'00) → 12건('01~'05) → 22건('06~'10)으로 지속적으로 감소해 왔다. 출처 : 철도청(한국철도공사), 연도별 「철도통계연보」, 1970년대 이전에는 철도사고 통계에 열차사고 통계(열차 충돌 · 탈선 · 화재)가 없고 여객사고(사망, 부상 등)와 화물사고 통계만 집계하였으며, 철도사고 통계 기준 또한 일관되지 않아, 1971년 이후 열차사고 통계만을 사용했음.

79) 철도사고조사위원회는 독립적이고 공정한 철도사고조사를 통하여 원인을 정확하게 규명함으로써 사고를 예방하고 안전을 확보하기 위하여 설치되었다. 철도사고조사위원회는 2005년 11월에 항공법에 의한 항공사고위원회와 통합되어 '항공 · 철도사고조사위원회'가 설치되었다(2005년 11월, 「항공 · 철도 사고조사에 관한 법률」 제정).

에 도입하여 철도안전체제를 강화하였다.

이러한 철도안전제도의 개혁과 철도안전투자 확대로 우리나라의 철도안전은 2009년 이후 선진국 수준에 도달한 것으로 평가되고 있다.[80)]

VI 철도기술정책의 변동

철도는 선로 등 인프라, 차량, 신호・통신, 운행관리시스템 등 여러 가지 요소 기술들이 종합적으로 결합되어 작동하는 시스템이다. 따라서 요소 기술과 시스템 통합 기술의 수준에 따라 대중교통시스템에 필수적으로 요구되는 시스템의 안정성, 효율성 및 안전성의 정도가 달라지게 된다. 이에 따라 안전하면서도 효율적인 철도서비스를 안정적으로 제공하기 위해서는 철도시스템의 각 요소 기술 및 시스템 통합 기술에 대한 기술력 확보와 지속적인 기술 발전이 매우 중요한 과제이다. 특히 고도의 기술력이 필요한 철도의 고속화, 자동화 분야는 오직 몇몇 나라만이 그 기술력을 확보하고 있다. 다행히 우리나라는 경부고속철도 건설 시 프랑스로부터 기술이전을 받았고 자체 국가 R&D를 통해 독자적인 고속철도 기술을 확보하였다. 이로써 우리나라는 철도기술의 선진국 반열에 오르게 되었으며 철도산업의 해외시장 진출발판도 마련하게 되었다. 여기서는 국내 철도기술정책의 전개

80) 열차 충돌・탈선・화재사고 발생률은 선진국 수준을 달성했으나 철도건널목사고 발생률은 2배 이상 높은 수준(건널목사고의 97%가 도로차량의 신호위반으로 발생). 자료 : 국토해양부, 「국가교통안전기본계획(제7차)」, 2011. p.52.

를 철도기술개발 주체인 전문연구기관의 위상 변화를 통해 살펴보고자 한다.[81)]

1. 철도운영조직에 의한 시설·부품의 정비·보수를 위한 기술개발(1945~1992년)

광복 후 정부는 1949년 교통부 내에 교통기술연구소를 설치·운영하였다.[82)] 그 후 1963년 교통부에서 분리·독립한 철도청은 철도기술연구소를 두고 철도 운영의 현장기술지원과 그에 따른 부수적인 연구들을 수행하게 하였다. 철도기술연구소는 1970년대와 1980년대를 거치면서 철도관련 기술조사 및 연구개발, 철도용품 품질개량 및 기술지도, 정부 및 공공기관에 대한 기술협조 등을 통해 비록 더디나마 기술적인 진전을 이루어 나갔다.[83)]

철도기술연구소는 1980년대 이후 새로운 차량기종이 도입될 때마다 산업체에 대한 국산화 기술지원과 함께 시운전과 상용화를 지원하였으며, 현장에서 발생하는 문제점들을 연구주제로 설정하여 수시로 기술을 지원해주는 역할을 수행하였다.[84)] 철도기술연구소는 이처럼 철도청 산하기관으로서 국내 철도기술발전을 위해 나름대로 적잖은

---

81) 이 부분 중 1. 철도운영조직에 의한 시설·부품의 정비·보수를 위한 기술개발(1945~1992)과 2. 전문연구기관의 설립과 기술자립 기반의 구축(1993~1996)의 내용은 '한국철도기술연구원 10년사'의 국내 철도기술연구의 발전사(2006, p.113~139.)를 위주로 요약·정리한 것임.

82) 이 연구소는 1941년 12월 발족된 조선총독부 철도국 내의 교통기술연구소를 모태로 한 것이다.

83) 차량 연구 사례를 보면 다음과 같다. 당시 안전상 중요 요소인 열차제동거리가 규정상 600m 이내로 되어있었지만 실제 1,000m가 넘어 사고위험이 많았는데, 연구개발로 제동거리를 규정에 맞게 600m 이내로 단축하는 성과를 거두었다. 또한 1979년에는 디젤기관차를 국내에서 제작할 때 형식시험과 시운전을 시행하여 국산화에 기여했다.

84) 1987년에는 경부선의 새마을 열차를 시속 120km에서 140km로 향상시킬 때 철도기술연구소가 모든 시험을 맡아 운행속도 향상에 기여하였다.

역할을 수행해왔다. 그러나 경영적자와 공무원체제에서의 한계[85]로 인해 내부적으로 많은 어려움을 안고 있었다. 이에 따라 낙후된 재래철도 기술수준을 획기적으로 개선하고 첨단과학기술시대에 능동적으로 대처하기 위해서는 글로벌 수준의 철도기술을 수용하고 개발하기 위한 새로운 체제로의 출범이 필요하였다.

2. 전문 연구기관의 설립과 기술자립 기반의 구축 (1993~1996년)

1992년 경부고속철도 착공과 1993년 과천선 사고를 계기로 고속철도 운영과 철도기술 자립을 위해 철도기술 발전을 주도할 전문연구기관의 설립이 절실하게 요구되었다. 이러한 필요성과 사안의 시급성에 따라 철도청과 철도차량제작 3개사(현대정공, 대우중공업, 한진중공업) 등이 공동 출자하여 1994년 5월 20일 철도전문연구기관인 한국철도산업기술연구원을 주식회사 형태로 설립하였다.[86]

㈜한국철도산업기술연구원은 '철도기술 선진화의 중심체'로서의 역할과 기능을 수행하기 위해 단기적으로는 고속전철 기술 수용, 전동차 표준화 추진, 철도차량·부품의 품질인증, 철도용품 국산화에 대한 기술지원, 경량전철 기술개발 등을 수행하기로 하였다. 그리고 중·장기적으로는 고속전철 기술이전 및 국산화 개발, 기존 철도차량에 대한 안전도·서비스 및 속도향상 방안 연구, 경량전철 기술개발

85) 전문인력 부족에 의한 기술낙후, 연구예산 부족, 장비 부족 및 노후화, 연구시설 부적합, 연구직의 소외의식 등이다.

86) 설립자본금 100억 원(납입자본금 25억 원)으로 하였으며, 철도청 이외에 철도차량 제작회사 및 부품업체 13개 회사가 주주로 참여하였다.

및 차량 경량화 추진, 철도분야의 기초과학 연구와 관련 소프트웨어의 개발 등을 핵심과제로 추진하기로 하였다.

그러나 ㈜한국철도산업기술연구원은 상법상의 주식회사이기 때문에 공공적 성격의 철도기술개발을 담당하기에는 여러 가지 한계[87]를 노출하였다. 아울러 당시 철도기술연구기능이 기존철도 관련 연구는 한국철도산업기술연구원이, 고속철도 관련 기술연구는 한국고속철도건설공단이, 고속철도부품연구는 생산기술연구원이, 자기부상열차 연구는 한국기계연구원이 담당하는 등 분산되어 있었다. 이에 따라 이들 연구 기능을 통합하여 하나의 국책연구원으로 개편할 필요성이 제기되던 중에, 마침 정부에서 추진하고 있던 「국유철도 운영에 관한 특례법」에 한국철도기술연구원의 설립 근거를 마련함으로써 1996년에 정부출연연구기관으로서 한국철도기술연구원이 발족하게 되었다.[88]

이렇게 정부출연연구기관으로 새롭게 출범한 한국철도기술연구원은 국내 유일의 철도전문 연구기관으로서 철도분야의 기술개발 혁신을 주도하게 되었다. 이 연구원은 국가지원 대형 연구개발사업으로 한국형 표준 전동차 개발, 한국형 고속철도개발 사업 등을 주관하여 도시철도 및 고속철도 기술의 자립을 이루는 성과를 거두었다.

---

87) 연구기관이 상법상의 주식회사 형태일 경우 연구재원이 주주사의 출자에만 의존하기 때문에 한계가 있고, 정부의 투자, 보조금, 출연금 등의 지원을 받기 어려우며, 법인세・관세 등 각종 세제상의 혜택을 받을 수 없다. 또한 우수 연구인력의 확보가 곤란하며, 각종 연구 기자재 확보 측면에서 설립 초기의 막대한 투자를 감당하기도 어렵다.

88) 이후 연구원 설립근거법은 1999년에 '정부출연연구원 등의 설립・운영 및 육성에 관한 법률'로, 2013년에 '과학기술계 정부출연연구원 등의 설립・운영 및 육성에 관한 법률'로 변경되었으며, 소속도 1999년 국무총리실, 2008년에 산업자원부, 2013년 미래부로 바뀌게 되었다.

3. 철도 기술의 국산화와 독자 기술 확보 (1997~2007년)

1994년, 정부는 오랜 협상 끝에 프랑스의 알스톰사와 경부고속철도에 적용될 차량, 신호통신, 전차선 등 코어시스템에 대한 구매 계약을 체결하면서 첨단기술의 단계적 진수 및 제3국에 대한 판매보장, 그리고 국산화율의 제고 등 기술이전이 시행되게 되었다.[89)]

정부는 경부고속철도 이전 기술을 완벽하게 소화하여 성능향상을 이루고, 독자적인 한국형 고속전철기술을 확보한다는 목표 하에, 선도기술개발사업(G7 프로젝트)의 일환으로 고속전철기술개발사업을 추진하였다. 1996년 12월부터 2002년 10월까지 한국철도기술연구원 주관 하에 총 129개 기관이 참여하여 최고 설계속도 350km/h인 한국형 고속철도의 독자모델 개발에 성공하였다. 그 후 개발된 시스템의 안정화·신뢰성 평가 및 안전성 확보를 위한 기술개발을 2007년 10월까지 수행함으로써 한국형 고속철도시스템의 상용화 모델인 KTX-산천을 철도공사에서 성공적으로 운영하게 되었다. 이로써 한국은 세계에서 최초로 고속철도 기술을 이전받은 후 독자적인 기술개발에 성공한 나라로서 브라질 등 고속철도를 도입하고자 하는 국가들의 기술이전 및 개발의 모델 국가가 되었다.

한편, 도시철도 분야에 있어서도 국가 R&D 사업인 도시철도표준화기술개발사업(1995~2006년)을 통해 도시철도 차량, 신호, 전력, 선로 및 유지보수체계의 표준화를 추진하였다. 아울러 전동차 국산화율

89) 이에 따라 현대로템 등 15개 업체가 25개 차량품목의 설계·제작·조립·시험 분야에 대한 기술을 확보하게 되었다. 고속철도의 기술도입에 관한 자세한 내용은 한국철도기술연구원, 「한국 고속철도 해외시장진출 촉진전략 수립 연구-기술이전 정책수립 연구」, 국토교통부, 2009, p.59~102. 참고.

을 95% 수준으로 향상시키는 등 도시철도시스템의 효율화와 안전성을 획기적으로 향상시켰다.

4. 미래 성장동력 확충을 위한 첨단기술개발과 철도기술의 해외 수출(2008년 이후)

정부는 철도를 에너지기후시대[90]의 미래 성장산업으로 인식하고 글로벌 시장에서도 통할 수 있는 경쟁력이 있는 철도기술의 개발을 지속적으로 추진하고 있다. 최근 국가 R&D로 추진되고 있는 사업은 설계최고속도 430km/h인 동력분산식 고속철도 기술, 무가선 트램, 고속화물수송시스템(CTX), 세계 최초의 고용량 비접촉 급전 기술 등이다. 앞으로 개발된 첨단 기술들이 글로벌 시장에 진출하기 위해서는 먼저 국내에서 사용된 실적이 요구되므로, 새로이 개발된 기술과 시스템의 적용에 보수적인 철도산업의 특성을 고려하여 상용화를 촉진시킬 수 있는 인센티브 제도의 도입 등 정부의 적극적인 정책적 노력이 필요하다.

90) Thomas Friedman은 우리가 살고 있는 세상의 가장 중요한 원동력을 지구온난화(Hot), 공평한 경쟁(Flat), 세계 인구의 급증(Crowded)이라고 하면서, 이 3가지의 결합이 탄생시킨 역사적 신기원을 요약한 개념을 '에너지기후시대'라고 부른다.(토마스 프리드먼 지음, 최정임 · 이명민 옮김, 「Code Green(코드 그린)」, 21세기북스, 2009, p.49~51.

Ⅶ 경부고속철도 사업 추진과정과 평가(대형 국책사업 사례분석)

1. 추진 배경

2004년 4월 1일 우리나라에서도 최고시속 300km의 고속철도가 달리게 되었다. 고속철도의 필요성이 제기된 지 30여 년, 건설방침이 확정된 지 15년 만이었다. 왜 우리는 고속철도를 건설하게 되었는가? 1960년대 이후 한국경제는 적어도 1980년대까지는 연평균 10%라고 하는 고도성장과 연평균 30% 이상에 이르는 수출신장율을 지속시켜 왔다.[91] 이와 같이 경제가 빠르게 성장하기 위해서는 그에 상응하는 교통수요를 처리할 수 있는 교통시설의 확충이 필수적이다. 특히 우리나라 인구와 국민총생산의 70% 정도가 집중되어 있는 경부축의 수송애로를 해결할 근본대책을 고민하지 않을 수 없었다.

최초의 논의 제기부터 고속철도 건설방침이 결정되기까지의 주요 과정은 다음과 같다.[92]

① 1973년 국제부흥개발은행(IBRD)으로부터 차관 도입 논의 당시, 국제부흥개발은행으로부터 조사를 의뢰받은 프랑스와 일본 조사단이 기존 경부선이 1980년대에 포화에 이를 것이라는 예측과 함께 새로운 철도건설을 제의하였다.

② 한국과학기술원(KAIST)은 3년 가까운 연구(1978.11.~1981.7.) 결과, 기존 경부축이 1985년부터 1989년 사이에 수송애로 상태가 될

91) 김종수, 한국경제론, 2008, p.181.
92) 자세한 내용은 한국철도시설공단, 「경부고속철도건설사(Ⅲ-1)」, 2011, p.126~135. 참고.

것으로 예측하고 고속철도 건설 필요성을 제기하였다. 이 기간 중 1979년 2월 박정희 대통령이 교통부 연두 순시에서 고속전철과 관련한 장기수송대책 수립을 지시함에 따라 '제5차 경제사회발전5개년계획(1982~1986)' 기간에 타당성조사를 하기로 하였다.

③ 이에 따라 국토개발연구원과 미국의 루이스 버저(Louis Berger) 등 4개사가 타당성조사를 실시(1983~1984)하여, 7~11개 역을 경유하는 고속철도 신설안을 가장 유력한 대안으로 제시하였다.

④ 그 후 1987년 노태우 대통령 후보가 경부고속철도 건설을 대선공약으로 제시하여 당선되었으며, 교통부가 1989년 5월 국무총리 재가를 받아 대통령에게 보고하여 건설방침이 최종 결정되었다.[93)]

2. 고속철도 사업추진 과정 : 수차례의 계획 변경과 핵심 쟁점

경부고속철도건설 사업은 최종 사업비 약 20조 원, 사업기간 약 21년(1단계 15년), 최고속도 시속 300km의 최첨단 기술성이라는 대형 국책사업으로서의 특성과 시행시기가 1987년 이후 민주화가 진전되는 시기였기 때문에 많은 반대와 갈등을 겪으면서 계획이 여러 번 변경되었고 논란도 지속되었다.

93) 1988년 12월 5일 교통부장관에 임명된 김창근 장관이 경부고속철도 건설 필요성에 대한 확신을 가지고 4선 의원으로서의 정치력과 강력한 리더십을 발휘하여 대통령 재가와 관부부처 장관 설득 등이 빠르게 이루어졌다.

1) 최초의 기본계획 수립과 두 차례의 변경

정부는 1989년 5월 건설방침을 정한 후 7월에 '경부고속전철 및 신공항건설 추진위원회'를 발족함과 동시에 교통개발연구원이 주축이 된 연구용역단에 기술조사를 의뢰한 후, 이를 토대로 1990년 6월 15일 '경부고속전철 건설사업 기본계획'[94]을 확정·발표하였다.

그러나 실시설계 및 시험선에서의 실제공사를 통해 확인된 건설비는 당초 추정비용을 훨씬 상회했고, 노선과 역위치 등을 둘러싼 지역 민원이 끊임없이 제기되었다. 이에 따라, 정부는 1993년 6월 투자비 절감을 우선적으로 고려하여 지하구간을 지상으로 변경하고 기존선을 최대한 활용하는 방향으로 기본계획을 수정하였다.[95]

정부는 1993년 1차 기본계획 수정 이후, 대전·대구역 지하화 요구, 문화재 보호를 위한 경주 노선 변경 요구 등 지역 민원, 물가 상승 등에 따라 재차 사업계획 수정을 검토하던 중 1997년 말 외환위기의 발생으로 사업계획을 백지상태에서 재검토하게 되었다. 그 후 새로 출범한 김대중 정부는 1998년 4월 건설교통부, 고속철도건설공단 등으로 합동작업반을 구성하고 각계 전문가 24명으로 구성된 평가자문단의 자문을 받아 1998년 7월 31일 2차 수정계획을 결정하였다. 2차 수정계획의 주요 내용은 당초 사업계획의 기본틀은 유지하되 당시의 어려운 경제여건을 고려하여 건설구간을 1단계와 2단계로 나누어 사업비와 개통시기를 조정하는 것이었다.[96]

---

94) 기본계획의 내용은 노선연장 : 서울~부산 409Km, 설계최고속도 : 시속 350km, 운행시간 : 직통 90분(2개역 정차시 101분), 사업비 : 5조 8,462억 원, 노선 : 서울~천안~대전~대구~경주~부산이다.

95) 1차 사업계획 수정 내용은 다음과 같다. 사업기간 : 1991~1998→1992~2002, 사업비 : 5조 8,462억 원→10조 7400억 원, 운행시간 : 101~124분, 남서울역(광명역) 신설(서울 ~안양간 기존 경부선 이용)

96) 2차 사업계획 수정 내용은 다음과 같다. 사업기간 : 1992~2002→1992~2010(1단계 2004),

2) 핵심 쟁점

경부고속철도 건설과정에서 사업여부, 노선, 역위치, 차량형식, 기술도입 등을 둘러싸고 민원제기와 갈등으로 논란이 지속되었으나 사업자체에 대한 반대는 1989년 건설방침이 결정되고 1990년 기본계획이 발표되면서 수그러들었다. 당시 언론, 국회, 시민·종교단체, 지역에서 제기된 핵심 이슈는 경유노선과 역위치, 차량형식, 기술도입 범위(Total 대 Core), 부실시공 문제점 등이었다.

(1) 고속철도 노선 : 밀양직결 노선 대 경주우회노선 논쟁

고속철도의 노선과 역의 위치를 어디로 할 것인가는 각 지방자치단체와 주민들의 이해관계가 첨예하게 대립되는 복잡하고 미묘한 문제였다.[97] 정부는 경주우회노선을 대구~부산 통과 노선으로 결정하고 관계자들을 설득하였다. 왜냐하면 경주우회노선이 밀양직결노선에 비하여 노선과 운행시간 측면에서는 불리하지만(37km, 9분 더 소요), 문화관광지인 경주와 공업지역인 울산·포항의 120만 명이 고속철도를 이용할 수 있고 재무성도 양호하다고 판단했기 때문이다.

(2) 차량형식 : 차륜식 대 자기부상식 논쟁

이 문제는 국회에서 가장 첨예하게 논란이 된 기술적인 문제이면

사업비 : 10조 7,400억 원→18조 4,358억 원, 운행시간 : 116(2단계)~160(1단계), 대전·대구역 당초대로 지하화(두 역은 2004년 대전시와 대구시가 철도주변시설 정비를 전제로 지상화를 건의하여 2007년 지상역으로 최종 변경되었음).

97) 수도권 노선과 역위치를 둘러싸고는 교통부와 서울시, 경주노선이 확정된 후 세부적인 경주노선에 대해서는 교통부와 문화재청, 밀양직결노선과 경주우회노선에 대해서는 지방자치단체와 해당 지역구의 국회의원 및 주민 간에 첨예한 대립과 갈등이 있었다. 그 외에도 경부고속철도가 통과하는 노선대의 거의 모든 지역에서 역의 위치 등을 둘러싼 논쟁이 지속되었다. 자세한 내용은 한국철도시설공단(2011), 앞의 책, p.146~150. 참고.

서 사업연장 논의와도 맞물려 있었다. 요지는 당시 활용 가능한 차륜식(바퀴식)으로 하느냐, 아니면 조만간 실용화될 차세대 방식인 자기부상식을 도입하고 필요하다면 그때까지 고속철도 건설시기를 연기하느냐의 문제였다.[98] 정부는 자기부상식은 일본과 독일에서 개발 중이지만 자국에서조차 아직 실용화되지 않았고 안전성도 입증되지 않았으며 기존철도와 호환도 안 된다는 점을 설득하여 차륜식으로 추진하였다.

(3) 기술도입 범위 : Total 대 Core 논쟁[99]

당시 우리나라는 고속철도에 대한 건설·운영경험과 기술이 없는 상태에서, 기술도입 범위를 둘러싸고 두 가지 의견이 대립하였다. 하나는 철도는 연계성(interface)이 중요하므로 전 분야의 기술을 묶어 Total System으로 추진하자는 것이었다. 다른 하나는 사업을 두 가지로 나누어 우리가 할 수 있는 토목, 궤도 등은 우리가 하고, 차량·신호·전차선 등 핵심기술은 외국에서 도입하자는 것이었다. 이에 대해 한국고속철도공단은 1990년 하반기에 예산 절감과 핵심기술의 확보에 유리하다고 판단하여 Core System 방식으로 최종 결정하였다.

---

98) 당시 교통부와 교통전문가들은 바퀴식을 적극 주장했고, 과학기술부와 기계·전기 전문가들은 자기부상식을 적극 주장하여 양 그룹 간 격심한 논쟁과 갈등이 있었다.

99) CHOI Jin-Seok edited, 「Korea's High-speed Rail Construction and Technology Advances」, THE KOREA TRANSPORT INSTITUTE, 2014, p.21~36.

3. 평가

경부고속철도 건설사업은 오랜 기간 동안 수많은 대립되는 요구를 조율하고 갈등을 관리하여 합의를 도출하면서 우여곡절 끝에 성공적으로 마무리되었다.[100] 내용면에서 여러 번의 크고 작은 계획 변경과 공사 중단을 겪었으나 우리나라 산업 전반의 설계기술을 크게 향상시켰고 핵심기술을 성공적으로 이전받아 한국형 고속철도의 자체 제작으로 이어졌다. 이것은 교통문제 해소와 기술이전을 통한 한국철도기술 발전이라는 복수의 사업 목표를 선정한 결과라고 할 수 있다. 다만 고속철도 시스템엔지니어링(SE : System Engineering)을 기술이전 대상에 포함시키지 못한 것은 아쉬운 점이다. 그러나 장거리 지역 간을 운행하는 자기부상식 차량이 그 당시로부터 20년 이상 지난 오늘날에도 실용화되지 못했다는 점에서, 차량형식을 자기부상식이 아닌 차륜식으로 선택한 것은 매우 합리적인 결정이었다고 본다.

한편 고속철도가 개통되면서 장거리 교통은 고속철도 위주로 재편되었고 국토공간의 시간적 거리는 크게 단축되었으며 국민의 생활패턴도 크게 변화되었다.

4. 시사점 : 정책적 함의(Implications)

교통에서 경부고속철도가 가져온 중요한 변화는 계속 줄어들기만 하던 철도 이용객이 늘어나는 반전의 계기가 되었고, 국민의 철도에 대한 인식을 '쇠락하는 교통수단'에서 '최첨단 교통수단'으로 바꾸었

100) 1990년대 초 우리나라는 고속철도에 대한 지식과 정보가 거의 없었기 때문에 사업제의요청서(RFP)를 작성하여 발송하기까지 수많은 시행착오를 겪었다. 사업제의요청서는 금융, 차량·전차선 등 기술, 기술이전, 국산화, 가격 등에 대한 우리의 요구조건을 명시한 것이다.

다는 점이다. 이것은 대중교통도 국민이 원하는 수준의 서비스를 제공할 수 있다면 충분히 가능성이 있다는 것을 보여준 사례(事例)라고 생각된다.

이러한 경부고속철도의 사례는 교통정책 담당자나 전문가의 입장에서 '대중교통의 수요에 따라 공급을 한다'라는 전통적인 접근방식에 의한 시설공급이나 투자결정의 타당성에 대하여 의문을 제기하였다고 판단된다. 왜냐하면 대중교통의 수요는 속도, 운행 빈도, 요금, 정차역 및 이용 가능한 지역적 범위 등 제공되는 서비스 수준(Level of Service)에 따라 크게 달라지고 교통시장(Market)에 근본적인 변화를 발생시킬 수 있기 때문이다.[101] 과거와 같이 교통시장에서의 해당 대중교통서비스의 서비스 수준도 명확하게 정하지 않거나 계획단계에서 상정한 서비스 수준이 운행단계까지 유지되지 못하는 상태에서 수요를 추정하고 공급을 결정하는 방식 보다는 공급 즉 목표 서비스의 수준을 먼저 정하고 일정하게 유지되는 상태에 대해서 수요를 추정하는 것이 대중교통에서는 보다 타당하고 바람직하다는 것이다. 이와 같이 대중교통에 대한 관점(Perspective)을 바꾸고 교통정책의 패러다임을 바꾸는 것이 좀 더 현실적인 대중교통계획의 수립과 시행을 가능하게 할 것이라고 판단된다. 이것이 결과적으로 한정된 투자재원을 효율적으로 활용하고 국민이 원하는 지속가능한 교통체계를 만드는 방향이라고 생각된다.

101) 대중교통(철도)서비스 수준과 시설계획과의 관계에 대한 자세한 이론과 적용에 대한 내용에 대해서는 서선덕 외, 「수도권 철도망 개선방안 연구」, 대한교통학회·한국교통연구원·유신코퍼레이션, 2007. 참고.

Ⅷ 미래를 향한 제언

교통 전체로 볼 때 우리나라는 1960년대 이후 빠른 기간 내에 선진국에 근접한 수준의 경쟁력을 확보하였다. 그러나 부문별로 보면 도로, 공항, 항만에 비해 철도는 일제시대 철도망의 기본 골격을 그대로 유지하고 있으며, 자동차를 지나치게 많이 이용하는 교통체계를 형성하였다. 이에 따라 필자는 도로, 철도 등 개별 교통시설과 수단보다는 「국가통합교통체계효율화법」이 지향하는 통합교통의 관점에서 우리나라 교통체계의 효율성, 교통 이용자 간 형평성 및 지속가능성이 낮다는 점을 문제로 제기하였다.

철도를 위시한 향후 교통정책의 기본 방향은 교통현황에 대한 냉철한 인식과 에너지기후시대라는 시대 흐름을 읽고 설정되어야 한다. 이러한 관점에서 볼 때 우리나라 교통의 향후 과제[102]는 2001년 5월 OECD가 '통합된 교통과 환경정책의 평가 및 의사결정을 위한 회의'에서 발의한 '환경적으로 지속가능한 교통을 위한 지침(ETS Guidelines ; 10개 조항)'을 기본으로 하여 교통정책을 추진하는 것이라고 본다.[103] 그 주요 내용은 다음과 같다.

① 환경·건강을 위해 지속가능하며, 이동성과 접근성의 편익을 제공하는 바람직한 교통미래의 장기적인 비전의 개발(지침 1)

102) 철도는 대량대중 교통수단으로서 안전성, 친환경성, 에너지효율성 측면에서 지속가능성이 높은 교통수단이기 때문에 지속가능성을 높이기 위한 교통의 향후과제는 동시에 철도의 향후과제이다.

103) 정성봉·박준식(2009), p.31~34.

② 건강, 환경기준, 지속가능성 요구사항을 토대로 한 환경적·질적 목표의 정의(지침 3)

③ ETS의 목표와 이정표에 도달하기 위한 척도와 도구의 구축, 기술정책, 사회기반시설투자, 가격정책, 교통수요와 관리, 대중교통개선, 보행과 자전거 이용의 증진을 통합할 수 있는 win-win 전략의 강조(지침 7) 등이다.

한편 철도산업에서 미완의 과제로 남아 있는 철도산업구조개혁을 지속적으로 추진하는 것이다. 구조개혁의 기본 방향은 복수의 철도운송사업자 간 경쟁을 통하여 철도에 대한 이용자의 선택권을 확대하고 비교경쟁을 통하여 철도공사의 경영개선을 유도함과 동시에 벽지노선 등에 대해서도 보다 적은 비용으로 안정적인 철도서비스 제공이 가능하도록 해야 할 것이다. 이러한 개혁 노력이 지속되어 실행된다면 철도의 공공성을 저해하지 않으면서도 철도의 경쟁력을 획기적으로 높일 수 있을 것으로 기대된다. 왜냐하면 우리나라는 그 어느 나라보다도 고밀도국가로서 철도의 수요밀도가 높기 때문에 수익성 측면에서 유리한 환경을 가지고 있기 때문이다.

참고문헌

- 건설교통부(1995~2007), 「건설교통통계연보」.
- 건설교통부(1983), 「국가교통안전기본계획(제1차)」.
- 건설교통부(2001.12), (2004.6), 「철도산업구조개혁 기본계획」.
- 건설부(1968~1994), 「건설통계연보」.
- 국토교통부(2014), 「국토교통통계연보」.
- 국토교통부(각년도), 「도로업무편람」.
- 국토교통부(2015), 「종합교통 업무편람」.
- 국토교통부(각년도), 「철도업무편람」.
- 국토해양부(2011), 「국가교통안전기본계획(제7차)」.
- 국토해양부(2008~2012), 「국토해양통계연보」.
- 국토해양부(2009), 「한국고속철도 해외시장 진출촉진연구 – 기술이전 정책수립연구」.
- 국토해양부(2011.5), 「제2차 철도산업발전기본계획」.
- 국토해양부(2013), 「철도산업구조개혁 경위」.
- 김동건 외(2009), 「철도정책론」, 박영사.
- 김종수(2008), 「한국경제론」, 두남.
- 김한영(2010), "한국의 교통계정개발과 교통정책 활용방안", 서울과학기술대학교 박사학위 논문.
- 김현석 · 박개성 · 박진(2006), 「정부개혁 고해성사」, 박영사.
- 동북아경제중심추진위원회(2003), 「동북아물류중심 추진 로드맵(7대 추진 과제)」.

- 대런 애쓰모글루 · 제임스 A. 로빈스 지음, 최완규 옮김(2014), 「국가는 왜 실패하는가(WHY NATIONS FAIL)」, 시공사.
- 서선덕 외(2007), 「수도권 철도망 개선방안 연구」, 대한교통학회 · 한국교통연구원 · 유신 코퍼레이션.
- 정성봉 외(2014), 「교통 SOC 투자계획 실효성 확보방안 마련을 위한 연구」, 서울과학기술대학교
- 설재훈 외(2007), 「국가경쟁력 강화를 위한 신 교통정책 구상」, 한국교통연구원.
- 양근율(2008), 「철도산업구조개혁 성과 평가 및 향후과제」, 국토해양부.
- 이나래(2013), "개발도상국의 건전한 도시화에 기여하는 한국의 공적개발원조(ODA) 방향 연구 – 국제개발처(USAID)의 대한 원조 분석을 중심으로-", 성균관대학교 대학원 건축학과 석사학위 논문.
- 이재훈(2013), 「철도산업 만성적자 개선방안 연구사업」, 한국교통연구원.
- 이헌석(2001), "21세기 한국의 교통체계 개편에 관한 연구", 경원대학교 박사학위 논문.
- 일본 운수정책심의회(2000), 「21世紀初頭における総合的な交通政策の基本的方向について－経済社会の変革を促すモビリティの革新－答申) www.mlit.go.jp/kisha/oldmot/kisha00/21koutu/mokuji_.htm. (2015.2.23)
- 임정택(1981), 「경제개발5개년계획의 회고」, 한국개발연구원
- 전긍렬(2013), 「그 외길 토목인생」.
- 정동진(1990), 「철도정책의 회고와 향후 전망」, 월간교통, 12월호.

- 정성봉 · 박준식(2009), 「지속가능 발전을 위한 교통SOC 투자평가 방법 개선 연구」, 한국교통연구원.
- 정정길 외(2014), 「정책학원론」, 대명출판사.
- 철도청(각년도), 「철도통계연보」.
- 철도청(1999), 「한국철도 100년사」.
- 최훈(2005), 「철도산업의 혁명」, 자원평가연구원.
- 토마스 프리드먼 지음, 최정임 · 이명민 옮김(2009), 「Code Green (코드 그린)」, 21세기북스.
- 한국철도기술연구원(2007), 「한국철도기술연구원 10년사」, 한국철도기술연구원.
- 한국철도시설공단(2005), 「한국철도건설 백년사」.
- 한국철도시설공단(2011), 「경부고속철도건설사(Ⅲ-1)」.
- 한국철도연구회(2008), 「자동차 권하는 사회」, 양서각.
- 헤르만 크노플라허 지음, 박미화 옮김(2010), 「자동차 바이러스」, 지식의 날개.
- Anatole Kaletsky 지음, 위선주 옮김(2011), 「자본주의 4.0.」, 컬처앤스토리.
- David N. Weil 지음, 백웅기 · 김민성 옮김(2014), 「경제성장론」, 시그마프레스.
- European Commission(2001), 「WHITE PAPER ; European Transport Policy for 2010 : time to decide」.
- CHOI Jin-Seok edited(2014), 「Korea's High-speed Rail Construction and Technology Advances」, THE KOREA TRANSPORT INSTITUTE.

도로정책의 역사적 변동

08

CHAPTER 08

도로정책의 역사적 변동

남인희(전 행정중심복합도시건설청 청장)

I 들어가며

교통인프라, 특히 도로는 건국 이후 지난 70년간의 고도경제성장을 뒷받침하는 핵심요소로 평가받고 있다. 도로는 단순히 사람과 물자의 수송이라는 본원적 교통 기능 이외에도 시간과 공간의 확장, 즉 생활 영역의 확장을 통해 지역간 격차를 해소하고 국토의 균형개발을 실현하는 실질적 구현수단으로서의 역할을 톡톡히 해왔다. 뿐만 아니라 국가경영, 경제성장, 문화 전파의 역할도 해오고 있는 것은 주지의 사실이다.

그러나 조선 후기까지만 하더라도 나라의 '도로정책은 도로를 만들지 않는 정책' 즉, 무도즉안전(無道則安全)이 주류를 이루었다.[1] 수없이 많은 외침을 받다보니 적의 진출을 용이하도록 해서는 안된다는 고정관념 때문이었을 것이다. 그 이후 신경준, 박제가, 이익 등 실학자를 중심으로 이러한 고정관념에서 탈피하여 새로운 도로정책을

1) 남인희, 남인희의 길이야기, 2006, p.25

제시하였는데 이들은 국가 경제를 위해서는 상공업이 필요한데 이를 위해서는 물류의 기본이 되는 도로를 닦아야 한다는 치도(治道)의 논리를 내세웠다.

이러한 새로운 선진사상들은 구한말 김옥균, 박영효 등 개화파에 이르러 실제 정책에 반영되어 1883년 한성부에 치도기구를 설치하고 예산도 반영하였다.[2] 1905년 을사늑약을 체결하고 일제는 도로개척 사업에 주력하였다. 대륙진출의 교두보 확보, 경제수탈, 의병소탕이라는 여러 가지 목적을 위해서 본격적인 치도계획이 필요하였다.

1906년 치도국(治道局)이란 조직을 만들어 광산물과 농산물이 풍부한 내륙지역과 이를 일본에 수송해갈 항구를 연결하는 도로를 새로 만드는 사업계획을 대대적으로 추진하였다. 이것은 우리나라 최초의 근대적 도로로서 사람들은 이 길을 차가 다닐 수 있는 새로운 길이란 뜻의 '신작로'라 불렀다. 광복 후 미군정시기에도 도로 사업의 중요성이 인식되어 '도로국'이라는 행정기구도 만들어 체계적으로 추진했다. 태평양 전쟁의 여파로 황폐해진 도로를 개보수하고 전후 실업자 구호하는 정책 목표를 달성하기 위해서는 도로사업이 우선 순위가 높았던 것으로 판단된다.

1948년 건국 이후 교량건설을 중심으로 한 도로사업이 주류를 이루었으나 6·25 전쟁으로 인하여 많은 피해를 입고 전후 복구사업이 우방국의 지원아래 추진되었고, 특히 미국의 원조자금으로 기술자 양성에 주력하였다. 5·16 혁명 후 정부는 경제개발계획을 국가적 과업으로 설정하여 지속적으로 추진하였는데 도로건설이 중요한 핵심사

2) 국토해양부, 도로백서, 2011, p.53

업의 하나였다. 그 결과 지금은 OECD 국가 중에서도 결코 뒤지지 않는 도로 인프라를 가지게 되었다. 외형적 성과 뿐만 아니라 조직, 기술, 재원조달 등에 있어서도 타분야에 비해 또 외국과 비교해도 손색없는 시스템을 갖추게 되었다.

돌이켜보면, 지난 70년간 도로, 철도 등 육상교통인프라 공급정책은 국가경제성장기의 시대상황과 비슷하게 발전해왔다. 1960년대 경제성장 태동기를 거쳐 1970년대의 본격적 경제성장기에 들어서면서 경부고속도로가 완성되어 경제성장을 이끄는 견인차 역할을 하게 되었다. 이 시기에 국도망에 대한 본격적 투자도 시작되었는데 부족한 재원은 ADB(아시아개발은행), IBRD(국제부흥개발은행, 현재 세계은행의 전신)의 차관자금으로 충당되었다.

1980년대에는 자동차 보유대수가 급격히 늘어 도시교통의 혼잡문제가 사회적 문제로 대두되어 도로 뿐만 아니라 도시철도, 광역철도망 등 대중교통인프라 공급도 활발해졌다. 도로사업도 도로 자체의 수요공급뿐만 아니라 철도와의 연계성을 강화하는 기법(Intermodalism)이 도입되었다. 이 시기에 승용차대중화시대(Motorization)가 시작되었다고 볼 수 있다.

1990년대에 들어서는 도로 교통은 '애로와 혼잡', '교통사고의 급증' 등 새로운 현상에 직면하게 되어 혼잡비용의 과다한 발생은 경제성장의 장애 요인이 되었다.

2000년대에 이르러서는 고속간선교통망의 확충으로 교통애로해소가 상당히 해소되면서 교통효율의 극대화, 서비스강화 등이 주요정책 이슈로 등장했다. 경부고속철도가 개통되고 인천국제공항도 개통되는 등 교통인프라는 현대적인 모습을 드러내어 반나절생활권이 완성되었고 국제적인 인프라 강국으로 부상하게 되었다.

이 글에서는 이러한 시대별 도로정책의 자세한 내용을 먼저 일별해보고 정책들의 형성계기, 형성주체, 추진과정과 평가 등에 대해 살펴보기로 한다.

Ⅱ 시대별 도로사업과 성과

1. 해방 이전의 도로

1) 해방 당시의 도로

해방 당시 도로구분은 일제의 조선총독부령인 이른바 「조선도로령」[3)]에 따른 것으로 국도, 지방도, 시군도로 구분되어 있었다. 이 중 국도가 5,263km, 지방도 9,997km, 시군도 8,771km로서 총 24,031km였는데 그나마 거의 전부가 사리도(砂利道)라 불리는 비포장도로였다. 도로망의 구성도 일제의 식민지 정책의 기반구축과 경제적 수탈정책과 한반도를 대륙침략의 교두보로 삼으려는 의도에서 이루어진 것이어서 대부분의 도로가 거점지역간 또는 남북축의 형태였다. 도로망의 분포면에서도 일본과 가깝고 곡창지대인 경상북도, 호남지방 등에 집중되었다. 그런데 이들 도로망도 2차 세계대전이 태평양전쟁으로 확전됨에 따라 제대로 정비가 되지 않아 전쟁 말기의 도로는 매우 황폐한 상태였다. 당시의 중장거리 수송수단은 철도위주였고 자동차의 보급도 미미하여 도로교통은 열악한 시대였다.

3) 이 법령은 1961년 '도로법'이 제정될 때까지 기능하였다.

2) 미군정의 도로 사업

1945년 9월부터 1948년 8월까지 3년간 실시된 미군정시기에는 주로 시급한 도로의 유지보수와 서울-부산간 국도1호선 정비개량 및 포장공사에 집중되었다. 그리고 열악한 서울 시내의 시가지 포장사업도 시작되었다. 이러한 사업은 태평양 전쟁으로 황폐해진 도로를 보수하고 전후 실업자를 구호할 목적으로도 활용되었다.

1946년 8월 시작된 국도1호선 포장공사는 국내 최초로 실시되는 대규모 아스팔트 포장공사로서 두께 15cm 정도의 아스팔트 포장사업이었다. 당시만 해도 국내 도로 기술자들과 기능공들이 포장공사 경험이 없어 미군이 직접 포장기술을 지도하면서 시공하였다. 이 서울-부산간 국도포장사업은 긴 구간이기 때문에 인구밀집지역을 중심으로 부분부분 시행하다가 6. 25 전쟁으로 중단되었고, 1971년 12월에야 비로소 1호선 전 구간이 연결되었으니 장장 25년의 세월이 걸렸다.

또 1947년부터는 1호선을 중심으로 한 교량 가설이 다소 활기를 띠어 국내 기술자들에 의해 교량의 조사, 측량, 설계가 이루어졌고 국내 건설사업자들의 활동이 시작된 시기였다.

2. 광복 이후 1950년대까지의 도로 : 현대적 도로의 태동기

1948년 8월 15일 대한민국 정부수립과 함께 정부는 당면과제인 국가경제를 수습하기 위해 의욕적인 경제계획을 수립하였다. 도로 관련 정부 조직은 종래의 토목부에서 내무부 건설국으로 개편하고 건설국에 도로과를 두고 도로과에는 서무계, 계획계, 보수계를 두고 지방조직으로 서울지방건설국, 이리지방건설국, 부산지방건설국을 각각 신설하였다.

정부는 미국의 원조로 전국 주요도로상의 교량사업을 추진하는 것을 우선 순위로 채택하였다. 이 사업계획으로 충주의 달천교, 조치원의 금강교, 밀양의 수산교, 상주의 낙동교, 삼례의 삼례교 등이 순수 우리 기술진에 설계되고 시공준비까지 마쳤으나 6. 25 전쟁으로 중단될 수 밖에 없었다.

6. 25 전쟁이 발발하자 도로의 열악함이 다시 한번 문제가 되었다. 당시 도로는 노폭이 좁고 거의 비포장 자갈길이어서 군작전수행에 막대한 지장을 초래하였다. 특히 중무기투입이 불가능한 상태였으므로 6개월만에 간선도로 1,300여 km를 확장개수하였는데 이 사업은 우리 육군, 내무부건설국, 미공병단의 합작으로 이루어졌다. 이에 따라 뜻하지 않게 단기간에 도로 구조가 크게 향상되기도 하였다.

그러나 3년간에 걸친 전쟁을 통해 주요 산업시설은 파괴되었고 특히 도로망은 군사보급로였기 때문에 공격 목표가 되어 간선도로와 교량들이 큰 피해를 입었다. 1944년에 1,066km였던 포장연장이 1951년에는 580km로 줄어들었다. 휴전으로 전쟁이 종식되자 정부는 전후복구대책으로 우방국들에게 원조를 교섭하여 ICA(International Cooperation Administration), UNKRA(United Nations Korean Reconstruction Agency) 등으로부터 차관을 얻어 도로, 교량 등 복구사업을 추진하였다. 또한 서울-부산간 국도포장공사도 계속되었다. 또한 영월, 삼척, 정선, 화순 등 지역을 대상으로 한 탄광종합개발계획에 따라 산업도로망도 추진하였다.

광복 후의 국내 도로기술분야는 기술면에서나 인력면에서 매우 빈약한 상태로 도로의 조사·설계·시공·감리를 감당해낼만한 고급 기술 인력이 고작 10여 명에 지나지 않는 실정이었다. 6. 25 참화를 겪고 나서 정작 전후복구사업에 착수했을 때 기술인력의 절대수가 부족했고 현대적인 기계화 시공을 위해서는 서구의 선진기술 도입이 시급함을 절감하게 되었다.

이에 정부는 1954년부터 미국의 원조자금의 일부를 할애받아 도로기술자 양성에 착수했다. 이때 수십 명의 기술자를 독일 및 미국에 파견하여 6개월 내지 1년간의 기술 훈련을 받게 하였는데 이들이 외국에서 익힌 기술이 현대 도로의 설계·시공에 큰 역할을 하게 되었다. 또한 시공상 품질관리의 중요성에 대해서도 새로운 인식이 싹트게 되어 원조자금의 일부로 토목시험기기도 도입되었다.

1953 휴전 당시 전체도로는 26,032km이고 포장율은 2.6%에 지나지 않았다. 해방 이후 1950년대까지는 현대적 의미의 도로 태동기로서 자생을 위한 노력이 시작되었고 도로 건설보다는 복구의 시기였다고 정의할 수 있다.

3. 1960년대의 도로 : 교통 인프라 구축의 본격 착수기

1) 제1차 경제개발 5개년 계획기간(1962~1966년)

1960년대 전반기는 산업철도 건설에 치중하여 상대적으로 도로개발이 부진한 가운데 대도시는 도로포장과 신설정비를, 지역간 도로는 노폭개량에 한정되었다. 철도는 경제성장 지원을 위한 산업철도가 주로 건설되었다. 1962~1966년 기간 중 교통부문 투자의 약 60%가 철도에 집중될 정도였다.

경제부흥과 국가재건을 목표로하는 '제1차 경제개발 5개년 계획(1962~1966)'은 경제부문의 정책지표를 제시한 경제종합계획이었다. 정책 목표는 경제자립과 공업화의 기반조성이었다. 국토개발과 관련한 주요기본방향으로 '경제성장을 이끄는 데 주도적인 역할을 해야 할 기간산업과 사회간접자본 확충에 커다란 비중을 둔다'라고 되어 있다. 계획기간 중 우리 경제는 계획보다 훨씬 초과 성장을 달성하였으나 광공업 등 산업기반 구축에 중점을 두어 도로와 기반 인프라의 개선에는 많은 예산이 투입되지 못하였다. 국도사업의 경우도 도로포장사업비보다는 교량건설비, 도로개수비 등의 예산이 더 많이 편성된 시기였다. 예를 들면, 1966년 국도 관련 예산을 보면 교량건설비가 55,900만 원, 도로포장예산은 37,200만 원에 불과하였다.[4)]

정부는 이들 사업을 차질없이 추진하기 위하여 '도로정비촉진법(1967.2.)과 도로정비사업특별회계법'(1968.7.)을 각각 제정하여[5)] 전국도로망의 균형있는 정비를 촉진하고 이에 대한 재원을 안정적으로 확보하기 위한 제도를 마련하였다.

제1차 경제개발계획 기간 중 울산정유공장이 준공(1964.5.)되어 아스팔트가 대량 생산되고 시멘트생산시설이 확충되고 포항종합제철도 준공(1967)되는 등 기초산업의 구축과 이에 따른 산업생산이 급속도로 늘어나게 되었다. 이러한 경제사회여건 변화에 따라 교통수요는

4) 국토교통부, 도로업무편람, 2014, p.138
5) 이 법에 의하면 국가는 휘발유세액의 75%와 통행세 100%의 합계액 이상을 도로사업비용으로 세출예산에 편성토록 하였다. 이 법은 1976년 12월 대통령 긴급조치로 폐지되었다.

급증되었고 산업의 지방분산과 수송의 기동성이 절실히 요구되었다.

정부는 이러한 교통수요를 체계적으로 예측하는 작업이 중요하다는 점을 인식하여 1965년부터 다각적으로 교통조사를 실시하였다. 교통부 및 신설된 건설부 등 관계부처에서 국내외 전문기관에 의뢰하였는데 대표적인 조사가 IBRD의 「한국교통조사보고서」와 무임소장관실의 「장래교통망조성방안」 등이 있다. 이러한 조사 연구 활동은 같은 시기에 이루어진 것이며 우리나라 최초의 전국적인 종합교통조사라는 점에서 그 의의가 크다.[6)]

IBRD의 교통조사는 교통부의 의뢰에 의해 시행되었는데 이 기구를 택한 것은 국제적인 권위 이외에도 장래 교통시설투자에 대한 차관도입문제까지 고려한 것이었다. 1965.9.~1966.6.까지 진행된 보고서의 내용을 보면 매년 화물 10.2%, 여객 11.5%라는 큰 폭의 수요증가를 예상하면서 이에 대응하기 위해서는 철도중심에서 공로중심으로 수송체계를 전환시키지 않으면 경제 발전이 지체될 것이라고 지적하고 있다. 또 제2차 경제개발 5개년 계획 기간 중 주요도시는 포장도로로 연결하는 것이 필요하다고도 했다. 또 도로조직도 건설부 국토보전국의 도로과를 도로국으로 확대개편해야 한다는 의견도 제시했다.

또한 무임소장관실의 '장래교통망 구성방안' 연구는 1966.8.~1966.12. 사이에 진행되었는데 1980년대의 우리나라 경제성장과 국민소득 수준을 예측하고 이에 따른 장기교통망 구상과 당면 과제를 중점적으로 다루고 있다. 도로, 철도, 해운, 항만 등 4개 수송부문을 종합적으

6) 국토해양부, 도로백서, p.73

로 검토하여 '장래교통망 구성방안'이라는 연구보고서를 냈다. 이 보고서에 의하면 도로교통의 분담율이 여객은 35%에서 65%로, 화물의 경우 10%에서 24%로 급격히 증대할 것으로 예상하고 이를 위해 1981년까지 1,740km의 장거리 기간고속도로와 210km의 산업간선도로를 건설해야 한다고 했다. 대체로 이 보고서의 건의사항들은 참으로 합리적이고 타당한 것이 많았다.

주요내용을 보면 다음과 같다.

- 도로사업투자재원을 확보하기 위하여 도로특별회계의 설치 운영
- 건설부도 도로과를 도로국으로 승격하고 장차 도로청 신설
- 유료도로 건설 관리를 전담할 도로공사의 설립
- 도로유지보수를 효율적으로 하기 위해 장비 및 기술 도입
- 국토의 종합적 개발과 국내 자동차 수송의 주축을 담당할 국토종횡단 국도(장거리 기간 고속도로) 건설

이 건의사항은 대부분 정책화되었는데 도로정비특별회계의 신설(1968.7.), 도로국승격(1968.7.), 한국도로공사의 설립(1969.2.), 19개 국도유지관리사무소의 신설(1972.12.) 등이 점진적으로 이루어졌다. 따라서 이 보고서는 IBRD 보고서보다도 더 구체성을 띠고 장래 도로정책방향을 분야별로 제시한 행정보고서로서 그 가치를 높이 평가할 필요가 있다.

2) 제2차 경제개발 5개년계획 기간(1967~1971년)

앞서 살펴본 바와 같이 1960년대 전반기에는 도로투자실적은 미미하였으나 교통조사, 도로교통계획수립 등 현대적 기법에 의해 도로

계획과 정책이 대등한 도로의 르네상스 시기였다. 이러한 준비를 바탕으로 제2차 경제개발 5개년계획 시기에는 도로사업이 폭발적으로 증대되었다.

1967년 3월에 최초의 고속도로인 경인고속도로가 착공되어[7] 1968년 12월에 개통되었고 1968년 2월 1일 착공된 경부고속도로는 2년 5개월만인 1970년 7월 7일에 428km 전 구간이 개통되었다. 당시 이 고속도로 건설은 재정, 기술 및 인적자원이 부족한 상태에서 시작되었으나 정부, 기업, 군부대 등의 협력체제하에 연 인원 900만 명이 동원되어 세계 고속도로건설사에서도 보기 드물게 짧은 기간 내에 준공할 수 있었다. 요즘 고속도로의 설계에서 공사완료까지 보통 15년 정도가 걸리는 점을 감안하면 참으로 놀랄만큼 빠른 속도로 진행되었다는 것을 알 수 있다.

총 사업비는 429억 원으로서 1km당 1억 원이 소요되었는데 2010~2013년 기간 중 1km당 391억 원[8]이 소요되는 점을 감안하면 별 것 아닌 것처럼 보이지만 앞서 살펴본 바와 같이 1966년의 도로예산이 불과 10억 원 수준에 머물고 있고 1968년도의 1인당 GNP가 164달러에 불과한 점을 감안할 때 적은 금액이라고는 할 수 없었다. 어쨌든 1970년대 후반기에 경인・경부고속도로의 개통으로 전국의 일일생활권 시대가 열렸고 국도의 개수 포장 사업도 본격적으로 추진되어 철도 중심에서 도로 중심으로의 전환 즉, 주도종철(主道從鐵)의 시대가 처음으로 시작되었다.[9] 이러한 변화는 앞서의 IBRD 보고서에도

---

7) 경인고속도로는 건설 당시에는 고속국도가 아닌 단순히 유료도로의 개념으로 출발하였다. 법 상의 고속국도는 1970년「도로법」개정으로 처음 도입되었다.

8) 국토교통부, 도로업무편람, 2011, p.118

9) 국토연구원, 상전벽해 국토60년, 2008, p.218

건의된 정책이기도 하지만 압축성장을 달성하기 위해 필연적으로 요구되는 수송효율화 차원에서 자연스레 생긴 변화였다.

1960년대에 정부가 편성한 도로 예산을 보면 짧은 기간에 얼마나 가파른 속도로 예산증가가 되었는지 알 수 있다.

[표 1] 1960년대 연도별 도로예산

(단위 : 백만 원)

연도	1963	1964	1965	1966	1967	1968	1969	1970	1971
예산	670	616	797	1,036	1,686	13,646	31,553	30,152	26,813

자료 : 국토해양부, 도로백서, 2011, p.138~139

4. 1970년대의 도로 : 도약기

1970년대는 본격적인 경제성장과 함께 고속도로를 중심으로 도로교통시설이 본격적으로 공급된 시기였다. 이 시기에는 우리나라의 경제성장이 탄력을 받아 급속히 팽창하였고 이러한 경제 성장에 따른 인구의 사회적 이동으로 서울·부산·대구 등 대도시 집중이 심화되고 내륙공업단지를 중심으로 수송수요가 급증하게 되었다.

이러한 급격한 경제·사회적 변화에 대응하기 위해 추진된 제3차 경제개발5개년계획 기간(1972~1976) 중에는 앞서의 경인·경부고속도로에 이어 착공된 호남고속도로(전주 – 순천 172.3km), 남해고속도로(순천 – 부산 176.5km), 영동고속도로(새말 – 강릉 97km), 동해고속도로(동해 – 강릉 30km), 구마고속도로(대구 – 마산 84.2km) 등 전국의 주요 도시를 연결함으로써 전국 고속도로망의 희미한 골격이 처음으로 나타난 시기였다.

또 1974년부터는 IBRD와 ADB로부터 국도포장사업을 위해 차관이 도입되기 시작되었다. 이 차관 사업은 단순히 자금을 빌려온다는 성격 이외에도 국제 시방서, 국제 계약서 등을 쉽게 접하게 되어 도로기술도 국제화되었고 중동 등 해외건설의 진출 시에도 큰 도움을 주었다고 볼 수 있다. 1971년에 국도포장사업예산은 17억 원에 불과하였으나 1972년에 60억 원, 1976년에는 501억 원에 이를 정도로 폭발적으로 증가하였다. 1976년 501억 원의 도로포장사업비 구성이 차관 사업비가 409억 원, 순수한 내자사업비가 92억 원에 불과한 것을 보면 우리나라 국도포장사업의 본격적 추진은 차관도입과 더불어 시작되었음을 알 수 있다.

1970년대 초기 도로 예산 편성을 보면 '중화학지원도로' 항목을 별도로 두었고 국민의 여가선용과 외국관광객 유치를 위하여 '경주 및 제주개발지원도로' 항목도 별도로 두기도 했다. 1970년대 후반기에는 고속도로건설보다는 국도의 확포장사업에 주력하였다. 제1차 국토종합개발계획(1972~1981)에 의하면 1981년까지 2,600km의 고속도로를 건설하는 것으로 계획했으나 앞서 언급한 고속도로들이 1975년까지 준공됨에 따라 새로운 고속도로 건설보다는 지역간 연결 주요 국도 확포장사업으로 전환되었다. 이에 따라 1981년까지 1,225km의 고속도로망이 형성되었고 국도포장율은 절반이 넘는 55.4%로 올라섰고, 지방도를 포함한 전국의 도로 50,336km 중 34.1%에 달하는 17,178km가 포장되었다. 이 포장율은 1971년의 14.2%와 비교하여 볼 때 엄청난 규모임을 알 수 있다.[10)]

---

10) 국토교통부, 도로업무편람, 2014, p.51

정부는 이러한 도로의 양적 확충에 따라 체계적인 도로 건설과 유지보수의 중요성을 인식하여 1975년에 건설부 산하에 9개 지방국토관리청과 19개의 국도유지관리사무소를 신설하여 교통량 증가에 따른 도로파손에 적극 대응하였다. 성공적인 도로확충은 국가수송구조를 크게 변화시켰는데 여객 수송의 경우 수송분담율이 철도와 공로가 각각 51.0, 47.5%이던 상황이 24.9%와 73.3%로 크게 역전되었다. 이와 같이 공도 수송의 분담율이 높아진 것은 고속도로 및 국도망의 확충으로 여행시간이 단축되는 등 공도 이용의 편리성이 증대되었기 때문이다.

또 정부는 1972년부터 1981년까지 10년간 계획기간으로 하는 「국토종합개발계획」도 수립하여 국토계획이라는 큰 틀에서 교통시설도 바라보게 되었다. 이에 따라 종합수송이라는 관점에서 교통수요대응 정책의 기본방향도 다음과 같이 정하였다.

첫째, 공업화와 도시화에 따른 지역별 수송수요에 대응한 교통시설을 정비, 확충하고 대도시와 중소도시 및 산업기지, 생산지와 소비자간을 합리적으로 연결하여 물자의 수급과 사회활동을 원활히 수행하게 함으로서 전국의 균형발전을 도모한다.

둘째, 도로, 항만, 철도 등 각 교통수단이 가지는 고유 장점을 최대한으로 살려 그 시설 배치의 적정화를 기하여 투자의 효율성을 제고한다.

셋째, 교통수단의 다양화와 수송 물적 증대 및 질적 향상에 대처하기 위하여 교통시설의 입체화, 고속화 및 대량화를 도모한다.

넷째, 생활권의 광역화와 지방산업의 발전에 따른 농업과 도시간의 교통체계를 확립하고, 교통수요의 증대에 대응하기 위한 지방도로망의 개량과 정비 확충으로 지역개발을 촉진한다.

이러한 기본방향은 만시지탄이 있지만 올바른 방향이라 할 수 있다.

즉, 교통계획도 국토계획의 하부계획으로 인식하면서 도로, 철도, 항만을 아우르는 투자효율성 즉 인터모달리즘(intermodalism)이란 기법을 제시하고 있다. 뿐만 아니라 국토의 균형발전이 국토계획의 최고의 목표인데 이를 구현하는 실질적 수단이 도로망의 정비 확충에 있음도 시사하고 있다.

또 1970년대에는 도시교통문제가 새롭게 대두되었다. 인구 300만 이상을 가진 서울은 지하철과 광역 전철망으로 대중교통수요를 처리하는 정책을 추진하여 구로 – 인천, 서울 – 수원 등 수도권광역전철망과 더불어 서울역 – 청량리간 지하철 1호선도 1974.8월 개통되었다. 부산은 부산항개발에 따른 교통혼잡과 해소와 산업물류이동을 위해 IBRD의 건의를 받아들여 국내 최초의 도시고속도로(번영로 15.3km)가 1980년 10월 개통되었다. 이후 도시고속도로 사업은 서울, 광주 대구 등 다른 도시로 파급되어 도시교통난해소의 한 수단으로 자리매김하였다.

5. 1980년대의 도로 : 수요폭증의 시기

제5차 및 제6차 경제사회발전 5개년계획기간에 해당하는 1980년대에는 경제개발계획의 성공적 수행으로 공업화와 산업의 획기적 발전, 경제 규모의 급성장, 산업구조의 고도화에 힘입어 수송능력이 크게 신장된 시기였다. 도로부분에서 본다면 1980년대 초반에는 도로투자의 성장속도가 다소 둔화되긴 했지만 후반부에는 다시 예산의 증가 속도가 높아졌다.

[표 2] 도로예산규모

(단위 : 억 원)

1982년	1983년	1984년	1985년	1986년	1987년	1988년	1989년	1990년	1991년
2,636	3,416	2,710	4,571	4,238	5,733	6,645	1조 2,470	1조 2,966	1조 9,623

자료 : 국토해양부, 도로백서, 2011, p.141~142

위 표에서 보는 대로 1989년에는 전년도에 비해 2배 정도로 증액되었는데 이것은 이 해부터 시작된「도로사업특별회계」덕분이었다.

1980년대에는 교통수요가 폭증하던 시기였다. 1985년에 자동차 보유가 100만 대를 돌파하여 본격적인 자동차 대중화시대에 진입했다. 1980년도에 52만 대이던 자동차 대수가 1990년도에는 7배가 넘는 364만 대를 돌파했다.

이러한 급증하는 수송수요에 대처하기 위하여 도로사업의 범위가 외면적으로 크게 확대되었다. 고속도로 신규 사업 수요의 발생은 물론, 경부고속도로 등 기존 도로의 교통애로에 따른 확장사업이 시작되었다. 국도사업도 2차선 도로의 포장은 물론, 기존 포장도로의 확장 수요도 급증했다. 또 지방도·군도 등 하급도로의 포장 사업도 본격적으로 착수되어 1986년에는 전체 도로포장율이 54.2%를 기록하여 포장율이 50%를 넘어서게 되었다. 또 포장도로가 늘어남에 따라 본격적이고 체계적인 유지관리 시대에 돌입했으며 교통량조사도 선진화되었다.

1) 정치적 의도와 낙후지역개발 논리가 결합된 88올림픽 고속도로

상대적으로 교통망 체계가 빈약한 남부대륙지역의 도로연결망개선을 위해 174.9km의 대구-광주간 88올림픽고속도로가 1984년 6월 개통되었다. 지역적으로 소통이 힘들었던 영·호남을 최단거리로 연결하여 지역간 교류와 지리산, 덕유산, 가야산 국립공원을 중심으로 한 관광개발을 촉진시킨다는 목적으로 당시 정부가 심혈을 기울였다. 그러나 이 도로는 당시 집권세력의 기반이었던 대구와 5·17 사태의 피해지였던 광주를 연결하여 상징적으로 동서화합을 도모하는 정치적 의도가 강하게 내포되어 있었다. 그런데 이 도로는 제한속도가 시속 80km이고, 왕복 2차선이고(중앙분리대도 없음) 교차로도 부분적으로만 입체화되어 있어 고속도로라 부르기에는 구조상 부족한 점이 많은 것도 사실이었다. 최근에 4~6차로 확장사업을 진행 중에 있어 비로소 고속도로의 본래 모습을 찾아가고 있다.

2) 경부고속도로 정체구간의 발생과 중부고속도로의 건설

우리나라 자동차 고속교통의 중추적 역할을 담당해오던 경부고속도로는 1980년대에 들어오면서 일부 구간에 혼잡을 보이기 시작했다. 특히 서울-대전 구간은 그 정도가 매우 심각하여 고속도로로서의 기능을 잃어가고 있었다. 이에 대한 대책으로 건설된 고속도로가 1984년 착공되어 1987년 완공된 145.3km의 중부고속도로였다. 그런데 건설 당시는 물론 건설 직후까지만 하더라도 이 고속도로의 건설에 회의적인 시각이 많았다. 개통 초기 정부는 이 중부고속도로 이용 캠페인 운동을 벌일 지경이었다. 그러나 이것은 기우에 불과했다. 10년도 안 된 1990년대에 들어서 교통정체 현상을 나타내기 시작하여 서울-호법 구간에는 제2중부고속도로 건설이 시작되었다.

이 중부고속도로는 몇 가지 특징이 있다. 설계속도를 기존 시속 100km에서 120km로 상향 조정한 결과 통행 제한 속도도 최초로 110km로 운영하여 고속도로의 새로운 기준이 되었다. 또, 책임시공감리제를 도입하여 발주가 아닌 민간전문기관에서 시공감독을 시행하게 하고 책임도 묻게 하였다. 또 88올림픽 고속도로와 마찬가지로 시멘트 콘크리트 포장공법을 채택하여 포장의 내구성을 증진시키도록 하였는데 이 경험을 바탕으로 이후 대부분의 고속도로가 아스팔트 포장공법 대신 이 공법을 채택하고 있다.

3) 수도권 외곽순환도로의 착수

세계의 대도시들은 대부분 순환고속도로망을 갖고 있다. 도시구조가 중심부에서 사방으로 바퀴살처럼 뻗어나가는 이른 바 방사형 도로망을 가진 도시라면 순환도로망이 우선적으로 구축되어야 한다는 논리가 설득력을 얻고 있었다. 하루가 다르게 악화일로를 걷고 있던 수도권의 교통사정을 생각한다면 교통의 흐름을 원활하게 해줄 순환도로가 시급하였다.

1980년대 IBRD 자금으로 시행한 「경기지역 종합교통망조사(Multimodal Study)」의 보고서에 의하면 수도권 교통난 · 해소를 위해서는 '도로와 철도를 망라한 종합교통망체계를 구축해야 하며 도로에 있어서는 이 순환고속도로가 중요하다'고 되어 있다. 서울을 중심으로 반경 약 25km의 벨트 모양의 고속도로가 1988년 착공되어 우선 판교- 구리 구간이 1991년 완공되었다. 구간별로 나누어 오랜 기간 동안 공사를 시행하여 2007년 의정부 – 송추 간을 연결함으로써 128km의 순환도로가 드디어 완성되었다.

4) 애로 구간의 정비사업 본격 착수

수요 급증의 1980년대를 지나면서 주요 고속도로와 간선국도의 곳곳이 '애로와 혼잡'이라는 덫에 걸리고 있었다. 경부고속도로도 중부고속도로의 건설에도 불구하고 극심한 애로에 시달리게 되자 경부고속도로 서울–청원 간 6~8차로 확장공사가 착수되었고 왕복 2차선이던 대전–광주 간 호남고속도로, 수원 – 새말 간 영동고속도로, 대구 – 마산 간 구마고속도로도 각각 4차로로 확장되었다. 국도의 경우에도 서울 – 춘천, 광주 – 목포, 전주 – 남원, 여수 – 순천, 대구 – 포항, 부산 – 경주 등의 주요 국도가 4~6차로로 평면적으로 확장되었다. 즉, 도로의 차원이 1차원에서 2차원으로 진화해 가고 있었다.

5) 도로포장율의 획기적 증가

1980년대 후반부에는 그간 5차례에 걸친 경제개발계획의 성공으로 신흥공업국으로 부상하였다. 경제성장도 10%대의 높은 성장률을 보였고 1인당 GNP도 2,500달러에 달하였다. 이와 같은 사회・경제적 여건을 반영하여 제6차 경제사회발전 5개년계획(1987~1991) 기간에는 수송 수요 증가에 대비하는 한편 지역 간 균형발전을 위해 도로 등 기반시설 확충을 강화하기 시작했다.

특히, 농어촌지역의 소득 증대 및 생활환경 개선을 위해 도로포장사업을 중점 과제로 설정하였다. 지방도 – 군도사업을 촉진하기 위해 IBRD로부터 차관을 들여오기로 했다. 또 전주권, 광주권 등 지역 개발 사업도 이 시기에 중점적으로 추진했는데 주민설문조사 결과 도로포장이 1순위로 되어 지역개발사업비의 대부분이 지역도로포장사업에 투입되었다. 그 결과 전국도로의 포장율이 1980년도의 33.2%에서 1990년도에는 71.5%로 껑충 뛰어 올랐다.

6) 교통량조사기법의 선진화

도로교통계획의 기본이 되는 교통량조사는 1955년부터 3년 주기로 아르바이트생들에 의한 노측 조사 위주의 원시적 인력 조사가 이루어졌다. 1964년부터는 매년 조사가 진행되었고 조사지점도 확대되어 갔다.

1982년에 루프를 포장단면 밑에 매설한 자기교통량 조사가 시작된 이후 1985년 전국적으로 확대되어 연중 상시 조사가 가능하게 되었다. 이러한 방식의 교통량 측정은 계절별, 요일별, 시간대별 변화 등 다양한 교통조사자료를 수집하게 되어 도로계획, 교통계획의 기초자료로 활용되기 시작했다.[11)]

6. 1990년대의 도로 : 간선골격망 형성의 시기

과거 30년간 6차에 걸쳐 수행해 온 경제개발계획의 성공적 수행과 88올림픽을 거치면서 우리나라는 중진국을 벗어나 선진국의 문턱에 진입하고 있었다. 이러한 성공은 도로를 비롯한 사회간접자본의 힘이 크게 작용했다는 것은 부인할 수 없는 사실이다. 고도 성장으로 말미암아 경제 활동을 위한 교통의 중요성은 더욱 강조되었고 그중 도로는 가장 중요한 기반시설로 그 위상을 더욱 견고히 하였다. 또, 격자형 국가간선도로망 즉, 7×9 도로망이 계획된 시기였다.

1) 도시교통체계의 개선

도시의 외연적 확산과 자동차 대중화의 급속한 진전은 대도시 전

---

11) 한국경제60년사 편찬위원회, 한국경제 60년사, 교통물류편, p.272

역을 중심으로 교통혼잡문제를 유발시켰다. 특히 도심 우회도로가 부족하여 장거리 간선 통행과 도시내부통행이 혼재되어 교통효율을 감소시키고 혼잡을 더욱 심화시키고 있었다. 서울시의 경우 차량 평균 주행속도가 1980년 시간당 30.8km에서 1990년대에는 시간당 18.7km로 크게 감소되었다.

따라서 도시철도와 도시고속도로를 주축으로 하는 광역교통망체계를 구축한다는 목표하에 대구, 대전, 광주 등 대도시에 순환도로계획을 유도하고 주요 시급도시에도 우회도로 개념의 도로망을 계획하였는데 나중에 '국도 대체 우회도로'란 명칭으로 사업화되었다. 이러한 망 계획과 아울러 도시교통운영체계개선사업이 중점적으로 추진되었다. 즉, 승용차 이용제한, 셔틀버스 운행확대, 버스노선조정, 버스전용차로제, 가변차로제 등 시책이 도입되었고, 도시교통정보시스템도 이 시기에 구축되었다. 이 외에도 교통수요의 합리적 관리, 병목지점 개량, 안전시설에 대한 투자 확대 등 새로운 형태의 여러 가지 시책이 다양하게 펼쳐진 시기였다.

시 관내 국도는 당해 시장의 책임으로 건설하도록 되어있으나 간선 도로에 대해 예외적으로 정부에서 지원하기로 하고 '도시가로망정비' 사업이 국고 보조사업으로 시행되었다.

2) 차관도로사업의 종결

1974년부터 약 20년간 전국의 도로 확포장사업에 일익을 담당했던 ADB 및 IBRD의 차관도로사업은 1992년에 마무리 되었다. 더 이상 한국이 개발도상국가가 아니라고 판단되어 차관선으로부터 졸업을 하게된 것이다.

3) 급증하는 도로유지보수 수요

도로 건설이 크게 확대됨에 따라 이를 관리하기 위한 유지 보수사업도 다기화 되었고 예산도 증대되었다. 포장도로 보수, 낙석 산사태 위험지구정비, 교량 및 터널보수 , 중앙분리대 설치, 사고 많은 지점 개선, 병목지점 개선 사업 등이 새로운 분야로 대두되었는데 이러한 사업들에 대해 모두 각각의 종합계획을 수립하고 우선순위를 정하여 체계적으로 추진하였다. 그 결과, 도로유지보수비는 1990년에 1,065억 원이던 것이 2000년도에는 6,534억 원으로 크게 증가하였다.

7. 2000년대 : 교통인프라의 완성도 향상과 효율성 강화의 시기

1) 교통인프라의 완성도 향상

21세기에 들어와 1990년대 말에 발생된 'IMF구제금융사태를 극복하고 선진국 대열에 합류한 정부는 지금까지의 교통인프라정책도 서서히 정책기조를 바꾸기 시작했다. 과거 우리의 교통인프라가 간선교통망의 지속적 확충, 연계성 확보, 교통애로 해소 등 양적 발전에 초점을 맞추었다면 2000년대에는 기존에 착수된 간선망의 완성도를 높이는 한편 교통효율성의 강화와 녹색성장의 뒷받침이라는 에너지 절약적인 새로운 도로정책도 제시하였다.

2001년 인천국제공항의 개항, 2004년 역사적인 경부고속철도의 개통과 더불어 고속도로망도 착착 완공되었다. 7×9 간선망의 경우, 2001년에 서해안고속도로, 대전 – 진주고속도로, 대구 – 춘천고속도로 등 고속도로가 완성된데 이어 2005년에는 통영 - 대전선의 통영 - 진주(47.1km)구간도 개통되고, 2007년에는 중부내륙선의 전 구간(마산 - 북여주, 265km), 서울외곽순환고속도로의 마지막 구간이었던 의정부 - 송추(사패산터널 포함 7.5km)구간도 마침내 완공되어 128km의 서울외곽순환고속도로가 완성되었다.

또 민간자본에 의한 고속도로도 속속 건설되어 2000년에는 인천국제공항선 36.6km, 2002년에는 천안 - 논산 82.1km, 또 2006년에는 대구 - 부산간 81.1km가 각각 개통되어 날로 증가하는 교통수요에 대한 새로운 재원확보의 분야로서 민간자본이 자리매김하였다.

이리하여 2000년도에 2,131.2km이던 고속도로 총 연장이 2001년에 2,636.6km로 크게 늘어나고 2006년도에는 3,000km를 넘어 3,102.6km를 보유하게 되었고 2012년에는 4,043.5km로 고속도로 연장 4,000km 시대를 맞이했다.

2) 도로의 효율성 강화

이러한 지속적 인프라 확충 이외에도 기존 인프라의 효율적 이용을 위한 정책도 본격적으로 추진되었다. 2000년 「ITS(Intelligent Transport System) 국가 기본계획」 수립을 계기로 고속도로 하이패스나 시내버스관리(BMS 또는 BIS) 시스템 도입 등과 같은 IT기술을 활용한 첨단 교통시스템, 국가 통합정보센터 등이 구축되어 도로교통의 이용효율성이 크게 높아졌다.

국도사업의 경우 2차선 포장사업은 거의 없어진 대신 효율성을 극대화하기 위해 2→4~6차로 확장사업 또는 부분적인 확폭, 2→3차로, 병목구간개선 등의 용량증진사업이 대부분을 차지하게 되었다. 고속도로는 물론이고 국도의 경우에도 교통량이 많은 구간을 중심으로 ITS 인프라를 구축하기 시작하여 2013년에는 전체 국도의 19.6% 도로에 구축하게 되었다.[12)]

고속도로에는 지능화를 통해 도로의 이동성과 안전성을 획기적으로 개선하기 위해「스마트하이웨이」연구개발을 적극 추진하고 있다. 이 사업은 설계속도를 시속 최고 160km까지 올리는 도로기반기술을 개발하고 주행 중인 운전자와 도로관리자가 교통정보를 실시간으로 주고 받아 빠르고 안전한 통행을 보장하는 유비쿼터스 정보통신 환경을 구현하는 것이다.

3) 녹색 성장을 뒷받침하기 위한 도로정책

이명박 정부에 들어서서 환경(Green)과 경제성장(Growth)가 상충된다는 고정관념에서 탈피하여 양자의 시너지를 극대화한다는 범정부적 시책에 따라 도로부문에도 친환경 도로정책이 강조되었다. 도로사업에는 저탄소 중온 아스팔트 포장공법[13)]의 활성화가 강조되었고 이 밖에는 도로교통효율성을 높이기 위해 회전교차로를 활성화하는 시책도 추진되었다. 그 외에도 도로교통효율성을 높이기 위해 회전교차로를 활성화하는 시책도 추진되었다.

12) 국토교통부, 도로업무편람, 2014, p.355

13) 가열 아스팔트의 생산온도가 160~170℃인데 중온화 첨가제를 넣어 약 30℃ 낮은 130~140℃ 온도 범위에서 아스팔트를 생산함으로써 석유연료의 30~35%, 이산화탄소 등 온열가스의 배출을 35% 정도 감소시키는 것으로 알려져 있는 공법이다.

III 각종 도로정책의 형성과 평가

1. 한국 경제발전의 견인차 경부고속도로

1) 고속도로에 대한 관심

일제강점으로부터의 해방, 한국전쟁 발발과 폐허가 된 국토 복구 등으로 격변의 시대의 중심에 있었던 1950년대 중반, 아직 확고한 체계조차 정립되지 않았던 정부의 도로기술 공무원들은 미국 도로 및 도로공사를 연수시찰하고 돌아오면서부터 고속도로에 관심을 갖기 시작했다. 당시에는 고속도로 건설이란 엄두도 못 낼 실정이었지만, 이 연수시찰은 고속도로 건설계획이 구체화되었던 1960년대 중반까지 계속되어 도로관리를 위한 기술뿐 아니라 고속도로의 건설 여건 조성에도 큰 기여를 하였다.

고속도로 건설은 당시 정부 고위당국자들에게도 중요한 미래정책 이슈가 되었는데, 전예용 건설부장관(1964.4.~1966.12.)은 고속도로 건설에 매우 적극적인 입장을 견지하여 서울-인천간 고속도로 계획조사 및 설계용역을 시행하였고, 김윤기 장관(1966.12.~1967.12.) 재임 중에 경인고속도로 착공에까지 이르렀다. 특히 재임 중에 경인고속도로 건설을 추진했고, 경부고속도로의 계획과 기초공사를 지휘한 주원 장관(1967.10.~1969.2.)이 취임 전 제2공화국 경제 과학심의회 위원 때 펴낸 박사학위논문『국토 및 도시계획을 위한 고속도로 투자기준(1967.5.)』을 주목할 필요가 있는데, 이는 당시 어려운 여건 속에서도 공무원들의 조국 근대화 건설을 위한 관심의 한 단면을 보여주는 예이다.[14)]

2) 고속도로의 태동

우리나라 정부의 공로(公路)부서에서 고속도로에 관심을 갖게 된 것은 1950년대 중반에 도로기술 공무원들이 미국의 도로 및 도로공사를 연수 시찰하면서였다.

이후 고속도로 건설을 본격적으로 논의한 것은 제1차 경제개발 5개년 계획으로 인해 수송난이 심각해지자 중요한 경제 현안으로 등장하면서였다. 종래 철도 중심의 물류 수송으로는 한계에 직면하였기 때문에, 경제 발전을 뒷받침 할 수 있는 수송체계의 근본적인 변화가 요구되었던 것이다. 고속도로라는 이름이 국민 앞에 등장한 것은 1967년 4월 29일 박정희 대통령[15)]의 선거 유세였다.

이 유세에서 고속도로 건설을 비롯한 「대국토건설계획」이 일반 국민에게 알려졌다. 즉 장충공원 유세에서, 박대통령은 "국토건설계획을 발전시켜 고속도로, 철도, 항만 등의 건설과 우리나라의 4대강 유역의 종합개발"을 착수한다고 발표했다. 그리고 제2차 경제개발 5개년 계획기간 내에 서울-부산 간 고속도로의 완공을 본다는 시행계획이 만들어졌으며, 같은 해 11월 7일 서울~부산 간 고속도로를 우선적으로 건설한다는 방침이 결정되었다.

건설부는 자문단을 조직하여 기본계획 조사를 서둘렀고, 청와대는 공병장교와 건설부 직원을 중심으로 파견단을 꾸려 고속도로 건설계획을 수립해 나갔다. 또한 대통령 산하에 고속도로 건설을 체계적으

---

14) 한국경제60년사 편찬위원회, 한국경제 60년사, 사업편 p.103

15) 박정희 대통령은 1964년 서독을 공식 방문했을 때 독일의 아우토반에 큰 관심을 가졌는데 이때 큰 결심을 한 것으로 알려져 있다.

로 계획 조사하기 위해 추진위원회와 계획조사단이 1967년 12월 발족하였고, 실질적 계획과 준비를 구체화하기에 이르렀다.

3) 추진위원회 및 계획조사단

1967년 12월 「국가기간고속도로 건설추진위원회」가 정식 발족되고 그 소속하에 계획조사단이 편성되었다. 대통령직속 기관으로 국무총리를 위원장으로 하였으며, 경제기획원장관을 부위원장으로, 기타 관련 기관의 장관을 위원으로 하였다. 1968년 2월 1일 서울 – 부산 간 고속도로 건설공사사무소 설치와 더불어 그 활동이 약화되었으며, 실질적 업무는 건설부 도로국 및 그 밖의 관계국 · 과에서 담당하였다. 추진위원회는 1968년 11월 23일 대통령령 제3649호로 공식 해체되었다.

4) 기공 및 준공

경부고속도로의 기공(착공)과 준공은 구간별로 각기 달랐다. 이는 구간별로 나누어 가능한 한 빠른 시기에 준공한다는 명분도 있었으나, 곳곳에 어려운 공사가 도사리고 있었기 때문이었다.

공사는 크게 보면 4개 구간으로 나누어 시작, 완공되었다. 먼저 제1차 착공은 서울 – 수원 – 오산 구간이었고, 제2차로 1968년 4월 3일 오산 – 천안 – 대전구간이 착공되었으며, 제3차로 대구 – 경주 – 부산 간 기공식이 1968년 9월 11일 열렸으며, 가장 어려운 구간이었던 대전–대구 구간은 1969년 1월 4일 기공식이 거행되었다. 이들 공구는 다시 서울을 포함한 7개 공구로 나누어 공사가 진행되었다.

특히, 터널과 교량공사는 당시 우리의 기술력으로 매우 고난도의 작업이었다. 터널과 교량은 각각 12개, 305개였으며, 이 가운데 대전 – 대구 간 공사가 가장 어려운 작업이었다. 정부는 매주 고속도로 건설의 추진현황을 점검하였다. 관계부처 장관을 중심으로 하여, 국무회의 안건으로 경부고속도로의 건설과정과 문제점, 대안 등을 다각적으로 검토하였다. 이러한 점검으로 비교적 빠른 시일에 경부고속도로가 완공될 수 있었던 것이다.

5) 평가

경부고속도로가 오늘날 한국경제발전의 견인차 역할을 했다는 점은 누구도 부인 못할 사실이다. 그러나 부작용도 있었다. 국토의 이용구조가 경부축에 쏠림현상이 발생하며 심각한 국토불균형을 초래했고 2년 5개월만에 적은 비용으로 준공함으로써 얼마 안가서 재포장이 불가피해졌고 1980년대 중반에는 교통사고를 많이 유발했던 화단형 중앙분리대도 철거되어 콘크리트방호벽으로 재시공 되었다.

2. 재원 확보를 위한 각종 정책과 제도의 시행

도로 사업을 추진하는 데는 막대한 자금이 필요하다. 이러한 자금조달을 위해 많은 제도가 운영되었다. 재정에 여유가 없던 1960년대 후반부터 1980년대 초반기까지는 ADB(아시아개발은행), IBRD(국제부흥개발은행) 등으로부터 차관자금을 들여오는 정책을 썼다. 1960년대 후반부터는 도로 사업을 원활히 추진하기 위해서 일반회계에 의존하는 예산편성방식을 바꾸어 특별회계를 운영하기로 하였다. 또,

1980년대 초반에는 '기채사업'이란 이름으로, 우선 은행에서 빌려 사업비를 집행하고, 원리금은 사후적으로 예산에 반영하는 편법을 쓰기도 하였다.

1) 특별회계의 운용

(1) 「도로정비 특별회계」의 운용

1968.7.~1976.12. 기간 중 도로정비를 원활히 추진하고자 「도로정비 특별회계법」에 의하여 특별회계를 실시하였다. 특별회계의 세입구조를 살펴보면 당시 휘발유세와 통행세 중에서 일부 혹은 전부를 일반회계에서 전입하고 부족한 재원은 도로 국채, 차관 등으로 충당하였다.

그런데 휘발유세에 대한 재원은 1972년 8월 2일 대통령 긴급조치에 의해 효력이 정지되어 일반회계로부터 전입을 할 수가 없게 되었다. 부족한 부분을 도로국채, 차관자금 등에 의존하는 수 밖에 없었다. 이 특별회계는 1966년 12월 무임소장관실에서 연구한 「장래교통망 구성방안」이란 연구보고서에서 제안되었고 경부고속도로의 착공 등 급증하는 재정수요를 수용하기 위한 틀로서 유지되다가 휘발유세의 전입이 어렵게 되자 유명무실하다가 1976년 폐지되었다.

그러나 이러한 제도의 실시는 당시의 '국가 계획을 달성하기 위하여 안정적으로 재원을 뒷받침한다'는 취지에서 시의적절한 정책이었다고 평가할 수 있다.

(2) 「도로시설 특별회계」의 운용

1980년대 후반 국가경제의 시급한 과제로 대두되는 도로사업의 확충을 위한 투자재원을 안정적으로 확보하기 위해 특별회계를 부활해야 한다는 논의가 당시 건설부 도로국 도로계획과를 중심으로 활발해졌다. 이러한 움직임에 접한 경제기획원 예산실 건설교통예산과장은 뜻밖에 예산실 입장에서도 특별회계를 편성하는 것이 타당하다는 의견을 적극 개진해주었다. 이에 따라 1989년 건설부장관이 운용하는 「도로시설 특별회계」가 생겨났다. 세입은 기본적으로 휘발유 및 경유 특별소비세와 16)자동차수입관세 상당액을 일반회계로부터 전입받도록 하고 있다. 이에 따라 1989년 예산액이 1988년에 비해 88%나 증가하였다.

그러나 1993년에 이르자 경제기획원은 급증하는 재정수요에 대처하기 위해 23개 특별회계와 39개 기금을 대폭 통폐합해 운영효율성을 높이기로 하였다. 이에 따라 도로사업 특별회계, 도시철도사업 특별회계, 일반회계의 고속철도, 공항사업 등을 통합해 1993년 12월 「도로등교통시설특별회계법」이 제정되었다.

그런데 당시 건설부와 교통부는 서로 많은 재원을 자기 소관에 편입하고자 논쟁을 계속하였다. 이런 끝없는 논쟁은 결국 건설부와 교통부가 통합되는 주요 계기가 되었다.

1994. 12월 정부조직법의 개정에 따라 두 부처는 통합되었다. 1996. 12월 「도로시설특별회계」의 법 명칭이 「교통시설특별회계법」으로 변

16) 휘발유 특별소비세의 10%는 당시 교통부가 도시철도사업을 위해 필요하다고 주장하여 국회에서도 쟁점으로 대두되어 「도시철도사업특별회계」에 할애되기도 하였다.

경되었고 이후 2009년 12월 법률개정으로 한시법의 꼬리를 떼는 등 총 30여차에 걸쳐 일부 내용이 수정되었다. 회계는 도로계정, 철도계정, 교통체계관리 계정, 광역교통시설계정 및 항만계정으로 구분하였다. 또 세입은 법 제정 후 휘발유, 경유 특별 소비세를 「교통세」라는 목적세로 운용하였는데 지금은 2006의 세법 개정에 따라 정부는 매년 「교통·에너지·환경세법」 법에 따른 「교통·에너지·환경세」의 1,000분의 800에 해당하는 금액을 기본적으로 이 회계 세입으로 편성하도록 하고 있다. 현재 도로계정의 세입구조는 교통·에너지·환경세 전입금의 50.3%와 승용차 개별소비세의 100%, 고속도로 건설융자 원금 및 이자수입, 도로점용료 등으로 되고 있다. 이 제도는 교통시설확충에 크게 기여해온 것은 사실인데 목적이 어느 정도 달성되었으므로 폐지해야 한다는 주장도 만만치 않다. 두 부처 통합 이후 건설교통부 시절에도 초기 몇 년 동안은 도로계정과 다른 계정 간의 「밥그릇싸움」이 상당하였다.

2) 차관의 도입

1969년 대일청구권자금이 도로사업에 들어온 후 IBRD와 ADB를 주차관선으로 한 도로차관이 들어오게 되었다. 이들 자금은 1972~1992년 기간 중 총 65,900만 원 달러 규모였다. 차관 조건은 보통 3~4년 거치 12~20년 상환이었다. 년 이자는 7.25~8.75% 사이가 대부분이었다.

그런데 IBRD의 경우 한국의 도로 발전에 상당한 기여를 했다고 할 수 있다. 앞서 언급하거나 전술한 바와 같이, 1966년 6월 교통부가 의뢰한 IBRD의 「교통조사보고서」에는 매년 화물과 여객 수요가 각각 10.2%, 11.5% 증가될 것으로 예상되는데 철도중심에서 공로 중심으로 전환되지 않으면 경제발전이 지체될 것이라고 결론지었다.

또 1983~1986년 기간 중에는「경기지역 종합 교통망조사」자금을 지원해주면서 수도권 지역의 교통난 해소를 위해 도로, 철도가 망라된 종합교통망 계획을 세우도록 권유하였다. 그 결과 수도권 전철망, 수도권 순환고속도로망의 기본 골격이 기획되었다. 한편 IBRD는 1983~1986년 기간 중 당시 내무부의 지방로 군도 확장사업을 지원해 농어촌 개발에 적극 나서기도 하였다.

3) 도로 기채(起債) 사업

1979년 2월에 제2차 석유파동이 일어난 후 1980년도에 와서 우리나라의 경제는 '마이너스 성장'을 기록하게 되었으며 세수부족, 물가의 급상승. 국제수지의 악화 등 3중고를 겪었다. 이로 인하여 경제활성화 대책이 절실하였으며 고용효과가 많으면서 인프라를 구축할 수 있는 도로사업에 1981년부터 1984년까지 예산없이 국무회의 결의만으로 우선 도로사업을 일으켰다.

이로 인해 농어촌지역개발과 고용창출에는 큰 기여를 하였지만 임시방편의 시책이었다. 4년간 593,390백만 원이란 당시로서는 어마어마한 규모가 집행되었는데 국도가 233,390백만 원, 지방도에는 이보다 훨씬 많은 360,000백만 원이 책정되었다. 보통 1년 거치 3년 상환 조건이었는데 지금 생각하면 관치금융 내지는 변칙적인 재정운용이었다.

3. 투자우선순위의 정립

1) 투자우선순위와 예산편성

전국적 차원에서 복수노선의 도로계획을 수립할 때 투자우선순위를 정하는 것은 매우 중요하다. 이러한 우선순위 개념 없이 예산을 요구했다가는 예산당국, 국회 등에서 많은 공격을 받기 십상이다.

건국 직후 도로우선순위를 어떤 기준으로 책정했는지에 관한 자료는 찾기 힘들다. 유추해보건데 예산도 많지 않은 상황에서 시급한 사업을 찾는다는 것은 그리 어렵지 않았을 것이다. 대도시와 주위도로, 국토의 주축인 국도1호선공사, 몇 군데 시급한 교량 건설 및 보수사업 등 사업이 단순했을 시기였다. 이럴 땐 정책 결정자의 직관에 의해서 사업우선순위를 매겨도 큰 문제가 없었을 것이다. 그런데 1960년대에 들어와 경제개발 5개년계획이 수립되고 수송수요가 급격히 증가하는 상황에서는 우선순위를 책정하기 위해서는 과학적 기법에 의한 교통조사가 필요했다.

1965년 정부는 교통부로 하여금 선진외국의 기법을 도입하고자 IBRD에 교통조사를 의뢰했다. IBRD는 BCEOM, NEDECO 등 유수한 외국용역회사와 협정을 체결, 합동조사단을 구성, 우리나라 최초로 교통의 종합적 조사·연구를 실시하게 된다. 그 결과 제2차 경제개발 5개년계획기간 중 3,300km의 도로포장이 필요하다는 결론에 이르렀다. 뒤이어 1966년의 무임소장관실의 '장래교통망구성방안' 보고서에서 임해공업지역 연결도로, 산업간선도로 등의 건설이 건의되었다.

이와 같이 도로건설 초기에는 도로사업의 우선순위 책정은 국가적 이슈였다. 그러나 능력있는 전문인력이 부족하여 외국의 선진기법을 활용하였다. 국내에서도 설계용역회사들이 생겨나기 시작하였다. 1970년대에 들어와 도로의 상위계획인 국토종합개발계획이 수립되어 이에 맞춘 도로계획이 필요했다. IBRD의 차관 제공이 결정되자 1972년 2월 이의 효율적 수행을 위하여 도로국장을 단장으로 하는 「도로조사단」을 발족시켰다(건설부 훈령 제207호). 주요 임무는 차관도로에 대한 타당성조사, 기본설계, 실시설계를 담당케 하였다. 1982년 12월 해체 시까지 10년간 업무를 수행하였다.

이때 BCEOM, Louis Berger 등 외국설계용역업체가 타당성조사를 맡고 일부 실시설계는 국내 설계용역업체에 맡기는 형태로 조사설계를 진행하고 이에 따른 감독업무와 행정업무는 도로조사단에서 맡아서 했다. 이때 본격적인 사업의 평가, 경제성분석 기법이 국내에 도입되었다. 우선순위 평가의 지표, 예를 들면 비용편익비(B/C), 내부수익률(IRR) 등 국제표준적 지표가 활용되었다.

위의 지표를 활용하여 우선순위를 매겨 경제성이 높은 구간을 채택하는 방식을 사용했다. IBRD와 ADB를 차관선으로 하여 1972~1992년까지 경제성 높은 구간을 위주로 차관도로사업을 시행하였는데 이 기간동안 순수 내자사업으로 시행한 「일반도로사업」 구간보다 「차관도로사업」 구간이 훨씬 많았다. 이 차관도로사업은 정치사회적 요소 고려없이 순수경제성 위주로 사업을 선정한 결과 우선순위 문제를 제기하는 사람이 없었지만, 일반도로사업은 예산도 총액으로 편성하여 집행과정에서 사업을 선정, 예산을 배분하는 방식을 취하였는데 그 과정에서 당정협의를 거쳐야 했기 때문에 정치적 요소가 개입되지 않을 수 없었다.

[표 3] 차관도로사업과 일반도로사업 비교

	차관도로사업(1972~1992년)	일반도로사업(매년 시행)
사업선정	철저한 경제성분석 결과에 따름	경제성 이외에 사업성도 고려(집권여당의견 일부 반영)
예산편성	계속비 사업	단년도 예산
소요기간	약 5년	7~10년
사업내용	예산편성시 공표(개별예산)	예산편성후 확정(총액예산)
규모	대규모	소규모

도로사업은 지역발전에 엄청난 역할을 하기 때문에 국회의원은 물론 대통령까지도 선거공약으로 많이 활용하고 있었다. 이처럼 표와 직결되는 도로사업이 정치적 영향을 전혀 배제할 수는 없는 것은 비단 우리나라뿐만 아니라 미국 등 선진외국도 정도의 차이는 있으나 마찬가지이다.

도로는 사회경제적 활동(Socio-economic Activity)이다. 경제적 측면과 동시에 지역개발효과 등 사회적 측면도 충분히 고려해야 한다. 더구나 우리나라의 경우 '국토균형개발'은 국토 계획의 최상목표이며 헌법적 가치이다. 따라서 도로사업의 우선순위를 매길 때 이러한 요소들을 충분히 고려할 필요가 있는 것은 사실이다.

정치인들은 일반적으로 지역 균형개발 논리로서 자기지역에 사업을 유치하려고 애쓰고 있었다. 따라서 영리한 도로 실무자들은 가능한 한 차관도로사업처럼 철저한 우선순위를 매겨 예산도 계속비 사업으로 편성하고자 노력했다. 일반도로로 분류되면 사업채택도 어렵거니와 정치권의 끼워넣기 사업이 많기 때문에 소액 분산투자가 되어 완공에 10년이 걸리는 경우도 있었다.

그래서 일반도로사업의 우선순위를 매길 때 아예 균형개발, 공약여부 등 사회성지표를 충분히 고려하는 방법도 써보고, 일정금액을 유보했다가 대통령 지방순시 때 선심을 쓰도록 유도하기도 하였다.[17] 1992년 차관도로사업이 종료되기 이전인 1990년 회계연도 예산 편성시부터는 내자사업에도 「기간국도사업」이란 계속비 사업을 엄격한 경제성 위주로 선정하여 예산에 반영하기 시작하여 10차례에 걸쳤고 2006년부터는 지역간선국도란 이름의 계속비 사업을 8차에 걸쳐 편성해오고 있다.

한편, 「일반도로사업」이란 이름의 도로예산도 2000년대에 들어와서는 '총액 편성'이 아닌 '사전 내역 편성'을 함으로써 정치권에서 개입할 소지를 거의 차단했다. 이렇게 우선순위가 지켜지게 된 데는 다음과 같은 몇 가지 요인이 있다. 첫째, 도로국 실무자들이 사업유형별로 마스터플랜을 만들고 분명한 우선순위를 제시했다.[18] 둘째, 도로사업이 선거에서 차지하는 비중이 줄어들었다. 셋째, 총액 예산 편성방식을 지양하고 사전 내역 편성방식으로 전환했다. 이렇게 되다보니 국회에서 치솟던 도로국장의 인기도 차츰 약해졌다.

2) 예비타당성조사의 허와 실

1999년 당시 정부의 각종 개혁을 주도하던 기획예산처는 「예비타당성조사」라는 다소 낯선 제도를 도입했다. 처음에는 각 부처에서 실시하고 있는 타당성조사를 믿지 못하겠으니 「타당성조사」 자체를 기

17) 전두환 대통령 시절에 일반도로 총액 예산에서 매년 25억 원을 유보하였다.

18) 고속국도, 일반국도, 국도대체우회도로, 국가지원지방로 등 유형별로 우선순위를 정한다. 일반국도의 경우 고속도로경합성, B/C, 네트워크연결성, 시설접근성 등 요소를 종합적으로 고려하여 가중치를 두어 평가하고 있다.

획예산처가 맡아야 한다고 주장했다. 이 주장은 당시 건설교통부 기술진의 반대에 부딪혔다. 건설교통부의 주장은 외국 어디에도 타당성조사는 각 부처의 업무이고 예산당국은 예산편성기법 개발에 주력해야 한다는 논리였다. 이에 기획예산처는 「예비타당성조사제도」를 도입하겠다고 나섰다. 타당성조사비도 규모가 너무 커서 위험 부담이 있으니 타당성조사비 편성여부를 조사하겠다는 것이었다. 말하자면 예산심의제도의 한 가지 수단이라는 것이었다. 이 제도가 시행되자 기획예산처는 500억 원 이상의 공공사업은 KDI(한국개발원)[19]에 예비타당성을 검증하도록 하였다.

그런데 이 예비타당성조사라는 것은 사실상 타당성조사를 대체하고 있는 셈이 되었다. 사용지표도 비용편익비(B/C)를 사용하는 등 타당성조사와 차별화가 안 되는 방식이었다. 따라서 당초 '타당성 조사비 예산 반영 여부'를 검토하기로 했던 의도는 없어지고 또 다른 타당성조사로 굳어지고 말아 '사업성평가'라는 부처고유업무는 사실상 소멸된 것이다. 필자의 생각으로는 B/C라는 지표를 사용하더라도 예를 들면, B/C = 0.8~1.2 등 범위를 제시하고 자세한 B/C는 본 타당성조사에서 결정하도록 한다든지, '상', '중', '하' 등급으로 사업을 평가하여 '상'급 사업은 바로 타당성조사로 넘어가고 '하'급은 제외하고 '중'급은 타당성조사 결과에 따라 추진여부를 결정하기로 하는 방식이 필요하다고 본다. 조사 자체도 소액의 예산으로 단기간에 약식 검토하는 수준에 지나지 않으니까 말이다.

19) KDI는 공공투자관리센터(PIMAC)란 조직을 만들어 예비타당성조사, 민간투자사업의 사업성평가 등 업무를 담당하고 있다.

4. 대한민국 도로의 표준골격 「7×9 국토간선도로망」 계획

앞으로의 도로가 눈부시게 발전할 것이라는 비전은 곧 질과 양적인 측면에서 우리 도로 모습이 달라지는 것을 의미한다. 양적인 면에서의 변화의 예고는 바로 7×9 국가간선도로망의 확충계획이다. 급증하는 교통수요에 대비하면서도 국토를 효율적으로 활용해 전 국토가 고르게 발전하자는 취지의 계획이다.

과거 제3공화국이나 제5공화국 시절엔 고속도로 건설계획을 대통령이 직접 짰다. 당시엔 대통령이 최고의 도로계획가였다. 경부고속도로를 입안하고 노선을 정한 사람도 박정희 대통령이었다. 또 5공 당시 만든 88올림픽고속도로도 당시 전두환 대통령의 작품이었다. 하지만 1984년부터는 이러한 하향식, 임기응변식 도로계획에 문제를 제기하면서 대안을 제시하고자 하는 움직임이 있었다. 건설부 도로국 도로계획과에서는 「전국도로망체계조사」란 용역을 국토연구원에 의뢰하여 국토계획이란 틀 안에서 국가의 장래를 내다보며 간선골격망 네트워크를 제시하도록 하였다.

정부와 연구원 측은 처음에는 「7×7 간선골격망」을 제시하다가 수정 보완 작업을 거쳐 최종적으로 「7×9 국토 간선도로망」으로 정립되었다. 이 계획은 1998년에 법정계획인 「도로정비기본계획(1998~2011)」에 반영되었고 1999년에는 철도 등 다른 교통수단을 망라해서 「국가기관교통망계획(2000~2019)」에도 반영되었다. 7×9 간선골격망은 2020년까지 동서 9개 축, 남북 7개 축의 30~40km 간격의 격자형 간선망 약 6,000km를 건설한다는 계획이다.[20]

이 계획 수립 이후 정권 차원에서 새로운 고속도로를 계획하는 일은 없어졌다.

이 「국토간선도로망」의 정립은 다음과 같은 의미를 갖는다. 첫째, 모든 도로망 계획의 상위 계획이다. 둘째, 장래간선망의 비전을 제시한다. 셋째, 고속도로 노선 번호도 원칙적으로 이 망 계획에 의거해서 정한다. 넷째, 원칙적으로 고속도로 급으로 계획되지만 남북 6축(부산 – 봉화 – 양구)처럼 지형적으로 험준한 경우 국도로 대체할 수도 있다. 다섯째, 이 7×9망에 속하지 않는 비골격 고속도로도 부분적으로 생길 수 있다.

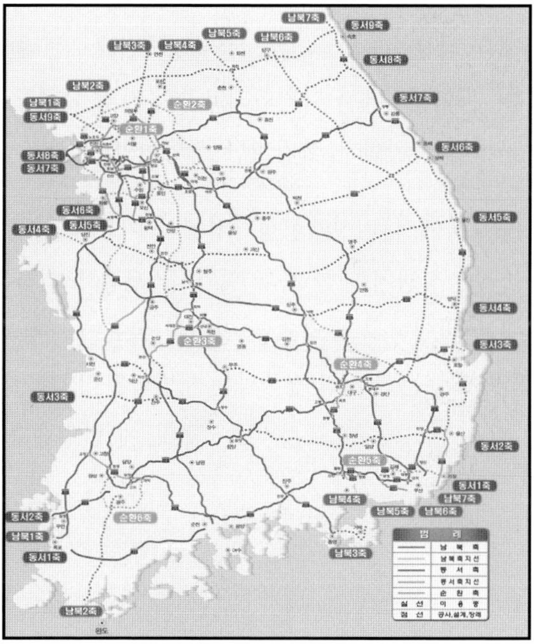

[그림 1] 국토간선도로망

20) 남인희(2006), 남인희의 길이야기, p.82

5. 교통정책 패러다임의 변화 : 양적팽창에서 질적 향상으로

1997년 20세기 말이 가까워지면서 건설교통부 도로국 도로정책과 주도로 도로정책에 대한 반성과 회고의 분위기가 있었다. 해방 당시 24,000km에 불과했던 전국의 도로연장이 1997년에 85,000km에 이르게 되었고 도로포장율도 해방 당시 4.3%에서 75%에 이르렀고 고속도로현장도 2,000km에 육박하는 등 엄청난 양적팽창을 이룩했다.

이러한 놀라운 양적팽창은 정부의 지속적인 성장 중심의 정책에 기인하였다. 앞서 살펴본대로 그동안 도로 정책 및 사업방향은 국가경제의 발전을 뒷받침하는 도로건설 및 확장에 치중했다. 그러나 그동안 유지해온 정부주도의 공급중심의 정책만으로는 한계를 노출하기 시작했다. 사회·경제가 다원화되고 이용자의 요구도 다양해져 도로정책에 근본적인 변화가 불가피한 상황이었다.

따라서 도로국에서는 정책형성과정에서 이용자인 국민도 참여하도록 하는 한편, 정책에 대한 사후 평가시스템을 도입하는 등 새로운 시대적 요구를 반영하고 도로교통 정책의 목표를 이용자인 "국민의 삶의 질 향상"에 두는 과거의 정책과는 차별화된 「21세기의 도로정책」을 만들어 2005년도의 「도로정비수정계획」에 반영했다.

[표 4] 21세기의 도로정책 방향과 주요 내용

구분				
정책목표	국민 삶의 질적 향상			
정책형성	국민 참여 → ↑ ← 평가시스템 도입			
주요내용	생산도로	안전도로	생활도로	환경도로
	• 7×9 간선망 형성과 도로망 연계성 확보 → 반일생활권 실현 • 도시 순환/우회도로 건설 → 도시교통난 해소 • 투자우선순의 정립 효율성 제고	• 유지·관리 과학화 → 안전성 확보 • 위험지구 정비 • 첨단도로 건설 및 유지·관리기술 개발	• 정보통신기술을 도로운영에 접목(ITS 등) • 도로표지 선진화 • 도로 등급별 상호연계 강화	• 환경친화적 도로건설 • 환경보호시설 확충 • 인간중심의 도로설계
정책방향	빠른 도로	튼튼한 도로	편리한 도로	인간중심 도로

자료 : 건설교통부, 도로정비수정계획, 2005.

위 정책에 의하면 정책의 기조를 '빠르고', '튼튼하고', '편리한', '인간중심의 도로'로 설정하고 이 내용은 국민들이 생활 속에서 쉽게 정책을 알 수 있도록 '생산도로', '안전도로', '생활도로', '환경도로'로 명명하고 있다. 이처럼 21세기는 도로정책의 목표가 단순 '양적 확대'에서 안전, 이용자편의, 환경 등 이용자 위주의 '질적 향상' 차원으로 패러다임이 바뀌는 시기였다.

6. 지방자치단체 소관 도로에 대한 정부지원 방식의 변화

1) 도로의 분류와 도로관리청

현행 도로법의 규정에 의하면 도로는 도로를 계획, 건설, 관리하는 주체에 따라서 고속국도, 일반국도, 특별·광역시도, 지방도, 시도, 군도, 구도 등 7개 종류가 있다. 이 중 국토교통부장관은 원칙적으로 고속국도와 일반국도의 도로관리청으로서 건설·관리 업무를 담당하는데 고속국도의 경우 한국도로공사 사장으로 하여금 업무를 대행하게 하고 있으며 일반국도 중 시 관내 국도의 경우는 예외적으로 해당 시장이 담당하고 있다. 또 도지사가 관리청이 되는 지방도 중 중요기능을 갖는 노선을 국가지원지방도로로 별도로 구분하여 이의 건설비용(유지보수비 제외)만큼은 국토해양부장관이 보조하고 있다.

그리고 특별·광역시도나 시도, 군도 등의 경우 해당 특별·광역시장, 시장 군수가 각각 관리청이 되는데 자기 비용으로 건설, 관리한다. 물론, 국토교통부 장관은 특별한 사유가 있으면 하급도로에 대한 비용을 지원할 수도 있다. 도로의 총괄 관리청인 국토교통부 장관은 지방도와 군도 등 지방자치단체장이 관리청이 되는 도로에 대해서도 필요할 경우 국고지원을 할 수 있는데 시대별로 그 지원형태에 대해 살펴보기로 한다.

2) 하급도로에 대한 국고 지원 방식의 변천

(1) 국고보조사업

1980년대 초기 열악한 지방도, 군도 포장 사업을 통해 지역간 균형발전과 도·농 간 격차를 해소하고 농어촌 소득 기반 확충을 위해 내무부는 1981~1985년 기간 중 4,200억 원을 은행으로부터 차입하여 1,944km를 포장하면서 그 원리금 상환을 사후적으로 국가예산에 반영토록 했다. 물론 정치권과 협의한 비정상적 행태의 사업이었다. 이것이 재정질서를 교란시키는 행위라는 논의가 있자, 사전에 국가예산에 반영하여 지원키로 했는데 1988년 당시 건설부와 내무부 중 어느 부처의 예산으로 편성할 것인가를 두고 정부부처 간 논쟁이 있었다.

건설부의 주장은 도로법상 도로총괄청으로서 하급도로를 지원할 수 있는 근거가 있을 뿐만 아니라 지방도는 국도에 연결된 도로이기 때문에 도로 연계성을 확보하기 위해서 건설부 소관으로 해야 한다는 것이었다. 내무부는 지방재정을 지원하는 차원에서 또 지방도로 기채사업을 담당한 경험을 내세워 자기 소관임을 주장했다. 그래서 건설부 도로국에서는 경제기획원 예산실을 상대로 설득작업에 들어갔고 내무부에서는 선거와 관련성을 내세워 정치권에 호소하는 양상도 전개되었다.

예산 당국에서는 KDI(한국개발원) 주관으로 토론회를 개최하여 결론을 내기로 결정하였다. 물론 예산당국도 건설부의 논리에 손을 들어주고 싶지만 의견수렴의 절차가 필요하다고 판단하고 있었다. 이때, 건설부 실무자들은 국도도 포장이 안 된 상태에서 연결 지방도가 먼저 포장된 사례 몇 개를 들어 집중 공략을 하여 판정승을 거두었다. 이에 따라 1989년부터 1990년까지 2년간 건설부가 주무부처가 되어 지방도, 군도 포장 사업을 장악하게 되었다. 이 당시는 각 시도 도로 담당 공무원들은 건설부에 올라와서 사업설명을 하느라고 바쁜 시기였다.

(2) 지방양여금사업

건설부에 지방도·군도에 대한 예산권을 넘겨준 내무부는 절치부심하면서 「지방양여금법」이라는 새로운 형태의 법률을 제정하여 지방 도로 업무를 다시 가져가려고 시도했다. 지방양여금이란 중앙정부에서 지방정부에 국고지원하는 방식의 하나인데 지방교부세가 용도 구분없이 포괄적 지원 방식이고, 보조금은 대상사업을 명시하여 지원하는 방식(예를 들면, 지방도 415호선 ○○~○○간 포장사업)인 데 반해 양여금은 '지방도·군도 사업'으로만 지정하여 지방도, 군도이기만 하면 사용할 수 있는 예산이다.

당시 건설부 실무자들은 양여금 지원 대상을 왜 하필 도로사업으로 하느냐, 지방도로 사업이야말로 국도 등 상위도로와의 연계성 확보가 필수적이므로 이런 사업이야말로 보조금의 성격에 딱 맞는 사업일뿐더러 외국의 사례도 인용하면서 논리를 내세웠다. 내무부는 당시 실세인 노태우 씨가 장관을 맡고 있던 상황이라 건설부장관도 반대 의견을 내세우지 못하고 오히려 협조하라는 태도를 보였다. 이렇게 하여 1990년 12월 지방양여금법이 제정되어 1991년부터 지방도로 지원 업무가 내무부로 다시 넘어가게 되었다.

(3) 국가지원지방도

1990년대에 들어서면서 자동차보유대수가 급격히 증가하고 도로망이 확충되어 생활권의 범위가 넓어짐에 따라 많은 지방도의 기능 또한 종전의 지역 내 교통처리에서 간선망 또는 보조간선망의 역할을 하게 되었다. 그래서 당시 건설교통부에서 상당수의 지방도를 국도로 승격시키는 것이 필요하다고 판단하였다. 도로법상 국도란 '전국의 주요도시, 비행장, 주요항만 등을 연결하면서 국가기간 도로망을 이루는 도로'로 정의되었기에 지방도 중 노선이 어느 도(道)에 국한(intra-province)되지 않고 도 간을 연결(inter-provine)하는 도로 중 주요노선 3,512km를 국도로 승격하는 안을 만들었다. 그러나 이 안은 당시 재경원예산실의 반대에 부딪혔다.

예산실에서는 타당성은 인정이 되나 규모가 너무 크고 국고부담이 많이 수반된다는 논리였다. 그래서 절충된 것이 「국가지원지방도」였다. 도로등급은 지방도지만 기능이 중요하므로 건설비용만은 국가가 지원하는 방안이었다. 조사설계는 국가가 시행하고 공사비도 전액 지원하되 용지보상비・유지보수비는 지자체에서 부담토록 하고 있다.

(4) 대도시권 포장도로 개선

(가) 도시가로망 정비 사업

1988~1991년 기간 중 건설부에서는 지자체 소관도로이지만 간선기능을 하는 시 관내 도로 중 시급한 사업을 지원하기 위하여 「도시가로망 정비사업」을 실시하였다. 1988년에 사업비가 100억 원이던 것이 1991년에 1,100억 원으로 소요가 크게 늘어나서 우려하던 차에 때마침 지방양여금법이 제정되자 기능 이관이 되어 이 사업은 중지되었다. 그러나 이 사업은 중앙정부가 처음으로 도심지 도로에 대한 관심을 나타냈다는 점에서 큰 의미가 있다. 국민의 입장에서 볼 때는 그 도로가 어느 기관의 소관인지는 중요하지 않다는 측면에서 진일보된 정책이기도 했다.

(나) 대도시권 교통혼잡도로 지원

2006년부터는 부산 · 대구 · 광주 · 인천 · 울산 · 대전 등 대도시권의 도로 중 혼잡구간을 우회하는 도로, 고속도로와 자동차 전용 도로와 연결되는 도로, 공항, 항만, 산업단지, 물류단지 등을 연결하는 도로의 혼잡을 개선하고자 하는 국고지원 제도가 또 다시 생겨났다.

조사설계비는 국고 부담, 건설비는 국가와 지방정부가 50:50의 매칭(Matching), 용지비는 지자체 부담 방식이다. 예산규모는 2006년의 300억 원에서 2014년에는 1,423억 원으로 대폭 증액되었다.[21)]

(5) 광역도로사업

1994년 12월 건설부와 교통부가 통합되어 건설교통부가 발족함에 따라 대도시의 교통문제를 좀 더 종합적이고 효율적인 방법으로 해결할 수 있게 되었다. 1997년 「대도시권광역교통관리에 관한 특별법」이 제정되어 대도시의 교통문제를 광역적 차원에서 효율적으로 해결하기 위한 법적 근거가 마련되었다. 이 법에 따라 건교부장관은 광역교통기본계획을 수립하고 2개 광역시를 통과하는 도로나 철도 등을 '광역도로' 또는 '광역철도'로 지정하여 보조금을 지급하도록 하였다.

당시, 지자체 경계선에서 도로가 단절되거나 차선수가 안 맞아 병목구간을 초래하는 경우가 허다하였다. 1998년부터 건설교통부는 「대도시광역교통기획단」과 「광역교통시설특별회계」를 운영하는 등 의욕적으로 업무를 수행하였다. 이렇게 특별법을 정하면서까지 도시교통 문제를 해결하고자 하는 노력은 기존의 법 논리보다는 국민들의

---

21) 국토해양부, 도로업무편람, 2014, p.143

통행권을 우선시하는 정책의 표현이었다.

7. 도로표지판의 획기적 개선

많은 사람들이 지적하고 있었던 도로표지판의 개선문제와 관련하여 정부는 지속적으로 대책을 수립, 시행해왔지만 계속 비난의 대상이 되어온 것도 사실이다. 최근에는 자동차에 장착된 내비게이션(Navigation)장치 덕분에 목적지에 가기가 한결 편리해졌으나 아직도 도로표지판은 중요한 역할을 하고 있다.

2003년 건설교통부 도로국에서는 표지판 문제를 근본적으로 해결하고자 인터넷에 전국의 도로표지정보를 관리·분석·공유할 수 있는 도로표지 전산관리시스템을 개발하고 이를 운영할 「도로표지통합관리센터」를 설립했다. 이 센터의 기능은 기존 도로상의 모든 표지판은 데이터베이스화해서 분석하고 잘못된 표지판은 관할 도로관리청으로 하여금 개선을 권고하는 것 이외에도, 신설·개축하는 간선도로(지자체소관도 포함)의 표지판에 대해서는 설치 전 적정성을 검토하도록 하여 잘못된 표지 발생을 원칙적으로 예방하고자 하는 것이었다.

이렇게 하여 도로이용자의 만족도 향상은 물론 도로이용 효율을 향상시켜 교통소통원활도 기대할 수 있게 되었다.[22] 한편 도로표지에 대해 일반 국민이 직접 참여하고 광범위한 의견을 제시할 수 있도록 인터넷 웹사이트를 개설·운영해오고 있다. 이 정책은 앞서의 「21세기 도로정책」에서 제시된 바와 같이 국민참여, 사후평가 등의 시책

22) 이데일리, 2003.10.13.

과도 들어맞는 것이라 할 수 있다. 도로국에서는 위 센터에서 표지판을 심사·분석할 때의 기준도 3가지 제시했다.[23] 첫째, 표지판이 있어야 할 곳에 있는가? 둘째, 있다하더라도 일관성과 연계성이 있는가? 셋째, 짧은 시간에 시인성, 판독성이 가능한가?

첫 번째의 위치문제는 도로갈림길 전방에 예고표지, 본표지 등을 이용자들이 주목해야 할 위치에 제대로 설치되었는가를 살피는 일이 제일 중요하고, 두 번째의 일관성·연계성 문제는 매우 복잡한 문제가 내포되어 있다. 당시 전국의 도로에 설치된 표지판은 약 13만 개에 달하고 이를 제작·관리하는 기관은 무려 280여 군데에 이른다. 예를 들면, 전국의 시, 군, 지방국토관리청, 국토관리사무소 등으로 나누어져 있어 표지내용에 일관성·연계성이 없는 것이 문제였다. 국도1호선을 타고 평택으로 가려면 표지판을 설치하는 기관이 서울시, 안양시, 수원시, 화성시, 평택시 등 여러 군데로 분산되어 있다. 따라서 이들 기관은 스스로 판단한 지명을 안내하고 있어 이용자 입장에서 볼 때, 일관성, 연계성이 없어 헷갈릴 수 밖에 없었다. 셋째의 시인성·판독성 문제는 눈에 잘 띄는 곳에 있고 표지판이 주는 메시지가 짧은 시간에 전달되느냐의 문제이다.

2003년 5월 한국건설기술연구원에 위의 센터를 설치하고 연차적으로 개선해오고 있다. 데이터베이스에 등록된 표지판을 도상 시뮬레이션으로 하나 하나 조사 또는 현지점검하고 민원인의 신고도 받아 검토후 바로 잡는 방식을 택하고 있다. 또 새로운 도로가 건설되면 해당 기관은 표지판 설계도와 위치를 표시하여 이 센터에 의뢰하면

23) 남인희, 남인희의 길이야기, 2006, p.313~314

이 센터에서는 앞서 설명한 세 가지 원칙에 따라 주변에 설치된 다른 기관에서 관리하는 연결도로와 상호 연계성과 일관성을 확인하고, 위치, 시인성, 판독성도 살핀 후 수정한 설계도를 해당 기관에 통보를 하고 있다. 2014년까지 위 센터에서는 기존 도로표지판 91,344개소를 검토, 조정했고 31,946개의 신설 도로표지를 검토, 지원한 바 있다.

이러한 간단하면서 획기적인 시책을 꾸준히 시행해온 결과 최근에는 표지판 문제가 크게 해소되었다고 평가할 수 있다.

8. 성수대교의 붕괴와 교량의 안전관리 특별대책

1) 성수대교와 미나토교

1994년 10월 21일 발생한 성수대교의 붕괴는 교량 등 시설물 안전관리제도를 정착시키는 계기가 되었다. 성수대교는 1977년 4월에 착공해 1979년 10월 서울시에서 건설해 개통되었다. 그런데 이 다리는 1974년에 완공된 일본의 미나토교라는 다리와 같은 구조였다. 단지 트러스의 핀 구조만 약간 다를 뿐 두 다리는 설계 면에서 거의 흡사했다. 그리고 바로 이 때문에 붕괴의 운명을 맞고야 말았다. 과연 무엇이 문제였을까?

먼저 성수대교를 만든 배경부터 살펴보면, 1976년 당시 박정희 대통령의 제안에서 비롯된다. 박 대통령은 잠수교 준공식에서 "우리 안보를 위해서 제2의 잠수교를 만들자"고 의견을 내놓았다. 평소엔 다리 역할을 하다가 전쟁이라든가 유사시엔 적의 침투를 막기 위해 순식간에 끊어버릴 수도 있는 교량을 만들자는 안이었다.

그런데 건설부에서 다른 의견을 내놓았다. 유사시에 끊어버릴 수 있는 다리보다는 폭파하기 쉬운 다리를 만들자는 것이었다. 결국 이 안이 채택되어 다리를 건설하기로 했다. 이때 선택된 안이 바로 일본의 미나토교를 본뜬 것이었다. 핀 구조로 돼있어 유사시에 핀만 뽑으면 붕괴시킬 수 있으므로 대통령이 강조한 안보적 측면에도 들어맞는다고 보았기 때문이다. 또 무슨 공사든 보통 설계를 마친 후에 공사에 들어가는 게 원칙이지만 '빨리빨리'가 미덕이던 그 시절 하루라도 빨리 다리를 건설하기 위해 설계를 하면서 한쪽에서는 시공을 하는 이른바 '패스트트랙(Fasttrack) 공법'을 도입했다.

문제는 미나토교를 모방하되, 겉만 그럴듯하게 본떴을 뿐이지, 그 안전성까지는 제대로 모방하지 못했다는 데 있었다. 미나토교의 설계방법은 일본 토목학회 학회지에 발표된 적이 있는데, 바로 그 자료만을 토대로 설계에 들어간 게 일차적인 실수였다. 이 같은 트러스 구조의 경우, 안전하게 용접하는 것이 무엇보다 중요한 기술인데, 성수대교는 이 일부 부재에 용접이 제대로 안 되어서 붕괴되고 만 것이다. 기술을 모방하는 건 좋지만 모방하려면 제대로 해야지, 대충 하니까 이런 문제가 생기고 만 것이다.

2) 시설물의 안전관리에 관한 특별법 제정과 교량관리

1992년에 발생한 남해창선교와 신행주대교의 붕괴사고에 이어 1994년 성수대교의 붕괴사고가 연이어 발생하자 시설물의 관리체계를 획기적으로 개선하기 위한 노력이 있었다. 당시 정부는 물론 국회의 현안 문제도 시설물 안전관리 대책마련이었다. 정부는 교량, 터널, 항만, 댐, 건축물 등 공공시설별로 안전대책 마련에 들어갔다. 원인분석과 함께 대책 마련을 위해 국내외 전문가 자문과 공청회 등을 거쳐 대책이 마련되었고 이를 토대로 1995년 4월 「시설물의 안전관리에 관한 특별법」이 공표되었다.

그 주요 내용을 보면, 건설교통부 장관은 매 5년마다 시설물의 안전 및 유지관리에 관한 기본계획을 수립하도록 하고, 시설물의 안전조치로서 시설물의 관리주체는 「안전점검」(정기점검, 정밀점검, 긴급점검)을 실시하도록 의무화했으며 필요시 안전진단전문기관에게 안전점검을 의뢰할 수 있도록 하였다. 또 사장교, 현수교 등 주요구조물(1종 구조물)은 별도로 자격을 갖춘 기관으로부터 「정밀안전진단」도 실시하도록 하고 내진 성능도 평가하도록 하였다. 이와 함께 「시설안전공단」도 건설교통부 산하에 설립되어 주요 안전관리업무를 위탁 받았다. 또 부실벌점을 받은 건설업체에 대해서는 입찰참여를 제한하기도 하였다. 1997년 법 개정시에는 건설 공사시 「안전관리계획」의 수립도 의무화하였다.

이 교량의 안전관리는 시설물 안전관리의 핵심 사항이다. 모든 교량의 건설・보수 이력을 작성하여 데이터베이스화하는 한편, 교량별로 점검 카드를 만들고 점검자, 점검일시, 점검 내용 등을 상세히 기록하도록 제도화하였다. 이런 제도를 시행하는 데는 엄청난 비용과 인력이 추가로 소요되고 있긴 하지만 1994년 이전에 빈번하던 크고 작은 교량 붕괴 사고는 사라졌다.

이런 과정을 돌이켜 보면, 2014년 4월에 발생한 세월호 침몰사고 후속 대책과 비교가 된다. 공식적인 세월호의 침몰원인을 밝히기는커녕 진상조사위원회 구성도 되지 않고 있다. 시설물의 경우도 선박 관리처럼 안전상 허술한 부분이 있었으나 이러한 철저한 대책마련으로 더 이상 문제가 발생되지 않았던 것처럼 선박 안전관리부문의 대책 마련에도 벤치마킹이 되었으면 한다.

9. 민간투자사업의 시행

1) 민간투자사업의 개념과 추진배경

민간투자사업이란 전통적으로 정부예산으로 건설, 운영하여 온 도로, 항만, 철도, 학교, 환경 등의 사회기반시설을 민간의 재원으로 건설하고 민간이 운영함으로써 민간의 창의와 효율을 도모하고자 하는 사업을 말한다.

우리나라 경제규모가 확대되면서 도로 · 철도 · 항만 · 공항시설 · 전력 · 하수처리시설 등 인프라시설의 부족문제가 발생하였다. 이 같은 문제를 해결하기 위해서는 사회기반시설에 대한 투자를 더욱 늘릴 수밖에 없으나 세수를 늘려 필요한 투자비를 마련하는 것은 한계가 있을 수 밖에 없다. 더욱이 1990년대부터는 국민들의 소득수준이 향상되면서 여가 등 복지수요가 급속하게 증가하였고, 지방화 · 개방화도 급속히 진행되었다. 개발시대의 성장정책에 밀려 소홀히 취급되었던 복지, 교육, 환경 등에 대한 투자수요도 급증하였다.

결국 정부는 이와 같은 투자재원 부족문제를 해결하기 위한 방안으로서 사용자부담원칙의 적용이 가능한 사업들을 중심으로 민간자본의 유치방안을 모색하였으며, 지난 1994년 "사회간접자본시설에 대한 민간자본유치촉진법"을 제정하였다. 1998년 12월에는 민자유치촉진법을 민간투자법으로 대폭 개정하고, 2005년 1월 민간투자사업을 활성화하기 위하여 민간투자사업 대상시설의 범위와 사업의 추진 방식을 다양화하고, 기존 제도의 운영상 나타난 일부 미비점을 보완하여 "사회기반시설에 대한 민간투자법"으로 법명을 변경하여 오늘에 이르고 있다.

그런데, 1994년의 최초 법률을 기획하고 초안을 작성한 곳은 정부 부처가 아니라 청와대에 설치된 「사회간접자본투자기획단」이었다. 당시 인천공항의 공사자재 수송을 위해서는 인천공항고속도로가 시급하였으나 예산당국은 이를 제1회 민자사업으로 포함 추진하기 위해 이 법이 제정될 때까지 착공을 못하게 함으로써 자원이 낭비되는 촌극도 있었다.

2) 민간투자사업의 특징

민간투자사업은 기존의 재정사업과 달리 민간이 재원을 마련하여 시설을 건설하고 정부에 해당시설을 기부채납한 후, 정부로부터 관리운영권을 받아 운영수입으로 투자금을 회수하는 방식이다. 고속도로 분야에 있어서 재정사업과 민자사업의 주요 특징을 비교하면 다음과 같다.

[표 5] 고속도로 재정사업과 민자사업의 비교

구분	재정사업	민자사업
발주청	한국도로공사	민간사업자
관련근거	한국도로공사법, 고속국도법	민간투자법
사업선정	중장기 투자계획	수익성 전체 정부고시 또는 민간제안
재원조달	정부출자 및 도공 자체조달	민간직접출자 및 Project Financing 을 통한 금융차입
투자결정	공공적 편익비용 분석 (경제적 타당성, 지역개발효과 등)	투자와 회수비용에 대한 재무 등 수익성분석(재무적 타당성)
통행료산정	정부 요금정책 및 국민경제 부담을 감안한 요금(통합채산제)	투자비와 기회비용을 일정기간(30년) 동안 회수할 수 있는 요금(독립채산제)

자료 : 최봉환, 고속도로정책의 이해, 2009, p.230

3) 민간투자사업의 변천과정

우리나라의 민간투자제도 발전과정은 크게 4기로 구분할 수 있다. 제1기는 개별법에 의해 민간투자사업이 추진되던 시기로서 지난 1960년대부터 민자유치촉진법이 제정된 1994년 8월 이전까지이고, 제2기는 1994년 8월 이후부터 「사회간접자본시설에대한민간투자법」이 전면 개정되어 적용되기 전인 1999년 8월 이전까지이다. 제3기는 1999년 8월부터 운영수입 보장이 폐지되기 전인 2005년까지, 제4기는 2006년부터 현재까지이며, 각 기간별 특성은 다음에 나타낸 바와 같다.

(1) 제1기(1968~1994년)

대부분의 SOC 투자가 정부 주도의 재정사업으로 추진되었으며, 투자재원 부족문제를 해결하기 위해 1968년부터 도로법, 항만법 등 개별법에 의해 일부시설에 대한 민간투자사업을 추진하던 시기이다.

(2) 제2기(1994~1999년)

민자유치촉진법의 제정을 통해 민간투자사업 추진절차가 명확해지고 정부가 매년 「민자유치기본계획」 수립을 통해 대상사업을 고시하는 등 수동적인 정책에서 능동적인 정책으로 전환된 시기이다. 그러나 「민자유치촉진법」 제정 이후 대상사업 선정의 잘못, 금융시장 여건의 미조성, 사업추진 경험의 부족, 민간 및 정부의 사업추진 역량 부족 등과 1997년 말 외환위기 등으로 사업추진실적이 저조하였다.

정부는 투자 확대를 통한 경기 부양, 외국인 투자 유치를 통한 국가신인도 제고 및 외환위기 극복 등을 위한 대안의 하나로서 민간투자사업 활성화의 필요성이 제기되었고, 1998년 12월 「민자유치촉진법」을 전면 개편한 「민간투자법」을 제정하는 등 대폭적인 제도개선을 꾀한 시기이기도 하다. 인천공항고속도로를 시작으로 천안~논산 고속도로 등 정부고시사업에 의한 민간투자사업이 주로 추진되었다.

(3) 제3기(1999~2005년)

정부는 「민자유치촉진법」의 문제점을 해소하고 부족한 SOC 시설을 확대하기 위하여 민자유치 종합대책을 수립하고, 「민간투자법」 개정을 통해 국제적 관행과 룰에 맞는 제도와 사업 추진절차 확립, 투명하고 간소한 절차를 마련하여 투자자의 신뢰와 경쟁 유도, 적정한 투자수익 보장과 합리적 위험분담을 통한 투자의 안정성 확보와 민간의 창의와 효율을 유도할 수 있는 인센티브 제공 및 민간책임의 명확화 등 그동안 제기되었던 여러 가지 문제점을 해결하였다. 1998년 12월 「민간투자법」으로 전면 개정이 이루어진 이래 여러 번의 법령 및 시행령 개정이 있었으며, 2005년 1월에는 「사회기반시설에대한 민간투자법(2005년)」으로 법명을 변경하고 민간투자사업의 대상시설과 시행방식을 추가하였다.

(4) 제4기(2006년~현재)

민간투자사업에 대한 기존 운영수입보장제도(MRG : minimum revenue guarantee)에 대한 문제점을 대폭적으로 개선한 시기로서 정부고시사업은 MRG를 당초 90% 수준에서 65~75% 수준으로 축소하고 민간제안사업의 MGR는 폐지하였다. 또한, 이 시기에는 우후죽순처럼 수많은 민간제안사업이 제안되었으며 과다한 경쟁으로 인한 사업수익률이 하락되고 2008 말 금융위기로 어려움을 겪기도 했으나 국제 저금리 기조가 유지되면서 투자대상으로 다시 각광을 받고 있다.

현재 공용중이거나 공사중인 국토교통부 도로국 소관 민자고속도로는 총 18개 노선이고, 이 중 공용중인 노선은 천안－논산, 대구－부산, 일산－퇴계원, 부산－울산, 용인－서울, 서수원－오산, 서울－춘천, 평택－시흥 등 8개 노선이며 인천－김포, 안양－성남, 수원－광명, 상주－영천, 광주－원주, 서울－부산, 구리－포천, 광명－서울, 오창－옥산, 부산신항배후도로 등 10개 노선이다.

4) 민간투자사업의 문제점과 평가

(1) 높은 통행료 수준

현재 운영중인 서울－춘천, 부산－대구, 천안－논산 등 고속도로의 평균 통행료는 한국도로공사요금의 1.85배에 달하고 있다. 상대적으로 통행료가 높은 사유는 한국도로공사의 경우 정부보조금(용지비 전액과 공사비의 50%)을 지급받고 있고 운영단계에서 통행료수입에 대한 부가가치세도 면세 받고 있기 때문에 직접 비교는 조금 무리가 있어 보인다. 그러나 국민들 입장에서 볼 때는 민자사업의 통행료가 상대적으로 매우 높은 수준이기 때문에 항상 민원을 야기하고 있다. 따라서 정부에서는 자금재조달시[24] 발생하는 이익을 출자자와 정부가 일정비율을 정해 공유하도록 하여 발생하는 정부측 이익을 통행료 인하에 활용하고 있다.

---

24) 최근의 금리가 계속 하향조정되고 있기 때문에 사업자는 금리가 낮은 출자자를 찾아 자금재조달행위를 하는 사례가 빈번해졌다.

한편 2006년 이후 착공사업은 통행요금을 높게 제시하면 사업채택이 안 될 수도 있었다. 또 이때부터 민자시장에도 경쟁구도가 성립되어 낮은 통행요금을 제시한 회사가 사업시행자로 지정받을 수 있었기 때문에 보통 한국도로공사요금의 1.3~1.4배 수준을 넘지 않게 되었다. 필자는 통행요금이 한국도로공사요금의 1.5배 이하에서는 이용자의 '기꺼이 지불용의(willingness to pay)'가 생기고 민원도 발생되지 않을 거라고 생각한다. 왜냐하면 이용자들은 만일 민자사업으로 시행하지 않는다면 사업이 언제될지도 모른다는 것을 알고 있기 때문에 그 정도는 감내한다고 보기 때문이다.

(2) 운영수입보장으로 인한 국고 지원 과다

전술한 바와 같이 1994년 운영수입보장 제도가 시행된 초기 단계에서는 사업 추진의 경험 부족과 금융시장 여건의 미조성 등의 사유로 관심있는 업체가 별로 없었다. 따라서 최소수익보장(MRG)라는 특혜를 주어가면서까지 유치하고자 노력했는데 이 MRG 때문에 정부에서는 매년 수천억 원을 지급하는 예산이 발생하고 있다.[25)]

물론 사업시행자가 통행량 예측을 터무니없이 높게 책정한 것도 국고지원 과다의 요인이 될 수 있다. 이 통행량은 국내외 교통전문기관에서 검증을 받았는데 이 기관에서 예측을 잘못한 탓이 크다고 판단된다. 또, 교통량이 IMF 사태 이후 크게 하락한 것도 한 원인이 될 수 있겠다.

그러나, 2000년대 초반에 들어서 IMF사태가 진정되고 경제가 회복되자 건설업계에서 민자사업에 대해 많은 관심을 갖게 되었다. 당

25) 2013년 기준으로 인천공항고속도로 1,021억 원, 천안-논산 454억 원, 대구-부산 839억 원 등이다.

시 건설교통부 도로국에는 약 20여 건의 사업제안이 접수되었다.[26] 이렇게 경쟁구도로 되자 2004년 도로국에서는 타부처에 앞서 MRG를 없애기로 하였다. 그 후 2006년에 이르러 전 부처의 모든 민간제안사업의 경우에도 MRG가 폐지되었다. 그 이후 특혜시비는 거의 없어졌다.

그러나 MRG가 없어지다 보니 특혜시비는 없어진 대신, 건설업체와 금융권에서 투자를 기피해오고 있는 것도 사실이다. 재정여건이 어려운 시기에는 민간의 투자가 활성화될 수 있도록 물꼬를 트는 정책도 필요하다.

(3) 고율의 후순위채 발행

일부 운영중인 민자사업의 경우 최대 연 40~48%에 달하는 고율의 사업시행자가 후순위채를 발행하여 투자자에게 폭리를 취하게 하는 도덕적 해이문제도 발생하고 있다.[27] 이에 따라 정부는 감독명령을 내리고 있으나 소송문제로 번지고 있는 실정이다. 이 문제도 향후 해결해야할 과제이다.

지금까지는 높은 통행료, 과다한 정부보조금 등 시행착오를 겪어왔으나 그동안 개선대책마련으로 문제점은 해소되었다. 정부 재정 운용상 도로 등 사회간접자본분야에 투자할 여력이 현저히 떨어진 상황에서 민간투자는 새로운 대안으로 등장하고 있다.

그러나 고속도로의 경우 긴 노선 중 특정 구간만 민자로 추진하는

---

26) 당시 도로국에서는 이런 사업들의 국가 교통망과의 관련성, 경제성 등을 감안해 우선순위를 매겨 당장 시급한 사업, 보통 시급한 사업, 중장기검토사업으로 분류하였다.

27) 이 투자자는 사업시행자와 같은 그룹 내의 금융기관인 경우가 있다.

것은 재검토가 필요하다. 예를 들면, 서울외곽순환도로(128km) 중 일산 - 퇴계원 구간(36km)만 민자사업으로 시행함에 따라 같은 노선 내에서도 구간별 요금편차가 심하여 비판의 대상이 되고 있음을 간과해서는 안 될 것이다.

IV 미래를 향한 제언

도로는 건국 이후 지금까지 대한민국이 고도경제성장을 이룩하는데 견인차 역할을 담당해오고 있다. 또한 '사람과 물자의 수송'이라는 본원적 교통기능 이외에도 지역개발을 통한 '국토균형발전의 실질적 구현' 수단으로서의 역할도 해왔다. 정부는 이러한 도로의 역할을 충분히 이해하면서 타 분야에 우선하여 재정투자를 해온 결과 지금은 OECD 국가들 중에서도 결코 뒤지지 않는 도로인프라를 구축하였다. 이러한 외형적 성과 뿐만 아니라 조직, 기술, 재원 조달 등 분야에 있어서도 선진외국에 비해 손색없는 시스템을 갖추게 되었다.

그간의 정책은 사람을 보다 빠르고 안전하게 수송할 수 있도록 새로이 도로를 만들거나 기존 도로를 확장하는 등 주로 물리적으로 도로 용량을 키워가는 업무에 초점이 맞추어져 왔다. 도로 투자에 따른 재정수요가 많다 보니 정부, 지자체, 업계 및 국민이 도로투자에 관심이 있고, 이에 따라서 고속도로/국도, 도로/철도 중복투자 등 투자효율성에 대한 논란도 계속 발생하고 있다. 투자정책과 관련한 정책제언은 다음과 같다.

첫째, 현재 국가의 도로 투자 우선순위는 인구와 자동차가 집중된 도시부보다는 한산한 지방 간선도로 중심이다. 이는 국가와 지자체 간의 기본적인 역할 분담에 그 원인을 찾을 수 있지만, 도로투자의 효율성을 제고할 수 있도록 우선순위의 재정립이 시급하다.

둘째, 인터모달리즘(intermodalism) 강화이다. 전체적인 교통시설의 최하부 체계가 도로망이므로 기본적으로 도로망이 잘 정비되고 타 교통시설과 효율적으로 연계되어야 인터모달리즘을 달성할 수 있다. 따라서, 기존 간선도로와 항만, 산업단지, 공항 등 산업생산 시설과 효율적으로 연계할 수 있도록 지선을 활성화할 필요가 있다.

셋째, 건설투자에만 집중하면서 도로안전, 도로 유지관리 투자는 아직도 소홀하다. 과거 개발연대에 건설한 교량들이 내구연한(보통 50년)에 가까와 지고 있어 이들에 대한 정책적 배려가 중요한 시점에 와 있다.

넷째, ITS기반을 구축하고 있으나 전반적인 도로 정보화는 여전히 미흡하다. 차량 검지방식의 효율화, 도로 구조물 모니터링, 기상정보, 사고/공사정보 등을 효율적으로 관리해야 안전하고 편리한 도로 이용이 가능할 것이다.

다섯째, 친환경 자동차의 개발과 더불어 환경친화적 도로 건설, 지하도로 개발 등에도 정책개발이 필요하다.

마지막으로 정책의 형성과정에서 도로소비자들의 의견을 더 많이 수렴할 수 있는 방식의 확대가 필요하다. 또 정책의 결과에 대한 평가와 반성이 새로운 정책 형성과 피드백(feed back)될 수 있도록 하는 시스템 구축도 필요하다.

항공공항정책의 역사적 변동

09

CHAPTER 09

항공공항정책의 역사적 변동

정일영(한국항공대학교 항공 · 경영대학원 초빙교수)

I 들어가며

1. 개요

우리나라의 항공 공항의 발전은 우리나라 경제 사회 발전과 거의 같은 정비례의 관계로 발전되어왔다. 경제규모가 커지고 매우 빠른 속도로 성장을 계속하면서 항공분야도 거의 동시에 양적인 팽창을 계속 하고 있다. 어느 시기라 할 것 없이 항공분야는 경제 사회 발전을 리드하기도 하고 그 수요증가에 부응하여 발전하기도 했다.

다시 말하면 일차적으로는 해방 이전과 해방 후 1950년대까지는 일반적인 여행 수요에 부응하는 발전 정도라고 하면, 1960년대에 들어서서 경제발전이 빨라지고 경제개발5개년 계획이 적극적으로 추진되면서, 항공의 발전도 계획적으로 경제발전에 맞추는 체계적이고 지속적인 발전이 이루어졌다. 특히 우리 경제가 수출주도형 경제성장전략을 추진하면서 해운과 항공의 중요성이 커졌고, 고부가가치의 가벼운 품목의 수출이 증가하면서 항공수요가 더 커지게 되었다. 1970년대 들어서서 항공수요가 급격히 증가하면서 국영항공사의 한계가 나타나고 공항확장의 필요성이 증가하면서 민간 국적항공사의 발전과 김포공항을 비롯한 지방공항 확충정책이 추진되었다.

1980년대 들어서면서 국제항공노선의 증가와 제2민항의 등장으로 수출과 비즈니스중심의 산업지원항공에서 관광과 서비스가 중시되는 해외여행국민 중심의 항공정책으로 정책의 중심과 가치관의 변화가 시작되었다. 정부주도의 규제와 지원중심의 정책에서 고객이 중시되는 규제완화와 서비스산업으로서의 질이 중시되는 정책으로의 변화가 시작되었다. 정부 정책에 주변 이해관계자와 여론 등이 영향을 끼치기 시작하였다.

1990년대 들어서면서도 항공 공급량 증가 정책은 계속되었고 김포공항이 포화상태에 도달하게 됨에 따라 신공항의 필요성이 대두되었다. 영종도 인천공항이 건설되기 시작하였으나, 급격한 항공교통량의 양적인 팽창은 안전에 문제를 가져왔다. 괌 사고 등 대형사고가 몇 차례 일어나면서 항공안전문제가 크게 부각되었다. 정부의 항공정책도 안전을 더욱 강화하기 시작하였다. 법령이 정비되고 항공안전본부 등 조직도 정비되었다.

2000년대에 들어서면서 인천공항이 성공적으로 발전하고 항공시장규모가 팽창하면서 우리나라 항공위상도 높아지게 되었다. 그동안 세계무대 중심에서 벗어나 있었던 우리나라 항공산업이 여러 우여곡절을 겪은 후 50년 만에 UN ICAO (International Civil Aviation Organization, 국제민간항공기구)의 이사국으로 진출하게 되어 명실상부하게 세계항공을 리드해나가는 항공선진국이 되었다. 또한 안전과 보안평가에서도 세계 최고의 평가를 받았다.

2. 주요항공정책의 추진

건국 후 그간 여러 가지 항공정책이 추진되어왔으나, 이하에서는 시대별로 항공정책의 변화가 왜 일어났는지 누가 주도했는지 법령과 조직, 사람은 어떻게 변화되어왔는지를 분석하고자 한다. 특히 인천국제공항 건설, 복수항공사 경쟁시대, 항공자유화정책, 국제민간항공기구 이사국 진출, 세계 최고의 항공안전과 보안, 저비용항공사 시대 개막 등 우리 항공역사에 있어 중요한 획을 그었던 정책에 대해서는 좀 더 구체적으로 살펴보기로 한다.

II 항공정책의 형성과 변천

1. 정부수립 이전의 항공

우리나라에 비행기가 처음 모습을 보인 것은 미국 라이트형제의 최초 비행이 성공한 1903년보다 10년 후인 1913년으로서, 용산 연병장에서 일본 해군장교가 첫 비행을 하였다고 한다. 1916년에는 여의도에 국내 최초의 비행장이 건설되었고, 1930년에는 조선비행학교도 설립되었다. 1939년에는 현재의 김포비행장이 70여 만평 규모로 건설을 시작하여 1944년에 완공되었다. 미국을 비롯한 세계 선진국들의 비행기가 우리나라에 들어왔으며, 우리나라 최초의 정기항공노선은 1929년에 일본이 동경과 중국 대련을 연결하는 노선을 개설하면서 중간기착지로 대구/서울/평양운항이 시작되었다. 그 후 서울과 울산을 연결하는 단독노선이 개설되었다.

2. 항공 준비시대

정부수립 이전에 여러 가지 모습으로 항공의 기초가 마련되었으나, 본격적인 민간 항공시대는 1948년에 대한국제항공사가 대한국민항공사(KNA, Korea National Airlines)로 발전하면서 시작되었다. 대한국민항공사는 국내선으로 서울/강릉 등의 노선을 1948년 10월에 운항하기 시작하였으며, 국제선은 1954년에 서울/대만/홍콩 국제노선부터 주1회 운항을 시작하였다. 수요의 증가로 동선을 주3회로 증편하였고 서울/홍콩노선은 직항을 시작하였다. 이러한 민간항공의 시작은 1949년에 한/미 잠정항공협정을 시작으로 한/영, 한/대만 잠정항공협정이 계속 체결됨에 따라 국제선 운항의 기반이 마련된 것에 따른 것이다. 그러나 대한국민항공사는 적자가 계속 누적되어 1962년 해산되었다. 동 시기에 외국항공사로서는 1949년에 미군수송과 우리여객 수송을 위하여 미국항공사가 운항을 시작하였고, 1952년에는 자유중국민항공사가 대북/동경/서울 노선을 주2회 운항하였다.[1)] 이와 같이 국민소득이 낮고 경제발전이 본격적으로 이루어지기 전인 1950년대는 항공에 대한 정부의 인식도 부족하고 정책도 별로 없었다. 외화가 부족했던 상황에서 비행기 등 기자재도 구입하기 어려웠으며, 공항시설도 미비하였다. 그러나 항공행정조직이 마련되고 한/미 등 주요국가와의 항공협정이 체결되는 등 항공의 발전을 위한 초석이 마련되는 시기였다. 이와 같은 항공준비시대는 1960년대부터 이루어지는 본격적인 민간항공시대를 여는 의미있는 준비기간이었다.

1) 이태원, 현대항공수송론, 서울컴퓨터프레스, 1991, p.59~63.

3. 항공 초기성장단계(1960년대)

1960년대는 우리 항공산업이 발전하기 위한 정부조직 법령이 정비되고, 공항과 항공사가 운영을 시작하는 초기성장시대이다. 우리나라 항공행정의 근원이 되는 항공법이 1961년 3월에 시행되었다. 이 법 이전에는 조선총독부에서 1927년부터 시행하던 구 항공법이 1961년까지 적용되었다. 정부행정조직도 1948년에 교통부 운수국 내에 항공과가 있었으나 1961년에 관광공로국 항공과로 개편되고 1963년에 항공국으로 확대 발전하였다.

공항은 김포공항이 1957년부터 서울의 관문공항인 국제공항으로 운영하기 시작하였으며, 1963년에는 부산비행장이 국제공항으로 사용되기 시작하였다. 제주공항도 1968년에 제주국제공항으로 승격되어 국내선 승객은 물론 일본을 비롯한 해외 관광객이 이용하기 시작하였다. 그 이후 광주와 강릉공항도 운영되었다.

정부 조직과 공항이 정비된 상태에서 실제 운항을 하며 승객들에게 서비스를 제공하는 항공사의 역할은 매우 중요하다. 특히 경쟁력 있는 국적항공사의 육성은 매우 시급한 과제로 등장하기 시작했다. 대한항공공사(Korean Airlines Co. Ltd.)가 해산된 대한국민항공사의 뒤를 이어 1962년 설립되었다. 그 당시 국가재건최고회의가 대한항공공사를 설립한 것은 수출주도형 경제발전을 하는 데 매우 필요한 항공의 중요성을 크게 인식하였기 때문이다. 당초에는 정부와 민간이 50%씩 출자하려 하였으나, 경제성장이 미처 이루어지지 않은 상황이라 민간자본이 매우 취약하여 정부가 100% 출자하는 국영항공사를 설립하였다. 국영항공사는 1963년부터 국내선 운항을 시작하였고, 1964년에 서울-오사카 국제노선의 운항도 시작하였다. 그러나 오사카 공항에서의 사고와 외국항공사에 의한 국제선 독점과 경영미숙으로 경영이 갈수록 어려워졌다. 국영항공사의 문제점이 부각되기 시작되는 상황에서 국가경제의 급속한 발전에 따른 민간자본이 크게 성장함에 따라 정부는 1968년에 국영항공사를 민간에 매각하기로 결정하고 1969년에 한진상사에 매각하였다.[2)]

4. 항공의 성장과 경쟁시대 (1970 ~ 1980년대)

민영항공사(대한항공)가 운영을 시작하면서 경영의 효율화를 도모하고 적극적으로 국내선을 확충하여 1971년 말에는 국내 15개 도시에 17개 노선을 운항하였다. 그러나 1973년에 시작된 석유파동은 민영항공사(대한항공)를 매우 어렵게 하여 9개 노선이 운항하지 못하게 되었다. 그러나 국내선을 감축운항하면서 구조조정과 경영합리화를 적극적으로 추진하면서 국제선 운항은 적극적으로 추진하였다.[3)]

[표 1] 1970년대의 운송실적

년도	국내선				국제선			
	여객		화물		여객		화물	
	실적(천명)	L/F	실적(톤)	L/F	실적(천명)	L/F	실적(톤)	L/F
1970	967	67.3	1,497	64.0	241	54.9	3,563	58.4
1972	1,130	70.3	979	64.1	510	64.2	13,839	46.2
1974	991	64.9	2,155	54.1	933	58.9	39,025	48.1
1976	786	74.8	2,579	55.5	1,291	62.7	55,921	50.6
1978	1,448	81.5	4,277	60.2	1,662	66.3	75,116	57.4
연 증가율	10.1%		16.8%		38.4%		53.5%	

주 : L/F는 Load Factor 탑승률

출처 : 한국항공진흥협회, 항공연감, 2002, p.45.

2) 한국항공진흥협회, 항공연감, 2002, p.36~43.

3) 대한항공, 대한항공20년사, 동아출판사, 1991.

위의 표에서 보는 바와 같이 1970년대의 항공운송실적은 국제선 위주로 빠르게 성장했다. 연평균 여객은 38.4%, 화물은 53.5%라는 매우 높은 증가율을 보였다. 그러나 탑승률(L/F)은 높지 않아 영업수지가 좋지 않음을 알 수 있다.

1982년과 1983년은 석유파동과 경기위축으로 수요가 감소함에 따라 대한항공은 많은 어려움을 겪고 투자가 위축되었다. 그러나 1983년을 시작으로 세계경기가 살아나고 국내경기도 회복되기 시작하면서 항공수요도 늘어나기 시작하였다. 특히 국제노선 중 중동노선은 정부의 중동건설경기 지원에 따라 매년 급성장을 거듭하였다. 이와 같은 중동노선은 석유파동으로 어려운 국적항공사의 수입증대의 주 근간이 되었다. 이러한 중동노선도 우리나라 중동건설수주가 1982년을 고비로 감소하기 시작함에 따라 중동송출인력도 1984년에는 반감하였다. 더욱이 1983년 9월에 사할린 상공에서 항공기가 피격되면서 안전과 보안문제가 심각하게 제기되었다. 이에 따라 정부정책도 항공보안과 안전을 더욱 중시하게 되었다.

그러나 1984부터 시작된 정부의 해외여행자유화 조치[4]는 동남아와 유럽 국제노선을 확충하게 하였으며 국제노선여객의 증가를 가져왔다.[5] 이와 같이 해외여행자유화가 이루어지고 세계경기도 회복됨에 따라 1980년대 중반에 접어들면서 복수민항의 필요성이 논의되기

4) 무역수지가 안정적으로 균형이 이루어짐에 따라 정부는 1983년 1월 1일부터 50세 이상 국민에 한하여 200만 원을 1년간 예치하는 조건으로 연1회에 한하여 관광여권을 허용하여 사상 최초로 관광목적 해외여행이 자유화되었다.

5) 1969년 국영항공사이던 대한항공공사가 민영화된 이후 제2민항인 (주)서울항공이 설립되기 전까지 대한항공은 국적항공사로서 우리나라 경제발전에 큰 기여를 하였다. 짧은 기간 동안 비약적인 성장을 하여 1988년 당시 국제민간항공기구 145개국 회원국 중 10위권에 들어설 정도로 발전을 하였다.

시작하였다. 이와 같은 논의는 88서울 올림픽과 대한항공의 독점과 서비스문제에 대한 비판이 제기되면서 더욱 가속도가 붙게 되었다. 그 당시 교통부는 대통령께 보고 후 경기회복으로 항공수요가 급격히 증가하고 서비스수준의 제고와 국내 항공 산업의 경쟁력향상 등이 필요하다는 이유로 제2민항의 허가를 전격적으로 발표하였다. 서울항공은 1988년 서울/부산, 서울/광주 노선에 운항을 시작하였고, 취항 1년 만에 1990년 1월에 서울/동경 노선을 개설하였다. 그해 12월에는 서울/홍콩 동남아노선을 취항하고 1991년에는 서울/로스앤젤레스 취항을 개시하고 1995년에는 유럽노선도 취항을 시작하였다. 이와 같은 제2민항인 아시아나의 운항은 공급의 증가를 가져올 뿐만 아니라 새로운 수요를 창출시켜 항공수요를 더욱 증가시키게 되었다.

정부는 이와 같이 급속히 증가하는 국제노선 수요에 감당하기 위해서 공항을 확장해야만 했다. 이와 같은 상황에서 1980년 KIST 검토결과 1차로 김포국제공항을 확장하고 2차로 신공항을 건설하는 것이 바람직하다는 결론을 얻었다. 이에 따라 1981년부터 기본계획을 수립하고 1983년부터 활주로 신국제선청사건설 계류장확장공사를 시작하여 1988년에 준공식을 하였다. 총 2,259억 원을 투입하여 확장된 김포공항은 1990년대 항공수요를 충족시킬 수 있게 되었다. 이와 같이 확장된 김포국제공항을 효율적으로 관리하기 위하여 1980년 설립된 한국공항공단은 항공의 경쟁력강화를 촉진하였다. 김해국제공항과 제주국제공항을 차례로 인수하여 국제공항운영을 일원화하고 전문성을 강화하였으며 시설유지보수, 공항시설확장, 새로운 장비도입 등 공항 현대화작업도 적극적으로 추진하였다.[6)]

---

6) 김포국제공항 개항30주년 기념사업회, 김포공항공단 30년사, 삼신인쇄, 1992.

이와 같은 정부와 민간 공항공단의 노력으로 1980년대 동안 항공 교통량과 취항항공사가 그림 1에서 보는 바와 같이 대폭 증가하였다. 이와 같은 국제적인 인적 물적 교류의 증가는 우리나라의 급속한 경제성장과 수출주도형 경제성장에 기인하였다. 경제성장과정에서 비즈니스적인 항공수요가 급격히 증가하고 행복을 추구하는 관광수요도 급격히 증가함에 따라 정부도 이에 부응하여 항공정책도 적극적으로 추진하게 되었다. 교통부를 중심으로 이루어진 제2민항의 설립과 김포공항확장, 외국항공사 취항확대 등이 대표적인 지속적인 주요 항공정책추진의 결실이다. 이는 정권의 변화와 관계없이 교통부를 중심으로 한 관료들이 적극적으로 국민들의 가치변화에 대응하면서 추진한 결과이다. 특히 1989년 1월부터 시행된 전 국민 해외여행자유화와 생활수준향상에 따른 여가수요증가에 적극 대처한 결과이기도 하다.[7)]

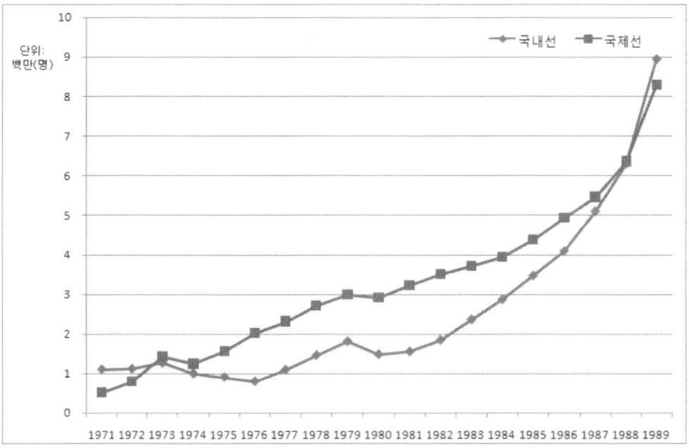

출처 : 항공정보포털시스템 (www.airportal.go.kr). 2015.2.12.

[그림 1] 국내선 · 국제선 이용승객 성장(1971~1989년)

7) 급속한 경제성장으로 우리나라 경제규모가 커지고 국민의 전반적인 생활수준이 향상되는 것은 물론 우리나라 국제수지가 흑자로 전환되면서 국민들의 해외여행 요구도 증가함에 따라 정부는 1989년 1월 전 국민 해외여행 자유화를 시행하였다.

5. 항공의 고도성장과 발전(1990년대)

우리나라의 항공정책은 초기에는 국내시장을 보호하고 국적항공사를 육성하기 위하여 외국항공사의 국내취항을 선별하고 우리나라 항공사의 해외취항을 적극적으로 추진하였다. 그러나 1990년에 들어서면서 항공경쟁력이 생기고 경제성장도 이루어지면서 개방정책과 해외진출정책을 적극적으로 추진하였다. 이에 따라 노선망 확대를 위한 항공협정을 체결한 국가도 매우 빠른 속도로 증가하였다. 아래 표 2에서 보는 바와 같이 1990년까지 항공협정 체결국가는 45개국이었으나, 1991년부터 2001년까지 체결 국가는 33개국으로서 총 78개국에 이른다.

[표 2] 항공협정 체결국가 현황

지역별	1990년 이전 체결국가	1991~2001년 중 체결국가
아시아 대양주	일본, 필리핀, 호주, 태국 등	인도, 몽골, 홍콩, 중국 베트남, 이스라엘, UAE 등
미주	미국, 캐나다, 멕시코 등	브라질, 아르헨티나
유럽	프랑스, 영국, 독일, 스페인, 헝가리, 이탈리아, 네널란드 등	러시아, 그리스, 스웨덴, 덴마크, 노르웨이, 포르투갈 등
아프리카	케냐, 수단, 이집트, 가봉 등	남아프리카공화국, 모로코 등
계	45개국	33개국
	78개국	

출처 : 한국항공진흥협회, 항공연감, 2002, p.100.

위의 표에서 보는 바와 같은 항공협정 체결국가의 증가는 항공운송량의 증가, 국민들의 해외여행편의 증진과 국적항공사의 영업영역의 확대 등의 효과를 가져왔다. 특히 아태지역의 항공교통량의 성장속도가 빨라 1980년 이후에는 연평균 8%의 성장세를 보였으며 이에 따라 아태지역 국가들은 Hub & Spoke 항공운송 패턴에 따라 대규모 신공항 건설을 추진하였다. 이와 같은 세계적인 추세와 급격한 항공 운송량의 증가에 따라 우리정부도 21세기 동북아의 Hub공항을 목표로 수도권 신공항건설을 추진하게 되었다.

그간 김포국제공항은 1958년 국제공항으로 지정된 이후 확장되면서 우리나라의 급속한 경제발전에 따른 관문공항으로서의 역할을 충실하게 해오고 있었다. 1980년대에 이루어진 급속한 경제발전과 해외여행자유화 복수항공사시대의 개막은 그림 1에서 보는 바와 같이 국내선수요는 연 30%, 국제선은 연 13% 정도 증가하는 세계최고의 항공량 증가를 가져왔다.

이러한 항공수요의 급속한 증가에 따라 김포공항을 우선 1988년 서울올림픽에 맞추어 확장을 추진하였다. 1971년부터 활주로를 3,200m로 확장하고 1987년에는 활주로를 1개 추가하였으며 국제선2청사도 1988년에 개관하였다. 이와 같이 김포공항을 확장하였으나 항공수요는 계속 증가할 것으로 예상됨에 따라 김포공항의 추가확장을 검토하였다. 그러나 김포공항은 주변에 10만 가구 정도의 주거밀집지역이 있어 소음민원이 상존하고 있었고, 북측은 약 27km떨어진 휴전선과 근접하여있고, 동측은 서울 도심에 바로 근접하여 비행항로에 지장이 있으며, 공항주변에 계양산이 있어 안전에도 문제가 있는 것으로 분석되었다. 이에 따라 교통부는 1989년 새해 업무보고 시 대통령께 신공항건설의 필요성을 보고하고 그해 6월부터 신공항건설을 적극적으로 추진하게 되었다.[8)]

---

8) 국토해양부 항공정책실, 항공정책론, 2011, p.491~504.

신공항 후보지는 기존 김포공항이 서쪽에 있는 점을 감안하여 이용국민의 접근성과 국토의 균형적 발전을 위하여 가능하면 서울 동쪽에 위치하는 것이 바람직하다고 판단하였다. 그러나 동쪽은 산악지형이 많아 이천·여주평야 외에는 찾기 어려웠다. 또한 남측은 공항건설이 가능한 평탄한 지역은 수원, 평택 오산지역이었으나 이미 군공항 등이 건설되어 있었다. 따라서 서울 도심까지 1시간 이내에 도달하고 24시간 운영이 가능한 지역은 서해안지역이 유일했다.

이에 따라 서울 도심에서 100km 이내의 공항건설이 가능한 지역 22개소를 검토하였으며 특히 서해안 지역을 집중적으로 조사하였다. 조사결과 영종도가 최적후보지로 결정되었다. 영종도는 홍콩 신공항 건설에 참여했던 전문회사로부터도 가장 좋은 후보지로 평가받았으며, 개발 가능면적이 1,700만 평에 이르고 간석지는 평균 수심이 2~3m에 불과해서 공사하기에도 큰 문제가 없었다. 착공은 1992년 11월에 시작되었다. 물론 후보지 선정과정에서 시화지구와 최종 경합이 되고 영종도 안개문제와 환경파괴문제 등이 집중적으로 거론되고 시민단체 등이 문제를 제기하는 등 많은 고비를 넘겼다. 이러한 건설과정에 있었던 갈등과 해결방안 그리고 극복했던 리더십에 대해서는 뒷장에서 보다 구체적으로 기술하게 된다.

6. 항공의 세계화 시대(2000년대 항공강국시대)

2000년대의 항공산업은 비약적인 세계화 시대를 맞이하는 시기로 볼 수 있다. 물론 항공산업은 그 특성상 국제적인 운송산업의 성격을 갖고 있다. 각국의 도시를 연결하는 노선의 특성상 가질 수밖에 없는 고유의 특성이다. 그러나 2000년대의 우리나라 항공산업은 급속히 발전하는 과정에서 안전관리체계에 문제가 발생하여 국제민간항공기구(ICAO)와 미국의 연방항공청(FAA)으로부터 뼈아픈 지적을 받으며 많은 어려움을 겪었지만, 그 어려움을 빠른 시간 내에 극복하고 문제점을 모두 고쳐서 세계에서 가장 인정받는 항공안전국이 된 시기이다.

또한 우리나라 항공역사상 기적적으로 유엔 산하 항공전문 정부기구인 ICAO(국제민간항공기구) 이사국에 당선되어 당당히 세계무대에서 국제항공정책을 결정하는 역할을 하게 된 시기이기도 하다. 정부는 우리나라 항공위상을 제고하기 위하여 UN ICAO(국제민간항공기구) 이사국 진출을 2001년에 적극적으로 추진하게 되었다. 이는 그간 50년 동안 추진하면서 국제무대에서 계속 좌절되던 것을 감안할 때 다소 무리한 계획이었다. 그러나 건설교통부 항공국을 중심으로 대륙별 항공기구에 직접 가서 호소하는 등 우리나라의 항공위상과 국제기여도 등을 적극적으로 설명하고 선거 전략을 효율적으로 추진하고 수립함에 따라 기적적으로 이사국에 당선될 수 있었다. 이는 우리나라 항공이 세계무대로 진출하여 우리위상을 확고히 하는 역사적인 쾌거였다. 이러한 이사국진출과 항공당국의 노력으로 미국 FAA 항공안전2등급 사태는 조기에 해결할 수 있었다. 그 이후 우리나라는 3년마다 열리는 국제민간항공기구 총회에서 계속 이사국으로 피선되어 항공강대국으로 우리나라 항공권익을 향상시키는 것은 물론 세계항공발전에 기여하고 있다.

또한 인천국제공항이 성공적으로 개항하고 세계에서 가장 서비스 좋은 공항으로 9년 연속 선정되는 쾌거를 이룬 시기이기도 하다. 이와 같은 성과는 건설교통부를 중심으로 한 정부 전체의 성과이며 항공 산업의 발전이 우리나라 경제성장을 지원하고 우리나라 국민들의 해외여행편의를 제고시키는 가치실현의 결과이다.

출처 : 항공정보포털시스템 (www.airportal.go.kr), 2015.2.12.

[그림 2] 국내선과 국제선 여객운송량(1990~2014년)

항공 운송량과 운항실적을 계량적으로 분석해보아도 2000년대는 우리나라 항공 산업이 세계 항공 산업을 리드하는 시기로 접어들고 있음을 알 수 있다. 특히 세계 최고의 인천공항이 본격적으로 운영되기 시작하며, 우리나라가 국제민간항공기구(ICAO) 이사국으로 진출하여 항공강국으로서의 위상을 확고히 하게 된다. 우리나라와 항공협정 체결국가도 90개국에 이르고 있으며, 항공자유화 국가도 2002년에 11개국에 불과하였으나 2009년에는 31개국으로 증가하였고 수송량도 39%까지 증가하였다. 2014년 말 88개 항공사가 우리나라를 중심으로 전 세계 58개국 182개 도시를 운항하고 있다. 명실 공히 세계를 운항하는 네트워크를 연결하고 있다. 특히 한중일 연결노선을 운항하여 서울과 동경, 북경, 상해를 비즈니스 셔틀형태로 운항하고 있다.

이와 같은 항공 산업의 발전은 정부의 경제발전정책과 국민들의 해외여행확대 등에 부응하여 항공정책을 선도적으로 적극적으로 추진한 결과이다. 특히 그림 2에서 보는 것과 같이 국제선여객의 급증은 정부의 강력한 항공산업육성정책, 항공자유화추진정책, 항공사들의 글로벌 노선망 확충 등의 노력이 합해진 결과이다. 특히 2001년의 인천공항의 성공적 개항 그 이후 성공적인 운영으로 국제민간항공기구의 항공운송량 통계에 따르면 우리나라의 항공은 세계10위권으로 성장했다.

[표 3] 국가별 항공수송실적(세계 10대 국가)

(단위 : 백만 톤킬로)

구분	2001		2013	
	국가	총 톤킬로 (백만)	국가	총 톤킬로
1	미국	125,540	미국	161,303
2	일본	21,730	중국	66,612
3	영국	20,041	UAE	42,420
4	독일	18,032	영국	29,399
5	프랑스	15,207	독일	29,306
6	중국	13,802	한국	21,338
7	싱가포르	12,595	프랑스	20,837
8	한국	12,222	일본	20,246
9	네덜란드	11,281	러시아	18,585
10	호주	10,043	싱가포르	17,943

주 : 국내선과 국제선을 포함한 여객 화물을 합한 총톤킬로

출처 : 항공정보포털시스템(www.airportal.go.kr), 2015.2.5.

그러나 이와 같이 성장하기까지 여러 번 어려운 고비도 있었다. 특히 양적인 팽창이 이루어진 반면에 항공사고도 일어났다. 이러한 사

고와 ICAO 국제민간항공기구의 2000년 점검으로 여러 가지 사항이 지적되었다. 이에 따라 미국 FAA에서는 2001년에 우리나라에 대하여 안점점검을 실시하였고 그 결과 항공안전 2등급 국가로 판정하였다.[9] 이에 따른 불이익으로 우리나라 항공기의 미국 내 신규취항과 증편이 불가능하게 되었고,[10] 항공국치라 할 만큼 여론도 들끓었다. 건설교통부 장관이 경질되는 등 많은 논란을 가져왔다.[11]

항공정책에서 중요한 역할을 하는 것이 공항운영기관이다. 정부조직은 1963년에 항공국(항공정책, 국제항공, 운항, 통신전자, 항공시설과)이 신설된 이후 미세한 조정은 이루어졌으나 그 골격은 그대로 유지되어오면서 항공정책, 국제항공회담, 안전관리, 공항건설 등을 지속적으로 추진해왔다. 그러나 2001년에 FAA 항공안전2등급이 된 것을 계기로 획기적이며 적극적인 항공안전정책추진을 전담해야할 조직이 필요하다고 인식하였다.

이에 따라 2002년에 항공기획관과 항공안전본부로 조직이 양분되었다. 항공기획관은 총괄적인 항공정책, 국제항공회담 노선배분, 공항정책을 담당하고 항공안전본부는 관제 정비 등 항공기 안전을 전담하고 정책역량을 집중하게 되었다. 이러한 안전강조로 2008년에 시행된 국제민간항공기구 항공안전종합평가(USOAP)에서 세계최고인

---

9) 미국 정부는 2001년 8월 17일 주미대사관을 통하여 미국 FAA로부터 우리나라 항공안전등급을 2등급으로 하향조정한다는 통보를 하였다. 언론에서는 2000년 6월 국제민간항공기구 ICAO로부터도 비슷한 지적을 받았으나 정부가 개선을 늦게 하였고 국회에서도 항공법개정을 계류하면서 처리를 하지 않았다고 비판적인 보도를 하였다(중앙일보 2001.8.18.자 1면).

10) 항공안전 2등급 파장은 대한항공, 아시아나항공이 미국항공사들로부터 제휴중단 통보를 받는 등 피해가 현실화되고 두 항공사는 경영상태가 어려워질 것에 대비하여 인원감축 등 구조조정을 서두르고 있다(중앙일보 2001.8.21.자 31면).

11) 당시 오장섭 건설교통부장관이 항공안전2등급 사태와 관련하여 사의를 표명함에 따라 김대중 대통령은 책임을 물어 전격 경질하였다(연합뉴스 2001.8.22.자).

98.89%의 높은 이행율을 기록하였다. 이후 우리나라 항공이 세계 선진국으로 발전하고 항공운송사업, 안전, 항공정비산업, 항공기개발, 항공물류, 우주산업 등으로 발전하면서 통합된 조직의 필요성이 제기되었다.

2008년에 항공정책관실과 항공안전본부가 통합되어 본부에 3국으로 구성된 항공정책실이 탄생하였다. 통합된 항공정책실은 21세기 격변하는 시대에 항공자유화 확산, 저비용항공사의 증가, 국민들의 서비스향상 요구, 기후변화에 대한 적극적인 대응을 하게 되었다. 특히 항공정책실 내 3개국으로 구성된 조직에서 세계항공을 주도하는 항공자유화의 전략적 추진, 세계최고의 안전과 보안, 동남권 신공항 공항정책 등을 적극적으로 추진하고 있었다.

소속기관으로는 서울지방항공청, 부산지방항공청 등 2개의 지방항공청과 항공교통관제센터, 항공철도사고조사위원회가 있다. 이와 같은 조직은 전국 15개 공항을 관할하며 항공기 공항 안전, 관제서비스 제공, 공항건설 유지, 항공기사고조사 등의 업무를 추진하고 있었다. 이외에도 항공 산업을 발전시키고 있는 조직은 한국공항공사, 인천국제공항공사, 교통안전공단, 한국항공진흥협회, 한국항공우주산업진흥협회, 대한민국 항공회 등이 있다.

Ⅲ 주요항공정책의 추진과 성과

1. 인천국제공항의 성공적인 건설과 성과

항공수요의 급증으로 김포국제공항이 포화될 것으로 예상되면서 김포공항의 확장이 검토되었으나 김포공항의 지리적 여건상 더 이상의 확장이 어려워지면서 수도권 신공항건설의 필요성이 대두되었다. 수도권 신공항 후보지를 조사하기 위하여 1989년 학계, 연구원, 항공사 등을 포함한 전문가 회의체를 구성하고 입지선정 시 고려해야할 사항과 세계적 동향 등을 면밀히 검토하였다.

이러한 자문회의 결과를 토대로 세계적인 공항인 프랑스 샤를 드골공항과 네덜란드 스키폴 공항 등을 건설한 ADP(파리공항공단)와 NACO(네덜란드공항 설계전문회사) 등을 초청하여 우리나라 전문용역사와 합동으로 기술적이며 전문적인 최적후보지 선정 작업을 1990년 4월까지 진행하였다.

후보지의 조사범위는 서울 도심에서 100km 이내의 공항개발이 가능한 지역 22개소를 검토하였으며, 서울에서 1시간 이내 도달할 수 있고 소음피해도 없이 24시간 운영이 가능한 서해안 지역을 중점적으로 조사하였다. 조사결과 신공항 후보지로 선정된 영종도는 지형과 공역 측면에서 매우 양호한 후보지로 평가받았다. 지리적으로 영종도는 서울 도심에서 약 52km 서쪽에 위치하고 있으며, 5km 떨어진 용유도 사이에 있는 간석지와 일부 육지를 포함하면 1,700만평의 땅을 사용할 수 있으며 바다의 수심은 2~3m정도에 불과하여 신공항 개발 후보지로서 양호하다는 분석결과가 도출되었다.[12)]

공항후보지검토는 국제민간항공기구(ICAO)에서 정한 입지조건, 즉 항공기운항, 경제성, 지역사회의 영향 등의 조건을 충족시켜야 한다. 항공기 운항에 영향을 주는 요인은 주변의 공역, 지형장애물, 위험요소, 기상 등이 중요한 요인이다. 공항 경제성에 영향을 주는 요인은 건설비에 영향을 주는 후보지와 인근의 지형, 토지, 공항건설용 재료, 지가 등이다. 사회에 영향을 주는 요인은 도심과의 거리, 후보지 인근지역의 소음피해, 기존 토지이용계획과의 부합여부 등이다.

항공기 안전운항에 가장 중요한 공역은 김포공항과 33km 정도 떨어져 있으며 수원 군기지와는 56km 거리가 있어 기존공항의 항공기 운항과 공역간섭이 적다. 휴전선과는 35km 떨어져 있으며, 특히 휴전선과의 거리는 김포공항보다도 약 8km 더 남쪽에 있어 김포공항보다 공항활용도가 좋은 것으로 분석되었다. 또한 김포공항은 서방비행이 어려운 반면에 영종도는 양방향 이착륙이 가능하였다. 지형장애물 관련하여서도 항공기 이착륙구간 15km에는 높은 산이 없어 이착륙에 지장이 없으며, 선회구역인 수평표면에도 구봉산(179m)같은 낮은 산만 있어 비교적 양호한 것으로 분석되었다.

기상조건을 조사한 결과 항공기 운항에 크게 영향을 주는 안개(시정 1,000m 이하)발생시간은 1년 동안 333시간으로서 같은 기간 김포공항의 492시간보다 오히려 적었다. 계기착륙시설을 사용하는 경우 착륙이 어려운 시정 200m 이하의 매우 짙은 안개발생시간은 영종도가 52시간, 김포공항이 155시간으로서 영종도가 더 양호한 것으로 조사되었다. 안개가 발생하는 시기도 상이하여 서로 대체 공항역할도 할

---

12) 한국항공진흥협회, 항공연감, 2002, p.117~120.

것으로 기대되었다.[13)]

아래 표 4에서 보는 바와 같이 서울 도심과의 거리가 52km정도로 외국의 주요공항이 40km 이내인 점을 감안하면 다소 멀기는 하나 외국공항의 경우 도심 통과 시 많이 정체되는 점을 감안할 때 큰 문제는 되지 않는다고 보았다. 김포공항의 경우 가장 심각한 문제인 주변지역 소음피해는 영종도의 경우 바다에 위치하고 있어 거의 발생하지 않는다고 보았다. 경제성도 간석지로서 건설비용이 적게 들고 주변에 지반조성용으로 사용할 수 있는 해사와 야산이 많아 이점이 많은 것으로 조사되었다.[14)]

영종도와 끝까지 경합하였던 지역은 시화지구이다. 시화지구는 거리, 기상, 지형장애물, 토질 등에서 영종도와 거의 같은 좋은 조건을 갖추고 있었다. 그러나 항공안전에 가장 중요한 하늘의 공역 면에서 주변에 있는 군기지인 수원, 오산, 평택, 신촌리 등의 군용기 이착륙 작전과 훈련으로 상호지장이 있을 것으로 우려되었다.

[표 4] 신공항 최종 후보지별 입지비교

입지조건/후보지	영종도	시화	김포
공역제한	-	수원	서울 도심
지형장애(%) 수평표면	5	6	5
서울 도심까지 거리(Km)	52	68	20
서울 도심까지 시간(분)	50	59	30
안개(연간시간)	268	268	492
소음 극심지역(가구수)	0	50	1,800
소음 영향지역(가구수)	200	2,250	268,000

출처 : 한국항공진흥협회, 항공연감, 2002, p.89.

13) 국토해양부 항공정책실, 항공정책론, 2011, p.491~504.
14) 중앙일보 2001년 2월 2일자

접근 교통망 건설도 시화는 기존의 시가지를 관통하게 되어 영종도보다 단점이 많은 것으로 조사되었다. 또한 운항관제도 주변의 군기지와 동일한 관제권에 해당되어 복잡하고 안전에 문제가 있을 것으로 예상되어 영종도로 최종 확정되었다.

위와 같은 전문적인 검토를 거쳐서 정부는 1990년에 영종도와 용유도일원 1,700만 평을 신공항건설을 위한 입지로 최종 결정하였다. 기본계획을 1991년 12월에 완료하고, 1992년 11월에 역사적인 착공식을 하였다. 여객터미널 공사는 1996년에 시작하였고, 접근교통시설로 가장 중요한 신공항고속도로 건설은 민자유치 1호 대상사업으로 1995년에 시작하였다. 그리하여 인천국제공항이 환경단체 등의 비판 등 수많은 반대와 역경을 극복하고 마침내 2001년에 완공되었다.

이와 같은 신공항건설은 정부주도로 진행되었으며, 어떤 정치적 결정이나 다른 요인이 결정에 영향을 끼쳤다고 보기 어렵다. 관련 관료들의 전문성과 미래대비능력의 헌신적 결과로 볼 수 있다. 신공항건설은 교통부를 중심으로 범정부적으로 추진되었으며, 신공항건설사업을 효율적으로 추진하기 위하여 정부에서는 수도권 신공항 건설법을 1991년에 제정하였다. 또한 1994년에는 신공항건설 업무를 효율적으로 추진하기 위하여 수도권신공항건설공단법을 제정하였다. 1999년에는 공항개항을 앞두고 보다 효율적으로 공항건설을 마무리하고 운영준비를 하기 위하여 인천국제공항공사법을 제정하여 인천국제공항공사를 설립하였다.

개항 시 인천공항은 전체부지 14,350천 평 중 3,550천 평에 4,000m급 활주로 2본, 120천 평의 여객청사, 53천 평의 화물청사, 100.4m의 관제탑, 종합정보통신센터, 기타 배후지원단지 등 24시간 운영이 가능한 국제공항으로 개항하였다. 그 이후 수요증가에 대비하여 2단계 확장공사를 2002년부터 시작하여 2008년까지 약 6년간 3조 원의 사업비와 연 인원 350여만 명을 투입하여 Air Bus 380 등 초대형여객기의 이착륙이 가능한 4,000m급 제3활주로, 탑승교 30개를 구비한 신 탑승동과 화물터미널 증축, 여객기와 화물기 주기장 60개소 등의 확장사업을 성공적으로 마치게 되었다.

이와 같은 성공적인 완공으로 세계 다른 나라들과는 차별화된 허브공항을 운영하게 되었다. 또한 인천공항은 세계 공항서비스평가(ASQ)에서 2005년 평가 이후 계속 최고평가를 받아 1등 공항으로 확실하게 자리매김하고 있다. 현재는 2017년경에 공항시설이 포화될 것으로 예상되어 3단계 확장공사를 진행하고 있다.

[표 5] 인천공항 시설현황 및 계획

구분	1단계	2단계	3단계	누계	최종
부지면적	355만 평	290만 평	33만 평	678만 평	1,437만 평
활주로	2본	1본	-	3본	4본
여객터미널	496천㎡	내부확장	350천㎡	846천㎡	846천㎡
탑승동	-	166천㎡		166천㎡	166천㎡
여객계류장	60개	48개	65개	173개	260개
화물계류장	24개	12개	21개	57개	107개
운항능력	연 24만 회	17만 회	-	41만 회	74만 회
여객처리능력	3,000만 명	1,400만 명	1,800만 명	6,200만 명	1억 명
화물처리능력	270만 톤	180만 톤	130만 톤	580만 톤	1,000만 톤
사업비	5조6,323억 원 (1992~2000년)	2조9,688억 원 (2002~2008년)	4조386억 원 (2009년 이후)	-	-

출처 : 국토해양부 항공정책실, 항공정책론, 2011, p.502.

2. 복수항공사 경쟁시대

항공정책에서 가장 중요한 변화 중 하나는 1988년 2월에 전격적으로 제2민항의 설립을 발표한 것이다.[15] 이는 항공수요의 급속한 증가에 대처하고 서비스를 증진시키는 등 많은 장점이 있으면서도 경쟁력 있는 글로벌항공사를 각 국가별로 육성한다는 세계적 흐름에는 다소 맞지 않는 면도 있었으나 우리 항공수요의 급속한 증가에 효율적으로 대처해야 한다는 입장이 중요하게 고려되었다고 볼 수 있다.[16]

제2민항인 아시아나는 취항 당시 B737기종 1대로 국내선 영업을 시작한 이후 꾸준히 노선을 확대해왔으며, 지상조업 등 항공운송체제를 확보하고, 정비지원체계도 갖추며 체계적인 조종훈련 등을 실시하기 시작하였다. 이와 같은 복수항공시대의 항공정책은 1990년에 제정된 정기항공운송사업자 지도육성 지침에 잘 나타나있다. 동 지침에는 양 항공사의 역할정립, 운항지역제한, 복수취항조건과 노선배분 등에 대한 사항을 규정하여 과잉경쟁으로 인한 국적항공사의 출혈경

15) 금호그룹에 제2민항 허가가 1988년 2월 12일 발표된 것에 대해서는 교통부보다 정치권에서 결정되었다는 논란도 있었다. 시기적으로 전두환 대통령이 퇴임을 얼마 남겨두지 않은 노태우 대통령 당선자의 인수위원회 시기였기 때문이다. 당시 교통부는 국민소득의 향상, 국제교역의 증가와 해외여행의 점진적 자유화 등으로 항공수요가 급격히 증가한 데 기인한다고 하였다. 대한항공의 수송실적이 1987년에 1천50만 명 정도로 1982년보다 2배 증가하였으며, 88올림픽으로 수요가 급격히 늘어나는 것에 대비한다고 설명하였다. 교통부는 제2민항을 결정한 원칙으로 자본력이 건실하고, 운송사업 경영능력이 풍부한 업체, 대재벌은 배제한다는 원칙에 따라 1987년 면허를 신청한 금호그룹으로 결정했다고 발표하였다(중앙일보 1988.2.12.자).

16) 이와 관련하여 전두환 전 대통령은 5공특위에서 정치적 결정에 대하여 강하게 부인하였다. 제2민항문제는 1987년 초에 교통부에서 실무검토에 착수하고 11월에 항공사 이원화 보고를 받았다고 증언하였다. 그 과정에서 운송업경험이 풍부하고 자본력이 건실한 호남지역 기업 중에서 선택하는 게 좋겠다고 보고를 받았고, 이미 1985년경부터 항공운수업을 시작하고 1987년부터 한국항공터미널 주식의 일부를 인수하는 등 항공전문업체로 성장하는 금호그룹이 적합하다는 장관의 보고를 받고 재가하였다고 하였다. 퇴임 직전에 이루어져 의혹이 있을 수 있으나 본인 재임 중에 시작된 일은 재임 중에 종결짓는 것이 좋겠다는 생각에서 재가하였다고 증언하였다. 금호 주식을 일부 증여받았다는 의혹은 전혀 사실 무근이라고 증언하였다(중앙일보 1990.1.1.자).

쟁을 예방하고 경쟁력이 제고되도록 하였다.17)

그러나 1994년에는 세계경제 침체와 걸프전 영향으로 많은 항공사가 적자를 기록하고 도산하는 등 세계항공시장이 침체에 빠지기 시작하였다. 이러한 세계항공시장에 정부는 적극적으로 대응하고 제한된 항공시장에서 규모의 경제를 살림으로써 국적항공사가 경쟁력을 갖도록 복수취항조건을 개정한 국적항공사강화지침을 1994년에 발표하였다.18)

그러나 세계경기가 회복되고 항공시장의 자유화가 진행되면서 규제개혁과 민간기업의 무한경쟁체제 시작되는 등 세계항공시장이 변화함에 따라 정부는 1998년에 국적항공사 강화지침을 폐지하였다. 이에 따라 국제항공시장은 무한경쟁체제로 들어가게 되고, 항공운송실적도 연평균 14%대의 높은 성장을 보였다.19)

---

17) 교통부는 1990년 10월 25일 양 항공사의 치열한 노선쟁탈전을 방지하고 민항을 지도 육성하는 "민항지도 육성지침"을 발표한다. 그러나 대한항공은 아시아나항공 출범 시 노선을 한/일, 한/미 노선으로 했는데, 이를 개정하여 동남아까지 허용하는 것은 부당하다고 반발했다. 예를 들면 아시아나항공과 대한항공을 신규노선의 경우 2대1로 배분하고, 복수취항 허가원칙을 연간수송 수요가 15만 명 이상 또는 운항 횟수 주7회 이상이고 좌석이용률이 70% 이상인 노선에 한하여 허가토록한 데 대하여 양 항공사는 상반된 의견을 발표하였다. 대한항공은 국제경쟁력을 약화시키며 국가 전체적으로도 수송점유율을 떨어뜨리고 글로벌 국적항공사로 발전하는 데 저해요인이라는 입장이다. 아시아나항공은 국제선취항을 제한하는 정책이라고 반발하였다(중앙일보 1990.10.26.).

18) 1994년 8월 20일 아시아나항공 취항지역 제한을 없애는 것을 골자로 하는 "정기항공운송사업자 지도 육성지침 개정안"을 발표하였다. 동 개정안은 국적항공사간 과장경쟁을 막기 위하여 아시아나항공 취항지역을 미국, 일본, 동남, 서남아시아로 제한했던 것을 세계 전 지역으로 확대하고 복수취항운항횟수 배분원칙도 개정하는 내용을 담고 있다. 이에 대하여 대한항공은 후발 항공사인 아시아나항공에 특혜를 주는 것이라고 강하게 비난했다(중앙일보 1994.8.21.).

19) 한국항공진흥협회, 항공연감, 2002, p.92.

[표 6] 제2민항 출범 이후 노선수 증가

구분	1989 이전		1990		1995		1999		2001	
	KAL	AAR	KAL	AAR	KAL	AAR	KAL	AAR	KAL	AAR
국내선	15	8	15	8	24	19	25	17	25	19
국제선	62	-	62	6	86	44	86	45	87	56
계	77	8	77	14	110	63	111	62	112	75

주 : KAL : Korean Air Lines 대한항공, AAR : Asiana Air Lines 아시아나항공
출처 : 한국항공진흥협회, 항공연감, 2002, p.98.

3. 항공자유화 정책 : 국제항공노선의 획기적 확충

항공자유화 정책이란 기존의 양국 간 운항회수 취항도시 운항노선 등을 규정하는 항공협정을 뛰어넘어 항공사가 시장상황에 맞게 자율적으로 운항을 하도록 규제를 완전히 해제하는 것을 의미한다. 기존의 항공협정은 국적항공사 보호는 물론이고 영공주권의 확보와 안보적인 측면에서 이루어졌다. 특히 경쟁력이 약한 국가일수록 항공협정에서 보수적인 성향이 강하여 자국의 항공시장을 상대국에 개방하지 않고 보호하여 자국의 항공사가 성장 발전할 때까지 보호하는 정책을 사용한다. 이는 정부가 적절한 보호정책과 경쟁정책을 균형있게 사용하면서 자국의 항공사를 육성지원하면 단기적으로는 소비자들이 독과점의 폐해를 감수하더라도 장기적으로는 자국의 항송운송산업의 발전을 통하여 소비자인 국민의 편익을 제고시킬 수 있는 정책이다. 그러나 정책의 중심을 산업의 발전과 국민의 편익증진에 두지 않고 비합리적인 정치적 목적 등에 활용되는 경우 긍정적인 효과를 가져오기 어렵다.

항공운송산업의 기존의 틀을 완전히 허물고 경쟁을 통한 경쟁력 제고와 소비자 편익의 증진을 주장하는 항공자유화 정책은 항공운송산업을 리드하고 경쟁력에서 자신있었던 미국에서 시작되었다. 항공자유화협정도 양국 간 자국산업의 경쟁력에 따라 결정되는 개방의 정도에 따라 다소 성격이 다르고 개방의 속도와 폭도 다르다. 미국에서 주도하는 항공자유화협정은 영공을 민간항공운송산업에 완전히 개방한다는 의미에서 Open Skies Agreement라고 한다.[20] 이와 같은 미국의 항공자유화는 미국이 서비스산업에서의 자신감을 토대로 대외경쟁정책을 선택하고 1978년 항공사규제완화법을 제정하여 지정항공사수와 운임 등에 대한 규제가 철폐됨으로써 본격적으로 시작된다.[21]

1990년대 이후 미국은 양자 간 항공자유화를 추진하기 시작하며 유럽은 EU역내 규제완화가 추진되며, 중남미, 아프리카 등에서는 지역블럭화 등으로 나타났다. 특히 미국은 자국의 상대적 우월지위와 상대국의 입장을 고려하여 전략적으로 협정체결이 쉬운 항공운송측면에서의 작은 국가인 벨기에, 네덜란드 등과 자유화협정을 체결하기 시작한다. 이후에도 미국은 적극적으로 항공자유화협정 체결을 추진하여 우리나라를 비롯한 세계 95개국 이상과 자유화협정을 체결한다. 그러나 항공자유화에 대한 입장은 자국의 상황에 따라 각국마다 다르다. 자국 국적항공사가 경쟁력이 있거나 미국과 같은 큰 시장에

20) 국토해양부 항공정책실, 항공정책론, 2011, p.174.

21) 미국의 규제완화 이후 실질운임은 1978~1989년 까지는 약 16%, 1990~1998년까지는 약 33% 인하되어 소비자 편익증대로 나타났으며, 고용도 운임인하에 따른 매출증대로 80%정도 증가하였다. 이와 같은 규제완화는 항공운송산업에 경쟁원리를 도입하여 시장의 힘을 이용하여 공급자의 매출증대, 소비자의 선택폭 증가와 운임의 다양화 등을 가져왔다. 그러나 시간이 지나면서 1990년대 후반에 들어서며 항공사간 인수합병 등으로 독과점이 심화되는 부작용도 나타났다(한국항공진흥협회, 항공연감, 2010, p.56.).

진출을 희망하던 국가는 적극적이었으나 국제경쟁력이 약하거나 자본이 부족하여 자국의 항공산업 보호 정책을 채택한 국가는 자유화 협정에 소극적이기 마련이다.

규제완화와 항공자유화는 경쟁을 촉진시켜 우선 운임을 하락하게 하고 공급력 증가를 가져오며 이어서 새로운 수요를 창출하여 수요증가를 가져오고 저비용항공사의 출현을 가져왔다. 궁극적으로 항공자유화는 양국 간의 인적 물적 교류를 증가시켜서 경제성장과 국민여행 편의를 제고시키게 되었다. 항공사들도 운항횟수, 노선, 요금 등이 자유화됨에 따라 영업활동의 유연성을 확대시켜 승객들에게 더 좋은 서비스를 제공할 수 있게 된다. 결과적으로 이러한 경쟁을 통하여 자국의 항공 산업의 경쟁력을 제고시킬 수 있다. 우리나라도 이와 같은 이점을 최대한 살리기 위하여 항공자유화 정책을 추진하되, 모든 나라에 대하여 자유화하기보다 선별적인 점진적인 자유화 정책을 추진해왔다. 이는 항공시장이 작은 국가의 경쟁력 있는 항공사가 무차별적으로 진입하여 시장을 혼란스럽게 하거나 우리 국적 항공사의 운영을 어렵게 하는 것을 방지하기 위한 것이다.

개방적인 항공정책은 1990년대 들어서 본격적인 복수민항체제의 출범과 함께 공급력을 획기적으로 증가시켰다. 공급력 증가를 위해서는 항공협정체결과 운항확대를 위한 기존 항공협정개정이 가장 중요하다. 협정을 통한 공급력 확대에 맞추어 항공사는 운항스케줄을 만들어 고객들에게 서비스를 하기 때문이다. 이를 위하여 정부에서는 활발한 항공회담을 개최하였다. 1990년대에는 30개국과 항공회담을 개최하여 협정을 체결하는 등 2002년 항공협정체결국가는 총 78개국에 달하고 중국, 일본, 러시아 등과는 운항횟수를 대폭 증가시켰다.

이러한 공급력 증가는 운항횟수를 증가시키고 공급은 다시 수요를 창출하게 되어 항공운송량은 연 14% 정도로 빠르게 증가하였다.

특히 1998년에는 정부가 한미항공회담을 개최하여 그동안 우리나라에 불리하게 적용되어왔던 한미항공협정을 개정하여 한미 간의 항송운송조건을 대폭적으로 개선하는 한미항공자유화 협정을 전격적으로 체결하였다. 동 협정으로 미국 내 12개 지점으로만 운항이 가능하던 국적항공사들이 미국 내 모든 지점으로의 운항이 가능하게 되었다. 이원권도 미국에서 남미 등 제3국으로의 이원권이 종전에는 3개 지점으로 한정되었으나 미국 내 모든 지점에서 캐나다, 남미, 유럽 등으로 여객과 화물을 운송할 수 있게 되었다. 또한 미국 내에서 항공운송과 육해상 운송을 연계한 복합운송업무를 수행할 수 있게 되었다. 미국 내 거대항공사와의 포괄적인 영업제휴를 통해서 승객들에게 보다 편리한 스케줄 등 양질의 서비스를 제공할 수 있게 된 것이다. 이와 더불어 국적항공사는 내국인 승객과 함께 동남아 승객을 유치하여 환승하도록 하여 노선의 수익성을 올리고 물론 인천공항 허브화에 기여할 수 있게 되었다.[22] 미국은 협정체결 시 우리나라를 전진기지로 한 중국과 동남아 시장 공략을 기대하였으나 예상보다 적은 수요와 9.11 사태 등에 따른 미국 항공사들의 어려움 등이 겹치면서 Open Skies Agreement 협정 시 미국이 기대했던 효과는 적었다고 판단된다. 오히려 동 협정의 체결로 우리나라 국적항공사들의 국제경쟁력이 강화되고 우리 국민들의 미국여행 편의가 대폭 제고되었다.

22) 1998년 미국에 비해 항공경쟁력이 열세이던 우리나라가 미국항공사한테 우리 시장이 잠식당할 수 있다고 우려하였으나, 우리나라 항공사는 운항노선의 확대 등 경쟁력 강화의 기회가 되었다 (한국항공진흥협회, 항공연감, 2010, p.61.).

2002년에는 중국 일본과의 항공협정을 개정하여 대폭적인 운항횟수와 신규노선 증가를 가져왔다. 이로써 우리나라는 아태지역의 최대 항공시장인 일본, 중국, 러시아를 연결하는 아시아 허브를 담당하는 기반을 획기적으로 마련하게 되었다. 또한 외국항공사와의 경쟁력확보를 위하여 취항국가의 철폐와 복수취항요건 강화를 골자로 하는 국적항공사 강화지침을 1994년에 개정하여 2002년에는 246개 노선에 항공운송실적도 국제선여객이 전년 대비 11.6% 증가한 2,300만 명(국내선 2,100만 명)에 달하고 있다. 국제선의 경우 1990년도에 960만 명에서 2배 이상 증가한 것이다.[23)]

그 이후 세계 항공시장의 자유화, 규제완화 등의 영향으로 항공운송부문 규제를 대폭 완화하고 항공안전부문을 강화하는 내용으로 항공법을 개정하고 국적항공사 강화지침도 폐지함에 따라 우리 항공운송시장은 무한경쟁체제로 진입하게 되었다. 이러한 국적항공사의 무한경쟁체제의 시작은 항공사의 경쟁력제고와 서비스개선 등을 통하여 소비자인 국민의 편익을 제고시키고 인천공항이 허브공항으로 발전하는 데도 크게 기여하였다.

4. UN ICAO(국제민간항공기구)[24)] 이사국 진출 쾌거

우리나라 항공역사상 가장 획기적인 성공은 역사적인 ICAO 이사국 진출이다. 2001년 9월 25일부터 10월 5일까지 캐나다 몬트리올에

23) 한국항공진흥협회, 항공연감, 2004, p.226.

24) 1944년 12월 국제민간항공조약이 체결되고 임시국제민간항공기구(Provisional International Civil Aviation Organization)가 설치되며 1947년 4월에 동 협약이 발효됨에 따라 정식 기구인 ICAO로 출범하여 현재와 같이 캐나다 몬트리올에 있게 된다. 우리나라는 제6차 총회기간중인 1952년에 가입하였다. 2009년 현재 가입국은 190여 개국이다(한국항공진흥협회, 항공연감, 2002, 제8편, p.1~7.).

서 개최된 제33차 ICAO 총회에서 우리나라는 극적으로 이사국에 진출하였다. 169개 회원국, 31개 기관 단체 등 총 1,100여 명이 참석한 ICAO 총회에서 체계적이고 적극적인 득표활동을 벌인 결과 이사국 투표에서 109표를 얻어 50여 년 만에 이사국에 진출하는 쾌거를 달성하였다. 이사국진출의 배경은 세계 10대 항공강국으로 성장한 우리나라에 걸맞은 역할과 위상을 확보하는 것이 필요하였기 때문이다. 이사국이 됨으로써 우리나라가 국제민간항공분야의 정책결정과정에 직접 참여함으로써 우리나라의 권익을 증가시키고 세계항공산업의 발전에 기여할 수 있게 된 것이다. 국제민간항공기구인 ICAO는 UN 산하 기구로서 1944년 시카고협약(Convention on International Civil Aviation)[25)]에 따라 1948년에 설립되었다.

현재 체약국은 190여 개국으로서 ICAO는 항공의 안전, 보안, 운송 등 관련 각종 규정을 제정하고 안전감독 등 필요시에는 준사법적인 권한도 행사한다. 일반적으로 매 3년마다 개최되는 총회에서 제반 항공규정과 안전관련 결의사항 등이 결정되나, 보통 상시 개최되는 이사회에서 사실상 거의 다 사전에 논의 결정된다. 또한 이사회에 상정되기 전에는 상시 개최되는 항행위원회 등 상임위원회가 항공의 모든 것을 결정하고 있다.[26)] 이러한 이사회에 이사국으로서 참여하는 것은 우리나라 항공권익증진과 세계항공발전 기여라는 측면에서 매우

---

25) 시카고협약은 1944년 11월 시카고에서 52개국이 참석하여 개최된 국제민간항공회의에서 채택된 국제협약으로 공역자유의 확립, 국제민간항공조약의 제정, 국제민간항공기구의 설치 등을 합의한 국가 간 협약이다.

26) ICAO는 3년마다 열리는 최고 의결기관인 총회와 상시 운영되며 매주 3차례 열리는 이사회가 있으며, 이사회를 보좌하기 위하여 상설로 매주 2차례 열리는 항행위원회, 필요시 수시로 열리는 불법행위방지위원회, 항공운송위원회, 기술협력위원회, 합동지원위원회, 법률위원회, 재정위원회 등으로 구성되어 있다.

중요하다. 이러한 이사국은 36개국으로 구성되었으며 PART I, II, III 3개로 분리하여 선출하고 있었다. 자유로운 투표라기보다 대륙별로 구성되어있는 항공위원회가 사실상 내정하는 방식으로 운영되고 있어, 그런 위원회가 없는 아시아권에 속한 우리나라가 새로 진입하기에는 매우 어려워 거의 50년 동안 불가능하였다.

이사국 진출시도는 우리나라의 항공위상이 높아지면서 계속 검토되고 시도되어 왔었다. 1994년과 1997년에도 추진되었으나 좌절되었다. 아프리카는 AFCAC(아프리카 항공위원회)이 50여 개 국가로 구성되어 아프리카지역의 항공발전과 안전을 증진시키기 위하여 여러가지 정책을 논의하고 추진하면서 3년마다 열리는 이사국선거에서 어느 국가가 아프리카를 대표하는지를 사전에 결정하였다. 이는 ECAC(유럽항공위원회) LACAC(라틴아메리카 항공위원회), ACAC(중동지역항공위원회)도 거의 같은 기능을 하면서 자기 지역의 후보 국가를 정하고 대륙 간 상호 지원하는 형태로 사실상 투표가 이루어지고 있었다. 아시아지역에는 그런 조직이 없어서 개별국가가 선거활동을 할 수밖에 없었고, 우리나라는 그만큼 벽이 높았고 과정은 어려웠다.

두 번의 연이은 실패에도 불구하고 2000년 말에 이사국진출을 위한 실무적인 검토가 건설교통부 항공국을 중심으로 이루어졌다. 2001년 초에는 건설교통부장관에게 추진계획안을 보고 결재 받은 후 국제항공협력관실을 중심으로 매우 적극적으로 신속하게 추진되었다. 구체적인 전략과 득표목표 등을 외교부 재외공관 등과 적극적으로 협의하여 수립하였다. 우선 일차로 전 세계 180개국의 항공당국과 교통장관에게 홍보용 CD와 비디오 등을 재외공관을 통하여 보내면서 우리나라의 이사국진출을 지원해주도록 요청하였다.

또한 그해 2001년에 계획되어 있던 항공회담을 가능한 앞당겨 진행하였고, 항공회담 때마다 상대국 대표단에게 우리나라를 지원해주도록 요청하였다. 거의 일주일 단위로 각 국가별 우리나라 지지성명을 정밀 분석하여 득표 전략을 수립, 추진하고 전 재외공관을 통하여 우리나라를 지지하도록 재요청하였다. 건설교통부 장관도 우리나라 주재 주요국 대사를 초치하여 우리나라의 이사국진출의 당위성을 적극 설명하고 지지를 요청하였다.

또한 그해 개최되는 중남미 항공위원회회의(2001.7. 볼리비아)에 우리 대표단을 참석하도록 하여 지지요청을 적극적으로 하도록 하였다. LACAC는 우리나라 대표단이 볼리비아까지 와서 우리나라와 중남미 국가 간의 상호협력을 논의하고 세계 민간항공분야의 발전과 안전을 위하여 협력하기로 한 데 대하여 매우 고맙게 생각하였다. 아울러 세계 민간항공위원회 각 지역별 유력인사를 직접 방문하여 유럽민항위원회 사무총장(파리 2001.6.) 아프리카 민간항공위원회 의장(카이로 2001.7.) 튀니지 항공청장 등을 만나서 우리나라 지지를 적극적으로 요청하였다. 특히 개발도상국의 경우 위성항행시스템, 레이더 접근관제과정 등 개발도상국 훈련생에 대한 항공전문기술교육을 우리 정부지원으로 받도록 하였다.

그러나 고비도 많았다. 특히 지지요청 기간 중에 미국의 FAA로부터 항공안전2등급 평가를 받은 것은 매우 치명적이었다. 그러나 건설교통부와 외교부 등이 앞장서서 우리 항공의 안전성과 조기극복방안을 발표하고 적극적으로 설명하면서 큰 장애물을 극복할 수 있게 되었다. 특이한 것은 미국 정부의 평가를 우리 정부와 국내에서는 너무 심각하게 받아들여 이사국진출을 포기해야 한다고도 하였으나, 유럽, 아프리카 등 다른 국가들은 심각하게 받아들이지 않고 있었다는 점이었다.

가장 중요한 것은 선거에 임박하여 총회 참석 중에도 지지요청활동을 계속 적극적으로 하는 것이었다. 우선은 총회개최 며칠 전에 도착한 각국 대표단을 상대로 지지요청을 체계적으로 하였다. 회의기간 중에도 대표단이 대륙별, 국가별, 분담을 하여 계속 밀착하여 접촉하면서 지지를 요청하고 우리 대표단은 수시로 모여서 다른 나라 대표단의 반응을 "공한지지", "구두지지", "호의적 입장", "미정" 등으로 분석하여 다음 전략을 수립하는 등 득표 전략을 계속하여 보완하며 추진하였다. 또한 같은 입후보국이지만 같은 아시아권인 인도네시아, 파키스탄 등과도 협조체계를 구축해나갔다. 선거가 임박한 9월 29일에는 우리나라 대표단 주재로 총회장 인근의 델타호텔에서 리셉션을 개최하여 홍보자료를 배포하고 지지요청을 적극적으로 하여 큰 호응을 얻었다. PART III 이사국 투표일인 10월 2일 직전까지 건설교통부, 외교부, 주캐나다대사관, 몬트리올총영사관 등 참석한 대표단 각자가 맡은 국가를 대상으로 한 지지요청을 매우 적극적으로 혼연일체가 되어 해나갔다.

투표는 총 156개국이 참석하였으며 관례대로 무기명 비밀투표로 진행되었다. PART III의 경우 이사국정수는 12개국인데 14개국이 입후보하였다. 투표결과 우리나라는 총 109표를 얻어 기적적으로 당선되었다. 기존 이사국이던 인도네시아가 100표, 신규 입후보국인 우즈베키스탄이 43표를 얻어 낙선하였다. 이로써 우리나라는 50여 년 만에 각고의 노력으로 이사국에 당선되어 ICAO이사회에 진입할 수 있게 되었고 당선과 동시에 ICAO에 대표단을 파견하여 대표부를 구성하고 ICAO의 모든 활동에 적극적으로 참여하게 되었다. 실로 감격적인 결과였다.

이로써 우리나라의 항공역사는 새롭게 시작되었다. 우물 안 개구리 식의 항공정책에서 세계무대에서 우리 항공의 권익을 주장하고 세계항공에 기여할 수 있게 된 것이다. 이러한 정책의 추진과 결실은 항공당국의 세계를 향한 미래지향적인 가치관과 그간 각국과의 항공회담을 통해서 만들어온 개인적 또는 항공조직 간의 긴밀한 인적 네트워크가 기여한바가 크다.

5. 세계 최고의 항공안전과 보안

우리나라 항공역사상 크고 작은 항공사고가 발생하였다. 그때마다 정부는 항공안전대책을 수립하고 적극적으로 시행하여 안전수준을 지속적으로 향상시켜왔다. 비교적 큰 사고만 살펴보면 1983년 9월 우리 국적기가 사할린 상공에서 소련 전투기에 피격되어 269명 사망, 리비아 트리폴리공항 착륙사고로 72명 사망, 70명 부상, 1993년 목포공항 착륙 중 야산에 추락하여 66명 사망, 1997년 괌 여객기사고로 229명 사망 등 1999년 12월까지 잇단 대형 항공사고가 발생하여 국내외에서 항공안전에 대한 우려가 제기되었다.[27)]

27) 항공안전정책을 시기별로 보면 1991년 이전은 초기단계로 항공법 공포(1961)와 교통안전법(1979)에 따른 준비단계, 1991~2000년은 위기단계로 괌사고 등 잇따른 항공사고로 안전대책이 발표되었으며, 2001~2005년은 국제화단계로 볼 수 있다. 이시기는 ICAO와 FAA의 지적에 따라 매우 빠르게 개선하고 항공안전본부를 설치하는 시기였다. 2006년 이후는 2008년 ICAO 안전평가에서 세계최고 이행율을 인정받는 등 항공안전이 세계화, 고도화 된 시기이다(항공진흥협회, 항공연감, 2010, p.97.).

[표 7] 시기별 항공사고 비교

구분	사고건수	사망(명)	부상(명)	계	재산피해(억 원)
1960~1970년대	20	26	40	66	338
1980년대	21	315	189	504	1,244
1990년대	25	321	242	563	3,792
계	66	662	471	1133	5,374

출처 : 한국항공진흥협회, 항공연감, 2012, 항공기 사고일지, p.727.

항공사고가 날 때마다 각종 안전대책이 수립되어 추진되었으나 극히 제한된 인적 물적 자원으로서는 한계가 있었다. 항공산업은 어느 산업보다 빠르게 성장하고 세계시장에서 무한 경쟁하는 산업인데도 작은 정부의 구현과 양적 팽창에 치우쳐 안전에 대한 대응이 소홀했었기 때문이다. 정부 내에서의 획일적인 규제와 간섭으로 항공전문인력확보나 시설개선을 위한 예산 증액이 어려웠으며, 법령개정과 관련 행정조직의 확보 등도 모두 어려웠다. 항공산업은 계속 고속 성장하여 양적으로는 세계 10위권으로 진입하였으나 질적으로 특히 안전측면에서는 미흡한 점이 나타나기 시작했다. 우리나라는 국제민간항공기구(ICAO)의 정기항공안전점검계획에 따라 2000년 6월 항공안전 전반에 걸쳐서 제도, 운영, 법규 등이 국제기준에 적합한지에 대하여 종합적으로 평가를 받았다.[28] 이때 개선 권고사항 28건을 지적받음에 따라 세계 항공 10위권의 항공대국이라는 우리나라가 항공안전미흡국이라는 불명예를 안게 되었다.

28) 미국 항공연방청(FAA)은 1992년부터 자국민의 항공안전을 확보한다는 명분으로 ICAO에서 정한 기준을 미국에 취항하는 항공사의 국가들이 항공안전감독체계를 갖추고 있는지를 항공당국을 상대로 통상 2년마다 평가를 하여 불이익을 주고 있었다.

이와 같은 ICAO의 평가결과를 보고 있었던 미국의 FAA는 2001년 5월 엄격한 평가를 실시하여 우리 항공 8개 분야가 국제기준에 부적합한 것으로 결정하고 대외적으로 발표하였다. 이에 따라 동년 8월에 우리나라 항공안전등급이 2등급으로 하향 조정되었다.[29] 이런 결과로 2001년은 우리 항공역사에서 매우 부끄러운 한해가 되었고 미국으로의 운항제한 등 불이익도 받았다. 지적받은 문제점을 국제기준에 적합하도록 범정부적인 노력을 기울여 짧은 시간에 선진국형 안전감독체계를 만들어 나갔다. 우리나라 정부를 중심으로 항공사, 공항공사 등 모든 항공관련 기관이 각고의 노력을 한 결과이다. 이와 같은 범정부적인 엄청난 노력으로 하향 조정된 후 불과 4개월여 만에 1등급으로 상향되었다.

특히 항공안전2등급 사태 속에서 이룬 ICAO 이사국진출과 이사국으로서의 위상은 사태해결에 큰 도움이 되었다. 이사국진출과 대표단 상주로 세계 항공안전 수준에 도달하기 위한 노력은 매우 빠른 시간 내에 효율적으로 결실을 거두게 된 것이다. 이후 우리 정부는 항공안전에 대하여 범정부적인 개선과 ICAO에서 얻은 정보와 선진화된 기법을 활용하여 ICAO 이사회에서 집중적으로 논의되어 준비 중이던 새로운 안전점검제도인 항공안전종합평가(USOAP)에 적극적이며 효율적으로 준비할 수 있었다. 이에 따라 우리나라는 세계 어느 국가보다 높은 최고 안전이행률 98.89%를 달성하게 되었다. 이는 미국, 캐나다, 일본 등 세계 최고의 항공선진국보다 높은 이행율이다. 이에 따라 ICAO가 인정한 세계최고수준의 항공안전시스템을 토대로 일본, 홍콩, 미얀마, 라오스 등 국가들에게 전수하고 기술지원을 하는 등 국가위상을 제고하였다. 2009년에는 정기운송용 항공기 '10년 무

29) 우리나라는 1996년부터 미국 연방항공청의 평가에서 1등급을 유지하고 있었다.

사망사고'를 기록하여 세계 최고의 항공안전국으로 성장하였다. 2011년에는 국제민간항공기구 ICAO에서 실시한 항공보안평가(USAP, Universal Security Audit Programme)에서 국제기준이행율 98.57%로서 세계 최고의 점수를 받아 세계적인 수준의 항공보안국가임을 증명하였다.

6. 저비용항공사시대 개막

2005년부터 본격적으로 운항하기 시작한 저비용항공사(LCC : Low Cost Carrier)는 먼저 국내선에서 큰 폭의 성장률을 보이고 있다. 지난 9년간 누적 탑승객이 7,400만 명에 달하고 있으며, 2015년에는 2,000만 명 이상이 이용할 것으로 예상하고 있다. 2011년 40%이던 국내선 점유율이 2014년에는 50%를 돌파하였으며, 올해 2015년에는 60% 정도에 달할 것으로 보인다. 특히 국내선 중 가장 중요한 노선인 김포/제주 노선은 비약적인 증가세를 보이고 있다.[30]

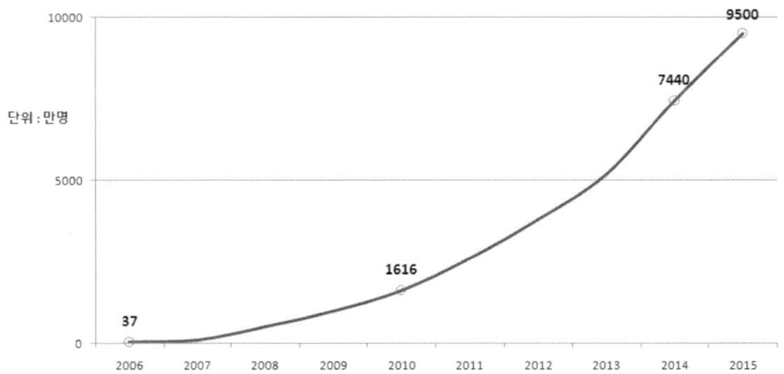

출처 : 항공정보포털시스템(www.airportal.go.kr), 2015.10., 조선일보 2015.1.7.자.

[그림 3] 저비용항공사 연도별 누적 이용객수

30) 국토교통부, 항공시장동향 제23호, 2014.5., p.9~11.

저비용항공사 출범 이전에는 항공이용객의 연평균증가율은 0.75% 정도 되었으나 2005년 출범 후 2014년 연평균증가율은 5.0%에 달할 정도로 항공여행객의 증가에도 기여하였다. 이는 저비용항공사의 비교적 부담없는 항공료와 적극적인 마케팅 등이 결실을 거둔 것으로 보인다. 아래 그림 4에서 보는 바와 같이 국제선 증가율도 2014년에 11%에 달할 정도로 꾸준히 증가되어 왔다.[31)]

국제선 운항은 최우선적으로 안전이 확보되어야 한다는 조건하에 2년 동안 국내 무사고를 달성한 저비용항공사부터 시작하여 2008년부터 본격화되고 있다. 국제선 점유율도 2014년 11%에 이르고 있으며, 이후에도 매우 빠르게 증가하고 있다. 결과적으로 소비자의 선택폭이 넓어졌으며, 저렴한 요금으로 서비스를 제공하는 등 소비자에게 긍정적인 효과를 거두고 있다. 또한 청주 등 지방공항을 활성화하는 데도 기여하고 있다.

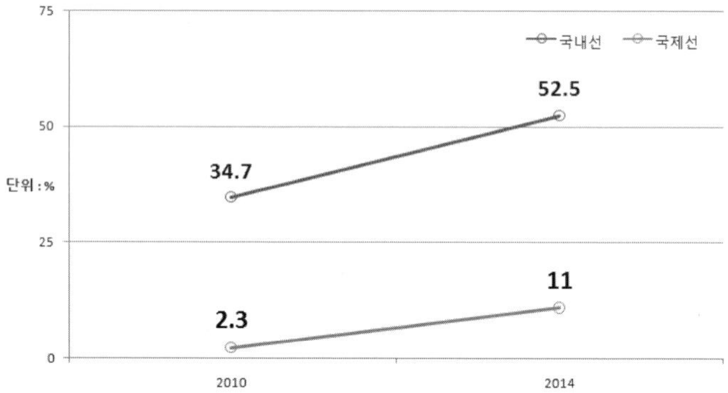

출처 : 항공정보포털시스템(www.airportal.go.kr), 2015.2.11.
한국항공진흥협회, 2014.5., 항공시장동향 제23호.

[그림 4] 저비용 항공사의 국내선과 국제선 점유율

31) 국토교통부, 보도자료, 2012년 상반기 여객수송 저비용항공사 시장점유율 상승세 지속, 2012.7.26.

정부에서는 2008년 4월 저비용항공사 설립이 늘어남에 따라 안전 확보를 위한 공청회를 개최하는 등 안전강화대책을 발표하였다. 항공기 정비주기를 단축하고 조종사훈련을 강화하는 것 등의 내용이다.[32] 2010년에도 저비용항공사의 맞춤형 안전관리대책을 발표하였다. 신규취항 전 운항 정비 시설분야에 대하여 검증하고 취항 후 1년까지 감독을 강화하는 내용이다.[33]

그러나 FSC보다 최고 6배 정도 많은 잦은 결항과 지연운항은 문제점으로 지적되고 있다.[34] 1만 회 운항당 사고 등 발생건수도 대형항공사에 비하여 4배 정도 많다. 항공기 평균기령도 13년 정도로 많은 편이다. 특히 최근의 에어아시아 항공기의 추락은 경각심을 주고 있다.[35] 우리나라 LCC는 특유의 서비스 혁신적인 경영방식과 비용절감 등을 추진해야만 대형항공사와 외국 LCC와의 경쟁에서 이길 수 있다.

---

32) 국토해양부, 2008.4.1. 보도자료, 「저비용항공사 이젠 안심하고 탈 수 있다」.

33) 국토해양부, 2012.6.21. 보도자료, 「저비용항공사 종합안전점검실시」

34) 기내서비스를 줄여서 비교적 저렴한 요금으로 승객을 운송하는 항공사를 말한다. 보통 중소형 항공기를 사용하고 장거리보다는 중단거리를 운항한다. 서비스 품질을 강조하고 중장거리를 운항하는 항공사는 FSC(Full Service Carrier)로 불린다.

35) 2014년 12월 승객 162명을 태우고 인도네시아 수라바야를 출발해 싱가포르로 가던 에어아시아 여객기가 추락한 사건이다. 에어아시아는 말레이시아 항공사로서 동남아시아 최대 저비용항공사 중의 하나이다.

Ⅳ 미래를 향한 제언

1. 경제발전과 맥을 같이한 항공정책

앞서 살펴본 바와 같이 우리나라의 항공정책은 국민들이 해외여행을 확대하며 행복한 삶을 누리고자 하는 행복추구와 경제발전을 위한 시간절약의 빠른 교통수단을 원하는 경제관점에서의 가치추구 관점에서 항공정책을 정부중심 특히 전문화된 관료들이 주도적으로 추진해왔다는 것을 알 수 있다. 이와 같은 정책의 변천과 성공적인 추진은 공항시설의 공급과 항공사들의 공급능력 확대가 적기에 이루어졌고 서비스와 국제경쟁력도 뛰어났다고 볼 수 있다. 이와 같은 정책추진의 원인은 우리나라가 빠른 경제발전에 성공하면서 국민소득이 증가하고 기업의 해외출장이 많아지면서 항공에 대한 수요가 빠르게 증가한 데 따른 것이다.

건국 이후의 항공정책의 변천을 요약하여 경제성장과 같이 분석해보면 1960년대까지의 초창기는 민간항공의 기반을 마련하는 시기이다. 국제민간항공조약(시카고협약)에 1952년 가입하였고, 중국, 미국, 일본, 영국 등 주요국가와 항공협정을 체결하였다. 1958년에는 국제공항이 여의도에서 김포국제공항으로 정식으로 이전하였다. 1962년에는 국영항공회사인 대한항공공사(Korean Air Lines)가 설립되어 우리나라 항공발전을 위하여 운영노선확충, 경영합리화 등을 추진하였다. 그러나 경영적자가 누적되어 1969년 한진그룹에 인수되었다. 이와 같이 1960년까지는 항공발전을 위한 정부 내 조직, 법령, 공항, 항공사 등의 정비가 이루어진 시기이다. 이를 기반으로 1970년대부터 발전이 시작된다.

1970~1980년대에는 우리나라 경제성장을 이끄는 경제개발5개년 계획의 적극적인 추진과 수출전략으로 항공운송산업의 괄목할만한 발전이 이루어졌다. 1971년 항공운송사업진흥법이 공포되었고, 1970년대 후반부터는 미국에서 시작된 규제완화바람이 불어와 항공자유화와 민영화가 촉진되면서 경쟁적인 환경으로 변화하였다.

특히 1981년 해외여행자유화 확대방안과 1982년에 해외여행알선업을 허가제에서 등록제로 바꾸면서 그동안 억제되었던 해외여행이 폭발적으로 증가하여 국제선 항공운송수요는 크게 증가하였다. 특히 1988년 제2민항의 출범과 1989년 해외여행전면자유화와 함께 국민소득의 증가로 항공수요는 급격히 증가하고 해외여행 대중화시대로 들어서게 되었다. 이 기간 중에 1986년 아시안게임이 있었고, 1988년 올림픽이 성공적으로 개최됨으로 외국항공사의 우리나라 취항이 본격적으로 증가하였다. 이에 따라 공급력이 증가하고 경쟁이 치열해지며 요금이 조정됨에 따라 우리나라 항공운송량은 더욱 증가하게 되고 항공산업도 한 단계 더 발전하게 되었다.

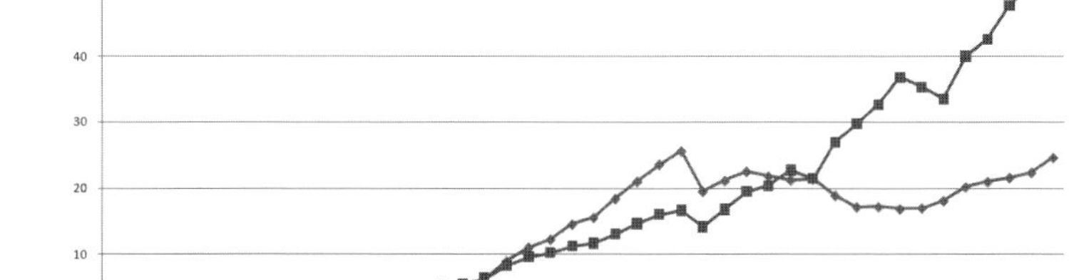

출처 : 항공정보포털시스템(www.airportal.go.kr), 2015.2.11.

[그림 5] 1971~2013년 항공운송여객(국내선, 국제선)의 증가

1990년대는 김포공항이 확장되고 김해, 제주, 광주, 대구공항 등이 개량되고 청주공항도 새롭게 개항하는 등 항공인프라가 더욱 확장되었으며 인천공항 건설 준비가 이루어졌다. 실질적인 복수항공사 시대가 본격적으로 열리면서 외국항공사와 경쟁은 물론 국내항공사끼리도 치열하게 경쟁하면서 네트워크 확장과 서비스개선이 이루어졌다. 1990년대에 이루어진 항공협정은 37개국으로서 이는 1950~1980년대에 이루어진 38개국과의 항공협정과 거의 비슷하다.[36)]

2000년대는 양적으로 급속히 팽창하던 우리나라 항공이 질적으로 성숙하고 세계 속의 항공으로 발전한 시기이다. 2004년 고속철도의 개통으로 국내선 항공수요가 감소하였으며, 저비용항공사의 출현과 발전이 이루어진 시기이다. 2001년 인천공항의 개항과 성공적인 운영으로 세계 최고의 공항이 되었으며 국제선 이용 승객에 대한 서비스도 많이 향상되었다. 국제선 승객은 꾸준히 증가하는 가운데 2005년 최초로 저비용항공사인 한성항공이 설립되어 그 후 현재 5개의 저비용항공사가 성공적으로 운항되면서 국내선은 50% 이상의 분담률을 점유하고 있으며, 국내선에서 무사고로 성공적인 운항이 증명되면 국제선을 허용하는 정책에 힘입어 중단거리 국제선 운항도 성공적으로 하고 있다. 우리나라의 항공정책은 국민소득의 증가에 대비하고 때로는 미리 대처하는 항공정책을 시행하고 있다. 그림 6에서 보는바와 같이 거의 정비례하면서 성장하여 왔다.

항공운송량의 증가와 우리나라가 항공10대강국에 진입한 것이 모두 정부 관계부서의 노력만으로 된 것으로 보기는 어렵다. 그러나 경

36) 한국항공진흥협회, 대한민국항공협정집, 평진문화사, 1996.

제성장에 따라 교통부가 건교부, 국토해양부, 국토교통부 등으로 바뀐 정부가 가장 앞장서서 노력을 한 것은 높게 평가받아야 한다.

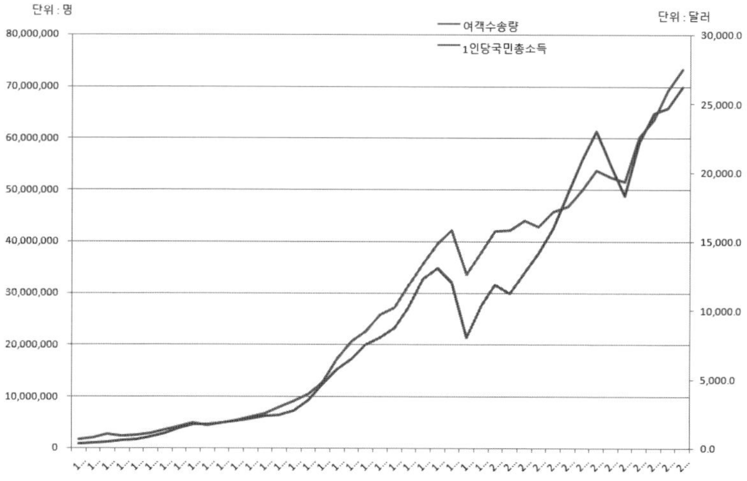

a) 1인당국민총소득(GNI, Gross National Income) : 국민들의 생활수준을 알아보기 위하여 일반적으로 사용되는 것.

b) GNI는 한 나라 국민이 국내외에서 벌어들인 소득의 실질구매력을 나타내는 지표다. 국내총생산(GDP)에 국민들이 해외에서 받은 소득(국외 수취요소소득)을 포함하고 외국인이 국내에서 받은 소득(국외 지급요소소득)을 제외한 후 교역조건변화로 인한 무역손익을 가감해서 계산한다. 유엔, 국제통화기금(IMF) 등 국제기구들은 국민소득 통계지표를 국민총생산(GNP)으로 사용해 오다가 1993년 GNI로 바꿨다. GNP가 그 나라 국민의 실질적인 소득수준을 잘 반영하지 못하기 때문이다.

출처 : 항공정보포털시스템(www.airportal.go.kr), 2015.2.9.
국가통계포털(www.kosis.kr), 2015.2.9.

[그림 6] 1971~2013년 항공운송량과 국민소득의 변화

정치권이나 시민단체 등 정부 외부기관에서도 건전한 비판을 하기도 하였으나 항공정책에서 큰 역할을 한 것으로 보기는 어렵다. 정부 이외의 큰 역할을 한 기관은 항공사로 볼 수 있다. 정부의 지원이 있

었지만 항공사 스스로 경쟁력을 갖기 위한 끊임없는 노력을 한 결과이기도 하다. 국적항공사는 그 나라를 대표하기도 한다. 제2민항이 출범하면서 여러 가지 갈등과 시련도 있었지만 더욱 강한 경쟁과 노력으로 세계의 일류 항공사로 성장할 수 있었다고 본다.

또한 항공사고도 있었으나 더욱 안전을 강화하고 노력한 결과 지금과 같은 안전을 확보한 항공사로 성장할 수 있었다. 또한 공항공사도 공항의 건설과 운영에 있어 매우 성공적인 역할을 하고 있다. 항공정책의 주도는 항공당국이었으며, 담당하였던 공무원들의 사명의식과 국민 항공편의제고라는 가치관과 목표가 합해져 오늘날의 항공발전이 이루어진 것으로 볼 수 있다.

항공안전측면에서도 2001년 항공2등급사태와 9.11테러 등으로 항공의 안전성이 중시됨에 따라 항공안전관리강화가 세계적으로 이루어졌다. 우리나라가 세계최고의 이행율로 최고평가를 받았던 ICAO의 항공안전종합평가(USOAP, Universal Safety Oversight Audit Programme)제도가 그간의 성과를 인정받아 2013년 상시감시체계(CMA, Continuous Monitoring Approach)로 전환됨에 따라 우리나라도 이에 적극적으로 대비하고 있다. 최근 세계항공시장에서 최대 현안 중의 하나인 녹색환경과 관련된 환경규제에 적극적으로 대응하기 위하여 우리나라도 2011년부터 '에너지목표관리제'를 시행하고 있다.

[표 8] 각 시대별 항공정책

구분	1950년대	1960년대	1970년대	1980년대	1990년대	2000년대
시대 구분	준비기	초기 성장기	성장기	본격 성장기	고도성장과 발전	세계화
항공 정책	• ICAO 가입 • 주요국가와 협정체결 • 국내외 첫 정기노선 개설	• 항공법 체계 정비 • 공항체계 정비 • 항공회사 허가	• 항공운송 산업 진흥법 제정 • 안전 및 보안에 관한 법령 제정	• 해외여행 전면자유화 • 86아시안 게임과 88 올림픽 대비 • 제2민항 출범	• 항공협정 체결 가속화 • 항공자유화 시작 • 국제노선 확충 • 신공항 건설	• ICAO 이사국진출 • 인천공항 개항 • 저비용 항공사 운영
산업 운영	• 초기형태 민간자율 운영	• 운송산업의 규제 • 제한된 항공사업	• 정부의 적극적지원 • 대형기 도입 • 노선확대	• 경쟁적인 항공운송체제 • 항공운송 급증	• 국적항공사 경쟁력 강화 • 요금 신고제 등 규제완화	• 글로벌 항공사 • 저비용 항공사 운영과 점유율 증가
세계 시장 동향	• 미국 등 선진국의 항공 운송 초기 성장기	• 대형항공기 등장 (B747, B707)	• 미국의 규제완화와 항공자유화 • 오일쇼크	• 유럽 단계적 항공자유화 정책실시 • Alliance 확산	• 유럽공동 항공시장 결성 • ICAO안전 감시체제 도입	• ICAO안전 및 보안의 세계최고 등급

2. 항공 정책의 주요 현안

1) 동남권 공항 등 공항시설 확충

동남권 신공항은 2006년 12월 대통령 지시에 따라 검토를 시작하였다.[37] 국토해양부는 김해공항과 대구공항의 민항기능을 통합하여 영남지역 5개시도(부산, 대구, 경북, 경남, 울산)의 거점공항 역할을 할 신공항 관련 연구용역을 2차례 실시하였다. 1차는 동남권 신공항 건설여건검토(국토연구원)를 2007년 3월부터 11월까지 실시하였다.

37) 2002년 중국 민항기가 김해공항에서 북측 돛대산에 추락하여 129명이 사망한 사고도 감안한 것이다.

연구결과 동남권 항공수요 증가에 대비하여 신공항건설을 검토할 필요가 있는 것으로 나타났다.[38] 김해공항이 2025년경에 포화될 경우에 대비하여 신공항건설은 타당성이 있다는 것이다. 이런 과정에서 영남지역 5개 광역시도가 공동으로 신공항 조기건설을 건의하였고(2007.9., 2008.5.), 제17대 대선 영남지역 유세 시에는 동남권 신공항건설 추진이 약속되었다. 또한 정부의 30대 광역 선도프로젝트에도 선정되었다(2008.9.). 이에 따라 신공항타당성 및 입지조사연구를 2008년 3월부터 2009년 12월까지 국토연구원 주관으로 실시하였다. 이와 같은 2단계 입지선정과 관련된 용역을 시행한 결과 영남지역 35개 후보지에 대한 타당성검토를 하였고, 5개 지역이 유력한 후보지로 압축되었으며 최종적으로는 밀양과 가덕도가 후보지로 선정되었다.[39]

그러나 건설비가 당초 예상보다 훨씬 많이 필요한 것으로 나타났다. 두 후보지 모두 거의 10조 원 정도가 소요되는 것으로 조사되었다. 밀양은 후보지 주변이 산으로 둘러싸여 있어 항공기 안전운항에 필요한 진입표면과 수평표면 확보를 위하여 산들을 절개하는 비용이 필요했다. 반대로 가덕도의 경우는 주변이 바다이기 때문에 매립하는 비용이 거의 유사하게 소요되는 것으로 전망되었다. 항공기운항과 관련해서는 밀양은 주변에 민가가 있어 소음문제가 발생할 수 있는 반면에 가덕도는 해상이기 때문에 소음문제는 상대적으로 적었다. 영남지역에서의 접근성은 밀양이 좀 더 좋은 것으로 보인다. 가덕도의 경우는 공역사용에서도 김해공항과 일본공역으로 인하여 다소 제약을

38) 동남권 신공항 용역은 국토연구원을 중심으로 2008년 3월부터 실시하여 타당성이 있는 것으로 조사되었다.

39) 국토해양부, 동남권 신공항 입지평가 실무지원(최종보고서), 2011.3., 국토연구원.

받을 수 있다.

그러나 당초에는 후보지 조사결과를 받아들이겠다고 하던 자치단체들이 지방선거를 앞두고 서로의 입장을 강하게 주장하기 시작했다. 부산권은 가덕도를, 경북대구권은 밀양을 적극적으로 지지하게 되었다. 결국 부산권과 경북대구권이 서로 후보지에 대해 대립하면서 지방선거 등 선거이슈로 부각되었고 막대한 공사비가 이슈가 되면서 국토해양부는 전문가 중심의 평가위원회를 구성하게 되었다.

이에 따라 2010년 7월 공정하고 객관적인 입지평가를 위하여 전문가 20인으로 구성된 '입지평가위원회'를 구성하여 가덕도와 밀양에 대하여 평가를 실시하였다. 20명의 위원들은 8개월간 21차례의 회의를 열어 ICAO의 국제기준과 미국 FAA의 기준 등을 고려하여 면밀한 검토를 한 결과 가덕도는 38.3점, 밀양은 39.9점이며, 두 후보지 모두 불리한 지형조건으로 환경훼손과 사업비가 과다하게 소요되고 경제성이 부족하여 공항입지로서는 부적합하다는 결론을 내렸다. 경제성분석을 한 결과 밀양과 가덕도 모두 B/C는 0.7정도로 나와 경제적 타당성은 10조 원 정도의 막대한 비용이 소요되는 것을 감안할 때 미흡한 것으로 나타났다.

[표 9] 밀양과 가덕도의 비용/편익 분석결과

구분	밀양	가덕도
B/C	0.73	0.70
비용(십억 원)	4,632	4,587
편익(십억 원)	3,364	3,219

주 : 상기 비용과 편익은 2008년 기준이며 사회적 할인율 5.5%적용
출처 : 국토해양부, 동남권 신공항 입지평가 실무지원(최종보고서), 2011.3., 국토연구원.

최근 다시 논란이 되고 있는 신공항은 영남권의 지형적 특성상 후보지가 많지 않다. 후보지보다 더 중요한 것은 과연 김해공항을 확장하고 개량해서 사용할 수 없느냐 하는 것도 심도 있게 고려해볼 수 있다. 2025년 이후에 지역발전과 미래의 항공 특성상 영남권 신공항이 필요하다면 지역이해를 떠나 비용도 가장 적게 들고 국민들이 접근하기도 좋으며 24시간 최첨단 공항으로 사용할 수 있는 후보지를 서 찾아야 한다. 결론적으로 후보지를 결정함에 있어 자기 지역만의 이익을 위하여 주장하기보다는 국가전체의 입장에서 판단 결정하여야 한다는 것이다.[40]

2) 인천국제공항 허브화 적극추진

인천국제공항의 성공적인 개항과 운영으로 세계 1,700개 공항 중 최근 9년 연속 세계에서 서비스가 제일 좋은 공항으로 선정되는 등 매우 좋은 평가를 받고 있다. 2014년 공항 이용객은 4,500만 명으로 최다를 기록하였다. 그러나 가장 중요한 허브공항으로서의 역할을 잘하고 있느냐 하는 것에 대해서는 의문이 제기되고 있다. 허브공항의 가장 손쉬운 판단 기준은 환승율이다. 일반적으로 허브공항은 환승율이 20% 이상이 되어야 한다. 독일 프랑크푸르트공항, 아랍 에미리트(UAE) 두바이공항, 홍콩 첵락콥공항, 프랑스 드골공항, 네덜란드 스히폴공항, 영국 히드로공항 등 모두 30% 내외의 높은 환승율을 보이고 있다. 인천공항은 2001년 개항 후 환승율이 20%를 넘은 적이 없

40) 동남권 신공항은 2006년 말에 등장하여 2027년에 김해공항이 포화될 것이라는 판단 아래 노무현 정부가 적극적으로 검토했으며 2007년 이명박 후보는 공약을 했다고 한다. 10조 원이 투자되는 거대한 사업이며 지역이해관계가 큰 사업이다. 후보지 발표가 지연되면서 지역 간 갈등이 커지고 과연 신공항이 필요하냐는 타당성문제까지 제기되어 혼란이 거듭되고 있다(중앙일보 2011년 2월 12일자).

다. 2010년 15.7%, 2011년 16.3%, 2012년 17.7%, 2013년 18.7%이다. 지난해에는 16%로 하락했다. 동북아/유럽노선의 경우 환승율이 2013년 22.8%에서 2014년에는 11.3%로 대폭 내려갔다. 환승율이 최근에 계속 하락하고 있는 것은 매우 우려할 만한 사항이다.

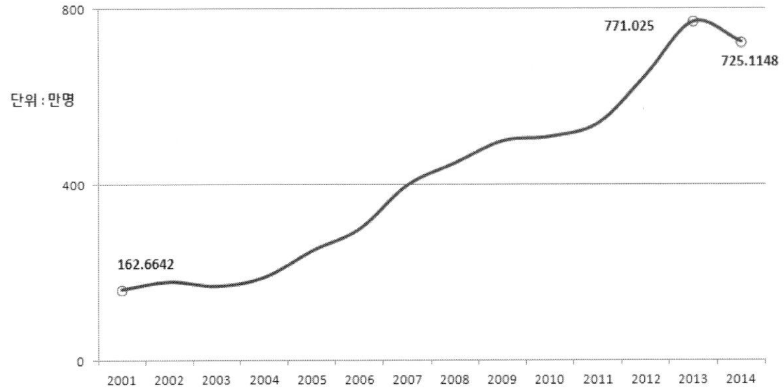

출처 : 항공정보포털시스템(www.airportal.go.kr), 2015.2.10.

[그림 7] 인천국제공항 환승객수

주변의 국제공항들이 확장을 계속하고 있으며, 매우 공격적인 전략을 구사하고 있다. 일본은 하네다공항을 확충하고 운항거리제한을 철폐하고 국제선을 확충했다. 또한 하네다공항의 국제선이 확충되면서 일본 지방공항에서 인천공항에 오던 미주 유럽승객이 하네다를 이용하게 되었다. 중국의 경우도 중국 지방공항에서 우리나라로 오던 승객들이 북경 서우두공항의 국제선 미주 운항을 확대시키면서 인천공항에 올 필요가 없어졌다. 오세아니아, 유럽의 경우도 두바이경유 노선이 약진하고 있다.

운항횟수 등을 늘리기 위해 필수적인 공항확장을 적극적으로 서두르고 있다. 중국은 북경공항과 상해 푸동공항 등을 확충하고 미주와 유럽노선을 대폭 확충하여 공격적인 공항운영을 하고 있다. 아랍 에미리트(UAE) 두바이공항, 싱가포르, 말레이시아, 이스탄불 공항 등 많은 공항이 허브를 선점하기 위하여 시설확장을 하는 것은 물론이고 외국항공사 유치를 위한 여러 가지 전략을 사용하고 있다.

2014년의 경우 특히 주목할만한 점은 중동지역 공항과 항공사들의 큰 약진이다. 두바이공항의 경우 국제선이용객이 7,000만 명으로 영국 히드로공항을 제치고 세계1위 공항으로 비약적인 발전을 거듭하고 있다. 영국 히드로공항 등이 시설확장 등에 애를 먹고 있는 반면에 풍부한 자본과 부지확보로 공항확장이 용이하다. 두바이 정부는 2022년까지 두바이공항을 연 2억2,000만 명까지 처리가 가능하도록 확장을 추진하고 있다. 아부다비공항과 카타르공항도 확장을 계속 추진하고 자국 항공사들도 A380과 보잉777 등 신기종을 최대한 많이 보유하고 있다. 노선도 유럽, 아시아, 아프리카 등을 8시간 이내에 연결할 수 있는 지리적 이점을 최대한 이용하고 있다. 이와 같은 중동지역의 확장은 유럽공항과 항공사들도 위협하지만 우리나라 인천공항과 국적항공사들도 영향을 받고 있다.[41] 우리나라도 인천공항의 허브화를 위하여 항공자유화를 적극적으로 추진하고 환승객 사용시설을 대폭 확충하고 환승시간을 줄이고 공항사용료를 합리적으로 재조정하는 등 외국항공사와 여객유치를 위한 다방면의 중장기 전략을 적극적으로 추진하여야 한다.

41) 한국경제, 2015.2.11. 11면., 아주경제, 2015.2.11.자 8면

3. 향후 항공정책방향

항공정책의 초점은 소비자, 항공사, 공항 세 군데 중 어디에, 얼마만큼 비중을 두느냐에 따라 변화되어왔다. 궁극적으로는 국민인 소비자의 편익증대가 가장 중요하다. 그러나 소비자의 편익을 증대시키는 전략을 어떻게 구사하느냐에 따라서 정책의 모습은 다소 변화될 수 있다. 그간 우리나라의 항공정책은 수출주도형 경제성장 전략과 맞물려 거의 같은 모습으로 발전하여왔다. 항공산업은 다른 산업에 비하여 세 가지 특징이 있다고 볼 수 있다. 첫째는 매우 성장이 빠른 서비스산업이다. 둘째는 세계시장을 무대로 경쟁하는 국제적인 정책이 필요하다. 셋째는 정부가 공항을 건설하고 안전을 규제하고 있는 등 일부 공공재적인 성격을 제외하면 어느 교통산업보다 시장원리가 강하게 작용하는 산업이다. 이와 같은 항공산업의 특성에 맞추어 그 시기의 사회환경과 국민들의 가치관에 맞는 적절한 정책의 추진이 매우 중요하다.

다시 말하면 1960년 이후의 정부주도형 개발전략에 따라서 정부주도형 항공정책이 이루어왔다고 볼 수 있다. 경제발전에 따른 항공수요의 증가에 대응한다는 차원에서 미리 공항을 확장하고 신공항을 건설하고 국제노선을 증설해왔다고 볼 수 있다. 여기서 정책추진주체의 가치관은 국민들의 해외여행편의증진이 최우선이고 그다음이 국적항공사의 성장, 그리고 그에 따른 공항의 발전이라는 결과가 나온 것으로 볼 수 있다. 정책의 리더는 역시 교통부를 중심으로 한 정부라고 볼 수 있다. 각종 지원 법령과 정책 조직 등이 변화되며 뒷받침해왔다. 물론 신공항건설과 운영, 안전문제 등과 관련하여 언론과 국회, 시민단체 등의 견제와 이의제기 등도 계속되어 왔으나 그 영향력은 그리 크지 않다고 볼 수 있다. 정권의 변화와 시대정신에 따라 규제 완화와 자유화 등의 영향이 있었으나 그 역시 세계적인 조류가 더 컸고 국내에서 그 영향을 받아 국토교통부가 주도적으로 정책의 변화를 추진했다고 볼 수 있다. 향후에도 항공정책의 지속적인 변화가 예상되나 이러한 변화도 정권과 정부 외부의 영향력보다는 세계항공시장에서 우리 항공 산업이 얼마나 경쟁력을 갖고 이길 수 있느냐하는 문제를 고민하는 정부의 역할이 더 중요할 것으로 보인다.

참고문헌

- 국가통계포털(www.kosis.kr), 2015.2.5.
- 국토개발연구원(1996), 국토50년 21세기를 향한 회고와 전망, 서울프레스
- 국토교통부, 항공정보포털시스템 (www.airportal.go.kr). 2015.2.7.
- 국토교통부(2014), 항공시장동향 제23호, 경성문화사
- 국토해양부 항공정책실(2011), 항공정책론, 백산출판사
- 국토해양부(2011), 동남권 신공항 입지평가 실무지원(최종보고서), 국토연구원
- 국토해양부(2012.7.26), 보도자료, 「12년상반기저비용항공사시장점유율상승세지속」
- 국토해양부(2012.6.21), 보도자료, 「저비용항공사 종합안전점검실시」
- 김건호・장부시(2000), 한국공항공단 20년사, 정문출판주식회사
- 김영호・임정실 외(2012), 소셜미디어의 교통부문활용방안 연구, 한국교통연구원
- 김포국제공항개항30주년기념사업회(1992), 김포국제공항 개항30주년약사, 삼신인쇄
- 대한항공(조중훈)(1991), 대한항공20년사, 동아출판사
- 모창환 등(2013), 경제발전단계별교통부문행정체계와정책변화연구, 한국교통연구원
- 신동춘(2001), 항공운송정책론, 선학사
- 유광의・이강석・유문기(2013), 항공산업론, 대왕사

- 이용일(1998), 항공업무론, 문원북
- 이재희(인천공항공사)(2008), A World Best Air Hub 그...꿈과 도전
- 이태원(1991), 현대항공수송론, 서울컴퓨터프레스
- 조선일보, 2015년 1월 7일자
- 중앙일보, 2001년 2월 2일자, 2011년 2월 12일자
- 통계청(1995), 한국주요경제지표, 문성인쇄주식회사
- 한국항공진흥협회(1996), 대한민국항공협정집 1954~1995, 평진문화사
- 한국공항공사(2007), 세계주요공항, (주)디자인인트로
- 한국교통연구원(2012), 2030교통정책 혁신방안, 한국교통연구원. 한디자인
- 한국항공진흥협회(1997), 항공연감
- 한국항공진흥협회(2000), 항공연감
- 한국항공진흥협회(2002), 항공연감
- 한국항공진흥협회(2006), 항공연감
- 한국항공진흥협회(2008), 항공연감
- 한국항공진흥협회(2010), 항공연감
- 한국항공진흥협회(2012), 항공연감
- 한국항공진흥협회(2014), 포켓항공현황
- 한국항공진흥협회(2014), 항공통계 2014
- 행정자치부, 정책연구관리시스템(www.prism.go.kr)
- 홍순길 · 양한모 · 이영혁 · 허희영(1997), 남북한 민간항공 협력, 대성인쇄소

수자원정책의 역사적 변동

10

CHAPTER 10

수자원정책의 역사적 변동

홍형표(전 행정중심복합도시건설청 차장)

I 들어가며

우리나라는 연간 1,245㎜의 비가 내린다. 세계평균 880㎜의 1.4배이지만 1인당 연간 강수 총량은 세계평균의 약 1/8에 불과한 2,591㎥이며, 또한 연 강수량의 2/3 이상이 여름철인 6~9월 사이에 집중되어 홍수와 가뭄이 반복된다.[1] 이러한 자연 조건으로 우리나라는 수자원 개발・관리・보전의 여건이 열악하다. 강수량에 국토면적(99,000㎢)을 곱하면 1,240억㎥로 연간 수자원 총량이다. 이 수자원을 안전하게 관리하고 효율적으로 활용하는 것이 수자원 정책이다. 수자원 정책은 관리목적에 따라 크게 이수, 치수, 환경 세 가지로 분류한다. 이 중 환경은 1990년대에 들어와서 추가되었고 그전에는 치수, 이수로 구분하여 관리해 왔다.

치수정책의 수단으로는 댐, 저류지, 하천 제방, 준설, 홍수예보 등이 있으며 이수정책은 용수공급, 수력발전, 내륙수운 등의 분야로 나눌 수 있고, 환경관리는 수질, 하천환경, 수원관리 등의 분야로 나눌

1) 건설교통부, 「한국의 수자원」, 2007.

수 있다. 이러한 관리목표들이 시대에 따라 중요도를 달리하여 변화되어 왔다. 수자원 정책의 변화를 구분하는 것은 그동안 정책 패러다임의 변화를 기준으로 몇 가지가 있었으나 이번 연구사업의 취지에 맞추어 1960년대 이전, 1960~1990년, 1991~2007년, 2008년 이후로 나누어 보기로 하겠다. 수자원 정책은 다른 모든 분야와 같이 사회 경제적 변화에 맞추어 같이 변화해 왔으나, 정권의 성격에 따라 크게 변했다기보다는 큰 홍수, 가뭄, 수질사고, 특정 댐건설 등을 계기로 변화되었다고 보는 것이 타당하다.

수자원 정책의 변화를 시기별로 개략 설명해보면, 1960년 이전에는 농토를 보전함으로써 식량을 증산하기 위해 하천을 개수하고 전기를 얻기 위해 수력발전 댐을 건설하는 데 중점을 두었다. 1961~1990년까지는 물을 수자원으로 인식하고 경제발전을 지원하기 위해 하천을 정비하고 다목적댐을 건설하여 수자원을 확보하고 이를 광역상수도를 통하여 도시, 공단 등에 공급하였다. 1991년부터는 환경이 중요한 이슈로 제기되었다. 도시의 발전에 따른 수질악화, 대규모 댐 주변의 환경변화, 도심하천에 대한 주민들의 기대상승 등으로 수자원개발과 환경의 섭목, 자연형 하천정비 등의 친환경 정책, 그리고 수자원 정책에 국민들의 의견을 반영하는 소통을 중요시하는 방향으로 변화되었다.

2007년 대통령 선거를 앞두고 한반도 대운하사업이 공약으로 제안되었으며, 그 후 사회적 논란을 거쳐 2008년 4대강 살리기 사업이 시작되었다. 4대강 살리기 사업은 기후변화시대에 대비하여 홍수피해 저감, 용수확보, 수질개선, 복합친수공간 조성 등을 목표로 하는 종합적인 하천정비사업으로 추진하여 2012년 사업을 완료하였다.

Ⅱ 수자원 정책의 변화과정

1. 태동기(해방 이후~1960년)

해방 이후 우리나라의 수자원 정책을 살펴보기 위하여는 일제시대로 거슬러 올라가지 않을 수 없다. 일본은 영국·미국·네덜란드 등으로부터 익힌 토목기술을 바탕으로 대륙침략의 기반이 되는 농업용 수리시설, 수력발전시설, 상수도시설을 설치하였다. 1915년부터 1928년 사이에 전국 14개 주요하천에 대하여 치수조사를 실시하고 하천개수계획을 수립하였으며, 조사결과를 모아 1928년 "조선하천조사서"를 발간하였다.[2] 당시의 하천개수계획은 하천연안의 토지이용도를 높이고 홍수를 방지하기 위한 치수 중심의 제방축조공사에 중점을 두었다. 1927년에는 조선하천령이 제정되어 하천관리체제가 구축되었으며, 직할하천과 지방하천의 개념이 도입되어 주요하천에 대한 개수공사가 집중되었다. 일제 말기에는 대륙침략에 필요한 전력과 용수를 확보하기 위하여 수력발전, 관개, 생공용수 등 이수목적의 수자원개발을 추진하였다. 이 시기 특기할 사업은 수력발전 댐의 개발이다. 북한에는 발전수력 70만kW의 수풍댐을 비롯하여 12개의 수력발전 댐을 건설하였고 남한에는 청평댐과 화천댐을 건설하였다.[3] 그리고 농업용 저수지도 약 9,300개소를 건설하여 식량수탈을 뒷받침하였다.

또한, 전국에 우량계, 수위표 등이 설치되어 근대적 수문조사가 시작되었으며 그 조사결과가 하천조사서에 수록되어 수문조사와 하천개수계획에 기여하였다. 1945년까지는 하천조사서에 의거 하천개수

2) 국토연구원, 「상전벽해 국토 60년」, 2008, p.252
3) 한국대댐회(www.kncold.or.kr)

계획을 수립하고 제방축조사업을 전개하여 1925년부터 1945년까지 715개의 하천 개수작업이 시행되었다.

해방 후 1948년 정부수립까지는 정치, 사회, 경제 등의 체제가 확립되지 않아 치수, 수력개발 등은 일제 강점기에서 추진되었던 제도와 정책의 연장선에서 마무리하였고 하천개수사업은 정지상태가 되어 기존 제방의 유지관리조차 제대로 이루어지지 않았다. 정부수립후 치수사업의 중요성과 필요성을 인식하여 미국 경제협조처(ECA : Economic Cooperation Administration)의 원조와 국고에 의해 남강방수로 공사와 중요 하천공사 등의 사업을 시작하였으나 6.25동란으로 진척되지 않았다. 6.25동란 후 수자원 정책은 1954년 유엔결의로 발족된 국제연합한국재건단(UNKRA : United Nation Korean Reconstruction Agency), 미국의 국제협력처(ICA : International Cooperation Administration) 등의 국제기구의 원조를 받아 관개용댐, 수력발전 댐 등을 건설하였고 피난민구제 차원에서 낙동강유역의 중소하천을 대상으로 제방공사를 실시하였다. 당시에는 전력이 최우선이었기 때문에 상공부와 조선전업이 전국 하천을 대상으로 수력발전 가능지점을 조사하였으며 춘천댐, 소양강댐, 충주댐, 영월댐, 용담댐 등이 주요 댐 개발지점으로 조사되어 추후 이 댐들은 다목적댐으로 건설되었다.

그리고 이러한 도움에 힘입어 정부는 홍수피해와 경제가치가 큰 19개 직할하천과 44개 지방하천, 총 63개 하천에 대한 치수장기계획을 수립하고 680km 구간을 개수하였다. 또한 국고에 의해 중소하천 300개 지구의 개수계획도 수립하여 총 1,028km의 제방을 축제하였다.

댐 건설은 일제시대의 연장선상에서 농업용 저수지와 수력발전을 위하여 추진되었다. 해방 당시에는 일제의 "남북농공" 정책으로 대부분의 발전설비가 북한에 있어 광복 초기에는 전력수요의 60% 이상을 북한으로부터 수전받았다. 이에 따라 1948년 5월 14일 북한이 송전을 일방적으로 중단하자 남한은 극심한 전력난으로 큰 혼란이 야기되었다. 당시 남한지역의 수력발전시설로는 화천, 청평, 칠보, 운암, 보성강 등의 소규모 시설이 있었으나 이마저도 6.25동란으로 발전설비의 40%가 파괴되어 에너지가 절대적으로 부족하였다. 이에 정부는 파괴된 청평댐, 칠보, 보성강댐 등을 1951년까지 즉시 복구하였으며 규모가 큰 화천댐도 1951년 복구에 착수하여 1954년까지 복구를 완료하였다. 또한 조선전업(주)는 국내 최초 우리나라 기술진만으로 남한강 지류인 달천강에 중력식 콘크리트댐으로 괴산수력발전소를 1952년 착공하여 1957년 준공하였다.

우리나라에 현대식 상수도가 설치된 것은 1894년 부산에 일본 거류민단이 보수천 상류에 집수암거를 설치하고 자동여과장치와 대청동배수지를 설치한 것이었다. 일제시대에 서울, 인천, 평양, 목포 등 대도시에 부분적으로 상수도가 설치되기 시작하여 1940년 말에는 전국 83개 도시에서 200여만 명을 대상으로 급수하였다. 해방 직후인 1948년에는 남한인구 1,780만 명 중 급수인구는 328만 명이었고 1인 1일당 급수량은 66리터 수준이었다. 그나마도 40개 도시의 소규모 상수도시설이 한국전쟁으로 많은 피해를 입어 기능을 상실하게 되었다. 한국전쟁 후 1954년부터 5년에 걸쳐 UN의 원조를 받아 파괴된 수도시설을 복구하였고 시설도 확장·신설하였다.[4)]

---

4) 국토연구원, 「상전벽해 국토 60년」, 2008, p.255

2. 개발 · 확충기(1961~1990년)

1961년부터 1990년까지의 기간은 수자원 개발의 기초를 구축하고 경제발전에 따라 사회 각 부문에서 필요한 시설을 발전에 맞추어 확보해 나갔으며 앞으로의 발전을 위한 초석을 마련한 시기로 평가할 수 있다. 1961년 제3공화국이 성립되면서 1962년 1월에 제1차 경제개발5개년계획(1962~1966)을 발표하여 적극적인 경제개발 정책을 추진하면서 경제계획의 주요 목표인 식량의 자급자족, 에너지 공급원의 확보 및 중화학공업 육성 등의 성공적인 달성을 위해서는 무엇보다도 효율적이고 종합적인 수자원 개발이 필요하였다. 정부는 이를 위하여 정부조직을 개편하고 법령을 정비하였다. 1961년 국토건설청을 신설하였고 1962년에는 국토건설청을 건설부로 승격하여 사회간접자본 건설을 추진하기 위한 조직을 갖추었다. 법령정비는 조선하천령을 대체하는 하천법을 제정하였고 다목적댐의 효율적인 건설을 위하여 특정다목적댐법(1966)과 한국수자원개발공사법(1966)을 제정하고 한국수자원개발공사를 설립하였다.

1965년 정부는 국가수자원계획의 장기 비전과 정책목표를 담은 수자원종합개발 10개년계획(1966~1975)을 성안하였다. 이 계획은 우리나라 최초의 수자원종합개발에 관한 로드맵을 제시한 장기종합계획으로서 한강, 낙동강 및 금강의 3대강을 주 대상으로 하여 유역의 중요지역에 대한 계획을 골격으로 하였다. 동 계획에서는 수자원종합계획조사, 하천개수, 다목적댐 건설, 내륙수운, 용수수급, 수리간척사업, 재정계획 등에 관한 단계적 계획을 제시하였다.

1960년대는 수자원종합개발을 위한 유역조사[5]가 활발하게 추진되

5) 한국수자원학회, 「한국의 수자원개발 30년」, 1997, p.71~74

었으며 이 조사에 따라 다목적댐 건설이 계획되었고, 1960년대 후반부터 유역종합개발의 수단으로 개별댐을 선정하여 추진하였다.

1970~1980년대에도 수자원개발은 다목적댐이 가장 중요하게 추진되었으며 이를 수원으로 광역상수도가 건설되고 경제발전과 함께 하천개수에도 투자여력이 생겨 4대강을 중심으로 하천개수도 활발히 시행되었다.

1) 4대강 유역조사와 종합개발계획(계획적 수자원 관리의 출발)

일제시대에 시작된 하천조사는 이수 측면보다 주로 치수사업의 계획수립에 필요한 자료를 중심으로 조사하여 왔다. 그러나 정부의 경제개발계획에 따라 증가하는 생활·공업용수 수요의 공급, 수력발전, 수질 보전 등 이수에 필요한 자료조사가 중요하게 되면서 이수, 치수 등 수자원 전반에 대한 조사가 필요하였다. 이에 따라 건설부는 한강, 낙동강, 금강, 및 영산강의 4대강 유역에 대하여 종합개발계획 수립에 필요한 유역조사를 추진하였다.

1963년 정부는 낙동강유역조사를 위해 국제연합개발계획(UNDP : United Nations Development Program)에 특별기금을 요청하였고 국제연합개발계획은 FAO를 사업집행기구로 선임하였으며 1966년 한국정부와 UNDP/FAO가 마련한 운영계획에 의거 1967년 세계 각국의 전문가와 국내 요원으로 조사단을 구성하여 조사에 착수하였으며 1972년 완료하였다.

낙동강유역조사의 조사성과는 염수침입방지, 용수 추정, 용수이용 현황 및 장래 수요, 다목적댐 개발계획 등이다. 한강유역조사는 1965년 건설부와 미국의 국제개발처(AID : Agency for International

Development)가 협정을 체결하여 미국의 지원을 받아 미국 개척국과 지질조사소 소속 기술진과 공동으로 조사에 착수하여 1971년 조사를 완료하였다.

금강유역조사는 1968년 한국수자원개발공사와 일본 기술진이 공동으로 착수하여 1972년 2월 완료하였으며 갈수기 물수지, 다목적댐 개발계획 등을 제시하였다. 영산강 유역조사는 한국수자원개발공사 단독으로 국내 기술진만으로 1968년 착수하여 1971년 완료하였다.

정부는 4대강 유역조사 사업에서 조사된 유역별 종합개발계획(안)을 기초로 1970년 4대강유역종합개발계획(1971~1981)을 마련하였으며 부총리를 위원장으로 하는 4대강유역종합개발위원회를 구성하여 추진함으로써 경제발전의 기틀을 마련하였다.[6)]

1974년에는 전국 하천에 대한 자료와 수자원개발 실적과 계획을 정리하여 "한국하천조사서"를 발간하였다. 1980년대에 들어오면서 범정부적인 수자원개발 대신에 부처별 계획에 따라 개별적으로 추진되기 시작했다. 이는 정부의 규모가 커지고 수자원 개발이 정부의 주요 이슈에서 상대적으로 멀어졌기 때문으로 본다. 1980년에는 건설부와 수자원공사 주관으로 수자원장기종합개발계획(10개년 계획)을 수립하여 다목적댐과 광역상수도사업을 시행하였다.

2) 하천정비(밀가루 원조에 의한 사업에서 수계일관사업으로)

1961년부터 대대적인 치수사업을 추진하였다. 정부는 1962년부터 시작되는 치수사업 5개년계획을 수립하고 하천개수 예산을 대폭 증액 확보하여 하천개수사업을 추진하였다. 이 시기의 하천개수사업은

6) 대한토목학회, 한국토목사, 2001, p.681~682

일반하천개수사업, 범국민치수사업, WFP(World Food Program)지원치수사업 등으로 나누어 설명할 수 있다. 일반하천개수사업은 직할하천을 대상으로 1925년부터 추진해온 사업으로 예산의 규모에 따라 투자 우선순위에 의해 투자하였으며 1, 2차 경제개발계획기간 중 66억 원을 투자하여 554㎞를 개수하였다.

범국민치수사업은 국가예산의 부족으로 중소하천까지 예산을 지원할 수 없는 여건에서 영세농민 및 근로자의 생계지원을 위하여 1964년부터 미공법(美公法)[7]에 의하여 양곡을 노임으로 지급하고 자재대 등 일부를 국고에서 보조하여 각 지자체가 중심이 되어 중소하천을 개수한 사업이다.

1966년까지 양곡 46,000여 톤과 3억여 원을 투입하여 1,493개 지구 649㎞를 개수하였다. 1967년에는 한국정부와 세계식량계획기구 사이에 "WFP지원 치수사업 협정"이 체결되어 양곡 2만 833톤과 30억 5,000만 원을 투자하여 영산강, 왕숙천, 남강, 변성천 등 6개 지구에서 142㎞의 하천을 개수하였다. 이 사업에는 일평균 노동자수 4,712명에 대한 임금의 일부로 4년 9개월간 밀가루를 제공하였다.

1970대에는 하천관리방식의 근대화가 추진되었다. 1971년 하천법을 전문 개정하여 하천관리청이 유역에 관한 수문조사를 실시하고, 하천정비계획을 수립하여 이에 따라 그동안 무계획적으로 정비되어오던 하천에 대하여 일관성 있는 개수계획을 실시하도록 하였다. 1975년부터 한강, 낙동강 및 금강의 직할하천구간에 대한 하천정비기본계획을 수립하기 시작하였다. 1974년부터는 낙동강유역의 다목

7) 미국이 자국의 농산물 가격을 유지하고 농산물 수출을 진흥하는 한편, 저개발국의 식량부족을 완화하기 위하여 1954년 법제화.

적댐 건설계획과 병행하여 낙동강연안종합개발사업의 타당성조사를 실시하고 1978년부터는 안동과 왜관 구간 270㎞의 하천개수사업을 ADB차관으로 실시하였다. 낙동강연안개발사업은 뒤에 이어지는 수계 치수사업의 시발점이 되었다.

1980년대에 들어와서는 하천개수사업의 투자정책이 종래의 지구별 분산개수방식에서 수계별 일관개수방식으로 전환되었다. 이 방식은 4대강 본류 중심의 직할하천은 국가에서 담당하고 지류는 지자체가 담당하도록 하니 홍수피해가 오히려 지류에서 많이 발생하는 문제가 있어 중요하천은 수계를 일관하여 국가에서 개수토록 정책을 전환한 것이다. 이러한 전환은 한편으로 홍수피해가 심했던 충남북과 호남지역 등을 집중적으로 개수하여 인구와 경제 활동이 활발한 한강과 낙동강 유역에 치중하였던 치수사업을 넓게 분산하였다. 수계치수사업은 금강 및 영산강 유역에서 먼저 시행되었고 1990년대는 한강, 낙동강 등으로 확대하였다. 한편, 서울·대구 등 대도시에서는 하도정비사업과 더불어 "친수공간"을 조성하는 하천종합개발사업이 하천골재 채취를 주 재원으로 추진되었으며 대표적인 사업이 서울시가 시행한 한강종합개발사업이다. 한강종합개발사업은 저수로를 굴착하여 배가 다닐 수 있도록 하고 고수부지에는 시민들의 휴식공간을 조성하며 올림픽대로를 건설하여 교통문제를 해결하고자 한 것으로 1982년 착공하여 1986년 완공하였다.

그동안 하천개수의 노력에도 불구하고 1989년 말 기준 하천개수율은 55.4%에 그쳤으며, 재산피해는 1980년대 연평균 2,663억 원에 달했다.

3) 다목적댐 건설(섬진강댐에서 용담댐까지)

댐은 용수확보, 홍수조절, 발전 등의 목적을 위하여 건설하며 이 중 하나의 목적을 위하여 건설하는 댐을 단일목적 댐, 두 가지 이상의 목적을 위하여 건설하는 댐을 다목적댐이라고 한다. 60년대에 시작된 댐 건설의 기본방향은 단일목적의 개발을 지양하고 치수와 이수의 종합적 효과를 이룰 수 있는 다목적댐의 건설이었다. 다목적댐 건설의 목표는 주로 용수공급, 홍수량 조절, 전력생산 등 세 가지가 복합되어 있었다.

제일 먼저 건설한 다목적댐이 섬진강댐이다. 섬진강 다목적댐은 제1차 경제개발 5개년계획의 일환으로 수자원의 중요성이 대두되면서 전북 임실군 강진면 옥정리에서 정읍군 산내면 종성리를 연결하는 높이 64m 총저수량 4억6,600만㎥ 규모의 댐으로 당초, 상공부 주관으로 조선전업주식회사에서 1961년 착공하였으나 다목적댐으로 개발하기 위하여 주관이 건설부로 바뀌어 1965년 준공하였다. 당시 댐 건설과 관련하여 전원개발을 담당하는 상공부와 뒤늦게 출발하여 수자원개발을 담당하는 건설부 사이에 공방전이 치열하여 특정다목적댐법이 정부입법으로 추진되지 못하고 의원입법으로 제정되었다.[8)]

정부는 수자원종합개발을 위한 첫 시도로 1965년 9월 수자원종합개발 10개년계획(1966~1975)을 수립하였으며 이는 수자원개발의 길잡이 역할을 한 중요한 계획으로 처음 우리나라의 물 수급을 검토하여 제시하였고 이를 근거로 10개의 다목적댐 개발 계획을 제안하였다. 한강수계는 발전, 치수, 이수, 주운을 위해 소양강, 충주, 단양, 한강댐 등 4개 다목적댐을 건설하고자 하였다. 낙동강 수계는 치수,

---

8) 대한토목학회, 한국토목사, 2001, p.771.

이수, 발전을 목적으로 남강, 안동, 합천, 임하댐의 건설이 계획되었고 금강 수계는 용담댐, 섬진강은 보성강댐의 건설이 계획되었다.

섬진강댐과 남강댐이 먼저 건설되었으나 유역개발과의 조정을 거쳐 그 규모를 확정한 최초의 다목적댐은 소양강댐으로 1967년 4월 착공하여 1973년 12월 준공되었다. 당초에는 수력개발을 위한 높이 86m의 댐으로 검토되었으나 한강유역조사단의 건의에 따라 높이 123m로 규모를 확대하여 다목적댐으로 건설하였다. 소양강댐[9]은 우리 힘으로 건설한 동양 최대의 사력댐으로 연간 12억 1,300만㎥의 용수와 3억 5,300만kWh의 수력에너지를 생산하고 있으며 5억㎥의 홍수조절능력을 갖추고 있어 수도권의 수해방지에도 기여하고 있다.

1960년대부터 개시된 4대강 유역조사의 중간성과가 나오자 건설부는 수자원종합개발 10개년계획을 발전시켜 4대강유역종합개발계획(1971~1981)에 통합하였다.

1970년 12월 4대강유역종합개발계획이 확정되었으며 1970년대는 이 계획에 따라 다목적댐의 건설이 지속적으로 이루어졌다. 동 계획에서는 12개 다목적댐의 건설계획을 발표하였다. 한강은 충주댐, 낙동강은 안동, 합천, 임하, 영산, 대천댐 등 5개 댐, 금강에는 대청댐의 건설계획이 수립되었다. 또한 영산강에는 장성, 담양, 대초 및 동복댐 등 4개 댐의 건설계획이 제시되었다. 1970년대는 안동, 장성, 담양, 광주, 영천, 나주댐 등이 준공되었고 대청과 충주 다목적댐이 착공되었다.

1980년대에는 낙동강 유역의 안동, 금강유역의 대청, 남한강유역

9) 소양강댐은 콘크리트중력식으로 설계하였으나 당시 철근, 시멘트 등 건설자재의 생산능력이 부족하였고 댐 건설지점이 산간벽지인 관계로 운송비가 막대하여 댐 주변에서 쉽게 구할 수 있는 재료를 사용하도록 사력댐으로 설계변경하였다.

의 충주 다목적댐이 준공되었다. 또한 낙동강 유역의 황강에 합천다목적댐을 건설함과 동시에 낙동강 하류의 염해방지와 용수원 확보를 위한 낙동강 하구둑을 건설하였고 섬진강의 지류 보성강에 주암 다목적댐 등을 건설하였으며 1990년에 대규모 다목적댐으로서는 마지막으로 용담댐[10)]이 착공되었다.

4) 광역상수도 확충

1961년 수도법이 제정되었으며 수도법에 의하여 상수도는 기본적으로 시장・군수의 업무였다. 이에 따라 시장・군수가 개별적으로 상수도를 건설하고 상수도가 설치되지 않은 농어촌 지역은 보건사회부 주도하에 간이상수도를 건설하였다. 그러나 이러한 체계에서는 시・군별로 하천 등 수원을 확보하기 어려운 지자체가 있어 수도사업을 추진하기 어려운 경우도 있었다. 따라서 중앙정부 차원에서 이러한 지자체를 지원할 필요가 있었고 1970년대 들어 급증하는 용수수요에 대처하기 위하여는 개별상수도 건설보다 다수의 시군을 묶어 광역적으로 용수를 공급하는 것이 보다 효율적이었다. 이러한 판단하에 광역상수도를 적극 건설하게 되었으며 광역상수도는 다목적댐이나 수질이 좋은 하천지점을 수원으로 하여 수질과 수량 두 가지 측면에서 보다 안정적으로 용수를 공급할 수 있는 방식으로 정착되었다.

우리나라 최초의 광역상수도는 팔당호를 취수원으로 하여 서울, 성남, 부천, 인천 등 4개 도시에 120만㎥/일의 용수를 공급하기 위한 수도권 광역상수도 Ⅰ단계 사업으로 1973년 착공하여 1979년도에 준

---

10) 용담댐은 마지막으로 건설된 대규모 다목적댐으로 전주, 익산, 군산 등 전주권 지역의 개발을 위하여 금강에 댐을 건설한 것으로 유역을 변경하여 물을 공급함으로써 전북과 충청지역 사이에 물 이용을 두고 논란이 계속되었다.

공되었다. 이어서 1979년 금강광역상수도, 1977년 수도권광역상수도 Ⅱ단계, 1979년 낙동강광역상수도를 각각 착공하여 광역상수도 개발시대가 시작되었다.[11)]

광역상수도와 함께 중화학공업단지에 공업용수를 공급하기 위한 공업용수도 사업도 함께 추진되었다.

공업용수도의 효시는 1962년 착공된 울산공업용수도 1단계사업으로 사연댐에서 울산공단에 하루 10만㎥을 공급하였다. 또한, 창원과 포항 공업용수도도 1970년대까지 단계적으로 착공되었다. 광역상수도 급수지역 내의 공업용수 수요는 광역상수도에서 공급하고 대단위 공업단지의 용수수요는 공업용수도를 건설하여 공급하였다.

광역상수도는 건설부에서 전액 국고로 건설한 후 한국수자원공사가 관리하였다.[12)] 광역상수도는 급증하는 용수수요를 안정적으로 공급하였고 다목적댐과 연계하여 개발함으로써 수질을 개선하였으며 한정된 수자원을 지역적으로 적정하게 배분하여 국토 균형개발에도 기여하였다.

5) 수문조사[13)]

수문조사는 강수량, 수위, 유량, 유사량, 증발량, 토양수분, 지하수위 등 물의 순환과 관련된 제반 항목을 측정하고 분석하는 것을 말한다. 우리나라 수문조사의 역사는 조선시대까지 거슬러 올라간다. 세종때 측우기가 발명되었고 수표를 설치하여 수위를 측정하였다. 근

---

11) 한국수자원학회, 「한국의 수자원개발 30년」, 1997, p.152

12) 광역상수도 사업과 관련하여 가장 논란이 된 것은 사업비를 누가 부담할 것인가하는 것이었다. 초기에는 중앙정부에서 부담하였으나 사업비가 증가함에 따라 지자체, 수공이 분담하는 방향으로 변해 갔다.

13) 국토해양부, 「한국 수문조사의 역사와 미래」, 2011.12.

대적 의미의 수문조사는 일제강점기에 조선총독부의 관련 부서에서 시작되어, 1948년 정부수립 후에는 내무부의 토목국에 이수과가 설치되어 수문조사업무를 담당하다가 1961년 건설부 수자원국 이수과로 이관되었다.

1961년 하천법이 제정되고 1962년 제3공화국이 수립되면서 수문조사는 전국적으로 확대 실시되었다. 1965년 유네스코 주관의 국제수문개발(IHD) 10개년 계획이 실시되어 건설부에는 국제수문개발 국내위원회가 출범되었다.

유역조사기간(1966~1972) 중에는 선진국 전문가도 참여하여 수문관측업무도 활발하였고 국내 수문분야의 기술도 향상되었다. 또한 기존의 수문자료를 정리하여 "한국수문조사서"를 발간하였다. 한편, 수문조사와 홍수예보 전문기관으로 1974년 한강홍수통제소가 설립되었으며, 이어서 낙동강, 금강, 영산강, 섬진강에 홍수통제소가 설립되었다.

1980년대초 전국의 수문관측시설은 우량관측소 254개소, 수위관측소 175개소 등 총 428개소가 운영되었으며, 관측장비나 기술의 현대화가 이루어져 적절하게 운영되었다. 이 시기는 건설부 수자원국을 중심으로 수자원개발공사 등 여러 관련 조직이나 기구가 발족되어 수문자료가 양적으로 확대되고 수문분석도 다양하게 실시되어 전반적으로 수문조사에 상당한 성과를 보았다.

또한 5대강 홍수통제소가 자동화 및 실시간 수문정보 수집체제의 정비를 모두 완료하여 수문조사의 기술적 발전도 매우 컸다.

3. 성숙 · 조정기(1991~2007년)

지난 30년간은 수자원 각 분야에서 경제발전에 맞추어 시설확충 등 양적인 발전을 지속해 온 기간이었다. 1990년대에 접어들어 사회 및 경제적 측면에서 선진화된 단계에 진입하게 되자 수자원에 대한 국민들의 요구도 변하였다. 사회 전반에 걸쳐 환경문제에 대한 인식이 제고되었고 수질, 생태, 친수공간 등 하천환경에 대한 관심이 높아지게 되어 새로운 수자원정책으로서 하천환경정책이 각 부문에 반영되기 시작하였다.

정부는 하천의 이수와 치수의 기능과 함께 환경기능을 동시에 고려하는 하천관리정책을 수립하였다. 1990년대에 수립된 수자원장기종합계획(1991~2011)[14]은 하천환경을 고려한 정책의 기본목표와 방침을 제시하였다. 하천수질을 보존하고 친수성 환경을 조성하여 새로운 수자원 활용에 대한 국민의 요구를 충족하고 유역단위의 수자원 종합관리를 도모하도록 하였다.

또 하나의 변화는 수자원정책에 국민들의 참여 목소리가 점점 커지게 되었다. 지방자치가 시행되고 시민환경단체의 설립이 많아지면서 생활 가까이에 있는 각종 수자원사업에 대하여 찬반의 논란이 확대됨에 따라 의사결정에 많은 시간이 소요되고 국민에 대한 설득노력이 중요한 과제로 대두되었다.

1990년대는 건설부에서 관리하던 상하수도 업무가 1989년 정수장의 중금속오염, 1991년 낙동강의 페놀[15]유출 등 반복된 수질사고를

14) 정부의 수자원계획은 1966년 「수자원종합개발 10개년계획」을 수립한 후, 1971년 「4대강유역종합개발계획」, 1981년 「수자원장기종합개발 기본계획」, 1990년 「수자원 장기종합계획(1991~2001)」으로 변경 수립.

15) 페놀은 석탄산이라고도 하며, 크레졸 냄새가 나는 화공약품이다.

계기로 환경처로 이관되었고 환경처는 1994년 정부조직개편에 따라 환경부로 승격하였다. 이런 일련의 하천수질정책의 강화는 수질에 대한 관심을 높이고 여러가지 제도적인 발전을 가져왔으나, 물 관리 업무의 분산을 초래하여 수자원 관리에 어려움을 가져왔다.

이수 측면에서는 물 수요에 변화가 일어났다. 그동안 급격히 증가하던 생공용수의 수요는 증가추세가 완화되었으나 하천유지용수 즉 환경용수의 수요가 새로운 물 수요로 대두되었다. 이에 따라 하천법의 전면 개정을 통하여 하천유지유량을 산정하여 고시하도록 하였으며, 하천과 댐수의 용도로서 환경용수를 포함하였다.

댐 건설에도 변화가 요구되었다. 댐 주변지역의 열악한 환경을 개선하고 주민들에 대한 지원을 강화하는 방향으로 법령을 정비하였다. 다목적댐의 건설에 한정된 "특정다목적댐법"을 폐지하고 지속가능한 댐 건설을 위한 "댐 건설 및 주변지역지원 등에 관한 법률"[16]을 제정하였다.

하천환경정비사업들은 1999년 하천법을 개정하여 하천정비기본계획에 하천환경계획을 포함하도록 하면서 제도적 장치가 마련되고, 2001년 수립된 수자원장기종합계획(2001~2020)부터는 별도의 하천환경계획을 제시하면서 발전을 도모하였다.

1) 하천환경관리 도입 · 추진(자연형하천정비사업, 하천복원 등)

하천의 환경기능은 자연보전, 친수, 공간기능으로 구분되며 하천환경관리는 이러한 기능을 극대화 시키기 위하여 하천에서 행하는 제반 활동이다. 이러한 하천환경관리를 위하여 하천정비에 있어서 자연

16) 「댐 건설 및 주변지역지원 등에 관한 법률」은 댐 건설장기계획의 수립, 댐 건설지역에 대한 지원사업 등을 주요내용으로 하였다.

형 하천정비사업이 도입되고 연구·시행되었다. 자연형 하천이란 생물서식처, 자정기능, 경관, 친수성 등 하천의 본래 기능을 되살리기 위해 자연적인 재료를 이용하여 하도와 하천변을 자연상태에 가깝게 되돌린 하천을 말한다.

자연형 하천정비는 독일과 스위스에서 시작된 "근자연형 하천공법"에 기반한다. 1980년대에 이르러 환경에 대한 관심이 높아지면서 영국, 미국, 일본 등 선진국으로 광범위하게 확산되었으며 우리나라에 처음 도입된 것은 1991년 일본의 "자연형 하천 만들기"라는 개념이 소개되면서부터이다. 1995년 서울시 양재천 학여울 구간을 대상으로 시범사업이 시행되었고 서울시 서초구와 과천시 구간으로 확대되었다.

양재천 자연형 하천정비사업[17]은 1단계인 1995년부터 1998년까지는 "하천공원화 사업"이라는 이름으로 고수부지를 시민들의 휴식공간으로 조성하고 수질을 정화하는 데 중점을 두었고 2단계인 1999년부터 2002년까지는 둔치 녹화와 저습지 조성 등 자연형 하천으로 정비하는 데 중점을 두었다. 양재천 시범사업에 이어 자연형 하천정비사업은 1998년 오산천을 시작으로 경천(전북 순창), 경안천(경기 광주) 등에서 시행되었다. 특히, 경안천 사업은 하천변의 대규모 습지복원과 하천의 자연적 복원기능 등을 활용하여 가장 자연하천에 가까운 정비사업으로 인정받고 있다. 환경부와 소방방재청에서도 지방하천과 소하천 정비에 있어서 자연형 하천정비 방법을 도입하도록 하여 지자체가 시행하는 하천정비사업에도 하천공원화와 함께 확산되었다.

17) 국토연구원, 「상전벽해 국토 60년」 사업편, 2008, p.190

하천복원 활성화의 시초가 된 청계천은 도심 한가운데 위치한 하천으로 1955년부터 1977년까지 차례대로 복개되었으나 1990년대 후반들어 복개로 인한 환경문제가 제기되었으며, 2002년 서울시장 선거공약으로 청계천복원사업[18]이 제시되었다. 그 후 이명박 서울시장은 2003년부터 2005년까지 광화문 동아일보사 앞에서 성동구 신답철교에 이르는 5.84㎞ 구간에 총사업비 3,867억 원을 투입하여 산책로와 녹지를 조성하였다. 또한, 잠실대교 부근의 자양취수장에서 취수한 한강물과 지하철역 부근의 지하수를 유입시켜 유량을 유지하였다. 청계천복원사업은 세계적으로도 도심하천의 복원사례로 관심의 대상이 되었다.

2) 유역종합치수사업의 추진

치수정책은 초기에는 제방을 쌓아 홍수를 하류로 빨리 보내는 방법이 유일하였으나, 그 다음으로 하천의 중·상류에 댐을 건설하여 홍수량을 조절하는 방법이 병행되었다. 그러나 대규모 홍수가 반복되고, 댐건설도 어려워짐에 따라 기존의 제방 위주 홍수방어에서 유역의 홍수량을 유역 전체에서 분담하는 방향의 대책이 검토·도입되었다. 즉, 홍수량을 저감하고 분산하기 위하여 하도를 통하여 홍수관리를 하는 하천정비와 함께 유수지, 홍수조절지 등 유역 내에서 홍수량을 저류할 수 있는 공간을 확보하는 방식으로 홍수를 관리할 필요성이 대두되었다. 특히, 대형 다목적댐 건설이 어렵게 됨에 따라 상류의 홍수량을 저류할 수 있는 유역 내 홍수조절지 등의 확보가 필요하게 되었다.

18) 서울특별시, 「청계천복원사업백서」, 2006, p.52

2000년대의 치수정책은 위와 같은 필요성에 따라 하천유역관리 개념이 도입되고 치수정책 및 홍수관리의 일관성을 위하여 행정구역보다 유역단위의 치수계획 수립과 시행을 위한 법과 제도의 개선을 추진하였다. 유역종합치수계획[19]을 수립하기 위하여 하천법이 개정되었으며 전국의 주요하천에 유역종합치수계획이 수립되었다. 유역종합치수계획에는 방수로, 저류지, 홍수조절지 등 다양한 홍수저감시설이 계획되었으나, 평면적인 저류공간의 확보는 우리나라의 자연여건상 비용이 많이 소요되고 또한, 운영과정에서 효과를 확보하는 것도 불확실하여 시행과정에서 논란이 많이 제기되었으며, 예산확보도 쉽지 않아 추진이 저조하였다. 유역종합치수계획은 본격적으로 사업으로 진행되지 못하였으나 2008년 시작된 4대강살리기 사업의 마스트플랜 수립에 바탕이 되었으며 동 사업에 반영되어 시행되었다.

3) 중소규모 댐 건설 등 정책의 변화

1980년대까지 대부분의 대규모 다목적댐이 완료되고 1990년 마지막으로 용담댐이 착수되어 이후에는 대형댐 건설이 매우 어려워졌다. 먼저 그동안의 댐 건설로 적합한 입지가 감소했고 용담댐 건설과정에서 나타난 바와 같이 수몰지의 보상비가 크게 증가했다. 그리고 기존 댐 건설과정에서 나타난 주민들의 생활기반 상실, 안개발생의 증가 등 환경변화가 수반되어 댐 지역 주민의 댐에 대한 반대 분위기가 점점 커져갔다. 그리고 국내외적으로 수질, 생태, 환경 등에 대한 관심이 높아지면서 대규모 다목적댐 건설은 어려워지게 되었다. 이에 따라 1990년대부터는 대형 다목적댐 건설에서 환경친화적인 중소규모

19) 유역종합치수계획은 일본 등의 사례를 참고하여 제도화하였으나 행정적인 관리체계가 뒷받침되지 않았고 실행을 위한 예산, 사업추진체계가 정립되지 않아 제대로 시행되지 못하였다.

댐[20] 건설로 전환되는 시기가 되었다.

이러한 정책전환에 따라 1990년대에는 직소천 유역에 부안다목적댐, 낙동강의 밀양강 지류 단장천에 밀양다목적댐이 착공되었다. 또한, 낙동강 중·상류 및 형산강 유역의 생·공용수 공급과 금호강 수질개선을 위한 하천유지용수 공급을 위한 영천댐 도수로 건설사업과 남한강 지류인 섬강에 횡성다목적댐을 착공하였다.

2000년대는 용수수요의 증가율은 낮아졌으나 총량적인 수요는 증가하고 그리고 하천유지용수 수요가 급속히 늘어남에 따라 전체적인 용수수요는 계속 증가하였다. 그러나 대규모 댐 건설의 여건이 어려워진 데다가 2000년 6월 영월댐이 백지화되면서 댐 건설은 거의 추진이 불가능하게 되었다.

이러한 문제점들을 해결하고 지속가능한 댐 건설을 위하여 "댐 건설 및 주변지역지원 등에 관한 법률"을 제정하였다. 이 법에서는 댐 건설지역에 국고를 지원하여 지역에 필요한 사업을 시행하고 댐이 완공된 이후에의 댐의 수익금 중 일부를 매년 주민들에게 지원하도록 하였다. 그리고 댐 건설장기계획을 수립하여 계획에 따라 댐 건설을 추진하도록 하고 댐 건설에 대한 사전환경영향평가제도가 강화되어 친환경적인 중소규모의 댐 건설이 정착되었다. 이런 배경에서 건설된 대표적인 댐들로 밀양, 횡성, 군위, 성덕, 부항댐 등이 있다.

댐과 같은 신규 수자원 확보가 어렵게 되자 정부는 지하수, 해수의 담수화, 하수재이용, 빗물이용 등 대체수자원의 확보를 추진하고 절수용 수도기기 보급, 중수도 설치, 노후 수도관 개량 등 수요관리정책이 강화되었다.

20) 중소규모 댐은 대규모 다목적댐과는 달리 주로 용수공급에 초점이 맞추어 졌으며 광역상수도와 연계하여 추진되었다.

4) 수자원 정보화

1980년대 말까지 수문조사는 기술적으로 많은 발전이 있었고 매년 수문조사서를 발간하였으나 국가 전체적으로는 수문조사와 자료관리가 여러 기관에서 독립적으로 수행되어 전체 수문자료의 공유나 교환이 이루어지지 못하였다. 1999년 9월 건설교통부는 효율적인 자료관리와 정보화를 위하여 수문, 하천, 댐 등 10개 분야의 주요 정보를 제공하는 "국가수자원관리 종합정보시스템"을 구축하여 수자원 정보화의 첫걸음을 내디뎠다.

2004년 12월에는 항구적인 수해방지와 하천관리업무의 발전을 위하여 한강홍수통제소에 하천정보센터[21]를 신설하였다. 하천정보센터는 국토해양부, 환경부 등 5개 부처 10개 물 관련 기관에서 생성되는 수문자료를 온라인으로 공동 활용할 수 있도록 "물 관리정보유통시스템"을 구축하였다.

또한, 2000년부터 한강, 낙동강, 금강 ,섬진강, 영산강 등 5대강 유역에 대한 전국 유역조사를 실시하여 2006년 말에 조사를 완료하였다. 유역조사의 주요내용은 하천관리와 국가개발계획의 수립 등에 필요한 유역 기본현황, 이수, 치수, 하천환경 등 수자원 이용관리 항목들이었다. 이제까지의 유역조사가 단속적으로 이루어져 자료관리가 어렵고 지속적으로 수정관리되지 않아 활용에도 한계가 있음에 주목하여 2006년 6월에는 유역조사의 성과를 지속적으로 활용하기 위하여 조사항목별 조사주기, 조사방법, 조사성과의 정보화 등에 관한 "유역조사지침"을 제정하였다. 조사항목별 조사주기를 설정하고 조

21) 홍수통제소에는 하천정보센터가 생기기 전에는 일반직 공무원이 근무하였으나 연구직공무원으로 대체하여 전문화하였다.

사성과는 DB화하여 “국가수자원관리 종합정보시스템”을 통하여 제공하였다. 1928년 조선하천조사서가 발간된 이후 78년 만에 수자원 관련 기초자료를 지속적으로 조사하고 관리할 수 있는 종합적인 시스템을 구축하였다.

4. 재확충 · 발전기(2008년 이후)

1990년부터 노무현 정권이 끝나는 2007년까지는 대규모 수자원개발에 대한 반발과 환경문제로 여러 가지 제도개선과 국민들의 의견을 최대한 수렴하여 수자원 정책을 추진하였다는 점은 평가할 수 있으나 꼭 필요한 수자원개발도 보류되거나 지연되었다. 대표적인 사업이 한탄강댐과 경인운하사업이며 다른 수자원사업도 추진이 어려웠다. 또한, 극심한 홍수와 가뭄이 자주 발생하여 수자원 정책에 있어 새로운 변화가 필요하였다.

우리나라는 6~8년을 주기로 가뭄이 오고 30년 주기로 대가뭄이 오는 바, 1994~1995년에 대가뭄이 발생하였다. 군이 동원되어 지하관정을 뚫고 댐에서는 부유장치에 양수기를 설치하여 물을 공급하기도 했다. 1996 · 1998 · 1999년 임진강 유역에 3년에 걸쳐 대홍수가 발생하여 파주, 문산 등 하류의 주요 도시들이 물에 잠겼다. 김대중 정부는 1999년 대통령비서실에 “수해방지기획단”을 만들어 10년간 총사업비 24조 원 규모의 수해방지대책을 마련하였다.

2002년 태풍 루사 때에는 강릉지역에 1일 강우량이 870mm를 기록하여 수자원 관측사상 겪어보지 못했던 숫자를 보여주었다. 노무현 정부에서도 2003년 국무조정실 수해방지대책기획단에서 2003~

2011년 기간에 총사업비 42조 7,920억 원 투입하는 대책을 마련하였다. 이와같이 대규모 수해가 발생하면 수십조 원 규모의 대책을 마련하였으나 실제 투자로는 이어지지 못하는 상황이 계속되었다.

한편, 기후변동에 관한 정부 간 패널(IPCC)은 1991년 이후 2007년까지 기후변화 영향에 관한 보고서를 통하여 전 세계적으로 가뭄과 홍수가 더 빈번해지고 강도가 더 심해져 물 관리가 더욱 취약해질 것이라는 발표를 하였다. 따라서 기후변화 영향에 의한 극심한 가뭄과 홍수에 어떻게 대비할 것인가가 수자원 정책의 새로운 과제가 되었다.

1) 4대강살리기 사업[22] 추진

1996년 당시 국회의원이었던 이명박 대통령은 국회에서 대운하 구상을 발표하였다. 주요내용은 운하를 건설하여 물류비를 줄이고, 관광레저산업에 활용하며 수자원을 효율적으로 관리하자는 것이었다. 2007년 대선을 앞두고는 한반도 대운하사업을 공약으로 제안했다. 사업의 내용은 내륙주운 개발과 하천정비를 동시에 시행하는 것이었다. 그러나 집권 초기 미국산 쇠고기 파동으로 이명박 대통령의 지지율이 떨어지고 대운하사업이 시대에 맞지 않는 토건사업이라고 반대여론이 비등하자 2008년 6월 대운하사업을 하지 않겠다고 발표하였다.

물류를 개선하겠다는 대운하사업은 이렇게 취소되었지만, 홍수와 가뭄이 되풀이되는 수자원 문제는 여전히 남아 있고 또한, 당시 세계적으로 불어닥친 금융위기로 인하여 정부의 내수 진작이 필요하게 되자 도로, 철도 등 다른 사회간접자본에 비하여 상대적으로 투자가 미흡한 수자원 분야에 대한 종합프로젝트로 4대강살리기 사업을 추진하게 되었다.

---

22) 국토해양부, 「4대강살리기 사업」, 2012, p.73

2008년 하반기에 국토해양부를 중심으로 4대강살리기 사업을 검토하여 2008년 12월 지역발전위원회에서 추진이 결정되었고 2009년 6월에 4대강살리기 사업의 마스터플랜이 확정되었다. 동 사업의 주요과제는 물 부족과 홍수 피해의 근본적인 해결, 수질개선과 하천복원으로 건전한 수생태계 조성, 국민 여가문화 개선 및 삶의 질 향상, 지역경제 활성화 촉진 등이었다. 그리고 그동안의 수자원 사업이 부처별, 사업별로 분산 투자됨에 따라 효율적으로 추진되지 못했다는 평가를 고려하여 수자원 사업을 함께 묶어 종합적인 사업으로 시행하고자 한 것이다.

사업은 국토해양부가 보 건설 등 하천정비 사업을, 환경부가 하수처리시설 등 수질개선사업을, 농림수산식품부가 농업용 저수지 사업을 시행하고 문화체육관광부, 지식경제부, 행정안전부 등도 연관 사업을 시행하였으며 이 사업을 위하여 정부는 4대강 살리기 추진본부를 설치하였다. 4대강 살리기 사업의 공간적 범위는 4대강과 섬진강 본류 및 주요 지류 국가하천을 대상으로 하였으며 가장 핵심적인 사업은 하천의 저수로를 준설하여 홍수시 수위를 낮추어 홍수에 대한 안전도를 높이고, 보를 설치하여 용수를 확보하는 것이다.

이에 따라 5.7억m^3을 준설하여 8억m^3의 용수를 확보하였다.[23] 하천의 홍수관리 수단은 제방을 쌓거나 준설하는 것이나 1990년 이후 준설은 하천환경을 이유로 거의 추진할 수가 없었다. 준설과 보 설치로 홍수와 가뭄에 대하여는 충분히 효과를 보았다고 볼 수 있다. 4대강 살리기 사업은 2012년 대부분 완료되었으나 사업을 단기간에 추

23) 계획 수립단계에서 논란이 된 것은 하도에서 어느 정도 수자원을 확보하고 어떻게 활용할 것인가 하는 문제였다. 이것은 보의 운영과 연계된 것으로 계속 연구해야 할 것이다.

진하는 과정에서 절차적 적합성, 시설물의 안전성, 사업의 효과 등에 대하여 지속적으로 문제가 제기되었다.

이명박 대통령이 추진한 4대강 사업에 대한 평가는 총리실 주관으로 중립적인 인사로 평가단을 구성·평가하여 2014년 12월 그 결과를 발표하였다. 홍수저감, 가뭄해소 등 일정부분 성과를 거뒀으나 충분한 공학적 검토 및 의견수렴 없이 제한된 시간에 서둘러 사업을 진행한 데다, 우리나라 하천관리 기술의 한계 등으로 보의 누수, 수질악화 등 일부 부작용도 나타나고 있다는 것이 주요내용이었다. 아직도 논란이 계속되고 있지만 4대강 사업에 대한 평가는 좀 더 시간이 필요할 것이다.

2) 경인아라뱃길의 완공

우리나라의 운하는 일제시대부터 계획되었고 1960년대에도 경인운하가 계획되었으나 추진되지 못하였으며 다른 하천에서도 주운은 활성화되지 못하였다. 1987년 굴포천유역의 대홍수로 방수로를 신설하여 홍수량을 서해로 방류하는 내용의 굴포천 치수대책을 수립하였다. 홍수시에는 한강수위가 굴포천 수위보다 높아 자연배수가 불가능해지기 때문에 홍수피해 방지를 위해서는 서해로 직접 방류하는 방수로 건설이 필요하였다. 그리고 방수로를 평상시에는 운하로 사용하는 계획으로 경인운하사업을 1995년부터 추진하였다.

경인운하는 인천 서구 오류동(서해)에서 서울 강서구 개화동(한강)까지 주운수로 18km를 건설하는 사업으로 민간투자사업으로 추진하였으나 환경단체의 반대와 경제성 논란 등으로 수년간 사업이 지연되었다. 이에 따라 홍수배제를 위한 임시방수로(폭 20m)를 먼저 건설하여 홍수시 효과를 보기도 했으나 향후 사업의 처리방향이 정리되지 않아 유지관리가 어려웠다. 이명박 정권에 들어서 민자사업 대신에 한국수자원공사가 사업시행자가 되어 2009년 본사업을 착공하여 2011년 준공하였다. 사업의 명칭도 경인아라뱃길로 변경하였고 주운수로의 양쪽 끝인 인천과 김포에 항만과 여객터미널이 건설되었다.

경인아라뱃길사업이 완공되어 주변 개발을 촉진하고 관광명소가 되었으나 문제점은 결국 경제성이다. 얼마만큼 항만의 이용도를 높일 수 있느냐 하는 것이다. 이는 한강의 주운과도 연계되어 있고 항만시설 주변의 교통망 구축도 중요한 여건이다.[24] 아직까지는 유지관리 여건이 어렵지만 점차 나아지리라고 기대한다.

3) 하천유지관리체계의 개편

4대강 사업 이전에는 하천의 유지관리는 시・도지사에게 위임되었고 또다시 시장・군수에게 위임되었으며 예산은 골재판매, 하천점용료 등 하천에서 발생하는 수익금을 사용하도록 되어있었다. 그러나 하천수익금이 미미하고 그마저도 시장・군수가 다른 곳에 사용함에 따라 하천의 유지관리는 1년에 겨우 1~2회 제방의 풀을 깎는 수준에 머물러 있었다. 최근 남한강에서 취수하는 주류회사가 30년이나 원수대금 수백억 원을 내지 않았다고 보도되었는데 이는 하천법에 의한 하천수익금 관리가 얼마나 허술했는지를 보여주고 있다.

4대강 사업 추진과정에서부터 사업 이후 어떻게 유지 관리할 것인가를 검토하였으며 2012년 하천법을 개정하여 국가하천의 주요구간을 국가에서 직접 관리하도록 하고 지방국토관리청 산하 국도유지관

24) 경인아라뱃길 사업은 서울시에서 추진하였던 한강르네상스 사업과 연계토록 되어 있었으나 한강르네상스 사업이 중단됨에 따라 한강과 서해를 연결하려던 것이 반쪽이 되었다.

리사무소를 국토관리사무소로 개편하였다.[25]

이후 구체적인 시행에 있어서는 한국수자원공사가 다기능 보를 관리하고 지방자치단체는 지역주민들의 생활과 밀접한 공원, 체육시설, 오토캠핑장 등을 관리하며 제방, 저수로 등 치수와 관련이 있는 시설은 국토관리사무소가 담당하도록 하였다. 이와 함께 2013년에는 최초로 국가하천 유지관리예산 2,000억 원[26]을 편성하여 본격적인 하천관리를 시작할 수 있었다.

III 수자원 주요 이슈와 평가

1. 물관리 일원화 논란

1991년 낙동강 페놀오염사고를 계기로 김영삼 정부는 물관리를 질과 양으로 구분하여 양은 건설부, 질은 환경부가 관리하도록 하고 건설부의 상하수도국을 환경부로 이관하였다. 이 조직개편은 맑은 물 공급대책수립 등 수질관리를 강화하는 계기가 되었으나, 이후 지속적으로 물관리 일원화라는 논란을 제기하였다. 그러나 물관리 일원화 논리에서 물의 양과 질을 분리할 수 있다는 판단이 적절하지 않다.

모든 수자원의 정책적 판단에는 질과 양이 같이 고려될 수 밖에 없다. 그리고 실제 업무분장에서는 질과 양으로 나눈 것이 아니라 사

25) 4대강 사업 이후 이를 어떻게 관리할 것인가에 대하여 착공후부터 여러 가지 방안이 검토되었다. 공단을 만드는 방안, 수공이 관리하는 방안, 지자체에 위탁하는 방안 등이 검토되었으나 가장 비용이 적게 드는 방안으로 결정하였다.

26) 유지관리를 어느 수준으로 하는가에 따라 예산이 달라지며 A, B, C 중 C 수준으로 계산하여 확보하였다.

업으로 나누었다. 상수도 업무 중 지방상수도는 환경부, 광역상수도는 건설부로 분장하여 이후, 계속 업무수행 과정에서 문제가 제기되었다. 상수도에 있어서는 시설의 과다 투자문제가 제기되었다. 상수도업무가 광역상수도와 지방상수도가 나누어져 각각 시설계획을 수립하다 보니 투자가 과잉되었고, 상대적으로 요금이 비싼 광역상수도 사용을 기피하게 됨에 따라 광역상수도의 가동률이 60~70%로 떨어지기도 하였다.

또한, 하천관리에 있어서의 환경부와 건설부의 업무 마찰이 있었다. 환경부가 하천의 수질을 개선한다는 명목으로 하천정비사업에 발을 들여놓자 동일한 대상을 놓고 두 부처가 정책을 추진하고 예산을 지원하게 된 것이다. 이 문제에 대하여는 감사원 감사도 받았고 예산편성 과정에서도 계속 논의되었으나 아직까지도 명확하게 정리되지 못하고 있다. 그리고 대체수자원 확보, 빗물이용, 지하수 등 여러 가지 수자원 정책에서도 두 부처간 협조가 원활하지 않았다.

노무현 정권에서는 물관리 일원화의 문제를 주요 정책과제로 선정하여 지속가능발전위원회에서 전문가로 팀을 구성하여 검토하고 정부 내에서도 장기간에 걸쳐 회의를 개최하여 당시의 조직을 그대로 두고 물관리기본법을 제정하여 물관리위원회를 설치하고 범정부적인 수자원관리계획을 수립하는 것으로 결론을 내렸으나, 물관리기본법안이 국회 환경노동위원회에서 통과되지 못하고 폐기되었다.

이명박 정권에서도 국회에서 물관리기본법에 대한 논의가 있었으나, 4대강살리기 사업에 초점이 맞추어져 추진되지 못하였다. 앞으로 또다시 물관리 조직문제가 제기될 것으로 예상되며 국가의 수자원 정책을 효율적으로 수립·집행하기 위하여는 정리가 필요하다.

2. 댐 건설 논란

1) 영월댐 백지화

김대중 정부에서의 주목할 만한 정책결정은 영월댐 건설을 백지화한 것이다. 남한강은 다목적댐인 충주댐이 건설되었으나 유역면적이 소양강댐의 3배나 되어 홍수조절능력이 절대적으로 부족하다. 충주댐의 수문을 열면 하류의 여주지역이 홍수에 노출되고 충주댐의 수문을 닫게 되면 상류의 영월·단양지역이 침수되어 남한강 유역은 가장 홍수에 취약한 지역이다.

영월댐은 1990년 9월 한강유역의 대홍수로 영월·단양지역이 침수되면서 건설의 필요성이 제기되었다. 당시, 지역주민과 강원도에서도 건설을 요구하여 1997년 9월 댐 건설 예정지를 공식발표하였으나, 이때부터 댐 건설에 대한 찬반 공방이 격화되었다. 댐 건설지역의 안전문제, 생태계 파괴 문제, 보상과 관련된 투기 문제 등 지속적으로 문제가 제기되면서 환경시민단체, 학계, 종교계 등이 반대하여 국제적 환경문제로 비화되자 김대중 대통령은 2000년 6월 환경의 날을 맞아 백지화를 선언하였다. 영월댐의 백지화는 공급확대와 개발중심에서 사람과 환경을 동시에 고려하는 수자원개발이라는 정책기조의 변경을 가져왔으며, 환경의 중요성을 감성적으로 부각시킨 효과는 컸다.

그러나 댐 건설은 환경파괴라는 부정적인 인식을 전 국민에게 주게되었고 초등학교 교과서에도 댐은 환경파괴의 대표적인 시설로 표현되어 댐의 순기능은 파묻혀 버렸다. 이에 따라, 그 이후 당분간은 댐 건설 자체를 추진하지 못하게 되었다. 2006년 홍수 시에도 남한강은 충주댐의 수문을 어느 시점에서 열 것이냐를 두고 한강홍수통제소와 경기도의 의견이 엇갈렸으며 충주댐이 월류위험에 노출되는 등 현재도 홍수에 제일 취약한 지역으로 남아있다. 4대강 사업으로 여주저류지를 건설하고 준설도 하여 다소 나아졌으나 여전히 남한강 유역은 홍수에 취약한 지역이다.

2) 평화의댐 증축

김대중 정부의 또 하나, 중요한 결정이 평화의댐 증축이다. 평화의댐은 북한강 상류인 강원도 화천군에 북한에서 건설계획이던 금강산댐의 수공위험에 대비하여 1987~1989년 건설하였다.

금강산댐은 수력발전을 위한 발전용 댐으로 1986년 평화의댐 건설 발표 당시, 금강산댐의 건설 규모를 과대하게 추정하여 금강산댐을 의도적으로 파괴할 경우, 서울이 물바다가 된다고 발표하여 그 후 계속 논란이 되었다. 금강산댐에 대응한 평화의댐은 1989년 1차로 높이 80m로 완공하였으나 북한은 계속적으로 금강산댐 건설을 추진하여 2002년 댐의 모습이 나타났다. 그러나 2002년 1월 북한이 수공을 하지 않더라도 금강산댐의 안전에 문제가 있을 수 있다는 징후가 위성사진에서 발견되어 여름 우기에 대비하여 평화의댐 보강을 추진하였고, 10월에는 평화의댐 증축을 결정하였다.[27] 당시, 북한과의 대화가 적극적으로 추진되고 있던 때라 북한과의 관계를 고려하여 정부내에서도 찬반이 엇갈려 논란이 있었으나 증축을 결정하여 높이 125m, 길이 410m, 저수량 26억3000만m³ 규모의 현 댐을 2005년 완공하였다.

평화의댐은 금강산댐에 문제가 생길 경우에 발생할 수 있는 홍수에 대비하기 위한 홍수조절용 댐으로 일상적인 홍수시에도 홍수를 조

27) 평화의댐 증축 결정은 국가안전보장회의에서 한차례 유보되었다가 서해교전 이후 재상정하여 결정되었다.

절하는 효과가 있어 북한강 수계의 홍수조절에 기여한다. 또한 평화의 댐의 증축은 금강산댐에 어떠한 문제가 발생해도 안심할 수 있다는 측면에서도 중요한 결정이었다.

3) 한탄강댐 건설

한탄강댐은 임진강 유역에 1996년, 1998년, 1999년 연달아 대홍수가 발생하자 정부에서는 종합대책을 마련하였으며 주요내용은 제방축조, 한탄강댐 건설, 군남홍수조절지 건설 등이 주요 내용이었다. 임진강은 북한과의 공유하천으로 임진강 본류인 북한지역에 건설하는 것이 바람직하나, 현실적으로 불가능하여 지류인 한탄강에 다목적댐을 건설하여 홍수조절과 용수확보를 동시에 추진하고자 하였다. 2003년 8월 환경영향평가 협의까지 완료하였으나 상류 철원지역의 반대로 댐 건설이 표류하자 2003년 12월 노무현 대통령은 지속가능발전위원회 주관으로 갈등을 조정하도록 하였다.

찬성·반대측이 참여하는 공동협의회를 구성하였으나 합의하지 못하고 업무가 국무조정실로 이관되는 등 장기간의 조정기간을 거쳐 2006년 10월 한탄강댐을 다목적댐이 아닌 홍수조절용 댐으로 건설하여 평소에는 댐을 비워두도록 하였고 이와 함께 천변저류지를 건설하여 댐을 보완토록 하였다.

한탄강댐 건설의 결정과정은 지역주민, 환경단체 등과의 협의에 3년 이상이 소요되어 행정적인 측면에서는 많은 비효율이 발생하였으나, 한편으로는 과거와 같이 정부주도로 댐 건설을 추진하지 않고 지역주민의 의견을 최대한 수렴하여 지역과의 합의를 거쳐 추진한 첫 번째 댐으로 기록되었다. 이러한 과정은 노무현 정부에서 사회적 합의를 강조하고 이를 위해 끈기있게 기다리는 노력의 결과라고 평가된다.

3. 물 부족 국가의 논란

2000년대 초반 우리나라가 "물 부족 국가이다, 아니다"라는 논란이 거세게 제기되었다. 정부는 물 부족 국가라고 발표한 반면, 환경단체들은 정부가 댐 사업을 추진하기 위하여 물이 부족하지도 않는데 물 부족 국가라고 한다고 비난하였다.

정부에서 물 부족 국가라고 한 근거로 제시한 것은 미국의 연구기관인 "국제인구행동연구소"가 제시한 지표이다. 이 지표는 1인당 이용 가능한 수량을 기준으로 1,000~1,700㎥인 경우, 물 스트레스 국가라고 했는데 이를 물 부족 국가로 번역한 것이다. 이는 국가별 수자원 여건, 수자원 확보 계획기준, 가뭄, 시설현황 등을 고려하지 않고 단순히 통계적 수치로 분류한 것으로 설득력이 부족한 것이 사실이다.

어떤 재화가 부족한가 아닌가는 수요와 공급을 비교하여 공급이 모자랄 경우 부족하다고 한다. 정부에서 전국적인 물의 수요와 공급을 검토하여 정부계획으로 발표하는 것은 국토교통부의 "수자원장기종합계획"이다. 2006년 발표한 수자원장기종합계획에서는 2016년 수요기준, 전국적으로 과거에 발생한 최대가뭄년도에 이용가능한 수자원 여건에서는 5억㎥이 부족하고, 평년의 수자원 조건에서는 부족이 없다고 하였다. 이처럼 물 부족은 가뭄의 정도에 따라 달라진다. 우리나라는 과거 최대가뭄에 대비하여 수자원 확보계획을 수립함으로써 국지적인 물 부족을 해소하기 위한 대책이 필요하다.

또한, 여기에도 물 수요를 어떻게 산정하는가 하는 것이 물 부족에 영향을 준다. 물 수요는 생활용수, 공업용수, 농업용수, 환경용수(하천유지용수)로 나눌 수 있다. 이 중 생활·공업·농업용수는 앞으로 크게 수요가 늘어나지 않을 것으로 예상된다. 그러나 환경용수는 하천의 수질과 밀접한 관계가 있어 우리가 하천의 수질을 좀 더 깨끗한 수준이 되도록 요구한다면 환경용수의 수요는 점점 더 커지게 될 것이다. 그리고 우리가 물을 어느 정도 안정적으로 공급받기를 원하는가 하는 것도 물 수요와 관련이 있다. 즉 어떤 빈도의 가뭄에 대처하도록 계획하는가 하는 것으로 빈도가 커지면 물 수요가 커지는 것이다. 따라서 어느 정도 수질의 물을 어느 정도 안정적으로 공급받기를 희망하는가 하는 것이 물의 부족 여부를 결정하게 될 것이다. 이러한 측면에서 앞으로 물의 수요는 점점 증가하게 될 것이며 이에 대한 대비도 필요한 것이다.

Ⅳ 미래를 향한 제언

1960년대 경제개발계획과 함께 추진된 수자원개발은 급속한 도시화, 산업화에 따른 물 수요를 큰 어려움 없이 공급했고 댐과 하천정비 등 지속적인 치수 투자로 이제는 어느 정도까지는 안전해 졌다고 볼 수 있다. 해방 이후 숨가프게 달려와 4대강 사업까지 마친 현 시점에서 앞으로의 과제는 무엇인가.

첫째, 이제까지 건설한 댐, 광역상수도 그리고 4대강 사업으로 건설한 다기능 보 등의 시설을 효율적으로 연계운영하는 것이다. IT 기술을 활용하여 최적으로 활용할 수 있는 방안을 찾는 것과 함께 안전하게 유지 관리하는 것이 중요한 과제이다. 댐과 광역상수도는 한국수자원공사에서 잘 유지 관리하여 왔으나 제방 등 하천은 거의 방치하였다. 국가하천의 유지관리예산은 4대강 사업 이후 처음으로 반영하였다. 앞으로 지속적으로 안전하게 유지관리해 나가야 한다.

둘째, 수자원 관련, 제도의 정비가 시급하다. 현재, 수자원 관련 제반사항이 하천법에 반영되어 있다. 앞으로 수자원 이용에 관한 원칙과 내용, 수문조사에 관한 사항 등은 내용을 보완하여 별도의 법령으로 관리되어야 한다. 특히, 물 이용에 관한 권리인 수리권에 대하여는 구체적인 규정이 없어 한국수자원공사와 서울시, 춘천시 사이에 장기간 분쟁이 이어져 왔다. 앞으로도 수리권에 관한 분쟁은 계속 발생할 것으로 예상되므로 명확한 규정을 하루 빨리 마련해야한다. 그리고, 하천사업의 시행, 유지관리 등과 관련하여 구체적인 내용을 정하는 하위규정도 마련해야 한다. 예를 들면, 하천 내에 나무는 어떻게 심고 관리해야 하는가, 체육시설의 설치는 어떻게 해야 하는가, 수익성 또는 관상용 작물은 어디까지 허용해야 하는가 등 4대강 사업과정에서 제기되었던 문제들을 하나하나 제도로 정착해 나가야 하겠다.

셋째, 물 산업 관련 해외진출이 중요한 과제이다. 4대강 사업 시행과정에서 많은 외국관계자가 방문했고, 우리의 수자원기술도 인정받아 태국의 수자원사업에 진출을 추진 중에 있다. 그리고 2015년에는 세계물포럼을 우리나라에서 개최하였다. 이를 기회로 정부와 공공기관, 민간 기업이 힘을 모아 적극적으로 해외진출을 모색해 나가야 하겠다.

참 고 문 헌

- 강남구. (2004). "양재천 백서"
- 건설교통부. (2007). "한국의 수자원"
- 국토연구원. (2008). "국토 60년"
- 국토해양부. (2011). "한국 수문조사의 역사와 미래"
- 국토해양부. (2012). "4대강살리기 사업"
- 대한토목학회. (2001). "한국토목사"
- 서울특별시. (2006). "청계천복원사업 백서"
- 한국수자원공사. (2007). "물, 자연, 사람과 함께한 40년"
- 한국수자원학회. (1997). "한국의 수자원개발 30년"

건설산업정책의 역사적 변동

11

CHAPTER 11

건설산업정책의 역사적 변동

김명수(가톨릭대학교 경제학과 교수)

I 들어가며

과거 건설산업은 경제성장 시기에 우리 경제발전에 지대한 공헌을 한 바 있다. 하지만, 현재 건설산업은 국내적으로는 시장축소, 수익성 감소, 정책과 제도의 비효율성이 팽배해 있으며, 해외로는 규모의 급증에 비해 특정시장으로의 편중 심화, 글로벌 경쟁력 부족 등으로 어려운 시기에 처해 있다. 이로 인해 건설산업이 향후에도 과거와 같은 국민경제적 역할을 수행할 수 있을까 하는 의문이 제기되고 있다.

그동안 건설투자는 경제개발 시기부터 경제성장과 국민후생의 증대를 위한 중요한 역할을 수행해왔다. 건설투자는 경제성장의 견인차 역할을 했을 뿐만 아니라 경제위기시 고용창출과 유효수요 확대 등 경기대응을 위한 정책적 수단으로 활용되어 왔다. 우리나라 경제는 1962년 경제사회개발계획을 처음 시작한 이래 1970년대 및 1980년대에 급속한 성장률을 기록하였다. 이 과정에서 건설투자도 경제성장에 많은 기여를 하였다. 국토해양부의 자료에 따르면[1] 고도 성장기

1) 국토해양부(2011), SOC투자의 이해 높이기, p.2

인 1970년대 실질 GDP성장률은 9.1%를 기록한 가운데 건설투자의 기여도는 1.6%로 나타난다. 이는 GDP 성장률 대비 건설투자 기여율이 17.5%나 되었음을 의미한다.

1980년대에는 9.8%를 기록한 GDP 성장률 가운데 건설투자로 인한 부분이 2.0%에 달해 최고수준을 기록하였다. 즉, GDP 성장률 대비 건설투자 기여율이 20.4%나 되었다는 것이다. 하지만 1990년대에는 성장기여도가 0.8%로, 그 비중은 11.2%로 하락하기 시작하여, 2000년대 후반 들어 급감하여 급기야는 마이너스를 기록하고 있다. 이제는 건설투자가 경제성장에 기여하는 것이 아니라 오히려 GDP 성장률을 감소시키는 역할을 하고 있는 셈이다.

GDP 대비 건설투자규모는 1990년대 20%초반 수준을 기록한 후 2000년대에는 16~18%수준을 유지하고 있다. 해외건설은 79년 GDP 대비 18%로 최고수준을 기록하였고, 최근에는 6~7% 수준으로 나타나고 있다. 2000년대 후반 들어 글로벌 금융위기 이후 경기 침체를 경험하고 있으며, 복지 위주의 예산 편성이 강조되면서 SOC 투자는 위축되고 있다. 거기다 재정사업을 대체할 수 있는 민간투자사업 또한 MRG 폐지 등으로 위축되고 있다. 건설투자도 OECD 국가의 1인당 GDP 대비 건설투자 규모보다 높은 편으로, 향후 소득증대에 따라 건설투자는 감소 또는 정체될 것으로 전망된다.

이처럼 경기침체와 건설투자 위축, 복지예산의 확대라는 어려운 여건 속에서 건설산업의 위상과 역할을 재조명해 볼 필요가 있다. 이를 위해 본 원고에서는 건설산업의 역사적 변동을 고찰한 뒤, 국가 입찰·계약제도와 해외건설의 변천, 건설안전 정책 등을 살펴보고자 한다.

[표 1] GDP 성장률과 건설투자의 관계(한은통계 재구성)

구 분	'71 ~ '80	'81 ~ '90	'91 ~ '00	'01 ~ '05	'06	'07	'08	'09	'10	'11
실질 GDP성장률(%)	9.1	9.8	6.6	4.5	5.2	5.1	2.3	0.3	6.3	3.6
건설투자 증가율(%)	11.3	12.9	3.4	4.4	0.5	1.4	△2.8	3.4	△3.7	△5.0
건설투자 성장기여도(%p)	1.6	2.0	0.8	0.7	0.1	0.3	△0.5	0.6	△0.7	△0.8
GDP 성장대비 건설투자 기여율, %	17.5	20.4	11.2	15.5	1.9	5.9	△21.7	20.0	△11.1	△22.2

출처 : SOC투자의 이해 높이기, 국토해양부

Ⅱ 건설산업의 역사적 변동

1. 8.15 광복과 미군정체제 하의 건설산업

광복 후 우리나라 산업은 자립 기반을 확보하는 데 많은 어려움을 겪었다. 자본과 기술은 물론 생산재와 반제품, 기술 인력까지 일본에 의존했던 탓에 광복 이후 공장은 일시에 마비되었다. 거기다 북한에 의존하던 전력, 석탄 및 지하자원의 공급이 중단되어 남한의 공업 활동은 더욱 위축될 수밖에 없었다. 이 같은 여건 하에서 생활필수품의 자급자족을 위하여 기간산업 시설 복구에 매진하였다.

미국의 군정과 1948년 정부 수립을 전후한 시기의 건설 유형은 신축보다는 주로 기존 시설의 개수와 보존에 국한되었다. 일제의 지배에서 해방은 되었지만 미군정체제에서 건설인들의 역량은 다른 분야와 마찬가지로 그 양과 질에서 매우 취약하였다. 해방 당시 토목 전문 기술자는 전국에서 25명 내외에 불과하였다. 그 이유는 일제강점기 각종 사업들이 일본인들의 주도 아래 시행되었던 반면, 우리 기술자들은 단순한 노무자로 전락하였기 때문이다. 특히 일제의 남농북공(南農北工) 정책으로 인한 북한의 수력 발전과 중공업 시설 편재 현상과 더불어 1946년 북한으로부터의 일방적인 단전은 남북 분단의 폐해를 더욱 가속화시켰다.

광복 후 미군정 당국이 '귀속 재산'으로 처리한 일본인 기업체 중에서 토건업체는 모두 61개사였다. 토목업체 61개 업체를 포함하여 서울시를 중심으로 산재한 건설회사의 수는 170여 개였으나, 그 후 2~3년 사이에 214개 업체가 신규로 진입하였다. 농수산업 · 광공업 · 제조공업 · 금융 · 운수 · 무역 · 상업 등 산업 전체 업종에 걸쳐 같은 기간(1945~1948년)에 신설된 업체의 수가 1,468개(남한 8개 도시 소재)에 불과했던 것을 보면, 건설업체의 설립이 활발하게 이루어져 왔음을 보여준다.[2] 건설업체의 수적인 팽창은 직접적으로는 미군 공사 발주의 일시적 폭주에서 유발된 것이었다.

2. 1950년대 면허제에 근간을 둔 「건설업법」 탄생

한국 전쟁 이후 복구사업과 군납공사에 대한 건설수요가 증가하면서 건설업체의 난립 및 도급질서 문란이 극심하였다. 이 같은 건설업계의 혼란을 정비하기 위하여 정부는 1958년 3월 「건설업법」을 제정하면서, 등급제를 기본으로 한 건설업 면허제도를 도입하였다. 50

2) 대한건설협회(1997), 한국건설 50년사, p.107

년대 중반 한국건설협회가 「건설업법」의 제정을 강력히 요구한 것은 건설업자의 난립에 의한 과당 경쟁을 통한 혼탁한 업계 풍토를 정비·개선하고 건설업의 건전한 발전을 도모할 제도적 장치가 필요했기 때문이었다. 「건설업법」제정 당시 전국에 산재한 업체의 수는 약 1,500개를 넘었다.[3)]

하지만 건설업법 도입 이후 제도적 미비점과 미흡한 운영으로 1961년에는 전국에 약 1,400여 개의 중소건설업체가 난립하고 있었다. 따라서 건설업의 육성을 도모하기는 커녕, 전체 건설업계의 도산을 피할 수 없는 상황이었다. 특히 제1차 경제개발 5개년 계획을 목전에 둔 시점에서 건설업체의 재정비가 시급한 문제로 대두되었다. 이에 따라 정부는 등급제 면허 제도를 폐지하고 능력주의 면허제도를 도입하였다(제2차 개정). 능력주의 면허제도는 면허 요건들을 구체적으로 명시하였으며, 면허의 유효 기간을 1년 연장하였고, 도급한도액 제도를 신설하였다.

3. 1960년대 베트남전 특수와 해외건설

이 시기에는 제1차 경제개발계획의 추진으로 공업단지, 댐, 고속도로 등 국토기반시설의 건설이 활발히 추진되면서, 건설산업은 경제개발의 선도적 역할을 담당하였다.

1965년 현대건설이 최초로 태국에 진출한 이후 베트남전 특수로 해외건설은 활성화되었다. 60년대 중반부터 불붙기 시작한 우리나라 건

3) 그중 한국건설협회에 가입되어 있는 회원 업체는 1955년 7월 28일 현재 불과 224개사였음.

설업체들의 해외건설은 그동안 주한 미군을 상대로 한 군납 공사의 경험과 경제개발 5개년 계획의 집행과정을 통해 그 기반이 형성되었다. 즉, 건설업체들은 주한 미군을 상대로 한 군납 공사 등을 통하여 초보적인 시공경험과 외국어 습득 등의 기반을 쌓아 왔으며, 경제개발 5개년 계획에 참여하면서 기술축적과 대형화의 발판을 구축하였다.

하지만 와우 아파트 붕괴 사건 등 부실시공 사고도 잇따랐다. 1967년 6월 19일의 대구 청구대학 과학관 붕괴 사고, 1969년 8월 22일 경부고속도로 공사 중 대전 근교에서 발생한 대전 육교 아치부 붕괴 사건 등이 발생하였다. 이들의 악몽이 채 가시기도 전에 서울 마포에서 와우 시민아파트가 무너지는 대형 사고가 터져 시민들은 물론 건설업계에도 큰 충격을 던졌다.

한편, 정부는 1962년 국토건설청을 건설부로 승격시켜 국토개발은 물론 건설산업을 총괄하도록 하였다.[4] 이것은 국토건설이 갖는 종합적인 성격을 고려할 때 국토보전과 개발 기능 체계의 집약화로서 매우 의미 있는 조치였다. 아울러 입찰질서를 확립하기 위하여 공공공사 발주를 조달청으로 일원화하고 일반경쟁원칙과 담합입찰 처벌을 강화하였다.

또한 1960년대에는 전국적으로 도로망이 건설되기 시작하여 1968년 12월에는 경인고속도로, 1970년 7월에는 경부고속도로가 개통되었다.

4) 1961년 5월 29일 부흥부를 개편하여 발족하였으며 1961년 7월 22일 국토건설청으로 개편되면서 폐지되었다. 이후 1962년 6월 18일 국토건설청을 폐지하고 재건하였으며 1994년 12월 23일 교통부와 통합하여 건설교통부로 개편되면서 폐지되었다.

[1968년 경인고속도로 준공]

[1970년 경부고속도로 준공]

4. 1970년대 건설업 내실화 작업 : 면허 기준 강화 및 단종 면허 신설

1962년 제2차 「건설업법」 개정을 통한 대대적인 업계 정비를 시도했지만, 면허 업체 수는 해마다 증가하여 1972년에는 건설업체 수가 815개사에 달하였다. 그 후 1973년에는 707개 업체, 1974년에는 669개 업체로 그 수가 줄어들었지만, 업체 난립으로 인한 건설업계의 고질적 풍토는 달라진 것이 없었다.[5)]

이에 따라 정부는 도급 질서의 확립 및 건설업계의 건전한 성장을 위하여 '건설업계 10대 정상화 방안'을 만들고, 그 취지를 반영하여 제8차 개정 「건설업법」을 1975년 12월 31일에 공포하였다. 개정 「건설업법」에서는 면허 기준을 대폭 강화하여 상당 수 업체가 면허 갱신

5) 대한건설협회(1997), 한국건설 50년사, p.213

을 하지 못하였다. 그리고 건설업 면허 없이 음성적으로 공사를 수행해 온 하도급 업체들을 법적 요건을 갖춘 업체로 보호·육성하고 건설업의 전문화·계열화를 도모하기 위하여 단종 공사업 면허를 신설하였다.

베트남전 이후 주춤했던 해외건설은 1973년 삼환기업이 중동에서 첫 수주를 시작으로 새로운 돌파구를 마련하였다. 중동 건설시장으로의 진출과 경제개발 및 국토개발계획에 힘입어 1970년대의 건설업은 크게 도약하였다. 1970년대 해외건설 수출은 1973년과 1978년의 오일파동을 극복하는 데 결정적인 기여를 하였다.

하지만, 1970년대 중반을 넘어서면서부터 중소 건설업계는 심각한 위기 상황에 봉착하게 되었다. 이에 따라 대한건설협회는 '중소 건설업 육성 특별 위원회'를 설치하여 중소 건설업 육성에 많은 노력을 기울였다. 1970년대 중반에 기능 인력의 부족이 심각한 문제로 대두되자 대한건설협회는 유관 단체들과 함께 1978년에 '건설직업훈련원'을 설치하여 기능인력의 양성에 노력하였다.

건설 활동 측면에서는 울산, 인천, 포항, 부산 등지에서 항구가 건설되었고 남동 해안을 중심으로 포항, 울산 등지에 공업단지가 조성되었다.

[1972년 울산항 준공]

[1973년 POSCO 준공]

5. 1980년대 건설산업의 성숙기

80년대는 사회적으로 극심한 혼란을 겪었지만 경제적으로는 성장단계에 접어드는 시기였고, 건설업의 경우도 국가경제의 발전에 필요한 사회간접자본 형성에 일익을 담당하였다. 1970년대 후반부터 일기 시작한 해외건설 붐을 지속시켜 1980년대 초반에는 최고의 해외 수주실적을 달성하는 등 건설업이 경제 재도약의 선도적 역할을 수행하였다.

1) 독립기념관 화재와 부실시공 대책(책임시공, 감리제도)

1958년 3월 11일 법률 제 477호로 「건설업법」이 제정·공포되어 1984년 12월 법률 제 3765호의 개정에 이르기까지 12차에 걸쳐 개정되었으나 건설업 면허체계 등의 기본 골격은 크게 변화되지 않은 채 운용되어 왔다. 그러나, 1986년 독립기념관 화재사건을 계기로 건설공사의 부실시공을 근원적으로 방지하고 나아가 건설업의 장기적인 발전을 위하여 범정부적인 종합대책을 모색하게 되었다.

1982년 8월 일본의 중고등학교 교과서 왜곡사건이 민족적 분노를 일으켜, 모든 국민이 스스로 민족자존을 외치며 모은 성금이 493억원에 이르렀다. 충남 천원군 목천면 흑성산(해발 589미터) 기슭에 독립기념관을 건립키로 하고, 1986년 8월 15일 준공을 목표로 1983년 8월 15일에 착공하였다. 그러나, 개관을 열흘 남짓 앞두고 있던 1986년 8월 4일 독립기념관 본관에서 불이 나 지붕과 중앙홀의 천장 3,000평 전체를 태우고 4시간 반만인 5일 새벽 3시경에 진화되었다.

이에 따라 관련 부처 관계관으로 '건설공사 제도 개선 및 부실대책위원회'를 구성하여, 1987년 2월 초 건설 관련 제도의 전반적인 검토와 개선안이 담긴 '건설공사 제도 개선 및 부실 대책'을 발표하였다. 정부 종합대책에서는 민간 감리전문회사를 신설·육성하되 일정 수의 시공 기술사 등 기술자 보유를 의무화하는 책임시공·감리제도가 포함되어 있다. 또한 외국 선진 감리업체와의 합작 투자 등을 장려하여 민간의 감리 능력 향상을 도모하며, 기존 용역업체나 건축사 사무소도 적정 시공 기술자 등을 보유토록 하여 감리 능력을 확보할 수 있게 하였다.

2) 88서울올림픽 개최와 주택 200만호 건설

86아시안게임과 연이은 88서울올림픽의 성공적인 개최는 국위를 선양하고 외교적 성과를 얻은 것 외에도 올림픽 경기장을 위한 건설 투자에 의한 경기 진작, 국민정서의 선진화 등 긍정적 효과를 거둔 행사였다. 서울올림픽에는 세계 각국의 1만여 명의 선수가 23개 종목에 참가했으며 기간 중 각국 선수단 임원 3,000명, 보도국 1만여 명, 국제회의 참가자 및 경기 운영 요원 1만 명 외에 25만~30만 명의 관광객이 내한할 것으로 예상하여 경기장 시설 등의 건설 계획을 수립·추진하였다.

아울러 인구의 대도시 집중, 핵가족화 등에 따른 주택부족 문제를 해결하고자 1988년부터 200만호 주택건설계획을 추진하였다. 이로 인해 1990년 건설투자는 31%나 증가하고 1991년 건설투자는 GDP의 22.8%에 이르러 건설산업의 활황기를 구가하였다.

3) 중소건설업 육성 및 원·하도급 질서의 정착

또한 80년대에 접어들면서 정부의 산업정책에서 크게 변화된 것은 중소기업에 대한 보호·육성·지원책의 강화라고 할 수 있다. 이러한 산업정책의 변화에 맞추어 건설업도 중소 건설업에 대한 육성책을 지속적으로 추진하였다. 또한, 국내 건설시장에서의 수주 경쟁이 치열해지면서 건설 관련 업종 간의 업역 확대를 위하여 서로 상충되는 제도 개선 현상이 나타나기도 하였다.

(1) 불공정거래행위 지정 고시

1982년 12월 31일, 경제기획원은 「독점규제 및 공정거래에 관한 법률」에 따라 하도급 거래상의 불공정 거래 행위를 지정, 고시하였다. 원도급자와 하도급자 간의 형평성 있는 지위의 확보와, 하도급 거래의 적정화를 유도함으로써 양자 간의 신뢰를 바탕으로 한 상호 공존체제의 확립을 목적으로 발표된 이 지정고시는 1983년 4월 1일부터 시행되었다. 이 고시를 위반할 경우 경제 기획원 장관은 시정 명령을 하고 이에 따르지 않을 경우 5,000만 원 이하의 벌금에 처하도록 하였다. 이 불공정거래행위 지정 고시는 건설업의 경우에는 특히 중요한 의미를 갖는다.

(2) 「하도급거래 공정화에 관한 법률」 공포

1983년 11월 중순 경제기획원은 하도급 거래 불공정 행위를 뿌리 뽑기 위해 「하도급거래 공정화에 관한 법률」을 제정, 대기업의 중소 하청업체에 대한 횡포를 엄중히 다스려 나가기로 했다. 즉 하도급 불공정거래 행위의 규제 근거가 되고 있는 현행 지정고시보다 한층 강화된 「하도급거래 공정화에 관한 법률」을 제정하여, 불공정거래 행위 유형을 추가시키고, 조사 공무원에게 압류 수색이 가능하도록 사법 경찰권을 부여하며, 처벌을 강화하여 체형도 가능하도록 하였다.

[1988년 올림픽경기장 준공]

[1991년 분당 신도시 건설]

6. 1990년대 건설시장 개방과 국제화

1) 면허 개방과 경쟁시대 돌입

(1) 1차 면허 개방과 건설업계 동향

1988년 12월 31일 면허 개방을 주축으로 하는 「건설업법」의 개정은 건설업 정책의 새로운 전환점을 긋는 커다란 사건이었다. 면허 개방을 위한 건설업법령의 개정 작업은 1987년 2월 '건설공사 제도 개선 및 부실 대책'에서 1989년부터 단계적으로 면허를 개방한다는 내용이 발표된 이후 계속적으로 추진되어 왔다. 이후 1988년 가을 정기국회에서 「건설업법」 중 개정 법률이 확정되고 그 후속조치로 1989년 7월 18일 시행령 및 시행규칙이 개정 공포됨에 따라 그 대단원의 막을 내렸다.

면허 개방의 목적은 장기간 면허의 동결에 따라 빚어진 부조리와 비리를 제거하는 데 있었으며, 더불어 건설시장 규모의 확대와 경제의 선진화, 개방화, 민주화 추세에 맞추어 건설업계도 이에 대응하는 체제를 전환하기 위한 것이었다. 주요 내용은 3년마다 반드시 신규 면허를 발급하도록 하는 취지에 따라, 건실하고 능력 있는 업체가 참여할 수 있도록 자본금, 기술 능력 등의 면허 기준을 대폭 보강하였다.

(2) 2차 면허 개방

3년 주기로 건설업 면허를 발급하기로 함에 따라 1989년 11월에 이어 당초 1992년 8월 중 발급할 계획이었다. 하지만 건설업계는 신규 면허 발급에 따른 건설 기능 인력의 부족, 기술자 스카우트의 심화, 기업 체질 약화 등을 이유로 건설 환경이 개선될 때까지 면허 처분을 유보하여 줄 것을 강력히 건의하였다. 이에 따라 정부는 발급 시기를 다소 늦추어 1992년 12월 4일 면허를 발급하게 되었다.

(3) 면허의 완전 개방과 국내 건설시장 동향

경제규제 완화 및 WTO의 출범 등에 따른 건설업 개방정책으로 그동안 3년 주기로 발급했던 건설업 면허는 1994년 1월 7일 「건설업법」을 개정하여 매년 신규 면허를 의무적으로 발급하도록 되었다. 1994년 11월 면허 개방 후 3번째 면허 발급으로 1,433개사가 폭증하여 총 2,651개사가 되었다. 1995년 신규 면허 발급 때는 574개사가 처분되어 2,958개사로 그 증가세가 다소 둔화되는 양상을 보였다. 그러다가 1996년에는 전년보다 다소 증가하여 730개사가 면허를 발급받아 1996년 12월 말 총 3,543개에 이르게 되었다. 이는 1989년 면허 개방 이전과 비교하여 건설업 면허업체 수가 757%가 증가한 것이다.

그러나 1997년 1월 1일부터는 「건설업법」이 「건설산업기본법」으로 바뀜에 따라 건설업의 신규 면허 발급은 수시로 신청 접수할 수 있게 되었다. 「건설산업기본법」은 1997년 7월 1일부터 시행될 예정으로 있으나 면허 발급만은 예외 규정을 두어 앞당겨 실시되고 있다.

이 같은 수시 발급 체계로 전환 이후 건설산업에 대한 기대 수익률이 여전히 높아 2000년까지 업체 수는 지속적으로 증가하였다.

2) 대형 사고와 부실시공 방지 대책

특히 1990년대에는 대형 사고가 빈발하였다. 1991년 3월 26일 팔당대교 사장교 구간 196m가 붕괴사고가 발생한 데 이어 1992년 7월 남해의 청선대교 붕괴, 같은 해 8월에는 신행주대교 붕괴사고가 이어졌다. 정부와 건설업계는 부실공사 방지를 위해 노력했으나, 1994년 10월 성수대교의 붕괴와 1995년 4월 대구 지하철 공사장 폭발사고, 같은 해 삼풍백화점 붕괴로 수많은 인명 피해를 내는 사고가 발생하였다.

결국 정부는 보다 근본적인 부실 방지 대책과 1997년 공공시장 개방에 대비한 건설산업의 경쟁력 강화 방안을 모색하고자 1995년 7월 정부, 학계, 업계의 전문가로 구성된 건설제도개혁기획단을 설치하여 종합대책을 마련하였다.

3) 민자유치사업의 도입

1994년 사회간접자본에 대한 「민자유치촉진법」이 제정된 후 그 법에 의거, 처음으로 1995년 민자유치 기본 계획이 발표되었다.

사실 사회간접자본 시설에 대한 민자유치가 거론되고 법률 제정에 대한 논의가 이루어빈 것은 문민정부 이전부터였다. 제5공화국이 물가안정의 재정정책과 3저 호기를 맞아 경제 고성장을 이룩했지만 이와 같은 재정정책은 폭증하는 공공 수요를 충당할 수 없었고 결국 그 부담은 제6공화국에 전가되었다. 이에 따라 노태우 대통령은 청와대에 사회간접자본투자기획단을 구성하여 재원조달방안을 검토하기에 이르렀지만, 공공자금은 더 이상 투자 여력이 없다고 보고 민간 자금의 활용 방안을 모색하게 되었다.

이에 따라 건설된 대표적 민자사업이 2001년에 준공 및 개장한 인천국제공항과 최초의 민자고속도로인 인천공항 고속도로가 있다. 또한 2번째 민자고속도로인 천안논산고속도로가 2002년 12월에 개통하였고 2007년에 BTO방식의 인천국제공항철도가 개통되었다.

[2001년 인천국제공항 준공]

[2002년 천안-논산고속도로 준공]

[2007년 인천공항철도 준공]

4) 건설시장 개방과 관련 제도 개혁

정부조달협정은 정부조달 부문의 자유화를 목적으로 우루과이라운드의 바로 전 다자간 협상인 도쿄라운드에서 협의하여, 1979년 체결되고 1981년에 발효되었다. 정부조달협정은 가입국 상호 간에만 적용되는 국제무역협약으로서, 협정의 가입은 바로 선진 무역국으로서의 조달시장의 자유화를 통하여 자유무역을 지지하고 국제사회에서 의무와 책임을 분담하겠다는 의지의 표명인 것이다.

UR 협상에서는 협정조문의 개선뿐 아니라 정부조달협정의 대상기관, 계약 금액을 확대하고 적용 범위에 건설을 포함한 서비스까지 확장하기 위한 협상으로 시작되었다. 우리나라는 1990년도부터 그 협상에 참여하여 14번째 회원국이 되었다. 정부조달협상도 UR 서비스 협상과 함께 1993년 12월 15일에 타결되었다.[6]

UR 서비스 협상에서는 일반건설 서비스 외에 관련 분야로 건축 서비스, 엔지니어링 서비스, 장비 임대 및 부동산 중개업 서비스 부문 등도 시장 개방이 이루어졌다.

건설 시장 개장에 맞추어 1989년부터 정부는 지속적으로 관련 제도들을 개선하여 왔다. UR의 건설 서비스 및 정부조달 협상, WTO출범, 금융시장의 개방, 민간 건설시장의 개방, OECD의 가입 등의 대외적인 여건 변화와 함께 대내적으로 불미스러운 담합사건, 건설 관련 대형사고 등으로 제도 및 정책에 대한 정비가 대대적으로 이루어졌다. 따라서 1990년대 이후의 건설관련 제도의 개혁은 줄곧 시장개방에 대한 대비와 부실시공의 추방이라는 숙제를 풀기 위한 노력의 연속이었다.

6) UR 협상이 1993년 12월 15일 최종 타결된 후 1994년 4월 모로코의 마라케시에서 각료 결정과 선언에 따라 협정의 성격이 강화하였던 GATT가 발전적으로 해체되면서 국제무역기구는 WTO (World Trade Organization)로 새롭게 출범하였다.

1996년 말까지 정부가 추진해오고 준비하여 왔던 건설관련 법령 및 제도 개선의 주요골자는 「건설업법」 및 「국가를 당사자로 하는 계약에 관한 법률」의 개정 작업이었다. 1996년까지의 법체계는 「건설업법」 외에 건설공사의 종류에 따라 여러 개의 법률이 각각 나름대로의 규정을 가지고 있었다. 이에 따라 정부는 '법령 체계를 단순화하고 건설시장 개방에 따라 건설업체의 경쟁력 강화와 건설공사의 부실 방지를 위하여...'라는 취지 아래 건설업에 관하여 다른 법률에 규정한 것을 제외하고는 이 법을 적용토록 하는 「건설산업기본법」을 1996년 12월 제정 공포하였다. 즉 기존의 「건설업법」에서 「건설산업기본법」으로 개칭하면서 공사의 종류에 따라 「건설업법」 이외의 9개의 법률에서 적용하고 있던 시공자격제도를 이 법에 의하여 흡수 통합하였다.

7. 2000년대 지속적인 경기침체와 건설제도 변화

외환위기 이후 지속된 경기침체 여파로 정부는 경기진작을 위해 지속적으로 규제를 완화해 왔다. 2001년에는 건설 관련 공제조합의 출좌의무가 폐지되고 보증가능금액확인 제도가 도입되었고, 한편 업체 난립으로 인한 건설업 등록요건이 강화 되었다. 무엇보다 큰 변화로 최저가 낙찰제의 시행을 꼽을 수 있다. 2004년에는 직접시공의무제가 도입되었고 의무하도급제도를 폐지하였다. 2007년에는 시공참여자제도를 폐지하면서 전문건설업체에게도 직접시공을 의무화하였다. 또 행복도시와 혁신도시 사업의 효율적인 추진을 위해 설계공모·기술제안입찰제도를 새로 도입하였다.

2008년 글로벌금융위기는 더욱 건설경기를 얼어붙게 하였다. 이로 인해 건설업체들은 경영난에 허덕이게 되었고, 특히 중소건설업체는 물론 자재·장비 업체, 일용직 근로자의 애로가 표면화되면서 관심을 받게 되었다. 2008년 1000억 원 이상 공사의 공동도급참여 업체수를 10개 이내로 확대하고, 턴키·대안 입찰에서 10위내 건설업체의 공동도급을 제한하여 중소건설업체의 참여를 활성화시켰다. 2009년에는 하수급인에게 부당한 요구를 하지 못하게 하도록 금지 규정을 만들었다. 지역의무공동도급에서 지역업체의 최소지분을 40%로 하고, 지자체 장이 필요하다고 인정하는 경우 49% 이하 범위에서 가능하도록 하여 지역의 건설업체를 지원하였다.

건설경기 하락으로 건설업계는 최저가 확대에 반대하고 특히 중소건설업체들은 적격심사제도의 계속 시행을 주장하였다. 이로 인해 최저가 낙찰제를 대신하는 종합심사제도가 도입되어 2014년 시범사업을 거쳐 2015년부터 확대 적용될 예정이다.

III 입찰계약 관련 제도 변천

1. 개 관

건설산업은 대표적인 수주산업으로 완성품이 없는 상태에서 시공업체를 선정해야 하는 특성을 가지고 있다.[7] 이에 따라 건설공사를 수행할 업체를 선정하는 입찰, 계약과정이 매우 중요할 수밖에 없고 또한 많은 제도적 변화와 논란을 일으켜 왔다. 수주와 수익을 추구하

7) 김성일 외(2005), 대형공공건설사업의 효율적인 추진방안 연구, 국토연구원, p.21

[표 2] 정부공사 낙찰제도 변천 연혁

기 간	낙 찰 제 도	비 고
1962.1.~1971.12.	• 최저가 낙찰제	• 미군정 회계제도 및 일본 제정법 영향으로 최저가 낙찰제 도입
1972.1.~1975.12.	• 부찰제	• 담합 등 입찰질서 문란, 1차 석유파동에 따른 건설경기 침체
1976.1.~1981.2.	• 최저가 낙찰제	• 중동 건설시장 활황에 따른 건설경기 회복
1981.3.~1983.3.	• 부찰제	• 2차 석유파동에 따른 건설경기 침체로 한시적 도입
1983.4.~1990.3.	• 최저가 낙찰제+저가심의 • 부찰제	• 덤핑 방지를 위해 저가심의 도입 • 소규모 공사는 부찰제 적용
1990.4.~1993.2.	• 최저가 낙찰제+저가심의	• 부찰제 폐지 및 저가심의를 병행하는 최저가 낙찰제 전면시행
1993.2.~1995.7.	• 최저가 낙찰제 • 제한적 최저가 낙찰제	• 저가심의 폐지 • 소규모 공사는 제한적 최저가 낙찰제 적용
1995.7.~1999.9.	• 적격심사제 • 제한적 최저가 낙찰제	• 정부조달협정 가입으로 기술 위주 낙찰방법인 적격심사제 도입 • 소규모 공사는 제한적 최저가 낙찰제 적용
1999.9.~2000.12.	• 적격심사제	• 제한적 최저가 낙찰제 폐지 및 적격심사 전면시행
2001.1.~2003.12.	• 최저가 낙찰제 • 적격심사제	• 적격심사 변별력 저하, 건설산업 구조조정 등을 위해 1,000억 원 이상 PQ공사에 최저가 낙찰제 도입
2003.12.~2006.5.	• 최저가 낙찰제+저가심의 • 적격심사제	• 덤핑입찰 방지를 위해 저가심의(객관적인 입찰가격 비교) 도입 • 최저가 낙찰제 적용 대상 확대(500억 원 이상 PQ공사)
2006.5.~현재	• 최저가 낙찰제+저가심의(2단계) • 적격심사제	• 저가심의 실효성 강화를 위한 주관적 심사(절감사유 적정성 평가) 도입 • 최저가 낙찰제 적용 대상 확대(300억 원 이상 모든 공사)
2010.10.~현재	• 물량내역수정입찰 • 순수내역입찰	• 2010년까지 1000억 원 이상, 2011년까지 500억 원 이상 • 2012년부터 300억 원 이상 단계적 실시
2012.1.~현재	• 최저가 낙찰제 • 적격심사제	• 최저가 낙찰제 적용 대상 확대(100억 원 이상 모든 공사)
2014.10.~현재	• 종합심사제+최저가 낙찰제 • 적격심사제	• 종합심사제 시범사업 후 확대 적용 예정(300억 원 이상 공사)

는 건설업체들의 덤핑과 담합을 방지하기 위해 입・낙찰제도는 수차례 변화를 겪어 왔다.

우리나라 정부발주 공사의 입찰계약제도는 1951년 9월에 제정한 「재정법」을 근간으로 운영하여 왔다. 그 후 많은 시행착오를 거듭하였으며, 1961.12.19.에 재정법을 「예산회계법」으로 대체하고, 1995.1.5. WTO에 의한 정부조달협정에 따른 「국가를당사자로하는계약에관한법률」 제정으로 계약부분을 독립적으로 운영하고 있다.

2. 1970년대 이전 : 국가계약제도의 기반 마련

1) 국가재정법의 제정(1951.9.24.)

우리나라에서 최초의 입찰・계약제 관련 장치는 1951년 제정된 국가재정법이었다. 그 전에는 정부공사 계약 시 일본 구회계법과 미군정의 회계제도를 사용하였으므로, 국가재정법을 통해 정부계약제도가 본격적으로 시작되었다.[8] 국가재정법은 정부공사의 계약집행을 공고에 의한 공개경쟁을 원칙으로 하고, 예산가격 이하 최저입찰자를 낙찰자로 하는 최저가 낙찰제를 채택하였다. 아울러 단서규정으로 일반 공개경쟁 외에 지명경쟁 또는 수의계약으로도 계약을 집행할 수 있도록 하였다.[9]

최저가 낙찰제의 채택은 업체가 난립하던 당시 건설업계의 상황 때문에 과당경쟁과 덤핑으로 인한 폐해가 우려되었지만, 전쟁 중의

8) 김성일(2001), 공공공사 입찰계약제도의 변화 및 지속성에 관한 연구, p.73

9) 당시 국가재정법에서는 지명경쟁의 경우 일반경쟁이 불가능하다고 인정되는 경우에 한하여 실시하되, 3인 이상의 업자를 지명하여 경쟁에 붙이도록 하였으며, 수의계약은 다른 입찰방법이 국가에 불리하다고 인정되거나 해당공사에 응찰자 및 낙찰자가 없을 때에 한하여 실시하도록 제한함.

열악한 국가재정 때문이었다. 또한 당시에 재정법의 근간이 되었던 일본의 회계제도와 미군정 회계제도에서의 최저가 낙찰제를 그대로 수용한 것이기도 했다.

재정법 제정 이후에 정부계약제도는 공개경쟁방식과 최저가 낙찰제를 중심으로 운용되었는데, 대부분의 공사입찰에서 과당경쟁과 덤핑의 폐해가 심각하였다. 또 지명경쟁과 수의계약의 경우도 계약 공무원의 권한 남용과 비리, 이권개입 등 많은 문제점이 발생하였다.

이에 당시 내각은 1960.7월 4.19혁명 후 진행되던 행정쇄신의 일환으로 건설폐해 시정 및 도급질서 확립을 위해 재정법 시행령을 개정하였다. 최저가 낙찰제를 부찰제(敷札制)로 전환하였고, 지명경쟁의 입찰자 수를 3인 이상에서 7인 이상으로 확대하였다. 한편, 수의계약도 경쟁이 불가하거나 긴급 또는 비밀을 요할 때로 그 기준을 강화함으로써 입찰계약과 관련된 부조리를 방지하는 데 초점을 맞추었다.

건설업계는 부찰제를 반대하였다. 이는 정부가 자신에게 유리한 부찰제 방식을 선택할 수 있었고[10], 건설업계는 기 시행되던 최저가 낙찰자 하의 지명경쟁을 통한 담합에 익숙했기 때문이다. 하지만 4.19혁명 이후 부패 척결과 사회정화의 요구가 높았던 당시 사회 분위기 상 부찰제 반대는 받아들여지지 않았다.

---

10) 이때 도입된 부찰제는 3가지로, ① 예정가격의 80%이상으로 입찰자 중 최저가입찰자를 낙찰자로 하는 제한적 최저가 낙찰제, ② 예정가격의 60%이상으로 입찰한 자의 입찰액을 평균한 가격에 가장 가까운 자를 낙찰자로 하는 제한적 평균낙찰제, ③ 예정가격 이하의 입찰평균에 가장 근접한 자를 낙찰자로 하는 평균가격 낙찰제였는데 이 중 한가지를 선택하여 집행할 수 있도록 하였다.

2) 예산회계법의 제정

1961년 12월 정부는 정부기업에 대한 기업회계 제도의 도입, 세출 예산에 관한 기능별·기간별 업무 단위별 예산제도를 채택하여, 「예산회계법」을 제정하였다. 예산회계법에서는 부찰제를 종전의 최저가 낙찰제로 환원하였다. 1년 만에 최저가 낙찰제로의 환원으로 인해 부찰제에서 개별 업체는 자신이 수행할 수 없는 공사까지도 입찰에 참가하는 등 입찰질서가 극도로 문란해졌기 때문이었다. 그리고 지명경쟁이나 수의계약 등 일반공개경쟁 외의 방법으로 집행할 경우에는 반드시 재무부장관의 승인을 받도록 규정하여, 지명경쟁이나 수의계약을 둘러 싼 잡음을 없애고자 하였다.

5.16을 거쳐 새롭게 등장한 정부는 전문가와 학자 등 민간인의 자문에 상당부분을 의존하여 수행하고 있던 국토건설사업을 정부기구인 건설부가 직접 관장하게 하였다. 또, 건설업체를 대폭 정비하여 업계의 정화를 도모하는 등 각종 제도와 정책을 손질하고 정비하였다. 이에 따라 정부계약제도도 상당히 제약적인 형태로 바뀌게 되었다.

3. 1970년대 : 입찰·계약제도의 격변기

1) 담합방지를 위해 부찰제 부활(1971년 시행령 개정)

정부의 부조리 근절대책에도 불구하고 1960년대 말에는 과당경쟁과 덤핑문제가 심각하였다. 1원짜리 공사 낙찰 등 문제가 도처에서 발생하였다.[11] 이 같은 상황이 계속되자 건설업체들은 최저가 낙찰

11) 1966.6.23. 입찰에 부쳐진 예정가격 97만 원의 교량가설공사에서 1원도 아닌 1전으로 입찰하여 낙찰한 사례가 있으며, 최저가 낙찰제 하에서 1원으로 입찰하여 수주한 후, 연차계속공사를 수의로 계약하는 등 최저가 낙찰제의 폐해와 계약제도 취약점이 복합적으로 노출되었음.

제 하에서 과당경쟁과 무리한 덤핑행위가 결코 유리하지 않다는 것을 인식하였다. 게다가 그동안 정부가 취해 온 면허기준과 신규면허 발급주기 등의 강화로 업체수가 감소하게 되자 건설업체들은 담합을 모색하기 시작하였다.

한편, 연차계속공사의 경우 1차 공사는 일반경쟁입찰에 부치고 2차 이후는 형식적인 지명경쟁이나 수의계약을 하는 등 입찰 부조리가 여전히 성행하였고, 정부공사를 둘러싼 도급질서가 문란하였다.[12] 결국, 1960년대 후반에는 대대적인 서정쇄신 작업과 함께 정부계약제도에도 상당한 손질이 가해지게 되었다.

국무총리훈령 제100호를 분수령으로 건설업 관련 제도들의 정비작업이 이루어졌고, 1971년 12월에는 예산회계법 시행령이 개정되었다. 먼저 지명경쟁에서 입찰참가자수를 7인에서 10인 이상으로 대폭 증가시키고, 지명업체의 선정기준도 이른바 최저 도급한도제를 적용하도록 하였다. 극심한 담합행위를 방지하기 위하여 10년 전에 사라진 부찰제를 다시 도입하였다.[13] 또 수요부처의 부조리와 폐단을 없애기 위해 모든 시설공사 계약은 조달청이 대행하게 하였다.

2) 최저가 낙찰, 제한경쟁입찰, 장기계속공사제 도입(1975년 예산회계법의 개정)

이 당시 우리나라 건설업계는 상당한 전환기를 맞고 있었다. 첫째

12) 1968년 한해동안 서울시가 집행한 280여 건의 건설공사에서 일반경쟁으로 입찰에 부친 공사비 중이 15%이며, 지명경쟁 또는 수의계약 의하여 85%를 집행. 또한 당시 정부가 집행한 공사 및 물품계약 1,125억 중 75%를 지명경쟁 또는 수의계약한 것으로 보도(경향신문 1969.5.3.).

13) 이 당시 채택한 부찰제는 예정가격의 80% 이상으로 투찰한 자들을 평균한 금액에 밑으로부터 가장 가까운 자를 낙찰자로 하는 제한적 평균가 낙찰제였음.

는, 1965년 현대건설의 태국 진출 이후 월남전의 특수경기를 잠시 누렸던 해외건설이 1973년 삼환기업이 중동에서 수주를 따냄으로서 새로운 해외시장의 돌파구가 개척되었다. 둘째, 국내에서는 정부의 강도 높은 건설업체 정비작업으로 업체의 난립현상이 진정되어 갔다. 1971년 면허기준 강화를 시작으로 부실업체를 정비하여 150여개 업체가 면허를 취소당하는 등, 1971년을 정점으로 업체수가 점차 감소하였다. 나아가 1974년 5월 신규면허 발급중지와 '건설업 정상화 10대 방안'이 마련되어 건설업계의 정비가 보다 적극적으로 추진되었다.

이러한 대대적인 건설업 정비작업은 계약제도에도 영향을 미쳐 1975년 12월 31일에 예산회계법을 개정하게 되었다. 먼저 낙찰방식으로 부찰제를 폐지하고 다시 최저가 낙찰제로 환원시켰다. 덤핑을 우려한 건설업계의 반대를 무릅쓰고 차액보증금제도[14]를 도입한 최저가 낙찰제를 적용하였다.

그리고 "계약의 목적과 성질에 비추어 필요한 경우 입찰참가자의 자격을 제한할 수 있도록" 하는 규정을 신설하여 제한경쟁입찰제를 도입하였다. 또 장기계속공사계약제도를 도입하고 1977년 시행령 개정에서 구체적인 시행규정을 마련하였다. 장기계속공사계약제도의 도입은 제한경쟁계약제도의 도입과 함께 정부계약제도에 상당한 변화를 초래하였다.[15] 1975.4.17.에 공포된 「대형공사에 관한 예산회

---

14) 이는 예정가격의 85/100 미만의 낙찰자로 하여금 예정가격의 85/100의 금액과 낙찰금액과의 차이를 현금 또는 은행발행 자기앞 수표로 납부하게 하는 제도였음.

15) 장기계속공사계약제도가 도입되기 이전에는 동일공사라 하더라도 이행에 수년을 요하는 경우 매년 이를 분할 발주함으로써 인력과 예산의 낭비가 초래되었을 뿐만 아니라 사업추진의 일관성도 유지되지 못하였었다. 또 차년도 공사를 수의계약하기 위한 수단으로 이를 악용하는 등 적법을 가장한 부조리가 행해지기도 했는데 장기계속공사계약제도의 도입으로 문제방지를 위한 근거를 마련되게 되었다.

계법시행령 특례규정」에서는 계약의 효과적인 집행을 위하여 예산회계법 시행령이 정하고 있는 공사계약 일반원칙에 대한 특례로서 대안입찰에 의할 수 있도록 하는 규정을 마련하였다.

3) 최저가 낙찰제 고수와 제한경쟁 본격화(1977년 예산회계법 개정)

1975년도가 정부계약제도가 대폭 변화된 제도적 전환점이라 할 수 있다. 이후 1970년대 후반에서 1980년대 전반까지는 건설업 관련 상황변화가 매우 극심했던 시기로, 정부계약제도에 있어서도 또 다른 전환기라 할 수 있다. 1975년 말 예산회계법 개정으로 최저가가 부활되자, 그동안 부찰제로 상당한 실익을 얻고 있던 업계는 최저가 낙찰제로의 전환을 반대하였다.[16)]

정부는 법 개정 1년 후인 1977.4.1. 예산회계법시행령을 개정하여 최저가 낙찰제와 제한경쟁계약제를 본격적으로 시행하게 되었다. 그러나 1977년에 처음 도입한 제한경쟁의 경우 계약 건수에서 전체의 5%내외에 불과하고 낙찰률도 일반경쟁이나 지명경쟁에 비해 상대적으로 낮게 나타났다.

한편, 1977년 개정에서는 처음으로 물가변동으로 인한 계약금액 조정제도를 도입하였다. 그리고 토목공사에 총액단가 계약제도를 도입함으로써 획기적인 변화를 시도하였다. 또 1978년 3월에는 「원가계산에 의한 예정가격작성 준칙」을 회계예규로 제정·시행하였다. 이는 예정가격의 계산방법을 기업회계방식에 가깝게 개선한 것으로

16) 1976.2. 대한건설협회는 부찰제를 존속시키고 유효입찰 하한선을 예정가격의 80%에서 85%로 상향조정해 줄 것과 부득이 최저가 낙찰제로 환원시킬 수밖에 없다면 유효입찰 한계를 예가의 85% 이상으로라도 해줄 것을 건의하였으나, 정부는 이러한 요구를 수용하지 않았다.

시설공사의 예정가격 작성체계를 확립하고 예정가격의 현실화에 상당한 기여를 하게 되었다.

4. 1980년대 : 경기침체와 계약제도 이원화

1) 경기침체와 한시적으로 부찰제 시행(1981년 시행령의 개정)

1970년대 하반기에 건설협회의 과당경쟁 방지를 위한 다각적인 노력과 정부의 계약제도 정비 노력 등에도 불구하고, 심각한 경기침체로 인한 덤핑입찰은 근절되지 않았다.[17] 오일쇼크의 여파로 정부시설 구매계획의 축소와 민간부문의 위축으로 공사물량이 급격히 감소되자, 과당경쟁과 덤핑입찰이 만연하였다. 당시 '정부공사는 하면 밑진다'는 말이 공공연히 나돌았고, 부도·도산으로 인한 면허취소와 합병, 경영난으로 인한 면허양도 등 전체의 10%가 넘는 100여 개의 업체가 변동을 겪었다.

이렇게 되자 건설업계는 최저가 낙찰제의 재검토를 요구하고, 1980. 3.25.에 낙찰자 결정방법을 부찰제로 전환을 주요 내용으로 하는 예산회계법시행령 개정의견을 정부에 건의하였다. 우여곡절 끝에, 낙찰자 결정방법은 '공사부실화를 방지하기 위하여 필요한 경우 재무부장관이 정하는 기간에는 부찰제를 실시할 수 있다'는 단서조항 신설과 한시적 시행(1981.3.1.~1982.3.31.)이라는 조건의 1981.2.28. 예산회계법시행령 개정을 통해 부찰제로 회귀하였다.

부찰제의 시행으로 장기계속공사의 낙찰자선정방법도 바뀌었다.

---

17) 김성일(2001), 공공공사 입찰계약제도의 변화 및 지속성에 관한 연구, p.86

장기계속공사의 경우 제1차 공사의 입찰금액과 부기한 총 공사의 입찰금액이 각각 예정가격 이하로서 예가의 85% 이상으로 입찰한 자를 낙찰적격자로 하는 한편, 낙찰적격자가 2인 이상일 경우에는 총 공사금액을 기준으로 한 제한적 평균가 낙찰제를 적용토록 하였다.

2) 저가심의제의 도입과 계약제도 이원화(1983년 시행령 개정)

건설경기 침체의 회복, 1982년 사상 최고의 해외건설 수주, 2년여 동안의 부찰제 실시에 따른 덤핑입찰의 감소 등이 나타나자, 정부는 1983년 3월 예산회계법시행령을 개정하여 최저가 낙찰제로 환원시켰다. 아울러, 저가입찰에 대해서는 저가심사를 하는 방안을 마련하였다. 저가심사제는 최저가낙찰에 따른 덤핑의 폐해를 방지하기 위한 목적이었다.

다만, 정부는 최저가 낙찰제로 환원하면서도 그 범위를 30억 이상으로 한정하고, 30억 미만의 공사에 대해서는 부찰제를 존속시켰다. 1981년 부찰제를 도입하기 이전에 업계가 선택적으로 실시해 주도록 건의한 내용을 1983년의 개정에서는 모두 수용하는 절충안을 선택한 것이다. 따라서 대형공사에는 최저가 낙찰제, 중소형공사에는 중소업체 보호를 위한 부찰제를 적용하여 정부계약제도가 이원화되었다.

5. 1990년대 : 시장개방 및 부실시공에 대비한 시공능력 위주로 변화

1990년대에 들어 UR협상 등 글로벌화와 시장개방이 주요 이슈로 떠올랐다. 이에 따라 우리 정부도 건설시장개방에 대비하여 각종 제도의 보완 및 개선을 꾀하였다. 시장개방은 물론 1990년대 초 발생한 부실시공 등에 대비하여 조달청은 입・낙찰제도를 가격위주에서 시공능력위주로 개선하고자 하였다.[18)]

1) P.Q제도의 도입(1994.8.)

1990년대 지속적으로 발생한 건설공사 부실로 인해 1992년 9월에 국무총리 주재 10개 부처 장관회의에서는 '건설공사 부실방지대책'이 최종 발표되었다. 여기에 부실시공업체 제재 강화, PQ 도입, 가격경쟁에서 기술경쟁으로, 불법하도급 처벌 강화, 100억 이상 공사 부대입찰제 의무화 등이 담겨 있었다.

당시까지 사용되던 도급한도액만으로는 적절한 시공업체를 선별하기 어렵고, 시장개방에 대비하여 국내에 진출할 외국업체에 대한 자격심사가 필요하다는 이유에서 PQ(prequalification 사전자격심사)제도가 도입되었다.[19)] 따라서 도급한도액에서 탈피하여 기업의 경영능력, 기술, 시공과 설계능력 등을 종합적으로 사전에 평가하여 유자격자를 선정하게 되었다.

2) 국가계약법 제정 및 적격심사제의 도입(1995.7.)

1995년에는 WTO 출범과 GPA(정부조달협정)에 따른 97년 시장개방에 대비하여 입찰・계약제도의 개선이 종합적으로 검토되었다. 여기다 성수대교 붕괴에 이은 삼풍백화점 붕괴(1995)로 정부는 대폭적

---

18) 김성일(2001), 공공공사 입찰계약제도의 변화 및 지속성에 관한 연구, p.98

19) 1994.8.16. '조달청 입찰참가자격사전심사기준(조달청공고 제1994-85-1호)'에서는 100억 원 이상의 공사 중 다음 13개 공정에 해당하는 공사를 선정하여 입찰참가기준을 사전에 심사할 수 있도록 하였으며, 현재는 200억 이상 18공종 및 300억 이상 공사에 적용하고 있다.

인 제도 개혁을 단행하였다. 우선 예산회계법의 계약부분이 별도의 「국가를당사자로하는계약에관한법률」(국가계약법)로 분리, 제정되었다. 이어 1995.7.6.시행령 개정을 통해 입찰·계약제도의 개편이 이루어졌다.

가장 큰 변화는 100억 이상 공사의 낙찰자 결정방식을 적격심사방식제도로 바뀐 점이다. 적격심사제도는 최저가로 입찰한 자 순으로 당해공사 수행능력, 재무상태, 과거계약 이행 성실도 및 가격을 종합평가하여 종합평점이 일정점수를 넘는 입찰자를 낙찰자로 선정하는 방식이다. 적격심사제는 공공기관이 각종 공사를 발주할 때 무리한 덤핑경쟁으로 공사가 부실해지는 것을 막기 위해 낙찰자 선정기준을 '충분한 계약이행 능력이 있다고 인정되는 자로서 최저가격으로 입찰한 자'로 국가계약법에 명시하였다.[20]

한편 100억 미만 공사는 제한적 최저가를 그대로 유지하여 적용하였다. 이후 1997년의 건설시장 개방대상이 되는 58.3억 원(500만 SDR) 공사로 적격심사제를 확대 시행하였다.[21]

6. 2000년대 : 최저가 및 종합심사제 도입

1) 최저가 낙찰제, 이행보증제도 시행(2002.1.1.)

1997년 외환위기로 IMF에 구제금융을 신청하면서 여러 가지 여건변화가 발생하였다. 경제위기 극복을 위해 정부는 규제개혁위원회

20) 기획재정부(2013), 최저가 낙찰제·적격심사제의 성과분석 및 개선방안 연구, p.29

21) 이후 제한적 최저가제는 1999.2.3.에는 30억 이하에만 적용하다가, 1999.9.9.에 국가계약법 개정에서 모든 공사에 적격심사제를 적용하게 되었다.

를 통한 과감한 규제개혁과 사회 전반의 '고비용 저효율' 구조 타파 등 다양한 노력을 경주하였다. 건설교통부도 「공공사업효율화 기획단」을 구성하여 1998년 9월 "건설업체의 입찰담합을 근절하고 공공예산 20%절감"을 위한 방안을 제시하였다.

경제 위기로 인한 건설경기의 급속한 침체 속에서 건설업계의 오랜 관행이었던 자율조정 구조가 붕괴되는 등 건설수주환경도 큰 변화가 초래되었다. 특히 적격심사제도는 PQ 및 사업수행능력 평가기준의 변별력 부족으로 단순 가격경쟁에 의존하게 된다는 강력한 비판에 직면하게 된다. 뿐만 아니라 요행에 의한 낙찰 가능성을 높이기 위해 페이퍼 컴퍼니를 양산하여 산업의 질서를 혼란시킨다는 문제점도 제기되었다.

이에 정부는 2001년부터 1000억 이상 PQ공사에 대하여 다시 최저가 낙찰제를 실시하고, 단계적으로 확대하는 방안을 발표하였다. 아울러 저가 및 덤핑수주의 방지를 위해 이행보증제도를 도입하였다.[22]

2) 종합심사제 도입(2014.10.)

최저가 낙찰제를 시행하면서 과당경쟁으로 인하여 덤핑투찰이 야기되면서 이를 보완하기 위하여 2003년에는 저가심사제를 2006년에는 2단계 심사를 도입하였다. 300억 이상 공사에 대하여 최저가 낙찰제를, 300억 미만 공사는 적격심사제를 운영하는 등 현재에 이르고

---

22) 건설교통부(2000), 뉴 밀레니엄 시대의 건설산업 구조개편 방안, p.23
당시 이행보증은 부적격 업체에 대한 사전 스크린 기능을 위해 도입되었으나, 큰 효과를 거두지는 못하였다.

있다. 2012년 100억 이상 공사로 최저가 낙찰제를 확대시키려 했으나, 경기부진과 건설업계의 강력한 반발에 부딪쳤다. 최저가 방식은 품질 제고를 위한 적정공사비 확보에는 한계가 있으며, 기술력 보다 가격에 의해 낙찰자가 결정되어 결국 건설산업 발전에 도움이 되지 않는다는 것이 반대의 주요 이유였다. 따라서 정부는 입찰가격은 물론 수행능력, 사회적 책임을 종합 평가하여 최고가치(best value)를 추구하는 종합심사제를 도입하기로 하였다. 2014년 시범사업을 통해 일단 300억 이상 공사에 우선 적용될 예정이다.

Ⅳ 해외건설 관련 정책 변천[23)]

1. 개 관

1965년 현대건설의 태국 도로공사로 시작된 해외건설은 베트남전 특수로 활성화 되었다. 이후 해외건설은 중동 건설특수(1970년대 중반~80년대 초)와 동남아시아 건설 붐(1990년대 초 · 중반)으로 호황을 누렸다. GDP대비 해외건설수주액 비중은 1981년 18.9%로 최고치를 기록한 바 있다. 이후 계속 감소하다 GDP대비 해외건설수주액 비중은 2003년 0.6%를 기록한 후 최근까지 상승세를 이어가고 있다. 그 결과 2010년 GDP대비 해외건설수주액 비중은 7.1%를 기록하였다.

특히 2000년대 들어 다시 최대 호황을 누리며, 해외건설 수주는 2005~2010년 중에는 연평균 45.6%나 증가하였다. 2010년에는 사

23) 여기에서는 해외건설협회의 시기 구분을 준용하고 다만, 2004년 이후를 재도약기로 추가하여 기술하고자 한다.

상 최고치인 716억 달러, 2011년에는 591억 달러를 기록하였다. 해외건설이 활기를 보이고 있는 것은 중동지역의 대규모 발전·담수·석유화학 등 플랜트 위주로 수주가 급신장되었기 때문이다. 또 중동 산유국의 경제개발전략 추진, 국내업체의 수주경쟁력 향상, 건설경기 부진에 따른 국내업체의 적극적인 해외진출 노력 등에 기인한 탓도 있다. 다만, 2011년에는 유럽재정위기로 591억 달러로 다소 주춤했으나 2012년에는 649억 달러, 2013년에는 652억 달러를 기록하였다.

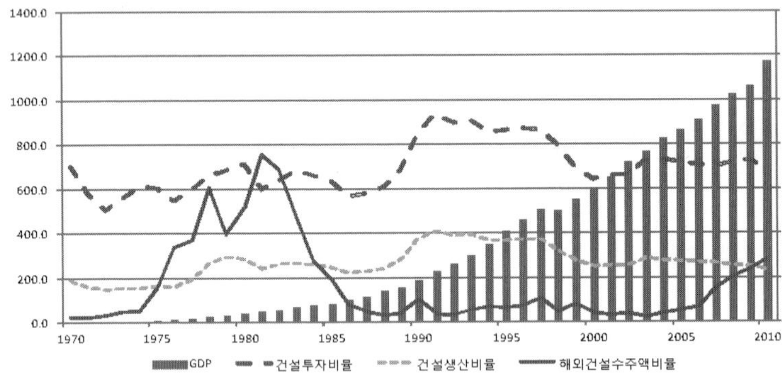

자료 : 한국은행, 해외건설협회

[그림 1] 해외건설 수주액, GDP대비 해외건설, 건설생산, 건설투자

2. 개척기(1965~1974년)

앞서 언급했듯이 1965년 태국의 도로 공사 수주를 시작으로 월남전으로 인해 베트남에서 해외건설이 활발하였다. 이 시기에는 군납시설공사, 차관 건설공사를 통한 경험축적, 건설외교의 추진, 건설인력 확보 등을 기반으로 해외시장을 개척하였다. 특히 베트남 지역에서

한국군의 참전으로 군 관련 공사에서 특수를 누렸다.[24] 초기에는 미국의 바이 아메리칸(Buy American) 정책으로 국내업체들에게 입찰 기회 조차 주어지지 않았지만, 1966년부터 참전이 결정됨에 따라 '브라운 각서'를 통해 국내 건설업체들이 베트남 건설공사에 본격적으로 참여하게 되었다.

이로 인해 베트남 및 동남아 지역의 수주 비중이 78%를 차지하였다. 공종별로는 토목이 전체의 67%를 차지한다. 발주방식별로는 지명경쟁이 50%, 개발형 공사는 전무하였으며, 수주방식별로는 원청단독이 80%이다. 이 시기의 국내적 상황은 1962년 경제개발계획, 차관사업에 의한 인프라 건설이 주종을 형성하였다. 주요 특징으로는 건설노동자의 임금, 기술경쟁력을 토대로 비교적 단순한 건설기술이 요구되는 도로 공사 중심으로 해외건설이 이루어졌으며, 해외건설이 수출산업으로 인정받는 계기를 마련하였다.

베트남전 특수로 본격화된 해외건설은 동남아와 태평양 지역으로까지 계속 확대되었다. 1973년에는 사우디아라비아에서 처음 공사를 수주하여 아시아 시장에서 중동 시장으로 전환하는 계기를 마련하기도 하였다.

3. 중동 진출을 통한 확장 및 성숙기(1975~1983년)

이 시기에는 중동건설 붐으로 인해 해외건설은 엄청난 양적 성장을 경험하였다. 1973년 및 1978년의 석유파동으로 산유국은 막대한

24) 국토해양부(2011), 해외건설 업무 편람, p.224

외화를 벌어 들여 국가 개발을 위한 각종 사업을 추진하였다. 우선적으로 부족한 인프라 건설에 주력함에 따라 우리 업체들의 중동 진출은 활기를 띄게 되었다. 당시 국내 경제는 두 차례 석유파동으로 전반적으로 경기가 침체된 가운데, 해외건설은 1981년 GDP 대비 18%를 차지하는 등 국민경제 발전에 효자 노릇을 톡톡히 하였다.

1975년까지 해외건설은 총수주의 92.5%가 1000만 달러 이하의 소규모 공사였다. 하지만 중동건설이 본격화되면서 수주규모가 점차 대형화되었다. 이 결과 1976년 25억 달러, 1981년 137억 달러를 수주하여 1980년대 초에는 미국 다음으로 세계 2위의 해외건설 강국으로 등장하였으며, 이후 3년간 100억 달러 이상 수주하였다.[25] 당시에도 중동지역이 전체 수주의 92% 차지하였다. 공종별로는 건축이 48%, 토목이 35%, 산업설비가 11.4%를 차지하였다.

우리 정부는 해외건설의 중요성과 국민경제에 대한 기여를 인식하고 1975년 12월 해외건설촉진법을 제정하여 독려하였다. 해외건설촉진법에서는 면허제, 과당경쟁 방지를 위한 해외공사 도급 허가(1978년 9월)[26], 해외건설공사 수주활동 계획의 신고, 수주경합 조정(1979년)[27] 등을 규정하였다. 그 외에 합작 수주 권고, 수급인과 하수급인의 구분 지정, 진출지역 지정, 도급규모 제한 등도 규정하였다. 이같은 정부의 시장개입을 통해 해외수주가 적극적으로 이루어졌다.

---

25) 앞의 책, p.225

26) 해외건설촉진법 2차 개정에서 건설부장관은 해외건설업자가 도급받을 수 있는 1건 공사의 도급금액 범위를 정할 수 있도록 함(동 제도는 93년 4차 해외건설촉진법법 개정을 통해 폐지됨).

27) 해외건설촉진법 3차 개정에서 원도급·하도급 개념을 구분하고 수주 경합시 건설부장관에 의한 조정명령제도를 도입함.

정부는 해외건설촉진법 제정 외에 공동지급보증제의 확립, 해외건설에 대한 법인세 50% 감면 등의 조세감면정책 등 지원책을 시행하였다. 수출보증보험, 해외건설공사보험, 근재보험 등 보험 상의 지원도 이루어졌고 1980년에는 해외건설진흥기금이 설치되었다. 건설부 내에 해외건설전담국을 설치하였고, 포괄적이고 전문적인 해외건설 전담기구가 필요하다는 요구에 따라 1976년 11월 해외건설협회를 창립하였다. 또 1975년 3월에 민간건설업체 25개사로 구성된 한국해외건설주식회사(KOCC)가 설립되어 대형공사수주를 위한 국내기업간 컨소시엄을 결성하기도 하였다.

이 시기의 국내 건설사의 경쟁력은 정부의 수출촉진정책과 같은 정치적 지원, 금융지원, 행정 지원체제, 풍부한 저임금 근로자와 근면성, 기업의 적극적인 도전전략과 중동건설경기의 활성화라는 외부요인이 결합된 결과로 판단된다. 해외건설업체들의 진출로 리비아와 같은 미수교국이던 국가와 수교를 하게 되고, 현지 문화를 접하면서 상호간의 문화 교류도 활발해지는 부수적인 효과도 초래하였다.

이 당시 발주방식별로는 지명경쟁 및 수의 시담이 전체의 약 83%를 차지하여, 공개경쟁 보다는 발주청과의 유대관계가 중요하게 수주에 작용하였다. 아울러, 이 시기에는 주로 전형적인 수주형 건설수주방식이 대부분을 차지하였고, 개발형 공사의 비중은 미미하였다.

[1979년 사우디 주베일 항만 준공]

4. 중동경기 퇴조 및 침체기(1984~1992년)

급성장하던 해외건설은 1981년 최고 수준을 보이다가 1982년을 기점으로 감소되기 시작하여 1984년부터 급격한 하락세를 보였다. 따라서 이 시기는 해외건설의 최대 위기에 해당된다. 1984년부터 해외 수주가 급감하여 1988년에는 사상 최저인 16억 달러를 기록하였다. 1990년 한때 리비아 대수로 공사 2단계 사업(46억 달러)을 수주하여 65억 불에 이르기도 하였지만, 대부분 20억 달러 내외의 저조한 수주실적을 기록하였다.

수주 하락의 주요 이유는 외부적으로 중동국가의 유가하락으로 인한 석유수입 감소로 인한 발주물량의 감소 때문이었다. 그리고 각 국가들의 공업화 정책과 자국 보호주의(Local Preference) 정책을 꼽을 수 있다. 건설산업 내부적으로는 건설기업의 기술적 한계, 중동시장 중심의 수주편중을 해소하기 위한 신시장의 개척 미흡과 그간 저임금을 토대로 한 경쟁우위 확보가 국내 건설 노임의 급상승 등으로 가격경쟁 우위 요인이 감소한 것 등을 들 수 있다. 이 시기 해외건설 수익구조가 악화되고, 도산, 해외사업 철수가 증가하는 등 해외건설업계는 많은 어려움에 직면하였다.

정부는 해외건설 침체에 대응하여 해외건설 합리화 조치를 취하였다. 1980년 10월 원도급업체 수를 35개로 제한하였으나, 과당경쟁은 근절하지 못하였다. 1984년 '해외건설산업 합리화 방안'이 발표되자 몇 개 대형업체가 해외건설 면허를 반납하고 자구 노력으로 소생이 불가능한 기업들은 제3자 인수를 통해 정리되기도 하였다. 1986년에는 '유가하락에 따른 해외건설 종합대책'을 수립하여 경쟁력이 떨어지는 19개사를 잔여 공사가 마무리되는 대로 철수시켜 해외건설업체의 정예화를 시도하였다.

[1984년 리비아 대수로 착공]

이 당시에도 수주지역은 중동시장 의존도가 71%에 이르고, 아시아지역이 24%로 전체의 95%가 두 시장을 중심으로 지역적 편중도가 극심하였다. 공종별로는 토목이 전체 수주의 46%, 건축이 31%, 산업설비 18%로 토목・건축이 해외건설시장을 주도하는 공종이었다. 발주방식별로는 수의시담이 43%, 지명경쟁이 38%로 발주청과의 연고에 의한 계약이 전체의 81%를 차지하였다.

5. 아시아 시장을 주 무대로 한 도약기(1993~1997년)

이때는 중동 붐 이후 아시아 지역 시장을 토대로 해외건설이 다시 활기를 되찾게 되었다. 대내적으로는 시장개방에 대비한 다양한 규제완화 조치와 대외적으로는 동남아 국가들의 SOC투자가 고조되면서 해외건설이 활기를 띄게 되었다. 1995년을 제외하고 연간 수주액이 70억 달러를 상회하였고, 1996년에는 1983년 이래 13년 만에 다시 100억 불대(108억 불) 수주를 달성하였다. 1997년에는 140억 불까지 수주하는 등 해외건설수주가 활기를 띄기 시작하였다.

시장 다변화가 다소 결실을 거두어, 유럽시장에서의 수주점유율이 8.5%, 북미・태평양지역 6.7%로 증가하였다. 특히 그간 중동 중심에서 아시아 시장으로 해외수주가 전환되어, 아시아지역의 수주점유율이 64.7%로 상승하였다. 아울러, 과거 단순 토목, 건축공사에서 비교적 부가가치가 높은 플랜트 공사의 수주가 전체의 33.7%까지 증가하였다. 전통적으로 강세를 보이던 시공분야에서는 개도국의 가격경쟁력으로 토목, 건축분야의 수주가 급격히 감소한 시기였다.

정부는 초기 해외건설에 대한 포괄적이고 직접적인 지원과 규제에서 탈피하여 규제를 완화하였다. 90년대 건설시장 개방이 임박하자 외국기업들의 국내 진출에 대비하고 국내 기업의 해외진출의 융통성을 확대할 필요가 있었기 때문이다. 이를 위해 정부는 1994년 해외건설촉진법 개정을 통해 해외건설 면허제를 등록제로, 도급허가제를 신고제로 전환하였다. 그리고 해외건설 영역 확대를 위해 종전 도급공사에서 부동산 개발 등 자체 개발 사업으로 영역을 확대하고 해외건설 지원 확충방안을 마련하여 금융 여건을 대폭 개선하였다.

특히 이 시기의 주된 특징으로는 해외 투자개발사업의 증가이다. 투자개발형 사업의 비중이 전체의 20.8%에 이르는 등 투자개발형 사업이 전통적인 도급공사에 비해 매우 급격하게 증가하였다. 대형 및 중견 해외건설업체들이 이 기간 전체 투자개발형 프로젝트 수주액의 93%에 해당하는 95억 불 상당을 수주한 것으로 나타났다. 이러한 투자개발형 사업의 대부분은 동남아지역의 민간투자 활성화에 기인한 것으로 금액기준으로 약 80%가 아시아 지역에 편중되어 있으며, 북미·태평양지역의 경우 이 지역 전체 수주액의 60%이상이 투자개발형 사업으로 나타났다. 이처럼 해외투자개발사업의 증가로 프로젝트 파이낸싱에 대한 중요도가 증가하고, 개발금융, 시공자 금융요구 공사에 대응한 국내적 경쟁기반 강화도 중요한 과제로 등장하였다.

6. 외환위기 이후의 조정기(1998~2003년)

동남아 및 우리나라의 외환위기와 그 여파로 해외건설은 조정기로 접어들었다. 동남아 시장은 급속히 위축된 가운데 외환위기로 IMF 구제금융을 요청하게 된 이후 우리나라의 국가 신인도 저하로 인해 해외진출 기업의 신용도가 하락하였다. 이는 보증 발급 및 시공자금 조달 등 금융상의 애로 요인이 되었다. 따라서 해외건설은 중동 경기의 퇴조로 인한 위기 이후 또 한 번의 위기에 봉착하게 되었다.

아시아 금융위기로 그간 아시아 시장을 중심으로 활발하게 이루어지던 투자개발형 공사는 이전 시기 비중 20.8%에서 1.76%로 급락하였다. 토목, 건축 공사의 경쟁력은 더욱 하락하여 수주점유율이 38% 수준에 그쳤다. 반면, EPC(Engineering Procurement Construction) 턴키가 대부분인 플랜트 건설공사는 업계의 수익성 위주의 영업 전략과 맞물려 해외건설의 주 공종으로 등장하여 그 수주점유율이 58%에 이르렀다.

아시아 시장의 경기침체와 유가상승으로 2001년부터는 동남아에서 다시 중동지역으로 수주 지역이 전환되었다. 이 기간 동안의 수주실적은 과거 중동경기의 퇴조기와 비교하면 다소 나은 수준으로 1998년 41억 달러, 1999년 중남미, 중동지역의 대형공사 수주에 힘입어 92억 달러의 수주실적을 기록하였다.

해외건설시장의 퇴조시기에 공통적으로 지명입찰 및 수의계약 보다는 공개경쟁입찰의 비중이 높게 나타났다. 이 시기에는 공개경쟁입찰의 비중이 25.81%를 차지하여 이전 시기에 비해 매우 높은 비중을 보이고 있다. 순수 도급공사의 입찰방법으로만 볼 때, 그 비중은 더욱 높게 나타나고 있다.

7. 재도약기(2004년~현재)

이 시기는 해외 플랜트 수주의 폭발적 증가에 힘입어 연간 수주액이 2004년 75억 달러 규모에서 2010년 716억 달러까지 급증하였다. 2004년 이후 해외건설은 새로운 중흥기를 맞고 있다. 수주증가의 원인으로는 중동 유가상승으로 인한 플랜트 공사발주 확대 및 오일 달러 증가에 따른 개발 투자의 확대 등을 들 수 있다. 국내 건설경기의 위축으로 인한 해외건설 강화 등도 큰 역할을 하였다.

주요 수주 지역으로는 중동 64.5%, 아시아 23.7%, 아프리카 2.9%로 중동지역의 비중이 전통적으로 가장 높으나 최근 아프리카의 비중도 점차 증가하고 있다. 공종별로는 플랜트(산업설비)가 전체의 76.4%로 우리나라 해외건설수주의 주력 공종이 되었으며, 이에 반해 전통적인 토목, 건축은 20% 정도에 불과한 실정이다. 하지만, 신도시개발 등 금융조달형, 수요개발형 사업의 증가추세가 2004년 이후부터 증가하고 있다는 점은 주목할 필요가 있다. 아울러 한국토지공사의 신도시 수출 등 공기업의 해외건설 진출도 두드러지고 있다.

[2009년 UAE 부르즈할리파 준공]

공개입찰의 비중이 대폭적으로 증가하여 해외시장의 투명도가 매우 증가하는 경향을 보이고 있다. 지명 및 수의계약이 줄어들어, 해외시장의 경쟁도가 크게 증가하였다. 원청단독 수주의 비중도 크게 증가하여 전체의 75.96%를 차지하고 있다. 이는 해외시장에서 우리 건설업체의 경쟁력이 점차 높아지고 있는 결과로 판단된다.

2012년 5월에는 해외건설 수주 누계액 5000억불을, 2013년 12월에는 6000억불을 달성하였다. 이는 우리나라가 1965년 태국 파타니-나라티왓 고속도로 공사로 해외건설시장에 처녀 진출한지 47년만의 일이다. 조만간 업계의 노력과 정부의 지원과 어우러져 연간 수주 1000억불 시대, 해외건설 5대강국 진입이 가능할 것으로 기대된다.

해외건설의 눈부신 성과에도 불구하고 우리가 극복해야 할 과제는 많다. 먼저 값싼 노동력에 기반한 중국 등 후발 경쟁국과의 경쟁을 이겨내야 한다. 이들이 기술력과 신인도를 점차 높여 간다면 우리 건설기업들에게는 큰 위협이 될 것이기 때문이다. 따라서 우리 건설업체들의 경쟁력 강화가 무엇보다 필요하다. 이를 위해 입찰 제도 등 국내와 해외 제도가 이분화 되어있는 건설산업의 구조개편을 통한 체질개선이 요구된다. 기존의 단순 시공에서 벗어나 설계·구매·시공관리·금융에 이르기까지 건설산업 전 영역을 포괄하는 종합적 관리능력을 배양해야 한다. 마지막으로 기술 경쟁력을 바탕으로 중동에 지나치게 의존하는 지역 편중과 공종 편중 현상을 극복해야 한다. 그리고 최근 논란이 되고 있는 저가수주로 인한 수익성 악화 문제를 해결해야 한다.

V 건설안전 관련 정책 변천

1. 1970년대

1970년대에는 경제성장에 모든 관심이 집중되어 상대적으로 안전 문제에는 소홀했다고 볼 수 있다. 안전에 대한 보다 체계적인 접근이나 제도적 기반이 취약했던 시기이다. 대표적인 사고로 와우아파트 붕괴 및 대연각호텔 화재사고를 꼽을 수 있다.

마포구 와우산에 위치한 와우아파트는 착공 1969년 6월, 준공 1969년 12월이라는, 총공사 기간 6개월의 짧은 기간 동안 건설되었다. 완성 후 불과 4개월 후인 1970년 4월에 아파트를 지탱하는 기둥이 무너지면서 건물이 앞으로 무너지는 식으로 붕괴가 일어났다. 와우아파트 붕괴는 심각한 부실설계 및 공사행태, 이를 부추긴 제도와 운영의 미숙함이 복합적으로 어우러진 참사였다. 당시 진행되던 서울 개발사업의 가시적 성과라는 목표 하에 각종 행정적 부패가 만연하여 공사가 더욱 부실해졌다. 빈민문제를 해결한다는 취지의 시민 아파트였지만, 부실시공으로 인한 붕괴사고로 그 의미가 퇴색되었다.[28] 사고 이후 시민아파트 건설은 당장 중단되지는 않았지만 크게 축소되었다.

1971년 12월 25일 아침에 서울의 대연각호텔에서 프로판가스에 의한 대형 화재가 일어나 163명의 사망자와 60명의 부상자가 발생했다. 전 세계에서 가장 큰 인명피해를 발생시킨 호텔 화재였다. 화재가 대형 참사로 이어진 이유는 건축 시 소방안전에 대한 대비가 취약했다

28) 홍성태(2010), 붕괴사고와 사고사회-와우아파트와 삼풍백화점을 중심으로, p.169~173

는 점이다. 화염은 2층 호텔 커피숍에서 프로판가스에 의해 시작되었고 순식간에 비상계단을 차단하여 투숙객들은 호텔 내에서 발이 묶이게 되었다. 헬리콥터 구조를 받기 위해 스카이라운지로 피신한 사람들도 옥상으로 통하는 비상구가 잠겨있어 사망했다. 또한 건물 전체에 걸친 가연성 내장재와 계단 및 수직 개통부는 화재가 신속히 퍼지는 데 일조하였다. 게다가 화재 당시 호텔에는 자동 화재탐지설비가 설치되었으나 소방서에는 연결되어 있지 않았으며 구출된 사람들에 따르면 그나마 설치되어 있는 탐지설비도 제대로 작동하지 않은 것으로 밝혀졌다. 호텔의 일부분에만 수동식 스프링클러 소화설비가 설치되어 있어 긴급화재에는 무용지물이었다. 이로 인해 자동스프링클러 설치의무화 법안이 제정되는 계기가 되었다.

2. 1980년대

1980년대에는 1970년대에 비해 점차적으로 건설업에서 재해율이 감소세를 보였다. 하지만 근로자수의 증가로 인하여 재해자수는 줄지 않았으며 대형건설공사의 증가로 추락붕괴사고 등 중대 재해는 오히려 증가하는 추세였다. 시설물의 건설에만 집중한 나머지 시설물의 안전을 확보하기 위한 제도에는 무관심했다. 1980년대에는 건설과 관련된 초대형 사고가 빈발하지 않았던 것이 그 이유이기도 했다.[29)]

그래서 1986년 독립기념관 화재사건이 발생하고 나서야 비로소 부실시공을 방지하기 위한 '건설공사제도개선 및 부실대책'이 발표되고

---

29) 권오석(1989), 건설안전의 현주소, p.22~30

「건설기술관리법」이 제정되었다. 1987년 「건설공사 제도 개선 및 부실대책 위원회」에서는 건설업 체질 개선을 위하여 면허제 개편, 건설질서 건전화, 우수시공 여건 조성, 책임시공 감리체제의 확립 등 부실대책을 발표하였다. 그러나 그 이후에도 시설물에 대한 인식은 건설을 통한 사회간접자본 확충에만 편중되어 유지관리를 위한 투자는 소홀하게 취급되었다.

1986년 통계에 따르면 총 재해자수 142,088명 중 건설업의 재해자수는 33,865명으로 총재해자수의 23.6%에 달한다. 건설업 재해자수 중 20,861명이 교육적 원인으로 인한 사고로 전체의 61.61%가 안전교육 및 안전의식만 확충되었다면 예방될 수 있었던 사고였다. 이는 건설업의 급속한 외형적 팽창으로 인해 한국건설업을 대표하는 1군 건설업체들조차 산업안전보건법 제12, 13, 17, 23, 26조 등의 안전관련 지침을 지키지 않거나 건설 시 충분한 예산을 투입하지 않았기 때문이었다.

3. 1990년대

건축에 관련 안전에 관한 사회적 관심과 그에 따른 제도적 보완은 1990년대 이후로 활발히 진행되었다. 1990년대에 빈발했던 대형 건설 사고들이 그 촉매제가 되었다. 1991년 팔당대교 붕괴, 1992년 창선대교 및 신행주대교 붕괴 등으로 정부는 부실공사 방지를 위해 부실시공 시 면허 취소, PQ제도를 도입하였다. 1993년 청주 우암상가 아파트 붕괴사고 등 대형 건설사고가 지속적으로 발생하였으며, 결국 1994년 성수대교 붕괴사고라는 대형 참사로 이어졌다. 이 사고를 계기로 안전점검 및 유지관리 등의 대상이 되는 시설물의 범위, 위험한 시설물의 사용제한 및 사용중지, 시설물 유지관리를 위한 예산 확보, 한국시설안전 공단의 설립 및 시설물유지관리업의 도입 등 시설물의 안전성 확보에 관한 전반적인 사항을 규정한 「시설물의 안전관리에 관한 특별법」이 1995년에 제정되었다.

1) 성수대교 붕괴 및 삼풍백화점 붕괴

1994년 10월 21일 출근시간에 성수대교의 제 5・6번 교각 사이 상부 트러스 약 50m가 붕괴되어 32명이 사망하고 17명이 부상을 입은 대형 건축 사고였다. 성수대교 붕괴는 부실설계, 방만한 운영, 행정 문제 등이 원인이 된 사건이다.

설계의 측면에서 보면, 당시 도시 미관을 고려하여 트러스공법이 채택되었는데 이 공법은 구조물의 안정성을 떨어뜨리게 된다. 아직 선진국에 비해 건축에 대한 노하우가 많이 쌓이지 못한 상태에서 기술만을 차용하다보니 현실적으로 무리한 기술을 사용한 측면이 있다. 완공 후 운영의 측면에서도, 당초 최대 18톤의 무게만 지탱할 수 있는 다리에 25톤 이상의 화물차량들이 통과하는 것을 방치함으로써 교량의 붕괴를 불러일으켰다. 또한 하루 통행량 8만을 예상하고 설계한 다리이지만 실제로는 16만대 이상의 통행량을 감당하여야 했다. 무엇보다도 가장 큰 문제는 1990년대 중반까지 정치권에서부터 나온 적당주의가 건설 분야에도 만연하였다는 점이다. 1970, 1980년대에 한국에서 시공된 대부분의 건축물들은 당시 선진국들의 엄격한 건설 안전 기준에 따르면 대부분 부실시공으로 분류되었다.[30)]

30) 장승필 외(1995), 성수대교 사고의 교훈, p.19

1995년 6월 29일 서울시 서초구에 세워졌던 초호화 백화점이던 삼풍백화점은 건물 전체가 붕괴되었다. 사망자 502명, 실종 6명, 부상자 937명이라는 단일 건축물 사고로는 건국 이래 최대의 피해규모가 발생했다. 삼풍백화점 붕괴는 시공, 설계, 유지관리 단계의 총체적인 부실이 원인이 되었으며, 근본적으로는 구조물의 취약한 구조안전성이 문제가 되었다.[31] 전문적 구조기술을 가진 구조기술사의 역할이 제대로 작동하지 못했으며, 설계 단계에서부터 구조안전성을 확보하지 못한 채로 착공되었다. 유지 관리에서도, 부실감리, 부실시공 및 무단용도 변경 등으로 인하여 개별 부실위험 요소가 발생되었고 결과적으로 이러한 부실위험들의 복합적인 결과로 그나마 지탱되던 건물의 내력에 심각한 손상을 주어 구조물이 붕괴된 것이었다.

2) 사고 후 대책

사고 이후 정부는 건설공사의 제도적・법적 부실원인을 차단하기 위해 다각적인 노력을 기울였다. 이러한 노력은 크게 다음의 3가지로 나뉠 수 있다.

(1) 부실공사 방지 및 건축물 안전 확보 대책

1995년 건설부에서는 기존의 부실방지 대책의 한계점을 인식하고 민간건축물에 대한 안전을 강화하였다. 이어 1999년에는 건설교통부에 의해 완벽한 설계, 적정한 공사비와 공기의 보장, 엄격한 감리, 철저한 준공검사를 통한 지속적 사후관리라는 안전 목표를 추진했다. 삼풍백화점의 붕괴사고를 계기로 기존에 문서로 마련되어있던 제도

31) 신동우 외(2005), 삼풍 이후 건설안전정책의 변화와 향후 과제, p.30~36

를 현장에 정착시키는 것이 추진되었고 민간건축물이라도 다중이 이용하는 시설에 대한 제도 강화가 추진되었다.

(2) 부실방지 및 건설산업 경쟁력 강화대책

1996년 건교부에서는 삼풍사고를 계기로 보다 근본적인 부실방지대책과 건설산업 강화방안을 모색하기 위하여 정부·학계·업계 전문가로 구성된 '건설제도 개혁기획단'을 구성하여 종합적으로 건의대책을 마련하였다. 복합 공종으로 구성된 건설공사의 특성 상 관련 규제의 중복, 법률간 상충되어 있는 문제를 해소하고자 건설산업기본법으로 변경하고 도급한도액제도 대신 시공능력공시제도를 도입하였다. 이는 다중이용건축물 관련 제도 강화를 통해 민간 건축물의 안전확보를 위한 제도 개선이 이루어졌다는 점에서 긍정적이지만, 건설산업 경쟁력 강화에 초점이 맞춰져 있었기 때문에 구조적 안전성 제고라는 근본적 문제 해결에는 미흡하였다.

(3) 건설공사 부실방지 종합대책

2001년 건교부에서는 건설공사의 건설 단계별에서의 문제점을 도출하고 종합적인 개선방안을 제시하였다. 기존의 부실관련 대책들이 발생한 문제점을 부분적으로 해결하는 데 그쳤으나 본 대책에서는 기획, 설계, 시공, 유지단계에 걸친 통합적인 관점에서 건축물 부실에 대해 접근하기 시작했다는 의의가 있다.

4. 2000년 이후

규제개혁으로 1999년 삭제되었던 특수구조물 시공제한이 2000년 건설안전 차원에서 다시 복원되었다. 특수구조물 시공 제한 규정이 삭제된 이후 무자격자에 의한 부실시공으로 많은 문제점이 나타남에 따라 정부는 종전과 같이 일정 규모 이상 건축물과 다중이용 건축물을 아무나 시공할 수 없도록 「건설산업기본법」을 재개정하였다.[32)]

2002년에는 제조물을 구입하거나 사용하다가 피해를 입게 된 경우 손해배상을 받을 수 있는 「제조물책임법」(PL법)이 시행되었다. 이에 따라 제조물의 결함, 손해 발생 등 인과관계를 증명하면 제조업자의 과실 여부에 관계없이 피해 구제를 받을 수 있게 되었다. 2007년에는 정부는 타당성 조사 시 수요 예측을 고의 또는 중대한 과실로 부실하게 수행하여 발주자에 손해를 끼친 경우 건설 기술자에 대하여는 설계 등 용역 업무를 1년 이내의 기간 동안 정지할 수 있도록 하고 용역업자는 부실 벌점과 벌칙에 처하도록 하여 타당성 조사 부실에 대한 제제 근거를 마련하였다.

최근 자연 재해로 인한 재난 피해뿐만 아니라, 경주 마우나 리조트 붕괴, 판교 환풍기 추락사고, 서울 도심 씽크홀 사고에 따른 피해가 연이어 발생함에 따라 건설에 대한 관심과 대책 마련에 대한 요구가 높아지고 있다.

---

32) 661m^2를 초과하는 주거용 건축물 및 495m^2를 초과하는 주거용 이외의 건축물의 건축 또는 대수선 공사는 건설업자만이 시공하도록 하였고 다중이용 건축물의 경우에는 연면적이 495m^2 이하도 시공자격을 제한하였다.

중앙 정부와 지방자치단체에서도 안전 문제의 심각성을 인식하고 있으며, 국민의 안전 수준을 향상시키는 노력을 경주하고 있는데, 이를 실천하는 데 건설산업의 역할은 매우 크다. 특히, 우리나라는 폭우, 태풍, 폭설 등의 기후 변화에 따른 재난 피해도 우려될 뿐 아니라 1970~1980년대에 집중 공급됐던 인프라 시설의 노후화가 가속화되는 등 국가 시설 안전 면에서 위기에 봉착해 있다. 우리나라의 시설물 국가경쟁력은 선진국에 비해 상당히 뒤처져 있을 뿐만 아니라 복지 우선의 시대적 흐름에 따라 노후된 시설물이 적기에 교체되지도 못하고 있다.

건설산업은 국가 및 도시 인프라 시설의 안전 성능을 제고해 국민이 체감할 수 있는 안전 수준의 향상은 물론, 국가 및 도시 경쟁력을 높이는 데 기여해야 한다. 이를 위해 대증적 처방, 즉 사후약방문적 조치에서 탈피해야 한다. 사전 예방적 시설물 안전 관리 체계의 구축이라는 새로운 패러다임을 설정하고 전방위적 안전 혁신을 도모해야 한다. 국가 및 도시 인프라 시설물의 안전에 대한 진단을 통해 위험에 노출되어 있는 인프라 시설물의 보수 및 보강, 재난 및 재해에 대비하여 시설물에 대한 조기투자가 필요하다. 더 나아가 향후에는 인프라 시설의 안전 성능을 제고할 수 있는 설계 및 시공 기준의 정비, 유지 관리 정책 및 제도의 개선, 안전관리 조직 및 인력의 강화, 민간자본유치 등을 통한 재원 조달 등 지속적 혁신을 추진해야 할 것이다.

5. 1990년대 이후 건설안전 및 시설물 안전에 대한 제도

1) 건설공사 안전관리제도

1993년 6월부터 현재까지 시행되는 이 제도는 건설현장의 구조물 및 현장 주변의 안전을 강화하기 위하여 일정규모 이상의 주요 건설공사에 대하여 안전관리계획을 수립하고 이에 따라 안전점검, 안전교육 등을 실시하는 것을 내용으로 한다. 관계 법령을 통해 안전관리계획 수립 대상 공사, 안전관리계획의 내용, 안전 점검의 종류, 점검실시 기관, 안전점검 종합보고서 작성, 안전교육의 내용 등을 규정한다.[33)]

(1) 안전관리계획 수립

건설기술관리법 시행령 제94조에 의거하여 안전관리계획에는 건설공사의 개요 및 안전관리 조직, 공종별 안전점검 계획, 공사장 주변 안전관리대책, 통행안전시설 설치 및 교통소통에 관한 계획, 안전관리비 집행계획, 안전교육 및 비상시 긴급조치계획, 공종별 안전관리계획 등이 포함된다. 또한 건기법 시행령 제95조에 의거하여 안전점검의 종류에는 자체안전점검, 정기안전점검, 정밀안전점검, 초기점검, 시공재개점검의 5가지가 있으며 점검기관에는 안전진단전문기관과 한국시설안전기술공단이 있다.[34)]

---

33) 관련법령으로는 건설기술관리법 제26조의2~제26조의4, 건설기술관리법 시행령 제93조~제98조, 건설기술관리법 시행규칙 제50조~제52조 등이 있으며 훈령・고시로는 건설공사 안전점검지침(국토해양부고시 제2010-1047호)이 있다.

34) 안전점검에 관한 종합보고서는 건기법 시행령 제96조에 의거하여 작성 및 보존되어야 하며 안전관리에 대한 벌칙 및 과태료는 건기법 제42조, 제43조에 의거하여 매겨진다.

(2) 건설공사 현장점검

1995년 1월부터 시행된 건설공사 현장점검제도는 해빙기, 우기, 동절기 등 안전사고 취약시기를 대비하거나, 태풍 등 자연 재난, 대규모 사고 등으로 대형안전사고 발생이 우려될 때, 건설공사 현장점검을 실시하고 시정명령 등 필요한 조치를 취함으로써 안전사고를 예방하고 부실시공을 방지하기 위해 시행되고 있다. 이에 대한 관련법령으로는 건설기술관리법 제21조의5, 시행령 제71조, 시행규칙 제29조 등이 있다.

(3) 건설사고 조사위원회

건설사고 조사위원회는 건설공사의 대형화 및 고층화 등으로 안전위험 요소가 증가하고 있으므로, 건설사고조사위원회를 설치하여 인명 및 재산의 피해정도가 큰 안전사고 발생 시 사고원인을 조사하고 재발방지 대책을 마련하기 위해 2007년 5월 도입되었다.[35] 위원회는 발주청 등이 건설공사 업무관련 공무원, 단체 및 연구기관 임직원, 학식과 경험이 풍부한 자 등으로 구성하며 위원장 1인(위원 중 국토해양부장관 또는 발주청에서 임명)을 포함하여, 12인 이내의 위원으로 구성된다. 주요 임무로는 사고관련 정보의 수집 및 정리, 건설사고의 경위 및 원인조사, 건설사고조사보고서의 작성 및 결과보고, 건설사고 재발방지에 관한 권고 또는 건의 등이 있다.

---

35) 관련법령으로는 건설기술관리법 제26조의6~제26조의7, 건설기술관리법 시행령 제100조, 제101조, 건설기술관리법 시행규칙 제22조 등이 있다.

2) 시설물 안전에 대한 제도

1990년 이후 대형시설물의 안전사고(성수대교, 삼풍백화점 붕괴 등)가 빈발하는 등 시설물 준공후의 유지관리의 중요성이 부각되었다. 시설물의 적정한 유지관리를 통한 재난예방과 시설물의 효용성 증진, 공중의 안전 확보, 국민의 복리증진에 기여하기 위하여 「시설물의 안전관리에 관한 특별법」을 1995년 1월에 제정・공포하였다. 대상 시설물은 시특법 제2조에 의거해 건설공사를 통하여 만들어진 구조물과 그 부대시설로서 1종시설물 및 2종시설물로 정의되었다.[36)]

(1) 시설물의 안전 및 유지관리 기본계획

시설물의 안전 및 유지관리 기본계획은 시설물 안전 및 유지관리 기술자 역량강화, 예방적 유지관리 체계 도입, 신기술 기반 시설물 안전관리 선진화 시설물 안전 및 유지관리 체계 개선을 위해 시행되었다. 근거법령으로는 시특법 제3조(시설물의 안전 및 유지관리 기본계획의 수립)가 있으며 국토해양부장관은 5년마다 시설물의 안전 및 유지관리에 관한 기본계획을 수립, 시행하고, 이를 관보에 고시해야 한다. 1차 기본계획은 2002~2007년, 2차 기본계획 2008~2012년에 시행되었다.

(2) 시설물의 안전점검 및 정밀안전 진단

이 제도는 시설물의 기능 및 안전을 유지하기 위하여 시특법 대상

---

36) 1종 시설물은 도로・철도・항만・댐・교량・터널・건축물 등 공중의 이용편의와 안전을 도모하기 위하여 특별히 관리할 필요가 있거나 구조상 유지관리에 고도의 기술이 필요하다고 인정하여 대통령령으로 정하는 시설물이다. 2종 시설물은 1종 이외에 대통령령으로 정하는 시설물을 지칭한다. 2012년 6월 기준 1종시설물은 전국에 7,024개소, 2종시설물은 51,919개소가 있다.

시설물의 민간 및 공공관리주체는 안전점검과 정밀안전진단을 주기적으로 시행하는 것이다. 안전점검은 시특법 제6조에 의하여 반기에 1회 이상 하는 정기점검과 시설물의 안전등급에 따라 차등적으로 실시하는 정밀점검, 필요나 요청 시 하는 긴급점검으로 나누어진다. 안전점검은 책임기술자 보유 시 관리주체가 직접 하거나 시특법에 의해 등록된 안전진단전문기관 건설산업기본법에 의한 시설물유지관리업자가 한다.

정밀안전진단은 시특법 제7조에 의하여 안전점검 실시결과 재해예방 및 안전성 확보 등을 위하여 필요한 경우나 시설물 완공 후 10년이 경과된 1종시설물(공동주택 및 폐기물매립시설은 제외)은 1년 이내에 실시하며 그 후에는 시설물의 안전등급별로 차등 실시한다. 정밀안전진단의 실시기관으로는 안전진단전문기관과 한국시설안전공단이 있다.

(3) 안전진단 전문기관의 관리

안전진단전문기관의 등록 및 관리는 시설물의 안전점검 및 정밀안전진단을 실시할 수 있는 업체(안전진단전문기관)로 등록할 수 있는 요건을 정하여 소정의 기술능력 등을 확보하고 허위등록, 부실점검 등 부정행위 기관은 등록취소·영업정지 등 행정처분을 하며 정기적 실태파악(등록요건 충족, 영업활동 등)으로 부실·불량업체 퇴출을 목적으로 하고 있다.[37] 2012년 기준 전국적으로 561개의 전문기관이 등록되어 있으며 등록기관이 되기 위해서는 일정 기준 이상의 자본금, 기술인력, 장비 등을 보유하고 있어야 한다. 등록사항이 변경될

37) 이에 대한 근거법령으로는 시특법 제9조(안전진단전문기관의 등록)가 있다.

시 안전진단전문기관의 등록기준관련 사항이 변경된 경우 30일 이내에 이를 시·도지사에 신고하여야 한다.

(4) 시설물 정보관리 종합시스템(FMS)

시설물 정보관리 종합시스템은 시특법 제2조에 의거하여 시설물의 안전 및 유지관리에 관련된 정보체계의 구축을 위하여 국토해양부장관이 시설물의 정보를 종합 관리하는 시스템이다. 시설물의 안전관리에 관한 특별법 제16조, 시설물정보종합관리시스템 운영규정(국토해양부 고시 제2010-1093호)을 법적 근거로 한다.[38]

VI 미래를 향한 제언

건설산업은 산업화 시기에 우리 경제발전에 지대한 공헌을 한 바 있다. 하지만, 현재 건설산업은 시장축소와 수익성 감소, 글로벌 경쟁력 부족 등 어려운 시기에 처해 있다. 따라서 작금의 건설산업은 향후에도 과거와 같은 국민경제적 역할을 수행할 수 있을까 하는 회의론이 제기되고 있다.

그동안 건설투자는 경제성장의 견인차 역할을 했을 뿐만 아니라 경제위기시 고용창출과 유효수요 확대 등 경기대응을 위한 정책적 수단으로 활용되어 왔다. GDP 대비 건설투자규모는 1990년대 20%초

38) 관리되는 정보의 내역에는 사용승인 후 관리주체가 제출하는 "시설물관리대장", 관리주체가 제출하는 "유지관리계획/실적", 중대한 결함사항에 대한 보수·보강 완료시 제출하는 실적 등록 및 관리 안전진단전문기관의 "점검 및 진단실적"이 있다.

반 수준을 기록한 후 2000년대에는 16~18%수준을 유지하고 있다. 해외건설은 1979년 GDP 대비 18%로 최고수준을 기록하였고, 최근에는 6~7% 수준으로 나타나고 있다. 2000년대 후반 들어 글로벌 금융위기 이후 경기 침체를 경험하고 있으며, 복지위주의 예산 편성이 강조되면서 SOC 투자는 위축되고 있다. 거기다 재정사업을 대체할 수 있는 민간자본 투자 또한 MRG 폐지 등으로 위축되고 있다. 이처럼 최근 들어 건설투자가 급감하면서 건설산업의 국민경제에의 기여도 대폭 위축된 상태이다.

이처럼 경기침체와 건설투자 위축, 복지예산의 확대라는 어려운 여건 속에서 건설산업의 위상과 역할을 재정립해야 한다. 창조경제 등이 주요 화두로 떠오르고 있는 최근의 여건 변화에 발맞추어 건설산업도 변해야만 본래의 위상과 역할을 회복할 수 있다.

무엇보다 건설산업의 구조개편이 절실하다. 생산과정에서 다양한 주체들의 역할을 재정립해야 하고, 구조를 개편하여 효율성을 극대화해야 한다. 발주체계의 전면적 개선도 필요하며, 취약계층을 위한 정책적 배려도 필요하다. 나아가 위기 극복을 위한 건설기업차원의 노력이 필요하다. 단순히 국내 발주제도에 안주하여 '수주 및 실행'에 기대는 기업은 결국 도태될 수밖에 없을 것이다. 건설기업 차원에서 기술개발과 경쟁력 강화를 위해 혼신의 힘을 쏟아야 한다. 해외건설을 위해서도 글로벌 경쟁력 확보는 필수적이며, 해외건설에서 수익률 확보에도 신경을 쓰야 한다. 국내와 해외에서 모두 통용될 수 있는 입찰, 계약제도의 정립을 통해 국내시장의 경쟁력이 바로 해외 경쟁력으로 연결되도록 해야 한다. 아울러 안전에 대한 국민적 관심이 높아지면서 건설안전에 대비한 예방적 노력을 경주해야 할 것이다.

참고문헌

- 감사원(2010), 감사결과 처분요구서 – 최저가낙찰공사 관리실태–
- 국토해양부(2012), SOC투자의 이해 높이기
- 국토교통부(2012), 기술안전업무편람
- 권오석(1989), 건설안전의 현주소, 대한토목학회지
- 김명수 외(2011), 해외건설업이 국민경제에 미치는 효과 연구, 국토해양부
- 김성일 외(2005), 대형 공공건설사업의 효율적 추진방안 연구, 국토연구원
- 김재영 외(2007), 건설산업 선진화를 위한 상생협력방안 연구, 국토연구원
- 김정욱(2010), 공공투자사업의 입·낙찰 분석, 한국개발연구원
- 대한건설협회(1997), 한국건설 50년사
- 류철호 외(2011), 해외건설 진출의 국내 경제발전에 대한 파급효과 연구, 공학한림원
- 서울건설협회(2011), 서울특별시회 50년사
- 신동우 외(2005), 삼풍 이후 건설안전정책의 변화와 향후 과제, 건축
- 이용술(1995), 낙찰제도의 합리화에 관한 연구, 한국건설업체연합회
- 이유섭 외(2013), 최저가낙찰제·적격심사제의 성과분석 및 개선방안 연구, 기획재정부
- 이유섭(2012), 기술제안 입찰제도 운용현황과 발전방향, 건설경영협회

- 장승필 외(1995), 성수대교 사고의 교훈, 대한토목학회지
- 한국건설기술연구원(2006), 해외건설 선진국 도약을 위한 제도적 기반구축 방안, 건설교통부 연구용역보고서
- 한국건설기술연구원(건설연, 2012), 건설공사 발주방식별 효과분석 및 기술제안입찰 활성화 연구, 국토해양부
- 한국건설산업연구원(건산연, 2012), 공공공사 발주제도 및 대금지급시스템 개선 토론회
- 한국구매조달학회(2007), 기술제안형 입찰방식 도입을 위한 기술제안서 평가모델 연구, 조달청
- 해외건설협회(2009), 해외건설 진흥계획 수립 연구, 국토해양부 연구용역보고서
- 해외건설협회, 해외건설e정보시스템
- 홍성태(2010), 붕괴사고와 사고사회 - 와우아파트와 삼풍백화점을 중심으로, 한국사회사학회

| 색 인 |

ㄱ

ㅈ

ㅊ

| 저자 약력 |

• **권도엽**

서울대 토목공학과를 졸업하고, 미국 시라큐스대에서 행정학 석사 학위를 받았다. 현재 안전생활실천시민연합 공동대표로 있으며, 한국도로공사 사장, 국토해양부 제1차관, 국토해양부 장관 등을 역임하였다.

• **김명수**

부산대 경제학과를 졸업하고 서울대 환경대학원에서 도시계획학으로 석사 학위를, 미국 펜실베니아주립대에서 경제학으로 석사와 박사 학위를 받았다. 현재 가톨릭대 경제학과 교수로 있으며, 한국건설경제산업학회 회장을 역임하였다. 저서로는 『도시 및 지역경제학』(2006), 『건설문화가 경쟁력이다』(2007), 『Global, City, Region』(2003) 등이 있다.

• **김한영**

건국대 행정학과를 졸업하고 서울대 행정대학원에서 행정학 석사(정책학 전공) 학위를, 영국 리즈대 교통대학원에서 교통계획및교통공학 석사 학위를, 그리고 서울과학기술대 철도전문대학원에서 경영학 박사(철도경영정책 전공) 학위를 받았다. 현재 우송대학교 철도물류대학 초빙교수이며, 국토해양부 항만물류실 물류정책관, 국토해양부 항공정책실장, 국토해양부 교통정책실장을 역임하였다.

• **남인희**

서울대 토목공학과를 졸업하고, 경희대 대학원에서 석사(토목공학 전공) 학위를 받았다. 현재 상주영천고속도로 주식회사에서 사장으로 재직 중이며, 건설교통부 도로국장, 건설교통부 차관보, 행정중심복합도시건설청 청장을 역임하였다. 저서로는 『남인희의 길 이야기』(2003)가 있다.

• **박기풍**

서울대 영어과를 졸업하고 서울대 행정대학원에서 석사 학위를 받았으며, 미국 펜실베니아대 대학원 박사 과정(도시 및 지역계획학)을 수료하였다. 현재 해외건설협회 회장으로 재직하고 있으며, 국토해양부 도시정책관, 국토해양부 기획조정실장, 국토교통부 제1차관 등을 역임하였다. 저서로는 『토지정책론』(공편, 2015), 『스마트 성장관리』(공역, 2009) 등이 있다.

• **박상우**

고려대 행정학과를 졸업하고 서울대 행정대학원에서 행정학 석사(정책학 전공) 학위를, 미국 조지워싱턴대학에서 도시 및 지역계획학 석사 학위를, 그리고 가천대에서 공학 박사(도시계획 전공) 학위를 받았다. 현재 충북대 도시공학과 초빙교수이며, 국토해양부 국토정책국장, 국토교통부 주택토지실장, 국토교통부 기획조정실장 등을 역임하였다. 저서로는 『부동산 산업론』(2014)이 있다.

• **서태성**
동국대 조경학과를 졸업하고 연세대학교에서 석사(도시계획 전공) 학위를 받았다. 현재 국토연구원 선임연구위원으로 재직하고 있으며, 국토연구원 국토계획연구본부장, 국토부 중앙도시계획위원회 위원 등을 역임하였다. 저서로는 『지역균형발전과 분산, 분권정책의 과제』(국토연구원), 『한국의 국토정책』(국토연구원) 등이 있다.

• **정낙형**
서울대 경제학과를 졸업하고 영국 버밍엄대에서 도시지역학 석사(주택 전공) 학위를, 가천대에서 공학 박사(도시계획 전공)를 받았다. 현재 한국부동산연구원 원장으로 있으며, 건설교통부 주택도시국장, 부산시 정무부시장, 한국건설기술연구원 원장 등을 역임하였다.

• **정상호**
고려대 경영학과를 졸업하고 서울대 행정대학원에서 행정학 석사를, 미국 인디애나대학교 행정환경대학원에서 행정학 석사를, 그리고 아주대 대학원에서 박사(교통공학 전공) 학위를 받았다. 현재 신대구부산고속도로주식회사 대표이사로 재직중이며, 국토교통부 항공안전본부장(1급), 교통안전공단 이사장, 국립 한국교통대학 교수 등을 역임하였다. 저서로는 『아주 사(史)적인 고백』(2010), 『상상하라 교통강국 대한민국』(2014) 등이 있다.

• **정일영**
연세대 경영학과를 졸업하고 서울대 행정대학원에서 행정학 석사를, 영국 옥스퍼드대 대학원에서 경제학 석사를, 그리고 영국 리즈대 대학원에서 경제학 박사 학위를 받았다. 현재 한국항공대 항공경영대학원 초빙교수로 재직중이며, 국토해양부 항공정책실장, 국토해양부 교통정책실장, 교통안전공단 이사장 등을 역임하였다. 저서로는 『교통정책론』(공저 2015) ,『희망으로 행복을 쓰다』(2014) 등이 있다.

• **홍형표**
부산대 토목공학과를 졸업하였다. 국토해양부 수자원정책관실 수자원정책관, 4대강살리기추진본부 사업부 본부장, 행정중심복합도시건설청 차장 등을 역임하였다.

국토교통정책의 역사적 변동과 전망

2015년 10월 23일 초판 인쇄
2015년 10월 30일 초판 발행

저 자 권 도 엽 외
발 행 인 김 영 훈
기획 영업 전 영 완
편 집 김 병 성
발 행 처 도서출판 문우사 MoonWooSa
주 소 경기도 고양시 일산동구 정발산로 24
(장항동, 웨스턴돔타워) 2동 814호
전 화 031) 901-6542 / 070) 4200-6542
팩 스 031) 906-6542
이 메 일 moonwoosa@hanmail.net
홈페이지 www.munu.co.kr
출판신고번호 제396-2013-000113호

정가 40,000원 ISBN 979-11-85994-18-5